2025
年版

みんなが欲しかった！

社会福祉士の過去問題集

TAC社会福祉士
受験対策研究会

TAC出版
TAC PUBLISHING Group

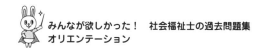

はじめに

　本書は、社会福祉士国家試験合格を目的とした、受験対策用過去問題集です。

　社会福祉士国家試験は、人体の構造から心理学、社会学や福祉の歴史、制度、社会福祉に関する法律の知識から経営理論など幅広く多岐にわたっているため、ポイントをおさえた、効率の良い学習を行っていくことが大切です。

　また、2025年2月実施予定の第37回国家試験は、新しい社会福祉士養成カリキュラムに基づいて実施される初めての試験となります。そこで本書は、公益財団法人社会福祉振興・試験センターが公表している「令和6年度（第37回試験）から適用する社会福祉士試験科目別出題基準（予定版）」を徹底分析し、旧出題基準で実施された過去問題を新出題基準に沿った項目にまとめ直し、第37回国家試験に対応できるようにしています。そして、姉妹書である『みんなが欲しかった！　社会福祉士の教科書』とリンクする形をとり、さらに次のような特長をもった構成に仕上げました。

✓合格点を勝ち取るために必要な過去問題を厳選
新出題基準は追加項目もありますが、大部分が旧出題基準の項目を踏襲したものとなっています。そこで第24回～第35回の国家試験から、新出題基準に掲載されている項目に基づき出題されている問題を選び抜きました。なお、最新の第36回国家試験は全問、別冊に収載し、解答・解説も本冊巻末にまとめてあります。

✓最新の第36回国家試験問題は全問、別冊に収載しました
国家試験をシミュレーションできるよう、第36回国家試験問題を別冊に収載しました。解答・解説も本冊巻末にまとめています。第37回国家試験とは科目名、出題順、出題数は異なりますが、参考に解いてみてください（新旧試験科目の読み替えについては、p.viiをご参照ください）。

✓合格知識を強化できるアイテムも豊富に掲載
選択肢ごとのていねいな解説、重要項目をまとめた「ポイントチェック」などによって、知識を確認するだけではなく、強化することができます。

　以上のような特長をもつ本書を活用して、1人でも多くの方が社会福祉士の国家資格を取得し、ご活躍されることを願っております。

2024年4月
TAC社会福祉士受験対策研究会

本書の特長と使い方

　本書では、社会福祉士国家試験の試験科目をCHAPTERとし、CHAPTER内のSECTIONごとに厳選した過去問題を収載しています。

問題の内容が、姉妹書『社会福祉士の教科書』のどのCHAPTER・SECTIONとリンクしているのかを明示しました。

問題にはチェック欄を付しています。有効に活用してください。

問題は、出題傾向・頻出度などを踏まえて**重要度A・B・C**で分類しています。
Aランク ▶ 重要な項目です。何度も繰り返し解いてみましょう。
Bランク ▶ 比較的重要な項目です。しっかりおさえておきましょう。
Cランク ▶ 確実な合格をめざすなら、押さえておきたい項目です。

第33回問題1を示します。本冊中では最新の第35回と厳選した過去問題を次のように示しています。
35-1 … 第35回
33-1 … 第34回以前の問題
なお、法改正、統計数値等の変更があった問題は改題し、"改"を付しています。

最新の第36回（2024年2月実施）国家試験問題は、別冊に収載しました。解答・解説は巻末（529ページ～）にまとめています。第37回試験とは科目名、出題順、出題数は異なりますが、チャレンジしてください。

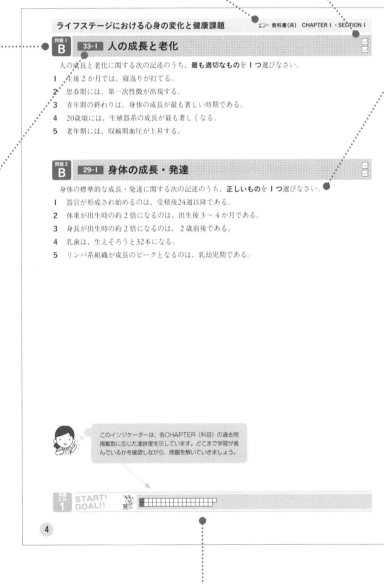

ライフステージにおける心身の変化と健康課題　　　　　教科書（共）CHAPTER1・SECTION1

問題1 **B** **33-1** 人の成長と老化

人の成長と老化に関する次の記述のうち、**最も適切なもの**を1つ選びなさい。
1　生後2か月では、寝返りが打てる。
2　思春期には、第一次性徴が出現する。
3　青年期の終わりは、身体の成長が最も著しい時期である。
4　20歳頃には、生殖器系の成長が最も著しくなる。
5　老年期には、収縮期血圧が上昇する。

問題2 **B** **29-1** 身体の成長・発達

身体の標準的な成長・発達に関する次の記述のうち、**正しいもの**を1つ選びなさい。
1　器官が形成され始めるのは、受精後24週以降である。
2　体重が出生時の約2倍になるのは、出生後3～4か月である。
3　身長が出生時の約2倍になるのは、2歳前後である。
4　乳歯は、生えそろうと32本になる。
5　リンパ系組織が成長のピークとなるのは、乳幼児期である。

このインジケーターは、各CHAPTER（科目）の過去問掲載数に応じた進捗度を示しています。どこまで学習が進んでいるかを確認しながら、問題を解いていきましょう。

CH 1　START! GOAL!!

4

問題は、出題傾向・頻出度などを踏まえて重要度A・B・Cで分類しています。

科目ごとの問題数に応じた進捗度グラフを適宜掲載しました。どこまで学習が進んでいるのかを把握することができます。

本書は、**左ページに問題、右ページに解答・解説を配置する「見開き」**の構成になっています。頻出ポイントを着実にマスターしていきましょう。

解答・解説のうち、選択肢ごとの○×マーク、キーワードとなる箇所は、**赤シートで隠せる**ようにしました。

解答・解説

問題1

1　×　寝返りが打てるようになるのは、生後5か月頃です。
2　×　**第一次性徴**とは、男女の性差による生殖器の特徴のことで出生時からみられるものです。思春期に出現するのは、　　　で、生殖器以外の身体部分にみられる男女の特徴をいいます。
3　　　身体の成長が最も著しい時期は、　　　です。
4　　　生殖器系の成長が最も著しくなるのは、　　　頃からです。
5　　　記述のとおりです。加齢とともに**収縮期血圧**（最高血圧）は上昇し、**拡張期血圧**（最低血圧）は低下します。

正解　5

問題2

1　×　器官が形成され始めるのは、受精後3週以降です。受精後3〜8週を**器官形成期**といいます。
2　○　記述のとおりです。出生後3〜4か月で約2倍、12か月で約3倍、2歳半で約4倍、4歳半で約5倍になるのが標準的な発達です。
3　×　身長が出生の約2倍になるのは、3歳半〜4歳ごろです。
4　×　乳歯の本数は、生えそろうと上下左右5本ずつの**20本**です。永久歯は**28本**、親知らずが4本生えると計32本になります。
5　×　リンパ系組織が成長のピークとなるのは、12〜13歳ごろです。成人のレベルを超えますが、思春期を過ぎると成人のレベルまで戻ります。

正解　2

解答・解説のページには、重要事項をまとめた「ポイントチェック」を適宜掲載しています。基本知識の理解度を高め、正答率アップにつなげてください。

ポイントチェック

スキャモンの発達・発育曲線

アメリカの医学者・人類学者であるスキャモンは、人の誕生から成熟期までの標準的な成長・発達を、一般型（全身型）、リンパ型、神経型、生殖型の4つのパターンに分類し、発達・発育曲線で示した。

「ポイントチェック」内のキーワードも**赤シートで隠せる**ようになっています。

『みんなが欲しかった！社会福祉士の教科書』を併用して学習すれば、合格がぐっと近くなります。

もくじ contents

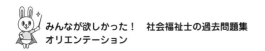

新旧試験科目の読み替えについて

　2025年2月実施予定の第37回国家試験は、新しい社会福祉士養成カリキュラムに基づき、試験科目も変更となりますが、旧養成カリキュラム、旧試験科目で学習してこられた方も本書を手に取っておられることと存じます。新国家出題基準で追加された項目もありますが、ほとんどの内容は継承されています。新旧試験科目の対応を以下に示しますので、参考にして学習を進めてください。

	【新科目名】	【旧科目名】
共通科目	医学概論	人体の構造と機能及び疾病
	心理学と心理的支援	心理学理論と心理的支援
	社会学と社会システム	社会理論と社会システム
	社会福祉の原理と政策	現代社会と福祉
	社会保障	社会保障
	権利擁護を支える法制度	権利擁護と成年後見制度
	地域福祉と包括的支援体制	地域福祉の理論と方法＋福祉行財政と福祉計画
	障害者福祉	障害者に対する支援と障害者自立支援制度
	刑事司法と福祉	更生保護制度（旧専門科目）
	ソーシャルワークの基盤と専門職	相談援助の基盤と専門職（旧専門科目）
	ソーシャルワークの理論と方法	相談援助の理論と方法（旧専門科目）
	社会福祉調査の基礎	社会調査の基礎（旧専門科目）
専門科目	高齢者福祉	高齢者に対する支援と介護保険制度
	児童・家庭福祉	児童や家庭に対する支援と児童・家庭福祉制度
	貧困に対する支援	低所得者に対する支援と生活保護制度（旧共通科目）
	保健医療と福祉	保健医療サービス（旧共通科目）
	ソーシャルワークの基盤と専門職（専門）	相談援助の基盤と専門職（共通科目と専門科目に分散）
	ソーシャルワークの理論と方法（専門）	相談援助の理論と方法（共通科目と専門科目に分散）
	福祉サービスの組織と経営	福祉サービスの組織と経営

　出題基準の変更とともに、合格基準も変更になっています。第36回国家試験までは、18の科目群（就労支援サービスと更生保護制度を合わせて1科目群とカウント）で、必ず得点することが条件でした。そのため、合格基準点をクリアしていても、0点科目があると不合格でしたが、第37回試験からは6科目群となり、大幅に緩和されました。出題数も150問から129問に減少しています。苦手科目を克服することはもちろん大切ですが、得意科目を伸ばして得点を稼ぐことも合格に近づく1つの方法です。

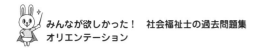

社会福祉士国家試験の概要

　社会福祉士は「社会福祉士及び介護福祉士法」に基づく社会福祉専門職の国家資格です。社会福祉士になるためには、年１回行われる社会福祉士国家試験に合格し、所定の登録を行う必要があります。

受験資格

　社会福祉士国家試験を受験するには、以下の資格取得ルート図のいずれかの過程を経る必要があります（取得見込み含む）。

〈資格取得ルート図〉

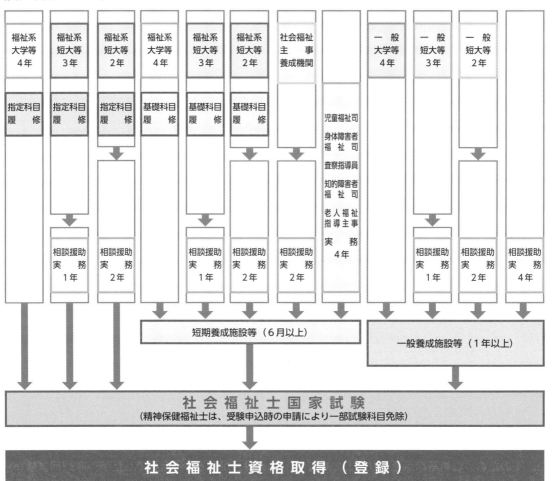

　実務経験として認められる業務や施設については、細かく規定されていますので、「受験の手引」等で確認が必要です。

受験手続き

　受験手続きは、公益財団法人社会福祉振興・試験センターに「受験の手引」を請求し、それに従って、受験申込書と必要書類を提出します。

　公益財団法人社会福祉振興・試験センターは、厚生労働大臣指定試験機関・指定登録機関として、社会福祉士・精神保健福祉士・介護福祉士の国家試験の実施と登録の事務を行っています。

　受験資格のほか、試験に関する詳細については、下記、公益財団法人社会福祉振興・試験センターへ直接お問い合わせください。

公益財団法人社会福祉振興・試験センター
ホームページのURL　▶　http://www.sssc.or.jp/
〒150-0002　東京都渋谷区渋谷1-5-6 SEMPOS（センポス）ビル
（試験案内専用電話）03-(3486)-7559（音声案内、24時間対応）
（試験室電話番号）03-(3486)-7521（平日9:30～17:00）

試験のスケジュール〈2023年度（第36回）実施例〉

受験申込受付期間	2023年9月7日（木）から 2023年10月6日（金）まで（消印有効） ※過去の試験（第10回～35回）で、受験票を受け取った者のうち、受験資格が確定している者は、インターネットによる受験申し込みが可能
受験料	19,370円（社会福祉士のみ受験する場合）※1
受験票発送	2023年12月8日（金）発送
試験日	2024年2月4日（日）※2
試験地 （24試験地）	北海道、青森県、岩手県、宮城県、埼玉県、千葉県、東京都、神奈川県、新潟県、石川県、岐阜県、愛知県、京都府、大阪府、兵庫県、島根県、岡山県、広島県、香川県、愛媛県、福岡県、熊本県、鹿児島県、沖縄県
合格発表	2024年3月5日（火）14時

※1　社会福祉士と精神保健福祉士と同時受験する場合36,360円、社会福祉士の共通科目免除により受験する場合16,230円
※2　2024年度（第37回）の試験日は、2025年2月上旬予定

試験の概要〈2024年度（第37回）予定〉

　社会福祉士国家試験は、午前の共通科目（12科目）と午後の専門科目（7科目）の合計19科目で行われます。

　出題形式はマークシートによる五肢択一を基本とする多肢選択形式で、合計150問が出題されます。

[共通科目] 午前	[専門科目] 午後
共 ❶医学概論（6問）	専 ❶高齢者福祉（6問）
共 ❷心理学と心理的支援（6問）	専 ❷児童・家庭福祉（6問）
共 ❸社会学と社会システム（6問）	専 ❸貧困に対する支援（6問）
共 ❹社会福祉の原理と政策（9問）	専 ❹保健医療と福祉（6問）
共 ❺社会保障（9問）	専 ❺ソーシャルワークの基盤と専門職（専門）（6問）
共 ❻権利擁護を支える法制度（6問）	専 ❻ソーシャルワークの理論と方法（専門）（9問）
共 ❼地域福祉と包括的支援体制（9問）	専 ❼福祉サービスの組織と経営（6問）
共 ❽障害者福祉（6問）	
共 ❾刑事司法と福祉（6問）	
共 ❿ソーシャルワークの基盤と専門職（6問）	
共 ⓫ソーシャルワークの理論と方法（9問）	
共 ⓬社会福祉調査の基礎（6問）	

共通科目は、精神保健福祉士国家試験と同じものなので、この資格をもっている人が社会福祉士国家試験を受験する場合は受験時の申請により共通科目が免除されます。

● 配点と合格基準

次の2つの条件を満たすことが合格の条件になります。

ア：問題の総得点の60%程度を基準として、問題の難易度で補正した点数以上の得点があった者

イ：アを満たした者のうち、以下の6の科目群（ただし※2に該当する者は2科目群）全てにおいて得点があった者。

❶医学概論、心理学と心理的支援、社会学と社会システム　❷社会福祉の原理と政策、社会保障、権利擁護を支える法制度　❸地域福祉と包括的支援体制、障害者福祉、刑事司法と福祉　❹ソーシャルワークの基盤と専門職、ソーシャルワークの理論と方法、社会福祉調査の基礎　❺高齢者福祉、児童・家庭福祉、貧困に対する支援、保健医療と福祉　❻ソーシャルワークの基盤と専門職（専門）、ソーシャルワークの理論と方法（専門）、福祉サービスの組織と経営

※1　配点は、1問1点の129点満点です。

※2　社会福祉士及び介護福祉士法施行規則第5条の2の規定による試験科目の一部免除を受けた者は、配点は1問1点の45点満点です。

過去の受験者数・合格者数・合格率の推移

	2019年度 （第32回）	2020年度 （第33回）	2021年度 （第34回）	2023年度 （第35回）	2024年度 （第36回）
受験者数	39,629人	35,287人	34,563人	36,974人	34,539人
合格者数	11,612人	10,333人	10,742人	16,338人	20,050人
合格率	29.3%	29.3%	31.1%	44.2%	58.1%

収載過去問題・掲載ページ

第35回

問題1	p.6	問題50	p.112	問題96	p.470
問題2	8	問題51	112	問題98	276
問題3	30	問題52	116	問題99	288
問題4	16	問題53	122	問題100	286
問題5	20	問題54	126	問題101	292
問題6	18	問題55	120	問題102	294
問題7	26	問題56	208	問題103	294
問題8	36	問題57	212	問題104	480
問題9	42	問題58	210	問題105	482
問題10	44	問題59	226	問題106	484
問題11	48	問題60	228	問題107	486
問題12	50	問題61	214	問題108	490
問題13	52	問題62	216	問題109	490
問題14	54	問題63	412	問題110	494
問題15	60	問題64	414	問題111	304
問題16	62	問題65	420	問題112	306
問題17	70	問題66	422	問題113	308
問題18	70	問題67	426	問題114	298
問題19	74	問題68	428	問題115	300
問題20	76	問題70	444	問題116	496
問題21	66	問題71	442	問題119	500
問題22	88	問題72	450	問題120	502
問題23	90	問題73	454	問題121	504
問題24	90	問題74	448	問題122	510
問題25	80	問題75	466	問題123	516
問題26	82	問題77	132	問題124	524
問題27	94	問題78	152	問題125	518
問題30	100	問題79	152	問題126	342
問題31	96	問題80	154	問題127	344
問題32	178	問題81	162	問題131	346
問題33	176	問題82	146	問題132	370
問題34	170	問題84	314	問題133	348
問題36	174	問題85	316	問題134	362
問題37	196	問題86	320	問題136	384
問題38	176	問題87	328	問題138	388
問題42	180	問題88	324	問題140	398
問題43	180	問題89	332	問題141	406
問題44	188	問題90	336	問題142	404
問題45	182	問題91	252	問題147	234
問題46	196	問題92	254	問題148	238
問題47	192	問題93	266	問題149	246
問題48	198	問題94	256	問題150	248
問題49	108	問題95	264		

第34回

問題1	p.6	問題60	p.216	問題97	p.474
問題3	20	問題61	206	問題98	274
問題4	18	問題62	222	問題99	280
問題5	26	問題63	416	問題102	292
問題7	28	問題64	418	問題103	290
問題8	38	問題65	416	問題104	294
問題9	38	問題66	420	問題105	296
問題10	46	問題67	438	問題108	484
問題11	48	問題68	438	問題109	302
問題12	50	問題69	428	問題110	492
問題13	52	問題70	448	問題111	306
問題14	54	問題71	442	問題113	310
問題15	58	問題72	454	問題114	298
問題17	62	問題73	456	問題116	486
問題19	72	問題74	460	問題117	496
問題24	84	問題75	462	問題119	502
問題25	82	問題76	464	問題120	506
問題26	92	問題77	142	問題121	512
問題29	100	問題78	148	問題122	522
問題31	96	問題79	148	問題123	520
問題32	168	問題80	156	問題124	520
問題33	174	問題81	138	問題125	526
問題36	178	問題83	146	問題127	344
問題42	180	問題84	318	問題131	358
問題43	182	問題85	322	問題132	370
問題44	182	問題86	326	問題133	352
問題46	186	問題87	328	問題134	352
問題50	110	問題88	330	問題135	366
問題51	114	問題89	332	問題136	408
問題53	122	問題90	334	問題137	386
問題54	124	問題91	252	問題147	234
問題55	118	問題92	264	問題148	238
問題56	204	問題93	258	問題149	238
問題57	212	問題95	472	問題150	248
問題58	224	問題96	474		

第26回

問題1	p.6	問題62	p.222	問題132	p.350
問題7	28	問題68	424	問題137	390
問題45	190	問題73	452	問題138	380
問題46	192	問題82	160	問題140	394
問題48	192	問題119	504	問題142	402
問題50	108	問題120	512		
問題61	218	問題121	508		

第30回

問題2	p.10	問題66	p.434	問題101	p.286
問題4	20	問題68	424	問題108	488
問題3	8	問題69	430	問題119	500
問題6	26	問題72	452	問題120	506
問題19	74	問題75	460	問題121	508
問題24	80	問題79	156	問題125	524
問題27	102	問題80	138	問題127	358
問題28	92	問題84	316	問題132	360
問題45	184	問題86	320	問題139	382
問題47	194	問題93	268	問題140	404
問題55	124	問題94	258	問題141	406
問題57	208	問題95	260	問題142	406
問題63	426				

※ 第36回は別冊に全問掲載。第24〜35回の過去問題は、新出題基準に対応した良問をSELECTしています。

共通科目編

共通
CHAPTER

1

医学概論

問題1 B　33-1　人の成長と老化

人の成長と老化に関する次の記述のうち、**最も適切なもの**を1つ選びなさい。

1　生後2か月では、寝返りが打てる。

2　思春期には、第一次性徴が出現する。

3　青年期の終わりは、身体の成長が最も著しい時期である。

4　20歳頃には、生殖器系の成長が最も著しくなる。

5　老年期には、収縮期血圧が上昇する。

問題2 B　29-1　身体の成長・発達

身体の標準的な成長・発達に関する次の記述のうち、**正しいもの**を1つ選びなさい。

1　器官が形成され始めるのは、受精後24週以降である。

2　体重が出生時の約2倍になるのは、出生後3～4か月である。

3　身長が出生時の約2倍になるのは、2歳前後である。

4　乳歯は、生えそろうと32本になる。

5　リンパ系組織が成長のピークとなるのは、乳幼児期である。

このインジケーターは、各CHAPTER（科目）の過去問掲載数に応じた進捗度を示しています。どこまで学習が進んでいるかを確認しながら、問題を解いていきましょう。

共通CH 1

START!
GOAL!!

解答・解説

問題1

1 **×** 寝返りが打てるようになるのは、生後 5 か月頃です。

2 **×** **第一次性徴**とは、男女の性差による生殖器の特徴のことで出生時からみられるものです。思春期に出現するのは第二次性徴で、生殖器以外の身体部分にみられる男女の特徴をいいます。

3 **×** 身体の成長が最も著しい時期は、思春期です。

4 **×** 生殖器系の成長が最も著しくなるのは、14歳頃からです。

5 **○** 記述のとおりです。加齢とともに**収縮期血圧（最高血圧）**は上昇し、**拡張期血圧（最低血圧）**は低下します。

正解 **5**

問題2

1 **×** 器官が形成され始めるのは、受精後 3 週以降です。受精後 3 ～ 8 週を**器官形成期**といいます。

2 **○** 記述のとおりです。出生後 3 ～ 4 か月で約 **2** 倍、12か月で約 **3** 倍、2 歳半で約 **4** 倍、4 歳半で約 **5** 倍になるのが標準的な発達です。

3 **×** 身長が出生時の約 2 倍になるのは、3 歳半～ 4 歳ごろです。

4 **×** 乳歯の本数は、生えそろうと上下左右 5 本ずつの20本です。永久歯は**28**本、親知らずが **4** 本生えると計**32**本になります。

5 **×** リンパ系組織が成長のピークとなるのは、12～13歳ごろです。成人のレベルを超えますが、思春期を過ぎると成人のレベルまで戻ります。

正解 **2**

ポイント チェック

スキャモンの発達・発育曲線

アメリカの医学者・人類学者であるスキャモンは、人の誕生から成熟期までの標準的な成長・発達を、一般型（全身型）、リンパ型、神経型、生殖型の 4 つのパターンに分類し、発達・発育曲線で示した。

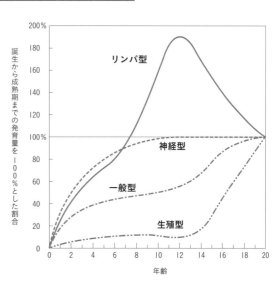

共通 CH 1 医学概論

5

問題3 A 34-1改 老化

加齢に伴う生理機能の変化に関する次の記述のうち、**正しいもの**を**2つ**選びなさい。

1 肺の残気量が増加する。

2 拡張期血圧が低下する。

3 聴力は低音域から低下する。

4 下部食道括約筋の収縮力が増強する。

5 膀胱（ぼうこう）容量が増大する。

問題4 A 26-1 老化

老化に関する次の記述のうち、**正しいもの**を**1つ**選びなさい。

1 加齢に伴う疾患の増加は、生理的老化の原因になる。

2 生理的老化の特徴の一つに可逆性がある。

3 老化は環境因子に影響されるが、遺伝因子には影響されない。

4 老化が進むとともに、生理的機能低下度の個人差は減少する。

5 肺や腎臓（じんぞう）は、老化による生理的機能低下が顕著な器官である。

問題5 B 35-1 思春期に伴う心身の変化

思春期に伴う心身の変化に関する次の記述のうち、**正しいもの**を**1つ**選びなさい。

1 この時期の心理的特徴として、自意識に乏しいことが特徴である。

2 女子では、初経から始まり、次いで乳房や骨盤の発育がみられる。

3 男子は、女子よりも早い時期から思春期が始まる。

4 身体の変化は緩徐な変化が多い。

5 第二次性徴という身体的な変化が始まる。

共通CH1 START! GOAL!!

解答・解説

問題 3

1 ○ 記述のとおりです。加齢に伴い**肺活量が低下**し、**換気能力も低下**することにより肺の残気量（息を吐いた後に肺に残っている空気の量）は増加します。

2 ○ 加齢に伴い、収縮期血圧は上昇し、拡張期血圧は低下する傾向にあります。

3 × 加齢に伴う**老人性難聴**（**加齢性難聴**）では、**高音域**（高周波音域）から聞き取りにくくなります。

4 × 加齢に伴い、下部食道括約筋の収縮力は低下します。

5 × 加齢に伴い、膀胱容量は減少するため、排尿回数も多くなる（**頻尿**）傾向にあります。

正解 **1・2**

問題 4

1 × 生理的老化によって疾患が増加することはありますが、疾患が**生理的老化**の原因になることはありません。

2 × 生理的老化は進行しても元に戻るという可逆性のものではなく、**不可逆性**のものです。

> 病的老化は、疾患が治ることによって回復する可能性があり、生理的老化とは異なり可逆性のものです。

3 × 老化を進行させる要因として、**遺伝因子**と**環境因子**の両方が影響します。どちらか一方のみで老化が進行することはありません。

4 × 生理的機能低下度の個人差は、老化が進行するとともに大きくなります。

5 ○ 老化による生理機能の低下が著しいのは、**肺機能**や**腎機能**です。これらに比較して低下が少ないのは**神経機能**や**代謝機能**です。

正解 **5**

問題 5

1 × 思春期の心理的特徴として、**自意識が強く**なります。

2 × 女子の思春期では、乳房や骨盤の発育から始まり、初経（初めての月経発来）を迎える**第二次性徴**がみられます。

3 × 思春期は、**男子よりも女子のほうが早い**時期から始まります。

4 × 身体の変化は、**乳幼児期**に急速に発達し、その後、緩やかになり、思春期に再び急激に発達します。

5 ○ **解説 2** のとおりです。

正解 **5**

B　30-3　健康の概念

世界保健機関（WHO）の活動に関する次の記述のうち、**正しいもの**を **1つ**選びなさい。

1　アルマ・アタ宣言では、プライマリヘルスケアの重要性が示された。
2　リハビリテーションという言葉を初めて用いた。
3　憲章前文の中で、健康とは、身体的、精神的、社会的、政治的に良好な状態であると定義した。
4　国際疾病分類であるICIDHを策定した。
5　健康寿命とは、健康上の問題で制限されることなく仕事ができる期間と定義した。

C　32-5　アルマ・アタ宣言

1978年にWHOが採択したアルマ・アタ宣言に関する次の記述のうち、**正しいもの**を **1つ**選びなさい。

1　先進国と開発途上国間における人々の健康状態の不平等について言及している。
2　政府の責任についての言及はない。
3　自己決定権についての言及はない。
4　保健ニーズに対応する第一義的責任は、専門職個人にあると言及している。
5　地域、国家、その他の利用可能な資源の活用についての言及はない。

B　35-2　国際生活機能分類（ICF）

国際生活機能分類（ICF）に関する次の記述のうち、**正しいもの**を **1つ**選びなさい。

1　対象は障害のある人に限定されている。
2　「社会的不利」はICFの構成要素の一つである。
3　「活動」とは、生活・人生場面への関わりのことである。
4　仕事上の仲間は「環境因子」の一つである。
5　その人の住居は「個人因子」の一つである。

解答・解説

問題 6

1 ○ 記述のとおりです。プライマリヘルスケアは、全ての人にとって健康を基本的な**人権**として認め、その達成の過程において、住民の主体的な**参加**や自己決定権を保障する理念であり、方法・アプローチでもあるとしています。

2 × リハビリテーション（Rehabilitation）とは、「re（再び）」「habilis（人に適した、ふさわしい）」「ation（すること）」を語源とする、「再び人に適した状態に回復すること」を意味する言葉で、WHOが初めて用いた言葉ではありません。

3 × WHO憲章では、健康とは、完全な**肉体的**、**精神的**及び**社会的福祉（ウェルビーイング**）の状態であり、単に疾病または病弱の存在しないことではない、と定義しています。

4 × 1980年にWHOが策定した**ICIDH**は国際障害分類です。**国際疾病分類**は、ICDです。

5 × 健康寿命とは、2000年にWHOが提唱した概念で、健康上の問題で**日常生活**が制限されることなく、**自立した生活**ができる期間と定義されます。

正解 | 1 |

問題 7

1 ○ アルマ・アタ宣言第2条に「人々の健康に関してとりわけ先進国と発展途上国の間に存在する大きな不公平は国内での不公平と同様に政治的、社会的、経済的に容認できないものである。それ故全ての国に共通の関心事である。」と記述されています。

2 × 第5条に、政府は国民の健康に責任を負っていると記述されています。

3 × 第6条に、自己決定について記述されています。

4 × 第4条に、「人々は個人または集団として自らの保健医療の立案と実施に参加する権利と義務を有する。」と記述されています。

5 × 第7条に、「地域、国家、その他の利用可能な資源を最大限利用し〜」と記述されています。

正解 | 1 |

問題 8

1 × ICFは、健常者も障害者も区別なく、全ての人の**健康状態**を分類するものとなっています。

2 × 社会的不利は、**国際障害分類**（**ICIDH**）の障害概念の分類です。

3 × 生活・人生場面への関わりは、ICFでは、「**参加**」と定義されています。「活動」は、**課題**や**行為**の個人による遂行（歩く、食べるなど、日常生活動作を含む）と定義されています。

4 ○ 記述のとおりです。ICFでは、「**環境因子**」は、物的な環境や社会的環境、人的環境（建物、就労環境、地域活動、サービス、制度、家族、友人など）と定義されています。

5 × 「**個人因子**」は、個人の人生や生活の特別な背景（年齢、性別など）をいいます。その人の住居は、**解説4**のとおり、「**環境因子**」です。

正解 | 4 |

問題9 A 32-1 **人体の構造と機能**

人体の構造と機能に関する次の記述のうち、**正しいものを１つ**選びなさい。

1 視覚は、後頭葉を中枢とする。

2 腸管は、口側より、空腸、回腸、十二指腸、大腸の順序である。

3 肺でガス交換された血液は、肺動脈で心臓へと運ばれる。

4 横隔膜は、消化管の蠕動（ぜんどう）に関わる。

5 副甲状腺ホルモンは、カリウム代謝をつかさどる。

問題10 A 30-2 **各器官等の構造と機能**

人体の各器官に関する次の記述のうち、解剖学的に**正常なものを１つ**選びなさい。

1 頸椎は12個の骨で構成される。

2 頸動脈は体表から触知できる。

3 大腸は空腸と回腸に分けられる。

4 右肺は２つの肺葉からなる。

5 胃は横隔膜の上にある。

問題11 A 24-2 **各器官等の構造と機能**

人体の器官の構造と機能に関する次の記述のうち、**正しいもの**を一つ選びなさい。

1 心臓から末梢に向かって血液を送り出す血管を動脈といい、静脈血（じょう）は流れない。

2 免疫系には液性免疫と細胞性免疫があり、T細胞が関係するのは液性免疫である。

3 自律神経系には交感神経と副交感神経があり、同一の器官に同時に強く作用する。

4 膵臓（すい）のランゲルハンス島にあるα細胞は、インスリンを分泌する。

5 吸気時には、横隔膜と肋間筋（ろっ）が収縮する。

解答・解説

問題9

1　○　記述のとおりです。視覚中枢は、**後頭葉**にあります。

> このほか、前頭葉には、運動中枢、運動性言語中枢（ブローカ中枢）、側頭葉には、感覚性言語中枢（ウェルニッケ中枢）、聴覚中枢、味覚中枢、頭頂葉には、皮膚感覚の中枢があります。

2　×　腸管は、口側より、**十二指腸、空腸、回腸、大腸**の順になっています。

3　×　肺でガス交換され、酸素を含む血液は、肺静脈を通って左心房へと運ばれます。

4　×　横隔膜は、呼吸に関わる筋肉です。

5　×　副甲状腺ホルモンは、**カルシウム**代謝をつかさどります。

正解　1

問題10

1　×　頸椎は**7**個の骨で構成されます。

2　○　頸動脈は頸部（頸）で触れることができます。

3　×　大腸は盲腸、結腸（**横行結腸、上行結腸、下行結腸、S状結腸**）、直腸に分けられます。

> 小腸 が、上から 十二指腸 、空腸、回腸の３つに区分されます。

4　×　上葉、下葉の２つの肺葉からなるのは**左肺**です。**右肺**は、上葉、中葉、下葉の３つの肺葉からなります。

5　×　**胃**は横隔膜の下にあります。横隔膜の上には心臓が位置します。

正解　2

問題11

1　×　肺動脈の中には静脈血が流れています。肺動脈は、**右心室から肺に向かう**血管であり、肺で酸素と二酸化炭素のガス交換が行われ、酸素を十分に含んだ動脈血が肺静脈を通って**左心房**に戻ってきます。人体の中で、動脈の中に静脈血が流れているのは肺動脈だけです。

2　×　免疫系には、抗体が関与する**液性免疫**、抗体が関与しない**細胞性免疫**があります。液性免疫に関与するのはB細胞で、T細胞は細胞性免疫に関与します。

3　×　交感神経と副交感神経は、同一器官において、互いにバランスを取りながら、**拮抗した働き**をしています。

4　×　インスリンは、膵臓の**ランゲルハンス島β細胞**から分泌され、血糖値を下げる働きがあります。**ランゲルハンス島α細胞**からは**グルカゴン**が分泌され、血糖値を上げる働きがあります。

5　○　横隔膜は呼吸筋の１つで、**肋間筋と連動**して収縮し、胸郭を広げます。その結果、肺に空気が吸い込まれます。

正解　5

問題12 **A** 27-1 人体の構造と機能

人体の構造と機能に関する次の記述のうち、**正しいもの**を1つ選びなさい。

1 アルブミンは酸素の運搬にかかわる。

2 ヘモグロビンは感染の防御にかかわる。

3 平滑筋は随意的に収縮できる。

4 気管は食道の後方に位置する。

5 横隔膜は呼吸にかかわる。

問題13 **A** 33-2 心臓と血管の構造と機能

心臓と血管の構造と機能に関する次の記述のうち、**正しいもの**を1つ選びなさい。

1 肺と右心房をつなぐのは、肺静脈である。

2 左心房と左心室の間には、大動脈弁がある。

3 血液は、左心室から大動脈へと流れる。

4 上大静脈と下大静脈は、左心房に開口する。

5 血液は、大動脈から肺に流れる。

解答・解説

問題12

1　× 酸素の運搬には、**赤血球**の表面にある**ヘモグロビン**が関与します。**アルブミン**は血液の液体成分である血漿中に含まれ、**膠質浸透圧の維持**、**酵素**や**ホルモン**等の運搬に関与します。

2　× 感染の防御には、**白血球**が関与します。

3　× **平滑筋**は、自分の意思で調節できない**不随意筋**であり、血管や消化管、気管支等に分布しています。自分の意思で調節できる筋肉は、上肢や下肢、頸部等に分布する**横紋筋**です。

4　× 気管は、**食道**の前方に位置します。

5　○ 横隔膜は呼吸筋の1つで、**肋間筋**と共に呼吸運動に関与しています。

正解　5

問題13

1　× 肺静脈は、肺と**左心房**をつないでいます。

2　× 左心房と左心室の間には、**僧帽弁**があります。

3　○ 記述の血液の循環を**体循環**といいます。

4　× 上大静脈と下大静脈は、**右心房**に開口します。

5　× 血液は、**肺動脈**から肺に流れます。肺を通る血液の循環を**肺循環**といいます。

正解　3

心臓の構造と血液の流れ

心臓から出ていく血液が流れる血管を動脈、心臓に戻ってくる血液が流れる血管を静脈という。

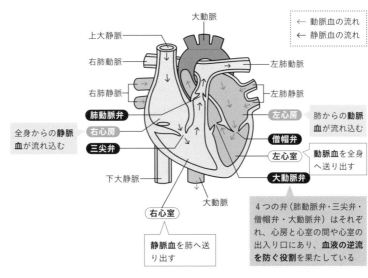

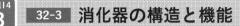

B 問題14 32-3 消化器の構造と機能

消化器の構造と機能に関する次の記述のうち、**適切なもの**を **1** つ選びなさい。

1 唾液には、消化酵素は含まれない。

2 胃粘膜からは、強アルカリ性の消化液が分泌される。

3 膵臓には、内分泌腺と外分泌腺がある。

4 小腸は、水分を吸収しない。

5 胆汁は、胆のうで作られる。

解答・解説

問題14

1 ✕ 唾液には**アミラーゼ（プチアリン）**という消化酵素が含まれています。

2 ✕ 胃粘膜からは、**強**酸性の消化液が分泌されます。

3 ○ 記述のとおりです。膵臓には、**消化酵素を分泌する外分泌腺**の機能と**ホルモンを分泌する内分泌腺**としての機能があります。

4 ✕ 水分の大部分は小腸で吸収されます。

5 ✕ 胆汁は、肝臓で生成されます。

正解 3

人体の構造については、姉妹書『みんなが欲しかった！ 社会福祉士の教科書』などのテキスト等で図解をみて覚えておくとよいでしょう。

ポイント
チェック

消化器系の全体像

　消化器系は、ひとつなぎの消化管、消化液を分泌する消化腺、そのほかの付器官によって構成されている。

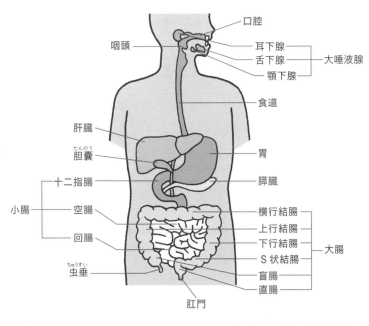

問題15

C ▰▰ 29-5 **生活習慣病**

生活習慣病に関する次の記述のうち、**正しいもの**を**1つ**選びなさい。

1 発症に生活習慣の関与が強いのは、2型糖尿病よりも1型糖尿病である。

2 アルコール摂取量は、メタボリックシンドロームの診断基準に含まれる。

3 生活習慣病の発症に、遺伝要因は関与しない。

4 喫煙は、膀胱がんの危険因子の一つである。

5 身体活動レベルの増大は、生活習慣病の発症リスクを上げる。

問題16

B ▰▰ 33-4 **がん(悪性新生物)**

日本におけるがん(悪性新生物)に関する次の記述のうち、**正しいもの**を**1つ**選びなさい。

1 近年において、がんは死因の第2位となっている。

2 がんと食生活は関係がない。

3 早期発見を目的とするがん検診は、がんの一次予防である。

4 近年の傾向として、胃がんの「死亡率」は低下している。

5 がんの治療は、手術療法に限られる。

(注) 「死亡率」とは、年齢構成を基準人口で調整した「年齢調整死亡率」を指す。

問題17

A ▰▰ 35-4 **女性のがんの部位別死亡数**

次のうち、2022年(令和4年)における、がん(悪性新生物)の主な部位別にみた死亡数で女性の第1位として、**正しいもの**を**1つ**選びなさい。

1 大腸がん

2 胃がん

3 膵臓がん

4 乳がん

5 肺がん

解答・解説

問題15

1 × 糖尿病のうち、発症に**生活習慣の関与が強い**のは、2型糖尿病です。1型糖尿病は、**インスリン産生細胞**が破壊され、**インスリン**の分泌障害が起こることで発症します。

2 × メタボリックシンドローム（内臓脂肪症候群）の診断基準は、内臓脂肪の蓄積に加えて、血清脂質、血圧、血糖のうち**2つ以上**が基準値を超えていることが条件となっています。アルコール摂取量は、診断基準に含まれていません。

3 × 生活習慣病とされるもののうち、**脂質異常症**や**大腸がん**など、発症に遺伝要因が関与しているものもあります。

4 ○ 記述のとおりです。喫煙は膀胱がんだけでなく、ほとんどすべてのがんの発症の危険因子とされています。

5 × 身体活動レベルの**減少**は、生活習慣病の発症リスクを上げることになります。身体活動レベルを増大させることで、発症リスクを軽減させることにつながります。

正解 4

問題16

1 × がんは、1981（昭和56）年より日本人の死因の第1位となっています。

2 × がんは、**喫煙**のほか、**かたよった食生活**や**ウイルス**による感染なども、原因となり得るとされています。

3 × がん検診は、がんの**二次予防**です。がんの一次予防は、禁煙、節酒、バランスのよい食生活、運動習慣など、がんにならないための予防行動を指します。

4 ○ 記述のとおり、胃がんによる死亡率は、年々低下しています。

5 × がんの治療は、手術療法以外にも、**薬物療法**（抗がん剤治療）や**放射線療法**などがあります。

正解 4

問題17

1 ○ 「令和4年（2022）人口動態統計（確定数）の概況」（厚生労働省）によると（以下、同）、**大腸**（結腸と直腸の合計）**がん**は、がんの部位別による死亡数（以下、同）で女性の部位別死亡数第1位となっています。なお、**男性では第2位**、男女合わせた全体でも**第2位**となっています。

2 × 胃がんは、女性の部位別死亡数**第5位**となっています。なお、**男性では第3位**、男女合わせた全体でも**第3位**となっています。

3 × 膵臓がんは、女性の部位別死亡数**第3位**となっています。なお、**男性では第4位**、男女合わせた全体でも**第4位**となっています。

4 × 乳がんは、女性の部位別死亡数**第4位**となっています。

5 × 肺がんは、女性の部位別死亡数**第2位**となっています。なお、**男性では第1位**、男女合わせた全体でも**第1位**となっています。

正解 1

問題18 C [31-5] 高血圧に関する基礎知識

高血圧に関する次の記述のうち、**正しいもの**を **l** つ選びなさい。

1 高血圧の診断基準は、収縮期（最高）血圧160mmHg以上あるいは拡張期（最低）血圧90mmHg以上である。

2 本態性高血圧（一次性高血圧）は、高血圧全体の約50％を占める。

3 続発性高血圧（二次性高血圧）の原因の第 1 位は、内分泌性高血圧である。

4 高血圧の合併症に脳血管障害がある。

5 血液透析の導入の原因の第 1 位は、高血圧性腎硬化症である。

問題19 B [35-6] 脳梗塞の症状

事例を読んで、**A** さんの症状として、**最も適切なもの**を **l** つ選びなさい。

〔事 例〕

A さん（55歳）は、出勤途中に突然歩けなくなり、救急病院に運ばれた。脳梗塞と診断され、治療とリハビリテーションを受けたが、左の上下肢に運動麻痺が残った。左足の感覚が鈍く、足が床についているかどうか分かりにくい。歩行障害があり、室内は杖歩行又は伝い歩きをしている。呂律が回らないことがあるが、会話、読み書き、計算は可能である。食事は右手で箸を持って問題なく食べることができる。尿便意はあるが、自分でトイレに行くのが難しいため、間に合わず失禁することがある。

1 失語症　　2 対麻痺　　3 感覚障害　　4 嚥下障害　　5 腎臓機能障害

問題20 C [34-4] 骨・関節疾患

骨・関節疾患及び骨折に関する次の記述のうち、**正しいもの**を **l** つ選びなさい。

1 骨粗鬆症は女性より男性に多い。

2 関節リウマチでみられる手指のこわばりは夕方に多い。

3 腰部脊柱管狭窄症は若年者に多い疾患である。

4 大腿骨近位部骨折は保存治療が優先される。

5 変形性関節症の中で最も多いのは、変形性膝関節症である。

問題18

1 ✕ 高血圧の診断基準は、収縮期（最高）血圧140mmHg以上あるいは拡張期（最低）血圧90mmHg以上とされています。

> 収縮期（最高）血圧は、心臓が収縮して、血液を送り出すときに、血管にかかる圧力、拡張期（最低）血圧は、心臓が拡張して、血液を受け入れるときに、血管にかかる圧力のことです。高齢者では収縮期（最高）血圧が高くなるという特徴があります。

2 ✕ 高血圧の約90%が、その時点で原因がわからない**本態性高血圧**です。

3 ✕ 続発性高血圧（二次性高血圧）の原因の第1位は、**腎性高血圧**です。

4 ◯ 記述のとおりです。高血圧自体は無症状ですが、脳血管障害をはじめ、**心疾患**、**腎不全**、**眼底出血**などの重大な合併症を引き起こす危険性があります。

5 ✕ 血液透析の導入の原因の第1位は、**糖尿病性腎症**です。

正解 **4**

問題19

1 ✕ 失語症は、脳の言語中枢が障害されることで、**聞く**、**話す**、**読む**、**書く**、**計算する**といったことがスムーズにできなくなるものです。Aさんは、呂律が回らないことから**構音障害**（正確な**発声・発音**が難しい）はみられるものの、会話、読み書き、計算は可能であることから、適切ではありません。

2 ✕ 対麻痺とは、両側の**下肢**だけの麻痺のことです。Aさんは、左の上下肢に麻痺が残っている**左片麻痺**の状態です。

3 ◯ 記述のとおりです。Aさんは、左足の感覚が鈍く、足が床についているかどうか分かりにくいことから、感覚障害が生じていると考えられます。

4 ✕ 嚥下障害とは、嚥下（食べ物を飲み込む動作）機能が低下し、うまく食べ物を飲み込めず、口腔内や咽頭に食べ物が残りやすく、食道への送り込みが遅れたり、逆流したりする状態をいいます。Aさんは、食事は問題なく食べることができていることから、適切ではありません。

5 ✕ 腎臓は、尿の生成に関わる器官です。腎臓機能障害は、腎臓に流れ込む**血流量**の低下や、尿路の閉塞などによって急性腎不全が起こり、腎臓機能の低下が長期間に及ぶことで慢性腎不全に至る状態をいいます。事例文からはAさんにそのような症状はみられないため、適切ではありません。

正解 **3**

問題20

1 ✕ 骨粗鬆症は、男性より女性に多く、65歳以上の女性の約**50%**にみられます。

2 ✕ 関節リウマチでは、起床時に1時間以上続く**朝のこわばり**がみられます。

3 ✕ 腰部脊柱管狭窄症は、高齢者に多くみられる疾患です。腰痛や足のしびれ、**間欠性跛行**（歩き続けるうちに足にしびれや痛みを生じるが、安静にすると症状が軽減し、歩けるようになる）が主な症状です。

4 ✕ 大腿骨近位部（大腿骨の内と脚の付け根部分）骨折では、**寝たきりの状態につながりやすいため**、**手術を優先し**、**早期にリハビリテーション**を開始します。

5 ◯ 記述のとおりです。中年期以降の肥満した**女性**に多くみられ、歩行時や立ち上がったりしたときなど、膝を動かしたときの痛み、**関節可動域の制限**などが現れます。

正解 **5**

感染症に関する次の記述のうち、**正しいものを1つ**選びなさい。

1 ノロウイルスの潜伏期間はおよそ14日である。

2 インフルエンザは肺炎を合併することがある。

3 肺炎はレジオネラ菌によるものが最も多い。

4 疥癬_{かいせん}の原因はノミである。

5 肺結核の主な感染経路は飛沫_{ひまつ}感染である。

パーキンソン病の原因と症状に関する次の記述のうち、**正しいものを2つ**選びなさい。

1 小脳の異常である。

2 脳内のドーパミンが増加して発症する。

3 安静時に震えが起こる。

4 筋固縮がみられる。

5 大股で歩行する。

高齢者に多くみられる病態に関する次の記述のうち、**正しいものを1つ**選びなさい。

1 脱水になると、脈拍が少なくなる。

2 老人性難聴では、低音領域から聴力が低下する。

3 甲状腺機能低下症は、浮腫の原因となる。

4 栄養過多は、褥瘡の発生要因になる。

5 葉酸が不足すると、味覚障害が生じる。

解答・解説

問題21

1 × ノロウイルスの潜伏期間（感染してから発症するまでの期間）は、**24～48時間**です。

2 ○ 記述のとおりです。インフルエンザでは、**肺炎**や**気管支炎**などを合併することがあります。

3 × 肺炎の原因で最も多いのは、**肺炎球菌**による感染です。

4 × 疥癬は、**ヒゼンダニ**の寄生による感染症です。感染経路は接触感染で、ヒトとヒトの接触以外にも、**衣類**や**寝具**を介して感染するので、施設で**集団感染**を引き起こすおそれがあります。感染を予防するためには、患者の使用した**衣類**や**寝具**は他者とは別に洗濯し、消毒するようにします。

5 × 肺結核の感染経路は、空中に浮遊した**結核菌**を吸い込むことによる空気**感染**です。

正解 2

 感染症を予防するには、❶感染源 の排除、❷感染経路 の遮断、❸宿主の 抵抗力 の向上が対策の柱となります。

問題22

1 × パーキンソン病は、**中脳**（姿勢保持の中枢）の黒質に異常が起こり、神経伝達物質**ドーパミン**の産生量が減少することで、発症します。

2 × **解説1**のとおりです。

3 ○ パーキンソン病では、**安静時**振戦（じっとしている状態のときに、手足がふるえる）がみられます。

4 ○ パーキンソン病では、**筋固縮**（筋肉が固くこわばり、スムーズに動かせなくなる）がみられます。

5 × パーキンソン病では、**小刻み歩行**（歩幅が極端にせまくなる）がみられます。

正解 3・4

問題23

1 × 脱水になると、頻脈になります。

2 × **加齢**が原因の老人性難聴では、**高音領域**から聴力が低下します。

3 ○ 記述のとおり、甲状腺機能低下症は、浮腫（**むくみ**）の原因となります。また、記憶力の低下などもみられます。

4 × 低栄養が、褥瘡の発生要因になります。

5 × 不足すると味覚障害が生じる栄養素は、**亜鉛**です。葉酸が不足することで生じる代表的な症状は貧血です。また、高齢者で葉酸が不足すると、**認知症**の発症リスクが高まります。

正解 3

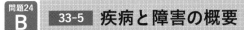

問題24
B 33-5 疾病と障害の概要

障害に関する次の記述のうち、**正しいものを1つ**選びなさい。

1 後天性免疫不全症候群による免疫機能障害は、内部障害に該当しない。

2 「難病法」で定められた指定難病患者の全てに、身体障害者手帳が交付される。

3 外傷性脳損傷による注意力の低下は、高次脳機能障害の症状の一つである。

4 一つの疾患から、複数の身体機能の障害を来すことはない。

5 糖尿病による視覚障害では、身体障害者手帳を取得できない。

(注) 「難病法」とは、「難病の患者に対する医療等に関する法律」のことである。

問題24

1 ✕ 身体障害者福祉法では、「心臓**機能障害**」「呼吸器**機能障害**」「腎臓**機能障害**」「膀胱・直腸**機能障害**」「小腸**機能障害**」「エイズ（**ヒト免疫不全ウイルス〈HIV〉による**免疫**機能障害**）」「肝臓**機能障害**」の７つの障害を内部障害としています。

2 ✕ 身体障害者手帳の交付対象となるのは、❶視覚障害、❷聴覚または平衡機能の障害、❸音声機能、言語機能または咀嚼機能の障害、❹肢体不自由、❺心臓、腎臓または呼吸器の機能の障害その他政令で定める障害（膀胱または直腸の機能の障害、小腸の機能の障害、ヒト免疫不全ウイルスによる免疫の機能の障害、肝臓の機能の障害）です。指定難病患者であっても、これらの障害に該当しない場合は、身体障害者手帳の交付対象外です。

3 ◯ 高次脳機能障害は、脳に損傷を負う（外傷性脳損傷）ことにより出現する障害により日常生活や社会生活に制約が生じる状態をいいます（ポイントチェック参照）。

4 ✕ 糖尿病が原因で、視覚障害と腎臓機能障害を来す場合など、単一の疾患から、複数の身体機能の障害を来すことがあります。

5 ✕ 原因の有無にかかわらず、**解説2**の❶視覚障害の障害程度等級に該当する場合は、身体障害者手帳を取得できます。

糖尿病の合併症である糖尿病性網膜症は、視覚障害の原因疾患となるもので、進行すると失明のおそれがあります。

正解 3

高次脳機能障害

　ケガや病気により、脳に損傷を負う（外傷性脳損傷）と、さまざまな障害が出現することがある。これらの障害により日常生活や社会生活に制約が生じる状態を高次脳機能障害といい、次のようなものがある。

記憶**障害**	新しいことを覚えられない。同じことを繰り返し質問する。物を置き忘れる
注意**障害**	ぼんやりしてミスを多発。２つのことを同時に行うと混乱。作業を長く続けられない
遂行機能**障害**	自分で計画を立てて物事を実行することができない
社会的行動**障害**	興奮、暴力、大声、自己中心的
半側空間無視	損傷した脳の部位の反対側（障害されている側）のものを認識せず、見落としてしまう
失語・失行・失認	話すことや言葉の理解が難しい（失語）、思うような動作（着替えなど）ができない（失行）、見たり聞いたりしたことがわからない（失認）

次のうち、脳血管性認知症の特徴的な症状として、**適切なもの**を**2つ**選びなさい。

1 パーキンソン症状

2 まだら認知症

3 幻視

4 感情失禁

5 常同行動

認知症に関する次の記述のうち、**正しいもの**を**1つ**選びなさい。

1 アルツハイマー型認知症では、感情失禁が特徴的な症状である。

2 脳血管性認知症では、まだら認知症が特徴的な症状である。

3 レビー小体型認知症では、幻聴が特徴的な症状である。

4 前頭側頭型認知症では、人格変化は生じにくい。

5 クロイツフェルト・ヤコブ病では、梅毒病原体が原因となる。

解答・解説

問題25

1　×　パーキンソン症状は、**レビー小体型認知症**の特徴的な症状です。

2　○　症状にバラツキやムラがある**まだら認知症**は、脳血管性認知症の特徴的な症状です。

3　×　幻視は、**レビー小体型認知症**の特徴的な症状です。

4　○　感情をコントロールすることがうまくできず、喜びや怒りなどの感情が簡単に多く出て、自分の意思では抑えられない状態になる**感情失禁**は、脳血管性認知症の特徴的な症状です。

5　×　常同行動は、前頭側頭型認知症の特徴的な症状です。

正解　2・4

問題26

1　×　感情失禁がみられる認知症は、脳血管性認知症です。アルツハイマー型認知症では、感情失禁とは対照的な**感情の平板化**がみられます。

2　○　記述のとおり、まだら認知症は、精神機能の低下が一様ではなく、**不均一な**侵され方をします。これを比喩的に**まだら状**と称しています。脳血管性認知症では、記憶障害は高度ですが、判断力や理解力は保持される傾向にあります。

3　×　レビー小体型認知症は、**具体的で鮮明な幻視**が特徴です。その他、**パーキンソン症状**もみられ、転倒に注意が必要です。幻聴が特徴的な精神疾患は、**統合失調症**です。

4　×　前頭側頭型認知症の特徴として、発症初期から**人格水準の低下**が目立つとされています。初老期の発症が多いのも特徴的です。

5　×　クロイツフェルト・ヤコブ病は、脳に**異常たんぱく（プリオン）**が蓄積することで発症する疾患です。

正解　2

ポイント
チェック

認知症の主な原因疾患

疾患	原因	症状の特徴
アルツハイマー型認知症	脳の萎縮	●徐々に進行。女性に多い ●知能の全般的な低下、人格の変化 ●もの盗られ妄想、実行機能障害、記憶障害など
血管性認知症	脳血管疾患	●段階的に進行。男性に多い ●まだら認知症、感情失禁、片麻痺など
レビー小体型認知症	脳の神経細胞にレビー小体ができる	●日内変動を認める。男性に多い ●具体的な幻視、パーキンソン症状など
前頭側頭型認知症	大脳の前頭葉と側頭葉の萎縮	●初期から人格の変化 ●意欲の低下、反社会的行動、常同行動、滞続言語など

問題27 C ┃ 35-7 ┃ ADHDの概要

注意欠如・多動症（ADHD）に関する次の記述のうち、**最も適切なものを1つ**選びなさい。

1 学童期の有病率はおよそ20%とされている。

2 多動性の症状は、青年期及び成人期には改善することが多い。

3 学校での症状が主であり、家庭では症状がみられないことが多い。

4 精神疾患の診断・統計マニュアル（DSM-5）では、4歳以前に症状があることを診断基準としている。

5 治療としては、薬物療法が第一選択となることが多い。

問題28 C ┃ 34-5 ┃ 双極性障害

次のうち、双極性障害の躁状態に特徴的な症状として、**最も適切なものを1つ**選びなさい。

1 体感幻覚

2 作為体験

3 日内変動

4 誇大妄想

5 思考途絶

問題29 A ┃ 30-6 ┃ 精神疾患の診断・統計マニュアル（DSM）

精神疾患の診断・統計マニュアル（DSM-5）において、「統合失調症」と診断するための5つの症状に含まれているものはどれか。**正しいものを1つ**選びなさい。

1 まとまりのない発語

2 観念奔逸

3 強迫行為

4 抑うつ気分

5 不眠または過眠

問題27

1　×　ADHDの学童期の有病率は**3〜7％**とされています。

2　○　記述のとおりです。青年期、成人期には有病率は**2〜2.5%**に低下します。

3　×　学校に限らず、学校、職場、その他の活動中など**2つ以上の状況**で**不注意、多動、衝動性**がみられる場合にADHDと診断されます。

4　×　DSM-5では、症状のいくつかが**12歳以前**より認められることが診断基準にあげられています。

5　×　ADHDの治療は、まず**環境**への働きかけや、**行動療法**などの**心理社会的治療**から始め、それでも改善がみられない場合、薬物療法もあわせて行います。

正解　2

問題28

1　×　体感幻覚は、実際にはあり得ないようなことを身体に感じる幻覚のことで、**統合失調症**でみられます。

2　×　作為体験とは、自分の行動が誰かに操られているように感じることで、**統合失調症**でみられます。

3　×　日内変動とは、症状が1日のなかでも大きく変動することをいい、双極性障害では、**うつ状態**に特徴的な症状です。

4　○　記述のとおりです。誇大妄想は、双極性障害で躁状態にあるときの特徴的な症状です。

5　×　思考途絶は、**統合失調症**でみられる症状です。

正解　4

問題29

1　○　DSM-5では、持続的な徴候が少なくとも6か月間存在し、妄想、幻覚、**まとまりのない発語**、ひどくまとまりのない行動、陰性症状のうち2つ以上が1か月ほとんど常に存在することが、**統合失調症**の診断基準となっています。

2　×　**観念奔逸**は、次々に考えが湧いてきて思考が定まらないことをいい、DSM-5では、**双極性及び関連障害**の躁病エピソード（症状が発症している状態）の症状などに挙げられています。

3　×　**強迫行為**は、DSM-5では、**強迫性障害**の症状などに挙げられています。

4　×　**抑うつ気分**は、DSM-5では、**抑うつ障害・うつ病性障害**の大うつ病性障害エピソードの症状などに挙げられています。

5　×　**不眠または過眠**は、DSM-5では、**抑うつ障害・うつ病性障害**の大うつ病性障害エピソードの症状などに挙げられています。

正解　1

DSM-5では、列挙されている具体的な症状から病名を診断する操作的診断基準が設定されています。

B 34-7 リハビリテーションの概念と範囲

リハビリテーションに関する次の記述のうち、**最も適切なもの**を1つ選びなさい。

1　リハビリテーションに関わる専門職に管理栄養士は含まれないとされている。
2　嚥下障害のリハビリテーションは視能訓練士が行う。
3　障害者の就労支援はリハビリテーションに含まれないとされている。
4　フレイルはリハビリテーションの対象に含まれる。
5　先天性の障害はリハビリテーションの対象に含まれないとされている。

B 32-7 リハビリテーションの概念と範囲

近年のリハビリテーションに関する次の記述のうち、**適切なもの**を1つ選びなさい。

1　がんは、リハビリテーションの対象とはならない。
2　内部障害は、リハビリテーションの対象とはならない。
3　脳卒中のリハビリテーションは、急性期、回復期、生活期（維持期）に分けられる。
4　リハビリテーションは、機能回復訓練に限定される。
5　リハビリテーションを担う職種には、言語聴覚士は含まれない。

B 26-7 リハビリテーションの概念と範囲

リハビリテーションに関する次の記述のうち、**正しいもの**を1つ選びなさい。

1　温熱療法などの物理療法は、作業療法に含まれる。
2　作業療法は、身体又は精神に障害のある者に対して行われる。
3　理学療法と作業療法は、脳血管障害発症後の急性期には行わない。
4　リハビリテーションには、教育や職業などの分野は含まれない。
5　リハビリテーション医学では、障害の予防や再発予防は取り扱われない。

問題30

1　×　管理栄養士は、身体状況や栄養状態に応じた、高度の専門的知識・技術を必要とする**栄養指導**などに携わる専門職で、リハビリテーションにも関わります。

2　×　嚥下障害のリハビリテーションは、**言語聴覚士**が行います。

3　×　障害者の就労支援は、**職業リハビリテーション**に含まれます。

4　○　フレイル（**虚弱**）とは、高齢になって、筋力や活動が低下している状態をいいます。**健康と病気の中間**の段階で、**進行すると寝たきりや廃用症候群**になるおそれがあるため、リハビリテーションの対象に含まれます。

5　×　先天性の障害があっても、残存機能の発達や、障害の進行を遅らせるなど、さまざまな視点でリハビリテーションの対象となります。

正解　4

問題31

1　×　がんは、リハビリテーションの対象となります。

2　×　内部障害は、リハビリテーションの対象となります。

3　○　脳卒中などの疾病や障害に対する**医学的リハビリテーション**は、「**急性期**」「**回復期**」「**維持期（生活期）**」の3段階に分けられます。

4　×　リハビリテーションは、機能回復訓練のみならず、精神機能を回復させ、さらにはその周囲の環境を整えるという、人間らしく生きる権利の回復（全人間的復権）を目指すものです。

5　×　言語聴覚士は、リハビリテーションの専門職として、**失語症**、**構音障害**、**摂食・嚥下機能障害**などのある人に対して、検査、訓練及び助言、指導その他の援助などを行います。

正解　3

問題32

1　×　物理療法は理学療法に含まれます。物理療法には**温熱療法**、**電気療法**、**牽引療法**、**光線療法**などがあります。

2　○　理学療法士及び作業療法士法第2条第2項に作業療法とは、「身体又は精神に障害があるものに対し、主としてその**応用的動作能力**又は**社会適応能力**の回復を図るため、手芸、工作、その他の作業を行なわせることをいう」と規定されています。

3　×　リハビリテーションは、急性期においても、患者の状況に応じて**早期から実施**することが一般的です。

4　×　リハビリテーションには、**教育的リハビリテーション**、**医学的リハビリテーション**、**職業的リハビリテーション**、**社会的リハビリテーション**の4つの分野があります。

5　×　リハビリテーション医学では、障害の予防、再発の予防も重要な目的の1つです。

正解　2

問題33　A　35-3　疾病予防の概念

次のうち、疾病の予防に関する記述として、**正しいもの**を1つ選びなさい。

1　特定健康診査は一次予防である。

2　糖尿病予防教室は一次予防である。

3　ワクチン接種は二次予防である。

4　リハビリテーションは二次予防である。

5　胃がんの手術は三次予防である。

問題34　B　33-3　健康の概念と健康増進

健康の概念と健康増進に関する次の記述のうち、**正しいもの**を1つ選びなさい。

1　WHOは、健康を身体的、精神的、社会的、スピリチュアルに良好な状態と定義した。

2　「健康日本21」は、一次予防を重視している。

3　健康増進法は、生活習慣病対策を含まない。

4　健康増進は、一次予防には該当しない。

5　健康寿命とは、平均寿命を超えて生存している期間をいう。

問題35　B　31-4　健康に関する基礎知識

健康に関する次の記述のうち、**正しいもの**を1つ選びなさい。

1　一次予防とは、疾病の悪化を予防することである。

2　日本の特定健康診査は、メタボリックシンドロームに着目した健康診査である。

3　「健康日本21（第二次）」の基本的方向は、平均寿命の延伸である。

4　現在、日本の死因の第1位は心疾患である。

5　WHOが提唱したヘルスプロモーションは、ヘルシンキ宣言において定義された。

解答・解説

問題33 疾病の予防には、一次予防（健康増進と疾病の発症そのものを予防）、二次予防（疾患の早期発見）、三次予防（疾患の治療と回復）があります。

| × 特定健康診査は、**二次予防**です。
2 ○ 記述のとおりです。疾病の**発症**そのものを予防する一次予防に該当します。
3 × ワクチン接種は、**一次予防**です。
4 × リハビリテーションは、**三次予防**です。
5 × 胃がんの手術は、**二次予防**です。

正解 **2**

問題34

| × WHOは、健康を、「完全な**肉体的、精神的及び社会的福祉**（**ウェルビーイング**）の状態であり、単に疾病または病弱の存在しないことではない」と定義しています。
2 ○ 記述のとおりです。一次予防とは、**健康増進**と疾病の**発症そのものを予防**することをいいます。
3 × 健康増進法では、国や地方公共団体に生活習慣病対策の推進について、さまざまな責務を定めています。
4 × **解説2**のとおりです。
5 × 健康寿命とは、健康上の問題で日常生活が制限されることなく、**自立した生活ができる期間**をいいます。

正解 **2**

問題35

| × 一次予防とは、健康増進と疾病の**発症**そのものを予防することです。
2 ○ 記述のとおりです。特定健康診査は、40歳以上75歳未満の医療保険加入者（被保険者・被扶養者）を対象に、身体計測、血圧測定、尿検査、血液検査などが行われます。特定健康診査の結果、生活習慣などの改善が必要とされた人に対して特定保健指導が行われます。
3 × 「健康日本21（第二次）」の基本的方向は、**健康寿命**の延伸です。
4 × 「令和4年（2022）人口動態統計（確定数）の概況」（厚生労働省）によると、日本の死因順位の第1位は悪性新生物（腫瘍）で、第2位が心疾患、第3位は**老衰**となっています。
5 × ヘルスプロモーションは、1986年に**オタワ**憲章で提唱されたもので、人々が自らの**健康**とその**決定要因**を**コントロール**し、改善することができるようにする**プロセス**と定義されています。

正解 **2**

ポイントチェック一覧

共通
CHAPTER

2

心理学と心理的支援

問題1 C 29-8 心と脳

次の記述のうち、大脳の前頭葉の説明として、**最も適切なもの**を1つ選びなさい。

1 計画、判断、評価、創造などの高次精神活動に関係する。

2 身体位置の空間的認識に関係する。

3 聞こえた音を識別する聴覚機能に関係する。

4 視覚と眼球運動に関係する。

5 情動調節や記憶形成に関係する。

問題2 C 29-9 感情

気分に関する次の記述のうち、**最も適切なもの**を1つ選びなさい。

1 生起した原因は曖昧である。

2 はっきりした生理的な反応を伴う。

3 急激に生起し数秒間で消失する。

4 典型例は怒りである。

5 表情にはっきりと表れやすい。

問題3 A 33-8 マズローの欲求階層説

マズロー（Maslow, A.）による人間の欲求階層又は動機づけに関する理論について、次の記述のうち、**最も適切なもの**を1つ選びなさい。

1 階層の最下位の欲求は、人間関係を求める欲求である。

2 階層の最上位の欲求は、自尊や承認を求める欲求である。

3 階層の下から3番目の欲求は、多くのものを得たいという所有の欲求である。

4 自己実現の欲求は、成長欲求（成長動機）といわれる。

5 各階層の欲求は、より上位の階層の欲求が充足すると生じる。

解答・解説

問題1

1　○　記述のとおりです。前頭葉は、**意思決定**や**情動**のコントロールに関係します。

2　×　身体位置の空間的認識に関係するのは、**頭頂葉**です。

3　×　聴覚機能に関係するのは、**側頭葉**です。

4　×　視覚と眼球運動に関係するのは、**後頭葉**です。

5　×　情動調節に関係するのは、大脳辺縁系の**扁桃体**や**帯状回**、記憶形成に関係するのは**海馬**などです。

正解　1

問題2

1　○　気分は、比較的**持続時間が長く**、弱い感情の変化で、生起する原因は明確ではありません。

2　×　はっきりした生理的な反応を伴うのは、情動（情緒）です。

3　×　急激に生起し数秒間で消失するのは、情動（情緒）です。

4　×　喜怒哀楽などは、情動（情緒）です。

5　×　表情にはっきりと表れるなど、身体的な反応を伴うのは、情動（情緒）です。

正解　1

問題3

1　×　マズローの欲求階層説の階層の最下位の欲求は、**生理的欲求**（食欲・睡眠・排泄などの生命維持に関わる欲求）です。

2　×　マズローの欲求階層説の階層の最上位の欲求は、**自己実現の欲求**（自分の可能性を最大限に生かし、あるべき姿になりたいという欲求）です。

3　×　マズローの欲求階層説の階層の下から3番目の欲求は、**所属・愛情の欲求**（家族などに所属し愛されたい欲求）です。

4　○　記述のとおりです。それ以外の欲求は、**欠乏欲求**といわれます。

5　×　マズローは、各階層の欲求は、下位の欲求が満たされることで、次の段階の欲求が出現するとしました。

正解　4

ポイントチェック

マズローの欲求階層説

第1段階	生理的欲求。人間の生命の維持に関わる、本能的な欲求
第2段階	安全の欲求。住居や健康など、安全の維持を求める欲求
第3段階	所属・愛情の欲求。家族や社会などの集団に所属し、愛されたいという欲求
第4段階	承認・自尊の欲求。他者から認められ、尊敬されたいという欲求
第5段階	自己実現の欲求。自分の可能性を最大限に生かし、あるべき姿になりたいという欲求

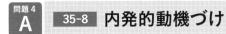

問題 4 A | 35-8 | **内発的動機づけ**

次の記述のうち、内発的動機づけとして、**最も適切なもの**を1つ選びなさい。

1 大学の入試の要件となっているため、英語外部検定を受検した。

2 叱責されないように、勉強に取り掛かった。

3 授業中、寒いので、窓を閉めた。

4 お腹が減ったので、席を立って食事に行った。

5 投資に偶然興味を持ったので、勉強した。

問題 5 A | 33-9 | **知覚**

知覚に関する次の記述のうち、**最も適切なもの**を1つ選びなさい。

1 外界の刺激を時間的・空間的に意味のあるまとまりとして知覚する働きを、知覚の体制化という。

2 明るい場所から暗い場所に移動した際、徐々に見えるようになる現象を、視覚の明順応という。

3 個人の欲求や意図とは関係なく、ある特定の刺激だけを自動的に抽出して知覚することを、選択的注意という。

4 水平線に近い月の方が中空にある月より大きく見える現象を、大きさの恒常性という。

5 二つの異なる刺激の明るさや大きさなどの物理的特性の違いを区別することができる最小の差異を、刺激閾という。

解答・解説

問題4

1　×　大学入試が報酬となった、**外発的動機づけ**による行動です。

2　×　叱責という罰が誘因となった、**外発的動機づけ**による行動です。

3　×　記述は、**生理的動機づけ**による行動です。

4　×　記述は、**生理的動機づけ**による行動です。

5　○　行為そのものに喜びを感じる、**内発的動機づけ**による行動です。

正解　5

問題5

1　○　記述のとおりです。無秩序に見えるものを意味づけて、まとまりのあるものへとつくり上げる働きで、**ルビンの杯**などがその一例です。

2　×　記述は、**暗順応**の説明です。**明順応**は、暗い場所から明るい場所に移動した際、徐々に見えるようになる現象をいいます。

3　×　選択的注意とは、多くの刺激から**自分に関係する情報だけを選択**して知覚することをいいます。

4　×　**大きさの恒常性**は、遠くにいる人は小さく見えるが、その人自身が小さくなったとは感じないといったように、刺激が物理的に変化をしても、その刺激そのものの性質（大きさ、形、色、明るさ）を保とうとする働き（**知覚の恒常性**）をいいます。

5　×　刺激閾（絶対閾）とは、刺激を感じることのできる**最小の量**のことをいいます。記述は、**弁別閾（丁度可知差異）**の説明です。

正解　1

ポイント チェック

主な知覚の働き

　知覚とは感覚情報を基にして外界の様子を知る働きのことをいう。人が利用する知覚情報の約8割が視覚情報だといわれている。知覚の働きには、次のものがある。

明順応	暗い場所から急に明るい場所に移動したときに徐々に明るさに慣れること
暗順応	明るい場所から急に暗い場所に移動したときに徐々に暗さに慣れること
知覚の体制化	無秩序に見えるものを意味づけて、まとまりのあるものへとつくり上げること
知覚の恒常性	刺激が物理的に変化をしても、その刺激そのものの性質（大きさ、形、色、明るさ）を保とうとする働き 例 遠くにいる人は小さく見えるが、その人自身が小さくなったとは感じない（大きさの恒常性）
錯視	目の錯覚のことで、刺激の大きさや形、色、明るさなどが刺激の物理的性質と異なって見える状態
知覚的補完	知覚情報が物理的に一部不足しているが、その不足した情報を補って知覚すること

問題6 A `34-8` レスポンデント条件づけ

次の記述のうち、レスポンデント（古典的）条件づけの事例として、**最も適切なもの**を1つ選びなさい。

1 デイサービスの体験利用をしたら思ったよりも楽しかったので、継続的に利用するようになった。

2 自動車を運転しているときに事故に遭ってから、自動車に乗ろうとすると不安な気持ちを強く感じるようになった。

3 試験前に時間をかけて勉強することで高得点が取れたので、次の試験前にも勉強に時間をかけるようになった。

4 おもちゃを乱暴に扱っていた子どもに注意をしたら、優しく扱うようになった。

5 工事が始まって大きな音に驚いたが、しばらく経つうちに慣れて気にならなくなった。

問題7 C `32-8` 馴化

次のうち、馴化（じゅんか）による行動の記述として、**適切なもの**を1つ選びなさい。

1 同じ大きな音が繰り返されるにつれて、驚愕（きょうがく）反応が小さくなった。

2 乳児に新しいおもちゃを見せたら、古いおもちゃよりも長く注視した。

3 まぶたにストローで空気を吹き付けると、思わずまばたきした。

4 食あたりした後に、その食べ物を見るだけで吐き気がするようになった。

5 うまくできたら褒めることで、ピアノの練習に取り組むようになった。

問題8 A `34-9` 展望的記憶

記憶に関する次の記述のうち、展望的記憶の事例として、**最も適切なもの**を1つ選びなさい。

1 日本で一番大きな湖は琵琶湖（びわこ）だと知っていた。

2 以前行ったことがあるケーキ屋の場所を、思い出すことができた。

3 子どもの頃に鉄棒から落ちてケガしたことを、思い出した。

4 10年ぶりに自転車に乗ったが、うまく乗ることができた。

5 友人と遊園地に行く約束をしていたので、朝から出掛けた。

解答・解説

問題6

1　×　記述は、思ったよりも楽しかったという**正の強化子**により、継続的に利用という**行動が促進**される**オペラント（道具的）条件づけ**の事例です。

2　○　自動車事故という経験が、自動車という**条件刺激**が不安という**条件反応**を形成した、レスポンデント（古典的）条件づけの事例です。

3　×　高得点が**正の強化子**となった、**オペラント（道具的）条件づけ**の事例です。

4　×　注意が**負の強化子**となった、**オペラント（道具的）条件づけ**の事例です。

5　×　大きな音という同一の刺激が繰り返されたことにより、気にならなくなったという、その刺激に対する反応が段階的に低下していく馴化の事例です。

正解　2

問題7

1　○　馴化とは、同一の刺激を繰り返すことにより、その刺激に対する反応が段階的に低下していく現象（馴れ、慣れ）をいいます。

2　×　記述は、馴化した刺激（古いおもちゃ）に対して新しい刺激（新しいおもちゃ）を見せると、注視時間が増加する脱馴化の行動です。

3　×　記述は、反射性まばたきです。

4　×　記述は、食べ物の味に食あたりという条件刺激が結びついて条件反応としてその食べ物を見るだけで吐き気がするという**味覚嫌悪条件づけ**と呼ばれる、**レスポンデント条件づけ**の一種です。

5　×　記述は、褒められることが**正の強化子**となり、ピアノの練習という行動が促進されるという**オペラント条件づけ**の行動です。

正解　I

問題8

1　×　記述は、ものごとの意味や概念などの知識としての記憶である、**意味記憶**の事例です。

2　×　記述は、過去に自分が経験した出来事についての記憶である、**エピソード記憶**の事例です。

3　×　記述は、自分自身にとって関係の深い出来事についての記憶である、**自伝的記憶**の事例です。

4　×　記述は、体で覚えた記憶である、**手続き記憶**の事例です。

5　○　記述のとおりです。**展望的記憶**は、今後の予定や約束など未来で行うことに関する記憶のことをいいます。

正解　5

記憶に関する次の記述のうち、**正しいものを１つ**選びなさい。

1　手続き記憶とは、覚えた数個の数字を逆唱するときに用いられる記憶である。

2　感覚記憶とは、自転車に乗ったり楽器を演奏したりするときの技能に関する記憶である。

3　展望的記憶とは、「いつ」、「どこで」、「何をしたか」というような、個人の経験に関する記憶である。

4　エピソード記憶とは、「明日の３時に友人と会う」というような、将来の予定や約束に関する記憶である。

5　意味記憶とは、「日本の都道府県の数は47である」というような、一般的な知識に関する記憶である。

前期高齢者（65～74歳）における認知機能や知的機能の一般的な特徴について、**適切なものを１つ**選びなさい。

1　作動記憶の機能は、加齢による影響が顕著にみられる。

2　エピソード記憶の機能は、加齢による影響がほとんどみられない。

3　意味記憶の機能は、加齢による影響が顕著にみられる。

4　流動性知能は、加齢による影響がほとんどみられない。

5　結晶性知能は、加齢による影響が顕著にみられる。

パーソナリティの理論に関する次の記述のうち、**正しいものを１つ**選びなさい。

1　クレッチマー（Kretschmer, E.）は、特性論に基づき、体格と気質の関係を示した。

2　ユング（Jung, C.）は、外向型と内向型の二つの類型を示した。

3　オールポート（Allport, G.）は、パーソナリティの特性を生物学的特性と個人的特性の二つに分けた。

4　キャッテル（Cattell, R.）は、パーソナリティをリビドーにより説明した。

5　５因子モデル（ビッグファイブ）では、外向性、内向性、神経症傾向、開放性、協調性の５つの特性が示されている。

解答・解説

問題9

1 ✕ 手続き記憶とは、自転車の運転技能など**身体で覚えた記憶**です。記述は、**作動記憶（ワーキングメモリー）**です。

2 ✕ 感覚記憶とは、外部からの**視覚的刺激**や、音の特徴（**聴覚的刺激**）をそのままの形で数秒程度保持する記憶です。

3 ✕ 展望的記憶とは、今後の**予定**や**約束**など未来で行うことに関する記憶です。

4 ✕ エピソード記憶とは、過去に自分が経験した**出来事**についての記憶です。

5 ◯ 記述のとおりです。

正解 | 5 |

問題10

1 ◯ 記述のとおりです。**作動記憶**とは、計算問題を解く場合、計算に必要な数字を覚えておきながら計算するなど、短い時間あることを記憶にとどめておくことと同時に、頭の中で**認知的**な作業も行うことです。

2 ✕ 過去に自分が経験した出来事についての記憶である**エピソード記憶**は、加齢による影響が顕著にみられます。

3 ✕ ものごとの意味や概念などの知識としての記憶である**意味記憶**は、加齢による影響がほとんどみられません。

4 ✕ 新しいことを学ぶ、新しい場面に適応するために活用される能力である**流動性知能**は、記憶力や計算力など、生まれもった能力に左右されるため、加齢によって低下しやすくなります。

5 ✕ 教育や学習、人生経験の積み重ねによって、成長していく能力である**結晶性知能**は、理解力や判断力などが含まれ、加齢による影響が少なく、長期にわたって維持されます。

正解 | 1 |

問題11

1 ✕ クレッチマーの体格と気質を関連づけたパーソナリティの理論は、**類型論**です。

2 ◯ 記述のとおりです。ユングは、**心的エネルギー**の方向によってパーソナリティを外向型と内向型に分類しました。

3 ✕ オールポートは、パーソナリティを、多くの人がもつ**共通特性**と、ある個人だけがもつ**個人特性**に分類しました。

4 ✕ キャッテルは、行動の特徴を示す特性を**因子分析**し、その表面的行動の背後にある人格の**根源特性**を読み取ることで、パーソナリティを明らかにしようとしました。

5 ✕ ゴールドバーグは、5因子モデル（ビッグファイブ）として、人間誰しもが普遍的にもっているであろう特性として、❶**外向性**、❷**神経症傾向**、❸**開放性**、❹**協調性**、❺**誠実性**、の5つを示しました。

正解 | 2 |

問題12 C　35-9　5因子モデル（ビッグファイブ）

次の記述のうち、性格特性の5因子モデル（ビッグファイブ）の1つである外向性の特徴として、**最も適切なもの**を1つ選びなさい。

1　ささいなことで落ち込みやすい。
2　新しいことに好奇心を持ちやすい。
3　他者に対して親切である。
4　他者との交流を好む。
5　責任感があり勤勉である。

問題13 B　33-10　集団・他者影響、対人認知

社会的関係において生じる現象に関する次の記述のうち、**最も適切なもの**を1つ選びなさい。

1　初対面の人の職業によって、一定のイメージを抱いてしまうことを、同調という。
2　相手に能力があると期待すると、実際に期待どおりになっていくことを、ハロー効果という。
3　頻繁に接触する人に対して、好意を持ちやすくなることを、単純接触効果という。
4　外見が良いことによって、能力や性格など他の特性も高評価を下しやすくなることを、ピグマリオン効果という。
5　集団の多数の人が同じ意見を主張すると、自分の意見を多数派の意見に合わせて変えてしまうことを、ステレオタイプという。

解答・解説

【問題12】

1　✕　記述は、**神経症傾向**の特徴です。

2　✕　記述は、**開放性**の特徴です。

3　✕　記述は、**協調性**の特徴です。

4　〇　記述のとおりです。他者との交流を好むのは、**外向性**の特徴です。

5　✕　記述は、**誠実性**の特徴です。

正解 | 4 |

【問題13】

1　✕　**同調（行動）**とは、集団において多数派の意見や期待に合わせて、個人の意見や行動が変化することをいいます。

2　✕　ハロー効果とは、ある側面で望ましい（望ましくない）特徴をもっていると、**他の面への評価も同様**に望ましい（望ましくない）ものとなることをいいます。

3　〇　記述のとおりです。

4　✕　ピグマリオン効果とは、自分がある相手に**期待**をかけることにより、自然と相手がその期待に沿った行動をとるように変化することをいいます。

5　✕　ステレオタイプとは、多数の人に**浸透**し、**固定化**したイメージのことをいいます。

正解 | 3 |

ポイント チェック

集団・他者影響、対人認知

　上記のほか、集団から受ける影響や対人認知に関する理論には、次のようなものがある。

社会的促進	単純な作業を集団で行うと作業量が向上すること
社会的抑制	複雑な作業を集団で行うと作業量が低下すること
社会的手抜き	集団作業の成果が自分に対する影響が小さいと判断した場合、個人の作業量や努力が低下すること
社会的補償	集団作業の成果が自分に対する影響が大きいと判断された場合、個人の作業量や努力が向上すること
社会的ジレンマ	集団の成員の多くが個人の利益を追求することで、集団全体として大きな不利益となる結果が生じること
傍観者効果	緊急な救助を必要としている人がいる場面では、そこに居合わせた人の数が多ければ多いほど救助されにくくなる現象
ホーソン効果	自分が関心をもつ人や期待に応えたいという思いから、作業効率が上がること

集団における行動に関する次の記述のうち、傍観者効果の事例として、**最も適切なものを1つ選び**なさい。

1 作業をするときに見学者がいることで、一人で行うよりも作業がはかどった。

2 革新的な提案をチームで議論したが、現状を維持して様子を見ようという結論になってしまった。

3 路上でケガをしたために援助を必要とする人の周囲に大勢の人が集まったが、誰も手助けしようとしなかった。

4 チームで倉庫の片付けに取り組んだが、一人ひとりが少しずつ手抜きをした結果、時間までに作業が完了せず、残業になってしまった。

5 リーダーがチームの目標達成を重視しすぎることで、チームの友好的な雰囲気が損なわれ、チームワークに関心がないメンバーが増えてしまった。

防衛機制に関する次の記述のうち、**正しいものを1つ選び**なさい。

1 父から叱られ腹が立ったので弟に八つ当たりした。これを置き換えという。

2 攻撃衝動を解消するためにボクシングを始めた。これを補償という。

3 苦手な人に対していつもより過剰に優しくした。これを投影という。

4 飛行機事故の確率を調べたら低かったので安心した。これを合理化という。

5 失敗した体験は苦痛なので意識から締め出した。これを昇華という。

適応機制に関する次の記述のうち、**最も適切なものを1つ選び**なさい。

1 抑圧とは、現在の発達段階より下の発達段階に逆戻りして、未熟な言動を行うことをいう。

2 昇華とは、ある対象に対して持っていた本来の欲求や本心とは反対の言動をとることをいう。

3 退行とは、苦痛な感情や社会から承認されそうもない欲求を、意識の中から閉め出す無意識的な心理作用のことをいう。

4 合理化とは、自分がとった葛藤を伴う言動について、一見もっともらしい理由づけをすることをいう。

5 反動形成とは、社会から承認されそうもない欲求を、社会から承認されるものに置き換えて充足させることをいう。

解答・解説

問題14

1　×　記述は、**社会的**促進の事例です。

2　×　記述は、**集団**極化の**コーシャス・シフト**の事例です。

3　○　記述のとおりです。

4　×　記述は、**社会的手抜き**の事例です。

5　×　記述は、**三隅二不二のPM理論のPm型**（目標達成に対する指向は強いが、集団の維持には向かない）の事例です。

正解　3

問題15　心理的に適応状態を保つためにとられる行動のことを防衛機制（適応機制）といいます。

1　○　記述のとおりです。置き換えとは、ある対象に対して感情や欲求を表明するのが難しいとき、**ほかの対象に向けて表明**することです。

2　×　補償とは、劣等感や欲求不満を力の源にして、その原因を取り除こう（**直接補償**）としたり、違う方向性を見出す（**間接補償**）ことで劣等感などに対処することです。

3　×　投影とは、自分のなかにある欲求や感情が**他人のなかにもあるように思う**ことです。記述は、反動形成です。

4　×　合理化とは、欠点や失敗を**正当化**したいがために、自分にとって都合の良い理由をつけて説明することです。

5　×　昇華とは、そのままでは満たされにくい欲求や衝動を、**より高次**の価値がある、**社会的**に容認されるような形で満たそうとすることです。

正解　1

問題16

1　×　抑圧とは、認めたくない欲求や感情を**無意識に押し込めて意識しないようにする**ことです。記述は、退行の説明です。

2　×　昇華とは、そのままでは満たされにくい欲求や衝動を**社会的に認められる形**で満たそうとすることです。記述は、反動形成の説明です。

3　×　**退行**は、選択肢1の適応機制を指します。例えば、弟や妹が生まれると、兄や姉は甘えたいという思いから、泣いたりして気を引こうとするような行動です。記述は、抑圧の説明です。

4　○　記述のとおりです。**合理化**とは、例えば、テストの結果が悪かったときに「試験時は体調不良だったから」などと言い訳をするような行動のことです。

5　×　**反動形成**は、選択肢2の適応機制を指します。例えば、好きな子に意地悪をしてしまうような行動のことです。

正解　4

問題17 B　28-12　発達の概念

遺伝と環境に関する学説として、**正しいものを1つ**選びなさい。

1　成熟優位説では、学習を成立させるために必要なレディネスを重視する。

2　環境優位説では、周囲への働きかけや環境及び出生前の経験を重視する。

3　輻輳説（ふくそうせつ）では、発達は遺伝的要因と環境的要因の引き算的な影響によるとした。

4　環境閾値説（いきちせつ）では、心理的諸特性が顕在化するには固有の人格特性があるとした。

5　行動遺伝学では、遺伝と環境の関係を地域環境の側面から統計的手法で見積もる。

問題18 B　34-10　ピアジェの発達理論

ピアジェ（Piaget, J.）の発達理論に関する次の記述のうち、**最も適切なものを1つ**選びなさい。

1　感覚運動期には、「ごっこ遊び」のようなシンボル機能が生じる。

2　前操作期には、元に戻せば最初の状態になることが理解され、可逆的操作が可能になる。

3　前操作期には、自分の行動について、手段と目的の関係が理解できるようになる。

4　具体的操作期には、コップから別の容器に水を移したときに液面の高さが変化しても、量は変わらないことが理解できる。

5　形式的操作期には、思考の自己中心性が強くみられる。

解答・解説

問題17

1 ○ 記述のとおり、成熟優位説は、学習を成立させるために**心身の発達の準備状態（レディネス）**ができていることが重要とする考え方です。

2 ✕ 環境優位説では、周囲への働きかけや環境を重視しますが、**出生前の経験は重視されません**。

3 ✕ 輻輳説は、発達は**遺伝的要因**と**環境的要因**の「足し算」的な影響によると考えます。

4 ✕ 環境閾値説は、発達における**遺伝的要因**と**環境的要因**の影響に関する説です。「固有の人格特性」の説明ではありません。

 成熟優位説は**ゲセル**、環境優位説は**ワトソン**、輻輳説は、**シュテルン**、環境閾値説は**ジェンセン**が主な提唱者です。

5 ✕ 行動遺伝学は、「**遺伝と行動**」の関係をみる分野のことです。

正解 | 1 |

問題18

1 ✕ 「ごっこ遊び」は、**前操作期**でみられます。

2 ✕ 可逆的操作が可能になるのは、**具体的操作期**です。

3 ✕ 手段と目的の関係が理解できるようになるのは、**感覚運動期**です。

4 ○ 記述のとおりです。具体的操作期には、数量の保存の理解ができるようになります。

5 ✕ 思考の自己中心性が強くみられるのは、**前操作期**の特徴です。

正解 | 4 |

ポイント チェック

ピアジェの発達理論

ピアジェは、子どもの発達を、認知・思考という観点から、4つの段階に分類した。

発達段階	発達の特徴
感覚運動期 （0～2歳）	●生得的な運動能力（泣く・握る・吸うなど）を使い、外界に働きかけて学んでいく段階 ●対象の永続性の獲得（6～8か月頃） 　目の前からそれまで見えていた物や人がなくなっても、この世から消え去ったわけではないことを理解できるようになる→「いないいないばあ」をすると喜ぶようになる
前操作期 （2～7歳）	模倣などの象徴的思考と、見た目により判断をする直感的思考が特徴→自己中心的な思考が見られることが特徴。ごっこ遊びなどが盛んになる一方で、見た目に惑わされやすい時期であり、数量の保存課題ができない
具体的操作期 （7～11歳）	●可逆的な操作（加えたり引いたりすること）で理解ができる段階 ●数量の保存の理解ができるようになる ●抽象的な概念（愛・平和など）は理解しにくく、先を予測した行動はまだ難しい
形式的操作期 （11歳以降）	抽象的な概念の理解が進み、実際に行ってみなくても危険性や可能性を考えることができる

エリクソン（Erikson, E.）の発達段階説における各発達段階の課題に関する次の記述のうち、**最も適切なもの**を１つ選びなさい。

1　乳児期では、自発性の獲得である。

2　幼児期後期では、信頼感の獲得である。

3　学童期（児童期）では、親密性の獲得である。

4　青年期では、自律感の獲得である。

5　老年期では、統合感の獲得である。

愛着理論に関する次の記述のうち、**適切なもの**を１つ選びなさい。

1　乳幼児期の愛着の形成により獲得される内的ワーキングモデルが、後の対人関係パターンに影響することは稀である。

2　ストレンジ・シチュエーション法では、虐待など不適切な養育と関係のある愛着のタイプを見いだすことは難しい。

3　愛着のタイプに影響を及ぼす要因には、養育者の子どもに対する養育態度だけでなく、子ども自身の気質もある。

4　子どもの後追い行動は、愛着の形成を妨げる要因になる。

5　乳幼児期の子どもの愛着対象は、母親に限定されている。

子どもの発達に関する次の記述のうち、**最も適切なもの**を１つ選びなさい。

1　共同注意とは、他者との友情を構築することを示す。

2　初語を発する時期になると、喃語が生起する。

3　社会的参照は、新奇な対象に会った際に、養育者などの表情を手掛かりにして行動を決める現象である。

4　アニミズムとは、自分や他者の行動を予測し、説明する力を指す。

5　物体が隠れていても存在し続けるという「対象の永続性」は、３歳以降に理解できるようになる。

解答・解説

問題19

1　×　乳児期の発達課題は、**信頼感**（**基本的信頼**）の**獲得**です。

2　×　幼児期後期の発達課題は、**自発性**（**積極性**）の**獲得**です。

3　×　学童期（児童期）の発達課題は、**勤勉性の獲得**です。親密性の獲得は、**成年期前期**の発達課題です。

4　×　青年期の発達課題は、**同一性の獲得**です。自律感の獲得は、**幼児期前期**の発達課題です。

5　○　記述のとおりです。

正解　5

問題20

1　×　ボウルビィは、**内的ワーキングモデル**が後の対人関係パターンに生涯にわたって影響すると論じました。

2　×　**ストレンジ・シチュエーション法**とは、愛着の質を測定する方法としてエインズワースらが開発した実験法です。結果は、一般的にはA群（回避型）、B群（安定型）、C群（**アンビバレント型**）に分類され、A群とC群を合わせて**不安定群**と呼び、虐待との関係性が指摘されています。

3　○　記述のとおりです。

4　×　子どもの後追い行動は、対象者への**愛着行動**の1つです。

5　×　乳幼児期の子どもの愛着対象は、父親や、養育機会の多い祖母や祖父、保育所や施設の保育者など、母親に限定されるものではありません。

正解　3

ハーローは、アカゲザルの代理母の実験から生後8週以内にスキンシップが欠けた子どものサルには、後に精神的に深刻な問題が起こることを明らかにしました。このことから、アタッチメントにはスキンシップなどの温かさやぬくもりが重要であることも示されました。

問題21

1　×　共同注意とは、子どもが親などの他人と**同じものを見る行動**をいい、**9か月頃**からみられるようになります。

2　×　喃語（意味のない音節）を発するようになるのは、**6か月頃**です。初語（ママ・パパなど意味のある言葉）を発するようになるのは、**12か月頃**です。

3　○　記述のとおりです。

4　×　アニミズムとは、子どもの原始的思考様式のことで、**全ての物に命や心がある**という考え方です。

5　×　対象の永続性は、**6～8か月頃**に理解できるようになります。

正解　3

問題22
C 34-12 **ストレス**

ストレスに関する次の記述のうち、**最も適切なもの**を**1つ**選びなさい。

1 汎適応症候群（一般適応症候群）における警告反応期とは、ストレス状況にうまく適応した時期のことである。

2 汎適応症候群（一般適応症候群）における抵抗期とは、外界からの刺激を長期間受け、生体のエネルギーが限界を超えた時期のことである。

3 ホメオスタシスとは、外的内的環境の絶え間ない変化に応じて、生体を一定の安定した状態に保つ働きのことである。

4 タイプA行動パターンには、他者との競争を好まないという特性がある。

5 心理社会的ストレスモデルでは、ある出来事がストレスになり得るかどうかに、個人の認知的評価が影響することはないとされている。

問題23
B 32-13 **バーンアウト**

ストレス反応の1つであるバーンアウトの症状に関する次の記述のうち、**最も適切なもの**を**1つ**選びなさい。

1 理解と発話の両面での失語症状が生じる。

2 人を人と思わなくなる気持ちが生じる。

3 近時記憶の著しい低下が生じる。

4 視覚的な幻覚が頻繁に生じる。

5 他者との関係を強めようとする傾向が生じる。

問題24
B 35-12 **問題焦点型ストレスコーピング**

次の記述のうち、問題焦点型ストレス対処法（コーピング）の事例として、**最も適切なもの**を**1つ**選びなさい。

1 介護ストレスを解消してもらおうと、介護者に気晴らしを勧めた。

2 困難事例に対応できなかったので、専門書を読んで解決方法を勉強した。

3 仕事がうまくはかどらなかったので、週末は映画を観てリラックスした。

4 育児に悩む母親が、友人に話を聞いてもらえて気分がすっきりしたと話した。

5 面接がうまくいかなかったので、職場の同僚に相談し、ねぎらってもらった。

START!
GOAL!!

解答・解説

問題22

1 × 汎適応症候群（一般適応症候群）における警告反応期とは、ストレッサーにより**身体が緊急的に反応**している時期のことです。低体温、低血圧、低血糖など抵抗力が低下する**ショック相**を経て、抵抗力が高まり体温、血圧、心拍の上昇などがみられる**反ショック相**に移行します。

2 × 汎適応症候群（一般適応症候群）における抵抗期とは、抵抗力が高まり、**ストレス状況にうまく適応した時期**のことです。エネルギーを消費しすぎると抵抗力が顕著に低下し、記述のような**疲弊期**に移行します。

3 ○ 記述のとおりです。人間のからだには、生命を維持するために、外部環境の変化に対して、内部環境を安定した状態に維持しようとする性質があります。これを、**ホメオスタシス**（恒常性）といいます。

4 × タイプA行動パターンとは、**ストレスを受けやすい行動パターン**のことで、さまざまな疾患を生じやすいとされています。特徴として、**チャレンジ精神**が旺盛で、**目的達成意欲**が高く、**闘争心・野心**が強く、**責任感**が強い傾向にあります。

5 × **心理社会的ストレスモデル**は、ラザルスとフォルクマンが、**ストレスを主観的に評価する認知的評価**と、ストレスに対するコーピング（対処法）をモデル化したものです。自分にストレッサーがどのように影響しているかを、**❶ストレスフル**（強く影響がある状態）、**❷無関係**、**❸良好**の3段階で評価します。

正解 3

問題23

バーンアウト（燃えつき）は、仕事に対して熱意をもって臨んでいる人に、多くみられる症状で、突然の疲労感、無力感に襲われ、何事に対しても無気力・無感動な状態になり、心身共に疲れ果ててしまう**不適応状態**を指します。マスラック（Maslach, C.）らが開発した、バーンアウトの重症度を判定するバーンアウト尺度（MBI：Maslach Burnout Inventory）は3つの項目から構成されており、そのうちの1つに脱人格化という、他人のことを思いやった言動ができない度合いが挙げられています。

正解 2

ストレス状態が続き、それに対してうまく対処することができない場合に陥る無気力状態のことは、**アパシー**といいます。

問題24 ストレス対処法（コーピング）には、ストレッサー（ストレスの原因）への直接的な働きかけを行う問題焦点型コーピングと、ストレッサーによって引き起こされた情動に働きかけを行う情動焦点型コーピングがあります。

1 × 記述は、**情動焦点型コーピング**の事例です。

2 ○ 困難事例というストレッサーに対して、解決方法を勉強するという直接的な働きかけを行う問題焦点型コーピングの事例です。

3 × 記述は、**情動焦点型コーピング**の事例です。

4 × 記述は、**情動焦点型コーピング**の事例です。

5 × 記述は、**情動焦点型コーピング**の事例です。

正解 2

問題25　B　35-13　心理検査の概要

心理検査に関する次の記述のうち、**最も適切なもの**を１つ選びなさい。

1　乳幼児の知能を測定するため、WPPSIを実施した。

2　頭部外傷後の認知機能を測定するため、PFスタディを実施した。

3　投影法による人格検査を依頼されたので、東大式エゴグラムを実施した。

4　児童の発達を測定するため、内田クレペリン精神作業検査を実施した。

5　成人の記憶能力を把握するため、バウムテストを実施した。

問題26　B　34-13　心理検査の概要

心理検査に関する次の記述のうち、**最も適切なもの**を１つ選びなさい。

1　ウェクスラー児童用知能検査第４版（WISC-Ⅳ）は、対象年齢が２歳から７歳である。

2　ミネソタ多面人格目録（MMPI）では、日常生活の欲求不満場面を投影法により測定する。

3　改訂長谷川式簡易知能評価スケール（HDS-R）は、高齢者の抑うつを測定する。

4　ロールシャッハテストは、図版に対する反応からパーソナリティを理解する投影法検査である。

5　矢田部ギルフォード（YG）性格検査は、連続した単純な作業を繰り返す検査である。

問題27　B　31-13　心理検査の概要

心理検査に関する次の記述のうち、**適切なもの**を１つ選びなさい。

1　MMPIでは、単語理解のような言語性の知能を測定する。

2　PFスタディでは、欲求不満場面での反応を測定する。

3　TATでは、インクの染みを用いた知覚統合力を測定する。

4　WAISでは、抑うつの程度を測定する。

5　CMIでは、視覚認知機能を測定する。

共通 CH 2　START! GOAL!!

解答・解説

問題25

1 ○ 記述のとおりです。WPPSI（ウィプシ）は、乳幼児が対象の**ウェクスラー式知能検査**です。

2 × PFスタディ（絵画欲求不満**検査**）は、投影**法**による**人格検査**です。

3 × 東大式エゴグラムは、**質問紙法**による**人格検査**です。

4 × 内田クレペリン精神作業検査は、**連続可算作業**（1けたの足し算）を行い、作業量の推移などから**作業能力**や**心理的特性**などを分析する**人格検査**です。

5 × バウムテストは、投影**法**による**人格検査**です。

正解 | 1 |

問題26

1 × ウェクスラー児童用知能検査第4版（WISC-Ⅳ）の対象年齢は、**5～16歳11か月**です。WISC-Ⅳでは、全検査IQに加えて、**言語理解、知覚推理、作動記憶、処理速度**の4つの能力を測定します。

2 × ミネソタ多面人格目録（MMPI）は、**質問紙法**による人格検査です。

3 × 改訂長谷川式簡易知能評価スケール（HDS-R）は、年齢、日時や場所の認識（見当識）、計算、記憶などの項目について**口頭**で回答し、認知症かどうかを評価する検査です。

4 ○ 記述のとおりです。ロールシャッハテストは、**左右対称のインクの染みの図版**から何が見えたか反応を聞くことで被検者の内面を分析する方法です。

5 × 矢田部ギルフォード（YG）性格検査は、**質問紙法**による人格検査です。

正解 | 4 |

問題27

1 × MMPI（ミネソタ多面人格目録）は、抑うつ、心気症などの**人格的、社会的不適応**の種別と程度を尺度により客観的に判定し、**人格特徴**をさまざまな面から捉える検査です。記述は、**ウェクスラー式知能検査**です。

2 ○ 記述のとおりです。PFスタディ（**絵画欲求不満検査**）は、欲求不満を想起させる場面が描かれた絵を見て思うことを書かせ、その反応を**攻撃方向**と**自我状態**について分類し、人格を評価する検査です。

3 × TAT（絵画・主題統覚検査）は、提示された絵を見て自由に作った物語の内容から、隠された欲求や**コンプレックス**を明らかにして**人格特徴**を分析する検査です。

4 × WAIS（成人用ウェクスラー式知能検査）では、全検査IQ、言語性IQ、動作性IQに加えて、**言語理解、知覚推理、作動記憶、処理速度**の4つの能力を測定します。

5 × CMI（コーネル・メディカル・インデックス）では、心身両面にわたる**自覚症状**を測定します。

正解 | 2 |

問題28
A 35-14 心理療法

心理療法に関する次の記述のうち、**最も適切なもの**を**1つ**選びなさい。

1 ブリーフセラピーは、クライエントの過去に焦点を当てて解決を目指していく。

2 社会生活技能訓練（SST）は、クライエントが役割を演じることを通して、対人関係で必要な技能の習得を目指していく。

3 来談者中心療法は、クライエントに指示を与えながら傾聴を続けていく。

4 精神分析療法は、学習理論に基づいて不適応行動の改善を行っていく。

5 森田療法は、クライエントが抑圧している過去の変容を目指していく。

問題29
A 34-14 心理療法

心理療法に関する次の記述のうち、**最も適切なもの**を**1つ**選びなさい。

1 精神分析療法では、無意識のエス（イド）の活動と、意識の自我（エゴ）の活動とが適切に関連するよう援助する。

2 家族療法は、家族問題を抱える個人を対象とする療法である。

3 遊戯療法（プレイセラピー）は、言語によって自分の考えや感情を十分に表現する方法であり、主として心理劇を用いる。

4 系統的脱感作法は、四肢の重感や温感、心臓調整、呼吸調整、腹部温感、額部涼感を順に得ることで、心身の状態を緊張から弛緩へと切り替える。

5 臨床動作法は、「動作」という心理活動を通して、身体の不調を言語化させる療法である。

問題30
B 33-14 認知行動療法

認知行動療法に関する次の記述のうち、**最も適切なもの**を**1つ**選びなさい。

1 セラピストは、クライエントが独力で問題解決できるように、クライエントとの共同作業はしない。

2 他者の行動観察を通して行動の変容をもたらすモデリングが含まれる。

3 クライエントは、セッション場面以外で練習課題を行うことはない。

4 リラクセーション法は併用しない。

5 少しでも不快な刺激に曝すことは避け、トラウマの再発を防ぐ。

 共通 CH 2 START! GOAL!! クリア! CHAPTER 2

解答・解説

問題28

1　×　ブリーフセラピーは、**短期間（ブリーフ）**で、効率的、効果的な治療を行うことによって、課題の解決を図る心理療法です。クライエントに対し、問題が起きなかった**例外的な状況**に関心を向けさせることで、**過去よりも未来**に向けて、クライエント自身の問題解決能力を向上させることにつなげます。

2　○　記述のとおりです。SSTは、対人関係の対応が困難な人を対象に、対人関係づくりと基本的な生活の技能を習得するための**学習訓練**です。**モデリング（観察学習）**と**ロールプレイ（役割演技）**を基本にして、社会生活の場面を想定して行います。

3　×　来談者中心療法は、クライエントに対して助言やガイダンス、指示は行わず（**非指示的**）、信頼関係を築いたうえで傾聴を続けていきます。そのため、当初は、**非指示的心理療法**と呼ばれていました。

4　×　精神分析療法は、無意識に抑圧している問題を**意識化**していくことで改善を図る心理療法です。

5　×　森田療法は、不安や葛藤を取り除くような配慮を行わず、**あるがままの状態**で活動を行い、**理想の自己と現実の自己を近づけていく**ことを目的とした心理療法です。

正解　2

問題29

1　○　記述のとおりです。精神分析療法は、無意識に抑圧している問題を意識化していくことで改善を図る方法です。

2　×　家族療法では、抱えている問題を個人の問題ではなく**家族のシステムの問題**と捉えます。

3　×　遊戯療法は、子どもに遊びを通して気持ちを表現させ、それを受容することで問題の改善を図る方法で、**プレイセラピー**ともいいます。

4　×　系統的脱感作法は、不安、恐怖を感じる行動を**段階的**にリラックスした状態で体験し、**慣れながら不安や恐怖の消去を行う**心理療法です。

 系統的脱感作法は、行動療法に基づく心理療法です。エクスポージャー法（暴露療法）、シェービング法、トークンエコノミー法、モデリング療法なども行動療法に基づく技法なので、姉妹書『社会福祉士の教科書』などのテキストで押さえておきましょう。

5　×　動作療法（臨床動作法）は、体を動かすある**動作課題**を実行しようと意識する**気持ちとその努力に向き合う**ことで、心にはたらきかける方法です。神経症やうつ病、統合失調症に有効とされ、さらにリラクセーションを促進させるなどの目的で高齢者にも効果が期待されています。

正解　1

問題30

1　×　認知行動療法では、セラピストがクライエントに**積極的**にかかわり、**共同作業**を行うことを重視します。

2　○　記述のとおりです。**モデリング（観察学習）**とは、他者の行動を観察、模倣することで、新しい行動を獲得したり、既存の行動パターンを修正する方法です。

3　×　認知行動療法では、セッション場面で学んだり身につけた考え方や行動パターンを**練習課題（ホームワーク）**として、日常生活で行ってみて、認知や行動の変容を目指します。

4　×　認知行動療法では、不快な感情も取り扱うため、**自律訓練法**などのリラクセーション法を併用することもあります。

5　×　あえて不安や恐怖を感じる場面を体験して慣れさせることで、克服していく**エクスポージャー法（暴露療法）**も用いられます。

正解　2

共通
CHAPTER
2 ポイントチェック一覧

共通
CHAPTER

3

社会学と
社会システム

問題1 B 27-15 社会指標

社会指標に関する次の記述のうち、**最も適切なもの**を1つ選びなさい。

1 社会指標のねらいは、経済的な豊かさを測定することであり、国内総生産（GDP）などがよく用いられる。

2 社会指標とは、主観的評価ではなく、客観的な要因を数量化したものである。

3 社会指標のねらいは、その社会の福祉水準を測定し、政策に活用することにある。

4 社会指標は、個別の分野の目標達成の指標ではなく、総合的な指標として用いられる。

5 社会指標の開発は、2000年代に入りOECDや国際連合などの国際機関を中心に始まった。

問題2 A 34-15 社会階層と社会移動

社会階層と社会移動の諸概念に関する次の記述のうち、**最も適切なもの**を1つ選びなさい。

1 純粋移動とは、あらかじめ定められたエリートの基準に見合う者だけが育成され、エリートとしての地位を得ることをいう。

2 構造移動とは、産業構造や人口動態の変化によって社会的地位の移動を余儀なくされることをいう。

3 業績主義とは、本人の努力によって変更することができない要素によって社会的地位が与えられることをいう。

4 属性主義とは、個人の能力や成果に応じて社会的地位が与えられることをいう。

5 世代間移動とは、一個人の一生の間での社会的地位の移動のことをいう。

解答・解説

問題 I

1 ✕ 社会指標とは、国民所得を補完する**非貨幣的な要因を測る**ものです。社会指標には、健康、衛生、医療、社会保障、教育、芸術、余暇、防災、通信、交通、秩序などの項目があります。

2 ✕ 客観的な要因を数量化するだけでなく、**主観的評価**の面も測定されます。

3 ◯ 社会指標は、社会の現状の認識、将来の予測と評価、社会計画の策定などに用いることにより、**政策に活用する**ことをねらいとして作成されています。

4 ✕ 総合的な指標として「新国民生活指標」のように用いられますが、個別分野の**目標達成の指標**としても用いられています。

5 ✕ 国際連合では、1960年代に非貨幣的指標を用いて生活水準の国際比較を始めています。日本では1970（昭和45）年に、国民の福祉水準の測定を主たる目的とした社会指標の開発が進められました。

正解 3

問題 2

1 ✕ 純粋移動とは、**自発的な意思**で移動したと推定される移動をいいます。記述は、**庇護**移動の説明です。

2 ◯ 構造移動とは、社会状況の影響により生じた移動をいい、**強制移動**といわれるものです。

3 ✕ 業績主義とは、個人の**能力や成果**に応じて社会的地位が与えられることをいいます。

4 ✕ 属性主義とは、**性別・年齢・身分**など、本人の努力によって変更することができない要素によって社会的地位が与えられることをいいます。

5 ✕ 世代間移動とは、親子という世代が異なる関係で発生する社会的地位の移動のことをいいます。記述は、世代内移動です。

正解 2

ポイントチェック

社会移動

　人々の社会的地位の変化（社会階層間の移動）を社会移動という。上の解説に挙げた以外の社会移動には次のようなものがある。

事実移動	純粋移動と強制（構造）移動をあわせたもの
競争移動	個人の競争による上昇移動
垂直移動	階層間の上下の移動を伴う社会移動 例 無職から社長になる
水平移動	階層間の移動を伴わない（同一階層内での）社会移動 例 転職したが、平社員の地位は変わらない

次の記述のうち、ヴェーバー（Weber, M.）の合法的支配における法の位置づけとして、**最も適切な**ものを1つ選びなさい。

1　法は、被支配者を従わせ、超人的な支配者の権力を貫徹するための道具である。

2　法は、伝統的に継承されてきた支配体制を正当化するための道具である。

3　法は、支配者の恣意的な判断により定められる。

4　法は、神意や事物の本性によって導き出される。

5　法は、万民が服さなければならないものであり、支配者も例外ではない。

人口に関する次の記述のうち、**正しいもの**を1つ選びなさい。

1　人口転換とは、「多産多死」から「少産多死」を経て「少産少死」への人口動態の転換を指す。

2　世界人口は、国連の予測では、2030年以降減少すると推計されている。

3　第二次世界大戦後の世界人口の増加は、主に先進諸国の人口増加によるものである。

4　日本の人口は、高度経済成長期以降、減少が続いている。

5　人口ボーナスとは、人口の年齢構成が経済にとってプラスに作用することをいう。

社会集団などに関する次の記述のうち、**最も適切なもの**を1つ選びなさい。

1　準拠集団とは、共同生活の領域を意味し、地域社会を典型とする集団を指す。

2　第二次集団とは、親密で対面的な結び付きと協同によって特徴づけられる集団を指す。

3　内集団とは、個人にとって嫌悪や軽蔑、敵意の対象となる集団を指す。

4　ゲマインシャフトとは、人間が生まれつき持っている本質意志に基づいて成立する集団を指す。

5　公衆とは、何らかの事象への共通した関心を持ち、非合理的で感情的な言動を噴出しがちな人々の集まりを指す。

解答・解説

問題3

1　✕　法が、超人的な支配者の権力を正当化する道具として位置づけられるのは、ヴェーバーの支配の3類型における**カリスマ的支配**です。

2　✕　法が、伝統的な秩序・慣習に基づいた支配体制を正当化する道具として位置づけられるのは、ヴェーバーの支配の3類型における**伝統的支配**です。

3　✕　ヴェーバーの支配の3類型における**合法的支配**においては、**形式的かつ適正な手順**により法や規則が定められます。

4　✕　**解説3**のとおりです。

5　○　記述のとおりです。合法的支配では、形式的かつ適正な手順により定められた法や規則に基づいた支配体制が築かれ、**支配者もその法や規則に従います**。

正解 　5

問題4

1　✕　**人口転換**とは、「**多産多死**」から「**多産少死**」を経て「**少産少死**」へと転換していくことです。

2　✕　国連の「世界人口予測2020年」報告書によると、世界人口は2022年中に80億人に到達の見込みで、2080年代に約104億人のピークを迎え、2100年までその水準で推移すると予測しています。

3　✕　第二次世界大戦後は、先進諸国の人口も増加していますが、**発展途上国**（特にアジア地域）が大きな比重を占めていました。なかでも、**中国**と**インド**の爆発的人口増が、世界人口増加の要因となりました。

4　✕　高度経済成長期とは、経済成長率が年平均10％を超えた**1950年代半ばから1973**（昭和48）**年まで**を指します。日本の人口は、高度経済成長期以降も増加を続け、2008（平成20）年にピークに達した後、減少に転じました。

5　○　**人口ボーナス**は、**老年人口が少なく生産年齢人口が多い**状態で、経済にプラスとなります。その逆の状態を**人口オーナス**といい、経済にとってマイナスに作用します。「オーナス」は、「負担・重荷」を意味します。

正解 　5

問題5

1　✕　準拠集団（**リファレンス・グループ**）とは、人が好き・嫌いや善悪などの価値判断の拠り所とするような集団を指します。記述は、**コミュニティ**の説明です。

2　✕　第二次集団とは、企業や学校、国家など、ある目的のために人工的につくられ、関係もより非人格的になっている集団のことを指します。記述は、**第一次集団**の説明です。

3　✕　内集団は、われわれ意識という仲間感情によって結びついた集団です。

4　○　**ゲマインシャフト**は、家族や村落などといった**本質意志**に基づく親密な集団を指します。

5　✕　公衆とは、共通の関心で結ばれている組織化されていない集団を指します。

正解 　4

問題6 B 34-17 産業化・情報化社会

次のうち、ベック（Beck, U.）が提唱した、産業社会の発展に伴う環境破壊等によって人々の生活や社会が脅かされ、何らかの対処が迫られている社会を示す概念として、**最も適切なものを1つ選び**なさい。

1 脱工業化社会

2 情報社会

3 ゲゼルシャフト

4 大衆社会

5 リスク社会

問題7 A 35-16 社会変動

社会変動の理論に関する次の記述のうち、**最も適切なものを1つ選びなさい**。

1 ルーマン（Luhmann, N.）は、社会の発展に伴い、軍事型社会から産業型社会へ移行すると主張した。

2 テンニース（Tonnies, F.）は、自然的な本質意志に基づくゲマインシャフトから人為的な選択意志に基づくゲゼルシャフトへ移行すると主張した。

3 デュルケム（Durkheim, E.）は、産業化の進展に伴い、工業社会の次の発展段階として脱工業社会が到来すると主張した。

4 スペンサー（Spencer, H.）は、近代社会では適応、目標達成、統合、潜在的パターン維持の四つの機能に対応した下位システムが分出すると主張した。

5 パーソンズ（Parsons, T.）は、同質的な個人が並列する機械的連帯から、異質な個人の分業による有機的な連帯へと変化していくと主張した。

解答・解説

問題6

1 × 脱工業化社会とは、物を生産する工業中心の状態から、**情報**や**サービス**、**知識**を扱う産業が重要な役割を担う状態へと進展した社会類型を指します。

2 × 情報社会とは、製品などの製造や流通よりも、**情報の収集や伝達**に高い価値を見出し、産業や生活の中心とする社会を指します。

3 × ゲゼルシャフトとは、大都市や国家などといった**選択意志**（合理的であることを重視する意志）に基づく目的的な集団を指します。

4 × 大衆社会とは、様々な領域において大衆が重要な役割を果たすようになった社会を指します。

5 ○ ベックは、著書『危険社会』（1986年）において、近代産業社会は「リスク社会」であると警鐘を鳴らしました。

正解 | 5 |

問題7

1 × 記述は、**スペンサー**が提唱した**社会進化論**です。ルーマンは、社会システム論を主張しました。

2 ○ 記述のとおりです。テンニースは、社会が近代化するとともに、社会組織は**ゲマインシャフトからゲゼルシャフト**へと変遷していく、と主張しました。

3 × 脱工業社会の到来を主張したのは、**ベル**（Bell, D.）です。

4 × 記述は、**パーソンズ**が主張した**AGIL理論**です。

5 × 記述は、**デュルケム**が主張した**社会分業論**です。

正解 | 2 |

ポイントチェック

社会変動の主な学説と提唱者

提唱者	学説の概要
コント（三段階の法則）	人間精神 神学的段階→形而上学的段階→実証的段階 社会組織 軍事型段階→法律型段階→産業型段階 人間の精神が段階を経て進歩するのに応じて、社会組織も段階を経て進歩する
スペンサー（社会進化論）	社会は強制による軍事型社会から自発性による産業型社会へと進化する
テンニース	社会が近代化するとともに、社会組織はゲマインシャフトからゲゼルシャフトへと変遷していく
デュルケム（社会分業論）	近代の産業社会では、機械的連帯から有機的連帯へと移行する

33-16 都市化の理論

都市化の理論に関する次の記述のうち、**最も適切なものを1つ**選びなさい。

1　フィッシャー（Fischer, C.）は、都市の拡大過程に関して、それぞれ異なる特徴を持つ地帯が同心円状に構成されていくとする、同心円地帯理論を提起した。

2　ワース（Wirth, L.）は、都市では人間関係の分節化と希薄化が進み、無関心などの社会心理が生み出されるとする、アーバニズム論を提起した。

3　クラッセン（Klaassen, L.）は、大都市では類似した者同士が結び付き、ネットワークが分化していく中で多様な下位文化が形成されるとする、下位文化理論を提起した。

4　ウェルマン（Wellman, B.）は、大都市では、都市化から郊外化を経て衰退に向かうという逆都市化（反都市化）が発生し、都市中心部の空洞化が生じるとする、都市の発展段階論を提起した。

5　バージェス（Burgess, E.）は、都市化した社会ではコミュニティが地域や親族などの伝統的紐帯から解放されたネットワークとして存在しているとする、コミュニティ解放論を提起した。

32-17 コンパクトシティ

次のうち、コンパクトシティに関する記述として、**最も適切なものを1つ**選びなさい。

1　拡散した都市機能を集約させ、生活圏の再構築を図る都市

2　出身地域の異なる外国人住民の多様なコミュニティから形成される都市

3　文化や芸術、映像などの産業をまちづくりの中核に据える都市

4　先端技術産業を軸として、地方経済の発展を目指す都市

5　世界中の金融・情報関連産業が集積する都市

解答・解説

問題8

1　×　フィッシャーが提起したのは、**下位文化理論**です。

2　○　記述のとおりです。ワースは、都市では、家族や地域の人々とのふれあいを意味する**第一次的接触**が減少し、一時的な人間関係を意味する**第二次的接触**が増大していると説きました。

3　×　クラッセンが提起したのは、**発展段階論**です。

4　×　ウェルマンが提起したのは、**コミュニティ解放論**です。

5　×　バージェスが提起したのは、**同心円地帯理論**です。

正解　2

問題9

1　○　近年、持続可能な都市経営（財政、経済）、高齢者の生活環境・子育て環境、地球環境や自然環境、防災といった観点から**コンパクトシティの推進**が図られており、札幌や仙台、神戸などがその例として知られています。

2　×　記述の内容を直接表す用語はありませんが、関連する用語として、異なる文化をもつ市民が共に構築する都市を表す**インターカルチュラルシティ**（多文化共生都市）があります。

3　×　記述は、**クリエイティブシティ**です。

4　×　記述は、**テクノポリス**です。

5　×　記述の内容を直接表す用語はありませんが、関連する用語として、地球規模のスケールで国際金融機能が集積するとともに、ネットワーク化された経済活動の拠点となる都市を表す**グローバルシティ**があります。

正解　1

ポイントチェック

都市化関連用語

上の解説に挙げた以外の人口の移動に伴う都市化の特徴を示す用語には次のようなものがある。

インナーシティ	大都市の都心周辺に位置し、住宅・商店・工場などが混在する地域。治安の悪化により、その都市全体の市民との交流から隔絶された低所得世帯が密集する
ドーナツ化現象	都心部の中心市街地の人口が減少し、その周辺の郊外の人口が増加する人口移動現象のこと
ジェントリフィケーション	都市部の比較的低所得の層が多く住む停滞した地域（インナーシティなど都心周辺の住宅地区）に、比較的豊かな人々が流入する人口移動現象のこと。再活性化現象とも呼ばれる
スプロール現象	都心部から郊外へ無秩序・無計画に開発が拡散していく現象のこと。工住混合地域となる
情報都市	情報を中心にした文化的な都市を意味する。情報都市では、社会関係が発達する一方、都市間のヒエラルキー（階層構造）がより鮮明になる

問題10
B 31-16 **ジニ係数**

ジニ係数に関する次の説明のうち、**正しいものを1つ**選びなさい。

1　値が大きいほど格差が大きいことを示す。

2　−1から＋1の値をとる。

3　同一労働同一賃金に関する指標である。

4　所得増減量を基に算出される。

5　所得分布全体に占める低所得層の比率を示す。

問題11
B 33-21 **社会問題の捉え方**

次のうち、マートン（Merton, R. K.）が指摘したアノミーに関する記述として、**最も適切なものを
1つ**選びなさい。

1　ある現象が解決されるべき問題とみなす人々の営みを通じて紡ぎ出される社会状態を指す。

2　下位文化集団における他者との相互行為を通じて逸脱文化が学習されていく社会状態を指す。

3　文化的目標とそれを達成するための制度的手段との不統合によって社会規範が弱まっている社会状
　態を指す。

4　他者あるいは自らなどによってある人々や行為に対してレッテルを貼ることで逸脱が生み出されて
　いる社会状態を指す。

5　人間の自由な行動を抑制する要因が弱められることによって逸脱が生じる社会状態を指す。

問題12
B 35-21 **ラベリング論**

次の記述のうち、ラベリング論の説明として、**最も適切なものを1つ**選びなさい。

1　社会がある行為を逸脱とみなし統制しようとすることによって、逸脱が生じると考える立場である。

2　非行少年が遵法的な世界と非行的な世界の間で揺れ動き漂っている中で、逸脱が生じると考える立
　場である。

3　地域社会の規範や共同体意識が弛緩することから、非行や犯罪などの逸脱が生じると考える立場で
　ある。

4　下位集団における逸脱文化の学習によって、逸脱が生じると考える立場である。

5　個人の生得的な資質によって、非行や犯罪などの逸脱が生じると考える立場である。

問題10

1 ○ ジニ係数は、ある社会集団における**所得格差**を示す指標です。値は0から1で示され、1に近いほど**不平等さ（所得格差）が大きい**ことを示します。

2 ✕ **解説1**のとおりです。

3 ✕ 同一労働同一賃金とは、**業務内容に応じて**賃金を決める制度で、正規雇用・非正規雇用の**待遇格差の解消**を目的とするものです。

4 ✕ ジニ係数は、主として**所得分布**のデータを基に算出されます。

5 ✕ ジニ係数は**富の偏り**を示すものですが、低所得層の比率を示すものではありません。低所得層の比率を示す代表的な指標は、**貧困率（相対的貧困率）**です。

正解 **1**

問題11

1 ✕ 記述は、スペクターやキツセによる**構築主義**の説明です。

2 ✕ 記述は、ショーやマッケイによる**文化学習理論**の説明です。

3 ○ マートンは、**アノミー**を文化的目標と制度的手段の不適合関係から生じる逸脱の状態と定義しました。

4 ✕ 記述は、ベッカーらが提唱した**ラベリング論**の説明です。

5 ✕ 記述は、ハーシが提唱した**社会統制論（統制理論）**の説明です。

正解 **3**

問題12

1 ○ ラベリング論とは、**ベッカー**（Becker, H. S.）が提唱した概念です。ラベリング論においては、**周囲の人々がある人の行為にレッテルを貼る**ことによって社会的逸脱がつくり出されると考えます。

2 ✕ 記述は、**マッツァ**（Matza, D.）が提唱した、**ドリフト（漂流）理論**です。

3 ✕ 記述は、**ハーシ**（Hirschi, T.）が提唱した、**社会統制論**です。

4 ✕ 記述は、**ショー**（Shaw, C. R.）と**マッケイ**（Mckay, H. D.）が提唱した、**文化学習理論**です。

5 ✕ 記述のような考え方を否定したのがラベリング論です。

正解 **1**

問題13
A　27-18　家族

家族と世帯に関する次の記述のうち、**正しいもの**を**1つ**選びなさい。

1　世帯とは、主として家計と住居を同じくする人々からなる集団である。

2　世帯には非親族員は含まない。

3　国勢調査の調査単位は、世帯ではなく家族である。

4　同一家族メンバーが、複数の世帯に分かれて暮らすことはない。

5　家族と暮らしていない単身者は、準世帯と定義される。

問題14
B　32-18　直系家族制

次のうち、直系家族制についての記述として、**最も適切なもの**を**1つ**選びなさい。

1　複数の子どもが、結婚後も親と同居することを原則とする。

2　夫婦の結婚とともに誕生し、一方の死亡によって家族が一代限りで消滅する。

3　跡継ぎとなる子どもの家族との同居を繰り返して、家族が世代的に再生産される。

4　離家した子どもの生殖家族が、親と頻繁な交際や相互援助を行う。

5　親の死亡をきっかけに、財産を均分相続して家族が分裂する。

解答・解説

問題13

1 ○ 住居と生計を共にする人々の集まりを世帯といいます。

2 × 世帯は住居と生計を共にする人々の集まりを指すので、親族か親族でないかは問いません。したがって、世帯には非親族員も含まれます。

3 × 国勢調査については、統計法第5条第1項で、「本邦に居住している者として政令で定める者について、人及び世帯に関する全数調査を行い、これに基づく統計（以下この条において「国勢統計」という。）を作成しなければならない」と、世帯を調査することを規定しています。

4 × 家族であっても、進学や単身赴任によって別居している場合には、住居と生計を共にしていないため、同一世帯ではなく、複数の世帯とみなされます。

5 × 家族と暮らしていない単身者は、これのみで1つの世帯といえます。準世帯とは、1980（昭和55）年までの国勢調査で用いられていた概念で、間借り・下宿などの単身者や会社の独身寮に住む単身者などが当てはまります。

正解 **1**

問題14

1 × 記述は、複合家族制の説明です。

2 × 記述は、夫婦家族制の説明です。

3 ○ 直系家族制では、家族の財産や地位は跡継ぎに優先的に継承されます。戦前の日本における家族制度がその典型です。

4 × 記述は、リトウォク（Litwak, E.）が定義した修正拡大家族の説明です。

5 × 記述は、複合家族制の説明です。

正解 **3**

ポイント チェック

家族の概念

家族とは、夫婦関係や血縁関係を中心に、親子、兄弟姉妹、近親者によって構成される集団のことをいい、同居の有無は問わない。

定位家族	自分が生まれ育った家族。子どもとして生まれ育つ家族
生殖家族	自分が結婚してつくり上げる家族。親の立場からみた家族
核家族	国勢調査では、❶夫婦のみの世帯、❷夫婦と未婚の子どもから成る世帯、❸ひとり親と未婚の子どもから成る世帯
拡大家族	親と、結婚した子どもの家族が同居するなどの核家族が複数含まれる家族形態。マードックが定義。家族を❶核家族、❷拡大家族、❸複合家族（一夫多妻または一妻多夫）の3つに分類し、性・経済・生殖・教育の4つを家族の機能であるとした
修正拡大家族	親世代と子ども世代が同居していなくても、近居して訪問しあうなど、経済的・心理的に同居に近い関係を結んでいる家族。リトウォクが定義
夫婦家族制	夫婦の結婚とともに生まれ、夫婦の一方、ないしは双方の死で消滅する一代限りの家族
直系家族制	夫婦とその跡継ぎの子やその配偶者、その子と共に親の家にとどまる家族。家族の財産や地位は後継ぎに優先的に継承される
複合家族制	夫婦とその複数の子どもの家族によって構成され、夫婦が死ぬと財産は既婚子夫婦ごとに相続される

35-17 近年の家族の動向

「令和４年版男女共同参画白書」（内閣府）に示された近年の家族の動向に関する次の記述のうち、**最も適切なものを１つ**選びなさい。

1　2020年（令和２年）において、全婚姻件数における再婚件数の割合は40％を超えている。

2　家事、育児における配偶者間の負担割合について、「配偶者と半分ずつ分担したい」（外部サービスを利用しながら分担するを含む）と希望する18～39歳の男性の割合は、70％を超えている。

3　20代の男性、女性ともに50％以上が、「配偶者はいないが恋人はいる」と回答している。

4　2021年（令和３年）において、妻が25～34歳の「夫婦と子供から成る世帯」のうち、妻が専業主婦である世帯の割合は、50％を超えている。

5　子供がいる現役世帯のうち、「大人が一人」の世帯の世帯員の2018年（平成30年）における相対的貧困率は、30％を下回っている。

35-18 生活の捉え方

次の記述のうち、人々の生活を捉えるための概念の説明として、**最も適切なものを１つ**選びなさい。

1　生活時間とは、個々人の人生の横断面に見られる生活の様式や構造、価値観を捉える概念である。

2　ライフステージとは、生活主体の主観的状態に注目し、多面的、多角的に生活の豊かさを評価しようとする概念である。

3　生活の質とは、時間的周期で繰り返される労働、休養、休暇がどのように配分されているかに注目する概念である。

4　家族周期とは、結婚、子どもの出生、配偶者の死亡といったライフイベントの時間的展開の規則性を説明する概念である。

5　ライフスタイルとは、出生から死に至るまでの人の生涯の諸段階を示す概念である。

29-17 ライフサイクル

人間のライフサイクルに関する次の記述のうち、**最も適切なものを１つ**選びなさい。

1　ライフサイクルとは、歴史的出来事が与えた各コーホートへの影響の過程を指す。

2　ライフサイクルとは、世代間の形態転換を指す。

3　ライフサイクル上の社会化とは、乳幼児期から青年期までの過程を指す。

4　ライフサイクルとは、結婚した夫婦が子どもを育て死別するまでの過程を指す。

5　ライフサイクルとは、各段階に固有の発達課題を達成していく過程を指す。

解答・解説

問題15

1　×　「令和4年版男女共同参画白書」（内閣府）によると、2020（令和2）年の全婚姻件数における再婚件数の割合は、**26.4%**となっています。

2　○　「配偶者と半分ずつ分担したい」（外部サービスを利用、それ以外は半分ずつ分担を含む）と希望する男性の割合は、家事においては、18〜29歳で**76.1%**、30〜39歳で**74.2%**、育児においては、18〜29歳で**74.4%**、30〜39歳で**71.7%**と、いずれも7割を超えています。

3　×　配偶者はいないが恋人はいる割合は、男性が**19.1%**、女性が**27.3%**となっています。

4　×　妻が25〜34歳の「夫婦と子供から成る世帯」のうち、妻が専業主婦である世帯の割合は、**33.8%**となっています。

5　×　2018（平成30）年において、「大人が一人」の世帯の世帯員の相対的貧困率は、**48.1%**となっています。

正解　2

問題16

1　×　記述は、**ライフスタイル**の説明です。

2　×　ライフステージとは、人間の一生における**乳幼児期・児童期・青年期・成人期・高齢期**などのそれぞれの段階を指します。記述は、**生活の質**（QOL）の説明です。

3　×　記述は、**生活時間**の説明です。

4　○　記述のとおりです。**ラウントリー**（Rowntree, B. S.）は、労働者家庭への調査から、家族周期と**貧困**の間に関係があることを明らかにしました。

5　×　記述は、**ライフステージ**の説明です。

正解　4

問題17

1　×　個々人の多様な人生や、その発展過程を表す**ライフコース**の考え方では、戦争といった**歴史的出来事の各コーホートへの影響**も、それぞれの人生を分析する視点の1つとなります。

2　×　**ライフサイクル**とは、**1つの世代で完結する人間の一生にみられる規則的な推移**のことです。

3　×　**社会化**とは、個人が、所属する社会や集団の成員として必要な価値意識や規範、行動様式などを習得していく過程です。ライフサイクルの考え方では、乳幼児期、少年期、青年期、成人期、壮年期、向老期、高齢期という**ライフステージ**を設定し、**加齢に伴う発達過程を段階的**に示します。

4　×　ライフサイクルは、人間の一生、すなわち**出生から死に至る過程**を捉えるものです。

5　○　記述のとおりです。例えば、青年期では、アイデンティティの確立という心理学的な課題があります。

正解　5

問題18 B 27-20 社会関係資本（ソーシャルキャピタル）

ソーシャルキャピタル（社会関係資本）の説明として、**最も適切なもの**を1つ選びなさい。

1　補助金などの形で政府や市町村が提供する資源

2　地域固有の景観や歴史的建造物などの資源

3　教育や職業訓練によって醸成される個人の能力という資源

4　信頼、規範、ネットワークなど、人々や組織の調整された諸活動を活発にする資源

5　道路などのように国民が共同で利用する公共的な資源

問題19 B 34-19 社会的行為

社会的行為に関する次の記述のうち、**最も適切なもの**を1つ選びなさい。

1　パーソンズ（Parsons, T.）は、相互行為における無意識的、習慣的な行為に着目し、そうした行為において利用される個人の文化的な蓄積を「文化資本」と呼んだ。

2　ハーバーマス（Habermas, J.）は、個人に外在して個人に強制力を持つ、信念や慣行などの行為・思考の様式、集団で生じる熱狂などの社会的潮流を「社会的事実」と呼び、社会学の固有の領域を定式化した。

3　ブルデュー（Bourdieu, P.）は、相互行為が相手の行為や期待に依存し合って成立していることを「ダブル・コンティンジェンシー」と呼んだ。

4　ヴェーバー（Weber, M.）は、社会的行為を四つに分類し、特定の目的を実現するための手段になっている行為を「目的合理的行為」と呼んだ。

5　デュルケム（Durkheim, E.）は、言語を媒介とした自己と他者の間で相互了解に基づく合意形成を目指す行為を「コミュニケーション的行為」と呼んだ。

問題20 C 32-19 社会的行為

次のうち、パーソンズ（Parsons, T.）の社会的行為論として、**正しいもの**を1つ選びなさい。

1　コミュニケーション的行為論

2　交換理論

3　集合行動論

4　象徴的相互作用論

5　主意主義的行為理論

問題18

1 × **ソーシャルキャピタル**は、**社会関係資本**といい、社会の信頼関係、規範、ネットワークといった**社会組織の重要性**を説く概念です。補助金などの金銭を指す言葉ではありません。

2 × 地域固有の景観や歴史的建造物等の資源は、**景観資源**に当たります。

3 × 教育や職業訓練によって醸成される個人の能力は、**文化的資源**に当たります。

4 ○ **パットナム**（Putnum, R. D.）は『孤独なボウリング』の中で、社会関係資本の豊かさが、政治的関与を高め、市民活動の促進につながると説きました。

5 × 道路などの公共的な資源は、**公共財**に当たります。

正解 4

問題19

1 × 文化資本とは、言葉遣いや趣味、学歴など、親から子へと伝えられる再生産が可能な財のことで、**ブルデュー**が提唱した概念です。

2 × 社会的事実を提唱したのは、**デュルケム**です。ハーバーマスは、社会的行為を「**目的論的行為**」「**戦略的行為**」「**規範に規制される行為**」「**演劇論的行為**」「**コミュニケーション的行為**」の5つに分類しました。

3 × ダブル・コンティンジェンシーを提唱したのは、**パーソンズ**です。

4 ○ 記述のとおりです。ヴェーバーは、社会的行為を「**目的合理的行為**」「**価値合理的行為**」「**伝統的行為**」「**感情的行為**」の4つに分類しました。

5 × 「コミュニケーション的行為」を提唱したのは、**ハーバーマス**です。

正解 4

問題20

1 × コミュニケーション的行為論は、**ハーバーマス**（Habermas, J.）の社会的行為論です。ハーバーマスは、社会的行為を、目的論的行為、戦略的行為、規範に規制される行為、演劇論的行為、コミュニケーション的行為の5つに分類し、そのうち、言語を介して、自己と他者との間で相互了解や合意を目指して行われる行為を**コミュニケーション的行為**と定義しました。

2 × 交換理論は、「**交換**」という観点から経済的現象だけでなく、広く社会的現象についても説明しようとする理論です。代表的な論者として、**ホーマンズ**（Homans, G. C.）や**ブラウ**（Blau, P. M.）がいます。

3 × 集合行動論は、パニックや暴動、流行、社会運動など、人間が社会において集合して行動する幅広い社会現象に関する理論で、1920年代のシカゴ学派社会学に端を発します。「集合行動」の命名者は**パーク**（Park, R. E.）であり、**ブルーマー**（Blumer, H. G.）や**ターナー**（Turner, R. H.）などが修正を重ねていきました。

4 × 象徴的相互作用論は、事物に付与された「意味」「象徴」を読み取ることで、人間行動や社会の成り立ちを理解しようとする理論的な枠組みで、**ブルーマー**が提唱しました。

5 ○ **パーソンズ**の主意主義的行為理論は、行為者は、個人の意志による目的設定を前提に、一定条件の下、合理性の規範と価値の規範の両者に基づき、適切な手段により、適切な目的を追求するものとします。

正解 5

問題21 A 33-19 **社会的役割**

次のうち、ゴッフマン（Goffman, E.）が提示した、他者の期待や社会の規範から少しずらしたことを行うことを通じて、自己の存在を他者に表現する概念として、**最も適切なもの**を1つ選びなさい。

1 役割取得
2 役割距離
3 役割葛藤
4 役割期待
5 役割分化

問題22 A 30-19 **社会的役割**

子どもが、ままごとのような「ごっこ」遊びで親の役割などをまねることを通して自己を形成し、社会の一員となっていく過程を示す概念として、**正しいもの**を1つ選びなさい。

1 役割期待
2 役割葛藤
3 役割演技
4 役割分化
5 役割取得

問題23 B 35-19 **社会的役割**

社会的役割に関する次の記述のうち、**最も適切なもの**を1つ選びなさい。

1 役割距離とは、個人が他者からの期待を自らに取り入れ、行為を形成することを指す。
2 役割取得とは、個人が他者との相互行為の中で相手の期待に変容をもたらすことで、既存の役割期待を超えた新たな行為が展開することを指す。
3 役割葛藤とは、個人が複数の役割を担うことで、役割の間に矛盾が生じ、個人の心理的緊張を引き起こすことを指す。
4 役割期待とは、個人が他者からの期待と少しずらした形で行為をすることで、自己の主体性を表現することを指す。
5 役割形成とは、個人が社会的地位に応じた役割を果たすことを他者から期待されることを指す。

解答・解説

問題21

1　✕　役割取得とは、他者や集団から見た自らへの期待を認識し、それを**取り入れる**ことで自分の役割行為を形成することをいいます。

2　○　役割距離とは、期待されている役割から距離をとって、自分を大きく見せるような行為をいいます。

3　✕　役割葛藤とは、個人のなかで**複数の役割が衝突**することをいいます。

4　✕　役割期待とは、個人がもつある役割に対して、周囲から「こう振る舞うべき」とされる期待をいいます。

5　✕　役割分化は、社会のなかでの個人の役割が**多様化**していくことをいいます。

正解　2

問題22

1　✕　役割期待とは、「親」「学生」「女性」などさまざまな役割に対して、周囲から「こうあるべき」と求められるような役割のあり方を指します。

2　✕　人は同時に複数の役割を担っていますが、役割葛藤とは、その役割がぶつかってしまう状態です。例えば「親としての役割」と「会社員としての役割」の一方をうまくこなそうとすると、他方がうまくできなくなってしまったりという両立しがたい役割がぶつかってしまうといった場合などです。

3　✕　役割演技とは、心理学（心理療法）では「ロール・プレイ」を意味します。社会学では、人は他人に変な印象を与えないように儀式的に演技をするということで、**ゴッフマン**（Goffman, E.）の「**印象操作**」を指す言葉としても使われます。

4　✕　役割分化とは、社会が複雑化していくなかで、多様に専門化した役割が分かれていく様子を指します。

5　○　**役割取得はミード**（Mead,G. H.）の概念で、人が役割を習得していく際、最初は役割をまねるという「ごっこ遊び」に始まり、そこからだんだんと社会の一般的な周囲の期待＝**一般化された他者**の役割期待を引き受けることができるようになる過程を示したものです。

正解　5

問題23

1　✕　記述は、**役割**取得の説明です。

2　✕　記述は、**役割**形成の説明です。

3　○　記述のとおりです。役割葛藤とは、個人のなかで**複数の役割が衝突**することをいいます。

4　✕　記述は、**役割**距離の説明です。

5　✕　記述は、**役割**期待の説明です。

正解　3

このほか、互いに役割を交換し、相互に相手の役割を演じあうことによって、相手の立場や考え方を理解する 役割交換 という概念があります。

問題24
B 35-20 **共有地の悲劇**

次の記述のうち、ハーディン（Hardin, G.）が提起した「共有地の悲劇」に関する説明として、**最も適切なもの**を1つ選びなさい。

1 協力してお互いに利益を得るか、相手を裏切って自分だけの利益を得るか、選択しなければならない状況を指す。

2 財やサービスの対価を払うことなく、利益のみを享受する成員が生まれる状況を指す。

3 協力的行動を行うと報酬を得るが、非協力的行動を行うと罰を受ける状況を指す。

4 それぞれの個人が合理的な判断の下で自己利益を追求した結果、全体としては誰にとっても不利益な結果を招いてしまう状況を指す。

5 本来、社会で広く共有されるべき公共財へのアクセスが、特定の成員に限られている状況を指す。

問題25
B 32-20 **囚人のジレンマ**

次のうち、「囚人のジレンマ」に関する記述として、**最も適切なもの**を1つ選びなさい。

1 合理的な仕組みに対して過剰な執着を持つ状況を指す。

2 一定期間、閉鎖的・画一的に管理された場所で生活する状況を指す。

3 協力し合うことが互いの利益になるにもかかわらず、非協力への個人的誘因が存在する状況を指す。

4 二つの矛盾した命令を受けているため、そのいずれも選択することができない状況を指す。

5 非協力的行動を行うと罰を受け、協力的行動を行うと報酬を得ることで、協力的行動が促される状況を指す。

問題24

1 × 記述は、**囚人のジレンマ**の説明です。**囚人のジレンマ**とは、2人が互いに協力行動を選ぶ方が望ましい結果となるにもかかわらず、2人とも非協力的行動を選ぶことで、両者にとって望ましくない結果になることを指します。

2 × 記述は、**フリーライダー**の説明です。**フリーライダー**とは、**非協力を選択して利益のみを受け入れる人**を指します。

3 × 記述は、**選択的誘因**の説明です。協力しない場合には罰を与える、あるいは協力する場合に報酬を与えることにより、**外的な要因から協力的行動を選択する**ように方向づけする方法です。

4 ○ 記述のとおりです。**共有地の悲劇（コモンズの悲劇）**とは、個人が自らの利益のみを考えて行動することで、集団全体の利益が減少することを指します。

5 × 共有地の悲劇は、社会に有用な資源（コモンズ：共有地）を、**不特定多数の個人が利用できる場合、個人が利己的に行動すると資源の枯渇を招く**ことを示す社会的ジレンマの例です。

正解 4

問題25

1 × 記述は、官僚制の逆機能です。

2 × 記述は、全制的施設です。

3 ○ **囚人のジレンマ**は、2人の囚人が、互いに黙秘することで最も罪が軽くなる（得をする）状況であるにもかかわらず、相手を裏切る（自白する）方が得であると判断し、自白してしまうというもので、2人とも非協力行動を選ぶことで、両者にとって望ましくない結果になることを指します。

4 × 記述は、**ダブル・バインド**です。

5 × 記述は、オルソン（Olson, M.）が示した**選択的誘因**です。

正解 3

ポイントチェック

社会的ジレンマの概念

　個人のレベルでの最適な選択が、集団・社会レベルでは最適な選択とはならない状態を社会的ジレンマという。

囚人 のジレンマ	【最小集団でのジレンマの例】 2人の囚人が、互いに黙秘することが最も罪が軽くなる（得をする）にもかかわらず、相手を裏切る（自白する）方が得であると判断し、自白してしまう →2人が互いに協力行動を選ぶ方が望ましい結果となるにもかかわらず、2人とも非協力行動を選ぶことで、**両者にとって望ましくない結果**になることを指す
共有地 の悲劇 （ コモンズ の悲劇）	【大集団でのジレンマの例】 誰でも自由に利用できる図書館で、借りた本を汚して返却する人が増えたため、一部の人しか本を借りられなくなり、誰もが自由に借りることができなくなる →個人が自らの利益のみを考えて行動することで、**集団全体の利益が減少する**ことを指す

ポイントチェック一覧

共通
CHAPTER

4

社会福祉の原理と政策

問題1 **A** 35-25 **近代日本の福祉の先駆者**

近代日本において活躍した福祉の先駆者に関する次の記述のうち、**最も適切なもの**を1つ選びなさい。

1 石井十次は岡山孤児院を設立した。

2 山室軍平は家庭学校を設立した。

3 留岡幸助は救世軍日本支部を設立した。

4 野口幽香は滝乃川学園を設立した。

5 石井亮一は二葉幼稚園を設立した。

問題2 **A** 30-24 **日本の社会福祉制度の歴史**

次のうち、日本の社会福祉制度に関する歴史の記述として、**正しいもの**を1つ選びなさい。

1 恤救規則（1874年（明治7年））は、政府の救済義務を優先した。

2 行旅病人及行旅死亡人取扱法（1899年（明治32年））は、救護法の制定によって廃止された。

3 感化法の制定（1900年（明治33年））を機に、内務省に社会局が新設された。

4 救護法（1929年（昭和4年））における救護施設には、孤児院、養老院が含まれる。

5 児童虐待防止法（1933年（昭和8年））は、母子保護法の制定を受けて制定された。

問題3 **A** 27-25 **救貧制度の対象者**

救貧制度の対象者として、**正しいもの**を1つ選びなさい。

1 恤救規則（1874年（明治7年））では、身寄りのある障害者も含まれた。

2 軍事救護法（1917年（大正6年））では、戦死した軍人の内縁の妻も含まれた。

3 救護法（1929年（昭和4年））では、労働能力のある失業者も含まれた。

4 旧生活保護法（1946年（昭和21年））では、素行不良な者も含まれた。

5 現行生活保護法（1950年（昭和25年））では、扶養義務者のいる者も含まれる。

問題 1

1　○　記述のとおりです。**1887（明治20）年**に設立されました。

2　×　家庭学校を設立したのは、**留岡幸助**です。

3　×　救世軍日本支部を設立したのは、**山室軍平**です。

4　×　滝乃川学園を設立したのは、**石井亮一**です。

5　×　二葉幼稚園を設立したのは、**野口幽香**です。

正解　1

問題 2

1　×　恤救規則の前文には「濟貧恤窮ハ人民相互ノ情誼ニ因テ其方法ヲ設ヘキ筈ニ候得共目下難差置無告ノ窮民ハ自今各地ノ遠近ニヨリ五十日以内ノ分左ノ規則ニ照シ取計置委曲内務省ヘ可伺出此旨相達候事」とあります。政府による救済ではなく**人民相互の助け合いを優先**しました。

2　×　救護法が制定されたのは1929（昭和4）年です。行旅病人及行旅死亡人取扱法は、1899（明治32）年に制定され、その後も改正を重ねている現行法です。

3　×　内務省に社会局が設置されたのは、**1920（大正9）年**です。感化法の制定とは、時期がずれています。

4　○　記述のとおりです。救護法第6条に、「本法ニ於テ救護施設ト称スルハ**養老院、孤児院、病院其ノ他ノ本法ニ依ル救護ヲ目的トスル施設ヲ謂フ**」と規定されています。

5　×　母子保護法は、生活に困窮した母子に経済的扶助を行うことを目的に、**1937（昭和12）年**に制定されました。

正解　4

問題 3

1　×　**恤救規則**は「無告ノ窮民」が対象とされました。具体的には、廃疾、**70歳以上**の重病・老衰、疾病による労働不能、**13歳以下**の子どもなど、極貧の独身、**身寄りのない者**が対象でした。

2　×　**軍事救護法**は、傷病兵や戦死者の遺族、家族が対象で、戦死した軍人の内縁の妻は含まれません。

3　×　**救護法**は、**65歳以上**の老衰者、**13歳以下**の子ども、妊産婦、重度の障害や疾病により**労務に支障のある者**が対象でした。

4　×　**旧生活保護法**では、能力があるにもかかわらず勤労の意思のない者、勤労を怠る者その他生計の維持に努めない者、**素行不良な者は保護しない**と規定されていました。

5　○　**現行の生活保護法**では、扶養義務者のいる者も**保護の対象**になります。

正解　5

| 問題 4 A | 34-25 戦前の社会事業 | |

戦前の社会事業に関する次の記述のうち、**正しいもの**を 1 つ選びなさい。

1 方面委員制度は、社会事業の確立によって済世顧問制度へと発展した。

2 第一次世界大戦末期に発生した米騒動の直後に、社会事業に関する事項を扱う行政機関として厚生省が設立された。

3 救護法は市町村を実施主体とする公的扶助義務主義を採用したが、要救護者による保護請求権は認めなかった。

4 国家総動員体制下において、人的資源論に基づく生産力・軍事力の観点から、戦時厚生事業は社会事業へと再編された。

5 社会事業法の成立により、私設社会事業への地方長官（知事）による監督権が撤廃されるとともに、公費助成も打ち切られた。

| 問題 5 B | 35-26 福祉六法 | |

福祉六法の制定時点の対象に関する次の記述のうち、**最も適切なもの**を 1 つ選びなさい。

1 児童福祉法（1947年（昭和22年））は、戦災によって保護者等を失った満18歳未満の者（戦災孤児）にその対象を限定していた。

2 身体障害者福祉法（1949年（昭和24年））は、障害の種別を問わず全ての障害者を対象とし、その福祉の施策の基本となる事項を規定する法律と位置づけられていた。

3 （新）生活保護法（1950年（昭和25年））は、素行不良な者等を保護の対象から除外する欠格条項を有していた。

4 老人福祉法（1963年（昭和38年））は、介護を必要とする老人にその対象を限定していた。

5 母子福祉法（1964年（昭和39年））は、妻と離死別した夫が児童を扶養している家庭（父子家庭）を、その対象外としていた。

| 問題 6 B | 32-26 「福祉元年」 | |

1973年（昭和48年）の「福祉元年」に実施した福祉政策に関する次の記述のうち、**正しいもの**を 1 つ選びなさい。

1 年金の給付水準を調整するために物価スライド制を導入した。

2 標準報酬の再評価を行い、厚生年金では「9万円年金」を実現した。

3 被用者保険における家族療養費制度を導入した。

4 老人医療費支給制度を実施して、60歳以上の医療費を無料にした。

5 老人家庭奉仕員派遣事業が法制化された。

問題4

1　✕　済世顧問制度が、社会事業の確立によって方面委員制度へと発展しました。

2　✕　厚生省が設立されたのは、**1938（昭和13）年**です。米騒動は、1918（大正7）年に発生しました。

3　〇　記述のとおりです。1929（昭和4）年成立の救護法は、市町村を救護機関とし、方面委員令により**方面委員**を市町村の補助機関としました。居宅救護を原則とし、それによることができない場合に救護施設への収容等を行うものとしました。しかし、家族での助け合いは重視されたままであり、**著しく素行不良**や**怠惰**な人、**労働能力のある失業者**は排除するなど一部の限られた者が対象で、国民の救護を受ける権利は明記されず、被救護者には選挙権が与えられませんでした。

4　✕　社会事業が戦時厚生事業へと再編されました。

5　✕　1938（昭和13）年の社会事業法の成立により、**私設社会事業への監督権が強化**されるとともに、民間の社会事業家が要望していた**公費助成が制度化**されました。

正解　3

問題5

1　✕　1947（昭和22）年制定の児童福祉法においては、**児童一般**を対象としました。

2　✕　1949（昭和24）年制定当初の身体障害者福祉法においては、身体障害者が**職場復帰**するための支援が主な目的で、傷痍軍人だけではなく対象を国民全般としていました。そのため、同法における障害者の定義は、「**身体上の障害のため職業能力が損傷されている18歳以上の者**であって、都道府県知事から身体障害者手帳の交付を受けた者」とされていました。

3　✕　1950（昭和25）年制定の（新）生活保護法において、旧生活保護法で規定されていた、**素行不良な者**等を保護の対象から除外する**欠格条項は削除**されました。

4　✕　1963（昭和38）年制定の老人福祉法においては、**全ての老人（高齢者）**を対象としました。

5　〇　記述のとおりです。なお現在の**母子及び父子並びに寡婦福祉法**においては、父子家庭も対象となっています。

正解　5

問題6

1　〇　年金の給付水準を調整するために物価スライド制が導入されたのは、福祉元年の1973（昭和48）年です。

2　✕　福祉元年の1973（昭和48）年に、標準報酬の再評価を行い、厚生年金で「**5万円年金**」を実現しました。

3　✕　福祉元年の1973（昭和48）年に導入されたのは、**高額療養費制度**です。

4　✕　老人医療費支給制度は、福祉元年の1973（昭和48）年から実施されたものですが、**70歳以上の医療費**を無料にした制度です。

5　✕　老人家庭奉仕員派遣事業は、**老人福祉法**が制定された**1963（昭和38）年**当時から法定化されています。

正解　1

問題7 A ｜34-24｜ 福祉政策の学説

福祉政策の学説に関する次の記述のうち、**最も適切なもの**を1つ選びなさい。

1　ローズ（Rose, R.）は、経済成長、高齢化、官僚制が各国の福祉国家化を促進する要因であるという収斂理論を提示した。

2　エスピン-アンデルセン（Esping-Andersen, G.）は、自由主義・保守主義・社会民主主義という3類型からなる福祉レジーム論を提示した。

3　マーシャル（Marshall, T.）は、社会における福祉の総量（TWS）は家庭（H）、市場（M）、国家（S）が担う福祉の合計であるという福祉ミックス論を提示した。

4　ウィレンスキー（Wilensky, H.）は、福祉の給付を「社会福祉」「企業福祉」「財政福祉」に区別した福祉の社会的分業論を提示した。

5　ティトマス（Titmuss, R.）は、市民権が18世紀に市民的権利（公民権）、19世紀に政治的権利（参政権）、20世紀に社会的権利（社会権）という形で確立されてきたという市民権理論を提示した。

問題8 A ｜28-22｜ 福祉レジーム

エスピン－アンデルセン（Esping-Andersen, G.）の「レジーム」理論に関する記述として、**正しいもの**を1つ選びなさい。

1　福祉国家は、社会的階層化のパターン形成に重要な役割を演じる。

2　脱商品化とは、労働者が労働能力を喪失することである。

3　脱家族化とは、単身世帯の増加のことである。

4　福祉レジーム概念は、福祉国家の否定から生まれた。

5　雇用・労働市場は、福祉レジームの在り方に影響しない。

問題9 B ｜28-23｜ 格差原理

ロールズ（Rawls, J.）が『正義論』で主張した格差原理に関する記述として、**適切なもの**を1つ選びなさい。

1　機会の平等が保障されれば、自由市場経済による資源配分は、正義にかなう。

2　個人の満足の総和を社会全体で最大化させるような資源配分は、正義にかなう。

3　消費税は資源配分を歪めないため、正義にかなう。

4　最も恵まれない人が有利になるような資源配分は、正義にかなう。

5　公共財の提供に政府が介入することは、正義にかなう。

問題7

1　×　収斂理論を提示したのは、**ウィレンスキー**（Wilensky, H.）です。

2　○　記述のとおりです。エスピン-アンデルセンは、著書『福祉資本主義の３つの世界』（1990年）において、**脱商品化・階層化・脱家族化**などの指標を用いて、３類型からなる福祉レジーム論を提示しました。福祉レジームの違いによって、各福祉国家の姿も異なるとしています。

3　×　社会における福祉の総量をTWS（TWS：Total Welfare in Society）＝H＋M＋Sの式で表す福祉ミックス論を提示したのは、**ローズ**（Rose, R.）です。Hは家族による福祉（the Household production of welfare）、Mは民間市場による福祉（welfare bought and sold in the Market）、Sは国家による福祉（welfare produced by the State）として、家族、民間市場、国家は、いずれも単独では全ての福祉を供給するのに不完全な存在であり、各部門の強いところがほかの部門の弱い部分を補完できるとしています。

4　×　福祉の社会的分業論を提示したのは、**ティトマス**（Titmuss,R.）です。**社会福祉**（国による福祉）だけでなく、**企業福祉**（雇用主からの諸手当）や**財政福祉**（税の減免）も重要な意味合いをもつことを示しました。

5　×　記述の市民権理論を提示したのは、**マーシャル**（Marshall,T.）です。

正解　2

問題8

1　○　**社会的階層化**とは、社会政策（社会保障制度）によってどのような**階層が生まれる**かを示すものです。国によって福祉サービスの方法や充実度が異なるため、いくつかのパターンが存在することになります。

2　×　脱商品化とは、労働者が自身の**労働力を商品として売ることなく**生活できる度合いを意味します。社会サービスを支給することによって、労働力のない人であっても、生活の維持が可能になります。

3　×　脱家族化とは、**家族に頼って生活する度合いを減らす**ことを意味します。社会サービスの充実は、家族負担を軽減することにつながります。

4　×　エスピン–アンデルセンは、**福祉レジーム**について「福祉が生産され、それが国家、市場、家族の間に**配分される総合的な在り方**」と説明しています。

5　×　**社会民主主義レジーム**では、全ての国民への普遍的な**サービス供給**が行われ**完全雇用の促進**にもつながります。したがって、雇用・労働市場の在り方に影響を及ぼすことになります。

正解　1

問題9

1　×　記述は、**機会均等の原理**の内容です。

2　×　記述は、**ベンサムの功利主義**の内容です。正義とは、幸福の総和を最大化することと主張しています。

3　×　消費税は逆進性があるため、**不遇な状態**にある人にとっては**不利なもの**になります。

4　○　**ロールズの格差原理**は、「所与の制約条件の下で、**最も不遇な人々の期待を最大限に最大化する**」ことを目標にしています。

5　×　**格差原理**とは、最も不遇な人の**便益を最大化**することです。学校や道路といった公共財の供給に政府が介入しても、最も不遇な人の便益の最大化につながるとはいえません。

正解　4

福祉制度の分類に用いられる社会保障制度審議会による社会保障の枠組みに関する次の記述のうち、**正しいもの**を一つ選びなさい。

1　社会保障とは5つの巨悪、すなわち窮乏、疾病、無知、陋隘（ろうあい）、無為への対応としての所得保障、保健、教育、住宅及び雇用制度の総称である。

2　社会保障は広義と狭義に分けられ、狭義の社会保障は公的扶助、社会福祉、公衆衛生及び医療の4つから構成される。

3　広義の社会保障とは、狭義の社会保障に社会保険、住宅対策及び雇用対策を加えたものである。

4　恩給及び戦争犠牲者援護は社会保障本来の目的とは異なる国家補償制度であるが、生存権尊重の社会保障的効果を上げているために広義の社会保障制度とされている。

5　狭義の社会保障、広義の社会保障及び関連制度の総体を表すものとして「福祉制度」の名称が与えられた。

問題10

1　✕　1950（昭和25）年に出された「社会保障制度に関する勧告」において、「**社会保障制度**とは、疾病、負傷、分娩、廃疾、死亡、老齢、失業、多子その他困窮の原因に対し、保険的方法又は直接公の負担において**経済保障の途**を講じ、生活困窮に陥った者に対しては、国家扶助によって**最低限度の生活**を保障するとともに、公衆衛生及び社会福祉の**向上**を図り、もって全ての国民が文化的社会の成員に値する生活を営むことができるようにすることをいうのである」と示されています。**5つの巨悪**は、イギリスで出された**ベヴァリッジ報告**の内容です。

2　✕　**狭義の社会保障**は、社会保険、公的扶助、社会福祉、公衆衛生及び医療、老人保健の5つから構成されています。

3　✕　**広義の社会保障**は、狭義の社会保障に恩給（文官恩給、旧軍人遺族恩給など）、**戦争犠牲者援護**（戦没者遺族年金など）を加えたものです。

4　〇　記述のとおりですが、恩給や戦争犠牲者援護が果たす役割は、**年々低下**しています。

5　✕　「福祉制度」といった名称は与えられていません。

正解　4

社会保障制度の体系

社会福祉は社会保障のうちの1つの分野であるといえる。

広義の社会保障	狭義の社会保障	社会保険	年金保険、医療保険、雇用保険、労働者災害補償保険（労災保険）、介護保険
		公的扶助	生活保護
		社会福祉	障害者、高齢者、児童、ひとり親家庭などに対する福祉など
		公衆衛生及び医療	感染症、麻薬、上下水道、廃棄物処理など
		老人保健	老人医療
	恩給 戦争犠牲者援護		文官恩給、旧軍人遺族恩給 戦没者遺族年金
関連制度	住宅対策		公営住宅建設
	雇用対策		失業対策事業

共通 CH 4 社会福祉の原理と政策

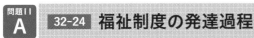

問題11 A 32-24 福祉制度の発達過程

1950年代から1970年代にかけての社会福祉の理論に関する次の記述のうち、**最も適切なもの**を1つ選びなさい。

1 木田徹郎は、社会事業を、資本主義の維持という側面から、賃金労働の再生産機構における「社会的問題」の緩和・解決の一形式と捉えた。

2 三浦文夫は、政策範疇（はんちゅう）としての社会福祉へのアプローチの方法として、ニード論や供給体制論を展開した。

3 岡村重夫は、生活権を起点に据えた実践論・運動論を組み入れた社会福祉学が総合的に体系化されなければならないと論じた。

4 孝橋正一は、社会福祉の固有の機能を、個人とそれを取り巻く環境との間の不均衡を調整し、環境への適応を促すことと論じた。

5 一番ヶ瀬康子は、政策論よりも援助技術論を重視すべきと論じた。

問題12 B 35-22 地域共生社会

次の記述のうち、近年の政府による福祉改革の基調となっている「地域共生社会」の目指すものに関する内容として、**最も適切なもの**を1つ選びなさい。

1 老親と子の同居を我が国の「福祉における含み資産」とし、その活用のために高齢者への所得保障と、同居を可能にする住宅等の諸条件の整備を図ること。

2 「地方にできることは地方に」という理念のもと、国庫補助負担金改革、税源移譲、地方交付税の見直しを一体のものとして進めること。

3 普遍性・公平性・総合性・権利性・有効性の五つの原則のもと、社会保障制度を整合性のとれたものにしていくこと。

4 行政がその職権により福祉サービスの対象者や必要性を判断し、サービスの種類やその提供者を決定の上、提供すること。

5 制度・分野ごとの縦割りや、支え手・受け手という関係を超えて、地域住民や地域の多様な主体が我が事として参画すること等で、住民一人ひとりの暮らしと生きがい、地域をともに創っていくこと。

問題11

1 × 　木田徹郎は、制度と専門行動の統合を論じ、『社会福祉事業』などを著した人物です。

2 ○ 　記述のとおりです。**三浦文夫**は、社会福祉ニーズを貨幣的ニードと非貨幣的ニードに区分して、非貨幣的ニードに対する地域福祉を基盤に据えたサービスの供給システムを理論化した人物です。

3 × 　岡村重夫は、社会的機能分化が進んでいる現代社会において，社会福祉の固有の存在理由を社会性の原理、全体性の原理、主体性の原理、現実性の原理に整理し体系化した人物です。

4 × 　孝橋正一は、社会問題と社会的問題を区別して社会政策と社会事業の関係を論じた人物です。

5 × 　一番ヶ瀬康子は、生活権を基点に据えた実践論・運動論を組み入れた社会福祉学が総合的に体系化されなければならないと論じた人物です。

正解　2

問題12

1 × 　記述の内容は、1978（昭和53）年の厚生白書（現：厚生労働白書）に記載されているものです。1979（昭和54）年に閣議決定された「新経済社会７カ年計画」において、**日本型福祉社会**として整備が図られることとなりました。

2 × 　記述の内容は、いわゆる「**三位一体の改革**」として、2001（平成13）年に成立した小泉内閣における構造改革の一環として行われた、国と地方公共団体に関する行財政システムの改革の内容です。

3 × 　記述の内容は、1995（平成７）年に社会保障制度審議会（現：社会保障審議会）が公表した「社会保障体制の再構築に関する勧告—安心して暮らせる21世紀の社会を目指して—」（**95年勧告**）の内容です。

4 × 　記述の内容は、1951（昭和26）年施行の社会福祉事業法（現：社会福祉法）において、社会福祉の実施体制として整備された**措置制度**の内容です。

5 ○ 　記述のとおり最も適切です。「**我が事・丸ごと**」という名のもと、2016（平成28）年に閣議決定された「**ニッポン一億総活躍プラン**」において、「地域共生社会」の実現を目指す、地域作り・包括的な支援体制の整備が提唱されました。

正解　5

2017（平成29）年２月７日に厚生労働省「我が事・丸ごと」地域共生社会実現本部において、「地域共生社会」とは、制度・分野ごとの『縦割り』や「支え手」「受け手」という関係を超えて、地域住民や地域の多様な主体が『我が事』として参画し、人と人、人と資源が世代や分野を超えて『丸ごと』つながることで、住民一人ひとりの暮らしと生きがい、地域を共に創っていく社会とされました。

問題13 C 35-23 福祉に関わる思想や運動

福祉に関わる思想や運動についての次の記述のうち、**最も適切なもの**を**1つ**選びなさい。

1 バーリン（Berlin, I.）のいう積極的自由とは、自らの行為を妨げる干渉などから解放されることで実現する自由を意味する。

2 ポジティブ・ウェルフェアは、人々の福祉を増進するために、女性参政権の実現を中心的な要求として掲げる思想である。

3 1960年代のアメリカにおける福祉権運動の主たる担い手は、就労支援プログラムの拡充を求める失業中の白人男性たちであった。

4 フェビアン社会主義は、ウェッブ夫妻（Webb, S. & B.）などのフェビアン協会への参加者が唱えた思想であり、イギリス福祉国家の形成に影響を与えた。

5 コミュニタリアニズムは、家族や地域共同体の衰退を踏まえ、これらの機能を市場と福祉国家とによって積極的に代替するべきだとする思想である。

問題14 C 35-24 福祉政策の理論

福祉政策に関する次の記述のうち、**最も適切なもの**を**1つ**選びなさい。

1 アダム・スミス（Smith, A.）は、充実した福祉政策を行う「大きな政府」からなる国家を主張した。

2 マルサス（Malthus, T.）は、欠乏・疾病・無知・不潔・無為の「五つの巨悪（巨人）」を克服するために、包括的な社会保障制度の整備を主張した。

3 ケインズ（Keynes, J.）は、不況により失業が増加した場合に、公共事業により雇用を創出することを主張した。

4 フリードマン（Friedman, M.）は、福祉国家による市場への介入を通して人々の自由が実現されると主張した。

5 ロールズ（Rawls, J.）は、国家の役割を外交や国防等に限定し、困窮者の救済を慈善事業に委ねることを主張した。

問題15 B 32-25 ベヴァリッジ報告

「ベヴァリッジ報告」に関する次の記述のうち、**最も適切なもの**を**1つ**選びなさい。

1 福祉サービスの供給主体を多元化し、民間非営利団体を積極的に活用するように勧告した。

2 従来の社会民主主義とも新自由主義とも異なる「第三の道」路線を選択するように勧告した。

3 ソーシャルワーカーの養成・研修コースを開設して、専門性を高めるように勧告した。

4 衛生・安全、労働時間、賃金、教育で構成されるナショナル・ミニマムという考え方を示した。

5 社会保障計画は、社会保険、国民扶助、任意保険という三つの方法で構成されるという考え方を示した。

問題13

1 ✕ 記述は、バーリンのいう**消極的自由**の説明です。積極的自由とは、自らの価値の実現のために自律的に行動する自由を意味します。

2 ✕ 女性参政権の実現を中心的な要求として掲げる思想は、**フェミニズム**（特に**リベラル・フェミニズム**）です。

3 ✕ 福祉権運動の主たる担い手は、**黒人**です。都市部の黒人貧困層が**公民権運動**を通じ、劣悪な生活環境の改善に対する福祉施策の拡大に大きく寄与しました。

4 ◯ 記述のとおりです。特にウェッブ夫妻の提唱した、**ナショナル・ミニマム**の概念は、イギリス福祉国家の形成に大きな影響を与えました。

5 ✕ 記述は、**リベラリズム**（特に**ソーシャル・リベラリズム**）の思想です。コミュニタリアニズム（**共同体主義**）とは、コミュニティ（共同体）の共通善や歴史的な価値を重視し、個人に先立つコミュニティを重視する政治思想です。

正解 **4**

問題14

1 ✕ アダム・スミスが主張したのは、「小さな**政府**」です。

2 ✕ 記述の内容を主張したのは、**ベヴァリッジ**（Beveridge,W.）です。

3 ◯ 記述のとおりです。「**大きな政府**」の理論的支柱となる主張です（ケインズ主義的政策と福祉国家）。

4 ✕ フリードマンの主張した**新自由主義論**では、**市場メカニズムを重視**し、政府によるさまざまな規制や制度（福祉国家による市場への介入）に反対しました。

5 ✕ 記述の内容は、**夜警国家**の思想です。ロールズは、著書『正義論』において、**正義論**や**格差原理**などを主張した、アメリカの哲学者です。

正解 **3**

問題15

1 ✕ 福祉サービスの供給主体を多元化するといった福祉多元主義を打ち出したのは、**ウルフェンデン報告**です。

2 ✕ 従来の社会民主主義や新自由主義と異なる第三の道を提唱したのは、**ギデンズ**の著書「第三の道」においてです。

3 ✕ ソーシャルワーカーの養成・研修コースの開設を勧告したのは、**ヤングハズバンド報告**です。

4 ✕ **ナショナル・ミニマム**という考え方を示したのは、イギリスの社会学者、経済学者である**ウェッブ夫妻**です。「ベヴァリッジ報告」では、国民生活の発展を妨げるものとして5巨人悪（窮乏、疾病、無知、不潔、怠惰）を示し、窮乏の解決には**ナショナル・ミニマム**が重要であるなど、それぞれの解決策を明らかにしたものであり、福祉国家の在り方を明確にしています。

5 ◯ ベヴァリッジ報告では、社会保障計画は、**社会保険**、**国民扶助**、任意保険の3つの異なった方法を組み合わせて行われるものであるとしています。

正解 **5**

問題16 B 34-26 **貧困に関する理論**

イギリスにおける貧困に関する次の記述のうち、**正しいもの**を1つ選びなさい。

1　ラウントリー（Rowntree, B.）は、ロンドンで貧困調査を行い、貧困の主たる原因が飲酒や浪費のような個人的習慣にあると指摘した。

2　ベヴァリッジ（Beveridge, W.）による『社会保険および関連サービス』（「ベヴァリッジ報告」）は、「窮乏」（want）に対する社会保障の手段として、公的扶助（国民扶助）が最適であり、社会保険は不要であるとした。

3　エイベル-スミス（Abel-Smith, B.）とタウンゼント（Townsend, P.）は、イギリスの貧困世帯が増加していることを1960年代に指摘し、それが貧困の再発見の契機となった。

4　タウンゼント（Townsend, P.）は、等価可処分所得の中央値の50％を下回る所得しか得ていない者を相対的剥奪の状態にある者とし、イギリスに多数存在すると指摘した。

5　サッチャー（Thatcher, M.）が率いた保守党政権は、貧困や社会的排除への対策として、従来の社会民主主義とも新自由主義とも異なる「第三の道」の考え方に立つ政策を推進した。

問題17 A 30-28 **貧困に関する理論**

貧困に関する次の記述のうち、**最も適切なもの**を1つ選びなさい。

1　ポーガム（Paugam, S.）は、車輪になぞらえて、経済的貧困と関係的・象徴的側面の関係を論じた。

2　タウンゼント（Townsend, P.）は、相対的剥奪指標を用いて相対的貧困を分析した。

3　ピケティ（Piketty, T.）は、資産格差は貧困の世代間連鎖をもたらさないと論じた。

4　ラウントリー（Rowntree, B.S.）は、ロンドン市民の貧困調査を通じて「見えない貧困」を発見した。

5　リスター（Lister, R.）は、社会的降格という概念を通して、現代の貧困の特徴を論じた。

解答・解説

問題16

1　×　ロンドンで貧困調査を行ったのは**ブース**（Booth,B.）です。ラウントリーは、**ヨーク**で貧困調査を行いました。また、貧困の原因は、第一に低賃金、不規則な労働といった**雇用問題**、第二に**環境の問題**、第三に飲酒や浪費といった**個人的習慣の問題**にあるとしました。

2　×　「窮乏」に対する社会保障の手段として**所得保障を提唱**し、**社会保険を中心**として、公的扶助（国民扶助）や任意保険を組み合わせて計画的に行うことを主張しました。

3　○　記述のとおりです。1953年、1960年の調査により、イギリスの貧困世帯が増加していることを指摘し、そのうち34.6％は世帯主が常用労働者である世帯に属することを明らかにしました。

4　×　タウンゼントは、**社会の標準的生活様式を下回った状態（必要な資源が不足しているために社会規範のなかで通常当然とみなされる生活様式を共有できない状態）にある者**を相対的剥奪の状態にある者としました。

5　×　「第三の道」の考え方に立つ政策を推進したのは、労働党の**ブレア**（Tony,B.）政権です。

正解　3

問題17

1　×　経済的貧困と関係的・象徴的側面の関係を論じたのは、**リスター**です。

2　○　**タウンゼント**は、ブース（Booth, C.）やラウントリーの貧困線では、現代の「見えない貧困」は計れないと考え、「新しい貧困」として「**相対的貧困**」の概念を出しました。タウンゼントの相対的剥奪の程度を図る指標は、❶現金所得、❷資産、❸勤務先の厚生事業、❹ソーシャルサービスからの給付、❺個人的現物所得です。

3　×　**ピケティ**は、『**21世紀の資本**』により資本と労働の分配を分析し、分配が不平等なためにおこる「**格差の構造**」を明らかにした人物です。労働所有の格差と資本所有の格差により格差は拡大するとしました。貧困は世代間連鎖をもたらすと主張しています。

4　×　**ラウントリー**は、**ヨーク市**で貧困調査を行いました。**ロンドン**で貧困調査を行ったのは**ブース**です。「**見えない貧困**」は、タウンゼントの**相対的剥奪**に派生する「**新しい貧困**」の概念です。

5　×　**リスター**は、貧困の意味における非物質的側面に着目し、貧困状態にある人々と社会との相互作用から生まれるものを、貧困の「**関係的・象徴的側面**」としました。**社会的降格**という概念を通して、現代の貧困の特徴を論じたのは、**ポーガム**です。

正解　2

ポイントチェック

社会的降格のプロセス

ポーガムは、以下のプロセスで社会的降格が起こると述べている。
❶制度を利用しなくてすむ段階
❷制度を利用しながら自立へ向けて求職活動を行う段階
❸❷の活動がうまくいかないため、制度やソーシャルワーカーに依存する段階
❹ソーシャルワーカーや家族などとの絆、社会とのつながりがなくなる段階

問題18
A　29-27　**需要とニーズの概念、定義**

個人の福祉ニードに関する次の記述のうち、**最も適切なものを1つ**選びなさい。

1　利用者のフェルト・ニードとは、専門職が社会規範に照らして把握する福祉ニードのことである。

2　人々の心身機能の状態が同一であれば、福祉ニードも同一である。

3　経済的な福祉ニードは、相談援助の対象とはならない。

4　サービス供給体制の整備に伴い、潜在的な福祉ニードが顕在化することがある。

5　福祉サービスの利用を拒んでいる人の福祉ニードは、専門職の介入によって把握されることはない。

問題19
B　35-27　**福祉のニーズとその充足**

福祉のニーズとその充足に関する次の記述のうち、**最も適切なものを1つ**選びなさい。

1　ジャッジ（Judge, K.）は、福祉ニーズを充足する資源が不足する場合に、市場メカニズムを活用して両者の調整を行うことを割当（ラショニング）と呼んだ。

2　「ウルフェンデン報告（Wolfenden Report）」は、福祉ニーズを充足する部門を、インフォーマル、ボランタリー、法定（公定）の三つに分類した。

3　三浦文夫は、日本における社会福祉の発展の中で、非貨幣的ニーズが貨幣的ニーズと並んで、あるいはそれに代わって、社会福祉の主要な課題になると述べた。

4　ブラッドショー（Bradshaw, J.）は、サービスの必要性を個人が自覚したニーズの類型として、「規範的ニード」を挙げた。

5　フレイザー（Fraser, N.）は、ニーズの中身が、当事者によってではなく、専門職によって客観的に決定されている状況を、「必要解釈の政治」と呼んだ。

(注)「ウルフェンデン報告」とは、1978年にイギリスのウルフェンデン委員会が発表した報告書「The Future of Voluntary Organisations」のことである。

問題18

1 × **フェルト・ニード**とは、**感得されたニード**のことであり、サービスの必要性を利用者が自覚したニードです。記述は、**ノーマティブ・ニード**（規範的ニード）です。

2 × 人々の心身機能の状態が同一であっても、その状態に対する各々の認識は、一人ひとり異なります。したがって、**福祉ニード**が同一であるとはいえません。

3 × 経済的な福祉ニードに対して、生活保護制度をはじめとして、さまざまな制度やサービスが行われています。それぞれの制度やサービスの利用については、**相談援助**の対象となります。

4 ○ 記述のとおりです。サービス供給体制の整備に伴い、福祉サービスに関する情報も供給されることになります。新たなサービスについて情報提供された場合、対象者が自覚し、さらに表明することで、潜在的な福祉ニードが**顕在化**することがあります。

5 × ある対象者が、福祉サービスの利用を拒んでいても、利用することで生活上の困難が緩和される可能性があれば、利用するしないにかかわらず、福祉ニード自体は**存在します**。したがって、専門職が**介入**することで、福祉ニードが把握されることはあり得ます。

正解 4

問題19

1 × 割当（ラショニング）とは、市場を通さずに両者の調整を行うことです。

2 × ウルフェンデン報告では、福祉ニーズを充足する部門を、**インフォーマル、ボランタリー（民間非営利）、法定（公定）**、民間営利の**4つ**に分けるという**福祉多元主義**を提唱しました。公的部門の役割を認めながらも各部門の連携の重要性を述べ、特にインフォーマル部門を重視しています。

3 ○ 記述のとおりです。三浦文夫は社会的ニードを**貨幣的ニード**と**非貨幣的ニード**に分類しました。

4 × ブラッドショーのニードの類型において、サービスの必要性を個人が自覚したニードの類型は、「**感得されたニード（フェルト・ニード）**」です。

5 × フレイザーは、ニーズについて「公共的に対応すべきものと解釈する主張」と「私的な家庭内の問題と解釈する主張」のせめぎ合いを「**ニーズ（必要）解釈の政治**」と呼びました。

正解 3

ポイント チェック

ブラッドショーのニード論

ブラッドショーは、ニーズの基準の判断を主体に応じて次の4つに分類した。

感得されたニード (felt need)	利用者本人が福祉サービスの必要性を感じ、自覚しているニード。本人の主観的な感覚に基づくため、客観的にはニードがあるにもかかわらず福祉サービスを利用していないことも生じる
表明されたニード (expressed need)	利用者本人がニードを感じ、実際にサービスの申請など他者に表明したニード。しかし、申請方法やサービス内容を知らないなどの情報不足、他人に知られることが恥ずかしいといった、表明する際の問題もある
規範的ニード (normative need)	ニードがある利用者本人ではなく、専門家、行政職員、研究者などが決定・判断するニード。専門家によって判断されるため、本人のニードと合致しなかったり、専門家の力量によって決定に差が生じる
比較ニード (comparative need)	同じような状況にありながら福祉サービスを利用している人、利用していない人がいた場合、利用していない人にはニードがあると判断する

問題20
B　**33-29**　**政策評価法**　

「政策評価法」に基づく行政機関の政策評価に関する次の記述のうち、**最も適切なもの**を1つ選びなさい。

1　政策評価の実施に当たり、利害関係者の参加を義務づけている。

2　政策評価の基準として、必要性よりも効率性が重視される。

3　政策評価の方法は、自己評価、利用者評価、プロセス評価により行われる。

4　政策評価の対象となる行政機関は、地方公共団体である。

5　政策評価の目的は、効果的・効率的な行政の推進及び国民への説明責任を全うされるようにすることである。

(注)　「政策評価法」とは、「行政機関が行う政策の評価に関する法律」のことである。

問題21
C　**34-31**　**福祉政策と教育政策**　

教育政策における経済的支援に関する次の記述のうち、**最も適切なもの**を1つ選びなさい。

1　国は、義務教育の無償の範囲を、授業料のみならず、教科書、教材費、給食費にも及ぶものとしている。

2　国が定める高等学校等就学支援金及び大学等における修学の支援における授業料等減免には、受給に当たっての所得制限はない。

3　国が定める高等学校等就学支援金による支給額は、生徒の通う学校の種類を問わず同額である。

4　日本学生支援機構による大学等の高等教育における奨学金は貸与型であり、給付型のものはない。

5　国が定める就学援助は、経済的理由によって、就学困難と認められる学齢児童又は学齢生徒の保護者を対象とする。

問題22
B　**35-31**　**男女雇用機会均等政策**　

男女雇用機会均等政策に関する次の記述のうち、**最も適切なもの**を1つ選びなさい。

1　常時雇用する労働者数が101人以上の事業主は、女性の活躍に関する一般事業主行動計画を策定することが望ましいとされている。

2　セクシュアルハラスメントを防止するために、事業主には雇用管理上の措置義務が課されている。

3　総合職の労働者を募集・採用する場合は、理由のいかんを問わず、全国転勤を要件とすることは差し支えないとされている。

4　育児休業を取得できるのは、期間の定めのない労働契約を結んだフルタイム勤務の労働者に限られている。

5　女性労働者が出産した場合、その配偶者である男性労働者は育児休業を取得することが義務づけられている。

問題20

1　×　政策評価の実施に当たり、利害関係者の参加は義務づけられていません。

2　×　評価の基準は、「必要性」「効率性」「有効性」「公平性」「優先性」等の観点から評価を行うにあたり、どのような点に着目するかを表すもので、統一的に設定することは困難であるとしています。

3　×　**事業評価方式**、**実績評価方式**、**総合評価方式**の3つが明示されています。

4　×　政策評価の対象となる行政機関は、国等の機関が対象です。

5　○　記述のとおりです。政策評価法第1条に規定されています。

正解　5

問題21

1　×　義務教育については、**授業料、教科書**を無償としていますが、教材費、給食費は無償ではありません。なお義務教育については無償性が**憲法**と**教育基本法**に規定されており、義務教育の範囲などに関しては**学校教育法**に定められています。

2　×　高等学校等就学支援金、大学等における修学の支援における授業料等減免とも、**所得制限**が設けられています。

3　×　公立学校と私立学校では、支給額が異なっています。

4　×　独立行政法人日本学生支援機構（JASSO）の奨学金制度については、**貸与型**奨学金と**給付型**奨学金が設けられています。

5　○　記述のとおりです。学校教育法第19条において「経済的理由によって、就学困難と認められる学齢児童又は学齢生徒の保護者に対しては、市町村は、必要な援助を与えなければならない」と規定されています。

正解　5

問題22

1　×　常時雇用する労働者数が101人以上の事業主は、**女性の活躍に関する一般事業主行動計画を策定しなければなりません**（女性活躍推進法第8条第1項）。

2　○　記述のとおりです。男女雇用機会均等法第11条第1項に規定されています。

3　×　すべての労働者を募集、採用する際に、**合理的な理由がないにもかかわらず転勤要件**を設けることは、「間接差別」として禁止されています（男女雇用機会均等法第7条、同施行規則第2条第2項）。

4　×　期間の定めのある労働者（**有期契約労働者**）についても、一定の要件に該当する場合を除き（子の年齢が1歳6か月までの間に雇用契約が満了する場合、及び労使協定の締結により除外となった雇用された期間が1年未満の労働者）育児休業を取得することができます。

5　×　育児休業の取得は、男性労働者本人の**取得希望の申出**によります。

正解　2

問題23
C 33-30 **福祉政策と住宅政策**

日本における住宅政策や居住支援に関する次の記述のうち、**最も適切なもの**を**１つ**選びなさい。

1 「住宅セーフティネット法」では、民間賃貸住宅を賃貸する事業者に対し、住宅確保要配慮者の円滑な入居の促進のための施策に協力するよう努めなければならないとされている。

2 公営住宅の入居基準では、自治体が収入（所得）制限を付してはならないとされている。

3 住生活基本法では、国及び都道府県は住宅建設計画を策定することとされている。

4 住宅困窮者が、居住の権利を求めて管理されていない空き家を占拠することは、違法ではないとされている。

5 日本が批准した「国際人権規約（社会権規約）」にいう「相当な生活水準の権利」では、住居は対象外とされている。

（注） 1 「住宅セーフティネット法」とは、「住宅確保要配慮者に対する賃貸住宅の供給の促進に関する法律」のことである。
　　　 2 「国際人権規約（社会権規約）」とは、国際人権規約における「経済的、社会的及び文化的権利に関する国際規約」のことである。

問題24
B 33-31 **労働施策総合推進法**

次のうち、働き方改革とも関連する「労働施策総合推進法」の内容の説明として、**適切なもの**を**２つ**選びなさい。

1 国は、日本人の雇用確保のため不法に就労する外国人への取締りを強化しなければならない。

2 国は、子を養育する者が離職して家庭生活に専念することを支援する施策を充実しなければならない。

3 事業主は、職場において行われる優越的な関係を背景とした言動であって、業務上必要かつ相当な範囲を超えたものによりその雇用する労働者の就業環境が害されることのないよう、必要な措置を講じなければならない。

4 国は、労働者が生活に必要な給与を確保できるよう労働時間の延長を容易にする施策を充実しなければならない。

5 事業主は、事業規模の縮小等に伴い離職を余儀なくされる労働者について、求職活動に対する援助その他の再就職の援助を行うよう努めなければならない。

（注） 「労働施策総合推進法」とは、「労働施策の総合的な推進並びに労働者の雇用の安定及び職業生活の充実等に関する法律」（旧雇用対策法）のことである。

解答・解説

問題23

1　○　記述のとおりです。住宅セーフティネット法第54条第2項に規定されています。なお、住宅確保要配慮者とは、低額所得者、被災者、高齢者、障害のある人、子どもを育成する家庭その他住宅の確保に特に配慮を要する者をいいます。

2　×　公営住宅法第23条第1項に、入居者資格として収入の上限を政令、条例で定めることが規定されています。

3　×　住生活基本法では、国及び都道府県は**住生活基本計画**を策定することとされています。

4　×　記述の行為は、不法占拠（違法行為）となります。

5　×　国際人権規約（社会権規約）では、相当な生活水準の権利を、自己及びその家族のための相当な**食糧**、**衣類**及び**住居**を対象としています。

正解 1

問題24

1　×　労働施策総合推進法第4条第12項において、国は、高度の専門的な知識または技術を有する外国人の**就業の促進**、**適切な雇用機会の確保**が図られるようにするため、雇用管理の改善の促進及び離職した場合の再就職の促進を図るために必要な施策を充実することに取り組まねばならないことが規定されています。

2　×　同法第4条第6項において、国は、女性の職業及び子の養育または家族の介護を行う者の職業の安定を図るため、**雇用の継続**、**円滑な再就職の促進**、母子家庭の母及び父子家庭の父並びに寡婦の雇用の促進その他のこれらの者の就業を促進するために必要な施策を充実することに取り組まねばならないことが規定されています。

3　○　記述のとおりです（第30条の2第1項）。

4　×　同法第4条第1項において、国は、**労働時間の短縮**その他の**労働条件の改善**、**多様な就業形態**の普及及び雇用形態または就業形態の異なる労働者の間の**均衡のとれた待遇の確保**に関する施策を充実することが規定されています。

5　○　記述のとおりです（第6条第2項）。

正解 3・5

ポイント チェック

労働施策総合推進法の改正

　労働施策総合推進法は、パワーハラスメント（パワハラ）防止を目的に2019（令和元）年に改正、大企業は2020（令和2）年6月より、中小企業は2022（令和4）年4月より施行対象となっている。

パワハラ防止のための雇用管理上の措置義務を新設	・苦情などに対する相談体制の整備、事業主によるパワハラ防止の社内方針の明確化と周知・啓発、被害を受けた労働者へのケアや再発防止等を義務化 ・適切な措置を講じていない場合は是正指導の対象となる
パワハラに関する労使紛争解決の手段	都道府県労働局長による紛争解決援助、紛争調整委員会による調停の対象となる

問題25
B 　**34-29** 　福祉供給過程

福祉政策と市場の関係などに関する次の記述のうち、**最も適切なものを1つ選びなさい。**

1　公共サービスの民営化の具体的方策として、サービス供給主体の決定に、官民競争入札及び民間競争入札制度を導入する市場化テストがある。

2　準市場では、行政主導のサービス供給を促進するため、非営利の事業者間での競争を促す一方で、営利事業者の参入を認めないという特徴がある。

3　プライベート・ファイナンス・イニシアティブ（PFI）とは、公有財産を民間に売却し、その利益で政府の財政赤字を補填することである。

4　指定管理者制度とは、民間資金を使って公共施設を整備することである。

5　ニュー・パブリック・マネジメント（NPM）では、政府の再分配機能を強化し、「大きな政府」を実現することが目標とされる。

問題26
B 　**28-29** 　福祉供給過程

福祉サービスにおける準市場（疑似市場）に関する次の記述のうち、**適切なものを1つ選びなさい。**

1　利用者のサービス選択を支援する仕組みが必要である。

2　サービスの質のモニタリングは不要である。

3　同一地域におけるサービス供給者は1つに限定される。

4　営利事業者やNPOが参入できないよう、規制される。

5　自治体が、福祉サービスの購入者となることが前提である。

問題27
B 　**35-30** 　福祉サービスの利用

福祉サービスの利用に関する次の記述のうち、**最も適切なものを1つ選びなさい。**

1　社会福祉法は、社会福祉事業の経営者に対し、常に、その提供する福祉サービスの利用者等からの苦情の適切な解決に努めなければならないと規定している。

2　社会福祉法は、社会福祉事業の経営者が、福祉サービスの利用契約の成立時に、利用者へのサービスの内容や金額等の告知を、書面の代わりに口頭で行っても差し支えないと規定している。

3　福祉サービスを真に必要とする人に、資力調査を用いて選別主義的に提供すると、利用者へのスティグマの付与を回避できる。

4　福祉サービス利用援助事業に基づく福祉サービスの利用援助のために、家庭裁判所は補助人・保佐人・後見人を選任しなければならない。

5　福祉サービスの利用者は、自らの健康状態や財力等の情報を有するため、サービスの提供者に比べて相対的に優位な立場で契約を結ぶことができる。

問題25

1 〇 記述のとおりです。市場化テストは、**公共サービスの質の向上と経費の削減**を図る手法です。
2 × 準市場では、サービス供給主体を競争させることでサービスの質の向上につなげることから、非営利事業者だけではなく**営利事業者の参入**も認められています。
3 × PFIとは、**公共施設**に関して、**民間に資金調達や運営を委託**し、民間の経営能力や技術を活用することで、公的機関よりも**効率的**な事業展開を図ることです。
4 × 指定管理者制度とは、地方公共団体が指定した法人その他の団体に、条例により、**公の施設の管理を行わせる**ことができる制度です（地方自治法第244条の2第3項）。
5 × NPMとは行政運営に民間企業の経営手法を導入し効率化を図る手法であり、**政府の再分配機能を**緩和し、「**小さな政府**」を実現することが目標とされます。

正解 | 1 |

問題26

1 〇 **準市場**（疑似市場）とは、医療や福祉など公的なサービス・枠組みにおいて、民間部門が参入し、市場原理を取り入れた状態のことです。利用者は、事業者やサービスを選択できるという特徴があります。
2 × サービスの質に関する**モニタリングは必要**です。利用者がサービスの選択や事業者と契約を結ぶとき、利用者への情報提供の際に、**サービスの質を把握している必要**があるからです。
3 × 市場原理、競争原理を取り入れるため、**複数の民間事業者**が存在します。
4 × 準市場では、営利事業者をはじめ、NPOなど**多様な組織の参入**を期待しています。
5 × 利用者が福祉サービスの**購入者**となることが前提です。

正解 | 1 |

 準市場の概念は、**ルグラン**が提唱しました。

問題27

1 〇 記述のとおりです。社会福祉法第82条に規定されています。
2 × 契約については、**必ず書面によって行う**ことが義務化されています（同法第77条第1項）。なお書面交付については、**電磁的方法**によることも認められています（同法第77条第2項）。
3 × 資力調査を用いた選別主義は、**スティグマの付与**を伴います。
4 × 福祉サービス利用援助事業は、判断能力が低下している認知症高齢者等のサービス利用を支援するため、**成年後見制度を補完**する形で**都道府県・指定都市社会福祉協議会**が主体となり実施する事業です。法定後見人の選任は要件とはなっていません。
5 × **情報の非対称性**の点から、契約において利用者は提供者に比べて**相対的に不利な立場**にあります。このため社会福祉法においては福祉サービスの適切な利用のために、様々な利用者保護の規定が設けられています。

正解 | 1 |

問題28
B　**33-27** **各国の社会福祉や社会保障の現状**

　各国の社会福祉や社会保障の現状に関する次の記述のうち、**最も適切なもの**を**１つ**選びなさい。

I　アメリカの公的医療保障制度には、低所得者向けのメディケアがある。

2　スウェーデンの社会サービス法では、住民が必要な援助を受けられるよう、コミューンが最終責任を負うこととなっている。

3　ドイツの社会福祉制度は、公的サービスが民間サービスに優先する補完性の原則に基づいている。

4　中国の計画出産政策は、一組の夫婦につき子は一人までとする原則が維持されている。

5　韓国の高齢者の介護保障（長期療養保障）制度は、原則として税方式で運用されている。

問題29
B　**30-27** **各国の福祉改革**

　各国の福祉改革に関する次の記述のうち、**最も適切なもの**を**１つ**選びなさい。

I　スウェーデンのエーデル改革は、高齢者の保健医療は広域自治体、介護サービスはコミューンが実施責任を負うとする改革であった。

2　イギリスのブレア内閣の社会的排除対策は、財政の効率化、市場化、家族責任など「大きな社会」理念に基づくものであった。

3　日本の介護保険制度は、給付に要する費用の全額を保険料の負担として、財源の安定を目指した。

4　ドイツの介護保険制度は、障害者の介護サービスを除外して創設された。

5　アメリカのTANF（貧困家族一時扶助）は、「就労から福祉へ」の政策転換であった。

共通 CH 4　START! GOAL!!　クリア！ CHAPTER 4

102

問題28

1 × アメリカの低所得者向けの公的医療保障制度は、**メディケイド**です。**メディケア**は、高齢者や障害の
ある人に対する公的医療保障制度です。

2 ○ 記述のとおりです。**コミューン**とは、**基礎的自治体**のことで、**ランスティング**（**広域自治体**）、国の3
者で役割分担をしています。

3 × **民間サービスが公的サービスに優先**する補完性の原則に基づいています。

4 × 2016年1月1日より一組の夫婦につき2人の子どもをもつことを認める**計画出産政策**となっています。

5 × 韓国の高齢者の介護保障（長期療養保障）制度は、**社会保険方式**で運用されています。

正解 **2**

問題29

1 ○ エーデル改革は、高齢者および障害者の長期医療ニーズへの対応を**ランスティング**（**広域自治体**）か
ら切り離し、行政責任を**コミューン**（**基礎的自治体**）に移行させることで医療と福祉の統合を図った
ものです。この改革により、**高齢者福祉サービス**については**ランスティングからコミューンに移管**さ
れました。

2 × 「大きな政府」の対抗概念としてソーシャルキャピタルの再構築を目指す「**大きな社会**」をスローガン
に掲げたのは、**キャメロン内閣**（保守党）です。

3 × 記述は、**ドイツ**の介護保険制度です。日本の介護保険制度の給付に要する費用負担は、**公費と保険料**、
利用者負担です。

4 × 記述は、日本の介護保険制度です。ドイツの介護保険制度の給付受給権者は、**介護を必要とする者**で
あり、**子どもや障害者も対象**となります。

5 × TANFは、**扶養児童**のいる**低所得者世帯**に給付金を支給する制度です。1996年に当時のクリントン政
権が行った福祉改革により導入されました。従来までの要扶養児童家族扶助、就労機会・基礎技能訓練、
緊急扶助の3つの福祉制度が廃止され、「**福祉から就労へ**」の政策転換となりました。

正解 **1**

共通
CHAPTER
4

ポイントチェック一覧

共通
CHAPTER

5

社会保障

問題 1 B 33-49改 日本の人口

日本の人口に関する次の記述のうち、**正しいもの**を**1**つ選びなさい。

1 「人口推計（2022年（令和4年）10月1日現在）」（総務省）によると、2022年の総人口は前年に比べ増加した。

2 「令和4年（2022）人口動態統計（確定数）の概況」（厚生労働省）によると、2022年の合計特殊出生率は前年より上昇した。

3 「国立社会保障・人口問題研究所の推計」によると、2070年の平均寿命は男女共に90年を超えるとされている。

4 「国立社会保障・人口問題研究所の推計」によると、老年（65歳以上）人口は2043年にピークを迎え、その後は減少に転じるとされている。

5 「国立社会保障・人口問題研究所の推計」によると、2070年の老年（65歳以上）人口割合は約50％になるとされている。

(注) 「国立社会保障・人口問題研究所の推計」とは、「日本の将来推計人口（令和5年推計）」の出生中位（死亡中位）の仮定の場合を指す。

問題 2 B 25-49改 労働環境の変化

雇用状況と労働環境の現状に関する次の記述のうち、**正しいもの**を**1**つ選びなさい。

1 「厚生労働白書」（令和5年版）によると、日本を100人の国に例えてみると、仕事に就いているのは約65人である。

2 「厚生労働白書」（令和5年版）によると、日本を100人の国に例えてみると、雇われているのは、男性約36人、女性約18人である。

3 「労働力調査」（総務省）によると、2023（令和5）年平均において、雇用者（役員を除く。）に占める非正規の職員・従業員の割合は3割を超えている。

4 65歳までの安定した雇用の確保を図るため、事業主は、必ず定年を65歳まで引き上げなければならない。

5 「令和4年度雇用均等基本調査」（厚生労働省）によると、男性の育児休業取得率は5％を下回っている。

解答・解説

問題 1

1 ✕ 2022（令和4）年10月1日現在の総人口は、1億2494万7千人で、前年に比べ55万6千人の**減少**（11年連続で減少）となっています。

2 ✕ 2022（令和4）年の**合計特殊出生率**は1.26であり、前年の1.30より低下しています。

3 ✕ 2070年の平均寿命は**男性85.89年**、**女性91.94年**と推計されています。

4 ○ 老年（65歳以上）人口は2043年に3953万人でピークを迎え、その後は減少に転じると推計されています。

5 ✕ 2070年の老年（65歳以上）人口割合は38.7%と、**2.6人に1人**が老年になると推計されています。

正解 4

問題 2

1 ✕ 「厚生労働白書」（令和5年版）によると、日本を100人の国に例えてみると、仕事に就いているのは**53.8人**となっています。

2 ✕ 「厚生労働白書」（令和5年版）によると、日本を100人の国に例えてみると、雇われているのは、男性**26.2人**、女性**22.1人**となっています。

「厚生労働白書」（令和5年版）によると、日本を100人の国に例えてみると、週60時間以上の長時間働いているのは、約2.9人となっています。

3 ○ 「労働力調査」（総務省）によると、2023（令和5）年平均において、雇用者（役員を除く。）に占める非正規の職員・従業員の割合は**37.0%**と3割を超え、4割近くになっています。

4 ✕ 定年の**引上げ**、**継続雇用制度**の導入、定年の定めの**廃止**のいずれかの措置を講じなければなりませんが、必ず65歳まで引き上げるという義務はありません。

5 ✕ 「令和4年度雇用均等基本調査」（厚生労働省）によると、男性の育児休業取得率は**17.13%**となっています。

正解 3

共通 CH 5 社会保障

問題3
B　33-50 **社会保障の概念と範囲、理念**

「平成29年版厚生労働白書」における社会保障の役割と機能などに関する次の記述のうち、**適切なも**のを**2つ**選びなさい。

1　戦後の社会保障制度の目的は、「広く国民に安定した生活を保障するもの」であったが、近年では「生活の最低限度の保障」へと変わってきた。

2　1950年（昭和25年）の「社会保障制度に関する勧告」における社会保障制度の定義には、社会保険、国家扶助、治安維持及び社会福祉が含まれている。

3　社会保障には、生活のリスクに対応し、生活の安定を図る「生活安定・向上機能」がある。

4　社会保障の「所得再分配機能」は、現金給付にはあるが、医療サービス等の現物給付にはない。

5　社会保障には、経済変動の国民生活への影響を緩和し、経済を安定させる「経済安定機能」がある。

問題4
B　26-50 **社会保障制度の歴史**

社会保障制度の歴史に関する次の記述のうち、**正しいものを1つ**選びなさい。

1　ドイツでは、18世紀終盤に、宰相ビスマルクにより、法律上の制度として世界で初めて社会保険制度が整備された。

2　アメリカでは、世界恐慌の中、ニューディール政策が実施され、その一環として低所得者向けの公的医療扶助制度であるメディケイドが創設された。

3　フランスでは、連帯思想が社会保険制度の段階的な充実につながり、1930年には、ラロック・プランに基づく社会保険法が成立した。

4　イギリスでは、1990年代に、サッチャー政権が効率と公正の両立を目指す「第三の道」を標榜し、就労支援を重視した施策を展開した。

5　日本では、1960年代に国民皆保険・皆年金制度が実現し、その他の諸制度とあいまって社会保障制度が構築されてきた。

問題5
B　35-49 **日本の社会保障の歴史**

日本の社会保障の歴史に関する次の記述のうち、**最も適切なものを1つ**選びなさい。

1　社会保険制度として最初に創設されたのは、健康保険制度である。

2　社会保険制度のうち最も導入が遅かったのは、雇用保険制度である。

3　1950年（昭和25年）の社会保障制度審議会の勧告では、日本の社会保障制度は租税を財源とする社会扶助制度を中心に充実すべきとされた。

4　1986年（昭和61年）に基礎年金制度が導入され、国民皆年金が実現した。

5　2008年（平成20年）に後期高齢者医療制度が導入され、老人医療費が無料化された。

共通
CH
5　START!
GOAL!!

問題3

1 × 社会保障制度の目的は、戦後の貧困からの救済（**救貧**）や貧困に陥ることの予防（**防貧**）といった「生活の最低限度の保障」から、近年では「救貧」「防貧」を超え、「広く国民に安定した生活を保障するもの」へと変わってきた、としています。

2 × 「社会保障制度に関する勧告」（1950年勧告）において、社会保障制度とは、「疾病、負傷、分娩、廃疾、死亡、老齢、失業、多子その他困窮の原因に対し、**保険的方法**又は直接**公の負担**において経済保障の途を講じ、生活困窮に陥った者に対しては、**国家扶助**によって最低限度の生活を保障するとともに、**公衆衛生**及び**社会福祉**の向上を図り、もって全ての国民が文化的社会の成員たるに値する生活を営むことができるようにすること」と定義しています。

3 ○ 記述のとおりです。社会保障の「**生活安定・向上機能**」は、生活のリスクに対応し、**国民生活の安定を実現**するものである、としています。

4 × 所得再分配には、医療サービスや保育などの現物給付による方法もある、としています。

5 ○ 記述のとおりです。社会保障の機能は、主として、❶**生活安定・向上機能**、❷**所得再分配機能**、❸**経済安定機能**の3つがあげられる、としています。

正解 **3・5**

問題4

1 × ドイツで世界で最初の社会保険が制度化されたのは**19世紀末**です。

2 × ニューディール政策は、世界恐慌の中で1933年から実施された社会政策ですが、低所得者向けの公的医療扶助制度の**メディケイド**は、高齢・障害者向け医療保険のメディケアと共に**1965年**に創設されました。

3 × ラロック・プラン（社会保障計画）が策定されたのは**1945年**です。

4 × 「第三の道」を標榜したのは、**ブレア**政権で、「福祉から就労へ」を理念とし、「公平」の観点に基づき、「社会投資」としての就労支援を重視しました。サッチャー政権は**市場原理**を重視し、経済的効率性を追求した政策をとりました。

5 ○ 1958（昭和33）年に新国民健康保険法、1959（昭和34）年に国民年金法がそれぞれ制定され、全ての市町村で強制加入がなされた結果、**1961**（**昭和36**）**年**に国民皆保険・皆年金制度が実現しました。

正解 **5**

問題5

1 ○ 最初の社会保険制度である健康保険制度が創設されたのは、1922（大正11）年の**健康保険法の制定**によります。なお翌年の**関東大震災の影響**により、5年後の1927（昭和2）年の施行となりました。

2 × 社会保険制度のうち最も導入が遅かったのは、1997（平成9）年制定、2000（平成12）年施行（導入）の、**介護保険制度**（介護保険法）です。雇用保険制度（雇用保険法）は、1947（昭和22）年制定の失業保険法を吸収し、1974（昭和49）年に制定されました。

3 × 50年勧告では、日本の社会保障制度は、**保険料を財源とする社会保険制度**を中心に充実すべき、とされました。

4 × 国民皆年金が実現したのは、1959（昭和34）年の国民年金法の制定によるものです。1961（昭和36）年より施行され、国民全員が何らかの年金制度に加入する国民皆年金体制となりました。

5 × 老人医療費の無料化（**老人医療費支給制度**）が導入されたのは、1973（昭和48）年から（老人福祉法の改正）です。この年は**福祉元年**といわれ、年金給付の向上（年金に物価スライド制が導入される）と、老人医療費の無料化が実施されました。

正解 **1**

問題6　A　31-49　社会保険制度の財源

社会保険制度の財源に関する次の記述のうち、**最も適切なもの**を1つ選びなさい。

1　健康保険の給付費に対する国庫補助はない。

2　介護保険の給付財源は、利用者負担を除き、都道府県が4分の1を負担している。

3　老齢基礎年金は、給付に要する費用の3分の2が国庫負担で賄われている。

4　労働者災害補償保険に要する費用は、事業主と労働者の保険料で賄われている。

5　雇用保険の育児休業給付金及び介護休業給付金に対する国庫負担がある。

問題7　A　34-50改　社会保障費用統計

「令和3年度社会保障費用統計」(国立社会保障・人口問題研究所)による2021年度(令和3年度)の社会保障給付費等に関する次の記述のうち、**正しいもの**を1つ選びなさい。

1　社会保障給付費の対国内総生産比は、40%を超過している。

2　国民一人当たりの社会保障給付費は、150万円を超過している。

3　部門別(「医療」、「年金」、「福祉その他」)の社会保障給付費の構成割合をみると、「年金」が70%を超過している。

4　機能別(「高齢」、「保健医療」、「家族」、「失業」など)の社会保障給付費の構成割合をみると、「高齢」の方が「家族」よりも高い。

5　社会保障財源をみると、公費負担の内訳は国より地方自治体の方が多い。

問題8　A　32-50改　社会保障費用統計

「令和3年度社会保障費用統計」(国立社会保障・人口問題研究所)に関する次の記述のうち、**正しいもの**を1つ選びなさい。

1　2021年度(令和3年度)の社会保障給付費は、150兆円を超過した。

2　2021年度(令和3年度)の社会保障給付費を部門別(「医療」、「年金」、「福祉その他」)にみると、「福祉その他」の割合は1割に満たない。

3　2021年度(令和3年度)の社会保障給付費を機能別(「高齢」、「保健医療」、「家族」、「失業」など)にみると、「家族」の割合は1割に満たない。

4　2021年度(令和3年度)の社会保障財源における公費負担の割合は、社会保険料の割合よりも大きい。

5　2019年度(令和元年度)における社会支出の国際比較によれば、日本の社会支出の対国内総生産比は、ドイツよりも高い。

問題6

1　✕　健康保険の給付費に対しては、**13％から20％の範囲内**において政令で定める割合の**国庫補助**が行われています（健康保険法第153条）。

2　✕　介護保険の給付財源における都道府県の負担は、**8分の1**（12.5％）です。

3　✕　老齢基礎年金は、給付に要する費用の**2分の1**が国庫負担です。

4　✕　労働者災害補償保険に要する費用は、**全額を事業主が支払う保険料**によって賄われています。

5　〇　育児休業給付金及び介護休業給付金に対しては、要する費用の**8分の1**が国庫負担で賄われています。なお、雇用保険の保険給付である育児休業給付は、従来、失業等給付の雇用継続給付に位置づけられていましたが、法改正により、2020（令和2）年度より、子を養育するために休業した労働者の生活及び雇用の安定を図るための独立した給付として位置づけられました。

正解　5

問題7

1　✕　2021（令和3）年度の社会保障給付費の対国内総生産比（対GDP比）は、**25.20％**です。

2　✕　国民一人当たりの社会保障給付費は**110万5500円**です。

3　✕　部門別社会保障給付費の構成割合をみると、「年金」は**40.2％**となっています。

4　〇　機能別社会保障給付費の構成割合は、「高齢」が**42.3％**で最も大きくなっています。

5　✕　社会保障財源の公費負担の内訳は、**国が29.3％**、**地方自治体が11.2％**となっています。

正解　4

問題8

1　✕　2021（令和3）年度の社会保障給付費は**138兆7433億円**です。

2　✕　2021（令和3）年度の社会保障給付費を部門別にみると、「福祉その他」は35兆5076億円で構成割合は25.6％となっています。

3　〇　記述のとおりです。2021（令和3）年度の社会保障給付費を機能別にみると、「家族」の割合は**9.4％**であり、1割を下回っています。

4　✕　2021（令和3）年度の社会保障財源の構成割合をみると、「社会保険料」が46.2％、「公費負担」が40.4％で、公費負担の割合は、社会保険料の割合よりも小さくなっています。

5　✕　2019（令和元）年度における日本の社会支出の対国内総生産比は22.95％で、ドイツは28.18％です。

正解　3

問題9
B　31-50 **社会保険と民間保険**

日本における社会保険と民間保険に関する次の記述のうち、**正しいものを1つ**選びなさい。

1　民間保険では、加入者の保険料は均一でなければならない。

2　生命保険など民間保険の保険料が、所得税の所得控除の対象になることはない。

3　民間保険には低所得者に対する保険料の減免制度がある。

4　社会保険では、各個人が自由に制度に加入・脱退することは認められていない。

5　社会保険は、各被保険者の保険料とそれにより受け取るべき給付の期待値が一致するように設計されなければならない。

問題10
A　35-50 **日本の社会保険**

日本の社会保険に関する次の記述のうち、**正しいものを1つ**選びなさい。

1　国民健康保険は、保険料を支払わないことで自由に脱退できる。

2　健康保険の給付費に対する国庫補助はない。

3　雇用保険の被保険者に、国籍の要件は設けられていない。

4　民間保険の原理の一つである給付・反対給付均等の原則は、社会保険においても必ず成立する。

5　介護保険の保険者は国である。

問題11
A　35-51 **社会保険制度の加入**

事例を読んで、社会保険制度の加入に関する次の記述のうち、**正しいものを1つ**選びなさい。

〔事　例〕

Gさん（76歳）は、年金を受給しながら被用者として働いている。同居しているのは、妻Hさん（64歳）、離婚して実家に戻っている娘Jさん（39歳）、大学生の孫Kさん（19歳）である。なお、Gさん以外の3人は、就労経験がなく、Gさんの収入で生活している。

1　Gさんは健康保険に加入している。

2　Hさんは国民健康保険に加入している。

3　Jさんは健康保険に加入している。

4　Jさんは介護保険に加入している。

5　Kさんは国民年金に加入している。

問題9

1　✕　民間保険では、加入対象となる**保険の種類ごと**に、**加入者の年齢や性別などの条件**に応じて保険料が個別に設定されます。

2　✕　生命保険の保険料は、所得税や住民税の**所得控除の対象**となります。これを生命保険料控除といいます。

3　✕　民間保険には低所得者に対する保険料の**減免制度はありません**。

4　○　社会保険は一定要件による**強制加入**で、自由に制度に加入・脱退することはできません。

5　✕　記述の内容は、**給付反対給付均等の原則**といわれるもので、**民間保険**にはあてはまりますが、社会保険にはあてはまりません。

正解　4

問題10

1　✕　社会保険は**強制加入**であり、要件に該当しない限り自由に脱退することはできません。国民健康保険も社会保険制度であり、国民健康保険法に定める適用除外要件に該当する場合を除き、自由に脱退することはできません。

2　✕　健康保険のうち全国健康保険協会管掌健康保険の給付費に対しては、**13%から20%の範囲内**において政令で定める割合（現在は**16.4%**）の**国庫補助**が行われています。

3　○　記述のとおりです。国籍にかかわらず、雇用保険法が定める被保険者要件に該当すれば、当然に被保険者となります。

4　✕　社会保険においては、給付・反対給付均等の原則は成立しません。全体として被保険者の保険料については、**応能負担**によって決定することや、保険料は労働者の場合、**事業主負担**があり、また、**公費負担**が行われていることなどが理由となります。

5　✕　介護保険の保険者は、**市町村及び特別区（東京23区）**になります。

正解　3

問題11

1　✕　Gさんは**75歳**を過ぎていることから、後期高齢者医療制度に加入しています。

2　○　Gさんは後期高齢者医療制度に加入しており、Gさん以外の3人は就労経験がないということから、何らかの被用者保険に加入していると推察できません。よって国民健康保険に加入していると思われます。

3　✕　「Gさん以外の3人は就労経験がない」ということから、被用者保険制度である健康保険には、Jさんは加入していません。

4　✕　介護保険の被保険者の対象年齢は**40歳以上**です。

5　✕　国民年金の第1号被保険者及び第3号被保険者の対象年齢は**20歳以上**です。Kさんは就労経験がないことから第2号被保険者には該当しないことと、また年齢も19歳であることから、国民年金には加入していません。

正解　2

社会保険と公的扶助に関する次の記述のうち、**最も適切なもの**を1つ選びなさい。

1 社会保険は特定の保険事故に対して給付を行い、公的扶助は貧困の原因を問わず、困窮の程度に応じた給付が行われる。

2 社会保険は原則として金銭給付により行われ、公的扶助は原則として現物給付により行われる。

3 社会保険は救貧的機能を果たし、公的扶助は防貧的機能を果たす。

4 社会保険は事前に保険料の拠出を要するのに対し、公的扶助は所得税の納付歴を要する。

5 公的扶助は社会保険よりも給付の権利性が強く、その受給にスティグマが伴わない点が長所とされる。

日本の社会保険制度と公的扶助制度の基本的な特質に関する次の記述のうち、**最も適切なもの**を1つ選びなさい。

1 公的扶助は防貧的な機能をもつ。

2 公的扶助は個別の必要に応じて給付を行う。

3 社会保険の給付は、実施機関の職権により開始される。

4 社会保険では原因のいかんを問わず、困窮の事実に基づいて給付が行われる。

5 公的扶助は、保険料の拠出を給付の前提条件としている

解答・解説

問題12

1 ○ 記述のとおりです。社会保険とは、保険方式を利用した社会保障制度で、運営主体者（保険者）が保険加入者（被保険者）から保険料を徴収し、給付対象となる事故（保険事故）に対して必要な保険給付を行うシステムです。対して、社会扶助とは、保険方式を利用しない社会保障制度で、おもに**公費**を財源として、低所得者や障害者等に対して、必要な支援を行うシステムです。

2 × 両制度とも金銭給付、現物給付のどちらを原則とするものではなく、給付の内容により、最適な給付方式を選択しています。

3 × 社会保険は**防貧的機能**を果たし、公的扶助は**救貧的機能**を果たします。

4 × 公的扶助の受給に対して要件とされているのは、**資力調査（ミーンズテスト）**です。その結果として受給に**スティグマ**（汚名、恥辱感）が伴うという課題（短所）があります。

5 × 記述は、社会保険の長所です。社会保険は公的扶助よりも**給付の権利性**が強く、その受給にスティグマが伴わない点が長所とされています。

正解 1

問題13

1 × 公的扶助（社会扶助）は、救貧的な機能をもちます。防貧的な機能をもつのは、**社会保険**です。

2 ○ 記述のとおりです。生活保護法第9条において、「保護は、要保護者の年齢別、性別、健康状態等その個人又は世帯の実際の必要の相違を考慮して、有効且つ適切に行うものとする」という必要即応の原則が定められています。

3 × 社会保険の給付は、加入している被保険者本人の申請によって開始されます。

4 × 社会保険では、**原因（保険事故）**に基づいて給付が行われます。

5 × 保険料の拠出を給付の前提条件としているのは、**社会保険**です。

正解 2

ポイントチェック

社会保険と社会扶助の比較

	社会保険	社会扶助
機能	防貧	救貧
財源	保険料	税**負担**（公費**負担**）
給付対象	**被保険者**	貧困・低所得者
給付要件	加入	資力調査・所得調査
本人拠出	保険料や自己負担	―
給付水準	各制度により設定	最低生活を保障

共通 CH 5 社会保障

問題14
C　35-52　**公的医療保険の被保険者の負担等**　

　公的医療保険における被保険者の負担等に関する次の記述のうち、**正しいものを1つ**選びなさい。

1　健康保険組合では、保険料の事業主負担割合を被保険者の負担割合よりも多く設定することができる。

2　「都道府県等が行う国民健康保険」では、都道府県が保険料の徴収を行う。

3　「都道府県等が行う国民健康保険」の被保険者が、入院先の市町村に住所を変更した場合には、変更後の市町村の国民健康保険の被保険者となる。

4　公的医療保険の保険給付のうち傷病手当金には所得税が課せられる。

5　保険診療を受けたときの一部負担金の割合は、義務教育就学前の児童については1割となる。

(注)「都道府県等が行う国民健康保険」とは、「都道府県が当該都道府県内の市町村とともに行う国民健康保険」のことである。

問題15
A　33-51　**医療保険制度の概要**　

　医療保険制度に関する次の記述のうち、**正しいものを1つ**選びなさい。

1　国民健康保険には、被用者の一部も加入している。

2　医師など同種の事業又は業務に従事する者は、独自に健康保険組合を組織することができる。

3　協会けんぽ（全国健康保険協会管掌健康保険）の保険料率は、全国一律である。

4　健康保険の被扶養者が、パートタイムで働いて少しでも収入を得るようになると、国民健康保険に加入しなければならない。

5　日本で正社員として雇用されている外国人が扶養している外国在住の親は、健康保険の被扶養者となる。

問題16
B　32-53　**医療保険制度の概要**　

　医療保険制度に関する次の記述のうち、**正しいものを1つ**選びなさい。

1　後期高齢者医療制度には、75歳以上の全国民が加入する。

2　後期高齢者の医療費は、後期高齢者の保険料と公費で折半して負担する。

3　都道府県は、当該都道府県内の市町村とともに国民健康保険を行う。

4　健康保険組合の保険料は、都道府県ごとに一律となっている。

5　協会けんぽ（全国健康保険協会管掌健康保険）の給付費に対し、国は補助を行っていない。

問題14

1 ○ 記述のとおりです。健康保険組合の保険料の負担割合の特例として「健康保険組合は規約で定めるところにより、**事業主の負担すべき一般保険料額又は介護保険料額の負担の割合を増加することができる**」とされています（健康保険法第162条）。

2 × 保険料の徴収を行うのは、**市町村の役割**です（国民健康保険法第4条第3項）。

3 × 入院先の市町村に住所を変更した場合、**変更**前の市町村の国民健康保険の被保険者のままです。これを**住所地特例**といいます（国民健康保険法第116条の2第1項第1号）。

4 × 傷病手当金については、所得税法上の非課税所得に該当し、所得税は課せられません。傷病手当金に限らず、租税その他の公課は、保険給付として支給を受けた金品を標準として課することができません。

5 × 義務教育就学前の児童については、一部負担金の割合は、**2割**となっています。

正解 1

問題15

1 ○ 記述のとおりです。一定の業種または**常時5人未満**の従業員を使用する個人事業所の被用者や、国民健康保険組合加入事業主に使用される被用者が加入しています。

2 × 同種の事業または業務に従事する者は、独自に、**国民健康保険組合**を組織することができます。

3 × 健康保険料率は、**都道府県ごと**に定められています。

4 × 収入を得るようになった被扶養者の**年間収入見込が一定額以下**であれば、引き続き健康保険の被扶養者でいることができます。

5 × 2020（令和2）年4月より健康保険の被扶養者は原則「国内居住者（日本国内に住民票がある者）」に限定されることとなったため、外国在住の親は、健康保険の被扶養者になることはできません。

正解 1

問題16

1 × 後期高齢者医療制度は、75歳以上であっても**生活保護受給者等は適用除外**となっています。

2 × 後期高齢者の医療費は、後期高齢者の保険料と公費に加えて、患者の自己負担及び医療保険者からの**後期高齢者支援金**により賄われています。

3 ○ 記述のとおりです。2018（平成30）年度から、都道府県は市町村とともに国民健康保険の保険者となっています。

4 × 健康保険組合の保険料は、**健康保険組合**ごとに定められています。

5 × 協会けんぽの給付費に対し、国は補助を行っています（現在は給付費の**16.4%**の定率の国庫補助）。

正解 3

共通 CH 5 社会保障

34-55 **公的年金の被保険者**

公的年金の被保険者に関する次の記述のうち、**最も適切なもの**を1つ選びなさい。

1 厚生年金保険の被保険者は、老齢厚生年金の受給を開始したとき、その被保険者資格を喪失する。

2 20歳未満の者は、厚生年金保険の被保険者となることができない。

3 被用者は、国民年金の第一号被保険者となることができない。

4 厚生年金保険の被保険者の被扶養配偶者であっても、学生である間は、国民年金の第三号被保険者となることができない。

5 国民年金の第三号被保険者は、日本国内に住所を有する者や、日本国内に生活の基礎があると認められる者であること等を要件とする。

33-55 **国民年金**

国民年金に関する次の記述のうち、**正しいもの**を1つ選びなさい。

1 国民年金の第一号被保険者の保険料は、前年の所得に比例して決定される。

2 障害基礎年金を受給していると、国民年金の保険料納付は免除される。

3 学生納付特例制度の適用を受けた期間は、老齢基礎年金の受給資格期間には算入されない。

4 自営業者の配偶者であって無業の者は、国民年金の第三号被保険者となる。

5 障害基礎年金には、配偶者の加算がある。

解答・解説

問題17

1　×　老齢厚生年金受給を開始しても被保険者資格は喪失しません。被保険者資格については、加入の要件を満たせば**70歳**になるまで被保険者となります。

2　×　加入要件に該当すれば、20歳未満であっても厚生年金保険の被保険者となります。

3　×　**日本国内に住所を有する20歳以上60歳未満の者**であって、第2号・第3号被保険者でない者は、第1号被保険者となります。

4　×　学生であっても要件を満たせば、国民年金の第3号被保険者となります。

5　○　記述のとおりです。第3号被保険者とは、**第2号被保険者の被扶養配偶者で、20歳以上60歳未満の者**です。

正解　5

問題18

1　×　国民年金の第1号被保険者の保険料は、**全国一律**です。

2　○　記述のとおりです。障害基礎年金を受給している場合、国民年金の第1号被保険者の保険料の、**法定免除**に該当します。

3　×　学生納付特例制度の適用を受けた期間は、老齢基礎年金の受給資格期間に算入されます。ただし、**10年以内に追納**しないと年金額には反映されません。

4　×　国民年金の第3号被保険者とは、**第2号被保険者**に扶養されている**20歳以上60歳未満の配偶者**です。自営業者の配偶者であって無業の者は、国民年金の**第1号被保険者**になります。

5　×　障害基礎年金にあるのは、**子の加算**です。なお、障害厚生年金には、配偶者の加算があります。

正解　2

ポイント
チェック

国民年金の保険料免除制度・猶予制度

　法定免除は、生活保護法の生活扶助や障害基礎年金を受けているときなどに保険料の全額が免除される。申請免除は、所得が少なく保険料を納めることが経済的に困難な場合に保険料が免除される。免除される額は、全額、4分の3、半額、4分の1の4種類がある。
　猶予制度には、学生納付特例制度と納付猶予制度がある。

学生納付特例制度	申請により在学中の保険料の納付が猶予される。本人の所得が一定以下の学生が対象（家族の所得の多寡は問わない）。 10年以内であれば追納可能
納付猶予制度	50歳未満の者で、本人・配偶者の前年所得が一定額以下の場合、申請後に承認されると保険料の納付が猶予される。 10年以内であれば追納可能

問題19 A 35-55 **公的年金制度**

公的年金制度に関する次の記述のうち、**最も適切なもの**を1つ選びなさい。

1 厚生年金保険の被保険者は、国民年金の被保険者になれない。

2 基礎年金に対する国庫負担は、老齢基礎年金、障害基礎年金、遺族基礎年金のいずれに対しても行われる。

3 厚生年金保険の保険料は、所得にかかわらず定額となっている。

4 保険料を免除されていた期間に対応する年金給付が行われることはない。

5 老齢基礎年金の受給者が、被用者として働いている場合は、老齢基礎年金の一部又は全部の額が支給停止される場合がある。

問題20 A 29-52 **障害年金**

事例を読んで、Cさんの年金の取扱いに関する次の記述のうち、**最も適切なもの**を1つ選びなさい。

〔事 例〕

先天性の視覚障害で、全盲のCさん（25歳、子どもなし）は、20歳になった翌月から1級の障害基礎年金を受給している。これまでは、仕事に就かず、年金以外にほとんど収入はなかったが、今年からU社に就職し、厚生年金に加入した。Cさんの視覚障害は、今後も回復が見込めないものとする。

1 Cさんは、障害基礎年金を受給しているので、厚生年金の保険料を免除される。

2 Cさんは、先天性の視覚障害により、障害厚生年金を受給できる。

3 Cさんは、先天性の視覚障害により、労災保険の障害補償年金を受給できる。

4 Cさんの障害基礎年金は、就職後の所得の額によっては、その全部又は一部の支給が停止される可能性がある。

5 今後、Cさんに子どもが生まれても、Cさんの障害基礎年金の額が加算される可能性はない。

問題21 B 32-52 **遺族年金**

遺族年金に関する次の記述のうち、**正しいもの**を1つ選びなさい。

1 死亡した被保険者の子が受給権を取得した遺族基礎年金は、生計を同じくするその子の父または母がある間は支給停止される。

2 死亡した被保険者の子が受給権を取得した遺族基礎年金は、その子が婚姻した場合でも引き続き受給できる。

3 遺族基礎年金は、死亡した被保険者の孫にも支給される。

4 受給権を取得した時に、30歳未満で子のいない妻には、当該遺族厚生年金が10年間支給される。

5 遺族厚生年金の額は、死亡した者の老齢基礎年金の額の2分の1である。

問題19

1　×　厚生年金保険の被保険者は、国民年金の**第2号被保険者**となり、国民年金と厚生年金保険の両制度の被保険者となります。

2　○　記述のとおりです。**2分の1**の基礎年金に対する国庫負担が行われています。

3　×　厚生年金保険の保険料については、**18.3%**の定率となっています。保険料負担については、事業主と被保険者の折半によります。

4　×　保険料を免除されていた期間については、**国民年金**については、全額、4分の3、半額、4分の1の免除期間の割合に応じて老齢基礎年金が給付されます。また、産前産後休業期間については、保険料の全額を納付したものとして扱われます。**厚生年金保険**の保険料免除については、産前産後休業及び育児休業期間中とも、休業前の標準報酬月額に基づく保険料納付済期間とされます。

5　×　記述は、老齢厚生**年金**の場合です。老齢厚生**年金**の受給者が、被用者として働いている場合は、老齢**厚生年金**の一部または全部の額が支給停止される場合があります。

正解　2

問題20

1　×　障害基礎年金を受給していても、厚生年金の保険料は**免除されません**。厚生年金の保険料の免除は、**産前・産後休業及び育児休業期間中**について認められています。

2　×　障害厚生年金は、厚生年金保険の**被保険者期間中に初診日**のある傷病を原因とする障害が生じたときに支給されます。したがって、先天性の視覚障害は、障害厚生年金の**受給要件とはなりません**。

3　×　労災保険の障害補償年金は、**業務災害による傷病**が治ったときに、障害等級1～7級に該当する障害が残っている場合に支給されます。したがって、先天性の視覚障害は、労災保険の障害補償年金の**受給要件とはなりません**。

4　○　記述のとおりです。**20歳前に傷病を負った人**の障害基礎年金については、本人が保険料を納付していないことから**所得制限**が設けられています。所定の所得額を超える場合、年金額の**2分の1相当額**または**全額支給停止**とする2段階制がとられています。

5　×　障害基礎年金の受給権者によって生計を維持している、18歳到達年度の末日（3月31日）を経過していない子または20歳未満で障害等級1・2級の状態にある子がいる場合には、所定の額が**加算**されます。この加算は、**受給権発生後に出生した子も対象**となります。

正解　4

問題21

1　○　記述のとおりです。子に特有の遺族基礎年金の支給停止事由として、夫・妻が遺族基礎年金の受給権を有するとき、生計を同じくするその子の父もしくは母がいるときは、遺族基礎年金の支給が停止されます。

2　×　婚姻した場合は引き続き受給できず、その時点で遺族基礎年金の受給権は消滅します。

3　×　遺族基礎年金の支給対象は、死亡した被保険者または被保険者であった者の**子のある配偶者または子**で、孫は支給対象になりません。

4　×　夫が死亡時に子のいない30歳未満の妻に対する遺族厚生年金の支給は、**5年間**の有期給付となっています。

5　×　遺族厚生年金の額は、原則として死亡した者の老齢厚生年金の額の**4分の3**です。

正解　1

問題22 **A** | 35-53 **労災保険制度の概要**

次のうち、労働者災害補償保険制度に関する記述として、**最も適切なものを1つ選びなさい。**

1 労働者の業務災害に関する保険給付については、事業主の請求に基づいて行われる。

2 メリット制に基づき、事業における通勤災害の発生状況に応じて、労災保険率が増減される。

3 保険料は、事業主と労働者が折半して負担する。

4 労働者災害補償保険の適用事業には、労働者を一人しか使用しない事業も含まれる。

5 労働者の業務災害に関する保険給付については、労働者は労働者災害補償保険又は健康保険のいずれかの給付を選択することができる。

問題23 **A** | 33-52 **労災保険制度の概要**

事例を読んで、労働者災害補償保険（以下「労災保険」という。）に関する次の記述のうち、**最も適切なものを1つ選びなさい。**

〔事 例〕

運送会社で正社員として働いているFさんは、合理的な経路及び方法により通勤中、駅の階段で転倒し、負傷した。

1 Fさんの負傷は業務災害ではないので、労災保険の給付は行われない。

2 Fさんの雇用期間が6か月未満である場合、労災保険の給付は行われない。

3 Fさんが療養に係る労災保険の給付を受けられる場合、自己負担は原則1割である。

4 Fさんが療養に係る労災保険の給付を受ける場合、同一の負傷について、健康保険の療養の給付は行われない。

5 Fさんの勤務先が労災保険の保険料を滞納していた場合、労災保険の給付は行われない。

問題24 **A** | 34-53 **雇用保険制度の概要**

雇用保険法に関する次の記述のうち、**正しいものを1つ選びなさい。**

1 基本手当は、自己の都合により退職した場合には受給できない。

2 保険者は、都道府県である。

3 近年の法改正により、育児休業給付は、失業等給付から独立した給付として位置づけられた。

4 雇用調整助成金は、労働者に対して支給される。

5 雇用安定事業・能力開発事業の費用は、事業主と労働者で折半して負担する。

問題22

1　×　労働者の業務災害に関する保険給付については、**被災労働者本人の請求**に基づいて行われます。

2　×　メリット制の適用については、**業務災害**の発生状況に応じて、労災保険率が増減されます。

3　×　労働者災害補償保険制度の保険料については、**全額を事業主が負担**します。

4　○　記述のとおりです。雇用形態や勤務時間などの労働条件にかかわらず、労働者を一人でも使用すれば適用事業となります。

5　×　労働者の業務災害に関する保険給付については、**労働者災害補償保険の給付が優先**されます。

正解　4

問題23

1　×　労災保険の通勤災害に該当するため、療養給付など労災保険からの給付が行われます。

2　×　労災保険は被災労働者であれば、業務災害及び通勤災害とも対象となり、**雇用期間は関係ないため**、労災保険の給付は行われます。

3　×　Ｆさんは療養にかかる労災保険の給付として、**療養給付（通勤災害の場合）**を受けることができ、自己負担はありません。

4　○　記述のとおりです。労災保険の給付対象になる業務上災害については、健康保険による給付対象にはなりません。

5　×　勤務先が労災保険の保険料を滞納していた場合でも、労働者保護優先の観点から、Ｆさんは労災保険の給付を受けることができます。

正解　4

問題24

1　×　要件を満たせば、自己の都合により退職した場合でも受給できます。原則として、離職の日以前**2年**間に被保険者期間が通算して**12か月以上必要**となります。なお、基本手当の給付日数は、離職理由、被保険者期間、離職時の年齢などによって異なります。

2　×　雇用保険の保険者は、国（政府）です。なお、現業事務は、都道府県労働局と公共職業安定所（ハローワーク）が扱っています。

3　○　記述のとおりです。2020（令和2）年度より、子を養育するために休業した労働者の生活及び雇用の安定を図るための独立した給付として位置づけられました。改正前までは、失業等給付における雇用継続給付の1つとして位置づけられていました。

4　×　雇用調整助成金は、労働者を雇用する**事業主**に対して支給されます。

5　×　雇用安定事業・能力開発事業（雇用保険二事業）の費用は、**全額を事業主が負担**しています。

正解　3

問題25
B **30-55** 児童手当、児童扶養手当

児童手当、児童扶養手当に関する次の記述のうち、**最も適切なもの**を１つ選びなさい。

１ 児童手当の支給対象となる児童の年齢は、12歳到達後の最初の年度末までである。

２ 児童手当の費用は、国と地方自治体が50％ずつ負担している。

３ 児童手当の支給額には、物価スライド制が適用されている。

４ 児童扶養手当の費用は、国が全額負担する。

５ 児童扶養手当の支給対象となる児童の年齢は、障害がない子どもの場合、18歳到達後最初の年度末までである。

問題26
B **33-53** 障害児・者に係る現金給付

障害児・者に係る現金給付に関する次の記述のうち、**最も適切なもの**を１つ選びなさい。

１ 出生時から重度の障害があり、保険料を納めることができなかった障害者は、保険料を追納した場合に限り、障害基礎年金を受給することができる。

２ 在宅の重度障害者は、所得にかかわらず特別障害者手当を受給できる。

３ 障害厚生年金が支給される場合、労働者災害補償保険の障害補償年金は全額支給停止される。

４ 特別児童扶養手当を受給している障害児の父又は母が、児童手当の受給要件を満たす場合には、児童手当を併せて受給できる。

５ 障害児福祉手当は、重度障害児の養育者に対し支給される手当である。

問題27
A **34-54** ひとり親世帯などの社会保障制度

事例を読んで、ひとり親世帯などの社会保障制度に関する次の記述のうち、最も適切なものを１つ選びなさい。

〔事　例〕

大学生のＥさん（22歳）は、半年前に父親を亡くし、母親（50歳）と二人暮らしである。母親は就労しており、健康保険の被保険者で、Ｅさんはその被扶養者である。Ｅさんは、週末に10時間アルバイトをしているが、平日の通学途上で交通事故に遭い、大ケガをした。

１ Ｅさんの母親の前年の所得が一定額以上の場合、Ｅさんは国民年金の学生納付特例制度を利用できない。

２ Ｅさんがアルバイト先を解雇されても、雇用保険の求職者給付は受給できない。

３ Ｅさんの母親は、収入のいかんにかかわらず、遺族基礎年金を受給できる。

４ Ｅさんがケガの治療のため、アルバイト先を休み、賃金が支払われなかった場合、労働者災害補償保険の休業給付が受けられる。

５ Ｅさんは、母親の健康保険から傷病手当金を受給できる。

問題25

1 × 児童手当の支給対象となる児童の年齢は、15歳到達後の最初の年度末までです（2023〈令和5〉年2月末現在）。なお、児童手当は、原則として、児童が日本国内に住んでいる場合に支給されます。

2 × 児童手当の費用は、国が2/3、地方自治体が1/3を負担しますが、被用者の3歳未満（所得制限額未満）分については7/15を**事業主が負担**（残りを国と地方2:1の割合で負担）することとなっています。なお、**公務員分については全額所属庁の負担**となっています。

3 × **児童扶養手当、特別児童扶養手当、障害児福祉手当**などは、物価スライド制が適用されていますが、児童手当の支給額には適用されていません。

4 × 児童扶養手当の費用は、国が1/3、都道府県が2/3を負担します。

5 ○ 記述のとおりです。児童が一定の障害の状態にある場合は、20歳未満まで支給されます。なお、児童扶養手当の支給額は、所得に応じて限度額が定められており、所得によって全部支給か一部支給になります。

正解 **5**

問題26

1 × 20歳前の年金制度に加入していない期間に初診日があり、**20歳に達したときに障害等級に該当していれ**ば、保険料の納付要件はなく、障害基礎年金を受給することができます。

2 × 特別障害者手当には、**所得制限**があります。

3 × 障害厚生年金と障害補償年金を受け取る場合、障害厚生年金はそのまま全額支給、障害補償年金は減額され支給されます。

4 ○ 記述のとおりです。要件に該当すれば児童手当や、児童扶養手当、障害児福祉手当との併給が可能です。

5 × 障害児福祉手当は、精神または身体に重度の障害を有するため、日常生活において常時の介護を必要とする状態にある**20歳未満の者**に対して支給される手当です。

正解 **4**

問題27

1 × 学生納付特例制度は、**本人の所得が一定以下の学生が対象**で、家族の所得の多寡は問われません。Eさんの所得が要件を満たせば、申請により在学中の保険料の納付が猶予されます。

2 ○ Eさんは雇用保険の被保険者ではないため、雇用保険の求職者給付を受給できません。学生（夜間を除く）は原則として雇用保険の被保険者にならず、例外として加入対象となったとしても、被保険者となるためには「1週間の所定労働時間が20時間以上、かつ、**31日以上引き続いて雇用される見込みのある者**」という要件があるため、週末10時間のアルバイトでは被保険者となりません。

3 × 遺族基礎年金の受給対象者は子のある配偶者、または子ですが、子の要件は「18歳に達する日以後の最初の3月31日まで（**中度以上の障害がある場合は20歳未満**）」となっています。

4 × 通学途上での交通事故であるため、労働者災害補償保険法の通勤災害に該当しないことから休業給付を受けることはできません。

5 × 傷病手当金は被保険者を対象とした給付であり、Eさんは被扶養者であることから、傷病手当金は受給できません。

正解 **2**

問題28

A 35-54 **社会保険制度の適用**

社会保険制度の適用に関する次の記述のうち、**正しいもの**を１つ選びなさい。

1 週所定労働時間が20時間以上30時間未満の労働者は、雇用保険に加入することはできない。

2 労働者災害補償保険制度には、大工、個人タクシーなどの個人事業主は加入できない。

3 日本国内に住所を有する外国人には、年齢にかかわらず国民年金に加入する義務はない。

4 厚生年金保険の被保険者の被扶養配偶者で、一定以下の収入しかない者は、国民年金に加入する義務はない。

5 生活保護法による保護を受けている世帯（保護を停止されている世帯を除く。）に属する者は、「都道府県等が行う国民健康保険」の被保険者としない。

問題29

A 33-54 **社会保障給付制度**

事例を読んで、Ｇさんが受けられる社会保障給付等に関する次の記述のうち、**最も適切なもの**を１つ選びなさい。

〔事　例〕

Ｇさん（35歳、女性）は民間企業の正社員として働く夫と結婚後、５年間専業主婦をしていたが2019年（令和元年）に離婚し、３歳の子どもと二人で暮らしている。飲食店で週30時間のパートタイムの仕事をしており、雇用保険の加入期間は１年を過ぎた。しかし、店主の入院により飲食店は営業を休止し、Ｇさんは休業を余儀なくされている。

1 Ｇさんは、婚姻期間中の夫の老齢基礎年金の保険料納付記録を分割して受けられる。

2 Ｇさんが児童扶養手当を受給できるのは、子が小学校を卒業する年度末までである。

3 Ｇさんが母子生活支援施設に入所した場合、児童扶養手当を受給できない。

4 Ｇさんは、休業期間中の手当てを雇用保険の雇用継続給付として受給できる。

5 Ｇさんが解雇により失業した場合、失業の認定を受けて雇用保険の求職者給付を受給できる。

問題28

1　✕　週所定労働時間が20時間以上であることが、雇用保険の一般被保険者の加入要件の１つです。

2　✕　大工、個人タクシーなどの**個人事業主**は、特別加入制度により、労働者災害補償保険制度の加入者（被保険者）となることができます。

3　✕　日本国内に住所を有する外国人も、国民年金に加入する義務があります。なお第１号被保険者及び第３号被保険者については**20歳以上**、第２号被保険者については、**厚生年金保険の被保険者**となった場合に加入します。

4　✕　厚生年金保険の被保険者の被扶養配偶者で、一定以下の収入しかない者でも、要件に該当すれば国民年金に加入する義務があります。なお、この場合、配偶者が国民年金の第２号被保険者であるため、**被扶養配偶者**については、**第３号被保険者**として加入することができます。

5　○　記述のとおりです。生活保護法による保護を受けている世帯については、生活保護法の扶助の１つである**医療扶助**の対象となり、国民健康保険の被保険者とはなりません。

正解　5

問題29

1　✕　分割して受けられるのは**厚生年金部分**であり、老齢基礎年金である国民年金部分は分割の対象とはなりません。

2　✕　要件に該当すれば**子が18歳に達する日以後の最初の３月31日まで**（中度以上の障害がある場合は**20歳未満**）受給することができます。

3　✕　母子生活支援施設は、18歳未満の子どものいる母子家庭やこれに準ずる事情にある家庭の**母親と子どもを入所**させて保護し、生活支援や退所後の相談などを行う施設です。児童扶養手当は、受給要件に該当する児童を監護する母、監護し生計を同じくする父や養育者（祖父母等）に支給されるものなので、母子生活支援施設に入所しても、Gさんは児童扶養手当を受給できます。

4　✕　雇用継続給付は、**高年齢者**や**介護休業を取得した者**の雇用の継続を支援するための給付です。

5　○　記述のとおりです。**解雇**により失業した場合、**離職の日以前１年間に６か月以上**の雇用保険の被保険者期間があれば、失業の認定を受けて雇用保険の求職者給付を受給できます。

正解　5

**ポイント
チェック**

雇用保険による失業等給付の種類

　雇用保険による支援（失業等給付）は、求職者給付、就職促進給付、教育訓練給付、雇用継続給付に分類されている。

求職者給付	基本手当（離職時の賃金に応じて、失業手当として金銭を支給するもの）を中心として、**技能習得手当、傷病手当**などがある
就職促進給付	再就職の支援を目的として、**就業促進手当**、移転費（再就職による住所変更が必要な場合に、必要な費用を支給するもの）などがある
教育訓練給付	資格取得などに要した費用を支給するものを指す
雇用継続給付	**高年齢者**や**介護**休業取得者の雇用継続を支援するために、金銭（高年齢雇用継続基本給付金、介護休業給付金など）を支給するものを指す

B `29-55` **諸外国における社会保障制度**

諸外国における社会保障制度に関する次の記述のうち、**正しいものを１つ**選びなさい。

1　アメリカには、国民保健サービス（NHS）と呼ばれる、原則無料の医療保障制度がある。

2　イギリスには、高齢者向けのメディケアという公的な医療保障制度がある。

3　ドイツの介護保険制度では、公的医療保険の加入者が年齢にかかわらず被保険者となる。

4　スウェーデンの老齢年金は、完全積立の財政方式に移行している。

5　フランスの医療保険では、外来診療に要した費用は保険者から直接医療機関に支払われるのが原則である。

B `31-55` **諸外国における医療や介護の制度**

諸外国における医療や介護の制度に関する次の記述のうち、**正しいものを２つ**選びなさい。

1　アメリカには、全国民を対象とする公的な医療保障制度が存在する。

2　イギリスには、医療サービスを税財源により提供する国民保健サービスの仕組みがある。

3　フランスの医療保険制度では、被用者、自営業者及び農業者が同一の制度に加入している。

4　ドイツの介護保険制度では、介護手当（現金給付）を選ぶことができる。

5　スウェーデンには、介護保険制度が存在する。

解答・解説

問題30

1 ✕ **国民保健サービス**（NHS）と呼ばれる、原則無料の医療保障制度があるのは、**イギリス**です。

2 ✕ 高齢者向けの**メディケア**という公的な医療保障制度があるのは、**アメリカ**です。

3 〇 ドイツでは、介護保険法の被保険者は、**公的医療保険に加入している全国民**が対象となります。

4 ✕ スウェーデンの老齢年金制度の中核である所得比例老齢年金は、賦課方式の所得比例年金と**積立方式**のプレミア年金の**2つの部分**から構成されています。賦課方式は、年金支給のために必要な財源を、その時々の保険料収入から用意する方式です。一方、積立方式は、将来自分が年金を受給するときに必要となる財源を、現役時代の間に積み立てておく方式です。

5 ✕ フランスの公的医療保険では、外来診療も入院診療も、原則として、**償還払い方式**を採用しています。これは、受診の時点で診療に要した費用の全額を、まずは患者が医師や医療機関に支払い、患者（被保険者）の請求により、保険者が、所定の償還率に基づいて、患者の一部負担金を差し引いた金額を被保険者に払い戻す方式です。

正解 3

問題31

1 ✕ アメリカには、全国民を対象とする公的な医療保障制度は存在しません。

2 〇 イギリスでは、**国民保健サービス**（NHS：National Health Service）によって医療サービスが**税財源**で提供されており、一般医の診療は原則無料（薬剤は自己負担あり）となっています。

3 ✕ フランスの医療保険制度は、**職域**に応じて**多数に分立した複雑な制度**となっており、被用者、自営業者、農業者はそれぞれを対象とした独立した制度に加入しています。

4 〇 記述のとおりです。ドイツの介護保険制度には、家族が介護した場合、介護手当として**現金給付する制度**があり、給付サービスにおける重要な選択肢となっています。

5 ✕ スウェーデンの介護サービスは、**社会サービス法**に基づき、基礎自治体である**コミューン**が提供します。サービスの費用は基本的にコミューンの税財源と利用者の自己負担で賄われます。

正解 2・4

ポイント
チェック

ドイツの社会保障制度の概要

日本の介護保険は、1995年から開始されたドイツの介護保険を参考に制度化された。

	年金	医療	介護
方式	・社会保険方式 ・3種類の年金制度それぞれで保険料や給付条件等を設定	・社会保険方式 ・2種類の医療保険（一般医療保険、農業従事者）	・社会保険方式 ・医療保険の被保険者が同時に介護保険の強制適用の対象
給付	一般年金保険、鉱山・鉄道・海員ドイツ年金保険、農業従事者社会保障制度で各給付	・現物給付が原則 ・外来は自己負担なし	在宅介護・部分施設介護給付、介護手当、完全施設介護給付など
財源	・保険料は労使折半 ・国庫負担有 ・完全賦課方式	ほぼ保険料（以前は、疾病金庫ごとに異なっていたが2015年に保険料統一）	・保険料 ・国庫補助なし

共通
CHAPTER
5

ポイントチェック一覧

共通
CHAPTER

6

権利擁護を支える
法制度

問題1 B　35-77 基本的人権

日本国憲法の基本的人権に関する最高裁判所の判断についての次の記述のうち、**最も適切なもの**を1つ選びなさい。

1　公務員には争議権がある。

2　永住外国人には生活保護法に基づく受給権がある。

3　生活保護費を原資とした貯蓄等の保有が認められることはない。

4　嫡出子と嫡出でない子の法定相続分に差を設けてはならない。

5　夫婦別姓を認めない民法や戸籍法の規定は違憲である。

問題2 B　31-77 生存権に係る判例

生存権に係るこれまでの最高裁判例の主旨に関する次の記述のうち、**最も適切なもの**を1つ選びなさい。

1　厚生労働大臣の裁量権の範囲を超えて設定された生活保護基準は、司法審査の対象となる。

2　公的年金給付の併給調整規定の創設に対して、立法府の裁量は認められない。

3　恒常的に生活が困窮している状態にある者を国民健康保険料減免の対象としない条例は、違憲である。

4　生活保護費の不服を争う訴訟係争中に、被保護者本人が死亡した場合は、相続人が訴訟を承継できる。

5　生活保護受給中に形成した預貯金は、原資や目的、金額にかかわらず収入認定しなければならない。

（注）判決当時は厚生大臣であったものも厚生労働大臣と表記している。

共通CH6　START! GOAL!!

問題 1

1　×　全逓東京中郵事件判決や都教組事件判決等、過去の最高裁判例において、公務員の争議権を制限する判決について、**基本的人権を損なうものではない**とする判例があります。

2　×　最高裁判所の判例では、生活保護法が対象とする「国民」に永住外国人は含まれないと判断しています。ただし、**法の準用により必要と認める保護を行う**よう国から通知されています。

3　×　生活保護法の趣旨目的にかなった目的や態様で生活保護費を原資として行った貯蓄等について、**保護の補足性にあたる資産には該当せず**、それを収入と認定し、保護額を減額した決定処分は違法であるとした判例があります。

4　○　記述のとおりです。嫡出でない子の相続分を嫡出子の相続分の 2 分の 1 とする判断について、**法の下の平等に違反する**とした判例があります。

5　×　夫婦同氏制を定めた民法、及び同規定を受けて定められた戸籍法は憲法に違反せず、合憲とする判例があります。

正解　4

問題 2

1　○　1967（昭和42）年の**朝日訴訟最高裁判決**では、何が健康で文化的な最低限度の生活であるかの認定判断は、厚生大臣（当時）の**合目的的かつ専門技術的な裁量**に委ねられているとみるべきで、その判断の誤りは、当不当の問題として政府の政治責任の問題が生ずるにすぎないが、憲法及び生活保護法の趣旨に違背し、法律で与えられた**裁量権の限界を踰越**（ゆえつ）または**裁量権を濫用**したような場合には**司法審査の対象**となるとしています。

2　×　1982（昭和57）年の**堀木訴訟最高裁判決**では、社会保障給付の全般的公平を図るため公的年金相互間における併給調整を行うかどうかは、**立法府の裁量の範囲に属する事柄**と見るべきであるとしています。

3　×　2006（平成18）年の**旭川市国保料訴訟最高裁判決**では、旭川市国民健康保険条例が、一時的に保険料負担能力の全部又は一部を喪失した者に対して国民健康保険の保険料を減免するにとどめ、恒常的に生活が困窮している状態にある者を保険料減免の対象としないことは、国民健康保険法77条の委任の範囲を超えてはおらず、**憲法25条、14条に違反しない**としています。

4　×　**朝日訴訟最高裁判決**では、上告人の相続人は、特に法令により却下裁決の取消につき訴訟追行権を与えられている者でもないため、本件訴訟は、上告人の死亡と同時に終了し、その**相続人らがこれを承継する余地はない**としています。

5　×　2004（平成16）年の**中嶋訴訟最高裁判決**では、**生活保護法の趣旨目的にかなった目的と態様で保護金品等を原資**としてされた貯蓄等は、**収入認定の対象とすべき資産には当たらない**としています。

正解　1

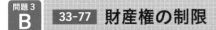

問題3 B `33-77` **財産権の制限**

　財産権の制限に関する次の記述のうち、**最も適切なもの**を **1** つ選びなさい。

1　財産権は、条例によって制限することができない。

2　法律による財産権の制限は、立法府の判断が合理的裁量の範囲を超えていれば、憲法に違反し無効となる。

3　所有権は、法律によって制限することができない。

4　私有財産を公共のために制限する場合には、所有権の相互の調整に必要な制約によるものであっても、損失を補償しなければならない。

5　法令上の補償規定に基づかない財産権への補償は、憲法に違反し無効となる。

問題4 B `29-78` **日本国憲法における社会権**

　日本国憲法における社会権を具体化する立法の外国人への適用に関する次の記述のうち、**最も適切なもの**を **1** つ選びなさい。

1　労働基準法は、就労目的での在留資格を有していない外国人労働者に適用されることはない。

2　労働者災害補償保険法は、就労目的での在留資格を有していない外国人労働者に適用されることはない。

3　生活保護法は、就労目的での在留資格で在留する外国人に適用されることはない。

4　国民年金法は、永住外国人に適用されることはない。

5　国民健康保険法は、永住外国人に適用されることはない。

(注)「永住外国人」とは、特別永住者及び法務大臣による許可を得た永住資格者（一般永住者）のことである。

解答・解説

問題3

1　✕　地方公共団体は**条例**をもって、**財産権を制限**できることが憲法で規定されています。
2　○　記述のとおりです。立法府の判断が合理的裁量の範囲を超える場合は、**財産権侵害**にあたり効力が否定されます。
3　✕　所有権には、**公共の福祉に反しない**こと、**濫用を禁止**するという制限が付されています。
4　✕　私有財産を公共のために制限する場合、正当な補償が求められますが、相隣関係など受忍すべき制約による場合、損失補償の対象になりません。
5　✕　法令上の補償規定を欠く補償であっても、憲法を根拠に有効です。

正解　2

問題4

1　✕　労働基準法などの**労働法規**は、外国人労働者が**その法律で定義する労働者**にあてはまる限り、適法か違法な就労かにかかわらず、原則として適用されます。
2　✕　**解説1**のとおりです。
3　○　記述のとおりです。
4　✕　**国民年金法**では国籍要件は問われておらず、外国人であっても同法第7条に該当する場合は適用されます。
5　✕　**国民健康保険法**は、**3か月を超える滞在**が見込まれる外国人には適用されることになっています。

正解　3

ポイントチェック

社会権の4類型

　社会権とは、格差などの社会問題への対処（救済、保護、援助）を国家に求める権利である。日本国憲法に記された社会権は、大きく4つに類型化される。

生存権の保障	●健康で文化的な最低限度の生活を営む（生存権） ●国は社会福祉・社会保障・公衆衛生の向上に努める
教育を受ける権利の保障	●普通教育を受けさせる親の義務 ●国の義務としての教育条件整備
勤労の権利と義務	●勤労は国民の権利かつ義務 ●国の義務としての労働環境整備
労働基本権の保障	●団結権（労働組合を結成する権利） ●団体交渉権（労働条件その他の労働関係を交渉する権利） ●団体行動権（争議権）

次のうち、日常生活自立支援事業における日常的金銭管理の根拠を民法上の典型契約に求める場合、**最も適切なものを１つ**選びなさい。

1　寄託契約
2　委任契約
3　請負契約
4　雇用契約
5　消費貸借契約

事例を読んで、関係当事者の民事責任に関する次の記述のうち、**最も適切なものを１つ**選びなさい。

〔事　例〕

　Y社会福祉法人が設置したグループホーム内で、利用者のHさんが利用者のJさんを殴打したためJさんが負傷した。K職員は、日頃からJさんがHさんから暴力を受けていたことを知っていたが、適切な措置をとらずに漫然と放置していた。

1　HさんがJ責任能力を欠く場合には、JさんがK職員に対して不法行為責任を追及することはできない。
2　JさんがK職員に対して不法行為責任を追及する場合には、Y社会福祉法人に対して使用者責任を併せて追及することはできない。
3　JさんはY社会福祉法人に対して、施設利用契約における安全配慮義務違反として、損害賠償を請求することができる。
4　Hさんに責任能力がある場合に、JさんがY社会福祉法人に対して使用者責任を追及するときは、Jさんは、損害の２分の１のみをY社会福祉法人に対して請求することができる。
5　Y社会福祉法人が使用者責任に基づいてJさんに対して損害賠償金を支払った場合には、Y社会福祉法人はK職員に対して求償することができない。

問題5

1 ✕ **寄託**は、**典型契約**（民法に規定されている13の契約のこと）の1つであり、当事者の一方（受寄者）が相手方（寄託者）のために保管をすることを約してある物を受け取ることによって、その効力を生ずる契約です。長期の海外旅行に出かける友人の貴重品を預かる場合などが該当します。**物の保管**のためのみに労務が提供される寄託に対し、選択肢2の委任は保管だけでなく、**目的物の管理や運営**に及ぶ点で異なります。

2 ◯ **委任**は、当事者の一方（委任者）が**法律行為をする**ことを相手方に委託し、相手方（受任者）がこれを承諾することによって、その効力を生ずる契約です。年金などを受け取る手続きや公共料金などの支払い、預貯金の出し入れなどを行う**日常生活自立支援事業における日常的金銭管理**の根拠となる契約です。

3 ✕ **請負**は、当事者の一方（請負人）が**ある仕事を完成する**ことを約し、相手方（注文者）がその仕事の結果に対してその報酬を支払うことを約することによって、その効力を生ずる契約です。住宅の建築などが該当します。

4 ✕ **雇用**は、当事者の一方（労働者）が相手方（使用者）に対して**労働に従事する**ことを約し、相手方がこれに対してその報酬を与えることを約することによって、その効力を生ずる契約です。社員の採用などが該当します。

5 ✕ **消費貸借**は、当事者の一方（借主）が**種類、品質及び数量の同じ物をもって返還**をすることを約して相手方（貸主）から金銭その他の物を受け取ることによって、その効力を生ずる契約です。金銭の貸し借りなどが該当します。

正解 2

問題6

1 ✕ 責任能力のないHさんがその責任を負わない場合には、Hさんを監督する義務を負うK職員に、HさんがJさんに加えた損害を賠償する**不法行為責任**が発生します。

2 ✕ 監督義務者の責任と被用者が第三者に加えた損害を使用者が負う責任は別のものです。Jさんは、Y社会福祉法人に対しても**使用者責任**を追及することができます。

3 ◯ 記述のとおりです。安全配慮義務違反は施設利用契約の債務不履行にあたり、債務不履行により生じた損害には賠償請求をすることができます。

4 ✕ Hさんの責任能力がある場合でも、Jさんが求めるY社会福祉法人に対する使用者責任は制限されません。

5 ✕ Y社会福祉法人は、K職員に対して求償することができます。

正解 3

問題7　B　34-81　親権

親権に関する次の記述のうち、**正しいものを1つ**選びなさい。

1　成年年齢に達した学生である子の親は、その子が親の同意なく行った契約を、学生であることを理由に取り消すことができる。

2　父母が離婚し、子との面会交流について父母の協議が調わないときは、家庭裁判所がそれを定める。

3　父母が裁判上の離婚をする場合、家庭裁判所の判決により、離婚後も未成年者の親権を共同して行うことができる。

4　嫡出でない子を父が認知すれば、認知により直ちにその父がその子の親権者となる。

5　親にとって利益となるが子にとって不利益となる契約であっても、親は、その子を代理することができる。

問題8　B　30-80　扶養

事例を読んで、次の親族関係における民法上の扶養に関する記述として、**最も適切なものを1つ**選びなさい。

〔事　例〕

L（80歳）には長男（55歳）と次男（50歳）がいるが、配偶者と死別し、現在は独居である。長男は妻と子（25歳）の三人で自己所有の一戸建住居で暮らし、次男は妻と重症心身障害のある子（15歳）の三人でアパートで暮らしている。最近、Lは認知症が進行し、介護の必要性も増し、介護サービス利用料などの負担が増えて経済的にも困窮してきた。

1　長男と次男がLの扶養の順序について協議できない場合には、家庭裁判所がこれを定める。

2　長男及び次男には、扶養義務の一環として、Lの成年後見制度利用のための審判請求を行う義務がある。

3　長男の自宅に空き部屋がある場合には、長男はLを引き取って扶養する義務がある。

4　次男が生活に困窮した場合、Lは、長男に対する扶養請求権を次男に譲渡することができる。

5　長男の子と次男の子以外の者が全て死亡したときには、長男の子は次男の子を扶養する義務を負う。

問題7

1 ✕ 未成年者の法律行為は、法定代理人の同意が必要であり、規定に反するものは取消すことができるとされていますが、成年年齢に達している場合は、1人で有効な契約を行うことができます。学生であることを理由に取消すことはできません。

2 ◯ 記述のとおりです。協議は**子の利益を最も優先して考慮**されなければならないことが規定されており、協議不調または協議ができないときは家庭裁判所が必要な事項を定めることになります。

3 ✕ 親権は、父母の**婚姻中は共同**して行うことを原則としています。離婚に際しては、協議上の離婚ではその協議で、裁判上の離婚では裁判所が**一方を親権者**と定めます。

4 ✕ 嫡出でない子の親権は、**単独で母**が行います。父が認知した場合でも、直ちに親権者となるわけではなく、父母の協議で父を親権者と定めたときに限り父が親権を行うことになります。

5 ✕ 父母は、その子との利益が相反する行為については、親権を行う者として代理権を行使することはできません。民法ではその子のために**特別代理人**を選任することを家庭裁判所に請求しなければならないと規定されています。

正解 2

問題8

1 ◯ 記述のとおりです。扶養についての協議ができない、または調わないとき、扶養の順位、程度または方法については、**家庭裁判所**が審判によって定めることになります。

2 ✕ 長男と次男には民法上の扶養義務がありますが、審判請求を行うことは義務ではありません。

3 ✕ 長男の扶養義務は生活保持義務ではなく生活扶助義務ということから、引き取って扶養するまでの義務はありません。

生活保持義務とは、扶養義務者に経済的な余力がない場合であっても、被扶養者に対して自分の生活と同質・同程度の生活を保持させる義務、生活扶助義務とは、扶養義務者に経済的に余力があり、扶養義務者が自己の生活を犠牲にすることなく、余裕がある限度で [援助] すれば足りる義務のことです。

4 ✕ 扶養請求権は、譲渡することはできません。

5 ✕ 長男の子と次男の子の間柄は、直系血族でも兄弟姉妹でもないため、扶養する義務はありません。

正解 1

ポイント チェック

扶養義務

扶養義務者	内容	備考
夫婦	夫婦相互の扶養義務	—
親	・親権者の扶養義務 ・非親権者の扶養義務	非親権者に監護に要する費用の分担義務あり
直系血族と兄弟姉妹	・成人した子の親への扶養義務 ・兄弟姉妹の相互の扶養義務	経済的援助と解釈され、監護義務・介護義務なし
三親等内の親族	家庭裁判所の審判により扶養義務が生じる	

問題9
A | 31-78改 | **特別養子縁組制度**

特別養子縁組制度に関する次の記述のうち、**適切なもの**を**2つ**選びなさい。

1 特別養子は、15歳未満でなければならない。

2 縁組後も実親との親子関係は継続する。

3 特別養子は、実親の法定相続人である。

4 配偶者のない者でも養親となることができる。

5 養親には離縁請求権はない。

問題10
B | 33-79 | **遺言**

遺言に関する次の記述のうち、**正しいもの**を**1つ**選びなさい。

1 公正証書遺言は、家庭裁判所の検認を必要とする。

2 聴覚・言語機能障害により遺言の趣旨を公証人に口授することができない場合は、公正証書遺言を作成することができない。

3 法定相続人の遺留分を侵害する内容の遺言は、その全部について無効となる。

4 前の遺言が後の遺言と抵触している場合、その抵触する部分について、後の遺言で前の遺言を撤回したものとはみなされない。

5 被保佐人が遺言を作成するには、保佐人の同意は不要である。

問題11
A | 27-79 | **行政手続法**

行政手続法に関する次の記述のうち、**正しいもの**を**1つ**選びなさい。

1 行政指導の範囲は、その行政機関の任務又は所掌事務に限られない。

2 行政指導の内容は、相手方の任意の協力がなくても実現可能である。

3 行政指導の担当者は、相手方に対し、指導内容以外を明らかにする義務はない。

4 行政指導の根拠となる法律は、行政手続法に限られない。

5 行政指導に従わなかったことを理由に、相手方に不利益処分を行うことができる。

問題9

1 ○ 特別養子は、従来、原則として6歳未満でしたが、民法の改正により、2020（令和2）年4月1日より原則15歳未満に引き上げられました。

2 × 特別養子縁組によって、**実親との親子関係は終了します。**

3 × 実親との親子関係の解消により、特別養子は**実親の相続権を喪失し**、法定相続人とはなりません。

4 × 養親となる者は、**配偶者のある者**でなければなりません。

5 ○ 記述のとおりです。なお、養親による虐待、悪意の遺棄その他養子の利益を著しく害する事由があり、実父母が相当の監護をすることができる場合に、家庭裁判所は、**養子、実父母または検察官の請求**により、特別養子縁組の当事者を離縁させることができます。

正解 | 1・5 |

問題10

1 × 公正証書による遺言は、検認の必要はありません。

2 × 聴覚・言語機能障害があっても、**公証人の前で遺言書を自書**できれば公正証書遺言ができます。

3 × 遺留分を侵害する内容の遺言であっても法的には有効です。遺留分を侵害された相続人は**遺留分侵害請求**によって、遺留分を取り戻すことができます。

4 × 前の遺言が後の遺言と抵触するときは、抵触する部分について後の遺言で前の遺言を撤回したものとみなします。

5 ○ 記述のとおりです。被保佐人でも、**15歳に達したものは単独で有効に遺言**することができます。

正解 | 5 |

問題11

1 × 行政機関の任務等はその範囲**を逸脱してはならない**とされています。

2 × 行政指導は相手方の任意の協力によって実現されるとされています。

3 × 行政指導の趣旨、内容、責任者**を明確に示す**よう定められています。

4 ○ 第1条第2項に、**他の法律に特別の定めがある場合は、その定めるところによる**と規定されています。

5 × 行政指導に従わなかったことを理由として**不利益な取扱い**をしてはならないとされています。

正解 | 4 |

行政行為の効力に関する次の記述のうち、**正しいものを1つ**選びなさい。

1　重大かつ明白な瑕疵のある行政行為であっても、取り消されるまでは、その行政行為の効果は否定されない。

2　行政行為の無効確認訴訟の出訴期間は、一定期間に制限されている。

3　行政行為の効力は、国家賠償請求訴訟によっても取り消すことができる。

4　行政庁は、審査請求に対する裁決など、判決と似た効果を生ずる行政行為であっても、自ら違法であると気付いたときは、職権で取り消すことができる。

5　行政庁は、税の滞納処分など、判決を得なくても強制執行をすることができる。

行政処分に対する不服申立てに関する次の記述のうち、**正しいものを1つ**選びなさい。

1　処分庁に上級行政庁がない場合は、処分庁に対する異議申立てをすることができる。

2　審査請求をすることのできる期間は、原則として、処分があったことを知った日の翌日から起算して10日以内である。

3　審査請求に係る処分に関与した者は、審査請求の審理手続を主宰する審理員になることができない。

4　行政事件訴訟法によれば、特別の定めがあるときを除き、審査請求に対する裁決を経た後でなければ、処分の取消しの訴えを提起することができない。

5　再調査の請求は、処分庁以外の行政庁が審査請求よりも厳格な手続によって処分を見直す手続である。

問題12

1 ✕ 行政行為に瑕疵があったとしても権限ある機関によって正式に取消されるまでは有効なものとして扱われます。これを**公定力**といいます。

2 ✕ 無効等確認訴訟は、無効といえる行政行為（**行政処分**）について、民事裁判で争うことが適当でない場合の抗告訴訟です。出訴期間の定めはありません。

3 ✕ 国家賠償請求は、行政活動の結果として生じた何らかの損害に対して**賠償を求める**ものであり、行政行為を取消す効果はありません。

4 ✕ 行政行為を職権で変更または取消すことはできません。これを**不可変更力**といいます。

5 ○ 記述のとおりです。一般に執行力は判決に基づいて生じますが、税金の滞納処分者に対する強制執行など、行政庁は自力での執行力をもっています。これを**自力執行力**といいます。

正解 5

問題13

1 ✕ 処分庁に上級行政庁がない場合は、処分庁に対する**審査請求**をすることができます。

2 ✕ 審査請求をすることのできる期間は、原則として、処分があったことを知った日の翌日から起算して**3か月以内**です。

3 ○ 記述のとおりです。

4 ✕ 処分の取消しの訴えは、特別の定めがあるときを除き、**直ちに**提起することができます。

5 ✕ 再調査の請求は、**処分庁が事実関係を再調査して処分の見直しを行う**手続きです。

正解 3

ポイント
チェック

行政不服申立制度の3類型

　行政不服申立ては、簡易迅速な手続きによる国民の権利利益の救済を目的としており、申立てのための費用は徴収されない。また、行政不服申立てをしても、原則として、処分の効力や執行または手続きの続行を妨げることはできない（**執行不停止の原則**）。

審査請求	処分庁・不作為庁の最上級行政庁に対し不服を申し立てる	・処分庁等に上級行政庁がない場合は当該処分庁等に、上級行政庁がある場合は最上級行政庁に審査請求（原則） ・介護認定審査会の要介護認定に対する不服を介護保険審査会に申し立てるなどの例外あり（個別法の定めによる）
再調査の請求	処分庁が事実関係を再調査して処分の見直しを行う手続き	・不服申立てが大量にある税などが対象 ・審査請求と再調査の請求の選択は自由
再審査請求	審査請求を経た後の救済手続きに異議がある場合の手続き	・社会保険などが対象 ・再審査請求と取消訴訟の提起の選択は自由

共通 CH6 権利擁護を支える法制度

問題14 C 31-79 行政事件訴訟

事例を読んで、取消訴訟と併せて、Cさんの救済に効果的な手段として、**最も適切なものを1つ**選びなさい。

〔事 例〕

重度の身体障害者であるCさんは、N市に対し、「障害者総合支援法」に基づき、1か月650時間以上の重度訪問介護の支給を求める介護給付費支給申請をした。それに対してN市は、1年間の重度訪問介護の支給量を1か月300時間とする支給決定をした。Cさんはこの決定を不服とし、審査請求を行ったが、棄却されたため、N市の決定のうち、「1か月300時間を超える部分を支給量として算定しない」とした部分の取消訴訟を準備している。

1 無効等確認訴訟

2 義務付け訴訟

3 差止訴訟

4 機関訴訟

5 不作為の違法確認訴訟

(注)「障害者総合支援法」とは、「障害者の日常生活及び社会生活を総合的に支援するための法律」のことである。

問題15 B 29-80 国家賠償法

国家賠償法に関する次の記述のうち、**正しいものを1つ**選びなさい。

1 公立の福祉施設の職員の過失により加えられた利用者への損害に対して、国家賠償法に基づく損害賠償請求はできない。

2 公務員の違法な公権力行使により損害を被った者は、国家賠償責任に加えて、公務員個人の民法上の不法行為責任も問うことができる。

3 公務員が適切に公権力を行使しなかったことによる損害に対して、国家賠償法に基づく損害賠償請求はできない。

4 公務員が家族旅行に行った先で、誤って器物を損壊したことに対して、国家賠償法に基づく損害賠償請求はできない。

5 非番の警察官が制服を着用して行った行為による損害に対して、国家賠償法に基づく損害賠償請求はできない。

解答・解説

問題14

1 ✕ **行政事件訴訟**には、行政庁が**違法に私人の権利や利益を侵害した場合**の司法による救済という役割があります。行政事件訴訟のうち、公権力の行使に関する不服の訴訟である**抗告訴訟には、**❶取消訴訟、❷無効等確認訴訟、❸不作為の違法確認訴訟、❹義務付け訴訟、❺差止訴訟の５つの類型があり、❶と❷を合わせて**取消訴訟**といいます。無効等確認訴訟は、処分もしくは裁決の存否またはその効力の有無の確認を求める訴訟をいい、**現在の法律関係に関する訴えによって目的を達することができないもの**に限って提訴が認められるものです。取消訴訟を準備している**C**さんの救済に効果的な手段ではありません。

2 ◯ **義務付け訴訟**とは、行政庁がその処分または裁決をすべき旨を命ずることを求める訴訟で、❶行政庁が一定の処分をすべきであるにかかわらずこれがされないとき、❷行政庁に対し一定の処分または裁決を求める旨の法令に基づく申請または**審査請求**がされ、当該行政庁が**その処分または裁決をすべきであるにかかわらずこれがされないとき**に提起することができます。したがって、**C**さんの救済に効果的な手段として最も適切です。

3 ✕ 差止訴訟とは、行政庁が一定の処分または裁決をすべきでないにかかわらずこれがされようとしている場合において、行政庁がその処分または裁決をしてはならない旨を命ずることを求める訴訟です。重大な損害を生ずるおそれがある場合に限り提起することができますが、その損害を避けるため**他に適当な方法があるときには提起することができません**。取消訴訟を準備している**C**さんの救済に効果的な手段ではありません。

4 ✕ **機関訴訟**とは、国または公共団体の**機関相互間における権限の存否またはその行使に関する紛争**についての訴訟です。**C**さんの救済に効果的な手段ではありません。

5 ✕ 不作為の違法確認訴訟とは、行政庁が申請に対する**処分または裁決をしないこと**についての違法の確認を求める訴訟です。**C**さんの救済に効果的な手段ではありません。

正解 **2**

問題15

1 ✕ **国家賠償法**は、国または公共団体の公権力の行使に当たる公務員が、その職務を行うに当たって、故意または過失により違法に他人に損害を加えたときは、国または公共団体が賠償する責任を負うとしています。公立の福祉施設の職員は、「国または公共団体の公権力の行使に当たる公務員」に該当するので、その過失により加えられた利用者への損害に対して、国家賠償法に基づく損害賠償請求をすることができます。

2 ✕ 国家賠償法の定めにより、賠償責任を負うのは国または公共団体です。公務員個人はその責任を負わず、民法上の不法行為責任を問うこともできません。ただし、公務員に故意または重大な過失があったときは、国または公共団体は、その公務員に対して**求償権を行使**することができます。

3 ✕ 記述の損害が、公務員の故意・過失による違法な損害であれば、国家賠償法に基づく損害賠償請求をすることができます。

4 ◯ 家族旅行に行った先で誤って器物を損壊したことは、公権力の行使とはいえず、国家賠償法に基づく損害賠償請求をすることはできません。

5 ✕ 非番の警察官が制服と制帽を着用の上、職務質問を装って金品を奪おうとし、騒いだ被害者を射殺した事件の裁判で、最高裁判所は、客観的に職務遂行の外形を備えた行為によって他人に損害を与えた場合には、**国または公共団体が損害賠償責任を負うのが相当**であると判断しました（**外形標準説**）。

正解 **4**

問題16 **B** 35-82 **家庭裁判所の権限**

家庭裁判所に関する次の記述のうち、**正しいもの**を**1つ**選びなさい。

1　家庭裁判所は、近隣トラブルに関する訴訟を取り扱う。

2　家庭裁判所は、「DV防止法」に基づく保護命令事件を取り扱う。

3　家庭裁判所は、嫡出でない子の認知請求訴訟を取り扱う。

4　家庭裁判所は、労働審判を取り扱う。

5　家庭裁判所は、債務整理事件を取り扱う。

(注)　「DV防止法」とは、「配偶者からの暴力の防止及び被害者の保護等に関する法律」のことである。

問題17 **B** 29-82 **権利擁護に係る組織、団体の役割**

次のうち、成年後見登記事項証明書の交付事務を取り扱う組織として、**正しいもの**を**1つ**選びなさい。

1　法務局

2　家庭裁判所

3　都道府県

4　市町村

5　日本司法支援センター（法テラス）

問題18 **B** 34-83改 **市町村長申立て**

成年後見制度における市町村長の審判申立てに関する次の記述のうち、**正しいもの**を**1つ**選びなさい。

1　市町村長が審判を申し立てない場合、都道府県知事が代わって審判を申し立てることができる。

2　「成年後見関係事件の概況（令和5年1月～12月）」（最高裁判所事務総局家庭局）によると、「成年後見関係事件」の申立人の割合は、市町村長よりも配偶者の方が多い。

3　市町村長申立てにおいて、市町村長は、後見等の業務を適正に行うことができる者を家庭裁判所に推薦することができないとされている。

4　知的障害者福祉法に基づき、知的障害者の福祉を図るために特に必要があると認めるときは、市町村長が後見開始の審判等の申立てを行うことができる。

5　市町村長申立ては、後見開始及び保佐開始の審判に限られ、補助開始の審判は含まれないとされている。

(注)　「成年後見関係事件」とは、後見開始、保佐開始、補助開始及び任意後見監督人選任事件をいう。

問題16

1　×　家庭裁判所では、**家庭に関する事件**の審判・調停、**人事訴訟**の裁判、**少年の保護**の審判などを取り扱います。近隣トラブルは含みません。

2　×　ＤＶ防止法に基づく保護命令は、管轄（相手方や申立人の住所地など）の**地方裁判所**が取り扱います。

3　○　記述のとおりです。子の認知など、親子等の関係についての争いを解決するのが**人事訴訟**です。人事訴訟は、原則として、当事者の住所地を管轄する家庭裁判所が取り扱います。

4　×　労働審判については、**地方裁判所**が管轄します。

5　×　債務整理については、請求金額等によって**地方裁判所**または**簡易裁判所**が取り扱います。

正解　3

問題17

1　○　記述のとおりです。**成年後見登記事項証明書**は、成年被後見人、成年後見人等の住所・氏名、成年後見人等の権限の範囲など後見登記等ファイルに記録されていることを証明するものです。

2　×　**家庭裁判所**は、一定の請求権者からの請求により、**法定後見開始の審判**を行います。

3　×　**都道府県**は、成年後見登記事項証明書の交付事務は取り扱いません。

4　×　**市町村**は、成年後見制度利用支援事業において、制度の利用促進のための広報や普及活動、制度利用に係る費用の助成などを行っています。

5　×　**法テラス**は、総合法律支援法に基づき、独立行政法人の枠組みに従って設立された法人で、**情報提供業務、民事法律扶助業務、犯罪被害者支援業務**など法が定める５つの業務を中心に、法的トラブル解決の支援を行います。

正解　1

問題18

1　×　成年後見審判の申立権は市町村長に付与されたもので、都道府県知事の代理は認められていません。社会の高齢化・少子化の進展を背景に、身寄りのない認知症高齢者や障害者が増えるなか、親族等の関係者による後見開始等の申立てが困難になってきたことから、1999（平成11年）の民法改正にあわせて、老人福祉法や精神保健福祉法及び知的障害者福祉法の一部が改正され、市町村長の審判請求に関する規定が設けられました。

2　×　申立人の内訳は、市区町村長が**23.6％**で最も多く、配偶者は**4.2％**となっています。

3　×　老人福祉法及び知的障害者福祉法並びに精神保健福祉法には、市町村長は後見等の業務を適正に行うことができる**人材の育成**及び活用を図るため、後見等の業務を適正に行うことができる者の**家庭裁判所への推薦**その他必要な措置を講ずるよう努めなければならないことが規定されています。

4　○　記述のとおりです。知的障害者福祉法第28条に規定されています。

5　×　市町村長は、後見・保佐・補助、いずれの審判開始についても申立をすることができます。

正解　4

問題19
B　**32-77**　**成年後見制度の概要**

次のうち、成年後見開始審判の申立てにおいて、申立権者に含まれない者として、**正しいものを１つ選びなさい。**

1　本人の孫の配偶者

2　本人の叔母

3　本人の甥

4　本人の子

5　本人のいとこの配偶者

問題20
A　**34-79**　**成年後見人の欠格事由**

次のうち、成年後見人になることができない者として、**正しいものを１つ選びなさい。**

1　兄弟姉妹

2　被保佐人

3　解任の審判を受けた補助人

4　本人の配偶者の成年後見人

5　社会福祉法人

問題21
B　**34-78**　**成年後見制度の概要**

後見登記に関する次の記述のうち、**正しいものを１つ選びなさい。**

1　任意後見契約は登記できない。

2　未成年後見は登記することができる。

3　保佐人に付与された代理権の範囲は登記できない。

4　自己が成年被後見人として登記されていない者は、登記官への請求に基づき、登記されていないことの証明書の交付を受けることができる。

5　誰でも、登記官への請求に基づき、成年後見人が記録された登記事項証明書の交付を受けることができる。

問題19 成年後見開始審判の申立てにおいて、申立権者は本人・配偶者・4親等内の親族・未成年後見人・未成年後見監督人・保佐人・保佐監督人・補助人・補助監督人・検察官・市町村長です。「親族」とは民法第725条において、6親等内の血族、配偶者、3親等以内の姻族を指すため、4親等内の血族、配偶者、3親等内の姻族が、成年後見開始申立ての申立権者になることができる親族に該当することになります。

1 × 本人の孫の配偶者は、**2親等の姻族**であるため、申立権者に含まれます。

2 × 本人の叔母は、**3親等の親族**であるため、申立権者に含まれます。

3 × 本人の甥は、**3親等の血族**であるため、申立権者に含まれます。

4 × 本人の子は、**1親等の血族**であるため、申立権者に含まれます。

5 ○ 本人のいとこの配偶者は、**4親等の姻族**であり、**4親等内の血族、3親等内の姻族**ではないため、申立権者に含まれません。

正解 **5**

問題20

民法では、成年後見人となることができない者として❶**未成年者**、❷家庭裁判所で免ぜられた**法定代理人、保佐人または補助人**、❸**破産者**、❹**被後見人に対して訴訟をし、またはした者並びにその配偶者及び直系血族**、❺**行方の知れない者**の5つの欠格事由が定められています。

正解 **3**

問題21

1 × 任意後見契約は、公証人によって作成された任意後見契約締結の**公正証書を登記**することから始まります。

2 × 未成年後見や保護者**選任・特別代理人等選任の審判**については成年後見登記制度の対象外となります。

3 × 保佐人は、法律行為の**同意権**と**取消権**をもっていますが、家庭裁判所の審判によって、付加的な権限として**代理権の付与**を受けることができます。付与された代理権の範囲は、成年後見人の権限として登記されます。

4 ○ 記述のとおりです。本人または本人の配偶者、四親等内の親族等は、法務局へ請求することで被後見人として「**登記されていないことの証明書**」の交付を受けることができます。

5 × 登記事項証明書が申請できるのは、成年被後見人、成年後見人、成年後見監督人として登記されている者、または成年被後見人、被保佐人、被補助人、任意後見契約本人（委任者）の**四親等内の親族**とこれらの委任を受けた者に限られています。

正解 **4**

成年後見制度に関する次の記述のうち、**適切なもの**を1つ選びなさい。

1 子が自分を成年後見人候補者として、親に対する後見開始の審判を申し立てた後、家庭裁判所から第三者を成年後見人とする意向が示された場合、審判前であれば、家庭裁判所の許可がなくても、その子は申立てを取り下げることができる。

2 財産上の利益を不当に得る目的での取引の被害を受けるおそれのある高齢者について、被害を防止するため、市町村長はその高齢者のために後見開始の審判の請求をすることができる。

3 成年被後見人である責任無能力者が他人に損害を加えた場合、その者の成年後見人は、法定の監督義務者に準ずるような場合であっても、被害者に対する損害賠償責任を負わない。

4 判断能力が低下した状況で自己所有の土地を安価で売却してしまった高齢者のため、その後に後見開始の審判を申し立てて成年後見人が選任された場合、行為能力の制限を理由に、その成年後見人はこの土地の売買契約を取り消すことができる。

5 浪費者が有する財産を保全するため、保佐開始の審判を経て保佐人を付することができる。

次のうち、成年後見制度において成年後見人等に対して付与し得る権限として、**正しいもの**を1つ選びなさい。

1 成年後見人に対する本人の居所指定権

2 成年後見監督人に対する本人への懲戒権

3 保佐人に対する本人の営業許可権

4 補助人に対する本人の代理権

5 任意後見監督人に対する本人の行為の取消権

解答・解説

問題22

1　×　後見開始の申立ては、審判がされる前であっても、**家庭裁判所の許可を得なければ**、取り下げることができません（家事事件手続法第121条第1項）。

2　○　記述のとおりです。

3　×　責任無能力者である成年被後見人が他人に損害を与えた場合、その者の**法定監督義務者が損害賠償責任を負います**（民法第714条第1項）。

4　×　成年後見人は、財産の処分の取消権を有しますが、後見が開始される前に行った売買契約を取り消すことはできません。

5　×　被保佐人となるのは、**精神上の障害**（認知症、知的障害、精神障害など）によって、**判断能力が著しく不十分な人**です。記述の内容を理由として、保佐開始の審判申立をすることはできません。

正解 `2`

問題23

1　×　居所の指定権は、**親権を行う者が子の居所を指定する権利**であり、成年後見人の権限ではありません。

2　×　成年後見監督人に付与される権限の中に本人への懲戒権は含まれません。成年後見監督人は、**成年後見人を監督**する立場です。

3　×　保佐人に付与される権限に本人の営業許可権は含まれません。保佐人は本人の法律行為に対する**同意権**と**取消権**をもっています。

4　○　記述のとおりです。補助人は選任されるだけでは法律行為の権限をもたないため、代理権をもつには別に**代理権付与の審判**が必要になります。

5　×　任意後見監督人に付与される権限に本人の行為の取消権は含まれません。任意後見監督人は、任意後見人を監督する立場です。

正解 `4`

ポイント チェック

成年後見人の法律行為の権限

権限	権限の対象	権限の制限
取消権	❶財産管理を目的とする行為 例預貯金の管理、財産の処分、遺産分割、相続の承認・放棄、賃貸借契約の締結・解除など	●日用品の購入その他日常生活に関する行為 ●**身分行為**（婚姻・離婚・認知・養子縁組・離縁・遺言など）
代理権	❷身上監護※を目的とする行為 例介護等のサービス利用契約、医療契約の締結など ❸その他の関連する行為 例財産に係る訴訟行為、登記や要介護認定の申請など	●本人の事実行為（労働の対価として賃金を得る行為など）の契約（**本人同意が必要**） ●居住用不動産の売却（**家庭裁判所の許可が必要**） ●**本人と利益が相反する行為**（家庭裁判所が選任した特別代理人または成年後見監督人が代理） ●身分行為

※身上監護とは、成年被後見人が日常生活を送るうえでのさまざまな契約等の法律行為（生活・健康・医療の契約）についての世話をいう

共通
CH
6
権利擁護を支える法制度

問題24 **B** `35-78` **成年後見制度の概要**

　事例を読んで、成年後見人のLさんが、成年被後見人のMさんと相談の上で行う職務行為として、**適切なものを2つ**選びなさい。

〔事　例〕

　Mさん（70歳代）は、自身の希望で一人暮らしをしているが、居住地域は、介護サービス資源が少なく、交通の便の悪い山間部である。Mさんは、要介護2の認定を受け、持病もある。最近、Mさんは心身の衰えから、バスでの通院に不便を感じ、薬の飲み忘れも増え、利用中の介護サービス量では対応が難しくなってきているようである。Mさん自身も一人暮らしへの不安を口にしている。

1　自宅以外の住まいに関する情報収集
2　Mさんの要介護状態区分の変更申請
3　Lさんによる家事援助
4　Lさんによる通院介助
5　Lさんによる服薬介助

問題25 **B** `35-79` **成年後見制度の概要**

　事例を読んで、成年後見人の利益相反状況に関する次の記述のうち、**最も適切なものを1つ**選びなさい。

〔事　例〕

　共同生活援助（グループホーム）で暮らすAさん（知的障害、52歳）には弟のBさんがおり、BさんがAさんの成年後見人として選任されている。先頃、Aさん兄弟の父親（80歳代）が死去し、兄弟で遺産分割協議が行われることとなった。

1　Aさんは、特別代理人の選任を請求できる。
2　Bさんは、成年後見監督人が選任されていない場合、特別代理人の選任を家庭裁判所に請求しなければならない。
3　Bさんは、遺産分割協議に当たり、成年後見人を辞任しなければならない。
4　特別代理人が選任された場合、Bさんは、成年後見人としての地位を失う。
5　特別代理人が選任された場合、特別代理人は、遺産分割協議に関する事項以外についても代理することができる。

I ○ 成年後見人は、本人の生活や医療、介護、福祉など身の回りの事柄に目を配りながら、本人を保護し、支援する役割を担います。**L**さんが今の暮らしに不便や不安を感じている**M**さんのために住まいに関する情報を収集することは適切です。

2 ○ 成年後見人は、被後見人の権利を擁護するために必要な**代理権を行使**します。**M**さんが適切な介護サービスを受けられるよう要介護状態区分の変更申請を代理することは適切です。

3 ✕ 成年後見人は、被後見人が日常生活を送るうえで必要になるさまざまな法律行為やそれに関連する行為を代理します。介護サービスの利用契約や要介護認定の申請などはこれにあたりますが、実際の介護などは行いません。

4 ✕ **解説3**のとおり、通院介助のような介護は行いません。

5 ✕ **解説3**のとおり、服薬介助のような介護は行いません。

正解 **I・2**

I ✕ 特別代理人選任の請求は、**利益が相反する利害関係人**から行います。記述の場合、**B**さんが申立て者になります。

2 ○ 本人と利益が相反する行為については、家庭裁判所が選任した特別代理人や成年後見監督人が行為を代理します。**解説I**のとおり、選任を請求するのは**B**さんであり、適切です。

3 ✕ **解説2**のとおり、成年後見人は被後見人と利益が相反する場合、適切な代理人を選任することが求められるのであり、辞任する必要はありません。

4 ✕ 特別代理人は、遺産分割協議など**家庭裁判所が審判で定めた特別な行為のために代理権を行使**します。その他の行為については、引き続き**B**さんが代理権をもつことになります。

5 ✕ **解説4**のとおり、特別代理人は決められた行為を代理するために選任されることから、記述の場合、**遺産分割協議が終了したときに代理権はなくなります**。

正解 **2**

法定後見における保佐に関する次の記述のうち、**正しいものを1つ**選びなさい。

1 保佐開始の審判を本人が申し立てることはできない。

2 保佐人に対して、同意権と取消権とが同時に付与されることはない。

3 保佐人が2人以上選任されることはない。

4 法人が保佐人として選任されることはない。

5 保佐人が日常生活に関する法律行為を取り消すことはできない。

保佐及び補助に関する次の記述のうち、**正しいものを1つ**選びなさい。

1 保佐及び補助における判断能力の判定に際して、いずれも原則として医師等の専門家による鑑定が必要である。

2 保佐開始及び補助開始の申立てにおいては、いずれの場合も本人の同意が必要である。

3 保佐開始又は補助開始後、保佐人又は補助人はいずれも被保佐人又は被補助人がした日用品の購入など日常生活に関する行為の取消しを行うことができる。

4 保佐開始後、被保佐人が保佐人の同意を得ずに高額の借金をした場合、被保佐人及び保佐人いずれからも取り消すことができる。

5 補助人に同意権を付与するには、被補助人の同意は不要である。

成年後見制度の補助に関する次の記述のうち、**正しいものを1つ**選びなさい。

1 補助は、保佐よりも判断能力の不十分さが著しい者を対象としている。

2 補助開始の審判をするには、本人の申立て又は本人の同意がなければならない。

3 補助人の事務を監督する補助監督人という制度は設けられていない。

4 補助開始の審判は、市町村長が申し立てることはできない。

5 補助人に対し、被補助人の財産に関する不特定の法律行為についての代理権を付与することができる。

1 × 保佐開始の審判を申し立てることができるのは、本人、配偶者、**四親等内**の親族、後見人、後見監督人、補助人、補助監督人、検察官です。

2 × 保佐人には、**同意権**と**取消権**が同時に付与されます。

3 × 家庭裁判所が必要と認めた場合には、保佐人も成年後見人も**複数名**が選任されることがあります。

4 × 法人による成年後見（法人後見）の選任が認められており、これは保佐人の選任にも準用されます。

5 〇 被保佐人の法律行為には保佐人の同意が必要で、同意を得ない行為は取り消すことができます。ただし、日用品の購入など**日常生活に関することの同意は不要**で、取り消すこともできません。

正解 **5**

共通 CH 6 権利擁護を支える法制度

1 × 後見及び保佐における判断能力の判定に際しては、原則として医師等の専門家による鑑定を要しますが、補助の場合には**医師の診断書**があれば足り、原則として**鑑定は不要**です。なお、判断能力の判定が困難なときは、鑑定が行われることがあります。

2 × **保佐開始**の申立て及び**後見開始**の申立てにおいては、**本人の同意は不要**です。なお、**補助開始**の申立ての場合には、**本人の同意が必要**になります。

3 × **保佐人または補助人**はいずれも被保佐人または被補助人がした日用品の購入など日常生活に関する行為の取消しを行うことはできません。これは、成年後見人においても同様です。

4 〇 記述のとおりです。保佐開始後、被保佐人が、借金や家の新築など法律で定められた財産上の重要な行為（**民法第13条第1項所定の行為**）を行うには、保佐人の同意が必要になります。保佐人の同意を得ないでした行為は、**保佐人または**被保佐人が後で取り消すことができます。

5 × 家庭裁判所は、被補助人本人、その家族、補助人等の請求により、被補助人が特定の法律行為をするにはその補助人の同意を得なければならない旨の審判（**同意権付与の審判**）をすることができます。ただし、この審判をするには、本人の同意がなければなりません。

正解 **4**

1 × 補助は、保佐より判断能力の不十分さが**軽度**の者を対象とします。

2 〇 記述のとおりです。補助の審判開始にあたっては、本人等からの申立てのほか、**本人の同意が必要**です。

3 × 民法第876条の8には、**家庭裁判所**は、必要があると認めるときは、被補助人、その親族、もしくは補助人の請求または職権で補助監督人を選任することができることが規定されています。

4 × 補助開始の審判の申立ては、**本人**、**配偶者**、四親等内の親族、**未成年後見人**、検察官、任意後見受任者、**市町村**等が行うことができます。

5 × 代理権は、**代理権付与の審判**によって決まります。申立てを行った特定の法律行為（具体的内容は当事者で選択）に限り代理権が認められます。

正解 **2**

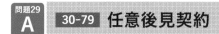

問題29 **A** 30-79 任意後見契約

任意後見契約に関する次の記述のうち、**最も適切なもの**を1つ選びなさい。

1 任意後見契約は、任意後見契約の締結によって直ちに効力が生じる。

2 任意後見契約の締結は、法務局において行う必要がある。

3 任意後見契約の解除は、任意後見監督人の選任後も、公証人の認証を受けた書面によってできる。

4 任意後見人と本人との利益が相反する場合は、特別代理人を選任する必要がある。

5 任意後見人の配偶者であることは、任意後見監督人の欠格事由に該当する。

問題30 **A** 34-80 任意後見契約

事例を読んで、任意後見契約に関する次の記述のうち、**最も適切なもの**を1つ選びなさい。

〔事 例〕

Jさん（70歳）は、将来に判断能力が低下して財産の管理がおろそかになることを心配し、S市社会福祉協議会の権利擁護センターに相談した。Jさんは、同センターの職員Kさんの助言を受け、親友のLさんを受任者として、任意後見契約に関する法律に従った任意後見契約を締結することにした。

1 任意後見契約は、社会福祉協議会の事務所において、公証人でなくても第三者の立会いがあれば締結することができる。

2 締結された任意後見契約の効力を生じさせる際、家庭裁判所は、必要がなければ、任意後見監督人を選任しない方法をとることができる。

3 締結された任意後見契約の効力を生じさせる際、Jさんからの推薦があれば、家庭裁判所は、推薦されたKさんを任意後見監督人として選任しなければならない。

4 任意後見契約が締結されたとしても、家庭裁判所は、請求があり、Jさんの利益のため特に必要があると認めるときは、後見開始の審判等をする。

5 任意後見契約に本人意思尊重義務の定めがある場合に限って、LさんはJさんの意思を尊重する義務を負う。

共通
CH
6
START!
GOAL!!

問題29

1 　×　任意後見契約は、締結後すぐに効力が発生するものではありません。

2 　×　任意後見契約の締結は、法務局において行う必要はありません。

3 　×　**任意後見監督人の選任後の任意後見解約の解除は、家庭裁判所の許可**が必要です。

4 　×　任意後見人と本人との利益が相反する場合においては、**任意後見監督人**が本人を代表します。よって特別代理人の選任は不要です。

5 　○　記述のとおりです。

正解 　5

問題30

1 　×　任意後見契約に関する法律第3条には、契約は**法務省令で定めた様式の公正証書**で行わなければならないことが規定されていることから、公証人でない第三者の立会いでは任意後見契約は締結できません。

2 　×　任意後見契約は、家庭裁判所が**任意後見監督人**を選任したときから効力が生じるため、選任は必須です。

3 　×　**解説2**のとおり、任意後見監督人は家庭裁判所**が選任**します。選任につき、家庭裁判所は本人からの推薦に従わなければならない規定はありません。

4 　○　記述のとおりです。なお、任意後見監督人が選任された後において本人が後見開始の審判を受けた場合は、**任意後見契約は終了**します。

5 　×　任意後見契約に関する法律第6条では、任意後見人は、任意後見の事務を行うにあたっては、**本人の意思を尊重**し、かつ、その心身の**状態及び生活状況に配慮**しなければならないことが規定されているため、定めの有無にかかわらず、LさんはJさんの意思を尊重しなければなりません。

正解 　4

ポイント
チェック

任意後見制度の利用の流れ

任意後見契約の締結と登記	・公証人が任意後見契約締結の公正証書を作成、任意後見契約の登記 ・本人と契約を結んだ人を任意後見受任者と呼ぶ。この段階では任意後見人としての効力はなく、将来任意後見人になることを約束した人という位置づけ。誰を任意後見受任者とするかは、本人の自由な意思による
任意後見監督人選任の申立て	・法定後見の開始の請求権者（申立書の提出ができる者）による申立て ・請求権者は、**本人**、**配偶者**、**四親等内の親族**、任意後見受任**者**で、本人以外は、本人の同意が必要
審判	・家庭裁判所による任意後見監督人の選任の判断 （任意後見監督人が選任されることで任意後見受任者は任意後見人となり、この段階で任意後見人としての効力が発生する） ・任意後見監督人としての資格に制限はなく、個人や法人の中から選任する ・任意後見受任者、任意後見人の配偶者、直系血族、兄弟姉妹は任意後見監督人になることはできない
任意後見契約の終了	・任意後見監督人の選任前 →本人または任意後見受任**者**の意思で契約を解除できる（公証人の認証を受けた書面による） ・任意後見監督人の選任後 →正当な理由がある場合に限り、家庭裁判所**の許可**にて契約解除 →法定後見開始の審判がされたとき　　　　　　　　　など

問題31 A　33-83改　成年後見関係事件の概況

「成年後見関係事件の概況（令和5年1月〜12月）」（最高裁判所事務総局家庭局）に関する次の記述のうち、**正しいものを1つ**選びなさい。

1 「成年後見関係事件」の「終局事件」において、主な申立ての動機として最も多いのは、預貯金等の管理・解約であった。

2 「成年後見関係事件」の「終局事件」において、市区町村長が申立人となったものの割合は、全体の約5割であった。

3 後見開始、保佐開始、補助開始事件のうち「認容で終局した事件」において、親族以外の成年後見人等の選任では、社会福祉士が最も多い。

4 「成年後見関係事件」のうち「認容で終局した事件」において、開始原因として最も多いのは、統合失調症であった。

5 「成年後見関係事件」の申立件数に占める保佐開始の審判の割合は、全体の約7割であった。

（注）　1　「成年後見関係事件」とは、後見開始、保佐開始、補助開始及び任意後見監督人選任事件をいう。
　　　　2　「終局事件」とは、認容、却下、その他（取下げ、本人死亡等による当然終了、移送など）によって終局した事件のことである。
　　　　3　「認容で終局した事件」とは、申立ての趣旨を認めて、後見開始、保佐開始、補助開始又は任意後見監督人選任をする旨の審判をした事件のことである。

問題32 A　32-81　成年後見制度利用促進法

成年後見制度の利用促進に関する次の記述のうち、**正しいものを1つ**選びなさい。

1 成年後見制度利用促進基本計画の対象期間は、おおむね10年程度とされている。

2 市町村は、成年後見制度利用促進基本計画を勘案して、成年後見制度の利用の促進に関する施策についての基本的な計画を定めなければならない。

3 成年後見制度利用促進基本計画においては、利用のしやすさよりも不正防止の徹底が優先課題とされている。

4 政府は、成年後見制度の利用の促進に関する施策の総合的かつ計画的な推進を図るため、成年後見制度利用促進会議を設けることとされている。

5 「成年後見制度利用促進法」でいう成年後見等実施機関とは、介護、医療又は金融に係る事業その他の成年後見制度の利用に関連する事業を行うものをいう。

（注）「成年後見制度利用促進法」とは、「成年後見制度の利用の促進に関する法律」のことである。

問題31

1 ○ 記述のとおりです。次いで「**身上保護**」「**介護保険契約**」の順になっています。

2 × 市区町村長が申立人となったものは全体の約23.6％です。

3 × 最も多いのは司法書士で全体の約35.9％になっています。次いで、**弁護士、社会福祉士**の順になっています。

4 × 開始原因としては、**認知症が最も多く**、次いで**知的障害、統合失調症**の順になっています。

5 × 申立て件数の内訳では、**後見開始が最も多く全体の約69.2％**を占めています。次いで保佐開始、補助開始の順になっています。

正解 [1]

問題32 成年後見制度の利用の促進に関する法律（成年後見制度利用促進法）は、成年後見制度をより広く社会に知らしめるために、2016（平成28）年4月に制定され、同年5月に施行された法律です。

1 × 成年後見制度利用促進基本計画の対象期間は、**おおむね5年程度**とされています。

2 × 市町村には、成年後見制度利用促進基本計画を勘案して、成年後見制度の利用の促進に関する施策についての基本的な計画を定めるよう努める努力義務が課されています。

3 × 成年後見制度利用促進基本計画のポイントとして、**不正防止の徹底と利用しやすさとの調和**が示されています。

4 ○ 記述のとおりです。成年後見制度利用促進法第13条第1項に規定されています。

促進会議は、法務大臣、厚生労働大臣、総務大臣で構成されます。また、必要があると認めるときは、構成員以外の関係府省その他の関係者に出席を要請し、意見を聴くことができます。

5 × 成年後見等実施機関とは、同法第2条において「自ら成年後見人等となり、または成年後見人等もしくはその候補者の育成及び支援等に関する活動を行う団体をいう」と定義されています。

正解 [4]

ポイント
チェック

成年後見制度利用促進基本計画のポイント

利用者がメリットを実感できる制度・運用の改善	・財産管理のみならず、意思決定支援・身上保護も重視 ・適切な後見人等の選任、後見開始後の柔軟な後見人等の交代等 ・診断書の在り方の検討
権利擁護支援の地域連携ネットワークづくり	・権利擁護支援が必要な人の発見と早期からの相談 ・後見人等を含めた「チーム」※1による本人の見守り ・「協議会」等※2によるチームの支援 ・地域連携ネットワークの整備・運営の中核となる機関の必要性
不正防止の徹底と利用しやすさとの調和	・後見制度支援信託に並立・代替する新たな方策の検討（預貯金の払戻しについての後見監督人等の関与を可能とする仕組み）

※1：福祉等の関係者と後見人等がチームとなって本人を見守る体制
※2：福祉・法律の専門職団体が協力して個別のチームを支援する仕組み

市町村が実施する成年後見制度利用支援事業に関する次の記述のうち、**正しいもの**を1つ選びなさい。

1　市町村長申立て以外の場合を、対象とすることはできない。

2　申立て費用だけでなく、成年後見人等の報酬も対象とすることができる。

3　高齢者ではない知的障害者及び精神障害者を対象とすることはできない。

4　「後見」を対象とし、「保佐」「補助」を対象とすることはできない。

5　社会福祉法における第一種社会福祉事業と位置づけられている。

解答・解説

問題33

1　×　市町村長申立て以外の場合にも適用されます。

2　○　記述のとおり、申立て費用、**成年後見人等の報酬**も対象となります。

3　×　成年後見制度利用支援事業は、「障害者総合支援法」の**市町村地域生活支援事業における必須事業**の1つで、補助を受けなければ成年後見制度の利用が困難であると認められる者を対象としており、高齢者だけが対象ではありません。

> 成年後見制度利用支援事業は、介護保険法においては地域支援事業の任意事業の1つに位置づけられています。

4　×　後見のほか、**保佐、補助**も対象です。

5　×　成年後見制度利用支援事業は、社会福祉法に規定する事業ではなく、**厚生労働省管轄の事業**として運用されています。

正解　2

ポイントチェック

成年後見制度利用支援事業の概要

　成年後見制度利用支援事業は、創設当初、特定の認知症高齢者を対象として開始されたが、その後、対象を拡大し、現在は、高齢者に対しては介護保険制度の地域支援事業（任意事業）として、障害者に対しては障害者総合支援法に基づく地域生活支援事業（必須事業）として実施されている。実施市町村は増加傾向で、おおむね8割程度の市町村が実施しているが、対象者や助成の範囲は市町村によってさまざまである。

	高齢者	障害者
事業対象	成年後見制度の利用が必要な低所得の高齢者	・障害福祉サービスを利用し、または利用しようとする知的障害者及び精神障害者 ・経済的理由により補助を受けなければ成年後見制度の利用が困難であると認められる者
事業の位置づけ	地域支援事業における任意事業のうちの「その他の事業」	地域生活支援事業における必須事業
実施主体	市町村	
補助対象	・成年後見制度の申立てに要する経費（登記手数料、鑑定費用等） ・後見人等の報酬等	
補助内容	全部または一部を補助	

共通
CH
6
権利擁護を支える法制度

C 問題34　35-81改　**日常生活自立支援事業の最近の動向**　

「日常生活自立支援事業実施状況」（2022年度（令和4年度）、全国社会福祉協議会）に関する次の記述のうち、**最も適切なもの**を1つ選びなさい。

1　2022年度（令和4年度）末時点で、実契約者数は100万人を超えている。

2　2022年度（令和4年度）末時点で、実契約者数の内訳では、知的障害者等の割合が最も多い。

3　新規契約締結者のうち、約7割が生活保護受給者であった。

4　新親契約締結者の住居は、7割以上が自宅であった。

5　事業実施主体から委託を受け業務を実施する基幹的社会福祉協議会の数は、約300であった。

A 問題35　31-81　**日常生活自立支援事業の概要**　

日常生活自立支援事業の利用等に関する次の記述のうち、**正しいもの**を1つ選びなさい。

1　成年後見人による事業の利用契約の締結は、法律で禁じられている。

2　法定後見のいずれかの類型に該当する程度に判断能力が低下した本人が事業の利用契約を締結することは、法律で禁じられている。

3　実施主体である都道府県社会福祉協議会は、事業の一部を市区町村社会福祉協議会に委託することができる。

4　実施主体である都道府県社会福祉協議会は、職権により本人の利用を開始することができる。

5　契約締結に当たって、本人の判断能力に疑義がある場合は、市町村が利用の可否を判断する。

共通 CH 6　START! GOAL!!　クリア！ CHAPTER 6

162

問題34

1 ✕ 日常生活自立支援事業の実契約者数は、2022（令和4）年度末時点で、5万6550人となっています。

2 ✕ 実契約者数の内訳は、**認知症高齢者等**が最も多く、次いで精神障害者等、知的障害者等の順になっています。

3 ✕ 新規契約者のうち、生活保護受給者の割合は、**約4割**になっています。

4 ◯ 記述のとおりです。新規契約者の住居は、7割以上が自宅であり、そのほかグループホームや施設、病院などがあります。

5 ✕ 基幹的社会福祉協議会の数は、1596です。

正解 **4**

問題35

1 ✕ 成年後見人による事業の利用契約の締結は、**法律で禁じられていません**。

2 ✕ 法定後見のいずれかの類型に該当する程度に判断能力が低下していても、**契約締結の能力があれば**本人による事業の利用契約締結は可能であり、法律で禁じられてはいません。

3 ◯ 記述のとおりです。

4 ✕ 日常生活自立支援事業は、**利用者本人との契約**により支援が開始されるものです。

5 ✕ 本人の判断能力に疑義がある場合は、**契約締結審査会**が利用の可否を判断します。

正解 **3**

ポイントチェック

日常生活自立支援事業の利用の流れ

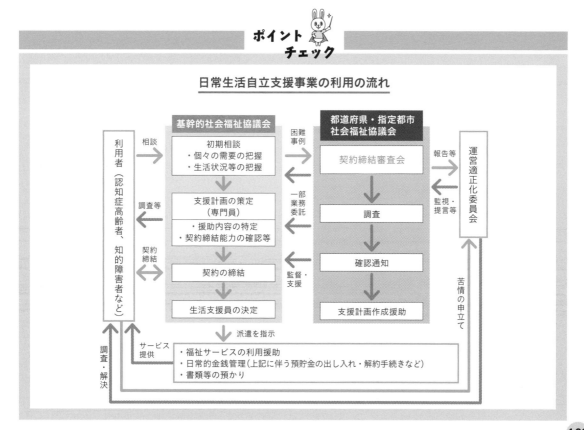

163

共通
CHAPTER
6

ポイントチェック一覧

地域福祉と
包括的支援体制

問題1 A　28-32　地域福祉の概念

コミュニティや市民社会に関する次の記述のうち、**正しいものを1つ**選びなさい。

1 マッキーヴァー（MacIver, R.）は、教会、学校、会社のような意図的につくられた機能的・結社的集団をコミュニティとして捉えた。

2 ペストフ（Pestoff, V.）は、現代社会においては政府も市場もコミュニティもそれぞれが機能不全に陥っているため、個人主義を徹底することが必要であるとした。

3 ロールズ（Rawls, J.）は、共同体の共通善や歴史的な価値を重視し、個人に先立つ共同体を重視するコミュニタリアニズムの思想を説いた。

4 トクヴィル（Tocqueville, A.）は、1830年代のイギリスの社会の観察を通じて、市民社会の核心は中間組織としての多様な自発的結社にあるとした。

5 ウェルマン（Wellman, B.）は、各個人が空間の縛りを離れ選択的に絆を築いていくとする、新しいコミュニティの可能性を説いた。

問題2 A　29-32　地域福祉の学説

地域福祉の学説に関する次の記述のうち、**最も適切なものを1つ**選びなさい。

1 岡村重夫は、生活課題を貨幣的ニードと非貨幣的ニードに分類し、後者に対応する在宅福祉サービスを充実することを重視した。

2 永田幹夫は、地域社会で発生する生活課題の解決を図るために、地域住民の主体的で協働的な問題解決プロセスを重視した。

3 真田是は、在宅福祉サービスを整備することで、社会福祉サービスを必要とする個人や家族の自立を地域社会の場において図ることを重視した。

4 三浦文夫は、生活問題とその解決のための政策、そして地域社会の産業構造の変革も視野に入れた生活の共同的維持・再生産の地域的システムを重視した。

5 右田紀久恵は、地方自治体における福祉政策の充実や住民自治を基底に据えた自治型地域福祉を重視した。

解答・解説

問題1

1 ✕ マッキーヴァーは、教会、学校、会社のように意図的につくられた機能的・結社的集団を**アソシエーション**と捉えました。

2 ✕ ペストフは、個人主義の徹底は唱えていません。社会経済システムを「**公共・民間部門**」「**営利・非営利部門**」「**公式・非公式部門**」の3軸で構想し、3軸が交わる福祉三角形の中心に置かれる民間非営利組織が政府・企業・共同体の欠点を補う組織だと考えました。

3 ✕ ロールズは、**リベラリズムの思想**を説きました。社会的不平等が認められるのは、**機会均等の原理**と**格差原理**の2つの条件が充足される場合のみであるとしました。

4 ✕ トクヴィルは著書『アメリカのデモクラシー』の中で、アメリカ社会を観察し、アメリカ社会の重要な構成要素として、**宗教**と**自発的結社**の2つを挙げました。

5 ◯ ウェルマンは、コミュニティを空間に準拠した集団から、空間を越えたネットワークに変貌したと捉え、**コミュニティ解放論**を支持しました。

正解 | 5 |

問題2

1 ✕ 岡村重夫は、地域社会で発生する生活課題の解決を図るために、**地域住民の主体的で協働的な問題解決プロセス**を重視しました。記述は、三浦文夫の**経営論**です。

2 ✕ 永田幹夫は、**在宅福祉サービスの整備**により、**社会福祉サービスを必要とする個人や家族の自立を地域社会において図る**ことを重視しました。記述は、岡村重夫の**固有論**です。

3 ✕ 真田是（なおし）は、生活問題とその解決のための政策や地域社会の産業構造の変革も視野に入れた**生活の共同的維持・再生産の地域的システム**を重視しました。記述は、永田幹夫の**在宅福祉型地域福祉論**です。

4 ✕ 三浦文夫は、生活課題を**貨幣的ニード**と非貨幣的ニードに分類し、後者に対応する在宅福祉サービスを充実することを重視しました。記述は、真田是の**運動論**です。

5 ◯ 記述のとおりです。なお、**右田紀久恵**（うだ）は、**分権化**と**住民の主体力や福祉力**の両者の相互作用により、新たな公共概念を構築し、そこに地域福祉が成り立つものとする**自治型地域福祉**を重視しました。

正解 | 5 |

問題3 A 28-34 セツルメント

セツルメントに関する次の記述のうち、**正しいものを1つ**選びなさい。

1. 日本におけるセツルメント運動は、アダムス（Adams, A.）が岡山博愛会を設立したことに始まるとされている。

2. 中央慈善協会は、全国の主要な都市で展開されていたセツルメント運動の連絡・調整を図ることを目的として設立された。

3. 留岡幸助は、大崎無産者診療所を開設し、セツルメント運動に取り組んだ。

4. 大原孫三郎は、セツルメントの拠点としてキングスレー・ホールを開設した。

5. 賀川豊彦は、神戸の貧困地域でのセツルメントの実践を『貧乏物語』にまとめた。

問題4 A 33-33 民生委員制度の発展過程

民生委員制度やその前身である方面委員制度等に関する次の記述のうち、**正しいものを2つ**選びなさい。

1. 方面委員制度は、岡山県知事である笠井信一によって、地域ごとに委員を設置する制度として1918年（大正7年）に創設された。

2. 方面委員は、救護法の実施促進運動において中心的な役割を果たし、同法は1932年（昭和7年）に施行された。

3. 民生委員法は、各都道府県等で実施されていた制度の統一的な発展を図るため、1936年（昭和11年）に制定された。

4. 民生委員は、旧生活保護法で補助機関とされていたが、1950年（昭和25年）に制定された生活保護法では実施機関とされた。

5. 全国の民生委員は、社会福祉協議会と協力して、「居宅ねたきり老人実態調査」を全国規模で1968年（昭和43年）に実施した。

問題5 B 34-32 戦後の民間福祉活動の発展過程

戦後の民間福祉活動の発展過程に関する次の記述のうち、**最も適切なものを1つ**選びなさい。

1. 連合国軍最高司令官総司令部（GHQ）の「六項目提案」（1949年（昭和24年））で共同募金会の設立が指示されたことにより、共同募金運動が開始された。

2. 「社会福祉協議会基本要項」（1962年（昭和37年））により、社会福祉協議会は在宅福祉サービス供給システム構築の、民間の中核として位置づけられた。

3. 社会福祉事業法の改正（1983年（昭和58年））により、市町村社会福祉協議会が法制化され、地域福祉におけるその役割が明確になった。

4. 特定非営利活動促進法の改正及び税制改正（2001年（平成13年））により、認定された法人に寄附をした者は、税制上の優遇措置を受けられないことになった。

5. 社会福祉法の改正（2016年（平成28年））により、行政が実施する事業を代替する取組を行うことが、社会福祉法人の責務として規定された。

1 ○ **アダムス**は、私立花畑尋常小学校や無料診療の花畑施療所を開きました。石井十次、留岡幸助、山室軍平とともに**岡山四聖人**と呼ばれています。

2 × **中央慈善協会**は、慈善救済事業の方法に関する調査報告や、慈善団体相互の連絡調整、慈善救済事業の指導奨励、行政との調整等を行うことを目的に設立されました。のちに**全国社会福祉協議会**へと発展しました。

3 × 大崎無産者診療所を開設したのは、大栗清実です。留岡幸助は、巣鴨に**日本初の感化院**（現在の**児童自立支援施設**）である家庭学校を設立しました。

4 × **キングスレー・ホール**を開設したのは、片山潜です。大原孫三郎は、石井十次が経営する岡山孤児院の支援をはじめ、会社経営で得た利益を用いて、様々な社会事業（倉敷中央病院、大原社会問題研究所などの設立）に取り組みました。

5 × 『貧乏物語』を著したのは河上肇です。賀川豊彦は、神戸のスラムでキリスト教伝道と社会事業を行い『死線を越えて』という自伝的小説を執筆しました。

正解 **1**

1 × 方面委員制度は、1918年（大正7年）に大阪府知事である**林市蔵**が**小河滋次郎**の協力を得て創設しました。岡山県知事だった**笠井信一**によって1917年（大正6年）に創設されたのは済世顧問制度です。どちらもドイツの**エルバーフェルト制度**を参考にしています。

2 ○ 救護法は1929（昭和4）年に制定されましたが、財源不足で実施できませんでした。そこで、方面委員が救護法の実施促進運動において中心的な役割を果たし、1932（昭和7）年に施行されました。

3 × 1936（昭和11）年に制定されたのは**方面委員令**です。1946（昭和21）年の民生委員令により、方面委員が民生委員に改称され、**1948（昭和23）年**に民生委員法が制定されました。

4 × 民生委員は、旧生活保護法で補助機関とされていましたが、新生活保護法ではボランティアである民生委員は**協力機関**とされ、正規職員である**社会福祉主事**が、都道府県知事の補助機関となりました。

5 ○ 1968（昭和43）年に行われた「居宅ねたきり老人実態調査」は、全国社会福祉協議会が行った全国規模の実態調査で、民生委員も協力して行われました。

正解 **2・5**

1 × 共同募金は、敗戦後の国民生活の困窮のなか、1947（昭和22）年に「国民たすけあい運動」として始まりました。

2 × 1962（昭和37）年の「社会福祉協議会基本要項」により、社会福祉協議会は地域の実情に応じて**住民の福祉を増進することを目的とする民間の自主的な組織**と位置づけられました。

3 ○ 1951（昭和26）年の社会福祉事業法制定時には、都道府県社会福祉協議会のみが規定されていましたが、1983（昭和58）年の改正で**市町村社会福祉協議会が法制化**されました。

4 × 認定された法人に寄附をした者が、税制上の優遇措置を受けられることになったのは、**2012（平成24）年**の特定非営利活動促進法の改正によってです。

5 × 2016（平成28）年の社会福祉法の改正により、**地域における公益的な取り組みを実施する**ことが、社会福祉法人の責務として規定されました。

正解 **3**

問題6 B 35-34 地域共生社会の実現に向けた厚労省の取組

地域共生社会の実現に向けた、厚生労働省の取組に関する次の記述のうち、**正しいもの**を**1つ**選びなさい。

1　2015年（平成27年）の「福祉の提供ビジョン」において、重層的支援体制整備事業の整備の必要性が示された。

2　2016年（平成28年）の「地域力強化検討会」の中間とりまとめにおいて、初めて地域包括ケアシステムが具体的に明示された。

3　2017年（平成29年）の「地域力強化検討会」の最終とりまとめにおいて、縦割りの支援を当事者中心の「丸ごと」の支援とする等の包括的な支援体制の整備の必要性が示された。

4　2018年（平成30年）の「ソーシャルワーク専門職である社会福祉士に求められる役割等について」において、社会福祉士は特定の分野の専門性に特化して養成すべきであると提言された。

5　2019年（令和元年）の「地域共生社会推進検討会」の最終とりまとめにおいて、生活困窮者自立支援法の創設の必要性が示された。

（注）　1　「福祉の提供ビジョン」とは、「誰もが支え合う地域の構築に向けた福祉サービスの実現―新たな時代に対応した福祉の提供ビジョン―」のことである。
　　　　2　「地域力強化検討会」とは、「地域における住民主体の課題解決力強化・相談支援体制の在り方に関する検討会」のことである。
　　　　3　「地域共生社会推進検討会」とは、「地域共生社会に向けた包括的支援と多様な参加・協働の推進に関する検討会」のことである。

問題7 B 33-34 地域福祉の在り方

地域福祉の在り方に関する次の記述のうち、**最も適切なもの**を**1つ**選びなさい。

1　社会保障審議会の「市町村地域福祉計画及び都道府県地域福祉支援計画策定指針の在り方について」（2002年（平成14年））は、専門のコンサルタントに計画の策定を請け負わせるべきであると提言した。

2　厚生労働省の「これからの地域福祉のあり方に関する研究会報告書」（2008年（平成20年））は、制度の対象とならない生活課題は、行政が原則として関与せず、住民同士の支え合いによって解決していく必要があると提言した。

3　社会保障審議会の「生活困窮者の生活支援の在り方に関する特別部会報告書（2013年（平成25年））は、生活保護受給者が増加する中で、中間的就労を通じた生活困窮者の社会参加よりも一般就労を重視すべきであると提言した。

4　厚生労働省の「地域力強化検討会最終とりまとめ」（2017年（平成29年））は、地域共生社会の実現に向けて、地域住民が多機関協働の中核を担う必要があると提言した。

5　厚生労働省の「地域共生社会推進検討会最終とりまとめ」（2019年（令和元年））は、既存の地域資源と狭間のニーズを持つ者との間を取り持つ、新たな参加支援の機能が重要であると提言した。

解答・解説

問題6

1 × 2015（平成27）年の「福祉の提供ビジョン」では、**分野を問わない包括的な相談支援システムの構築**の必要性が示されました。重層的支援体制整備事業は、2019（令和元）年の「地域共生社会推進検討会」の最終とりまとめにおいて「断らない相談支援」「参加支援」「地域づくりに向けた支援」の3つの支援を一体的に行っていく方向性が示され、2020（令和2）年の社会福祉法改正により創設されました。

2 × 地域包括ケアシステムという用語は、2005（平成17）年の介護保険法の改正で初めて使用され、2009（平成21）年の「**地域包括ケア研究会報告書**」において、具体的に明示されました。2016（平成28）年の「地域力強化検討会」の中間とりまとめでは、今後の方向性として、❶「我が事」の意識を醸成、❷「くらし」と「しごと」を「丸ごと」支える地域づくりの推進と公的な支援体制の協働、❸住民が主体的に地域課題を把握して解決を試みる体制づくりなどが提言されました。

3 ○ 「地域力強化検討会」の最終とりまとめでは、中間まとめに引き続いて、「市町村における包括的な支援体制の構築」として、❶他人事を「我が事」に変えていくような働きかけをする機能、❷「複合課題丸ごと」「世帯丸ごと」「とりあえず丸ごと」受け止める場、❸市町村における包括的な支援体制などが提言されました。

4 × 2018（平成30）年の「ソーシャルワーク専門職である社会福祉士に求められる役割等について」では、社会福祉士として、**さまざまな分野で幅広いニーズに対応**し、ソーシャルワーク機能を発揮する役割を果たすことが求められるとされました。

5 × 生活困窮者自立支援法の創設の必要性が示されたのは、2013（平成25）年の「社会保障審議会生活困窮者の生活支援の在り方に関する特別部会報告書」です。

正解 3

問題7

1 × サブタイトルの「一人ひとりの地域住民への訴え」からもわかるように、「それぞれの地域で生活者の視点から地域の特性を活かした地域福祉の推進についての活発な議論が行われることを期待し、**広く地域住民の参加を得て策定**されることを求め」とされました。

2 × 「行政や事業者・専門家と住民とは、互いに相手の特性を生かしながら、地域の生活課題の発見、解決という共通の目的のために協働する相手である」と提言されています。

3 × 「生活困窮者の中には、直ちに一般就労を求めることが難しい者もいるので、段階的に、**中間的な就労の場や社会参加の場を設けることが必要**である」「中間的就労は、就労体験やトレーニングが必要な、いわば、一般就労に向けた支援付き訓練の場として位置づけられるべきものである」と提言されています。

4 × 「地域住民、民間事業者、社会福祉法人、民生委員・児童委員、行政等といった多様な構成員が、それぞれに活動するだけではなく、自らの地域福祉を推進していくために参加・協働することが求められている」と提言されています。

5 ○ 今後の方向性として「新たな事業においては、既存制度の支援と緊密に連携しつつ、新たに参加支援として、**既存の地域資源と狭間のニーズを持つ者との間を取り持つ機能を創設すること**等が求められる」と提言されています。

正解 5

共通 CH7 地域福祉と包括的支援体制

問題8
A 27-33 **イギリスの地域福祉の発展過程**

地域福祉にかかわるイギリスの歴史に関する次の記述のうち、**正しいもの**を1つ選びなさい。

1 チャルマーズ（Chalmers, T.）による隣友運動（1819年）では、貧困家庭への訪問活動が行われ、救貧法の改正に大きな影響を与えた。

2 ロンドンで設立された慈善組織協会（1869年）は、慈善活動を組織化するとともに友愛訪問を実施し、ソーシャルワークの形成に大きな影響を与えた。

3 ロンドンの富裕地域に設立されたトインビーホール（1884年）は、セツルメントの拠点として、富裕層による慈善活動を喚起する役割を担った。

4 「ベヴァリッジ報告」（1942年）は、社会保障制度の基礎となるとともに、地方自治体におけるパーソナル・ソーシャル・サービスを中心とした組織改革をもたらした。

5 イギリス政府の病院計画（1962年）では、10年間で知的障害者の入所施設の利用者数をほぼ半数に減らし、コミュニティケアを推進する政策を打ち出した。

問題9
A 29-33 **イギリスの地域福祉に関する報告書**

イギリスの各種の報告書における地域福祉に関する次の記述のうち、**最も適切なもの**を1つ選びなさい。

1 シーボーム報告（1968年）は、社会サービスにおけるボランティアの役割は、専門家にできない新しい社会サービスを開発することにあることを強調した。

2 エイブス報告（1969年）は、地方自治体がソーシャルワークに関連した部門を統合すべきであることを勧告した。

3 ウォルフェンデン報告（1978年）は、地方自治体の役割について、サービス供給を重視した。

4 バークレイ報告（1982年）は、コミュニティを基盤としたカウンセリングと社会的ケア計画を統合した実践であるコミュニティソーシャルワークを提唱した。

5 グリフィス報告（1988年）は、コミュニティケアの基礎となるナショナル・ミニマムの概念を提唱した。

問題8

1 × **チャルマーズ**による隣友運動は、慈善組織協会（COS）で行われた友愛訪問の源流となった取組で、救貧法改正には影響していません。

2 ○ イギリスで始まった慈善組織協会（COS）の取組は、その後アメリカでも展開されました。

3 × **トインビーホール**は、富裕地区でなく**スラム地域**に建てられました。

4 × パーソナル・ソーシャル・サービスを中心とした組織改革をもたらしたものは、**シーボーム報告**です。**ベヴァリッジ報告**は、イギリスの戦後社会保障制度を準備する設計図で、**社会保険**を軸に、それを補完する**国民扶助、民間保険**の3体系で構成されました。

5 × イギリス政府が立てた病院計画で対象としたのは、知的障害者ではなく、**精神障害者**です。

正解 　2

問題9

1 × **シーボーム報告**は、1つの家庭に各部局のソーシャルワーカーがかかわる非合理性を指摘し、**地方自治体のソーシャルワーク関連部門の統合**を勧告しました。また、対人社会サービスを自治体の責任において**全体的・総合的に保障すべき**であるとしました。記述は、**エイブス報告**です。

2 × **エイブス報告**では、ボランティアの役割として、**専門家にはできない新たな社会サービスの開発にあること**が強調されました。記述は、**シーボーム報告**です。

3 × **ウォルフェンデン報告（ウルフェンデン報告）**は、フォーマル・インフォーマルな部門が供給主体として各々担うべき役割があることを示した**福祉多元主義**を主張し、**ボランタリーセクターの役割**について言及しました。記述は、**シーボーム報告**です。

4 ○ 記述のとおりです。なお、**カウンセリング**とはケースワークを、**社会的ケア計画**とは近隣及び家族などのインフォーマルな社会資源も含めたネットワークの活用や開発、及び組織化を指しています。

5 × **グリフィス報告**は、地方自治体を中心とし、ケアマネジメントシステムの導入、コミュニティケア計画の策定、サービスの購入者と提供者の分離、民間サービスの積極的な活用など、コミュニティケアのあり方について示しました。記述は、**ベヴァリッジ報告**です。

正解 　4

ポイント チェック

イギリスの地域福祉に関する報告書

選択肢以外の、イギリスの地域福祉に関する主な報告書は以下のとおり。

ベヴァリッジ報告 （1942年）	・第二次世界大戦後の社会保障制度の設計図を描くもの ・最低生活は国の責任（ナショナル・ミニマム）、快適生活は私的責任と考える ・人間社会を脅かす「五巨人悪」とは窮乏、怠惰、疾病、無知、不潔
ワグナー報告 （1988年）	コミュニティ・ケアの推進に向けた入所施設の在り方を提唱

問題10 A `34-33` **社会福祉法における地域福祉の主体**

地域福祉の主体に関する、次の社会福祉法の記述のうち、**最も適切なもの**を **1** つ選びなさい。

1 地域住民は、相互に人格と個性を尊重し合いながら、個人の自立の助長を目指して活動を行わなければならない。

2 地域住民、社会福祉を目的とする事業を経営する者、社会福祉に関する活動を行う者は、相互に協力し、地域福祉を推進するよう努めなければならない。

3 社会福祉協議会は、社会福祉を目的とする事業の実施のため、福祉サービスの提供体制の確保や適切な利用推進の施策等の必要な措置を講じなければならない。

4 地域住民等は、地域福祉の推進に当たって、経済的課題を把握し、その解決を行う関係機関との連携により、課題の解決を図らなければならない。

5 国及び地方公共団体は、民間企業との有機的な連携を図り、福祉サービスを効率的に提供するように努めなければならない。

問題11 A `33-36` **社会福祉法における地域福祉の推進**

社会福祉法における地域福祉の推進に関する次の記述のうち、**最も適切なもの**を **1** つ選びなさい。

1 社会福祉事業を経営する者は、地域福祉を推進する主体には含まれないとされている。

2 社会福祉に関する活動を行う者は、地域福祉を推進する主体である市町村に協力しなければならないとされている。

3 地域住民等は、支援関係機関と連携して地域生活課題の解決を図るよう留意するとされている。

4 福祉サービスの利用者は、支援を受ける立場であることから、地域福祉を推進する主体には含まれないとされている。

5 国及び地方公共団体は、地域住民等が取り組む地域生活課題の解決のための活動に関与しなければならないとされている。

問題12 B `35-36` **社会福祉法に規定される地域福祉**

次のうち、社会福祉法に規定されている地域福祉に関する記述として、**最も適切なもの**を **1** つ選びなさい。

1 2017年（平成29年）の社会福祉法改正において、「地域福祉の推進」の条文が新設された。

2 市町村社会福祉協議会は、災害ボランティアセンターを整備しなければならない。

3 地域住民等は市町村からの指導により、地域福祉の推進に努めなければならない。

4 重層的支援体制整備事業は、参加支援、地域づくりに向けた支援の二つで構成されている。

5 市町村は、地域生活課題の解決に資する支援が包括的に提供される体制の整備に努めなければならない。

問題10

1 × 社会福祉法第4条第1項に「地域福祉の推進は、地域住民が相互に人格と個性を尊重し合いながら、参加し、**共生する地域社会の実現**を目指して行わなければならない」と規定されています。

2 ○ 記述のとおりです。第4条第2項に規定されています。

3 × 第6条第1項に、**国及び地方公共団体**が講ずる措置として規定されています。

4 × 地域住民等が、地域福祉の推進に当たって解決を図る課題は、**地域生活課題**です。

5 × 第5条に「**福祉サービスの提供の原則**」として、「**社会福祉を目的とする事業を経営する者**は、その提供する多様な福祉サービスについて、利用者の意向を十分に尊重し、地域福祉の推進に係る取組を行う他の地域住民等との連携を図り、かつ、保健医療サービスその他の関連するサービスとの有機的な連携を図るよう創意工夫を行いつつ、これを**総合的に提供**することができるようにその事業の実施に努めなければならない」と規定されています。

正解 2

問題11

1 × 社会福祉法第4条第2項では**地域住民、社会福祉を目的とする事業を経営する者、社会福祉に関する活動を行う者**を、「**地域住民等**」として地域福祉を推進する主体として位置づけています。

2 × 第4条第2項に地域住民、社会福祉を目的とする事業を経営する者及び社会福祉に関する活動を行う者は、**相互に協力**し、地域福祉の推進に努めなければならないとされています。

3 ○ 第4条第3項に「地域住民等は、地域福祉の推進に当たっては、**支援関係機関と連携して地域生活課題の解決を図るよう留意するものとする**」と規定されています。

4 × 支援を受ける立場の福祉サービス利用者も、地域福祉を推進する主体の地域住民に含まれます。

5 × 国及び地方公共団体は、地域生活課題の解決に資する支援が**包括的に提供される体制の整備**に努めなければならないとされています。

正解 3

問題12

1 × 「地域福祉の推進」は、社会福祉事業法が社会福祉法に改称・改正された、**2000（平成12）年**から規定されています。

2 × 市町村社会福祉協議会は、災害ボランティアセンターを整備していますが、これは社会福祉法の条文に規定されているわけではありません。地域福祉の推進を図る中核的な組織としての役割を果たすために災害ボランティアセンターを設置しています。

3 × 社会福祉法第4条には「地域住民が相互に**人格**と**個性**を尊重しながら、参加し、共生する地域社会の実現を目指して行わなければならない」と規定されています。**自主的**に、**相互**に協力しながら取組みます。

4 × 社会福祉法第106条の4に規定される「重層的支援体制整備事業」は、断らない**相談支援**、**参加支援**、**地域づくりに向けた支援**の3つで構成されています。

5 ○ 社会福祉法第106条の3に「市町村は、（中略）地域生活課題の解決に資する支援が包括的に提供される体制を整備するよう努めるものとする」と規定されています。

正解 5

問題13 A `31-35` 社会福祉協議会

社会福祉法に規定されている社会福祉協議会の活動などに関する次の記述のうち、**最も適切なもの**を1つ選びなさい。

1 市町村社会福祉協議会は、市町村地域福祉計画と一体となった地域福祉活動計画を策定するとされている。

2 市町村社会福祉協議会は、区域内における社会福祉事業又は社会福祉に関する活動を行う者の過半数が参加するものとされている。

3 市町村社会福祉協議会は、主要な財源確保として共同募金事業を行っている。

4 市町村社会福祉協議会は、「社会福祉事業」よりも広い範囲の事業である社会福祉を目的とする事業に関する企画及び実施を行う。

5 都道府県社会福祉協議会は、広域的見地から市町村社会福祉協議会を監督する。

問題14 B `35-38` 共同募金

社会福祉法に規定される共同募金に関する次の記述のうち、**最も適切なもの**を1つ選びなさい。

1 災害に備えるため準備金を積み立て、他の共同募金会に拠出することができる。

2 共同募金を行うには、あらかじめ都道府県の承認を得て、その目標額を定める。

3 共同募金を行う事業は第二種社会福祉事業である。

4 市町村を区域として行われる寄附金の募集である。

5 募金方法別実績で最も割合が高いのは街頭募金である。

問題15 C `35-33` 地域福祉における多様な参加の形態

地域福祉における多様な参加の形態に関する次の記述のうち、**正しいもの**を1つ選びなさい。

1 特定非営利活動法人は、市民が行うボランティア活動を促進することを目的としており、収益を目的とする事業を行うことは禁止されている。

2 社会福祉法に規定された市町村地域福祉計画を策定又は変更する場合には、地域住民等の意見を反映させるように努めなければならないとされている。

3 重層的支援体制整備事業における参加支援事業は、ひきこもり状態にある人の就職を容易にするため、住居の確保に必要な給付金を支給する事業である。

4 共同募金の募金実績総額は、1990年代に減少に転じたが、2000年（平成12年）以降は一貫して増加している。

5 市民後見人の養成は、制度に対する理解の向上を目的としているため、家庭裁判所は養成された市民を成年後見人等として選任できないとされている。

問題13

1 × 市町村社会福祉協議会が策定する**地域福祉活動計画**と、市町村が策定する**地域福祉計画**は、地域福祉の推進を目的として、お互いに補完・補強し合う関係にあるとされています。

2 × 市町村社会福祉協議会において、「**過半数が参加**」するのは、社会福祉事業または**更生保護事業を経営する者**です。

3 × 平成25年度財務調査（全国社会福祉協議会）報告によれば、市町村社会福祉協議会の収入のうち、共同募金配分金は**全体の2.3%**であり、主要な財源とはいえません。

4 ○ 記述のとおりです。これ以外の事業として、❶社会福祉に関する活動への**住民の参加**のための援助、❷社会福祉を目的とする事業に関する**調査**、**普及**、**宣伝**、**連絡**、**調整**及び**助成**、❸前記3つの事業のほか、社会福祉を目的とする事業の健全な発達を図るために必要な事業があります。

5 × 社会福祉法において、**都道府県社会福祉協議会**は、広域的見地から市町村社会福祉協議会の相互の**連絡**及び**事業の**調整を行うことが定められています。

正解 4

問題14

1 ○ 社会福祉法第118条第1項に「準備金を積み立てることができる」と規定され、第2項に「**準備金の全部又は一部を他の共同募金会に拠出することができる**」と規定されています。

2 × 法第119条に「あらかじめ、**都道府県**社会福祉協議会の意見を聴き、及び**配分委員会の承認**を得て、共同募金の目標額、受配者の範囲及び配分の方法を定め、これを公告しなければならない」と規定されています。

3 × 法第113条に「共同募金を行う事業は（中略）**第一種社会福祉事業とする**」と規定されています。

4 × 法第112条に「共同募金とは、**都道府県**の区域を単位として（後略）」と規定されています。

5 × 共同募金の募金方法別実績で、近年で最も割合が高いのは**戸別**募金で、次が**法人**募金です。街頭募金の割合は、最も低くなっています。

正解 1

問題15

1 × 『特定非営利活動促進法』第5条第1項に「特定非営利活動に係る事業に支障がない限り、**その他の事業を行うことができる。この場合において、利益を生じたときは、これを当該特定非営利活動に係る事業のために使用しなければならない**」と規定されています。

2 ○ 『社会福祉法』第107条第2項に「市町村は、市町村地域福祉計画を策定し、又は変更しようとするときは、あらかじめ、地域住民等の意見を反映させるよう努めるとともに、その**内容を公表するよう努めるものとする**」と規定されています。

3 × 重層的支援体制整備事業における参加支援事業には、本人・世帯の状態に合わせ、地域資源を活かしながら、**就労支援**、**居住支援**などを提供することで**社会とのつながりを回復する支援**がありますが、住居の確保に必要な給付金は支給しません。

4 × 共同募金の募金実績総額は、1995（平成7）年をピークとして、減少に転じました。その後、2000（平成12）年以降も、**一貫して減少傾向**にあります。

5 × 市民後見人の養成の目的は、**成年後見の担い手の育成**です。育成された市民後見人は、家庭裁判所が成年後見人等として選任します。

正解 2

問題16 A 34-36 民生委員

民生委員に関する次の記述のうち、**正しいもの**を**1つ**選びなさい。

1 給与は支給しないものとされ、任期は定められていない。

2 定数は厚生労働大臣の定める基準を参酌して、市町村の条例で定められる。

3 市町村長は、民生委員協議会を組織しなければならない。

4 児童委員を兼務するが、本人から辞退の申出があれば、その兼務を解かなければならない。

5 非常勤特別職の地方公務員とみなされ、守秘義務が課せられる。

問題17 B 32-38 民生委員・児童委員

民生委員・児童委員についての法律上の規定に関する次の記述のうち、**正しいもの**を**1つ**選びなさい。

1 民生委員は、市町村内の小学校区ごとに1名配置する。

2 主任児童委員は、児童虐待の早期発見と介入のため児童相談所に配属される。

3 民生委員協議会は、民生委員の職務上必要があるときに関係各庁に意見することができる。

4 民生委員は、職務上知り得た特定の要援護者個人の情報を広く地域住民と共有してもよい。

5 民生委員は、その職務に関して市町村長の指揮監督を受ける。

問題18 B 35-32 地域福祉の基本的な考え方

地域福祉の基礎的な理念や概念に関する次の記述のうち、**最も適切なもの**を**1つ**選びなさい。

1 コミュニティケアとは、地域の特性や地域における課題やニーズを把握し、地域の状況を診断することをいう。

2 セルフアドボカシーとは、行政が、障害者や高齢者等の権利を擁護するよう主張することをいう。

3 福祉の多元化とは、全ての人々を排除せず、健康で文化的な生活が実現できるよう、社会の構成員として包み支え合う社会を目指すことをいう。

4 社会的企業とは、社会問題の解決を組織の主たる目的としており、その解決手段としてビジネスの手法を用いている企業のことである。

5 住民主体の原則とは、サービス利用者である地域住民が、主体的にサービスを選択することを重視する考え方である。

共通 CH 7 START! GOAL!!

1　×　民生委員法（以下、法）第10条に「民生委員には、給与を支給しないものとし、その**任期は、三年と**する」と規定されています。

2　×　法第4条に「民生委員の定数は、厚生労働大臣の定める基準を参酌して、区域ごとに、**都道府県の条例で定める**」と規定されています。

3　×　法第20条に「**民生委員は、区域ごとに、民生委員協議会を組織しなければならない**」と規定されています。

4　×　児童福祉法第16条に「民生委員法による民生委員は、児童委員に充てられたものとする」と規定されています。**自動的に兼務**するのであって、辞退することはできません。

5　○　記述のとおりです。民生委員には、**守秘義務**が課せられています。

正解　5

1　×　民生委員は、市町村の区域に配置されることとされています。

2　×　主任児童委員を児童相談所に配置するという規定はありません。

3　○　民生委員協議会は、民生委員の職務に関して必要と認める意見を関係各庁に具申することができるとしています。

4　×　民生委員は、その職務を遂行するにあたり、個人の人格を尊重し、その身上に関する秘密を守り、人種、信条、性別、社会的身分または門地によって、差別的または優先的な取扱をすることなく、かつ、その処理は、実情に即して合理的にこれを行わなければならないとされています。

5　×　民生委員は、その職務に関して、都道府県知事の**指揮監督**を受けるとされています。

正解　3

1　×　コミュニティケアとは、障害者や高齢者の地域での生活を**行政**や**社会福祉組織**、**ボランティアや近隣住民**等の連携で支えることです。記述は、地域診断の説明です。

2　×　セルフアドボカシーとは、**障害者や高齢者である**当事者自身や**グループ**が権利を擁護するよう主張することです。

3　×　福祉の多元化とは、福祉供給体制の多元化のことです。行政や営利組織、非営利組織、インフォーマルな地域住民やボランティアなどさまざまな福祉サービス供給組織が、サービスの供給を担うことです。記述は、**ソーシャル・インクルージョン**（社会的包摂）の説明です。

4　○　社会的企業とは、**ソーシャルビジネス**や**ソーシャルエンタープライズ**とも呼ばれ、営利だけでなく**社会的問題の解決を目的とする企業**のことです。

5　×　住民主体の原則とは、住民をサービス利用者としてだけではなく、サービスの提供者、サービスの評価者としても捉える原則です。

正解　4

問題19
B　35-42 **厚生労働省に設置されている機関**

次のうち、厚生労働省に設置されているものについて、**正しいもの**を I つ選びなさい。

I　子ども・子育て会議

2　障害者政策委員会

3　中央防災会議

4　孤独・孤立対策推進会議

5　社会保障審議会

問題20
B　34-42 **福祉行政における厚生労働大臣の役割**

福祉行政における厚生労働大臣の役割に関する次の記述のうち、**正しいもの**を I つ選びなさい。

I　民生委員法に基づき、都道府県知事の推薦によって民生委員を委嘱する。

2　介護保険法に基づき、要介護認定の結果を通知する。

3　生活困窮者自立支援法に基づき、生活困窮者就労訓練事業の認定を行う。

4　「障害者総合支援法」に基づき、市町村審査会の委員を任命する。

5　子ども・子育て支援法に基づき、子ども・子育て支援事業計画の基本指針を定める。

(注)「障害者総合支援法」とは、「障害者の日常生活及び社会生活を総合的に支援するための法律」のことである。

問題21
B　35-43 **福祉行政における都道府県知事の役割**

次のうち、福祉行政における、法に規定された都道府県知事の役割として、**正しいもの**を I つ選びなさい。

I　介護保険法に規定される居宅介護サービス費の請求に関し不正があったときの指定居宅サービス事業者の指定の取消し又は効力の停止

2　老人福祉法に規定される養護老人ホームの入所の措置

3　子ども・子育て支援法に規定される地域子ども・子育て支援事業に要する費用の支弁

4　社会福祉法に規定される共同募金事業の実施

5　「障害者総合支援法」に規定される自立支援給付の総合的かつ計画的な実施

(注)「障害者総合支援法」とは、「障害者の日常生活及び社会生活を総合的に支援するための法律」のことである。

問題19

1 × 子ども・子育て支援法に規定される子ども・子育て会議については、内閣府に設置されています。

2 × 障害者基本法に規定される障害者政策委員会については、内閣府に設置されています。

3 × 災害対策基本法に規定される中央防災会議については、内閣府に設置されています。

4 × 孤独・孤立対策の推進に関する法律に規定される孤独・孤立対策推進会議については、内閣府に設置されています。

5 ○ 社会保障審議会については、**厚生労働大臣の諮問機関**として、厚生労働省に設置されています。

正解 5

問題20

1 ○ 記述のとおりです。民生委員の委嘱については、民生委員法第5条第1項に規定されています。

2 × 介護保険法に基づき、要介護認定の結果を通知するのは、**市町村長**の役割です。

3 × 生活困窮者自立支援法に基づき、生活困窮者就労訓練事業の認定を行うのは、**都道府県知事**の役割です。

4 × 障害者総合支援法に基づき、市町村審査会の委員を任命するのは、**市町村長**の役割です。

5 × 子ども・子育て支援法に基づき、子ども・子育て支援事業計画の基本指針を定めるのは、内閣総理大臣（**内閣府**）の役割です。

正解 1

問題21

1 ○ 記述のとおりです。介護保険法第77条第1項第6号に規定されています。

2 × 記述は、**市町村長**の役割となっています。

3 × 記述は、**市町村長**の支弁となっています。

4 × 記述は、**社会福祉法人中央共同募金会**及び**都道府県共同募金会**の役割です。

5 × 記述は、**市町村長**の役割です。

正解 1

問題22

C 34-43 福祉行政における市町村の役割

福祉行政における市町村の役割に関する次の記述のうち、**最も適切なもの**を1つ選びなさい。

1 介護支援専門員実務研修受講試験及び介護支援専門員実務研修を行う。

2 社会福祉法人の設立当初において、理事の選出を行う。

3 特別養護老人ホームの設備及び運営について、条例で基準を定める。

4 訓練等給付費の不正請求を行った指定障害福祉サービス事業者について、指定の取消しを行う。

5 小学校就学前の子どものための教育・保育給付の認定を行う。

問題23

A 34-44 法定受託事務

次のうち、地方自治法上の法定受託事務に当たるものとして、**正しいもの**を1つ選びなさい。

1 生活保護法に規定される生活保護の決定及び実施

2 介護保険法に規定される居宅介護サービス費の支給

3 身体障害者福祉法に規定される身体障害者手帳の交付

4 児童福祉法に規定される保育所における保育

5 国民健康保険法に規定される国民健康保険料の徴収

問題24

 A 35-45 社会福祉に係る法定の機関・施設の設置

社会福祉に係る法定の機関・施設の設置に関する次の記述のうち、**正しいもの**を1つ選びなさい。

1 都道府県は、地域包括支援センターを設置しなければならない。

2 指定都市（政令指定都市）は、児童相談所を設置しなければならない。

3 中核市は、精神保健福祉センターを設置しなければならない。

4 市は、知的障害者更生相談所を設置しなければならない。

5 町村は、福祉事務所を設置しなければならない。

解答・解説

問題22

1　✕　介護支援専門員実務研修受講試験及び介護支援専門員実務研修を行うのは、**都道府県**の役割です。

2　✕　社会福祉法人の設立当初において、理事の選出を行うのは、**評議員会**の役割です。

3　✕　特別養護老人ホームの設備及び運営について、条例で基準を定めるのは、**都道府県**の役割です。

4　✕　指定障害福祉サービス事業者の指定の取り消しを行うのは、**都道府県**の役割です。

5　○　記述のとおりです。子ども・子育て支援法第20条に規定されています。

正解　| 5 |

問題23

1　○　記述のとおりです。生活保護法による保護の実施、**社会福祉法人の**認可、児童手当、児童扶養手当等、福祉関係手当の支給は、法定受託事務です。

2　✕　介護保険法に規定される居宅介護サービス費の支給は、自治事務に当たり**市町村**が行います。

3　✕　身体障害者手帳の交付は自治事務に当たり、**都道府県**が行います。

4　✕　児童福祉法に規定される保育所における保育は、自治事務に当たります。

5　✕　国民健康保険料の徴収は自治事務に当たり、**市町村**が行います。

正解　| Ⅰ |

 地方公共団体の事務は、法定受託事務、自治事務の２つに分類されています。機関委任事務については、既に廃止されています。

問題24

1　✕　地域包括支援センターは、**市町村の任意設置**です（介護保険法第115条の46第２号）。

2　○　記述のとおりです。児童福祉法第59条の４に規定されています。

3　✕　精神保健福祉センターを設置しなければならないのは、**都道府県（指定都市）**です。

4　✕　知的障害者更生相談所を設置しなければならないのは、**都道府県**です。

5　✕　福祉事務所の設置は、都道府県と市は**義務**ですが、町村は**任意**です。

正解　| 2 |

共通 CH7 地域福祉と包括的支援体制

問題25 | A | 28-44改 福祉事務所

福祉事務所に関する次の記述のうち、**正しいものを1つ選びなさい。**

1 都道府県の設置する福祉事務所は、身体障害者福祉法、知的障害者福祉法に定める事務のうち、都道府県が処理することとされているものをつかさどる。

2 福祉事務所の所長は、その職務の遂行に支障がない場合においても、自ら現業事務の指導監督を行うことはできない。

3 現業を行う所員の定数は、被保護世帯数に応じて最低数が法に定められている。

4 町村が福祉事務所を設置した場合には、社会福祉主事を置くこととされている。

5 2003年（平成15年）4月現在と2022年（令和4年）4月現在を比べると、都道府県の設置する福祉事務所数は増えている。

問題26 | A | 25-42改 福祉行政の組織及び団体の役割

福祉事務所及び社会福祉施設等の設備・運営基準を定める地方公共団体の条例に関する次の記述のうち、**正しいものを1つ選びなさい。**

1 福祉事務所において現業を行う所員の数については、各事務所につき、社会福祉法で定める数を標準として定めるものとされている。

2 児童福祉施設に配置する従業者及びその員数については、厚生労働省令で定める基準を標準として定めるものとされている。

3 養護老人ホームの入所定員については、厚生労働省令で定める基準に従い定めるものとされている。

4 介護保険法の指定居宅サービス事業に係る居室、療養室及び病室の床面積については、厚生労働省令で定める基準を参酌して定めるものとされている。

5 「障害者総合支援法」の指定障害者福祉サービス事業に係る利用定員については、厚生労働省令で定める基準を参酌して定めるものとされている。

(注)「障害者総合支援法」とは、「障害者の日常生活及び社会生活を総合的に支援するための法律」のことである。

問題27 | A | 30-45改 福祉行政の専門機関

社会福祉等に係る法定の機関に関する次の記述のうち、**正しいものを1つ選びなさい。**

1 都道府県は、発達障害者支援センターを設置しなければならない。

2 都道府県は、身体障害者更生相談所を設置しなければならない。

3 市町村は、児童相談所を設置しなければならない。

4 市町村は、女性相談支援センターを設置しなければならない。

5 市町村は、保健所を設置しなければならない。

解答・解説

問題25

1 × 都道府県の設置する福祉事務所は、**生活保護法、児童福祉法、母子及び父子並びに寡婦福祉法に定める**事務のうち、**都道府県が処理することとされているもの**をつかさどります。

2 × 福祉事務所の所長は、その**職務の遂行に支障がない場合**において、自ら現業事務の指導監督を行うことができるとされています。

3 × 福祉事務所の所員の定数は条例で定めることとなっていますが、**現業員の数は、法に掲げる数を標準として定める**こととなっています。

4 ○ 記述のとおり、都道府県、市及び福祉に関する事務所を設置する町村には、**社会福祉主事を置く**こととなっています。

5 × 2003（平成15）年4月は333か所、2022（令和4）年4月は205か所となっており、都道府県の設置する福祉事務所数は**減っています**。

正解 **4**

問題26

1 ○ 記述のとおりです。なお、**所員の定数は条例で定める**こととされています。

2 × 児童福祉施設に配置する従業者及びその員数については、厚生労働省令で定める**基準に従い定める**ものとされています。

3 × 養護老人ホームの入所定員は、厚生労働省令で定める**基準を標準として定める**ものとされています。

4 × 介護保険法の指定居宅サービス事業に係る居室、療養室及び病室の床面積については、厚生労働省令で定める**基準に従い定める**ものとされています。

5 × 障害者総合支援法の指定障害福祉サービス事業に係る利用定員については、厚生労働省令で定める**基準を標準として定める**ものとされています。

正解 **1**

> 従うべき基準とは、必ず適合しなければならない基準で、異なる内容を定めることができないもの、標準とは、合理的な理由があれば地域の実情に応じて「標準」と異なる内容を定めることができるもの、参酌すべき基準とは、十分参酌した結果であれば、地域の実情に応じて異なる内容を定めることができるものです。

問題27

1 × 発達障害者支援法において、発達障害者支援センターの設置は都道府県の義務とはなっていません。

2 ○ 記述のとおりです。なお、指定都市については、身体障害者更生相談所の設置は任意となっています。

3 × 児童相談所の設置義務があるのは、**都道府県及び指定都市**です。また中核市や特別区は任意で設置することができます。

4 × 女性相談支援センターの設置義務があるのは、**都道府県及び指定都市**です。

5 × 保健所の設置義務があるのは、**都道府県、指定都市、中核市、特別区**になります。

正解 **2**

共通 CH 7 地域福祉と包括的支援体制

次のうち、都道府県が設置しなければならないと法律に規定されている行政機関として、**正しいもの**を1つ選びなさい。

1 発達障害者支援センター
2 基幹相談支援センター
3 地域包括支援センター
4 精神保健福祉センター
5 こども家庭支援センター

次のうち、行政機関に配置が義務づけられている職種として、**正しいもの**を1つ選びなさい。

1 身体障害者更生相談所の身体障害者相談員
2 都道府県福祉事務所の知的障害者福祉司
3 女性相談支援センターの母子・父子自立支援員
4 精神保健福祉センターの精神保健福祉相談員
5 児童相談所の児童福祉司

福祉行政における専門職等の法令上の位置づけに関する次の記述のうち、**正しいもの**を1つ選びなさい。

1 都道府県の福祉事務所に配置される社会福祉主事は、老人福祉法、身体障害者福祉法、知的障害者福祉法に関する事務を行う。
2 福祉事務所の現業を行う所員（現業員）は、社会福祉主事でなければならない。
3 身体障害者更生相談所の身体障害者福祉司は、身体障害者の更生援護等の事業に5年以上従事した経験を有しなければならない。
4 地域包括支援センターには、原則として社会福祉主事その他これに準ずる者を配置しなければならない。
5 児童相談所においては、保育士資格を取得した時点でその者を児童福祉司として任用することができる。

解答・解説

問題28

1　×　発達障害者支援センターは、**任意設置**です。

2　×　基幹相談支援センターは、市町村が**任意で設置**することができます。

3　×　地域包括支援センターは、市町村が**任意で設置**することができます。

4　○　記述のとおりです（精神保健福祉法第6条第1項）。

5　×　こども家庭支援センターは、市町村が**設置努力義務**がある施設です。

正解　4

問題29

1　×　身体障害者更生相談所に配置が義務づけられているのは、**身体障害者福祉司**です。

2　×　知的障害者福祉司の配置が義務づけられているのは、都道府県の設置する**知的障害者更生相談所**です。

3　×　母子・父子自立支援員が配置されるのは、**福祉事務所**（都道府県及び市町村）です。

4　×　精神保健福祉センターへの精神保健福祉相談員の配置は、**任意**です。

5　○　記述のとおりです（児童福祉法第13条第1項）。

正解　5

問題30

1　×　都道府県の福祉事務所に配置される社会福祉主事は、**生活保護法**、**児童福祉法**、**母子及び父子並びに寡婦福祉法**に関する事務を行います。

2　○　記述のとおりです。指導監督を行う所員（**査察指導員**）も社会福祉主事でなければなりません。

3　×　身体障害者福祉司の任用については実務経験がなくても一定の資格や養成機関の卒業等で任用可能です。また社会福祉主事任用資格取得者は、身体障害者の更生援護等の事業に**2年**以上従事した経験があれば任用可能です（身体障害者福祉法第12条）。

4　×　地域包括支援センターには、原則として、**社会福祉士**を配置しなければなりません。また、保健師や**主任介護支援専門員**の配置も必要です。

> 主任介護支援専門員は、専任の介護支援専門員として 5 年以上の実務経験があるなどの一定の要件を満たした者が、主任介護支援専門員研修を受講することでなることができます。介護保険その他のサービスを提供する者との連絡調整や、ほかの介護支援専門員に対する助言・指導などの役割を担います。

5　×　児童福祉司の任用要件は、❶都道府県知事の指定する児童福祉司もしくは児童福祉施設の職員を養成する学校その他の施設を卒業し、または都道府県知事の指定する講習会の課程を修了した者、❷学校教育法に基づく大学において、心理学、教育学もしくは社会学を専修する学科またはこれらに相当する課程を修めて卒業した者で、厚生労働省令で定める施設において1年以上児童その他の者の福祉に関する相談に応じ、助言、指導その他の援助を行う業務に従事したもの、❸医師、❹社会福祉士、❺精神保健福祉士、❻公認心理師、❼社会福祉主事として2年以上児童福祉事業に従事した者で、厚生労働大臣が定める講習会の課程を修了したもの、❽上記❶～❼に掲げる者と同等以上の能力を有すると認められる者で、厚生労働省令で定めるもの、となっています（児童福祉法第13条）。

正解　2

問題31 **A** `27-44改` **消費税**

消費税に関する次の記述のうち、**正しいもの**を**1**つ選びなさい。

1 地方消費税は、市町村税である。

2 個人事業者の消費税の課税期間は、4月1日から3月31日である。

3 現在の消費税率10％は、国税の6％と地方税の4％を合わせた税率である。

4 事業者は、課税売上高にかかわらず、消費税を納める義務がある。

5 介護保険法の規定に基づく居宅介護サービス費の支給にかかる居宅サービスは、消費税の対象とならない。

問題32 **A** `33-46改` **地方財政**

「令和5年版地方財政白書」（総務省）における地方財政の状況（普通会計）に関する次の記述のうち、**正しいもの**を**1**つ選びなさい。

1 都道府県及び市町村の歳入純計決算額では、地方交付税の割合が最も大きい。

2 都道府県の目的別歳出では、土木費の割合が最も大きい。

3 市町村の目的別歳出では、民生費の割合が最も大きい。

4 都道府県の性質別歳出では、公債費の割合が最も大きい。

5 市町村の性質別歳出では、補助費等の割合が最も大きい。

問題33 **A** `35-44改` **民生費**

「令和6年版地方財政白書」（総務省）に示された民生費に関する次の記述のうち、**正しいもの**を**1**つ選びなさい。

1 民生費の歳出純計決算額の累計額を比べると、都道府県は市町村より多い。

2 民生費の目的別歳出の割合は、都道府県では生活保護費が最も高い。

3 民生費の目的別歳出の割合は、市町村では児童福祉費が最も高い。

4 民生費の性質別歳出の割合は、都道府県では人件費が最も高い。

5 民生費の性質別歳出の割合は、市町村では補助費等が最も高い。

問題31

1 × 地方消費税は、**都道府県税**です。なお、地方消費税の税収の2分の1は**市町村に交付**されます。

2 × 個人事業者の課税期間は、**1月1日から12月31日**です。

3 × 現在の消費税率10%は、**国税7.8%**と**地方税2.2%**をあわせた税率です。なお、軽減税率8%は、国税6.24%、地方税1.76%をあわせた税率です。

4 × 事業者のうち、課税期間に係る基準期間（個人事業者については前々年、法人については前々事業年度）における課税売上高が**1000万円以下**である者については、消費税を納める義務を免除する、とされています。

5 ○ 介護保険法に基づく保険給付の対象となる**居宅サービス**は、非課税取引に含まれ、消費税の対象となりません。

正解 **5**

問題32

1 × 都道府県及び市町村の歳入純計決算額では、都道府県、市町村ともに**地方税**の割合が最も大きくなっています。

2 × 都道府県の目的別歳出では、**商工費**の割合が最も大きくなっています。

3 ○ 記述のとおりです。

4 × 都道府県の性質別歳出では、**補助費等**の割合が最も大きくなっています。

5 × 市町村の性質別歳出では、**扶助費**の割合が最も大きくなっています。

正解 **3**

問題33

1 × 「令和6年版地方財政白書」（総務省）によると（以下同）、**民生費の歳出純計決算額の累計額**については、2022（令和4）年度において（以下同）、都道府県9兆2840億円、市町村24兆7021億円と市町村は都道府県の約2.34倍となっており、**都道府県より市町村の方が多く**なっています。

2 × 民生費の目的別歳出の割合について、都道府県で最も高いのは老人福祉費であり、以下、社会福祉費、児童福祉費、生活保護費の順となっています。

3 ○ 記述のとおりです。民生費の目的別歳出の割合について、市町村で最も高いのは**児童福祉費**であり、以下、社会福祉費、老人福祉費、生活保護費の順となっています。

4 × 民生費の性質別歳出の割合について、都道府県で最も高いのは補助費等であり、全体の**73.6%**となっています。

5 × 民生費の性質別歳出の割合について、市町村で最も高いのは扶助費であり、全体の**61.5%**となっています。

正解 **3**

共通 CH7 地域福祉と包括的支援体制

問題34		
B	26-45	**福祉行財政と福祉計画の関係**

福祉計画等と事業の財源との関係に関する次の記述のうち、**正しいものを1つ**選びなさい。

1 市町村は、市町村介護保険事業計画に規定する介護サービスの見込量に基づき、その市町村に居住する第2号被保険者の保険料額を定めなければならない。

2 国は、市町村健康増進計画に基づいて、住民の健康増進のために必要な事業を行う市町村に対し、予算の範囲内で事業費の一部を補助することができる。

3 市町村は、都道府県医療費適正化計画に規定される医療費の見通しに基づいて、国民健康保険料を定めなければならない。

4 市町村は、市町村障害福祉計画に規定する障害福祉サービスの見込量に基づき、利用者負担額を定めなければならない。

5 都道府県は、市町村老人福祉計画に規定するサービスの見込量に基づき、市町村に対し、養護老人ホームの入所に係る措置費の一部を補助することができる。

問題34

1 ✕ 市町村は、市町村介護保険事業計画に規定する介護サービスの見込量に基づいて**第 I 号被保険者の保険料額**を定めます。

2 ○ 国は、都道府県健康増進計画または市町村健康増進計画に基づいて住民の健康増進のために必要な事業を行う都道府県または市町村に対し、予算の範囲内において、**当該事業に要する費用の一部を補助する**ことができます。

3 ✕ 国民健康保険料は、保険者である**市町村ごとの医療費の見込み**に基づき、当該市町村の条例において定められます。

4 ✕ 障害福祉サービスを利用する際の利用者負担額は、障害者総合支援法の規定に基づき**利用者の負担能力**その他の事情に応じて定められます。

5 ✕ 都道府県は、市町村が**老人福祉法の規定により支弁する費用の一部**（原則として 4 分の 1 以内）を補助することができますが、養護老人ホームの入所に係る措置費はそれに該当しません。また市町村老人福祉計画との関連はありません。

正解 2

ポイント チェック

主な市町村福祉計画と福祉財政との関係

市町村老人福祉計画		事業の対象者が『介護保険法』による保険給付を受けられる者である場合は、市町村がその費用を支弁する必要はない
市町村介護保険事業計画	財源	公費負担**50%**と被保険者の保険料**50%**（公費負担の内訳は国25%、都道府県12.5%、市町村12.5%） ※施設等給付では、国20%、都道府県17.5%、市町村12.5%。国庫負担金25%のうち 5 %は調整交付金として市町村に交付
	介護予防・日常生活支援総合事業	介護保険料**50%**（第 I 号被保険者23%、第 2 号被保険者27%）と税**50%**（国25%、都道府県12.5%、市町村12.5%）
	包括的支援事業任意事業	第 I 号被保険者の保険料**23%**と税**77%** （国38.5%、都道府県19.25%、市町村19.25%）
市町村障害福祉計画		自立支援給付について、国は市町村支弁費用の**50%**を負担し、都道府県と市町村はそれぞれ**25%**を負担する
市町村子ども・子育て支援事業計画		子ども・子育て支援事業を実施するために市町村が支弁する費用にあてるため、国・都道府県は**交付金を交付する**ことができる
市町村健康増進計画		住民の健康増進のために必要な事業を行う市町村に対して、国は当該事業に要する費用の一部を補助することができる

問題35
B | 35-47 | 福祉計画の種類

次のうち、法律で市町村に策定が義務づけられている福祉に関連する計画として、**最も適切なもの**を１つ選びなさい。

1 高齢者の居住の安定確保に関する法律に基づく高齢者居住安定確保計画

2 健康増進法に基づく市町村健康増進計画

3 自殺対策基本法に基づく市町村自殺対策計画

4 再犯の防止等の推進に関する法律に基づく地方再犯防止推進計画

5 成年後見制度の利用の促進に関する法律に基づく成年後見制度の利用の促進に関する施策についての基本的な計画

問題36
B | 26-46 | 福祉計画の種類

福祉計画等の策定に関する次の記述のうち、**正しいもの**を１つ選びなさい。

1 医療法では、都道府県、政令指定都市及び中核市は、医療計画を策定するものとされている。

2 社会福祉法では、市町村社会福祉協議会は、市町村地域福祉計画を策定するものとされている。

3 障害者基本法では、都道府県は、障害者基本計画を策定するものとされている。

4 次世代育成支援対策推進法では、保育への需要が増大している市町村は、市町村行動計画を策定するものとされている。

5 子ども・子育て支援法では、市町村は、市町村子ども・子育て支援事業計画を策定するものとされている。

問題37
A | 26-48 | 福祉計画等の計画期間

都道府県が策定する福祉計画等の計画期間に関する次の記述のうち、**正しいもの**を１つ選びなさい。

1 次世代育成支援に関する都道府県行動計画は、３年を一期として定めるものとされている。

2 都道府県介護保険事業支援計画は、３年を一期として定めるものとされている。

3 都道府県健康増進計画は、３年を一期として定めるものとされている。

4 都道府県高齢者居住安定確保計画は、３年を一期として定めるものとされている。

5 都道府県地域福祉支援計画は、３年を一期として定めるものとされている。

解答・解説

問題35

1 ✕ 高齢者の居住の安定確保に関する法律に基づく高齢者居住安定確保計画については、市町村の策定は定めることができるという**任意規定**になっています（第4条の2第1項）。

2 ✕ 健康増進法に基づく市町村健康増進計画については、市町村の策定は、**努力義務**になっています（第8条第2項）。

3 ○ 記述のとおりです。第13条第2項に規定されています。

4 ✕ 再犯の防止等の推進に関する法律に基づく地方再犯防止推進計画については、市町村の策定は、**努力義務**になっています（第8条第1項）。

5 ✕ 成年後見制度の利用の促進に関する法律に基づく成年後見制度の利用の促進に関する施策についての基本的な計画については、市町村の策定は、**努力義務**になっています（第14条第1項）。

正解 **3**

問題36

1 ✕ 医療法では、都道府県が、**厚生労働大臣が定める基本方針**に即して、かつ、地域の実情に応じて、当該都道府県における医療提供体制の確保を図るための計画（医療計画）を定めるものとされています。

2 ✕ 社会福祉法では、市町村地域福祉計画を策定するのは**市町村**とされています。

市町村社会福祉協議会が中心となって策定するのは、市町村地域福祉活動計画です。

3 ✕ 障害者基本法に基づき、障害者基本計画を策定するのは国（政府）です。同法に基づき、都道府県は都道府県障害者計画を、市町村は市町村障害者計画を策定します。

4 ✕ 次世代育成支援対策推進法では、**市町村行動計画の策定は義務化されていません**。計画の策定は、任意です。

5 ○ 記述のとおり、市町村は、**内閣総理大臣の定める基本指針**に即して、5年を一期とする教育・保育及び地域子ども・子育て支援事業の提供体制の確保その他この法律に基づく業務の円滑な実施に関する計画（**市町村子ども・子育て支援事業計画**）を定めるものとされています。

正解 **5**

問題37

1 ✕ 次世代育成支援に関する都道府県行動計画の策定は任意ですが、策定する際には**5年を一期**として策定します。

2 ○ 都道府県介護保険事業支援計画は、厚生労働大臣が定める基本指針に即して、**3年を一期**として策定されます。

3 ✕ 都道府県は、厚生労働大臣が定める基本方針を勘案して、都道府県健康増進計画を定めることとされていますが、**計画期間の定めはありません**。

4 ✕ 都道府県は、基本方針に基づき、当該都道府県の区域内における高齢者の居住の安定の確保に関する計画（都道府県高齢者居住安定確保計画）を定めることができますが、**計画期間の定めはありません**。

5 ✕ 都道府県地域福祉支援計画は、策定が努力義務であり、**計画期間の定めはありません**。

正解 **2**

共通
CH
7
地域福祉と包括的支援体制

次の福祉計画のうち、現行法上の**計画期間が5年を一期とするもの**を1つ選びなさい。

1 市町村介護保険事業計画

2 市町村老人福祉計画

3 市町村障害福祉計画

4 市町村子ども・子育て支援事業計画

5 市町村地域福祉計画

次の計画のうち、定めたとき、又は変更したときに**内閣総理大臣に提出しなければならないもの**を1つ選びなさい。

1 都道府県介護保険事業支援計画

2 都道府県における子どもの貧困対策についての計画

3 都道府県障害福祉計画

4 都道府県老人福祉計画

5 都道府県子ども・子育て支援事業支援計画

福祉計画の策定又は変更に関する次の記述のうち、**正しいもの**を1つ選びなさい。

1 市町村は、老人福祉計画を定め、又は変更したときには、遅滞なく厚生労働大臣に提出しなければならない。

2 都道府県は、都道府県障害福祉計画を変更しようとする場合であっても、当該計画に規定する障害福祉サービスの見込量に修正がなければ、障害者施策推進協議会の意見を聴く必要はない。

3 都道府県は、地域福祉支援計画を策定し、又は変更しようとするときは、あらかじめ、地方社会福祉審議会の意見を聴かなければならない。

4 都道府県介護保険事業支援計画は、高齢社会対策基本法に基づき政府が定める大綱及び介護保険法に基づき厚生労働大臣が定める基本指針に即して作成しなければならない。

5 市町村は、次世代育成支援対策推進法による市町村行動計画を策定し、又は変更しようとするときは、あらかじめ、事業主、労働者その他の関係者の意見を反映させるために必要な措置を講ずるよう努めなければならない。

解答・解説

問題38

1 × 市町村介護保険事業計画の計画期間は、3年を一期とします。
2 × 市町村老人福祉計画の計画期間は、3年を一期とします。
3 × 市町村障害福祉計画の計画期間は、3年を一期とします。
4 ○ 記述のとおりです。なお、都道府県は**都道府県子ども・子育て支援事業支援計画**を策定します。
5 × 市町村地域福祉計画については、計画期間は法定化されておらず、また**指針**においても「**概ね5年とし3年で見直す**」とされています。

2018（平成30）年4月施行の社会福祉法の改正により、都道府県地域福祉支援計画と市町村地域福祉計画の策定が、従来の任意から努力義務となりました。

正解 **4**

問題39

1 × 都道府県は、介護保険法に基づく**都道府県介護保険事業支援計画**を定め、または変更した場合、遅滞なく、これを**厚生労働大臣**に提出しなければなりません。
2 × 都道府県は、子どもの貧困対策の推進に関する法律に基づく**都道府県における子どもの貧困対策についての計画**を定め、または変更した場合、遅滞なく、これを公表しなければなりません。
3 × 都道府県は、障害者総合支援法に基づく**都道府県障害福祉計画**を定め、または変更した場合、遅滞なく、これを**厚生労働大臣**に提出しなければなりません。
4 × 都道府県は、老人福祉法に基づく**都道府県老人福祉計画**を定め、または変更した場合、遅滞なく、これを**厚生労働大臣**に提出しなければなりません。
5 ○ 都道府県は、子ども・子育て支援法に基づく**都道府県子ども・子育て支援事業支援計画**を定め、または変更した場合、遅滞なく、これを**内閣総理大臣**に提出しなければなりません。

正解 **5**

問題40

1 × 市町村は、老人福祉計画を定め、または変更したときは、遅滞なく**都道府県知事**に**提出**しなければならないとされています（老人福祉法第20条の8第10項）。
2 × 都道府県は、都道府県障害福祉計画を策定、変更する際は、あらかじめ障害者基本法第36条第1項の**合議制の機関の意見を聴かなければならない**こととなっています（障害者総合支援法第89条第8項）。
3 × 都道府県は、都道府県地域福祉支援計画を策定、変更する際は、あらかじめ住民その他の者の意見を反映させるために**必要な措置を講ずるよう努める**こととなっています。地方社会福祉審議会の意見を聴くことは、義務づけられていません。
4 × 都道府県は、**厚生労働大臣が定める基本指針**に即して都道府県介護保険事業支援計画を策定します。高齢社会対策基本法に基づき政府が定める大綱に即して策定するという規定はありません。
5 ○ 記述のとおりです。なお、次世代育成支援対策推進法は、2025（令和7）年までの時限立法です。

正解 **5**

問題41
A　31-45　福祉計画の策定

　福祉計画の策定に際して、相互の計画を一体のものとして作成することが法律で**規定されているもの**を1つ選びなさい。

1　市町村地域福祉計画と市町村老人福祉計画
2　市町村障害福祉計画と市町村障害者計画
3　市町村老人福祉計画と市町村介護保険事業計画
4　市町村子ども・子育て支援事業計画と「教育振興基本計画」
5　都道府県介護保険事業支援計画と都道府県地域福祉支援計画

（注）「教育振興基本計画」とは、教育基本法第17条第2項の規定により市町村が定める「教育の振興のための施策に関する基本的な計画」のことである。

問題42
B　35-37　市町村地域福祉計画

　地域福祉の推進に向けた役割を担う、社会福祉法に規定される市町村地域福祉計画に関する次の記述のうち、**正しいものを1つ**選びなさい。

1　市町村地域福祉計画では、市町村社会福祉協議会が策定する地域福祉活動計画をもって、地域福祉計画とみなすことができる。
2　市町村地域福祉計画の内容は、市町村の総合計画に盛り込まれなければならないとされている。
3　市町村地域福祉計画では、市町村は策定した計画について、定期的に調査、分析及び評価を行うよう努めるとされている。
4　市町村地域福祉計画は、他の福祉計画と一体で策定できるように、計画期間が法文上定められている。
5　市町村地域福祉計画は、2000年（平成12年）の社会福祉法への改正によって策定が義務化され、全ての市町村で策定されている。

問題43
A　35-46　都道府県地域福祉支援計画

　次のうち、都道府県地域福祉支援計画に関して社会福祉法に明記されている事項として、**正しいもの**を**2つ**選びなさい。

1　社会福祉を目的とする事業に従事する者の確保又は資質の向上に関する事項
2　重層的支援体制整備事業の提供体制に関する事項
3　地域福祉に関する活動への住民の参加の促進に関する事項
4　福祉サービスの適切な利用の推進及び社会福祉を目的とする事業の健全な発達のための基盤整備に関する事項
5　厚生労働大臣が指定する福利厚生センターの業務に関する事項

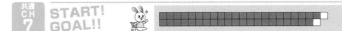

問題41

1　×　老人福祉法において、**市町村老人福祉計画**は、**市町村地域福祉計画**と調和が保たれたものでなければならないと規定されています。

2　×　障害者総合支援法において、**市町村障害福祉計画**は、**市町村障害者計画**、市町村地域福祉計画その他障害者等の福祉に関する事項を定めるものと調和が保たれたものでなければならないと規定されています。

3　○　記述のとおりです。老人福祉法及び介護保険法に規定されています。

4　×　子ども・子育て支援法において、**市町村子ども・子育て支援事業計画**は、**教育振興基本計画**その他の法律の規定による計画であって子どもの福祉または教育に関する事項を定めるものと調和が保たれたものでなければならないと規定されています。

5　×　介護保険法において、**都道府県介護保険事業支援計画**は、都道府県地域福祉支援計画その他の法律の規定による計画であって要介護者等の保健、医療、福祉または居住に関する事項を定めるものと調和が保たれたものでなければならないと規定されています。

正解　3

問題42

1　×　地域福祉活動計画は、市町村社会福祉協議会が策定する**民間計画**であり、市町村地域福祉計画は、市町村が策定する**行政計画**です。**民間計画**をもって**行政計画**とすることはできません。

2　×　市町村の総合計画は、**地方自治法**による「基本構想」で、法改正により策定義務がなくなり市町村の判断で策定しています。市町村地域福祉計画の内容を総合計画に必ず盛り込まなければならないという規定はありません。

3　○　社会福祉法第107条第3項に「市町村は、定期的に、その策定した市町村地域福祉計画について、調査、分析及び評価を行うよう努めるとともに、**必要があると認めるときは、当該計画を変更する**ものとする」と規定されています。

4　×　市町村地域福祉計画は、「**他の計画との調整が必要であることから概ね5年とし3年で見直すことが適当である**」と「市町村地域福祉計画及び都道府県地域福祉支援計画策定指針」で示されていますが、計画期間が具体的に社会福祉法で規定されているわけではありません。

5　×　市町村地域福祉計画は、社会福祉法の規定により努力義務とされています。策定状況は2023（令和5）年4月1日の時点で、**85.9%**となっています。

正解　3

問題43

1　○　記述のとおりです。社会福祉法第108条第1項第3号に規定されています。

2　×　記述は、市町村が行う「**重層的支援体制整備事業**」として、社会福祉法第106条の3第1項に規定されています。都道府県地域福祉支援計画に関して明記されている事項ではありません。

3　×　記述は、**市町村地域福祉計画**に関して社会福祉法に明記されている事項です。

4　○　記述のとおりです。社会福祉法第108条第1項第4号に規定されています。

5　×　福利厚生センターの業務の事項は、社会福祉法第103条各号に規定されています。都道府県地域福祉支援計画に関して明記されている事項ではありません。

正解　1・4

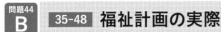

問題44
B　35-48 福祉計画の実際

次のうち、法律に基づき、福祉計画で定める事項として、**正しいもの**を**1つ**選びなさい。

1　都道府県介護保険事業支援計画における地域支援事業の見込み量

2　都道府県障害者計画における指定障害者支援施設の必要入所定員総数

3　市町村子ども・子育て支援事業計画における地域子ども・子育て支援事業に従事する者の確保及び資質の向上のために講ずる措置に関する事項

4　市町村障害福祉計画における障害福祉サービス、相談支援及び地域生活支援事業の提供体制の確保に関する事項

5　市町村老人福祉計画における老人福祉施設の整備及び老人福祉施設相互間の連携のために講ずる措置に関する事項

問題45
C　27-47 福祉計画等の策定技法と評価

福祉計画・医療計画などの策定技法と評価に関する次の記述のうち、**正しいもの**を**1つ**選びなさい。

1　介護保険法では、介護保険事業計画におけるニーズ調査とは、介護サービスの利用者を対象とした調査とされている。

2　市町村障害福祉計画においては、障害福祉サービスの種類ごとの量の見込みは定めなくてよいとされている。

3　医療計画におけるプロセス指標とは、実際にサービスを提供する主体の活動や、他機関との連携体制を測る指標のことである。

4　インプット指標とは、要支援状態から要介護状態への移行をどの程度防止できたかなどの事業成果に関する指標のことである。

5　福祉計画などの評価に用いる費用・効果分析においては、効果は金銭の単位で測定されなければならない。

問題44

1　×　地域支援事業の見込量については、**市町村介護保険事業計画**で定める事項です（介護保険法第117条第2項第2号）。

2　×　指定障害者支援施設の必要入所定員総数については、**都道府県障害福祉計画**で定める事項です（障害者総合支援法第89条第2項第3号）。

3　×　記述の事項については、**都道府県子ども・子育て支援事業支援計画**で定める事項になります（子ども・子育て支援法第62条第2項第4号）。

4　○　記述のとおりです。障害者総合支援法第88条第2項第1号に規定されています。

5　×　記述の事項については、**都道府県老人福祉計画**で定める事項になります（老人福祉法第20条の9第3項第1号）。

正解　4

問題45

1　×　介護保険法では、ニーズ調査について定義されている**条文はありません**。また、介護保険事業計画においては、すでにサービスを利用している被保険者だけでなく、**今後利用する見込みのある被保険者等**についても調査の対象とされます。

2　×　市町村障害福祉計画では、各年度における指定障害福祉サービス等の種類ごとの**必要量の見込みを定める**こととされています。

3　○　記述のとおり、「医療計画について」（平成24年3月30日厚生労働省医政局長通知）において、**プロセス指標**は、医療計画における**評価指標**の1つとして示されています。

4　×　**インプット指標**とは、投入された資源など、サービスを実施するための**体制や構造**を評価するための指標です。記述にある事業成果に関する指標は、**アウトカム指標**といいます。

5　×　費用・効果分析は、金銭で測定できない効果を分析する際に用いられます。記述のように効果を金銭で測定・分析する技法は、**費用・便益分析**といいます。

正解　3

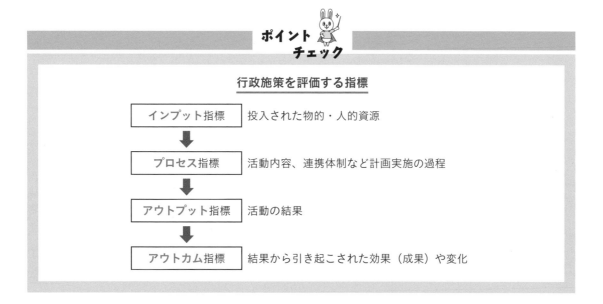

199

ポイントチェック一覧

共通
CHAPTER

8

障害者福祉

問題1 B 28-57 国際生活機能分類 (ICF)

事例を読んで、国際生活機能分類（ICF）の「参加制約」に該当するものとして、**最も適切なもの**を1つ選びなさい。

〔事　例〕

　Eさん（49歳、男性）は、脳性麻痺で足が不自由なため、車いすを利用している。25年暮らした障害者支援施設を退所し、1年がたつ。本日、どうしても必要な買物があるが、支援の調整が間に合わない。その場での支援が得られることを期待して、一人で出掛けた。店まで来たが、階段の前で動けずにいる。

1 脳性麻痺で足が不自由なこと

2 階段があること

3 支援なしで外出できること

4 店で買物ができないこと

5 障害者支援施設を退所したこと

問題1

1　✕　脳性麻痺で足が不自由なことは、「**心身機能・身体構造**」の機能障害に該当します。

2　✕　階段があることは、「**環境因子**」に該当します。

3　✕　支援なしで外出できることは、「**活動**」に該当します。

4　◯　店で買物ができないことは、「**参加制約**」に該当します。

5　✕　障害者支援施設を退所したことは、「**環境因子**」に該当します。

正解　4

ポイント
チェック

ICFの構成要素間の相互作用

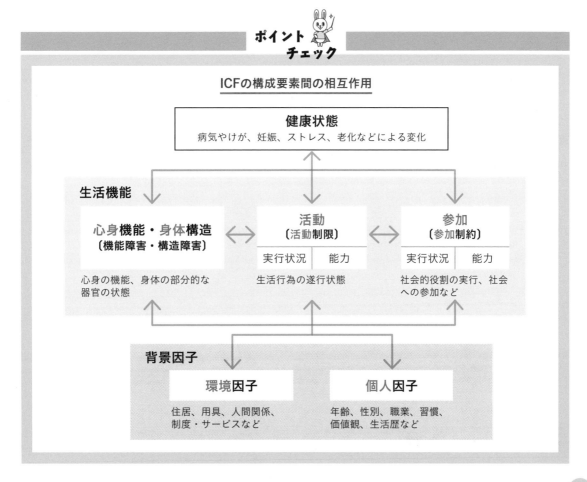

健康状態
病気やけが、妊娠、ストレス、老化などによる変化

生活機能

心身機能・身体構造 （機能障害・構造障害）	活動 （活動制限）		参加 （参加制約）	
	実行状況	能力	実行状況	能力

心身の機能、身体の部分的な器官の状態　　生活行為の遂行状態　　社会的役割の実行、社会への参加など

背景因子

環境因子	個人因子

住居、用具、人間関係、制度・サービスなど　　年齢、性別、職業、習慣、価値観、生活歴など

問題2
B　**34-56** **生活のしづらさなどに関する調査**

「平成28年生活のしづらさなどに関する調査（全国在宅障害児・者等実態調査）」（厚生労働省）における障害者の実態に関する次の記述のうち、**正しいものを１つ**選びなさい。

1　身体障害者手帳所持者のうち、65歳以上の者は半分に満たない。

2　身体障害者手帳所持者のうち、障害の種類で最も多いのは肢体不自由である。

3　障害者手帳所持者のうち、困った時の相談相手として、相談支援機関と答えた者が最も多い。

4　18歳以上65歳未満の障害者手帳所持者のうち、一月当たりの平均収入として18万円～21万円未満と答えた者が最も多い。

5　障害者手帳の種類別でみると、療育手帳所持者が最も多い。

問題3
A　**32-56** **生活のしづらさなどに関する調査**

「平成28年生活のしづらさなどに関する調査（全国在宅障害児・者等実態調査）」（厚生労働省）における障害児・者の実態に関する次の記述のうち、**正しいものを１つ**選びなさい。

1　身体障害者手帳を所持している身体障害児（０～17歳）では、内部障害が最も多い。

2　「障害者手帳所持者等」（65歳未満）で、「障害者総合支援法」に基づく福祉サービスを利用している者は半数を超えている。

3　「障害者手帳所持者等」（65歳未満）で、「今後の暮らしの希望」をみると、「施設で暮らしたい」が最も多い。

4　「障害者手帳所持者等」（65歳未満）で、「困った時の相談相手」をみると、家族が最も多い。

5　「障害者手帳所持者等」（65歳未満）で、「外出の状況」をみると、「１ヶ月に１～２日程度」が最も多い。

（注）　1　「障害者総合支援法」とは、「障害者の日常生活及び社会生活を総合的に支援するための法律」のことである。
　　　　2　「障害者手帳所持者等」とは、障害者手帳所持者及び障害者手帳非所持でかつ「障害者総合支援法」に基づく自立支援給付等を受けている者のことである。

問題2

1 × 身体障害者手帳所持者428.7万人のうち、**約7割が65歳以上の高齢者**です。年齢階級別にみた場合、前回の2011（平成23）年の調査と比較すると顕著な増加を示しています。

2 ○ 記述のとおりです。身体障害者手帳所持者のうち、障害種別では**肢体不自由**が最も多く、全体の**45.0%**を占め、193.1万人いると推計されています。

3 × 困ったときの相談相手は、家族と答えた人が最も多く、65歳未満では70.5%、65歳以上では74.1%になっています。次いで多いのは、医療機関や行政機関であり、相談支援機関はさらに下位になっています。

4 × 18歳以上65歳未満の障害者手帳所持者の一月当たりの平均収入は、**6万円以上9万円**未満が最も多く、全体の26.4%を占めています。

5 × 障害者手帳の種類別で最も多いのは**身体障害者手帳所持者**です。次いで、**療育手帳所持者**、精神保健**福祉手帳所持者**となっています。

正解 **2**

問題3

1 × 身体障害者手帳を所持している身体障害児（0〜17歳）では、**肢体不自由が最も多く、次いで内部障害**となっています。

2 × 「障害者手帳所持者等」（65歳未満）で「障害者総合支援法」に基づく福祉サービスを利用している者は、**32.0%**となっています。

3 × 「障害者手帳所持者等」（65歳未満）で「今後の暮らしの希望」をみると、「**今までと同じように暮らしたい**」が最も高く、**72.0%**となっています。

4 ○ 「障害者手帳所持者等」（65歳未満）で「困った時の相談相手」をみると、**家族**が最も多く、**70.5%**となっています。

5 × 「障害者手帳所持者等」（65歳未満）で「外出の状況」をみると、「毎日」が**39.7%**と最も多く、次いで「1週間に3〜6日程度」が34.2%となっています。

正解 **4**

ポイントチェック

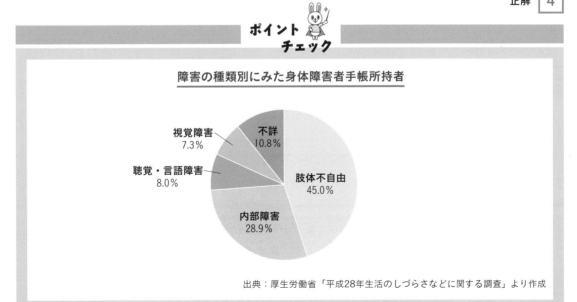

障害の種類別にみた身体障害者手帳所持者

視覚障害 7.3%
不詳 10.8%
聴覚・言語障害 8.0%
肢体不自由 45.0%
内部障害 28.9%

出典：厚生労働省「平成28年生活のしづらさなどに関する調査」より作成

共通 CH 8 障害者福祉

問題4 B 34-61 障害者基本法

障害者基本法に関する次の記述のうち、**最も適切なもの**を1つ選びなさい。

1 「障害者」とは、「身体障害、知的障害又は精神障害により、長期にわたり日常生活又は社会生活に相当な制限を受ける者をいう」と定義されている。

2 意思疎通のための手段としての言語に手話が含まれることが明記されている。

3 都道府県は、毎年、障害者のために講じた施策の概況に関する報告書を国に提出しなければならないとされている。

4 社会モデルを踏まえた障害者の定義は、国際障害者年に向けた取組の一環として導入された。

5 障害を理由とする差別の禁止についての規定はない。

問題5 B 28-62 障害者基本法

現行の障害者基本法に関する次の記述のうち、**正しいもの**を1つ選びなさい。

1 社会的障壁の除去について規定されている。

2 中央心身障害者対策協議会を置くことが規定されている。

3 市町村の行う地域生活支援事業について規定されている。

4 心身障害者本人に対する自立への努力について規定されている。

5 市町村障害者計画の策定は、市町村の判断に委ねると規定されている。

問題6 B 32-61 障害者基本法

障害者基本法に関する次の記述のうち、**最も適切なもの**を1つ選びなさい。

1 法の目的では、障害者本人の自立への努力について規定されている。

2 都道府県は、都道府県障害者計画の策定に努めなければならないと規定されている。

3 国及び地方公共団体は、重度の障害者について、終生にわたり必要な保護等を行うよう努めなければならないと規定されている。

4 社会的障壁の定義において、社会における慣行や観念は除外されている。

5 障害者政策委員会の委員に任命される者として、障害者が明記されている。

1　×　障害者基本法第2条第1号では、障害者を「身体障害、知的障害、精神障害（発達障害を含む）その他の心身の機能の障害がある者であって、障害及び**社会的障壁**により**継続的**に日常生活又は社会生活に相当な制限を受ける状態にあるもの」と規定しています。

2　○　記述のとおりです。同法第3条第3号に、「全て障害者は、可能な限り、**言語（手話を含む）**その他の**意思疎通のための手段**についての選択の機会が確保されるとともに、情報の取得又は利用のための手段についての選択の機会の拡大が図られること」と規定されています。

3　×　同法第13条に「**政府**は、毎年、国会に、障害者のために講じた施策の概況に関する報告書を提出しなければならない」と規定されています。

4　×　障害の社会モデルの考え方は、**2006年**の国連総会で採択された「障害者の権利に関する条約」で示されました。それに基づく障害の定義は、同条約採択に向けた取組みの中で導入されました。国際障害者年は、**1981年**です。

5　×　2004（**平成16**）**年の改正**で障害者の差別の禁止が新たに規定されました。同法第4条には「何人も障害者に対して、障害を理由として、差別することその他の権利利益を侵害する行為をしてはならない」と明示されています。

正解　2

1　○　障害者基本法には、障害の定義において**社会的障壁**を明記しており、この除去のための方策を進めることが記載されています。

2　×　中央心身障害者対策協議会は、1993（平成5）年改正時に**中央障害者施策推進協議会**に改められ、2011（平成23）年改正で、**障害者政策委員会**となりました。

3　×　地域生活支援事業について規定しているのは、**障害者総合支援法**です。

4　×　「本人に対する自立への努力」は、**心身障害者対策基本法**に規定されていました。障害者基本法に改正されても規定は残りましたが、**2004（平成16）年の改正**により削除されました。

5　×　**2003（平成15）年の改正**の際、市町村に市町村障害者計画の策定が義務づけられました。

正解　1

1　×　「障害者本人の自立への努力」は、**心身障害者対策基本法**に規定されていました。障害者基本法に改正されても規定は残りましたが、**2004（平成16）年の改正**により削除されました。

2　×　都道府県障害者計画の策定は**義務**です。

3　×　記述の規定は、**心身障害者対策基本法**に規定されていました。障害者基本法に改正されても規定は残りましたが、**2004（平成16）年の改正**により削除されました。

4　×　第2条第2号に、社会的障壁とは、「障害がある者にとつて日常生活又は社会生活を営む上で障壁となるような社会における事物、制度、慣行、観念その他一切のものをいう」と規定されています。

5　○　記述のとおりです。障害者政策委員会の委員は、障害者、障害者の自立及び社会参加に関する事業に従事する者並びに学識経験のある者のうちから、**内閣総理大臣**が任命します。

正解　5

共通
CH
8
障害者福祉

問題7
A 35-56 障害者福祉制度の発展過程

障害者福祉制度の発展過程に関する次の記述のうち、**最も適切なもの**を1つ選びなさい。

1 1960年（昭和35年）に成立した精神薄弱者福祉法は、ソーシャルインクルージョンを法の目的とし、脱施設化を推進した。

2 1981年（昭和56年）の国際障害者年では、「Nothing about us without us（私たち抜きに私たちのことを決めるな）」というテーマが掲げられた。

3 2003年（平成15年）には、身体障害者等を対象に、従来の契約制度から措置制度に転換することを目的に支援費制度が開始された。

4 2005年（平成17年）に成立した障害者自立支援法では、障害の種別にかかわらず、サービスを利用するための仕組みを一元化し、事業体系を再編した。

5 2013年（平成25年）に成立した「障害者差別解消法」では、市町村障害者虐待防止センターが規定された。

（注）「障害者差別解消法」とは、「障害を理由とする差別の解消の推進に関する法律」のことである。

問題8
A 33-58 障害者福祉制度の発展過程

障害者福祉制度の発展過程に関する次の記述のうち、**最も適切なもの**を1つ選びなさい。

1 1949年（昭和24年）の身体障害者福祉法は、障害者福祉の対象を傷痍軍人に限定した。

2 1950年（昭和25年）の精神衛生法は、精神障害者の私宅監置を廃止した。

3 1960年（昭和35年）の身体障害者雇用促進法は、児童福祉施設に入所している18歳以上の肢体不自由者が増加する問題に対応するために制定された。

4 1980年代に日本で広がった自立生活運動は、デンマークにおける知的障害者の親の会を中心とした運動が起源である。

5 2010年（平成22年）に発足した障がい者制度改革推進会議における検討の結果、障害者自立支援法が制定された。

問題9
A 30-57 障害者福祉制度の発展過程

障害者福祉制度の発展過程に関する次の記述のうち、**最も適切なもの**を1つ選びなさい。

1 児童福祉施設入所中に18歳以上となる肢体不自由者が増加する問題に対応するため、身体障害者福祉法が制定された。

2 学生や主婦で任意加入期間中に国民年金制度に加入していなかったために無年金になった障害者を対象に、障害基礎年金制度が創設された。

3 支援費制度の実施により、身体障害者、知的障害者、障害児のサービスについて、利用契約制度が導入された。

4 障害者の権利に関する条約を批准するため、同条約の医学モデルの考え方を踏まえて、障害者基本法等の障害者の定義が見直された。

5 「障害者総合支援法」の施行により、同法による障害者の範囲に発達障害者が新たに含まれた。

問題7

1 × 精神薄弱者福祉法では、支援の在り方として、主に**施設入所が中心**に規定されていました。

2 × 国際障害者年では「**完全参加と平等**」がテーマとされ、さらにノーマライゼーションの理念が促進されました。「Nothing about us without us」は、**障害者の権利に関する条約**のスローガンです。

3 × 支援費制度では、従来の行政機関がサービス利用を決定する**措置制度**から利用者が主体となってサービスを選択する契約**制度**へ転換が図られました。

4 ○ 記述のとおりです。障害者自立支援法では、**身体障害者**、**知的障害者**のほか、支援費制度で対象外とされた**精神障害者**も含めた3分野の障害者施策が一元化されました。

5 × 市町村障害者虐待防止センターについては、**障害者虐待防止法**に規定されています。

正解 **4**

問題8

1 × 身体障害者福祉法は、第二次世界大戦後、戦争で負傷し障害を負った人が増えたことに対応し制定されましたが、対象を国民全般としていました。

2 ○ 記述のとおりです。精神衛生法では、精神病者に対する医療と保護を目的に**私宅監置の廃止**が定められました。

3 × 身体障害者雇用促進法は、第二次世界大戦後に急増した身体障害のある人の雇用対策として制定されました。

4 × 自立生活運動は、アメリカのカリフォルニア大学バークレー校における重度障害の学生によるキャンパス内の運動が起源です。

5 × 記述の内容は、**障害者総合支援法**です。障害者自立支援法は、**2005（平成17）年**に制定されています。

正解 **2**

問題9

1 × 身体障害者福祉法は、戦後における**傷痍軍人への支援**を契機として、リハビリテーション視点から制定されたものです。

2 × 記述は、**特別障害給付金制度**の説明です。

3 ○ 記述のとおりです。**支援費制度**は、2003（平成15）年4月から導入され、障害者自立支援法（現：障害者総合支援法）の導入まで続きました。

4 × 障害者の権利に関する条約の**社会モデル**の考え方を踏まえて、障害者基本法等の障害者の定義が見直されました。

5 × 発達障害が新たに障害の範囲に含まれたのは、障害者総合支援法の前身である**障害者自立支援法の2010（平成22）年改正**においてです。

 障害者総合支援法の施行により、同法による障害者の範囲に 難病 が新たに含まれました。

正解 **3**

問題10
A　35-58　**障害者総合支援法の概要**

　事例を読んで、これからの生活において L さんが利用可能な「障害者総合支援法」に基づく障害福祉サービスとして、**適切なものを 2 つ**選びなさい。

〔事　例〕

　L さん（30歳）は、視覚障害により障害等級 1 級の身体障害者手帳の交付を受けている。慣れた場所では白杖（はくじょう）を利用し単独で歩行でき、日中は一般就労に従事している。これまで実家暮らしで家族から介護を受けてきたが、職場近くの賃貸住宅を借り、そこで一人暮らしをしようと準備している。これからは、趣味や外食のため、行ったことがない所にも積極的に外出したいと考えている。L さんの障害支援区分は 3 で、調理、洗濯、掃除等の家事援助を必要としている。

1　居宅介護

2　重度訪問介護

3　同行援護

4　行動援護

5　重度障害者等包括支援

問題11
A　31-58　**障害者総合支援法の概要**

　「障害者総合支援法」の障害福祉サービスに関する次の記述のうち、**最も適切なものを 1 つ**選びなさい。

1　生活介護とは、医療を必要とし、常時介護を要する障害者に、機能訓練、看護、医学的管理の下における介護等を行うサービスである。

2　行動援護とは、外出時の移動中の介護を除き、重度障害者の居宅において、入浴、排せつ、食事等の介護等を行うサービスである。

3　自立生活援助とは、一人暮らし等の障害者が居宅で自立した生活を送れるよう、定期的な巡回訪問や随時通報による相談に応じ、助言等を行うサービスである。

4　就労移行支援とは、通常の事業所の雇用が困難な障害者に、就労の機会を提供し、必要な訓練などを行うサービスである。

5　就労継続支援とは、就労を希望し、通常の事業所の雇用が可能な障害者に、就労のために必要な訓練などを行うサービスである。

(注)「障害者総合支援法」とは、「障害者の日常生活及び社会生活を総合的に支援するための法律」のことである。

問題10

1 ○ 居宅介護は、入浴や排泄などの身体介護のほか、食事の介護等の援助も受けられるサービスです。**障害支援区分1以上**で利用できるため、Lさんが利用するサービスとして適切です。

2 × 重度訪問介護は、常時介護を必要とする障害者に対し、身体介護や家事援助、移動中の介護などを提供するサービスです。**障害支援区分4以上**で利用できるサービスであり、Lさんの障害の状態とは異なります。

3 ○ 同行援護は、**視覚障害**により移動に著しい困難を有する者に対して、移動に必要な情報提供をするとともに移動の援護等を行うサービスです。**障害支援区分の認定は必要としない**ため、Lさんが利用するサービスとして適切です。

4 × 行動援護は、常時介護を必要とする重度の知的**障害**または**重度精神障害者**に対して、行動する際に生じる危険回避のために必要な援護を行うサービスです。Lさんの障害の状態とは異なります。

5 × 重度障害者等包括支援は、介護の必要度が著しく高い場合、居宅介護等のサービスを包括的に提供するサービスです。**障害支援区分6以上**に該当し、意思疎通に著しい困難を有するもので四肢すべてに麻痺があり寝たきり状態にある者を対象とするため、Lさんの障害の状態とは異なります。

正解 | 1・3 |

問題11

1 × 生活介護とは、常時介護を要する障害者に、障害者支援施設等で**入浴・排泄・食事の介護、創作的活動または生産活動の機会の提供**等を行うサービスです。記述は、**療養介護**の説明です。

2 × 行動援護とは、常時介護を要する重度の知的障害者または重度精神障害者に、行動をする際に生じ得る**危険を回避するために必要な援護**や**外出時の移動中の介護**等を提供するサービスです。

3 ○ 記述のとおりです。

4 × 記述は、**就労継続支援**の説明です。

5 × 記述は、**就労移行支援**の説明です。

正解 | 3 |

ポイント チェック

訓練等給付

自立訓練	障害者が自立した日常生活や社会生活を営むことができるように、身体機能や生活能力の向上のために必要な訓練を行う。機能訓練と生活訓練に分類される
就労移行支援	企業などへの就労を希望し、通常の事業所に雇用されることが可能と見込まれる障害者に、生産活動などの機会を提供して、就労に必要な知識・能力の向上のための訓練を行う。利用期間は原則2年
就労継続支援	通常の事業所への雇用が困難な障害者を対象に、就労や生産活動などの機会を提供して、知識・能力の向上のための訓練を行う。A型（雇用型）とB型（非雇用型）がある
就労定着支援	就労移行支援等の利用を経て一般就労へ移行した障害者等を対象に、就業に伴う生活面の課題に対応できるよう、事業所・家族との連絡調整等の支援を行う
自立生活援助	施設入所支援や共同生活援助を利用していた障害者等が居宅で自立した生活を送れるよう、定期的な巡回訪問や随時通報による相談に応じ、助言等を行う
共同生活援助（グループホーム）	主として夜間に、共同生活を営む住居で、相談や入浴・排泄・食事の介護を行う

問題12 A 35-57 **障害者総合支援法における支給決定のプロセス**

「障害者総合支援法」における介護給付費等の支給決定に関する次の記述のうち、**適切なものを2つ**選びなさい。

1 市町村は、介護給付費等の支給決定に際して実施する調査を、指定一般相談支援事業者等に委託することができる。

2 障害児に係る介護給付費等の支給決定においては、障害支援区分の認定を必要とする。

3 就労定着支援に係る介護給付費等の支給決定においては、障害支援区分の認定を必要とする。

4 市町村は、介護給付費等の支給決定を受けようとする障害者又は障害児の保護者に対し、支給決定後に、サービス等利用計画案の提出を求める。

5 障害支援区分は、障害の多様な特性その他の心身の状態に応じて必要とされる標準的な支援の度合を総合的に示すものである。

(注)「障害者総合支援法」とは、「障害者の日常生活及び社会生活を総合的に支援するための法律」のことである。

問題13 A 29-59 **特定相談支援事業**

「障害者総合支援法」に規定されている特定相談支援事業として**行うこととされているものを2つ**選びなさい。

1 基本相談支援

2 障害児相談支援

3 地域移行支援

4 地域定着支援

5 計画相談支援

問題14 A 34-57 **相談支援**

「障害者総合支援法」における相談支援などに関する次の記述のうち、**正しいものを1つ**選びなさい。

1 サービス利用支援では、利用者の自宅を訪問し、身体介護や家事援助等の介助を行う。

2 地域相談支援では、地域生活から施設入所や精神科病院への入院に向けた移行支援を行う。

3 相談支援は、訓練等給付費の支給対象となる。

4 基幹相談支援センターは、地域における相談支援の中核的な役割を担う機関である。

5 指定障害福祉サービスの管理を行う者として相談支援専門員が規定されている。

(注) 「障害者総合支援法」とは、「障害者の日常生活及び社会生活を総合的に支援するための法律」のことである。

共通 CH 8 START! GOAL!!

1　○　記述のとおりです。認定調査は**市町村**が行うことになっていますが、指定一般相談支援事業者等に**調査を委託**することも可能とされています。

2　×　障害児については、発展途上にあり時間の経過とともに**障害の状態が変化**することや乳児期については通常必要となる育児上のケアと区別が必要なこと、さらに現段階ではただちに使用可能な指標が存在しないことなどから、障害支援区分が設けられていません。

3　×　就労定着支援は、訓練等給付の１つです。訓練等給付は、障害支援区分の認定は必要ありません。

4　×　障害支援区分の認定結果の通知を受けた利用者は、指定特定相談支援事業者に**サービス等利用計画案の作成を依頼**し、**市町村**に**提出**します。それらを踏まえて、サービスの支給の決定がなされます。

5　○　記述のとおりです。障害者総合支援法第４条第４項に規定されています。必要とされる支援の度合いに応じて、**非該当、区分１～区分６**に分けられます。

正解　$\boxed{1 \cdot 5}$

1　○　特定相談支援事業とは、**基本相談支援**及び**計画相談支援**のいずれも行う事業をいいます。基本相談支援は、**市町村地域生活支援事業**の必須事業の１つに位置づけられています。地域の障害者等からの相談全般に対して情報提供や助言、また、権利擁護のために必要な援助なども行います。

2　×　障害児相談支援は、児童福祉法に規定されています。

3　×　地域移行支援は、**一般相談支援事業**として行います。一般相談支援事業とは、**基本相談支援**及び**地域相談支援**のいずれも行う事業をいい、地域相談支援には、地域移行支援及び地域定着支援が含まれます。

4　×　**解説3**のとおり、地域定着支援は、一般相談支援事業における地域相談支援に含まれます。

5　○　計画相談支援とは、**サービス利用支援**及び**継続サービス利用支援**をいい、**自立支援給付**の１つに位置づけられています。

正解　$\boxed{1 \cdot 5}$

1　×　サービス利用支援は、計画相談支援給付の１つです。障害者の心身状況や置かれている環境、障害福祉サービスの利用に関する意向等を勘案し、利用する障害福祉サービスの種類や内容を盛り込んだサービス等利用計画案の作成などを行います。記述は、介護給付の居宅介護の内容です。

2　×　地域相談支援における地域移行支援では、障害者支援施設や精神科病院等に入所・入院している障害者が地域生活に移るための支援を行います。内容としては、住居の確保や地域生活に移行するための活動に関する相談等になります。

3　×　訓練等給付は、**自立訓練、就労移行支援、就労継続支援、就労定着支援、自立生活援助、共同生活援助**の６種類が対象になります。相談支援には、**基本相談支援、地域相談支援、計画相談支援**があります。

4　○　記述のとおりです。基幹相談支援センターは、３障害に対応した総合的・専門的な相談支援を行う機関であり、地域の相談支援の中核的な役割を担うことが期待されています。地域の相談支援体制強化のため、地域相談支援事業者への**専門的指導・助言**、相談支援事業者の**人材育成**なども行います。

5　×　相談支援専門員は、指定相談支援事業所に置かれ、サービス等利用計画の作成などを通して、障害者の福祉サービス利用の支援を行います。記述は、**サービス管理責任者**で、介護給付や訓練等給付を行う事業所に配置されます。

正解　$\boxed{4}$

身体障害者福祉法に関する次の記述のうち、**正しいものを１つ**選びなさい。

1　身体障害者福祉法の目的は、「身体障害者の更生を援助し、その更生のために必要な保護を行い、もつて身体障害者の福祉の増進を図ること」と規定されている。

2　身体障害者の定義は、身体障害者手帳の交付を受けたかどうかにかかわらず、別表に掲げる身体上の障害がある18歳以上の者をいうと規定されている。

3　身体障害者手帳に記載される身体障害の級別は、障害等級１級から３級までである。

4　都道府県は、身体障害者更生相談所を設置しなければならない。

5　市町村は、その設置する福祉事務所に、身体障害者福祉司を置かなければならない。

身体障害者福祉法、知的障害者福祉法及び「精神保健福祉法」に関する次の記述のうち、**最も適切な
もの**を１つ選びなさい。

1　身体障害者福祉法では、身体障害者更生相談所の業務として、必要に応じて「障害者総合支援法」に規定する補装具の処方を行うことが規定されている。

2　身体障害者福祉法において、身体障害者手帳の有効期限は２年間と規定されている。

3　知的障害者福祉法において、療育手帳の交付が規定されている。

4　知的障害者福祉法において、知的障害者更生相談所には、社会福祉主事を置かなければならないと規定されている。

5　「精神保健福祉法」において、発達障害者支援センターの運営について規定されている。

（注）「精神保健福祉法」とは、「精神保健及び精神障害者福祉に関する法律」のことである。

1 ✕ 第1条に法の目的として、「身体障害者の**自立**と**社会経済活動への参加**を促進するため、身体障害者を援助し及び必要に応じて保護し、もって身体障害者の福祉の増進を図ること」と規定されています。

2 ✕ 第4条に、身体障害者とは、「身体上の障害がある18歳以上の者であって、**都道府県知事から身体障害者手帳の交付を受けた者**」と規定されています。

3 ✕ 身体障害の等級は、**1級**から**7級**まで区分されており、身体障害者手帳に記載されるのは**6級まで**とされています。**7級**単独では障害者手帳の交付は受けられませんが、**7級**の障害が**2つ以上ある場合**はあわせて**6級**として認定されます。

4 ◯ 記述のとおりです。身体障害者更生相談所は、身体障害者の自立と社会経済活動への参加を促進するための援助と必要な保護（更生援護）の利便のため、および市町村の援護の適切な実施の支援のために都道府県に設置義務があります。

5 ✕ 身体障害者福祉法の規定により、**都道府県更生相談所**には**身体障害者福祉司**の配置義務がありますが、**市町村が設置する**福祉事務所には置くことができるとする任意規定とされています。

正解 **4**

1 ◯ 身体障害者福祉法第10条第1項第2号ニ及び同法第11条第2項に規定されています。

2 ✕ 記述のような規定はありません。なお手帳の有効期限が2年間と規定されているのは、精神障害者保健福祉手帳です。

3 ✕ 知的障害者福祉法には知的障害者の定義が規定されておらず、知的障害者であることを示す手帳制度（**療育手帳**）は、1973（昭和48）年に出された**厚生事務次官通知**「療育手帳制度について」に基づくものです。

4 ✕ 知的障害者福祉法は、**知的障害者福祉司**について、都道府県が設置する知的障害者更生相談所には置かなければならず、市町村が設置する福祉事務所には置くことができるとしていますが、**社会福祉主事を置かなければならないという規定はありません**。

5 ✕ 発達障害者支援センターの運営について規定されているのは、**発達障害者支援法**においてです。

正解 **1**

ポイント チェック

障害者手帳の種類と特徴

身体障害者手帳 （対象：**身体障害者**）	●手帳の区分※：1級から6級 ●他の手帳と異なり、法律に基づき身体障害者と認められるためには欠かせないものとなっている
療育手帳 （対象：知的障害者）	●手帳の区分：一般的にはA（重度）とB（その他）に区分される ●法律ではなく、1973（昭和48）年の厚生省（当時）の事務次官通知に基づく制度のため、自治体によって、手帳の名称や区分が異なる場合がある
精神障害者保健福祉手帳 （対象：精神障害者）	●手帳の区分：1級から3級 ●2年ごとに更新する必要がある

※身体障害者の障害程度は7級まである。7級の障害は単独では交付対象とはならず、7級の障害が複数ある場合は6級とみなされ、手帳交付の対象となる

問題17
B　34-60　知的障害者福祉法

知的障害者福祉法に関する次の記述のうち、**正しいものを 1 つ選びなさい**。

1　知的障害者に対する入院形態として、医療保護入院が規定されている。

2　市町村は、知的障害者更生相談所を設けなければならないと規定されている。

3　市町村は、その設置する福祉事務所に知的障害者福祉司を置くことができると規定されている。

4　1998年（平成10年）に、精神衛生法から知的障害者福祉法に名称が変更された。

5　知的障害者に対して交付される「療育手帳」について規定されている。

問題18
C　33-61　精神保健福祉法

「精神保健福祉法」に関する次の記述のうち、**正しいものを 1 つ選びなさい**。

1　医療保護入院者を入院させている精神科病院の管理者は、退院後生活環境相談員を選任しなければならない。

2　精神障害者の定義に、知的障害を有する者は含まれない。

3　精神医療審査会は、都道府県の社会福祉協議会に設置するものとされている。

4　精神保健指定医の指定は、1 年の精神科診療経験が要件とされている。

5　精神障害者保健福祉手帳の障害等級は、6 級までとされている。

(注)「精神保健福祉法」とは、「精神保健及び精神障害者福祉に関する法律」のことである。

問題19
B　35-62　精神保健福祉法

「精神保健福祉法」に規定されている入院に関する次の記述のうち、**最も適切なものを 1 つ選びなさい**。

1　任意入院では、入院者から退院の申出があった場合、精神保健指定医の診察により、24時間以内に限り退院を制限することができる。

2　応急入院では、精神科病院の管理者は、精神保健指定医の診察がなくても、72時間以内に限り入院させることができる。

3　医療保護入院では、精神保健指定医の診察の結果、必要と認められれば、本人の同意がなくても、家族等のうちいずれかの者の同意に基づき入院させることができる。

4　医療保護入院では、精神保健指定医の診察の結果、必要と認められれば、本人の同意がなくても、本人に家族等がいない場合は検察官の同意により入院させることができる。

5　措置入院では、本人に自傷他害のおそれがあると認めた場合、警察署長の権限に基づき入院させることができる。

(注)「精神保健福祉法」とは、「精神保健及び精神障害者福祉に関する法律」のことである。

問題17

1 × 知的障害者福祉法に入院の規定はありません。医療保護入院について規定されているのは、精神保健及び精神障害者福祉に関する法律（**精神保健福祉法**）です。

2 × 知的障害者更生相談所は、**都道府県**に設置義務があります。市町村の更生援護の実施に関して、市町村相互の連絡調整や情報の提供等必要な援助を行うほか、知的障害者に関する専門的な相談や指導を行うなどの役割を担います。

3 ○ 記述のとおりです。なお、**知的障害者更生相談所**には、知的障害者福祉司の設置義務があります。

4 × 知的障害者福祉法は、1960（昭和35）年に公布された**精神薄弱者福祉法**が1998（平成10）年の精神薄弱の用語の整理のための関係法律の一部を改正する法律（翌年施行）に基づいて名称が変更されたものです。

5 × 療育手帳制度は全国にありますが、知的障害者福祉法に定めがあるものではありません。そのため、自治体によって、手帳の名称や障害等級の分け方など、内容に若干の違いがあります。

正解 **3**

問題18

1 ○ 記述のとおりです。**退院後生活環境相談員**は、医療保護入院者の退院後の生活環境に関し、医療保護入院者及びその家族等の相談に応じ、これらの者を指導する役割を担います。

2 × 精神保健福祉法第5条では「**統合失調症**、精神作用物質による**急性中毒**またはその**依存症、知的障害、精神病質**その他の**精神疾患**を有する者」をその対象として定義しています。

3 × 精神医療審査会は都道府県に設置することが定められています。

4 × 精神保健指定医の指定要件として、3年以上の精神科診療経験または5年以上の診療経験を要することなどが法に規定されています。

5 × 精神障害者保健福祉手帳の等級は、1～3級とされています。

正解 **1**

問題19

1 × 任意入院では、本人が退院を希望する場合は退院させなければなりませんが、精神保健指定医の診察により**72時間に限り退院制限**を行えることになっています。なお、特定医師の場合は、制限時間は12時間になります。

2 × 応急入院は、1名の精神保健指定医（または特定医師）の診察の結果、医療および保護のため即刻入院が必要と認め、緊急で家族等の同意が得られない場合、**72時間**（特定医師の場合は12時間）に限り入院させることができる制度です。

3 ○ 記述のとおりです。なお、**2024（令和6）年4月1日**より、家族等が同意・不同意の意思表示を行わない場合にも、**市町村長の同意**により医療保護入院を行うことが可能となっています。

4 × 医療保護入院では、連絡の取れる家族等がいないまたは家族等の全員が意思の表示ができない場合、本人の居住地等の**市町村長の同意**があれば、本人の同意がなくても入院させることができると規定されています。

5 × 措置入院は、自傷他害のおそれがあり、**2名以上の精神保健指定医**の診察の結果、入院の必要性を認めた場合、都道府県知事もしくは政令指定都市市長の決定によって入院措置を行うことができる制度です。

正解 **3**

問題20
C　26-61 **児童福祉法（障害児支援関係）の概要**

　2012年（平成24年）に改正された児童福祉法に基づく障害児サービスの再編に関する次の記述のうち、**正しいものを1つ**選びなさい。

1　障害児入所支援費は、市町村に支給申請をすることとなった。

2　情緒障害児短期治療施設の入所サービスは、障害児入所支援となった。

3　肢体不自由児通園施設の通所サービスは、障害児通所支援となった。

4　放課後等デイサービスは、児童デイサービスとなった。

5　第一種自閉症児施設の入所サービスは、医療型児童発達支援となった。

問題21
C　32-60 **発達障害者支援法**

　発達障害者支援法の規定に関する次の記述のうち、**正しいものを1つ**選びなさい。

1　市町村は、個々の発達障害者の特性に応じた適切な就労の機会の確保、就労定着のための支援に努めなければならない。

2　都道府県は、支援体制の課題を共有するとともに、関係者の連携の緊密化を図るため、発達障害者支援地域協議会を設置しなければならない。

3　発達障害者とは、発達障害がある者であって発達障害及び社会的障壁により日常生活又は社会生活に制限を受けるものをいう。

4　都道府県知事は、発達障害者に対する専門的な就労の支援等を障害者就業・生活支援センターに行わせることができる。

5　都道府県知事は、該当する者に精神障害者保健福祉手帳を交付する。

問題20

1 × 障害児入所支援費の支給決定は、**都道府県**が実施します。市町村が実施するのは、**障害児通所支援**です。

障害児通所支援以外で児童福祉法における障害児施策に係る
市町村の主な役割としては、**障害児通所給付費等の給付決定、**
指定障害児相談支援事業者の指定などが挙げられます。

2 × 情緒障害児短期治療施設は再編の対象になっておらず、**児童福祉施設**として取り扱われます。なお、2016（平成28）年の児童福祉法の改正により、情緒障害児短期治療施設は、**児童心理治療施設**に名称が変更されました。

3 ○ 肢体不自由児通園施設の通所サービスを含む通所型施設は、**障害児通所支援**となりました。肢体不自由児通園施設の通所サービスは、その中の**医療型児童発達支援**に移行しています。

4 × 障害者総合支援法のサービスであった**児童デイサービス**が、法改正に伴い児童福祉法上の**放課後等デイサービス**に再編されました。

5 × 障害児の入所サービスは、**障害児入所施設**に移行されました。第一種自閉症児施設は、その中の**医療型障害児入所施設**になっています。

正解 3

問題21

1 × 記述は、国及び都道府県の努力義務です。

発達障害者の就労の支援に関して、都道府県及び市町村は、
必要に応じ、発達障害者が就労のための準備を適切に行える
ようにするための支援が 学校 において行われるよう必要な
措置を講じるものとすると規定されています。

2 × 都道府県は、地域の実情に応じた支援体制の整備について協議を行う**発達障害者支援地域協議会を置くことができる**とされています。

3 ○ 記述のとおりです。第2条第2項に規定されています。

4 × 記述の業務は、**発達障害者支援センター**に行わせることができます。

5 × 基準を満たせば発達障害者も**精神障害者保健福祉手帳**を取得することはできますが、精神障害者保健福祉手帳は、**精神保健及び精神障害者福祉に関する法律（精神保健福祉法）**に規定される手帳制度です。

正解 3

共通 CH 8 障害者福祉

219

問題22 A　25-62　障害者虐待防止法の概要

「障害者虐待の防止、障害者の養護者に対する支援等に関する法律」に関する次の記述のうち、**正しいものを1つ**選びなさい。

1　市町村長は、毎年度、障害者福祉施設従事者等による障害者虐待の状況、虐待があった場合に採った措置等を公表しなければならない。

2　養護者による障害者虐待を受けたと思われる障害者を発見した者は、速やかに市町村に通報しなければならない。

3　市町村障害者虐待防止センターの長は、精神障害者、知的障害者に対する後見開始等の審判の請求をすることができる。

4　都道府県及び都道府県障害者権利擁護センターは、使用者による障害者虐待の通報を受けたときは、公共職業安定所（ハローワーク）に報告しなければならない。

5　地域の住民による虐待は、この法律における障害者虐待に当たる。

問題23 B　33-57改　障害者差別解消法

「障害者差別解消法」に関する次の記述のうち、**正しいものを1つ**選びなさい。

1　国際障害者年（1981年（昭和56年））に向けて、国内法の整備の一環として制定された。

2　「不当な差別的取扱いの禁止」について、国・地方公共団体等には義務が、民間事業者には努力義務が課されている。

3　「合理的配慮の提供」について、国・地方公共団体等と民間事業者に、努力義務が課されている。

4　障害者の定義は、障害者基本法に規定されている障害者の定義より広い。

5　国や地方公共団体の関係機関は、地域における障害を理由とする差別に関する相談や差別解消の取組のネットワークとして、障害者差別解消支援地域協議会を設置できる。

(注)　「障害者差別解消法」とは、「障害を理由とする差別の解消の推進に関する法律」のことである。

問題22

1 ✕ 記述の措置等を公表するのは、**都道府県知事**です。

2 ◯ 記述のとおりです。なお、使用者による障害者虐待を受けたと思われる障害者を発見した場合は、**市町村または都道府県**に通報しなければなりません。

3 ✕ 精神障害者、知的障害者に対する後見開始等の審判の請求は、本人や配偶者等親族が行うことができない場合、**市町村長**が行うことができますが、市町村障害者虐待防止センターの長にその権利はありません。

4 ✕ 使用者による障害者虐待の通報を受けた場合、**都道府県労働局**に報告しなければなりません。

5 ✕ 障害者虐待防止法第 2 条第 2 項において、障害者虐待とは、「**養護者**による障害者虐待、**障害者福祉施設従事者等**による障害者虐待及び**使用者**による障害者虐待をいう」と定義されています。

正解 2

問題23

1 ✕ 障害者差別解消法は、**障害者の権利に関する**条約を締結するための国内法の整備の一環として制定されました。

2 ✕ 「**不当な差別的取扱いの禁止**」については、国・地方公共団体等、民間事業者共に義務が課されています。

3 ✕ 「**合理的配慮の提供**」について、法制定時には国・地方公共団体等には義務が、**民間事業者には努力義務**が課されていましたが、法改正により、民間事業者も義務化されました（2024〈令和 6〉年 4 月 1 日より施行）。

4 ✕ 障害者差別解消法第 2 条における障害者の定義は、障害者基本法第 2 条における障害者の定義と同じ内容です。

5 ◯ 記述のとおりです。障害者差別解消法第17条に規定されています。

正解 5

共通 CH 8 障害者福祉

問題24 A　26-62　障害者雇用促進法の概要

「障害者雇用促進法」が定める事業主の雇用義務に関する次の記述のうち、**正しいものを1つ**選びなさい。

1　民間企業における法定雇用率は1.8％である。

2　法定雇用率を下回っている場合は障害者雇用納付金を徴収する仕組みがある。

3　障害者を雇用する事業所においては、障害者雇用推進者を専任し、障害のある従業員の職業生活に関する相談指導を行わせるよう努めなければならない。

4　精神障害者保健福祉手帳を所持している従業員を、雇用している障害者の数に算定することはできない。

5　都道府県知事は雇用率未達成の事業主に対して、雇入れ計画の作成を命ずる。

（注）「障害者雇用促進法」とは、「障害者の雇用の促進等に関する法律」のことである。

問題25 C　34-62　障害者雇用促進法、障害者優先調達推進法

「障害者雇用促進法」及び「障害者優先調達推進法」に関する次の記述のうち、**最も適切なものを1つ**選びなさい。

1　国は、障害者就労施設、在宅就業障害者及び在宅就業支援団体から優先的に物品等を調達するよう努めなければならない。

2　国や地方公共団体は、法定雇用率を上回るよう障害者の雇用を義務づける障害者雇用率制度の対象外である。

3　事業主は、障害者就労施設から物品を調達することで障害者雇用義務を履行したとみなすことができる。

4　事業主は、在宅就業支援団体を通じて在宅就業障害者に仕事を発注することで障害者雇用義務を履行したとみなすことができる。

5　事業主は、身体障害者及び知的障害者を雇用する法的義務を負うが、精神障害者については雇用するよう努めればよい。

（注）1　「障害者雇用促進法」とは、「障害者の雇用の促進等に関する法律」のことである。
　　　2　「障害者優先調達推進法」とは、「国等による障害者就労施設等からの物品等の調達の推進等に関する法律」のことである。

解答・解説

問題24

1 × 2024（令和6）年4月現在の民間企業における法定雇用率は**2.5%**です。なお、法定雇用率は段階的に引き上げることが決定しており、**2026（令和8）年7月1日**から民間企業については、**2.7%**、国・地方公共団体については、**3.0%**、都道府県などの教育委員会については、**2.9%**に引き上げられることになっています。

2 ○ 法定率未達成の場合、不足人数に対して1人につき月額5万円の**障害者雇用納付金**が徴収されます。

3 × **5人以上の障害者**を雇用する場合は、障害者職業生活相談員を専任し、職業生活上の相談及び指導を行うよう努めなければなりません。

4 × **2005（平成17）年の改正**により、精神障害者保健福祉手帳を所持する精神障害者の雇用率算定が可能になりました。

5 × **雇入れ計画の作成**を命ずるのは、厚生労働大臣です。

正解 | 2 |

問題25

1 ○ 記述のとおりです。障害者優先調達推進法とは、**障害者の自立生活**のため、障害者雇用を支援する仕組みを整えるとともに、障害者が就労する施設等の**仕事を確保**し、その**経営基盤を強化**することを目的に2012（平成24）年に制定されました。

2 × 法定雇用率は、企業種別ごとに定められており、国や地方公共団体は民間企業よりも高く設定されています（ポイントチェック参照）。

3 × 障害者雇用促進法と障害者優先調達推進法は、いずれも障害者雇用の支援を目的としたものですが、記述のようなみなし規定はありません。

4 × 在宅就業支援団体とは、在宅就業障害者を支援するため、発注元の事業主と障害者をつなぐ団体です。発注元の事業主には、障害者雇用納付金制度に基づく特例調整金や特例報奨金が支給されますが、障害者を雇用したことにはなりません。

5 × 2013（平成25）年の障害者雇用促進法の改正により、**2016（平成28）年4月から精神障害者も法定雇用率の算定基礎**に加えられ、雇用義務の対象となっています。

正解 | 1 |

ポイントチェック

法定雇用率

事業主区分	法定雇用率
民間企業（常用雇用労働者40.0人以上）	2.5%
国、地方公共団体、特殊法人など	2.8%
都道府県などの教育委員会	2.7%

問題26 **A** `32-59` **障害者総合支援法における市町村の役割**

「障害者総合支援法」に定められている市町村の役割などに関する次の記述のうち、**正しいもの**を 1 つ選びなさい。

1 　障害支援区分の認定のための調査を、指定一般相談支援事業者等に委託することができる。

2 　障害支援区分の認定に関する審査判定業務を行わせるため、協議会を設置する。

3 　市町村障害福祉計画を策定するよう努めなければならない。

4 　指定障害福祉サービス事業者の指定を行う。

5 　高次脳機能障害に対する支援普及事業などの特に専門性の高い相談支援事業を行う。

問題27 **A** `28-60` **障害者総合支援法における都道府県の役割**

「障害者総合支援法」における都道府県の役割に関する次の記述のうち、**正しいもの**を 2 つ選びなさい。

1 　自立支援医療の更生医療を実施する。

2 　指定特定相談支援事業者の指定を行う。

3 　サービス管理責任者研修事業を行う。

4 　介護給付費等の支給決定を行う。

5 　障害福祉計画を策定する。

問題28 **B** `34-58` **障害者総合支援法における関係機関などの役割**

「障害者総合支援法」の実施に関わる関係機関などの役割に関する次の記述のうち、**正しいもの**を 1 つ選びなさい。

1 　障害支援区分の認定は、市町村が行う。

2 　介護給付費に関する処分に不服がある者は、市町村長に対して審査請求ができる。

3 　訓練等給付費の支給決定は、都道府県が行う。

4 　自立支援給付や地域生活支援事業の円滑な実施を確保するための基本指針は、都道府県が定める。

5 　国、都道府県及び市町村は、自立支援給付に係る費用をそれぞれ 3 分の 1 ずつ負担する。

問題26

1　〇　記述のとおりです。

2　✕　審査判定業務を行うのは、**市町村審査会**です。

3　✕　市町村障害福祉計画の策定は、**義務**です。

4　✕　指定障害福祉サービス事業者の指定を行うのは、**都道府県**です。

5　✕　専門性の高い相談支援事業は、**都道府県地域生活支援事業の必須事業**の１つです。

正解　1

問題27

1　✕　更生医療・育成医療の実施主体は**市町村**です。

2　✕　指定特定相談支援事業所を指定するのは**市町村**です。

3　〇　サービス管理責任者研修事業は**都道府県**が実施します。

4　✕　介護給付費等の支給決定は**市町村**が行います。

5　〇　都道府県及び市町村には、障害福祉計画を策定する義務があります。

正解　3・5

問題28

1　〇　記述のとおりです。障害支援区分の認定は市町村が行います。認定のための調査については、**指定一般相談支援事業者**等に委託することもできます。

2　✕　市町村が行う介護給付費等にかかる処分に不服がある障害者や障害児の保護者は、**都道府県知事**に対して**審査請求**をすることができます。

3　✕　訓練等給付費など自立支援給付の支給決定は、**市町村**が行います。

4　✕　基本指針は、各種サービスの提供体制を整備し、事業が円滑に実施されるよう**厚生労働大臣**が定めます。

5　✕　自立支援給付にかかる費用は、**国が2分の1**を負担することになっており、残りの半分は**都道府県**と**市町村**がそれぞれ**4分の1**ずつ負担します。

正解　1

ポイント
チェック

障害者総合支援法における市町村と都道府県の主な役割

市町村	都道府県
• 介護給付費、訓練等給付費、地域相談支援給付費、自立支援医療費（精神通院医療を除く）及び補装具費等の支給認定 • 障害支援区分の認定 • 市町村地域生活支援事業の実施 • 市町村障害福祉計画の策定 • 指定特定相談支援事業者の指定など • 障害者福祉に関して、必要な調査、指導など	• 精神通院医療の支給認定 • 都道府県地域生活支援事業の実施 • 都道府県障害福祉計画の策定 • 障害福祉サービス事業者等の指定など • 審査請求への対応 • 市町村に対する必要な助言、その他の援助など

問題29 B `35-59` **障害者総合支援法における専門職の役割**

「障害者総合支援法」等に基づく専門職などに関する次の記述のうち、**最も適切なもの**を1つ選びなさい。

1 居宅介護従業者は、指定障害福祉サービスの提供に係る管理を行う者として配置されている。

2 相談支援専門員は、指定特定相談支援事業所において指定計画相談支援を行う者として配置されている。

3 相談支援専門員は、モニタリングに当たっては、1年に1回、利用者宅を訪問し面接を行わなければならない。

4 児童発達支援管理責任者は、指定障害児相談支援事業所において障害児支援利用計画の作成を行う者として配置されている。

5 居宅介護従業者は、病院又は障害福祉施設への紹介その他の便宜の提供を行う者として配置されている。

問題30 B `33-60` **障害者と家族等の支援における専門職の役割**

事例を読んで、W就労継続支援A型事業所のH生活支援員（社会福祉士）のこの段階における対応として、**最も適切なもの**を1つ選びなさい。

〔事 例〕

Jさん（45歳、男性）は、軽度の知的障害があり、賃貸アパートで一人暮らしをしている。W事業所に通い、そこでの作業を楽しんでいる。ただ、金銭管理が得意ではなく、賃金や年金が支給されるとすぐに使い果たし、ガスや電気を止められ、W事業所への交通費に困ることがあった。そこで、H生活支援員がJさんと面談すると、お金のやりくりに困っているが、興味のあるネットビジネスも始めたいと思っているとのことであった。一方、離れて暮らしている妹からは、将来を考え、ネットビジネスを諦めさせてほしいとの相談があった。

1 ネットビジネスの夢を諦めるように説得する。

2 後見開始の審判の申立てを妹に勧める。

3 日常生活自立支援事業の利用を提案する。

4 共同生活援助（グループホーム）への入居を調整する。

5 W事業所に通うために自治体の移動支援事業の利用を促す。

問題29

1 ✕ 居宅介護従業者は、障害福祉サービスのうち居宅介護や重度訪問介護、同行援護や行動援護といった**ホームヘルプサービスで利用者の日常生活を支援する役割**を担っています。

2 ◯ 記述のとおりです。相談支援専門員は、**指定特定相談支援事業所に１人以上配置**され、障害者のニーズを知り、アセスメントに基づいたサービス等利用計画を作成します。

3 ✕ モニタリングの期間は、国が示した対象者ごとの標準期間を目安として、市町村が対象者の状況等を勘案して**個別に定める**しくみです。また、居宅等を訪問し面接を行い、その結果を記録します。

4 ✕ 児童発達支援管理責任者は、**児童発達支援センター**や**放課後等デイサービス**などの**障害児通所支援**や**障害児入所支援**において、サービス管理を行う者として配置されます。

5 ✕ 居宅介護従業者は、解説１のとおり、利用者の日常生活を支援する者です。記述の業務を行うのは、**相談支援専門員**です。

正解 2

問題30

1 ✕ Ｈ生活支援員は、Ｊさんが判断能力に応じた**自己決定**ができるよう専門的知識と情報を提供するなどして**決定の過程を支援**します。知的障害により判断能力が不十分な場合でも、本人に代わって決定を行ったり、決定を主導することは適切ではありません。

2 ✕ 成年後見制度では、日用品の購入や運賃の支払等の日常生活に関する行為については後見人の権限の対象とされていないため、後見開始の審判の申立てを妹に勧めるのは適切ではありません。

3 ◯ 最も適切な対応といえます。日常生活自立支援事業では、判断能力が不十分な人に対し、福祉サービスの利用援助や**日常的金銭管理サービス**を行います。

4 ✕ Ｈ生活支援員は、Ｊさんが自分の生活について自分の意思で自由に選択し決定を行うことができるよう支援する必要があります。賃貸アパートで１人暮らしをしており、共同生活援助（グループホーム）への入居を希望している様子のないＪさんに共同生活援助への入居を調整することは適切ではありません。

5 ✕ 移動支援は社会生活上不可欠な外出や余暇活動等の社会参加のための外出を支援するものであり、自分で事業所に通うことができているＪさんに移動支援事業の利用を促すのは適切ではありません。なお、通所や通学のために移動支援が利用できるかは自治体の判断によります。

正解 3

A 31-59 障害者と家族等の支援における関係機関の役割

事例を読んで、各関係機関の役割に関する次の記述のうち、**最も適切なもの**を1つ選びなさい。

〔事 例〕

特別支援学校高等部を卒業見込みのHさん（Q県R市在住、軽度知的障害、18歳、男性、両親は健在）は、卒業後、実家を離れ県内のS市にある共同生活援助（グループホーム）への入居と一般就労を目指し、各関係機関に相談している。

1　特別支援学校の特別支援教育コーディネーターが、サービス等利用計画案を作成する。

2　Q県が共同生活援助（グループホーム）の支給決定を行う。

3　S市が成年後見の申立てを行う。

4　相談支援事業所の相談支援専門員が、共同生活援助（グループホーム）への体験入居を提案する。

5　Hさんの卒業後、R市がHさんの就労先に職場適応援助者（ジョブコーチ）を派遣する。

B 35-60 障害者と家族等の支援における専門職の役割

事例を読んで、この段階においてU相談支援事業所のM相談支援専門員（社会福祉士）が行う支援の内容として、次のうち**最も適切なもの**を1つ選びなさい。

〔事 例〕

U相談支援事業所のM相談支援専門員は、V精神科病院の地域医療連携室に勤務するA精神保健福祉士から、精神障害者のBさん（50歳代）の今後の生活について、相談を受けた。Bさんは、V精神科病院において約10年にわたって入院生活を送ってきた。現在、症状は安定しているが、身寄りもなく、帰る場所もない状態であり、聞かれれば、「可能なら就労したい」と答える。そこで、M相談支援専門員は、A精神保健福祉士と連携しつつ、Bさんとの定期的な面接による相談を行い、これからの生活を一緒に考えることになった。

1　地域移行支援による退院支援

2　地域定着支援による退院支援

3　公共職業安定所（ハローワーク）を利用した求職活動の支援

4　障害者就業・生活支援センターによる職業準備訓練を受けるための支援

5　後見開始の審判申立て支援

問題31

1 ✕ サービス等利用計画案を作成するのは、**指定特定相談支援事業所**の相談支援専門員です。

2 ✕ 共同生活援助（グループホーム）の支給決定を行うのは、Hさんの**居住地であるR市**です。

3 ✕ Hさんは判断能力が欠けているのが通常の状態ではありませんので、**成年後見の申立てを行う必要はありません**。

4 ◯ 記述のとおりです。

5 ✕ 現時点で、職場適応援助者（ジョブコーチ）の派遣が必要かどうかは**判断できません**。必要性があったとしても、派遣するのは**R市ではありません**。

正解 4

問題32

1 ◯ 地域移行支援では、障害者支援施設や精神科病院等に入院している障害者に対して、住居の確保やその他地域における生活に移行するための活動に関する相談等を行います。病状が安定し、社会復帰を希望するBさんに対して最も適切な支援です。

2 ✕ 地域定着支援では、**居宅において単身生活する障害者等**に対して、地域における生活を維持するために常時の連絡体制を確保し、緊急時の支援や相談等を行います。退院前のBさんへの支援内容として適切ではありません。

3 ✕ 公共職業安定所でも、障害者への就労支援を行っていますが、就職活動のためには**住所地の確保が優先**であり、身寄りや帰る場所のないBさんが、この時点で受ける支援としては適切ではありません。

4 ✕ 障害者就業・生活支援センターは、障害者の職業生活の自立を目的として、**障害者の住む地域でさまざまな機関と連携**し、就業支援と生活面での支援を一体的に行う機関です。住まいが決まっていない退院前のBさんが受ける支援としては適切ではありません。

5 ✕ Bさんは精神障害者として長く精神科病院に入院していましたが、現在退院を検討中であり、判断能力が常時欠けている状態かは判断がつきません。また、成年後見人の権限となる財産管理や身上監護が必要な状態かも判然としないことから、成年後見の申し立ては不適切です。

正解 1

ポイント
チェック

相談支援専門員と相談支援事業所

　相談支援専門員は、一定の実務経験をもち、都道府県による研修（相談支援従事者初任者研修）を受けることによってなることができる。その基本的な役割は、障害者や家族への情報提供・助言、障害福祉サービスの事業者との連絡調整、サービス等利用計画の作成などで指定相談支援事業所ごとに必ず1人は配置される。指定相談支援事業所には、次の2種類がある。

指定一般相談支援 事業所	都道府県知事が指定する事業所。基本相談支援と地域相談支援を担う。具体的には、施設入所者の**地域移行支援**などの業務が含まれる
指定特定相談支援 事業所	市町村長が指定する事業所。基本相談支援と計画相談支援を担う。具体的には、サービス等利用計画を作成する**サービス利用支援**などの業務が含まれる

共通
CHAPTER
8

ポイントチェック一覧

共通
CHAPTER

9

刑事司法と福祉

問題 1
B 33-148 **少年司法制度**

少年司法制度に関する次の記述のうち、**正しいものを1つ**選びなさい。

1 少年法は、家庭裁判所の審判に付すべき少年として、犯罪少年、触法少年、虞犯少年、不良行為少年の4種類を規定している。

2 家庭裁判所は、18歳未満の少年については、都道府県知事又は児童相談所長から送致を受けたときに限り、これを審判に付すことができる。

3 少年鑑別所は、警察官の求めに応じ、送致された少年を一定期間収容して鑑別を行う施設である。

4 少年院は、保護処分若しくは少年院において懲役又は禁錮の刑の執行を受ける者に対し、矯正教育その他の必要な処遇を行う施設である。

5 家庭裁判所が決定する保護処分は、保護観察、児童自立支援施設又は児童養護施設送致、少年院送致、検察官送致の4種類である。

問題 2
B 29-150 **少年司法関係機関との連携**

非行少年の取扱いに関する次の記述のうち、**正しいものを1つ**選びなさい。

1 触法少年に対して、家庭裁判所は少年院送致の保護処分をすることができる。

2 触法少年に対して、検察官は起訴猶予処分を行うことができる。

3 犯罪少年に対して、警察は児童相談所に送致することができる。

4 少年院在院者に対して、少年院長は仮退院の許可決定を行うことができる。

5 虞犯少年に対して、児童相談所長は検察官に送致することができる。

問題 I

1　×　少年法では、家庭裁判所の審判の付すべき少年として、**犯罪少年**、**触法少年**、**虞犯少年**の3種類が規定されています。

2　×　都道府県知事または児童相談所長から送致を受けた場合に限り、家庭裁判所は、**触法少年及び14歳未満の虞犯少年**を審判に付すことができます。なお、少年法が改正され、2022（令和4）年4月からは、18歳と19歳を新たに**特定少年**と位置づけ、成人と同様の刑事手続きを取る特例が設けられました。全事件を家庭裁判所に送致する全件送致主義は従来どおりで、これまでの16歳以上が故意の犯罪行為で被害者を死亡させた事件に加えて、1年以上の懲役・禁錮に当たる罪を犯した特定少年は、検察官送致（逆送）とすることとされました。

3　×　少年鑑別所は、**家庭裁判所の求めに応じ**、送致された少年の鑑別を行います。

4　○　記述のとおりです。

5　×　保護処分は、**保護観察**、**児童自立支援施設**または**児童養護施設送致**、**少年院送致**の3種類です。

正解 <u>4</u>

問題2

1　○　**触法少年**については、児童福祉法上の措置が優先され、都道府県知事または児童相談所長から送致を受けた場合に限って、**家庭裁判所の審判**に付されます。この審判で保護処分が相当となった場合、保護観察、児童自立支援施設・児童養護施設送致または少年院送致のいずれかの決定がなされます。

2　×　**起訴猶予処分**とは、被疑事実が明白でも、被疑者の性格、犯罪の軽重と情状などにより訴追を必要としないと判断される場合は、検察官の判断で起訴を行わないことです。検察官に起訴、不起訴の権限が与えられている成人の刑事事件とは異なり、少年事件には**起訴猶予処分の制度はありません**。

3　×　**犯罪少年**については、警察は、法律に定める手続きに従って必要な捜査及び調査を行い、罰金刑以下の刑に当たる事件は家庭裁判所に、禁錮刑以上の刑に当たる事件は検察官に**送致**します。警察が児童相談所に送致することはできません。

4　×　少年院在院者に対する**仮退院の許可決定**を行うことができるのは、**地方更生保護委員会**です。

5　×　**虞犯少年**が14歳未満の場合は、触法少年と同様に児童福祉法上の措置が優先され、家庭裁判所は、都道府県知事または児童相談所長から送致を受けたときに限り、審判に付することができます。14歳以上の場合は、家庭裁判所に通告しなければなりませんが、18歳未満であって、家庭裁判所に送致・通告するよりも、児童福祉法による措置に委ねるのが適当と認めるときは、**児童相談所**に通告することができます。いずれにしても、児童相談所長が検察官に送致することはできません。

正解 <u>I</u>

ポイントチェック

非行少年の区分

犯罪少年	14歳以上20歳未満の罪を犯した少年
触法少年	14歳未満で刑罰法令に触れる行為を行った少年
虞犯少年	一定の事由があり、その性格または環境に照らして、将来、罪を犯し、または刑罰法令に触れる行為をするおそれのある少年（18歳・19歳については特定少年として虞犯の適用除外）

問題3 A 34-147 更生保護制度の概要

更生保護に関する次の記述のうち、**正しいもの**を1つ選びなさい。

1 更生保護には、犯罪予防の活動の促進が含まれる。

2 更生保護には、再犯・再非行の防止は含まれない。

3 更生保護の処遇は、矯正施設における施設内処遇を主とする。

4 更生保護制度の基本となる法律は監獄法である。

5 更生保護行政をつかさどる国の機関は、厚生労働省である。

問題4 A 29-147 更生保護法の目的

更生保護法の目的に関する次の記述のうち、**最も適切なもの**を1つ選びなさい。

1 犯罪をした者及び非行のある少年に対して、矯正施設内において適切な処遇を行うことにより再犯を防ぎ、又はその非行をなくし、自立と改善更生を助ける。

2 犯罪をした者及び非行のある少年に対して、社会内において適切な処遇を行うことにより再犯を防ぎ、又はその非行をなくし、自立と改善更生を助ける。

3 犯罪及び非行を行うおそれのある者に対して、適切な予防活動を行うことにより犯罪を防ぎ、又はその非行性をなくし、自立と改善更生を助ける。

4 犯罪をした者に対して、本人との契約に基づき、適切な処遇を行うことにより再犯を防ぎ、自立と改善更生を助ける。

5 犯罪をした者に対して、矯正施設及び社会内において適切な処遇を行うことにより再犯を防ぎ、自立と改善更生を助ける。

問題5 B 35-147 保護観察

保護観察に関する次の記述のうち、**正しいもの**を1つ選びなさい。

1 保護観察処分少年の保護観察の期間は、少年の希望を反映して決定される。

2 保護観察所の長は、保護観察処分少年について、保護観察を継続する必要がなくなったと認めるときは、保護観察を解除する。

3 保護観察所の長は、少年院仮退院者について、少年院に戻して収容する旨の決定をすることができる。

4 仮釈放を許された者は、仮釈放の期間満了後、保護観察に付される。

5 懲役刑の全部の執行を猶予された者は、被害者の請求により保護観察に付される。

問題3

1 ○ 記述のとおりです。更生保護法第1条には、目的として犯罪をした者及び非行のある少年の改善更生を助けるとともに、**犯罪予防の活動の促進等を行う**ことが規定されています。

2 × 同法同条には、犯罪をした者及び非行のある少年に対し、社会内において適切な処遇を行うことにより、**再び犯罪をすることを防ぎ、またはその非行をなくす**ことが規定されています。

3 × 解説2のとおり、更生保護は**社会内**において適切な処遇を行うことを目的としています。

4 × 更生保護制度は、**更生保護法**により行われます。更生保護法は2007（平成19）年に犯罪者予防更正法と執行猶予者保護観察法を整理・統合し制定されました。

5 × 更生保護行政をつかさどる国の機関は、**法務省**です。

正解 １

問題4

1 × **更生保護法**の目的は、犯罪をした者及び非行のある少年に対し、社会内において適切な処遇を行うことにより、再犯を防ぎ、またはその非行をなくし、自立と改善更生を助けることです。

2 ○ 記述のとおりです。また、**恩赦の適正な運用、犯罪予防の活動の促進等**を行うことで、社会を保護し、個人及び公共の**福祉を増進する**ことも更生保護法の目的の1つです。

3 × **犯罪をした者**及び非行のある少年が対象となります。

4 × **適切な処遇**は、本人との契約に基づくものではありません。

5 × 更生保護法の目的は、犯罪をした者と、非行のある少年に対し、社会内において適切な処遇を行うことにより、再犯を防ぎ、または**その非行をなくし**、自立と改善更生を助けることです。

正解 2

問題5

1 × 保護観察処分少年の保護観察期間は、原則として、少年が**20歳**に達するときまで（その期間が**2年**に満たない場合は2年）、また少年が20歳以上であるときは、例外的に**23歳**を超えない期間で定めるとされています。

2 ○ 記述のとおりです。保護観察対象者の生活態度などを踏まえ、期間満了前の保護観察の解除など**良好措置**がとられることがあります。

3 × 少年院仮退院者が保護観察期間中に再犯や非行、遵守事項を守らなかったときは、**保護観察所長の申出**と**地方更生保護委員会の申請**を経て、**家庭裁判所の決定**により少年院への戻し収容などの不良措置がとられることがあります。

4 × 仮釈放を許された者の保護観察期間は、**刑期の残刑期間**であるため、仮釈放中に付されることになります。

5 × 裁判所で刑の全部または一部の執行を猶予された者のうち、実刑前科のない者などは裁判所の裁量で保護観察が付されることになります。

正解 2

問題6
A **32-147** **保護観察**

保護観察に関する次の記述のうち、**正しいもの**を**1つ**選びなさい。

1 保護観察は、保護観察対象者の居住地を管轄する保護観察所が行う。
2 保護観察の対象者は、自らの改善更生に必要な特別遵守事項を自分で定める。
3 保護観察処分少年の保護観察期間は、保護処分決定の日から、原則として18歳に達するまでの期間である。
4 保護観察の良好措置として、仮釈放者には仮解除の措置がある。
5 保護観察の不良措置として、少年院仮退院者には退院の措置がある。

問題7
A **25-147** **保護観察**

保護観察の実施方法である指導監督と補導援護のうち、指導監督の記述として**正しいもの**を**1つ**選びなさい。

1 特定の犯罪的傾向を改善するための専門的処遇を実施すること。
2 就業中に事故に遭遇し傷害を負った者が医療及び療養を受けることを助けること。
3 家族との争いの絶えない保護観察対象者の生活環境を改善し、及び調整すること。
4 社会から逃避しがちな対象者を社会生活に適応させるために必要な生活指導を行うこと。
5 保護観察対象者が適切な宿泊場所を得ること、及び当該宿泊場所に帰住することを助けること。

問題8
C **27-147** **1号観察と2号観察**

少年に対する保護処分として言い渡される保護観察（以下「1号観察」という。）と、少年院仮退院者に付される保護観察（以下「2号観察」という。）に関する次の記述のうち、**正しいもの**を**1つ**選びなさい。

1 1号観察は家庭裁判所が決定するが、2号観察は少年院の長が決定する。
2 対象者が成績良好の場合、1号観察には仮解除や解除といった良好措置があるが、2号観察には良好措置はない。
3 対象者が遵守事項に違反した場合、1号観察も2号観察も地方更生保護委員会の決定により少年院に収容されることになる。
4 1号観察も2号観察も、対象者が成人（20歳）に達した後でも行われることがある。
5 1号観察では一般遵守事項しか付されないが、2号観察では一般遵守事項に加えて特別遵守事項が必ず付される。

共通
CH
9
START!
GOAL!!

問題6

1 ○ 記述のとおりです。更生保護法第60条に規定されています。

2 × 特別遵守事項は、**地方更生保護委員会**または**保護観察所長**が定めます。

3 × 保護観察処分少年の保護観察期間は、保護処分決定の日から、原則、**20歳**に達するまでの期間です。

4 × 仮解除の措置は、**保護観察付執行猶予者**について行われるものです。

5 × 少年院仮退院者への退院の措置は、少年の保護観察対象者に対する**良好措置**です。

正解 | 1 |

問題7

1 ○ 記述は、更生保護法第57条第1項に規定された3種類の指導監督の内容のうちの1つです。記述以外の指導監督として、面接などによる**行状の把握**と**遵守事項の遵守**ができるよう措置をとることが規定されています。

2 × 記述は、同法第58条第2号に規定された**補導援護**の「医療及び療養を受けることを助けること」に該当します。

3 × 記述は、同法第58条第5号に規定された**補導援護**の「生活環境を改善し、及び調整すること」に該当します。

4 × 記述は、同法第58条第6号に規定された**補導援護**の「社会生活に適応させるために必要な生活指導を行うこと」に該当します。

5 × 記述は、同法第58条第1号に規定された**補導援護**の「適切な住居その他の宿泊場所を得ること及び当該宿泊場所に帰住することを助けること」に該当します。

正解 | 1 |

問題8

1 × 1号観察は、家庭裁判所が保護処分として決定する保護観察です。これに対し、2号観察は、仮退院について少年院の長が地方更生保護委員会に申出をし、**地方更生保護委員会**が決定します。

2 × いずれの種類の保護観察においても、「良好措置」「不良措置」が行われます。良好措置では、期間満了前の保護観察の打ち切り、仮解除など、不良措置では、仮釈放の取消し、少年院への戻し収容などの措置がとられます。

3 × 1号観察は保護観察所の申請、2号観察は保護観察所の申出による地方更生保護委員会の申請に基づいて、**家庭裁判所が収容の是非を決定します**。

4 ○ 1号観察は**原則20歳まで**で、20歳までに**2年に満たない場合には2年間**の保護観察に付されます。2号観察は、少年院収容期間の残期間であり、通常20歳までですが、医療少年院では、**最長26歳まで**行われることもあります。

5 × 一般遵守事項は、全ての保護観察対象者に付されます。一方、特別遵守事項は、対象者ごとの必要性に応じて、**個別に設定・変更・取消し**がなされます。

正解 | 4 |

問題9 B 34-148 生活環境の調整

少年院に収容中の者に対する生活環境の調整に関する次の記述のうち、**最も適切なもの**を1つ選びなさい。

1　仮退院決定後、速やかに開始する。

2　裁判所の発する令状をもって開始する。

3　調整すべき事項に借金返済のための金品の給与が含まれる。

4　少年院の法務技官によって行われる。

5　調整すべき事項に釈放後の就業先や通学先の確保が含まれる。

問題10 B 35-148 保護観察所が行う措置

事例を読んで、X保護観察所が行うことができる措置に関する次の記述のうち、**正しいもの**を1つ選びなさい。

〔事　例〕

少年院に収容されているMさん（17歳）は、親元に帰住することが難しいため、親元以外への帰住を希望している。X保護観察所はどのような措置をとるか検討した。

1　Mさんの少年院入院中に、釈放後の住居を確保することを調整する。

2　Mさんの仮退院を許可する。

3　Mさんの仮退院時に特別遵守事項を定める。

4　Mさんの少年院入院中に、一般遵守事項から住居に関する事項を削除する。

5　Mさんの仮退院時に保護観察期間を定める。

問題11 B 34-149 仮釈放

事例を読んで、仮釈放に関する次の記述のうち、**最も適切なもの**を1つ選びなさい。

〔事　例〕

Mさん（25歳）は、交通事故（人身事故）で懲役3年の実刑判決を受けてV刑務所に収容され、刑に服して6か月が過ぎた。深く反省し、服役中の行状も良好である。かつてMさんが勤務していた会社の社長Aさんは、Mさんが釈放された場合、自分が引受人になって再びMさんを雇用してもよいと考えている。

1　Mさんの仮釈放の審理を開始するには、MさんがV刑務所の長に仮釈放を申し立てなければならない。

2　Mさんは、仮釈放になった後は保護観察が付されない可能性がある。

3　Mさんの仮釈放の審理において、被害者の意見や心情は反映されない。

4　Mさんについて、現在の刑に服した期間では仮釈放の決定はできない。

5　Mさんの家族以外の者が仮釈放後の引受人になることはできない。

1　×　生活環境の調整は、釈放後の再犯や再非行防止のため、**矯正施設等に収容されている人を対象**に行われます。調整結果に基づき、仮釈放や仮退院の審理が行われ、仮退院等が決定されます。

2　×　生活環境の調整は、**保護観察所長が必要と認める場合**に行われるため、裁判所の令状は不要です。

3　×　生活環境の調整時効は、釈放後の住居の確保、引受人（対象者の改善更生のために特に協力する者）の確保、引受人以外の家族、関係人の理解及び協力の要請、釈放後の就業**先**・通学**先**の確保、対象者の改善更生を妨げる生活環境の改善、公共の衛生福祉に関する機関などとの調整などです。借金返済のための金品供与は含まれません。

4　×　生活環境の調整は、保護観察所長が行うこととされていますが、**実際には保護観察官**が行います。また、保護観察所長は必要に応じて保護司に協力を要請することができるとされています。

5　○　**解説3**のとおりです。

正解　5

1　○　記述のとおりです。釈放後の住居の確保は**生活環境の調整**の1つです。生活環境の調整は、対象者の釈放後の帰住環境を整備し、再犯や非行に陥ることなく社会復帰を円滑に進めるために行われます。

2　×　仮退院の許可は、**地方更生保護委員会**が行います。

3　×　保護観察所長が特別遵守事項を定めるのは、**1号観察（保護観察処分少年）**と**4号観察（保護観察付執行猶予者）**の場合です。Mさんは**2号観察（少年院仮退院者）**になるため、特別遵守事項は地方更生保護委員会が定めます。

4　×　遵守事項は、保護観察対象者が守るべきものであり、入院中のMさんは対象になりません。また、一般遵守事項は**保護観察対象者全員が遵守**すべき内容であり、削除や変更はできません。

5　×　少年院からの仮退院者の保護観察期間は、**20歳**まで（例外的に**26歳**まで）と規定されています。

正解　1

1　×　仮釈放の審理は、矯正施設長が**地方更生保護委員会に申出**を行うことで開始されます。Mさんの仮釈放の審理は、V刑務所長が申出を行うことが必要です。

2　×　仮釈放や少年院からの仮退院、婦人補導院からの仮退院の期間中は保護観察に付されることになります。

3　×　更生保護法第38条には、仮釈放の審理において、被害者またはその法定代理人、被害者が死亡した場合もしくはその心身に重大な故障がある場合はその配偶者、直系の親族、兄弟姉妹から**仮釈放に関する意見や被害に関する心情**を述べたい旨の申出があった場合は、意見等を聴取することが規定されています。

4　○　記述のとおりです。仮釈放が認められる法的期間は、**有期刑は刑期の3分の1**を、**無期刑は10年**を経過することが必要です。Mさんは懲役3年の実刑判決を受けているため、仮釈放が認められるには1年は刑に服さなければなりません。

5　×　身元引受人とは、対象者の改善更生のために特に協力する者のことであり、家族に限定される規定はありません。社長のAさんが引受人として認められることもあります。

正解　4

問題12

B 32-148 更生緊急保護

更生緊急保護に関する次の記述のうち、**正しいもの**を**1**つ選びなさい。

1 対象となる者からの申出がない場合は職権で行うことができる。

2 対象となる者に仮釈放中の者を含む。

3 対象となる者が刑事上の手続又は保護処分による身体の拘束を解かれた後2年を超えない範囲内において行われる。

4 刑事施設の長又は検察官がその必要があると認めたときに限って行われる。

5 更生保護事業を営む者に委託して行うことができる。

問題13

B 29-148 更生緊急保護

更生緊急保護の対象者に関する次の記述のうち、**正しいもの**を**1**つ選びなさい。

1 起訴猶予を受けた者は、更生緊急保護を受けることができない。

2 罰金刑の言渡しを受けた者は、更生緊急保護を受けることができない。

3 懲役・禁錮の刑につき執行猶予の言渡しを受けた者は、更生緊急保護を受けることができない。

4 懲役・禁錮の刑につき仮釈放中の者は、更生緊急保護を受けることができない。

5 懲役・禁錮の刑の執行を終わった者は、更生緊急保護を受けることができない。

問題12

1 ✕ 更生緊急保護の対象となる者からの申出がない場合、職権で行うことはできません。

2 ✕ 更生緊急保護の対象となる者に仮釈放中の者は含まれません。

3 ✕ 更生緊急保護は、対象者が刑事上の手続きまたは保護処分による身体の拘束を解かれた後、**6か月**を超えない範囲内（必要があると認められる場合には、さらに**6か月**を超えない範囲内で延長が可能）において行われます。

4 ✕ 更生緊急保護は、**保護観察所長**が必要と認めたときに限って行われます。

5 ◯ 記述のとおりです。保護観察所の長が自ら行うか、更生保護事業を営む者その他の適当な者に委託して行うことができます。

正解 5

問題13

1 ✕ **更生保護法第85条第1項**は、更生緊急保護の対象者を定めています。訴追を必要としないため公訴を提起しない処分を受けた者（同条同項第6号）は、更生緊急保護の対象となります。

2 ✕ **罰金又は科料の言渡し**を受けた者（同条同項第7号）は、更生緊急保護の対象となります。

3 ✕ 懲役又は禁錮につき刑の全部の**執行猶予の言渡し**を受け、その裁判が確定するまでの者（同条同項第3号）と保護観察に付されなかった者（同条同項第4号）、懲役又は禁錮につき刑の一部の**執行猶予の言渡し**を受け、その猶予の期間中保護観察に付されず、刑のうち執行が猶予されなかった部分の期間の執行を終わった者（同条同項第5号）は、更生緊急保護の対象となります。

4 ◯ 記述のとおりです。なお、**労役場**からの**仮出場**を許された者（同条同項第8号）や**少年院**からの**仮退院**を許された者（同条同項第9号）は、対象となります。

5 ✕ 懲役、禁錮又は拘留の**刑の執行を終わった者**（同条同項第1号）は、更生緊急保護の対象となります。

正解 4

ポイントチェック

更生緊急保護の対象

❶刑事上の手続き又は保護処分による**身体の拘束**を解かれた者
- 懲役、禁錮又は拘留の刑の執行を**終わった者**
- 懲役、禁錮又は拘留の刑の執行の**免除**を得た者
- 懲役又は禁錮の刑の全部の執行猶予の言渡しを受け、その裁判が**確定**するまでの者
- 懲役又は禁錮の刑の全部の執行猶予の言渡しを受け、**保護観察**に付されなかった者
- 懲役又は禁錮の刑の一部の執行猶予の言渡しを受け、その猶予の期間中保護観察に付されなかった者であって、その刑のうち執行が猶予されなかった部分の期間の執行を終わった者
- 訴追を必要としないため**公訴**を提起しない処分を受けた者
- **罰金**又は科料の言渡しを受けた者
- 労役場から出場し、又は仮出場を許された者
- 少年院から退院し、又は仮退院を許された者（保護観察中の者を除く）

❷親族からの援助や、公共の衛生福祉に関する機関などの保護を受けられない、又は、それらのみでは改善更生できないと認められた者

❸更生緊急保護を受けたい旨を**申し出た者**

問題14 B 27-150 更生保護制度の近年の動向

更生保護における最近の取組に関する次の記述のうち、**適切なもの**を**2つ**選びなさい。

1 仮釈放者を対象に犯罪傾向などの問題性に応じた重点的・専門的処遇を行うために、自立更生促進センターが全都道府県に設置された。

2 高齢又は障害により自立が困難な矯正施設退所者等に対し、退所後直ちに福祉サービスにつなげるなど、地域生活に定着をはかるため、地域生活定着支援センターが設置された。

3 個々の保護司への支援の必要性や、保護司会がより組織的に処遇活動や犯罪予防活動を行う観点から、更生保護サポートセンターが設置された。

4 刑の一部の執行猶予制度が新設され、薬物使用等の罪を犯した者に対して、裁量的に猶予期間中保護観察を付すことができることになった。

5 更生保護施設への入所に限界があることから、緊急的住居確保・自立支援対策の一つとして、「自立準備ホーム」が法務大臣の許可の下に設置できることになった。

問題15 B 33-150 薬物再乱用防止プログラム

事例を読んで、保護観察に関する次の記述のうち、**最も適切なもの**を**1つ**選びなさい。

〔事 例〕

Aさん（47歳、男性）は、覚醒剤取締法違反により懲役2年執行猶予4年の保護観察付きの刑の言渡しを受けた。今まで頻繁に転職を繰り返し就労経験に乏しく、現在も無職である。親の遺産で生活できており、経済的には今すぐ困窮するような状況ではない。薬物使用に関する罪悪感や後悔の念が薄いことが懸念されている。

1 Aさんの指導監督における、更生保護法が定める一般遵守事項としては、薬物再乱用防止プログラムを受けることが明記される。

2 Aさんは、薬物再乱用防止プログラムの実施期間中、簡易薬物検出検査を受けることまでは求められない。

3 Aさんへの指導監督において、保護観察官若しくは保護司は、収入又は支出の状況など、生活実態に関する資料の提出を求めることはできない。

4 Aさんのプライバシー保護のため、薬物再乱用防止プログラムには外部の関係機関（者）は関与することはできない。

5 薬物依存の改善に資する医療を受けるよう、必要な指示その他の措置をとる場合は、あらかじめ、Aさんの意思に反しないことを確認しなければならない。

解答・解説

問題14

1　×　自立更生促進センターは、2024（令和6）年3月現在、福島市及び北九州市の2か所に設置されています。

2　○　地域生活定着支援センターは、厚生労働省が2009（平成21）年に開始した地域生活定着支援事業（現在の地域生活定着促進事業）により、記述に示された目的で、各都道府県に1か所（北海道のみ2か所）設置されています。

3　○　更生保護サポートセンターでは、経験豊富な「企画調整保護司」が常駐し、保護司の処遇活動に対する支援や関係機関との連携による地域ネットワークの構築等を行っています。

4　×　刑の一部執行猶予制度では、対象者は猶予期間中保護観察を受けることが**義務**とされています。

5　×　自立準備ホームの設置は、**保護観察所に登録**する方式で行われています。

正解　2・3

問題15

1　×　薬物再乱用防止プログラムなど、犯罪的傾向を改善するために体系化された専門的処遇プログラムを受けることが明記されているのは**特別遵守事項**です。

2　×　薬物再乱用防止プログラムでは、教育課程と簡易薬物検出検査（尿検査や唾液検査）を組み合わせて実施します。

3　×　保護観察官、保護司はAさんに対し、生活状況の申告や、必要に応じて生活実態に関する資料の提出を求めることができます。

4　×　薬物再乱用防止プログラムにおけるステップアッププログラムでは、特別課程として、外部の専門機関や民間団体の見学なども行います。

5　○　記述のとおりです。記述の指示や措置を取る場合には、あらかじめそれらがAさんの意思に反しないことを確認しなければなりません。

正解　5

ポイントチェック

薬物再乱用防止プログラム

依存性薬物の悪影響を認識させ、その再乱用防止のための具体的な方法と、薬物依存からの回復に資する発展的な知識とスキルを習得させることを目的としたもの。以下のコアプログラムとステップアッププログラムの2段階で行われる教育課程と簡易薬物検出検査（尿検査や唾液検査）を組み合わせて実施する。

コアプログラム	薬物の悪影響と依存性、自己の問題性を理解させ、薬物再乱用防止のため、おおむね2週間に1回の頻度で具体的な方法を習得させる（3か月程度で全5回）
ステップアッププログラム	発展課程（コアプログラムで履修した内容を定着、応用、実践）、特修課程（依存回復に資する発展的な知識及びスキルを習得）、特別課程（❶外部の専門機関・民間支援団体の見学、❷家族を含めた合同面接）で構成されており、おおむね1か月に1回の頻度で原則として保護観察終了まで実施

問題16 A 31-148 保護観察官・保護司

保護観察官と保護司に関する次の記述のうち、**正しいもの**を **2つ**選びなさい。

1 保護観察官は、福祉事務所に配置されている。

2 保護司は、都道府県知事が委嘱する。

3 保護観察官には、法務省専門職員（人間科学）採用試験がある。

4 保護観察は保護観察官、犯罪予防活動は保護司が分担する。

5 保護司の活動拠点として、更生保護サポートセンターが設置されている。

問題17 A 33-147 保護観察官・保護司

保護観察官及び保護司に関する次の記述のうち、**最も適切なもの**を **1つ**選びなさい。

1 保護観察官は、都道府県庁及び保護観察所に配置される。

2 保護観察官は、犯罪の予防に関する事務には従事できない。

3 保護司の身分は、常勤の国家公務員である。

4 保護司が相互に情報交換するには、保護観察官の許可が必要である。

5 被害者を担当する保護司は、その任に当たる間、加害者の保護観察は行わない。

問題18 A 32-149改 保護司

保護司に関する次の記述のうち、**正しいもの**を **1つ**選びなさい。

1 保護司の職務に、犯罪予防を図るための啓発及び宣伝の活動は含まれない。

2 保護司には給与は支給されないが、職務に要した費用は実費弁償の形で支給される。

3 保護司は、検察官の指揮監督を受けて職務に当たる。

4 保護司は、保護観察対象者の居住先を訪問することは禁じられている。

5 保護司は、「令和4年版犯罪白書」（法務省）によると、40〜49歳までの年齢層が最も多く、過半数を超えている。

問題19 B 28-149 更生保護施設

更生保護施設に関する次の記述のうち、**正しいもの**を **1つ**選びなさい。

1 更生保護施設は、更生緊急保護の対象者に限って収容保護を行う。

2 更生保護施設の収容期間は、3か月を超えてはならない。

3 更生保護施設は、少年と成人とを別の施設に収容しなければならない。

4 更生保護施設は、被保護者に対して社会復帰のための処遇を実施する。

5 更生保護施設の運営は、社会福祉法人に限定される。

1　×　保護観察官は、保護観察所と地方更生保護委員会に配置されています。

2　×　保護司は、保護観察所の長の推薦により**法務大臣**が委嘱します。

3　○　保護観察官の採用試験には、国家公務員採用総合職試験、**法務省専門職員（人間科学）採用試験（保護観察区分）**及び国家公務員採用一般職試験があります。

4　×　保護司は、保護観察官で十分でないところを補うものとされ、**保護観察官と協働して**、保護観察、生活環境の調整、犯罪予防活動などを行います。

5　○　**更生保護サポートセンター**は、保護司・保護司会が、地域の関係機関・団体と連携しながら地域で更生保護活動を行うための拠点です。

正解　3・5

1　×　保護観察官は、保護観察所のほか、**地方更生保護委員会**にも配置されます。

2　×　主な職務には、**犯罪予防活動**も含まれることからこれに関わる事務にも従事することになります。

3　×　保護司は法務大臣から委嘱を受けた**非常勤**の**国家公務員**です。

4　×　保護司は、日頃から、保護区ごとに保護司会、都道府県ごとに保護司会連合会を組織し、さまざまな事務や連絡・調整を行っていることからも、相互の情報交換のために保護観察官の許可は不要です。

5　○　記述のとおりです。各保護観察所に、**被害者担当官**及び**被害者担当保護司**が配置されていますが、担当者は任期中、加害者の保護観察は行いません。

正解　5

1　×　保護司の職務に、犯罪予防を図るための啓発及び宣伝の活動は含まれます。

2　○　記述のとおりです。

3　×　保護司は、**地方更生保護委員会または保護観察所の長**の指揮監督を受けて職務に当たります。

4　×　保護観察対象者の居住先を訪問することは禁じられていません。

5　×　保護司の年齢層は、2022（令和4）年1月1日現在で、**60～69歳**が42.1％で最も多くなっています。

正解　2

1　×　保護観察対象者、労役場からの出場者、少年院からの仮退院者など、更生保護施設は、**幅広い対象者**を受け入れています。

2　×　更生保護施設には、保護観察対象者の場合は、保護観察期間中収容することができます。ただし、更生緊急保護対象者の場合は、原則**6か月**を超えない範囲とされています。

3　×　成人と少年とを別々に収容しなければならないという**規定はありません**。

4　○　更生保護施設で行われる**更生保護事業**は、犯罪をした者及び非行のある少年が善良な社会の一員として改善更生することを助け、もって個人及び公共の福祉の増進に寄与することを目的とすることが、更生保護法第1条で規定されています。

5　×　**更生保護法人、社会福祉法人、NPO法人、一般社団法人**などが認可を受け、運営しています。

正解　4

問題20 B 35-149 更生保護における就労支援

更生保護における就労支援に関わる機関・団体に関する次の記述のうち、**最も適切なものを1つ選**びなさい。

1 保護観察所は、保護観察対象者の補導援護として、必要に応じて職業のあっせんを行っている。

2 保護観察対象者は、公共職業安定所（ハローワーク）において、補導援護を受けることが義務化されている。

3 公共職業安定所（ハローワーク）は、協力雇用主に対し、保護観察対象者の雇用を命ずることができる。

4 保護観察所は、協力雇用主に対し、刑務所出所者のみを雇用することを命ずることができる。

5 公共職業安定所（ハローワーク）は、個々の保護観察対象者に対し、求人開拓から就職まで総合的な就労支援を行っている。

問題21 B 31-149 更生保護機関と就労支援、福祉機関との連携

更生保護の機関と就労支援及び福祉機関・団体との連携に関する次の記述のうち、**最も適切なものを**1つ選びなさい。

1 生活困窮者自立支援制度は、更生保護対象者には適用されない。

2 地域生活定着支援センターは、法務省により設置されている。

3 公共職業安定所（ハローワーク）の職員は、保護観察所に所属して就労支援を行っている。

4 協力雇用主には、対象者の身分や前歴等を知らせずに協力してもらっている。

5 公共職業安定所（ハローワーク）には、刑務所出所者等を対象とした就労支援メニューがある。

問題20

1 ✕ 補導援護としての職業補導・就職援助では、就労に関する**情報提供**や**ハローワークへの同行**などを行いますが、職業のあっせんは含まれません。

2 ✕ 補導援護を行うのは**保護観察所**のため、ハローワークで支援を受けることはありません。

3 ✕ 協力雇用主とは、**刑務所出所者などを積極的に雇用**し、**改善更生に協力**する**民間の事業主**です。雇用をハローワークなどから強制されるものではありません。

4 ✕ **解説3**のとおり、協力雇用主とは、犯罪や非行をした人を雇用し立ち直りを助ける民間の協力者であるため、保護観察所であっても雇用を強制することはできません。

5 ○ 記述のとおりです。ハローワークでは、**法務省**と**厚生労働省が連携**し、刑務所出所者等総合的就労支援対策を実施しています。**保護観察**や**更生緊急保護**の対象者に担当制による職業相談・職業紹介、トライアル雇用やセミナー、事業所見学の実施などの総合的な就労支援を行っています。

正解 5

問題21

1 ✕ 現に**保護観察**または**更生緊急保護**を受けている者も、生活困窮者自立支援制度の対象となります。

2 ✕ 地域生活定着支援センターは、**都道府県**により設置されています。

3 ✕ **刑務所出所者等総合的就労支援対策**では、矯正施設、保護観察所及び公共職業安定所（ハローワーク）等が連携する仕組みを構築したうえで、保護観察対象者等に対して、**公共職業安定所において**担当者制による職業相談・職業紹介を行うほか、セミナー・事業所見学会、職場体験講習、トライアル雇用、身元保証等の支援メニューを活用した支援を実施しています。また、矯正施設入所者に対して、**公共職業安定所の職員**による職業相談、職業紹介、職業講話等を実施しています。

4 ✕ 協力雇用主は、犯罪・非行の前歴のために定職に就くことが容易でない刑務所出所者等を、**その事情を理解したうえで**雇用し、改善更生に協力する民間の事業主です。

5 ○ **解説3**のとおりです。

正解 5

問題22 B 35-150改 **医療観察制度の概要**

「医療観察法」が定める医療観察制度に関する次の記述のうち、**最も適切なもの**を **1** つ選びなさい。

1　対象となる行為は、殺人、放火、強盗、不同意わいせつ、不同意性交等及び傷害等に当たる行為である。

2　社会復帰調整官は、各地方裁判所に配属されている。

3　入院決定を受けた者に対して医療を実施する指定入院医療機関は、都道府県知事が指定した病院である。

4　通院決定がなされた場合、指定通院医療機関による医療を受けることができる期間の上限は10年である。

5　地域社会における精神保健観察は、保護観察官と保護司が協働して実施すると規定されている。

(注)「医療観察法」とは、「心神喪失等の状態で重大な他害行為を行った者の医療及び観察等に関する法律」のことである。

問題23 B 34-150 **社会復帰調整官の業務**

事例を読んで、B社会復帰調整官の業務として、**最も適切なもの**を **1** つ選びなさい。

〔事　例〕

保護観察所のB社会復帰調整官は、「医療観察法」に基づく処遇の対象者であるCさん（30歳）を担当することになった。Cさんは「医療観察法」第107条に規定されている「守るべき事項」により届け出た居住地で生活している。

1　Cさんの居住地の保護司にCさんの処遇判断を委ねる。

2　Cさんの「守るべき事項」に、必要に応じて新たな事項を加える。

3　Cさんの通院状況や生活状況を見守るとともに、必要な指導を行う。

4　Cさんの病状が悪化した場合、指定入院医療機関への入院を決定する。

5　Cさんの病状が安定した場合、「医療観察法」による医療の終了を決定する。

(注)　「医療観察法」とは、「心神喪失等の状態で重大な他害行為を行った者の医療及び観察等に関する法律」のことである。

問題22

1 ○ 記述のとおりです。医療観察制度では、対象者の心神の状態と対象となる**重大な他害行為**を具体的に定めています。

2 × 社会復帰調整官は、医療観察制度の処遇に従事する専門スタッフとして**保護観察所**に配置されています。

3 × 指定入院医療機関は、**厚生労働大臣**が指定します。

4 × 指定通院医療機関で医療が受けられる期間は、処遇実施計画に基づき**原則3年間**（病状によっては**2年を超えない範囲で延長可能**）です。

5 × 精神保健観察の実施機関は保護観察所であり、保護観察所に配属された**社会復帰調整官**がその事務に従事します。

正解 | 1 |

精神保健観察は、対象者の通院状況や生活状況を見守り、継続的な医療を確保することを目的に実施されます。実施機関は保護観察所であり、保護観察所に配属される社会復帰調整官がその事務に従事します。

問題23

1 × 保護司は、犯罪をした者や非行少年の改善更生を地域で支援する民間のボランティアで、処遇判断をする役割ではありません。社会復帰調整官は、**ケア会議**を開催し、対象者の**処遇実施計画**を定めます。

社会復帰調整官は、精神保健観察のケア会議に支援対象者の参加を求めることができます。

2 × 医療観察法第107条に規定されている「守るべき事項」は、❶一定の住居に居住すること、❷住居を移転し、または長期の旅行をするときは、あらかじめ、**保護観察所**の長に届け出ること、❸保護観察所の長から**出頭または面接**を求められたときは、これに応ずること、の3つです。

3 ○ 記述のとおりです。社会復帰調整官は、面接や関係医療機関からの報告等を通じて、生活状況等を見守り、必要な医療を確保するための指導等を行います。

4 × 入院の決定は、**地方裁判所**が決定します。審判は、裁判官と精神科医各1名からなる合議体で行われます。

5 × 医療の終了は、保護観察所の社会復帰調整官による処遇終了等の申立てを受けて**地方裁判所**が審判します。処遇終了後は、一般の精神医療・精神保健福祉の継続となります。

正解 | 3 |

共通
CHAPTER
9

ポイントチェック一覧

共通
CHAPTER

10

ソーシャルワークの基盤と専門職

問題1　A　32-91　社会福祉士の義務等

社会福祉士及び介護福祉士法に規定されている社会福祉士の義務等に関する次の記述のうち、**最も適切なもの**を1つ選びなさい。

1 資質向上の責務として、相談援助に関わる後継者の育成を行わなければならない。

2 秘密保持義務として、その業務に関して知り得た人の秘密は、いかなる理由があっても開示してはならない。

3 信用失墜行為の禁止として、所属組織の信用を傷つけるような行為をしてはならない。

4 連携保持の責務として、業務内容の変化に対応するため、知識と技能の向上に努めなければならない。

5 誠実義務として、個人の尊厳を保持し、自立した日常生活を営むことができるよう、常にその者の立場に立って、誠実にその業務を行わなければならない。

問題2　A　34-91　社会福祉士及び介護福祉士法

社会福祉士及び介護福祉士法における社会福祉士と、精神保健福祉士法における精神保健福祉士に関する次の記述のうち、これらの法律に明記されている共通する責務として、**正しいもの**を1つ選びなさい。

1 集団的責任の保持

2 権利擁護の促進

3 多様性の尊重

4 資質向上

5 倫理綱領の遵守

問題3　A　35-91　社会福祉士

次の記述のうち、社会福祉士に関する説明として、**適切なもの**を2つ選びなさい。

1 虐待に関わる相談は、社会福祉士が独占している業務である。

2 社会福祉士は、特定の職種の任用資格になっている。

3 社会福祉士の名称は、国家試験の合格をもって使用することができる。

4 社会福祉士でない者が社会福祉士の名称を使用した場合に罰則がある。

5 介護老人保健施設に社会福祉士を置かなければならない。

解答・解説

問題1

1 ✕ **資質向上の責務**は、社会福祉及び介護を取り巻く環境の変化による業務の内容の変化に適応するため、相談援助に関する知識及び技能の向上に努めなければならないとしています。

2 ✕ **秘密保持義務**は、**正当な理由がなく**、その業務に関して知り得た人の秘密を漏らしてはならないというものです。

3 ✕ **信用失墜行為の禁止**は、社会福祉士の信用を傷つけるような行為をしてはならないというものです。

4 ✕ 記述は、資質向上の責務です。社会福祉士に対しては、その業務を行うにあたり、その担当する者に、福祉サービス等が総合的かつ適切に提供されるよう、地域に即した創意と工夫を行いつつ、福祉サービス関係者等との連携を保たなければならないという**連携保持の責務**を課しています。

5 ◯ **誠実義務**は、その担当する者が個人の尊厳を保持し、自立した日常生活を営むことができるよう、常にその者の立場に立って、誠実にその業務を行わなければならないというものです。

正解 5

問題2

1 ✕ **集団的責任**は、日本社会福祉士会の「社会福祉士の倫理綱領」（以下、「倫理綱領」）の原理Ⅳに「社会福祉士は、集団の有する力と責任を認識し、人と環境の双方に働きかけて、**互恵的な社会の実現**に貢献する」と記されています。

2 ✕ **権利擁護**は、「倫理綱領」の倫理基準Ⅰクライエントに対する倫理責任の11に「社会福祉士は、クライエントの権利を擁護し、その**権利の行使を促進**する」と記されています。

3 ✕ **多様性の尊重**は、「倫理綱領」の原理Ⅴに「社会福祉士は、個人、家族、集団、地域社会に存在する多様性を認識し、それらを**尊重する社会の実現をめざす**」と記されています。

4 ◯ 記述のとおりです。**誠実**義務、**信用失墜行為の禁止**、秘密**保持義務**、**名称の使用制限**なども介護福祉士を含め共通した義務として明記されています。

5 ✕ 倫理綱領の遵守については、「倫理綱領」の前文に「われわれは、ソーシャルワークの知識、技術の専門性と倫理性の維持、向上が専門職の責務であることを認識し、本綱領を制定して**これを遵守することを誓約する**」と記されています。

正解 4

問題3

1 ✕ 社会福祉士は、社会福祉士及び介護福祉士法に基づく**名称独占**の国家資格です。社会福祉士の資格を有する者だけが行うことができる独占業務はありません。

2 ◯ 記述のとおりです。福祉分野の行政機関や社会福祉施設、事業所等で多くの職種の任用要件の1つに社会福祉士が規定されています。

3 ✕ 国家試験に合格しても、社会福祉士として**登録**しなければ社会福祉士の名称を使用して働くことはできません。

4 ◯ 社会福祉士でない者は、社会福祉士という**名称**を使用してはなりません（名称の使用制限）。違反した場合、**30万円以下の罰金**となります。

5 ✕ 介護老人保健施設には、医師や理学療法士、介護支援専門員等の多くの医療・福祉関連職種の配置義務がありますが、社会福祉士の配置は義務づけられていません。

正解 2・4

共通 CH 10 ソーシャルワークの基盤と専門職

問題4 Ａ 33-92 ソーシャルワーク専門職のグローバル定義

　次のうち、「ソーシャルワーク専門職のグローバル定義」(2014年) が「ソーシャルワークの定義」(2000年) と比べて変化した内容として、**最も適切なもの**を１つ選びなさい。

1　人間関係における問題解決を図ることが加えられた。

2　中核をなす原理として、社会の不変性の尊重が容認された。

3　実践の基盤として、社会システムに関する理論の導入が加えられた。

4　定義は、各国及び世界の各地域で展開することが容認された。

5　人々が環境と相互に影響し合う接点に介入することが加えられた。

(注)　1　「ソーシャルワーク専門職のグローバル定義」とは、2014年7月の国際ソーシャルワーカー連盟 (IFSW) と
　　　　　国際ソーシャルワーク学校連盟 (IASSW) の総会・合同会議で採択されたものを指す。
　　　2　「ソーシャルワークの定義」とは、2000年7月の国際ソーシャルワーカー連盟 (IFSW) で採択されたものを
　　　　　指す。

問題5 Ａ 35-92 ソーシャルワーク専門職のグローバル定義

　次のうち、「ソーシャルワーク専門職のグローバル定義」(2014年) に関する記述として、**最も適切なもの**を１つ選びなさい。

1　本定義は、各国および世界の各地域を問わず、同一であることが奨励されている。

2　ソーシャルワーク専門職は、社会変革を任務とするとともに社会的安定の維持にも等しく関与する。

3　ソーシャルワークの原則において、マイノリティへの「多様性の尊重」と「危害を加えない」ことは、対立せずに実現可能である。

4　ソーシャルワークの研究と理論の独自性は、サービス利用者との対話的過程とは異なるところで作り上げられてきた。

5　ソーシャルワークの焦点は多様であるが、実践における優先順位は固定的である。

(注)「ソーシャルワーク専門職のグローバル定義」とは、2014年7月の国際ソーシャルワーカー連盟 (IFSW) と国際ソーシャルワーク学校連盟 (IASSW) の総会・合同会議で採択されたものを指す。

問題4

1 × 人間関係における問題解決を図ることが謳われたのは、2000年の「ソーシャルワークの定義」です。

2 × 「ソーシャルワーク専門職のグローバル定義」には、「社会正義、人権、集団的責任、および**多様性尊重**の諸原理は、ソーシャルワークの中核をなす」と明記されていますが、社会の不変性の尊重を容認するという記述はありません。

3 × 社会システムに関する理論の導入が謳われたのは、2000年の「ソーシャルワークの定義」です。

4 ○ 「ソーシャルワーク専門職のグローバル定義」では、各国および世界の各地域で展開してもよいとされました。

5 × 人々が環境と相互に影響し合う接点に介入することが謳われたのは、2000年の「ソーシャルワークの定義」です。

正解 **4**

問題5

1 × 「ソーシャルワーク専門職のグローバル定義」では、各国および世界の各地域で展開してもよいとされており、それぞれの置かれた**社会的・政治的・文化的状況**に応じた独自の定義を作ることができるとされています。

2 ○ 記述のとおりです。

3 × 「多様性の尊重」と「危害を加えない」ことは状況によっては、対立し、**競合する**価値観となることがある、とされています。

4 × 多くのソーシャルワーク研究と理論は、サービス利用者との双方向性のある**対話的過程を通して共同で作り上げられてきたもの**であり、それゆえに特定の実践環境に特徴づけられる、とされています。

5 × ソーシャルワークの実践が実際上何を優先するかは、国や時代により、**歴史的・文化的・政治的・社会経済的条件**により、多様である、とされています。

正解 **2**

ポイント チェック

ソーシャルワーク専門職のグローバル定義

　ソーシャルワークは、**社会変革と社会開発、社会的結束、および人々のエンパワメントと解放**を促進する、実践に基づいた専門職であり学問である。
　社会正義、人権、集団的責任、および多様性尊重の諸原理は、ソーシャルワークの中核をなす。
　ソーシャルワークの理論、社会科学、人文学、および地域・民族固有の知を基盤として、ソーシャルワークは、生活課題に取り組み**ウェルビーイング**を高めるよう、人々やさまざまな構造に働きかける。
　この定義は、各国および世界の各地域で展開してもよい。

- 中核となる任務…社会変革・社会開発・社会的結束の促進、および人々の**エンパワメント**の解放がある。
- 原則…ソーシャルワークの大原則は、人間の内在的価値と尊厳の尊重、危害を加えないこと、**多様性の尊重**、人権と社会正義の支持である。
- 知…基礎となる知は、ソーシャルワークの理論、社会科学、人文学、地域・民族固有の知。複数の学問を横断し実践の知となる。
- 実践…ソーシャルワークは、できる限り、「人々のために」ではなく、「人々とともに」働くという考え方をとる。

問題6 B　35-94　利用者本位

　事例を読んで、Z障害者支援施設のF生活支援員（社会福祉士）がこの時点で行う支援方針の見直しに関する次の記述のうち、**最も適切なもの**を1つ選びなさい。

〔事　例〕

　知的障害のあるGさん（35歳）は、日頃から言語的コミュニケーションは難しいところがあるが、Z障害者支援施設から離れた場所にある生家に一時外泊を行った。Gさんが施設に戻った際に、Gさんの家族から、外泊中の様子を伝えられた。自分から気に入った場所に遊びに出掛けたり、簡単な食事は自分で用意したりしていたとのことであった。F生活支援員にとっては、施設ではこれまで見掛けたことのなかったGさんの様子であった。

1　Gさんの支援は、施設と自宅では環境が異なるため、施設の事情や制約に合わせた支援を行うことを再確認する。

2　Gさんの施設での生活では、職員が考えるGさんの最善の利益に関する事柄を優先的に取り入れる。

3　Gさんの興味が広がるよう、Gさんの理解力や意思決定の力を考慮して、思いや選好を確認するよう努める。

4　家族から聞いた話を基に、Gさんの支援に、自立に向けたプログラムとして施設内で実施している料理教室への参加を組み入れる。

5　Gさんの短期的な支援目標を、施設に近接する共同生活援助（グループホーム）への移行に改める。

問題7 B　32-94　権利擁護

　アドボカシーに関する次の記述のうち、**最も適切なもの**を1つ選びなさい。

1　ケースアドボカシーとは、クライエントと同じ状況に置かれている人たちの権利を守るために、新たな制度を開発する活動である。

2　コーズアドボカシーとは、クライエントの権利を守るために、法的な手段を用いる活動である。

3　セルフアドボカシーとは、クライエントが自らの権利を主張していく活動である。

4　シチズンアドボカシーとは、同じ課題を抱えるクライエントの代弁や制度の改善・開発を目指す活動である。

5　リーガルアドボカシーとは、一人のクライエントの安定した生活を復権させる活動である。

問題6

1 ✕ ソーシャルワーク専門職は、**利用者の意思を尊重した自己決定が行われるように支援**していくことが基本的な姿勢です。

2 ✕ Gさんの施設での生活は、Gさんが考える事柄を優先します。

3 ○ 利用者の意思と主体性を尊重して、自己決定を支援するように努めており、適切な支援方針です。

4 ✕ 家族から聞いた話のみではなく、Gさんの意思を確認して自己決定を支援します。

5 ✕ 共同生活援助（グループホーム）は主に夜間において共同生活を営む住居で相談、入浴、排泄、食事の介護その他の日常生活上の援助を行うものです。Gさんは、自宅では簡単な食事は自分で用意しており、グループホームへの移行は必要ありません。

正解 3

問題7

1 ✕ **ケースアドボカシー**とは、クライエントとその家族を対象に実施する個別的な権利を代弁する活動をいいます。

2 ✕ 記述は、**リーガルアドボカシー**の説明です。**コーズアドボカシー**とは、特定の集団の権利を守る活動をいいます。

3 ○ 記述のとおりです。**セルフアドボカシー**とは、クライエント自らが権利擁護活動を行うことをいいます。

4 ✕ 記述は、**コーズアドボカシー**の説明です。**シチズンアドボカシー**とは、クライエントを含む市民が主体となって行う権利擁護に向けた市民運動をいいます。

5 ✕ **リーガルアドボカシー**とは、クライエントの権利を守るために、法的な手段を用いて権利の獲得などに向けた活動をいいます。

正解 3

ポイント チェック

主なアドボカシーの種類

アドボカシーは、対象による分類とアドボカシーを行う主体により、以下のように分類される。

■対象による分類

ケースアドボカシー	個人の権利を守る活動
コーズ（クラス）アドボカシー	特定の集団の権利を守る活動

■担い手による分類

セルフアドボカシー	当事者自身やグループが行うアドボカシー
シチズンアドボカシー	当事者を含む市民が行うアドボカシー
リーガルアドボカシー	弁護士や当事者などが協働して行うアドボカシー
パブリックアドボカシー	公的機関や組織などが行うアドボカシー

事例を読んで、NPO法人の職員（社会福祉士）によるストレングス視点に基づくボランティアへの発言として、**最も適切なもの**を1つ選びなさい。

〔事　例〕

T町の基幹産業は農業であったが、従事者の高齢化や人口減少により担い手の確保に困っていた。そこで、地元農家が農福連携で障害者の雇用機会の拡大を目的としてNPO法人を立ち上げた。今日は、障害者支援施設から軽度の知的障害のある十数名の利用者が、初めて農作業体験に来ており、地元の大学生ボランティアに作業に付き添ってもらうことにした。

1 「もっと農作業をしたいと本人が望んでも、全員同じ作業量を守ってください」
2 「行った農作業以外に関心を示していた作業があれば、報告してください」
3 「本人が困っていたら、あなたが代わりに農作業を行ってください」
4 「農作業に変化をもたせるために、短時間で違う農作業に移らせてください」
5 「利用者同士が農作業中に話をしていたら、話さないように注意してください」

「認知症の人の日常生活・社会生活における意思決定支援ガイドライン」（2018年（平成30年）（厚生労働省））と「障害福祉サービス等の提供に係る意思決定支援ガイドライン」（2017年（平成29年）（厚生労働省））における意思決定支援に関する次の記述のうち、**最も適切なもの**を1つ選びなさい。

1 認知症の人の意思決定支援では、家族は本人と利害が対立することがあることから、意思決定支援チームの一員に入らないこととされている。
2 認知症の人の意思決定支援では、本人が実際の経験をすると本人の意思が変わることがあるので、体験利用などの提案は控えた方がよいとされている。
3 障害者の意思決定支援では、それに必要な情報の説明は本人が理解できるように工夫して行い、自己決定の尊重に基づくことが基本的原則である。
4 障害者の意思決定支援では、職員等の価値観においては不合理でも、また他者の権利を侵害する場合でも、その選択を実現する支援を行うことが基本的原則である。
5 障害者の意思決定支援では、本人の自己決定や意思確認の前に、本人をよく知る関係者が集まり、本人の意思を推定する支援を行うことが基本的原則である。

1　×　知的障害者の障害の程度には個人差があり、作業量にも個人差があります。全員同じ作業量を強制的に守らせるのは、不適切な対応です。

2　○　利用者の作業を間近で観察できるのは、作業に付き添う大学生ボランティアです。個々の障害者の個性や興味・関心が、さまざまな雇用や**可能性を広げるきっかけ**になるかもしれません。報告を依頼するのは適切な対応であるといえます。

3　×　ボランティアである大学生が、代わりに農作業を行った場合、利用者本人の**成長や発達を阻害**し、可能性を摘むことになります。本人が困っている状態の場合、その理由を明らかにして、補助的な支援を行うことにより、**課題を克服**できる可能性があります。

4　×　知的障害者の場合、複数の作業に対し、短時間で習熟することは想定しにくいです。多少時間がかかっても、ある程度、**習熟するのを待って**、次の作業に移るべきだと思われます。

5　×　雇用機会の拡大を目的とした農作業体験です。楽しい雰囲気で**成功体験**として経験することが大切です。私語厳禁での統制的な指導は、雰囲気を悪くするため好ましくありません。

正解　2

1　×　「認知症の人の日常生活・社会生活における意思決定支援ガイドライン」では、家族も本人の意思決定支援者であり、**意思決定支援チームの一員となることが望ましい**とされています。

2　×　「認知症の人の日常生活・社会生活における意思決定支援ガイドライン」によると、本人が実際の経験（ショートステイ体験など）をすると、本人の意思が変更されることがあるため、**本人にとって無理のない経験を提案**することが有効な場合があるとしています。

3　○　記述のとおりです。「障害福祉サービス等の提供に係る意思決定支援ガイドライン」では、「**本人の意思確認ができるようなあらゆる工夫**を行い、本人が安心して自信を持ち自由に意思表示できるよう支援することが必要」としています。

4　×　「障害福祉サービス等の提供に係る意思決定支援ガイドライン」では、職員等の価値観においては不合理と思われるものでも、障害者による意思決定が**他者への権利を侵害しない**のであれば、その選択を尊重するよう努めるとしています。

5　×　「障害福祉サービス等の提供に係る意思決定支援ガイドライン」では、**本人の自己決定や意思確認がどうしても困難な場合**は、本人をよく知る関係者が集まって、本人の意思及び選好を**推定**するとしています。

正解　3

事例を読んで、Dスクールソーシャルワーカー（社会福祉士）による助言として、**最も適切なもの**を1つ選びなさい。

〔事　例〕

小学校2年生のE君（7歳）は、授業中に教室内を歩き回ることが頻繁にある。担任がE君の離席を注意すると、E君はパニックを起こし、泣き叫びながら教室の外に飛び出してしまう。授業の進度も大幅に遅れていることから、複数の保護者から担任の交代を求めるクレームが校長に寄せられている。校長は、教育委員会にスクールソーシャルワーカーの派遣を要請し、助言を求めることとした。Dスクールソーシャルワーカーは学校を訪問し、授業観察を行った。

1　校長に対して、E君を転校させる必要性があると助言する。

2　校長に対して、保護者からのクレームは気にする必要がないと助言する。

3　校長に対して、個別的な対応をするため、特別支援教育支援員配置の必要性があると助言する。

4　E君の担任に対して、E君の指導を厳格にするよう助言する。

5　E君の保護者に対して、家庭でのしつけを徹底するように助言する。

次のうち、ノーマライゼーションの原理を八つに分けて整理した人物として、**適切なもの**を1つ選びなさい。

1　ソロモン（Solomon, B.）

2　バンク-ミケルセン（Bank-Mikkelsen, N.）

3　ヴォルフェンスベルガー（Wolfensberger, W.）

4　サリービー（Saleebey, D.）

5　ニィリエ（Nirje, B.）

1　✕　E君を転校させても**問題解決**にはなりません。問題点はどこにあり、どのような援助が必要か、利用できる資源があるかを検討して、最善の支援方法を探るのがスクールソーシャルワーカーの役割です。

2　✕　現実に授業の進度が大幅に遅れている状況で、何らかの対応を検討しなければ、ほかの児童の学習にも支障が出てしまいます。校長に対して、保護者からのクレームは気にする必要がないと助言することは、適切ではありません。

3　○　現状のままでは、E君にとってもクラスメートにとってもよい環境とはならず、状況を改善するための方策が必要です。E君には、多動性、衝動性のあることがうかがえるため、**発達障害**の児童に対する学習活動上のサポートを行う**特別支援教育支援員**を配置するよう助言することは、適切です。

4　✕　離席を注意するとパニックを起こしてしまう状況で、担任に対してE君の指導を厳格にするよう助言しても**問題解決**にはならず、状況の悪化につながるおそれがあります。

5　✕　多動性、衝動性があるE君の保護者に対して、家庭でのしつけを徹底するように助言しても、保護者とE君の負担となるだけで、問題の状況は改善しません。

正解　3

1　✕　ソロモンは、**エンパワメント**の考え方を初めて提唱し、広めた人物です。『黒人のエンパワメント』を著し、パワーの欠如の由来を分析し、抑圧要因に対処する方策を探求しました。

2　✕　バンク-ミケルセンは、デンマークで知的障害者の親の会の活動からその願いである「ノーマライゼーション」という言葉を「1959年法」に盛り込んだ人物であり「**ノーマライゼーションの父（生みの親）**」と呼ばれています。「精神遅滞者にできるだけノーマルに近い生活を提供すること」がノーマライゼーションの目的であると述べました。

3　✕　ヴォルフェンスベルガーは、アメリカとカナダで活動し、ノーマライゼーションの概念を理論化、体系化して発展させた人物です。1983年には、ノーマライゼーションの原理にかわる新しい学術用語として「**ソーシャルロールバロリゼーション**（Social Role Valorization：社会的役割の実践）」を提唱しました。

4　✕　サリービーは、ヴェッグやゴールドシュタインとともに、ソーシャルワークに「**ストレングス視点**」を導入し、理論構築した人物です。サリービーによればストレングス視点は、理論ではなく思考の方法であり、その特徴は、人と環境の相互作用を踏まえ、広い視点で利用者を捉えて働きかけること、利用者と同じ目線で利用者の可能性を信じ働きかけることなどです。

5　○　ニィリエは、スウェーデンでノーマライゼーションを広めた人物であり、**ノーマライゼーションの育ての親**と呼ばれています。ノーマライゼーションの原理を「社会の主流となっている規範や形態にできるだけ近い、日常生活の条件を知的障害者が得られるようにすること」（1969年）と定義し、さらに「**ノーマライゼーションの8つの原理**」を実現しなければならないと位置づけました。

正解　5

問題12
B 29-93 **慈善組織協会（COS）**

慈善組織協会（COS）に関する次の記述のうち、**最も適切なものを1つ**選びなさい。

1　COSは、労働者や子どもの教育文化活動、社会調査とそれに基づく社会改良を目的に設立された。

2　COSの救済は、共助の考えに基づき、社会資源を活用して人と人が支え合う支援を行った。

3　COSは、把握した全ての貧困者を救済の価値のある貧困者として救済活動を行った。

4　COSは、友愛訪問員の広い知識と社会的訓練によって友愛訪問活動の科学化を追求した。

5　COSの友愛訪問活動の実践を基に、コミュニティワーカーに共通する知識、方法が確立された。

問題13
B 33-94 **セツルメント**

19世紀末から20世紀初頭のセツルメント活動に関する次の記述のうち、**正しいものを1つ**選びなさい。

1　バーネット（Barnett, S.）が創設したトインビーホールは、イギリスにおけるセツルメント活動の拠点となった。

2　コイト（Coit, S.）が創設したハル・ハウスは、アメリカにおけるセツルメント活動に大きな影響を及ぼした。

3　石井十次が創設した東京神田のキングスレー館は、日本におけるセツルメント活動の萌芽となった。

4　アダムス（Addams, J.）が創設したネイバーフッド・ギルドは、アメリカにおける最初のセツルメントであった。

5　片山潜が創設した岡山孤児院は、日本におけるセツルメント活動に大きな影響を及ぼした。

解答・解説

問題12 慈善組織協会（COS）は、1869年にイギリスのロンドンで設立されました。被救済者の登録を行って救済の重複や不正受給の抑制を行うことを意図して始まりました。

1 × **セツルメント**が社会改良を目的としたのに対して、貧困を**道徳的問題**と捉えていたCOSの主要な目的は、慈善活動とその資源を効率的に配分するための慈善の組織化です。受給貧民のさらなる依存的傾向を矯正するために、各種慈善組織の調整（**漏救と濫救**の調整）を行いました。

2 × COSの救済は、人と人が支え合う**共助**の考えに基づくものではありません。その財源は、慈善家たる市民からの**寄付**であり、限られたものでした。それを貧困者へ給付するために、結果として援助技術であるケースワークの発展に貢献することになりました。

3 × COSは、貧民を「救済に値する者」と「救済に値しない者」に選別し、前者をケースワークの対象として救済活動を行い、後者は**救貧法**の対象としました。

4 ○ 記述のとおりです。COSが蓄積した貧困者の成育歴、職歴、学歴、収入、資産、家族、親類、近隣との関係、労働環境などを統計的に処理したデータは、援助技術であるケースワークの発展に貢献しました。

5 × 一般的に、COSの友愛訪問活動の実践を基に、**ケースワーク**の理論と方法が確立され、**セツルメント**の活動を基に、**グループワークやコミュニティワーク**の理論と方法が確立されたといわれています。

正解 **4**

問題13 セツルメントとは、知識や財産をもつ人（教員や学生、聖職者など）がスラム街に住み込み、スラムに住む社会的に弱い立場にある人たちと生活を共にしながら社会福祉の向上を図る運動のことです。

1 ○ バーネットは、1884年、ロンドンのイースト・エンドに世界最初のセツルメントである**トインビー・ホール**を設立し、イギリスにおけるセツルメント活動の拠点となりました。

2 × 1889年、アメリカのシカゴに**ハル・ハウス**を創設したのは、**アダムス**です。

3 × 1897（明治30）年に日本最初の隣保館である**キングスレー館**を設立したのは、**片山潜**です。

4 × 1886年、アメリカのニューヨークに**ネイバーフッド・ギルド**を開設したのは、**コイト**らです。

5 × 1887（明治20）年に岡山孤児院を設立したのは、**石井十次**です。

正解 **1**

ポイントチェック

代表的なセツルメントと先駆者

トインビー・ホール	世界で初めてのセツルメント活動の拠点として、**1884年にイギリスのロンドン**で建設された。初代館長はバーネット（Barnett, S.）。労働者や児童への教育、セツルメントに参加した人（**セツラー**）の**地域**の社会資源への参加などの活動を行った
ネイバーフッド・ギルド	1886年、コイト（Coit, S.）らがニューヨークに設立したアメリカ初のセツルメント運動の拠点
ハル・ハウス	**アダムス**（Addams, J.）がトインビー・ホールでの学習を踏まえて、**1889年**、**アメリカのシカゴ**に設立。当時世界最大のセツルメント。シカゴのスラム街に住む移民への支援が目的。子どもたちを対象にしたさまざまなグループ活動はのちのグループワークへと発展していった

問題14 B 35-95 リッチモンドが提唱した概念

リッチモンド（Richmond, M.）の人物と業績に関する次の記述のうち、**適切なものを2つ**選びなさい。

1 ケースワークの専門職としてニューヨーク慈善組織協会に採用された。

2 ケースワークの体系化に貢献したことから、後に「ケースワークの母」といわれた。

3 社会改良を意味する「卸売的方法」は、個別救済を意味する「小売的方法」の始点であり終点であると位置づけた。

4 『社会診断』において、ケースワークが社会的証拠の探索と収集を重視することに対して、異議を唱えた。

5 『ソーシャル・ケース・ワークとは何か』において、ケースワークを人間と社会環境との間を調整し、パーソナリティを発達させる諸過程と定義した。

問題15 B 34-92 ソーシャルワークの形成過程

ソーシャルワークの発展に寄与した代表的な研究者とその理論に関する次の記述のうち、**最も適切なものを1つ**選びなさい。

1 ホリス（Hollis, F.）は、「状況の中の人」という視点で、心理社会的アプローチを提唱した。

2 トール（Towle, C.）は、「ケースワークは死んだ」という論文を発表し、社会問題へ目を向けることを提唱した。

3 パールマン（Perlman, H.）は、社会的要因が心理的要因に従属させられていると指摘し、両者の再統合を提唱した。

4 ロビンソン（Robinson, V.）は、内的な特徴と外的な特徴を統合させて人間を理解することを提唱した。

5 ハミルトン（Hamilton, G.）は、社会科学とのつながりを意識して、「リッチモンドに帰れ」と原点回帰を提唱した。

問題16 B 32-93 ソーシャルワークの形成過程

ソーシャルワーク実践理論を発展させた人物に関する次の記述のうち、**正しいものを1つ**選びなさい。

1 ベーム（Boehm, W.）は、人間と環境の交互作用を基本視点とした生態学的アプローチを展開した。

2 ジャーメイン（Germain, C.）は、ソーシャルワークを本質的な観点から検討し、ソーシャルワークの活動を三つの機能に分類して定義化を試みた。

3 シュワルツ（Schwartz, W.）は、個人と社会の関係は共生的な相互依存関係であるとし、ソーシャルワーカーの媒介機能を重視する相互作用モデルを展開した。

4 ゴールドシュタイン（Goldstein, H.）は、価値の体系、知識の体系および多様な介入方法の3要素に基づくソーシャルワーク実践の共通基盤を提唱した。

5 バートレット（Bartlett, H.）は、システム理論を指向した一元的アプローチを展開し、後に認知的－人間性尊重アプローチを展開した。

問題14

1 ✕ リッチモンドは、アメリカのボルチモア慈善組織協会で友愛訪問員として活動していました。そこで援助者の専門的知識や訓練の重要性を感じ、全米慈善矯正会議にて、応用博愛学校の必要性を提唱し、その後のケースワークの専門職化に発展しました。

2 ○ 記述のとおりです。リッチモンドは、ケースワークの体系化に大きな功績を残したため、「ケースワークの母」と呼ばれています。

3 ✕ リッチモンドは、ケースワークには、「個別救済を意味する小売的方法から社会改良を意味する卸売的方法への上昇」、「卸売り的方法から小売り的方法への下降」の双方が必要であるとしました。

4 ✕ リッチモンドは、『社会診断』において、「**社会的証拠の収集→比較・推論→社会診断**」という過程によって、クライエントの置かれている社会的状況とパーソナリティをできるだけ正確に捉えていく方法を**社会診断**と定義しました。

5 ○ 記述のとおりです。リッチモンドは、『ソーシャル・ケース・ワークとは何か』において、ケースワークを「人間と社会環境との間を個別に意識的に調整することを通して、パーソナリティを発達させる諸過程から成り立っている」と定義しました。

正解 **2・5**

問題15

1 ○ 記述のとおりです。「**状況の中の人**」は、「人」「状況」「人と状況の相互作用」という三つの相互関連性からクライエントの問題を捉える視点です。

2 ✕ 記述は、**パールマン**です。トールは、ソーシャルワークが対応するニーズとして、**肉体的福祉、情緒的・知的成長の機会、他者との関係、精神的なニーズ**の4つを挙げ、所得の高低、疾病や障害の有無、老若男女を問わず、「人々のもつ基本的要求は変わらない」と唱えています。

3 ✕ パールマンは、**診断主義**と**機能主義**双方の理論を取り入れた問題解決アプローチを提唱しました。

4 ✕ ロビンソンは、人間のもつ自由な意志とソーシャルワーカーや機関の機能に即したフォームを重視する、**機能的アプローチ**を提唱しました。

5 ✕ 「リッチモンドに帰れ」と原点回帰を提唱したのは、**マイルズ**です。ハミルトンは、1940年に『ケースワークの理論と実際』を著し、**診断主義アプローチ**を体系化しました。

正解 **1**

問題16

1 ✕ ベームは、**社会的機能**を高めることがソーシャルワークの目標であるとした人物です。

2 ✕ ジャーメインは、ギッターマンらと、ワーカーとクライエントの交互作用に着目した**生活モデル**を提唱した人物です。

3 ○ 記述のとおりです。**シュワルツ**は、グループワークにおける**相互作用モデル**を提唱した人物です。

4 ✕ **ゴールドシュタイン**は、一般システム理論に基づき、戦略、ターゲット、段階という3つの次元からなる**ユニタリー・アプローチ**を提唱した人物です。

5 ✕ **バートレット**は、価値の体系、知識の体系及び多様な介入方法の3要素に基づくソーシャルワーク実施の共通基盤を提唱した人物です。

正解 **3**

問題17 B 35-93 ソーシャルワークの形成過程

19世紀中期から20世紀中期にかけてのソーシャルワークの形成過程に関する次の記述のうち、**最も適切なもの**を1つ選びなさい。

1 エルバーフェルト制度では、全市を細分化し、名誉職である救済委員を配置し、家庭訪問や調査、相談を通して貧民を減少させることを目指した。

2 セツルメント運動は、要保護者の個別訪問活動を中心に展開され、貧困からの脱出に向けて、勤勉と節制を重視する道徳主義を理念とした。

3 ケースワークの発展の初期段階において、当事者を主体としたストレングスアプローチが提唱された。

4 ミルフォード会議では、それまで分散して活動していたソーシャルワーク関係の諸団体が統合された。

5 全米ソーシャルワーカー協会の発足時には、ケースワークの基本的な事柄を広範囲に検討した結果として、初めて「ジェネリック」概念が提起された。

問題18 B 29-94 ソーシャルワークの統合化

アメリカにおけるソーシャルワークの統合化に関する次の記述のうち、**最も適切なもの**を1つ選びなさい。

1 統合化の背景には、専門分化されたソーシャルワーク実践が多様化する社会問題に対応できていたことがある。

2 統合化とは、ケースマネジメントとカウンセリングに共通する新しい知識や方法を明らかにする動きのことである。

3 ミルフォード会議の報告書（1929年）において、「ソーシャルケースワーク」という概念が初めて示され、統合化への先駆けとなった。

4 ジェネラリスト・アプローチは、ソーシャルワークの統合化の一形態である。

5 精神分析学は、ソーシャルワークの統合化に大きな影響を与えた。

問題17

1 ○ 記述のとおりです。19世紀半ばに、ドイツのエルバーフェルトで市域全市を細分化して救済委員を配置し、家庭訪問、調査や相談を行いました。このエルバーフェルト制度はその後、ドイツのなかで広く普及しました。これを参考にして、日本では済世顧問**制度**や方面委員**制度**が制定されました。

2 × セツルメント運動は、貧困問題の解決のために大学生や教員、社会事業家などがスラム地域に住み込み、そこに住む住民との交流を通じて生活の向上を図ろうとする取組です。貧困からの脱出には、教育と環境の改善が必要として、子どもたちに対するグループ活動などを通じて**社会改良**を目指しました。

3 × ストレングスアプローチ（ストレングスモデル）が提唱されたのは、ケースワークの発展の**後期段階**である1970年代頃です。

4 × ミルフォード会議では、1929年に発表された報告書において、「**ジェネリック**」（**一般性**）と「**スペシフィック**」（**専門性**）の概念が提起されました。

5 × 解説4のとおり、「ジェネリック」の概念は**ミルフォード会議**の際に提起されました。全米ソーシャルワーカー協会の設立は1955年です。

正解 1

問題18

1 × 統合化の背景には、複雑化、深刻化するクライエントの生活問題に、細分化され専門分化されたソーシャルワークの機関やサービスが、**対応できていない**のではないかという危機感がありました。

2 × **ソーシャルワークの統合化**とは、**ケースワーク、グループワーク、コミュニティワーク**という3つの主要な援助方法の共通基盤を統合化する動向のことです。

3 × **ソーシャルケースワーク**については、リッチモンドがその著書の中で定義しています。ミルフォード会議の報告書（1929年）においては、ケースワークにおける「**ジェネリック**」と「**スペシフィック**」の捉え方の重要性が示され、ソーシャルケースワークの統合化が試みられました。

4 ○ 記述のとおりです。**ジェネラリスト・アプローチ**は、どのような実践現場においても応用可能ですが、クライエントシステムの問題やニーズを包括的に捉える視座と、接近対象に応じて柔軟に援助内容を計画、実施、評価することができる能力、発想力、創造力が要求されます。

5 × フロイトの正統派精神分析学の理論と方法を取り入れたのは、ハミルトンらによって理論化された診断主義アプローチで、**診断主義ケースワーク論**と呼ばれます。そこから派生したのが、ホリスの心理社会的アプローチですが、両者ともソーシャルワークの統合化に大きな影響を与えたとはいえません。

正解 4

ポイントチェック

ソーシャルワークの統合化の段階

第1段階 コンビネーション・アプローチ	ケースワーク、グループワーク、コミュニティ・オーガニゼーションの3つの方法を合体させたもの。援助で最も適切な方法を適宜組み合わせていく取組
第2段階 マルチメソッド・アプローチ	ケースワーク、グループワーク、コミュニティ・オーガニゼーションに共通する原理を抽出し、共通基盤を確立させようとする取組
第3段階 ジェネラリスト・アプローチ	専門職としての共通基盤を確立したうえで、ケースワーク、グループワーク、コミュニティ・オーガニゼーションそれぞれの方法を捉え直そうとする取組

日本におけるソーシャルワークの形成過程に関する次の記述のうち、**適切なもの**を１つ選びなさい。

1 大正期には、公営のセツルメントが誕生し活動を展開した。

2 昭和初期から第二次世界大戦中には、感化救済事業が活発化した。

3 第二次世界大戦直後には、社会福祉教育の実践が連合国軍最高司令官総司令部（GHQ）の指示で中断された。

4 高度経済成長期には、エビデンスに基づくソーシャルワークのあり方が重視された。

5 社会福祉基礎構造改革時には、ソーシャルワークの統合化の考え方が外国から初めて紹介された。

日本の社会福祉の発展に寄与した人物に関する次の記述のうち、**最も適切なもの**を１つ選びなさい。

1 石井十次は、医療ソーシャルワーカーとして実践に携わった。

2 浅賀ふさは、北海道家庭学校を創設し、感化教育を実践した。

3 岡村重夫は、社会関係の主体的側面に焦点を当てた社会福祉固有の視点と領域を提起した。

4 留岡幸助は、ケースワーク技術や援助プロセスにおける理論を発展させた。

5 竹内愛二は、「無制限主義」を掲げ、孤児を救済する民間社会事業を展開した。

日本のソーシャルワークの発展に寄与した人物に関する次の記述のうち、**正しいもの**を１つ選びなさい。

1 仲村優一は、著書『グループ・ワーク　小團指導入門』において、アメリカのグループワーク論の大要を著した。

2 竹内愛二は、著書『社會事業と方面委員制度』において、ドイツのエルバーフェルト制度を基に方面委員制度を考案した。

3 永井三郎は、著書『ケース・ウォークの理論と實際』において、アメリカの援助技術について論じた。

4 小河滋次郎は、論文「公的扶助とケースワーク」において、公的扶助に即したケースワークの必要性を示した。

5 三好豊太郎は、論文「『ケースウォーク』としての人事相談事業」において、ケースワークを社会事業の技術として位置づけた。

解答・解説

問題19

1 ○ 記述のとおりです。日本のセツルメント活動の先駆けは1897（明治30）年の片山潜による**キングスレー・ホール**の設立ですが、公営のセツルメントは1921（大正10）年設立の大阪市立市民館が最初です。

2 × 「感化救済事業」は、**明治時代末期**から**大正時代初期**にかけて、それまでにあった慈善事業を国家が再編して行った事業です。

3 × 第二次世界大戦後、GHQの指導により、**日本社会事業学校**（現在の日本社会事業大学）が設立されるなど、社会福祉教育の実践は継続されました。

4 × エビデンスに基づくソーシャルワークが、欧米で重視されるようになったのは**1990年代後半**、日本に導入されるようになったのは**2005（平成17）年ごろ**からで、高度経済成長期（1955〈昭和30〉～1973〈昭和48〉年）ではありません。

5 × 外国でソーシャルワークの統合化が進められるようになったのは、**1970年代**からです。日本にもほぼ同じ頃にソーシャルワークの統合化の考え方が紹介されています。**社会福祉基礎構造改革**の実施は、**2000（平成12）年**からです。

正解 | 1 |

問題20

1 × 石井十次は、岡山孤児院を設立した人物です。設立後、フランスの思想家ルソーやイギリスのバーナード孤児院の家族主義運営の影響を受け、孤児院の運営に試行錯誤を重ねました。

2 × 浅賀ふさは、日本で初めての**医療ソーシャルワーカー**として**聖路加国際病院**で活動した人物です。家庭学校及び北海道家庭学校等を創設し、感化教育の実践を行ったのは、留岡幸助です。

3 ○ 岡村重夫は、社会福祉の固有性は、人々と社会制度との関係（社会関係）という主体的な側面に着目するところに由来するとしました。

4 × 留岡幸助は、家庭学校、北海道家庭学校を創設し、**感化教育を実践**した人物です。ケースワーク技術や援助プロセスにおける理論を発展させたのは、**竹内愛二**です。

5 × 竹内愛二は、**ケースワーク技術**や援助プロセスにおける理論を発展させた人物です。「**無制限主義**」を掲げ、孤児を救済する民間社会事業を展開したのは、岡山孤児院の**石井十次**です。

正解 | 3 |

問題21

1 × 『グループ・ワーク　小團指導入門』（1951年）において、アメリカのグループワーク論の大要を著したのは、**永井三郎**です。

2 × 『社會事業と方面委員制度』において、ドイツの**エルバーフェルト制度**を基に**方面委員制度**を考案したのは、**小河滋次郎**です。

3 × 『ケース・ウォークの理論と實際』において、アメリカの援助技術について論じたのは、**竹内愛二**です。

4 × 論文「公的扶助とケースワーク」において、公的扶助に即したケースワークの必要性を示したのは、**仲村優一**です。なお、この論文は岸勇との論争に発展し、戦後日本社会福祉本質論争と呼ばれました。

5 ○ 記述のとおりです。三好豊太郎は、大正から昭和の初年にかけて東京市の社会調査を精力的に行い、**都市下層社会の研究**に先駆的役割を果たしました。

正解 | 5 |

問題22
B　32-96　**倫理的ジレンマ**

事例を読んで、D社会福祉士が抱える倫理的ジレンマとして、**最も適切なもの**を1つ選びなさい。

〔事　例〕

　V病院はこの地域の急性期医療の拠点であり、複数の社会福祉士が働いており、円滑な退院支援を心掛けている。D社会福祉士が担当したEさんは一人暮らしの85歳の男性で、猛暑による脱水症状のため緊急搬送された。入院して10日目で全身状態は落ち着き、D社会福祉士にEさんの速やかな退院支援を行うよう依頼があった。Eさんは今回の入院で一人暮らしが不安になり、当面V病院での入院継続を希望している。困惑したD社会福祉士は、同僚のF社会福祉士にも相談することにした。

1　クライエントの利益に対する責任と、記録の開示
2　クライエントに対する責任と、所属機関に対する責任
3　同僚に対する責任と、専門性への責任
4　クライエントとの信頼関係と、信用失墜行為の禁止
5　守秘義務と、制度や法令遵守に対する責任

問題23
B　28-96　**倫理的ジレンマ**

事例を読んで、C職員（社会福祉士）に生じる倫理的ジレンマとして、**該当するもの**を1つ選びなさい。

〔事　例〕

　社会福祉協議会のC職員は、クライエントのDさん（73歳、女性）の自宅を訪問した際、「マフラーを編んだので、ぜひもらって欲しい」と言われた。C職員は、マフラーをもらうことは物品の受領に当たり、そのことを記録に残さなければならないが、そもそも専門職として倫理的に問題があると考えた。そこでC職員は、「勤務先の規則で禁止されていますので、いただくことはできません」と言った。するとDさんは、「そんな堅いこと言わないで。受け取ってもらえると嬉しいです」と言った。

1　信用失墜行為の禁止と、利用者との関係
2　利用者との関係と、プライバシーの尊重
3　プライバシーの尊重と、最良の実践を行う責務
4　秘密の保持と、記録の開示
5　記録の開示と、情報の共有

問題22

1　×　この事例は、**入院継続を希望する利用者**と**早期退院を促したい病院**との板挟みにあったD社会福祉士に生じた**倫理的ジレンマ**について記述されています。事例のなかで、記録に関する内容はないので不適切です。

2　○　D社会福祉士は、**入院継続を希望する利用者**に対する責任と、**早期退院を促したい病院**に対する責任との間に倫理的ジレンマを生じています。

3　×　同僚に対する責任や専門性への責任に、倫理的ジレンマを生じているとは読み取れません。

4　×　D社会福祉士の対応次第では、利用者との信頼関係が悪化する可能性はありますが、信用失墜行為の禁止に該当するような行為は認められません。

5　×　事例のなかで、守秘義務に関する内容はないので不適切です。

正解　2

問題23

1　○　マフラーを断ることは、**利用者を傷つける**という信用失墜行為となり、「信用失墜行為の禁止」に抵触する恐れがあります。しかし、「利用者との関係」においては、利用者との専門的援助関係を大切にし、自己の利益に供さないとするということから、物品の受領はその関係を逸脱することになり、倫理的ジレンマが生じます。

2　×　マフラーを断ること、もらうことは、プライバシーの尊重には関係しません。

3　×　マフラーを断ること、もらうことは、最良の実践を行う責務には関係しません。

4　×　本事例からは、Dさんが、マフラーを編んでC職員に渡すことを秘密にすることを望んでいることは読み取れず、該当しません。

5　×　本事例からは、Dさんが記録の開示を求めていることは読み取れず、該当しません。

正解　1

ポイント
チェック

倫理的原理のスクリーン

　ドルゴフ（Dolgoff, R.）らは、倫理的ジレンマに対処するために「倫理的原理のスクリーン」を提唱し、価値の優先順位を明らかにした。倫理的ジレンマが生じた場合は、この順位に基づいて判断を導き出す。

高　優先順位　低

❶ 生命の保護の原則

❷ 平等と不平等の原則

❸ 自己決定と自由の原則

❹ 危害最小の原則

❺ 生活の質の原則

❻ 個人情報と守秘義務の原則

❼ 誠実と開示の原則

共通 CHAPTER 10 ポイントチェック一覧

ソーシャルワークの
理論と方法

問題1
B　34-98　システム理論

　システム理論に基づくソーシャルワークの対象の捉え方に関する次の記述のうち、**適切なもの**を**2つ**選びなさい。

1　家族の様々な問題を家族成員同士の相互関連性から捉える。

2　個人の考え方やニーズ、能力を固定的に捉える。

3　個人や家族、地域等を相互に影響し合う事象として連続的に捉える。

4　問題解決能力を個人の生得的な力と捉える。

5　生活問題の原因を個人と環境のどちらかに特定する。

問題2
A　33-98　人と環境の交互作用

　次の記述のうち、人と環境との関係に関するソーシャルワーク理論として、**最も適切なもの**を**1つ**選びなさい。

1　リッチモンド（Richmond, M.）は、「人」、「状況」、「人と状況の相互作用」の三重の相互関連性を説いた。

2　ピンカス（Pincus, A.）とミナハン（Minahan, A.）は、生態学的視座に立ち、人が環境の中で生活し、社会的にも機能していると説いた。

3　ホリス（Hollis, F.）は、パーソナリティの変容を目指し、人と環境との間を個別に意識的に調整すると説いた。

4　バートレット（Bartlett, H.）は、人々が試みる対処と環境からの要求との交換や均衡を、社会生活機能という概念で説いた。

5　ジャーメイン（Germain, C.）は、クライエントの環境は、アクション・システムなど、複数のシステムから構成されると説いた。

問題3
B　31-100　システム理論

　ピンカス（Pincus, A.）らによる「4つの基本的なシステム」の中の、ターゲット・システムとチェンジ・エージェント・システムに関する次の記述のうち、**最も適切なもの**を**1つ**選びなさい。

1　ターゲット・システムは、役割を遂行するソーシャルワーカーを指す。

2　ターゲット・システムは、ソーシャルワーカーが所属している機関を指す。

3　ターゲット・システムは、変革努力の目標達成のためにソーシャルワーカーが影響を及ぼす必要のある人々を指す。

4　チェンジ・エージェント・システムは、契約の下、ソーシャルワーカーの努力によって利益を受ける人々を指す。

5　チェンジ・エージェント・システムは、目標達成のために、ソーシャルワーカーと協力していく人々を指す。

問題1

1 ○ システム理論では、ソーシャルワークの対象の相互作用や関連性に着目します。個人、家族、集団、地域などをシステムと捉え、相互に影響し合うシステム全体に働きかけます。

2 × ソーシャルワークでは、対象個人の考え方やそのニーズや能力を**流動的で連続的**なものとして捉えます。

3 ○ 記述のとおりです。

4 × システム理論では、問題解決能力は、相互作用や関係性のなかで**向上し成長する**ものと捉えます。

5 × システム理論では、生活問題の原因を、**個人と環境の相互作用**によって生じたものと捉えます。

正解 | 1 ・ 3

問題2

1 × 「人」「状況」「人と状況の相互作用」の三重の相互関連性によって成立するのは、**ホリス**の「状況の中の人」です。リッチモンドは、人と環境との間を個別に意識的に調整すると説きました。

2 × 生態学的視座に立ち、人が環境の中で生活し、社会的にも機能していると説いたのは、**ジャーメイン**と**ギッターマン**の生活モデルです。**ピンカス**と**ミナハン**は、人と環境の関係を人と資源システムとの連結や相互作用として捉え、**4つのサブシステム**の相互作用から把握されるとしました。

3 × パーソナリティの変容を目指し、人と環境との間を個別に意識的に調整すると説いたのは、**リッチモンド**です。ホリスは、「状況の中の人」という視点から、心理社会的アプローチを提唱しました。

4 ○ バートレットは、「社会生活機能」という概念を用いて、ソーシャルワークの専門性を、**価値**、**知識**、**介入方法**とし、実践の基盤としました。

5 × クライエントの環境は、**クライエント・システム**、**チェンジ・エージェント・システム**（ワーカー・**システム**）、**ターゲット・システム**、**アクション・システム**の4つサブのシステムで構成されると説いたのは、**ピンカス**と**ミナハン**です。

正解 | 4

問題3

1 × 役割を遂行するソーシャルワーカーを指すのは、**チェンジ・エージェント・システム**です。

2 × ソーシャルワーカーが所属している機関を指すのは、**チェンジ・エージェント・システム**です。

3 ○ 記述のとおりです。**ターゲット・システム**は、クライエントの問題解決のために変革あるいは影響を与える標的（ターゲット）となる人や組織などを指します。

4 × ソーシャルワーカーの努力によって利益を受ける人々を指すのは、**クライエント・システム**です。

5 × 目標達成のために、ソーシャルワーカーと協力し、活用される人々を指すのは、**アクション・システム**です。

正解 | 3

問題4 B 32-98 システム理論

ソーシャルワークに影響を与えたシステム理論に関する次の説明のうち、**最も適切なもの**を1つ選びなさい。

1　ホメオスタシスとは、システムが恒常性を保とうとする働きである。

2　システムとは、複数の要素が無機的に関わり合っている集合体である。

3　開放システムの変容の最終状態は、初期条件によって一義的に決定される。

4　外部と情報やエネルギーの交換を行っているのは、閉鎖システムである。

5　サイバネティックスとは、システムが他の干渉を受けずに自己を変化させようとする仕組みである。

問題5 B 33-99 家族システム論

家族システム論に関する次の記述のうち、**最も適切なもの**を1つ選びなさい。

1　家族内で生じる問題は、原因と結果が円環的に循環している。

2　各家族員の分化度が高いほど、家族内において相互依存が生じる。

3　家族の内と外は、区別されず連続している。

4　ある家族の全体が有する力は、各家族員が持つ力の総和に等しい。

5　多世代家族において、一つの世代の家族の不安は、別の世代の家族に影響を与えない。

問題6 C 35-98 家族システムの視点に基づいた対応

事例を読んで、R市子ども福祉課の社会福祉士が行う、家族システムの視点に基づいた今後の対応として、**適切なもの**を2つ選びなさい。

〔事　例〕

Jさん（15歳）は、小学6年生の時に父親を交通事故で亡くした後、母親（37歳）と母方の祖母（58歳）の3人で暮らしている。母親は、朝から夜中まで働いているため、家事全般は祖母が担っている。Jさんは、中学生になった頃から、祖母へ暴言を吐くようになり、最近は家の中で暴れたり、家に帰ってこなかったりするようになった。祖母は途方に暮れ、友人でもある近所の民生委員・児童委員に相談すると、R市子ども福祉課の相談窓口を紹介され、来所につながった。

1　祖母に思春期の子への対応方法を学習する機会を提供する。

2　家族の凝集性の高さが問題であるため、母親に祖母との距離を置くよう求める。

3　家族関係を理解するため、3人の互いへの思いを尋ねていく。

4　家族システムを開放するため、Jさんの一時的別居を提案していく。

5　家族の規範を再確認するため、それぞれの役割について話し合う機会を設ける。

276

1 ○ **ホメオスタシス**は、恒常性と訳されるものであり、生物や鉱物などがシステムを維持しようとする働きをいいます。

2 × システムとは、個々の要素が**有機的**に組み合わされた集合体をいいます。

3 × **開放システム**の変容の最終状態は、その作用によって結果が異なるとしています。これは**ベルタランフィ**が提唱する**一般システム理論**によるものです。

4 × 外部と情報やエネルギーの交換を行っているのは、**開放システム**です。

5 × **サイバネティックス**は、システムが外界との関係に対応しながら、目的達成のために最適行動をとるように自己制御しようとする仕組みだといえます。

正解 **1**

問題5

1 ○ 家族内で生じる問題は、**原因**があって、**結果**が生じますが、**結果**がまた**原因**となり**螺旋的**に循環しています。円環を断ち切るためには関係性に介入する必要があります。

2 × 各家族員の分化度が高いということは、独立性が高く依存度が低いということです。分化度が低いほど、相互依存が生じます。

3 × 家族システム論では、家族の内と外を区別します。家族は生活基盤を共にする関係です。問題解決のために、最も身近なシステムとしての家族の関係性に働きかけます。

4 × 家族は**相互作用**を及ぼし合います。一人ひとりの家族員がもつ力よりも、相互作用を及ぼし合った家族の全体が有する力は、プラスに働けば強くなり、マイナスに働けば弱くなります。

5 × 一世代の家族の不安は、別の世代の家族にも影響を与え、家族全体の不安を増幅または縮小します。

正解 **1**

問題6

1 × Jさんは、一般的な思春期の子と成育歴も家庭環境も違っています。祖母に学習機会を提供するより、**家族システムに基づくアプローチ**をとるべきです。

2 × 家族の凝集性（まとまり）が高いことを示す記述は見られません。母親と祖母が距離を置いた場合、**家族の凝集性はさらに低下し、事態が悪化する可能性**があります。

3 ○ 家族システム理論によるアプローチでは、**家族関係や家族の相互作用に焦点**を当てます。3人の互いへの思いを聴くことで、家族関係を理解する必要があります。

4 × 家族システムの開放は、**社会性を高める**ことです。Jさんの一時的別居が、家族システムの開放性につながるとは限りません。また別居は、経済環境的にも社会環境的にも無理があります。

5 ○ それぞれの役割について話し合う機会を設けることは、家族の規範の再確認につながり、**家族の凝集性を高める可能性もある**ため適切です。

正解 **3・5**

問題7
A | 32-106 | **ソーシャルワークの対象の概念と範囲**

事例を読んで、**B**社会福祉士が介入しようとしているシステムとして、**最も適切なものを**１つ選びなさい。

〔事　例〕

　P国から２年前に来日した**C**さんは、現在、難民認定を得て就労可能な在留資格を持って、Q市で暮らしている。日本語能力は十分ではないが、R市にある会社に就職している。しかし、自宅付近では孤独な暮らしで、近隣住民との会話ややりとりは全くない。**C**さんは、どうしたら近隣住民と交流を持てるのかと悩み、Q市社会福祉協議会の**B**社会福祉士に相談した。**B**社会福祉士は、**C**さんと同じような相談を複数回受けたことがあったため、実態把握の必要性を感じた。このため、Q市に居住している外国籍住民を対象とした聞き取りを行い、その結果を町内会に報告し、対応を促すこととした。

１　ミクロシステム

２　メゾシステム

３　クロノシステム

４　マクロシステム

５　エクソシステム

問題8
B | 27-99 | **ソーシャルワークの対象の概念と範囲**

事例を読んで、**J**相談員が介入したレベルとして、**適切なものを**１つ選びなさい。

〔事　例〕

　大学で障害のある学生の修学支援を担当する**J**相談員（社会福祉士）は、重度の身体障害のある学生**K**さん（18歳、女性）の学内支援を調整している。**K**さんから多目的トイレ内に手すりを増設してほしいという希望が出された。そこで**J**相談員は、所属する部署の上司と相談し、**K**さんが属する学部からの要請を依頼するとともに、関係部署と交渉した。その結果、増設工事についての了承を得ることができた。

１　ミクロレベル

２　メゾレベル

３　サブレベル

４　マクロレベル

５　エクソレベル

問題7

1 ✕ この事例は、個人やその家族を対象とする**ミクロシステム**には該当しません。

2 ◯ この事例では、町内会という組織に向けて介入しているので、集団や組織を対象とする**メゾシステム**に介入していると判断できます。

3 ✕ この事例は、時代や世代間などを対象とする**クロノシステム**には該当しません。

4 ✕ この事例は、法制度や政策などの環境整備を対象とする**マクロシステム**には該当しません。

5 ✕ この事例は、親の労働条件などの社会状況を対象とする**エクソシステム**には該当しません。

正解 | 2 |

問題8

1 ✕ ミクロレベルでは、個人や家族を対象とします。この事例では、**K さん個人への介入**というよりも、K さんの環境に対する**アプローチ**となっているため、適切ではありません。

2 ◯ メゾレベルには、**グループ**や組織、職場や学校が含まれます。J 相談員は、K さんの希望に沿って K さんの学校や関係機関への働きかけをしており、**メゾレベルと捉える**ことができます。

3 ✕ サブレベルでは、クライエントに関わる補助的な人や機関などを対象とします。

4 ✕ マクロレベルには、社会や国家、制度・政策が含まれます。J 相談員は、制度や政策を対象とした介入を行っているわけではないため、適切とはいえません。

5 ✕ **エクソレベル**とは、クライエントが直接関わる福祉圏域や医療圏域など、**特定の領域や環境**を指します。J 相談員の介入は、圏域へのアプローチではないため、適切ではありません。

正解 | 2 |

ポイント
チェック

ソーシャルワーク実践における各レベルの概要

ミクロレベル	●**個人**や**家族**が対象 ●人権侵害や自己実現が阻害されている状況などに直接介入することで、問題の解決と目標達成を目指す
サブレベル	●クライエントに関わる**補助的な人**や**機関**などが対象 ●間接的なアプローチを通して、補助的な環境への変化を促し、直接的な環境への影響も考慮する。
メゾレベル	●**グループ**、**組織**、**地域住民**が対象 ●ミクロレベルよりもさらに広い範囲（学校や職場、自治体など）に対してアプローチし、社会的排除などに着目する
エクソレベル	●**行政**や**マスメディア**、**近親者**の関わる**環境**が対象 ●メゾレベルとマクロレベルの間に位置するところで、より良い社会環境への変容を促す。
マクロレベル	●**社会**や**国家**、**制度・政策**が対象 ●ミクロ、エクソレベルのニーズを社会全体のものとして捉え、社会全体の変革・向上や福利の増進を志向する

問題9 **B** 34-99 エコロジカルアプローチ

次の記述のうち、ジャーメイン（Germain, C.）によるエコロジカルアプローチの特徴として、**最も適切なもの**を1つ選びなさい。

1 空間という場や時間の流れが、人々の価値観やライフスタイルに影響すると捉える。

2 モデルとなる他者の観察やロールプレイを用いる。

3 クライエントのパーソナリティの治療改良とその原因となる社会環境の改善を目的とする。

4 問題の原因を追求するよりもクライエントの解決イメージを重視する。

5 認知のゆがみを改善することで、感情や行動を変化させ、問題解決を図る。

問題10 **B** 32-101 ソーシャルワークの実践理論

ソーシャルワーク実践理論の基礎に関する次の記述のうち、**最も適切なもの**を1つ選びなさい。

1 ランク（Rank, O.）の意志療法は、利用者の過去に着目し、利用者のパーソナリティの構造や自我の働きを捉える診断主義学派の礎となった。

2 ロス（Ross, M.）のコミュニティ・オーガニゼーション説は、地域における団体間調整の方法としてのインターグループワークを提唱した。

3 ホリス（Hollis, F.）の心理社会的アプローチは、診断主義学派と機能主義学派、両アプローチの折衷アプローチであり、両学派の統合を試みた。

4 タフト（Taft, J.）ら機能主義学派は、ソーシャルワーカーが所属する機関の機能に着目し、機関におけるソーシャルワーカーの役割を重視した。

5 パールマン（Perlman, H.）の問題解決アプローチは、精神分析や自我心理学の理論を否定し、人・状況・その双方の関連性においてケースワークを捉えた。

問題11 **A** 33-101 機能的アプローチ

次のうち、ソーシャルワークにおける機能的アプローチに関する記述として、**最も適切なもの**を1つ選びなさい。

1 クライエントが被っている差別や抑圧に対抗するため、既存の制度や政策を批判し、これらの変革を目指す。

2 クライエントとのコミュニケーションを通じ、クライエントのパーソナリティの変容と環境との機能不全の改善を目指す。

3 クライエントのニーズを機関の機能との関係で明確化し、援助過程の中でクライエントの社会的機能の向上を目指す。

4 クライエントの望ましい行動を増加させ、好ましくない行動を減少させることを目指す。

5 クライエントの問題の解決へのイメージに焦点を当て、問題が解決した状態を実現することにより、クライエントの社会的機能の向上を目指す。

問題9

1 ○ ジャーメインは、著書『エコロジカルソーシャルワーク』の中で、介入のタイミング（時間）や人間の空間的行動などについて考察し、それらが人々の価値観やライフスタイルに影響すると捉えています。

2 × 他者の観察やロールプレイを用いるのは課題中心アプローチや行動変容アプローチです。

3 × パーソナリティの治療改良を目指すのは、診断主義アプローチの考え方です。また、社会環境の改善を目指すのは、ソーシャルアクション等です。

4 × クライエントの解決イメージを重視するのは、解決志向アプローチです。

5 × 認知のゆがみを改善することで、感情や行動を変化させ、問題解決を図るのは、認知行動療法を基盤とする行動変容アプローチです。

正解 | 1 |

問題10

1 × ランクが提唱した意志療法（意志心理学、自我心理学）は、クライエントの意志の力に着目したもので、機能主義学派の礎となったものです。

2 × インターグループワークを提唱したのは、ニューステッターです。

3 × 診断主義と機能主義双方の理論を折衷的に取り入れたのは、パールマンが提唱した問題解決アプローチです。

4 ○ 記述のとおりです。タフトは、援助に必要な要素として、❶時間、❷機関の機能、❸ソーシャルワーカーの役割の3点を挙げています。

5 × パールマンの問題解決アプローチは、診断主義アプローチの立場に機能主義アプローチを取り入れた折衷理論であり、クライエントが支援を活用する力をワーカビリティと呼び、問題解決の過程を重視しています。

正解 | 4 |

問題11

1 × クライエントが被っている差別や抑圧に対抗するため、既存の制度や政策を批判し、これらの変革を目指すのは、エンパワメントアプローチとソーシャルアクションです。

2 × クライエントとのコミュニケーションを通じ、クライエントのパーソナリティの変容を目指すのは、治療モデルで、環境との機能不全の改善を目指すのは生活モデルです。

3 ○ クライエントのニーズを機関の機能との関係で明確化し、援助過程の中でクライエントの社会的機能を高めるための力を開放することに焦点を当てるのが機能的アプローチです。

4 × クライエントの望ましい行動を増加させ、好ましくない行動を減少させることを目指すのは、学習理論を基盤とした、行動変容アプローチです。

5 × クライエントの問題の解決へのイメージに焦点を当てるのは、解決志向アプローチです。

正解 | 3 |

B 31-102 **心理社会的アプローチ**

ホリス（Hollis, F.）が示した心理社会的アプローチの介入技法に関する次の記述のうち、**正しいも**のを**1つ**選びなさい。

1 「福祉事務所の相談窓口に行って話を聞くといいですよ」とアドバイスするのは、発達的な反省である。

2 「親に心配を掛けまいとして、泣きたいのをずっとこらえていたのですね」という言葉掛けは、直接的指示である。

3 「うんうん、なるほど。そうだったのですね」とうなずきながら話を聞くのは、持続的支持である。

4 「教室に入ろうとすると、友だちの視線が気になってつらくなり入れなくなるのですね」という言葉掛けは、浄化法である。

5 「子どもにきつく当たってしまうということですが、あなたが子どもの頃のお母さんとの関係はどうでしたか」と聞くのは、パターン力動的反省である。

問題13

A 29-101 **問題解決アプローチ**

パールマン（Perlman, H.）が提唱した問題解決アプローチの援助技法に関する次の記述のうち、**正しいものを1つ**選びなさい。

1 社会生活技能訓練（SST）の技法を用いる。

2 ライフストーリーの書き換えを目指した技法を用いる。

3 部分化の技法を用いる。

4 強化による行動変容によって適応行動を増やす技法を用いる。

5 例外探しの技法を用いる。

問題14

A 28-100 **危機介入アプローチ**

危機介入に関する次の記述のうち、**正しいものを1つ**選びなさい。

1 クライエントのパーソナリティの再構成を目的とする。

2 家族療法の影響を受けて体系化されている。

3 キャプラン（Caplan, G.）は、危機から回復する要因として対処機制を挙げた。

4 回復をもたらすために時間を掛けてなされる。

5 リンデマン（Lindemann, E.）による悲嘆に関する研究を起源とする。

問題12

1　×　記述の応答は、クライエントが取るべき行動を直接的にアドバイスする「**直接的指示**」です。

2　×　記述の応答は、クライエントの状況について探索し、事実を描写し、感情の解放を行う「**浄化法**」です。

3　○　記述のとおりです。**持続的支持**は、クライエントへの傾聴、受容、共感的理解を示す技法です。

4　×　記述の応答は、環境や他者との関係に関する思考・感情・認知への気づきを促す「**人と状況の全体的反省**」です。

5　×　記述の応答は、原家族や幼少期の経験について考察する「**発達的な反省**」です。

正解　3

問題13

1　×　**問題解決アプローチ**では、クライエントが**社会的役割**を遂行するうえで生じる**葛藤**の問題を重視し、その役割遂行上の問題解決に取り組む**クライエントの力**を重視します。**社会生活技能訓練（SST）**は、主に集団で行う**認知行動療法**です。

2　×　ライフストーリーの書き換えを目指した技法を用いるのは、**ナラティブアプローチ**です。

3　○　記述のとおりです。**問題解決アプローチ**では、アセスメントにおいて、情報収集の後、**リフレーミング**（枠組みの組替え）の技法を用いて焦点の明確化を行いますが、これを問題の**部分化**といいます。

4　×　強化による行動変容によって適応行動を増やす技法を用いるのは、**行動変容アプローチ**です。

5　×　**例外探しの技法**は、解決志向アプローチで用いられる**質問技法**の1つで、エクセプション・クエスチョンといいます。例外的にうまくいった経験を聞いて、その中に解決の鍵を探すものです。その他の質問技法には、スケーリング・クエスチョン、ミラクル・クエスチョン、コーピング・クエスチョンなどがあります。

正解　3

問題解決アプローチの概念は、その後に提唱された主要なモデルやアプローチに多大な影響を与えています。

問題14

1　×　**危機介入アプローチ**では、身体的・精神的な急性の感情的混乱といった危機に対し、積極的に介入することで、クライエントの社会的機能の回復を目指します。

2　×　危機介入は、**キューブラー–ロス**（Kübler-Ross, E.）の「死の受容過程」研究、**リンデマン**（Lindemann, E.）らによる精神保健領域で発達した**危機理論**を活用しています。

3　×　**キャプラン**は、あらかじめ危機に陥らないよう早期介入が重要であると、**危機予防**の観点から危機介入の理論化を行いました。

4　×　回復をもたらすためには**短期間**による処遇が重要とされています。

5　○　危機介入アプローチは、リンデマンの「**死別による急性悲嘆反応**」の研究やキャプランの「地域精神予防研究」などを基に発展しました。

正解　5

子ども家庭支援センターの**K**家庭支援専門相談員（社会福祉士）は、行動変容アプローチを応用したペアレント・トレーニング講座の講師として、観察した子どもの行動の表現方法について話した。講座終了後、参加していた**L**さん（35歳、女性）から相談に乗ってほしいと声をかけられた。別室で改めて話を聞くと、**L**さんは5歳になる長男の行動で困っているという。講座での話を理解したつもりだが、子どもの行動を表現する適切な言い方を教えてほしいというものであった。そこで、**K**家庭支援専門相談員は、行動変容アプローチに基づく行動の表現を例として示した。

　次の例示のうち、講座内容の趣旨に沿った表現として、**最も適切なもの**を**1つ**選びなさい。
1　いつも落ち着きがありません。
2　ちゃんとできたことはありません。
3　何かにつけて口答えばかりです。
4　弟が持っているおもちゃを横取りします。
5　とにかくかんしゃく持ちなのです。

　事例を読んで、課題中心アプローチに基づく**L**指導員（社会福祉士）の応答として、**適切なもの**を**2つ**選びなさい。
〔事　例〕
　W自立援助ホームの**L**指導員は、**M**さん（18歳、男性）から将来についての相談を受けた。**M**さんは就職をして一人暮らしをしたいと思っているが、求人募集に何度応募しても不採用が続いている。自信を失った**M**さんは、「また駄目かもしれないと思うと、面接が怖いです」とうつむいた。

1　「就職活動をする上で、今、何が一番問題だと**M**さんは思われますか」と尋ねる。
2　「面接が奇跡的にうまくいったとしたら、どのように感じますか」と尋ねる。
3　「面接が怖いのであれば、採用試験に面接がない職場を探しましょう」と提案する。
4　「**M**さんが次の面接の日までに取り組む具体的な目標を一緒に考えましょう」と提案する。
5　「大丈夫、**M**さんなら自信を持って何でもできますよ」と励ます。

問題15

1 × 行動変容アプローチの支援過程におけるアセスメントでは、**観察可能な具体的な行動**として問題を明確化します。「いつも」とはどれぐらいの頻度で、「落ち着きがない」とはどのような行動をいっているのか、**具体性**に欠けています。

2 × 「ちゃんとできる」とは、何をどの程度できることをいうのか、**具体性**に欠けています。

3 × 「何かにつけて」とはどれぐらいの頻度で、「口答えばかり」とはどのようなことをいっているのか、**具体性**に欠けています。

4 ○ 「弟が持っているおもちゃを横取りします」は、何を、どうしたかという**具体的な行動**を表現しています。

5 × 「とにかく」とはどれぐらいの程度なのか、「かんしゃく持ち」とはどのような行動についていっているのか、**具体性**に欠けています。

正解 | 4 |

問題16

1 ○ 課題中心アプローチでは、まず**解決すべき課題と優先度を明確化**します。「就職活動をするうえで、今、何が一番問題だとMさんは思われますか」と尋ねることは、課題中心アプローチの応答です。

2 × 「面接が奇跡的にうまくいったとしたら、どのように感じますか」と尋ねるのは、**解決志向アプローチ**の**ミラクル・クエスチョン**です。

3 × 面接が怖いのは、何度応募しても不採用となったからです。克服しなければならない課題を避けていることになり、課題中心アプローチの応答に該当しません。

4 ○ 課題中心アプローチでは、解決すべき課題と優先度を明確化したら、解決するために取り組むべき目標を設定します。「Mさんが次の面接の日までに取り組む具体的な目標を一緒に考えましょう」と提案するのは、課題中心アプローチの応答です。

5 × 根拠もなく「大丈夫」と励ますのは、無責任な発言であり不適切です。課題中心アプローチであれば、課題を確定し、対策と目標を設定します。

正解 | 1・4 |

ポイント
チェック

課題中心アプローチ

　課題中心アプローチは、問題解決アプローチや心理社会的アプローチなどの既存の技術を再構成し、より系統的で効果的な方法を提示したものである。

提唱者	特徴
リード（Reid, W.） エプスタイン（Epstein, L.）	●短期処遇による問題解決と計画性が重視されるため、解決すべき課題と優先度を明確化 ●「課題」（task）とは、現在起きている問題を解決するために取るべき「行動」（action）のことをいう

問題17 B 33-106 生活モデル

次のうち、生活モデルにおけるクライエントの捉え方として、**最も適切なもの**を**1つ**選びなさい。

1　環境から一方的に影響を受ける人

2　成長のための力を有する人

3　治療を必要とする人

4　パーソナリティの変容が必要な人

5　問題の原因を有する人

問題18 B 35-100 エンパワメントアプローチ

エンパワメントアプローチに関する次の記述のうち、**適切なもの**を**2つ**選びなさい。

1　クライエントが持つ資源より、それ以外の資源を優先して活用する。

2　クライエントのパーソナリティに焦点を絞り、行動の変化を取り扱う。

3　クライエントのパワーレス状態を生み出す抑圧構造への批判的意識を醸成する。

4　個人、対人、組織、社会の四つの次元における力の獲得を目指す。

5　クライエントが、自らの置かれた社会状況を認識しないように注意する。

問題19 A 30-101 解決志向アプローチ

事例を読んで、この場面における解決志向アプローチに基づくFスクールソーシャルワーカー（社会福祉士）の対応方法として、**最も適切なもの**を**1つ**選びなさい。

〔事　例〕

Gちゃん（9歳、女児）には、1年ほど前から不登校の傾向が見られる。Fスクールソーシャルワーカーは、Gちゃん宅を訪問し、Gちゃんやその母親と2週間に1回程度の定期的な面接を行っていた。しかし、登校できる日数が徐々に減ってきた。Gちゃんは学校に行きたいと思っているが、朝起きると身体が動かず、登校することができないとのことであった。

1　Gちゃんが学校に行くことのできない原因の分析を行った。

2　Gちゃんに、変える必要のある考え方や行動について伝えた。

3　Gちゃん自身ではなく、家族の問題の克服を目指した。

4　Gちゃんに、学校に行き授業を受ける必要性を強く意識させた。

5　Gちゃんが学校に行くことのできた日の状況や行動に焦点を当てた。

1 ✕ 生活モデルにおけるクライエントは、環境から一方的に影響を受ける人ではなく、環境に対しても影響を与える人、**環境と相互作用**を及ぼす人という位置づけです。

2 ◯ 生活モデルは、エコロジカル（生態学）理論とシステム理論を基にしています。エコロジカル理論のホメオスタシス（恒常性）及び一般システム理論のホメオスタシス（システム維持機能）は両者ともホメオスタシスの視点をもちます。環境との不適合により力を失っても復元力をもつ人（成長のための力を有する人）が生活モデルにおけるクライエントの捉え方です。

3 ✕ 治療を必要とする人というのは、治療モデルにおけるクライエントの捉え方です。

4 ✕ パーソナリティの変容が必要な人というのは、治療モデルにおけるクライエントの捉え方です。

5 ✕ 問題の原因を有する人というのは、治療モデルにおけるクライエントの捉え方です。

正解 2

1 ✕ エンパワメントアプローチは、本人の持つ強さ（**パワー**）を見極め、協働関係や社会資源の動員を重視します。

2 ✕ エンパワメントアプローチは、協働関係や社会資源の動員を重視します。記述は、**心理社会的アプローチ**の説明です。

3 ◯ エンパワメントアプローチは、社会から疎外され、抑圧され、**パワーレス**状態にあるクライエントに目を向けます。社会システムの抑圧構造に対する意識を高め、クライエントの権利擁護を行います。

4 ◯ 次元1の活動は**ワーカー・クライエント**関係の構築、次元2の活動は教育、次元3の活動は資源の確保、次元4の活動は**ソーシャルアクション**です。次元1の対象は個人、次元2の対象は対人、次元3の対象は組織、次元4の対象は社会となります。

5 ✕ エンパワメントアプローチでは、クライエントが自分の置かれている**抑圧状況を**認識し、潜在**能力**に気づき、対処**能力**を高めることに焦点を当てます。

正解 3・4

1 ✕ 解決志向アプローチは、**短期療法（ブリーフセラピー）**のひとつで、解決に役立つリソース（**能力、強さ、可能性**などの資源）に注目し、原因の追究をせず、未来の解決像を構築していく点に特徴があります。Gちゃんが学校に行くことのできない原因の分析を行うのは解決志向アプローチではありません。

2 ✕ Gちゃんに、変える必要のある考え方や行動について伝えるのは、**認知行動療法**に基づく対応です。

3 ✕ Gちゃん自身のみでなく、家族の関係に焦点を当てるのは**家族療法**に基づく対応です。

4 ✕ 事例文には、Gちゃんは、「登校できる日数が徐々に減ってきた」との記述があります。学校に行き授業を受ける必要性を強く意識させることは、Gちゃんにプレッシャーをかけることになり不適切な対応です。

5 ◯ Gちゃんが学校に行くことのできた日の状況や行動に焦点を当てることは、解決に役立つリソースに注目する**ストレングス視点**であり、解決志向アプローチに基づく対応方法です。

正解 5

事例を読んで、この場面におけるナラティブ・アプローチに基づく**A**生活相談員（社会福祉士）の応答として、**最も適切なもの**を**1**つ選びなさい。

〔事 例〕

　Bさん（85歳、男性）は、特別養護老人ホームに入所している。妻は10年前に亡くなっており、子どももいないため身寄りがない。Bさんは、話し相手もおらず、部屋に閉じ籠もりがちである。ある時、A生活相談員に対して、「生きていても仕方がない。早くお迎えがくればいいのに」と語った。

1　「そのような悲しいことは言わないでください」

2　「何があなたをそのような気持ちにさせるのか教えてください」

3　「奥さんの死がBさんの孤独を深めているのかもしれません」

4　「グループ活動に積極的に参加するといいと思います」

5　「この先、きっといいこともありますよ」

ソーシャルワークのアプローチに関する次の記述のうち、**最も適切なもの**を**1**つ選びなさい。

1　行動変容アプローチでは、クライエントの主体的な意思決定や自己選択が重視され、自分の行動と決定によって生きる意味を見いだすことを促す。

2　問題解決アプローチでは、クライエントのニーズを機関の機能との関係で明確化し、援助過程の中で、社会的機能を高めるための力の解放を焦点とする。

3　実存主義アプローチでは、その接触段階で、クライエントの動機づけ・能力・機会についてのソーシャルワーカーからの探求がなされる。

4　ナラティヴアプローチでは、クライエントのドミナントストーリーを変容させることを目指し、オルタナティヴストーリーを作り上げ、人生を再構築するよう促す。

5　機能的アプローチでは、ターゲット問題を明確化し、クライエントが優先順位をつけ、短期処遇を目指す。

問題20

1　✕　**ナラティブ・アプローチ**とは、利用者の語る**ナラティブ**（物語）を通して、その人らしい解決法を見つけていく方法のことです。記述の問い掛けは、**A**生活相談員の考えや気持ちを伝えているだけで、利用者が語る物語を聴く姿勢になっていないので適切ではありません。

2　〇　利用者自身の物語を話してもらうための問い掛けであり、適切といえます。

3　✕　記述の問い掛けは、**B**さんが語った物語ではなく、**A**生活相談員の推測による発言であるため、適切ではありません。

4　✕　記述の問い掛けは、**B**さんの気持ちに対して根本的な解決になっていません。まずは、**B**さんの気持ちを語ってもらうことが大切です。

5　✕　何を根拠とする発言なのか不明であり、その場しのぎの気持ちを言うだけの無責任な発言といえます。

正解　2

問題21

1　✕　行動変容アプローチは、問題行動の修正に学習理論を用いたものです。記述は、**実存主義アプローチ**の**ロゴ**（**意味**）**セラピー**の説明です。

2　✕　問題解決アプローチは、ソーシャルワークを問題解決の過程と捉え、さまざまな機会を活用して、クライエントの主体性を引き出します。記述は、**機能的アプローチ**の説明です。

3　✕　実存主義アプローチは、実存主義思想による概念を用いて、クライエントが自らの存在意味を把握し、自己を安定させることで、疎外からの解放を目指します。記述は、**問題解決アプローチ**の説明です。

4　〇　ナラティヴアプローチは、クライエントの**ドミナントストーリー**（**支配されている物語**）を変容させることを目指し、**オルタナティヴストーリー**（**代替の物語**）を作り上げることで、人生を再構築するよう促します。

5　✕　機能的アプローチは、機関の機能の明確化、時間の過程のコントロール、機関との関係による成長を引き出します。記述は、**課題中心アプローチ**の説明です。

正解　4

ポイントチェック

ソーシャルワークにおける実践モデル・アプローチの展開

問題22
A 32-103 **相談援助の過程**

相談援助の過程に関する次の記述のうち、**最も適切なもの**を**1つ**選びなさい。

1　プランニングとは、人と環境の相互作用の枠組みで情報収集及び分析を行う段階である。

2　エバリュエーションとは、ソーシャルワーカーとクライエントが出会い、信頼関係を構築する段階である。

3　コーピングとは、実施されているサービスが適切に提供されているか事実確認を行う段階である。

4　インテークとは、支援の成果を評価し、その状況によっては終結へと進む段階である。

5　インターベンションとは、援助計画に沿って支援を実施していく段階である。

問題23
A 34-103 **インテーク**

事例を読んで、U病院のH医療ソーシャルワーカー（社会福祉士）のクライエントへの対応として、**適切なもの**を**2つ**選びなさい。

〔事　例〕

Jさん（26歳、女性）の3歳になる娘は、先天性の肺疾患でU病院に入院中であったが、在宅療養に切り替えることになった。退院に際して、医師はJさんに、「ご自宅で長時間のケアをご家族が担うことになりますので福祉サービスの利用が必要になると思います」と伝え、相談室に行くように勧めた。Jさんは、「今のところ福祉サービスの利用は必要ないと思います」と返答したが、数日後、担当看護師に促されて相談室を訪れた。Jさんは、H医療ソーシャルワーカーに、「自分の子なので自分で看たいと思っています。誰にも任せたくないので、福祉サービスを利用するつもりはありません」と、うつむきながら告げた。

1　Jさんには福祉サービスの利用希望がないので、支援の必要がないと判断する。

2　Jさんに医師の指示なので面接する必要があると伝える。

3　Jさんが相談室に来たことをねぎらい、退院後の生活を一緒に考えたいと伝える。

4　Jさんにカウンセラーからカウンセリングを受けるように勧める。

5　Jさんに自分の役割や相談室の機能などについて説明する。

問題22

1　×　**プランニング**は、アセスメント結果に基づき、援助計画を立案・作成する段階です。

2　×　**エバリュエーション**とは、**事後評価**ともいい、終結に向けての支援結果を確認する段階です。

3　×　**コーピング**とは、対処することをいいます。クライエントが抱える問題を、クライエント自身が受け止め、どのように対処してきたかを尋ねることを、**コーピング・クエスチョン**といいます。

4　×　**インテーク**は、初回面接や受理面接ともいい、クライエントと面接して主訴などを把握する段階です。

5　○　記述のとおりです。**インターベンション**は、実際の支援を行う段階です。

正解　5

問題23

1　×　現時点でJさんに福祉サービスの利用希望がないことと、支援の必要があるかないかは別の問題です。支援の必要がないと判断するのは時期尚早です。

2　×　医師の指示だから義務的に面接しなければいけないと伝えるのは、心証を害する言い方です。福祉サービスを利用するかどうかは別として、**まずは信頼関係を構築**するように心がけるべきです。

3　○　初回面接では、**信頼関係の形成**が大切です。望ましい態度は、受容と共感の姿勢です。相談室に来られたことをねぎらい、退院後の生活を一緒に考えたいと伝えることは適切な対応です。

4　×　病院の相談室にきたクライエントに対し、カウンセラーのカウンセリングを勧めることはたらい回しであり、クライエントに負担をかけ、心証を悪くする対応で不適切です。

5　○　初回面接では、相談室の機能の説明、ソーシャルワーカーやソーシャルワークの役割の説明、クライエントの抱えている問題の把握、支援の開始についての同意などが行われます。これらについて説明するのは適切な対応です。

正解　3・5

ポイント
チェック

インテークの流れ

ニーズの把握	「個別化」した傾聴を行い、その人固有の状況を理解する。また、主訴だけでなくその背後にあるニーズを把握する
機能の説明	自己紹介及び機関の機能を説明する。秘密を保持することの説明や、面接時間の確認・了承をしておくことが必要
提供の判断	**スクリーニング**（自機関の機能で対応可能かどうかを見極め、援助を受理するかの判断）し、自機関・機能では問題解決が困難と判断される場合は、**リファーラル**（他の適切な機関を紹介）する
契約の締結	申請者が援助者の援助を受けたいと考えているかどうかの意思確認をし、意思があり自機関でサービス提供が可能であれば契約を結ぶ。説明と同意（インフォームド・コンセント）が完了した時点で「ワーカー・クライエント関係」が形成され、次の段階のアセスメントへ進む

問題24 A 34-102 インテーク

相談援助の過程におけるインテーク面接に関する次の記述のうち、ソーシャルワーカーの対応として、**最も適切なもの**を1つ選びなさい。

1 クライエントの課題と分析を基に援助計画の作成を行う。
2 クライエントが解決したいと望んでいる課題について確認する。
3 クライエントの課題解決に有効な社会資源を活用する。
4 クライエントへの援助が計画どおりに行われているか確認する。
5 クライエントと共に課題解決のプロセスと結果について確認する。

問題25 B 31-104 アセスメントツール

アセスメントツールに関する次の記述のうち、**最も適切なもの**を1つ選びなさい。

1 ジェノグラムは、成員間の選択・拒否関係を図式化し、小集団における人間関係の構造を明らかにする。
2 エゴグラムは、3世代以上の家族を図式化し、世代間の人間関係の構造を明らかにする。
3 ソシオグラムは、交流分析理論に基づき、人間の性格を五つの領域に分けて分析する。
4 DCM（Dementia Care Mapping）は、クライエントとその家族の関係や社会資源との関係を、円や線を用いて表す。
5 PIE（Person-in-Environment）は、クライエントが訴える社会生活機能の問題を記述し、分類し、コード化する。

問題26 B 35-101 支援の計画（プランニング）

相談援助の過程におけるプランニングに関する次の記述のうち、**最も適切なもの**を1つ選びなさい。

1 アセスメントと相談援助の実施をつなぐ作業である。
2 短期目標は、将来的なビジョンを示すものとして設定する。
3 家族の要望に積極的に応えるような計画を立てる。
4 生活状況などについて情報収集し、サービス受給要件を満たしているかを確認することである。
5 クライエントの課題解決能力を超えた課題に挑戦するよう策定する。

問題24

1 × 課題と分析を基に援助計画を作成するのは、**プランニング**（支援の計画）です。

2 ○ インテーク（初回）面接では、機関の機能の説明、クライエントの抱えている生活課題の把握、支援の開始についての同意などが行われます。

3 × クライエントに必要な社会資源を活用して課題解決を行うのは、**インターベンション**（介入）です。

4 × クライエントへの援助が計画どおりに行われているか確認するのは、**モニタリング**（経過観察または中間評価）です。

5 × 支援が行われた後で、クライエントと共に課題解決のプロセスと結果について確認するのは、**エバリュエーション**（事後評価）です。

正解 2

問題25 アセスメントでは、❶情報の収集、❷情報の分析、❸総合評価という3つの手順を踏みます。

1 × 記述は、ソシオグラムです。**ジェノグラム**は、世代間系図のことです。

2 × 記述は、**ジェノグラム**（世代間系図）もしくはファミリーマップ（家族関係図）です。**エゴグラム**は、「交流分析」という人間関係の心理学理論に基づいて作られた性格診断テストのことです。

3 × 記述は、**エゴグラム**です。**ソシオグラム**は、集団内人間関係相関図のことです。

4 × 記述は、**エコマップ**（社会関係図または生体地図）です。**DCM**は、**認知症ケアマッピング**のことで、認知症の人の施設内での状態や行動を観察評価する方法です。

5 ○ 記述のとおりです。PIEは、クライエントが訴える社会生活機能の問題を記述し、分類し、コード化する社会的役割や環境的要因に着目したアセスメントツールです。

正解 5

問題26

1 ○ 相談援助の過程は、**インテーク**（受理面接）、**アセスメント**（事前評価）、**プランニング**（支援の計画）、**インターベンション**（支援の実施）と続きます。プランニングはアセスメントと支援の実施をつなぐ作業です。

2 × 将来的なビジョンを示すものとして設定するのは、**長期目標**です。短期目標は、明確で**短期間で実現可能なもの**を設定します。

3 × 相談援助の過程におけるプランニングは、**利用者本人のニーズに対応**すべきです。家族の要望に積極的に応えるような計画を立てるのは不適切です。

4 × 記述は、**アセスメント**（事前評価）の段階で行うものです。

5 × プランニングは、**実現可能なもの**に設定します。

正解 1

プランニングは、援助者だけでなく、組織全体あるいは複数の組織で行うこともあります。その際はケア会議を開催し、クライエントに関わる援助者の合意形成や情報共有が必要です。

問題27 B 34-104 支援の実施(インターベンション)

　相談援助の過程における介入(インターベンション)に関する次の記述のうち、**適切なものを2つ**選びなさい(ただし、緊急的介入は除く)。

1　介入は、ソーシャルワーカーと医療・福祉関係者との契約によって開始される。

2　介入では、ケース会議などを通じて社会資源の活用や開発を図る。

3　介入は、クライエントや関係者とのパートナーシップを重視して進められる。

4　クライエントのパーソナリティの変容を促す方法は、間接的な介入方法である。

5　コーズアドボカシーは、直接的な介入方法である。

問題28 B 35-102 経過観察(モニタリング)

　相談援助の過程におけるモニタリングに関する次の記述のうち、**最も適切なものを1つ**選びなさい。

1　文書や電話ではなく、クライエントとの対面で行うものである。

2　モニタリングの内容を記録に残すよりも、情報収集に集中することを重視する。

3　モニタリングの対象には、クライエントやその家族とともに、サービス提供者等の支援者も含まれる。

4　クライエントの主観的変化よりも、生活状況等の客観的変化の把握を重視する。

5　モニタリングは、インテークの途中で実施される。

問題29 B 35-103 支援の終結(ターミネーション)

　相談援助の過程における終結に関する次の記述のうち、**最も適切なものを1つ**選びなさい。

1　ソーシャルワーカーが、アセスメントを行い判断する。

2　残された問題や今後起こり得る問題を整理し、解決方法を話し合う。

3　クライエントのアンビバレントな感情のうち、肯定的な感情に焦点を当てる。

4　クライエントは、そのサービスを再利用しないことを意味する。

5　問題解決の過程におけるソーシャルワーカーの努力を振り返る。

問題27

1　✕　介入（インターベンション）は、**ソーシャルワーカー**と**クライエント**の**エンゲージメント**（契約）によって支援が開始されます。

2　○　介入時には関係者によるケース会議が開かれ、必要に応じて社会資源の活用や開発が行われます。

3　○　介入を成功させるためには、クライエントとの信頼関係が必要です。ソーシャルワーカーが介入時に、クライエントや関係者との**パートナーシップ**（**協力関係**）を重視して進めるのは適切です。

4　✕　クライエントのパーソナリティの変容を目指すのは、**直接的な介入方法**です。

5　✕　コーズ（クラス）アドボカシーは、同じ課題を抱えるクライエントの代弁や制度の改善・開発を目指す活動であり、**間接的な介入方法**です。

正解　2・3

問題28

1　✕　モニタリング（**経過観察**）は、必ずクライエントとの対面で行わなくてはならないという規則はありません。状況に応じて、文書や電話で行うこともあり得ます。

2　✕　モニタリングの内容は、記録に残しておく必要があります。

3　○　モニタリングは、**クライエント**やその**家族**、**社会資源**や**環境**も対象とします。当然、サービス提供者等の支援者も含まれます。

4　✕　クライエントの主観的変化、生活状況等の客観的変化の把握のいずれも重視します。

5　✕　モニタリングは、**支援の実施の途中で実施**されます。インテークは、初回面接または受理面接のことです。この時点でモニタリングが実施されることはありません。

正解　3

問題29

1　✕　ソーシャルワーカーが、アセスメントを行い判断するのは、相談援助の過程における初期の時点です。アセスメントによってプランニングが行われます。

2　○　記述のとおりです。

3　✕　相談援助の過程では、クライエントにアンビバレント（**両面価値**）な感情がある場合、**肯定的な感情にも否定的な感情にも焦点**を当てます。これらは、終結時だけでなく、全ての過程に共通します。

4　✕　終結（**ターミネーション**）では、解決できた問題を示すだけでなく、再利用の可能性を示唆します。また、ソーシャルワーカーはまだ支援が必要と考えるものの、クライエントが支援を必要としていない場合などは、終結ではなく「**中断**」と考え、再度援助関係が構築できるように働きかける必要があります。

5　✕　終結では、クライエントの成し遂げてきたことを振り返ります。

正解　2

共通 CH11 ソーシャルワークの理論と方法

B `32-104` **効果測定**

シングル・システム・デザイン法に関する次の記述のうち、**正しいものを１つ**選びなさい。

1 適用対象として、個人よりも家族など小集団に対する支援が適切である。

2 ベースライン期とは、支援を実施している期間を指す。

3 クライエントを、実験群と統制群に分けて測定する。

4 測定対象のクライエントに対する支援効果を明らかにできる。

5 ＡＢデザインを用いる場合、測定期間中に支援を一旦中止する必要がある。

B `34-105` **アフターケア**

相談援助の過程におけるフォローアップに関する次の記述のうち、**最も適切なものを１つ**選びなさい。

1 相談援助が終結したクライエントの状況を調査・確認する段階である。

2 問題解決のプロセスを評価し、残された課題を確認する段階である。

3 クライエントの生活上のニーズを明らかにする段階である。

4 アセスメントの結果を踏まえ、援助の具体的な方法を選択する段階である。

5 クライエントとの信頼関係を形成する段階である。

B `31-107` **援助過程におけるソーシャルワーカーの役割**

ソーシャルワークの援助過程におけるソーシャルワーカーの役割に関する次の記述のうち、**最も適切なものを１つ**選びなさい。

1 ブローカーは、クライエントと必要な資源を結び付ける。

2 エデュケーターは、クライエントと社会システムの不調和から生じるニーズに対して、葛藤を解決し、調整する。

3 ネゴシエーターは、クライエントに必要な情報やスキルを学習する機会を提供する。

4 イネーブラーは、クライエントの問題解決のために利害関係のある関係者と話し合う。

5 メディエーターは、クライエントに支援、励まし、指示を与えることで、適切に課題を遂行したり、問題解決をできるようにする。

問題30

1 × シングル・システム・デザインは、1つの**ケース**について検証するものです。

2 × **ベースライン期**とは、介入する前の期間を指します。

3 × クライエントを実験群と統制群に分けて測定するのは、**集団比較実験計画法**です。

4 ○ シングル・システム・デザインは、**単一事例実験計画法**とも呼ばれる、単一のクライエントの行動に変化があったかどうかを明らかにし、介入方法を検証するものです。

5 × **ＡＢデザイン**を用いる場合に、測定期間中の支援を中止する必要はありません。

正解　4

問題31

1 ○ フォローアップ（追跡調査）は、クライエントに対する支援の効果やその後の状況を確認・把握することです。

2 × 問題解決のプロセスを評価し、残された課題を確認するのは、**モニタリング**（**経過観察・中間評価**）です。

3 × クライエントの生活上のニーズを明らかにする段階は、**アセスメント**（**事前評価**）です。

4 × アセスメントの結果を踏まえ、援助の具体的な方法を選択する段階は、**プランニング**（**支援の計画**）です。

5 × クライエントとの信頼関係は、支援開始の初期に形成すべきです。**インテーク**（初回面接）の段階から信頼関係の形成に努めます。

正解　1

問題32

1 ○ **ブローカー**は、「仲介者」であり、クライエントと必要な資源を結び付ける役割を担っています。

2 × 記述は、**コーディネーター**（調整者）です。**エデュケーター**は、「教育者」であり、クライエントに必要な情報やスキルを学習する機会を提供する役割を担っています。

3 × 記述は、**エデュケーター**（教育者）です。**ネゴシエーター**は、「交渉者」であり、問題解決のための最良の方法を導くために関係者と話し合う役割を担います。

4 × 記述は、**ネゴシエーター**（交渉者）です。**イネーブラー**は、力を添える者、可能ならしめる人といわれ、支援、励まし、指示を与えて適切に課題を遂行したり、問題解決をしたりするように導く役割を担います。

5 × 記述は、**イネーブラー**です。**メディエーター**は、「仲裁者」「媒介者」であり、両者間の葛藤を解決し、譲歩のもとで同意をとる役割を担います。

正解　1

問題33　B　35-114　ソーシャルワークの記録

ソーシャルワークの記録に関する次の記述のうち、**最も適切なもの**を1つ選びなさい。

1　フェイスシートには、全体の振り返りや目標達成の評価を記述する。

2　アセスメントシートには、目標を設定し具体的な解決策を記述する。

3　プロセスシートには、目標に対する援助過程を時系列に記述する。

4　プランニングシートには、クライエントの基本的属性を項目ごとにまとめて記述する。

5　クロージングシートには、クライエントの主訴、解決したいことを記述する。

問題34　A　34-114　ソーシャルワークの記録

ソーシャルワークの記録に関する次の記述のうち、**正しいもの**を1つ選びなさい。

1　時間的順序に沿って過程を細かく記述する文体は、要約体である。

2　クライエントとのインテーク面接の動画を撮影して得た情報を記す様式は、モニタリングシート（経過観察用紙）である。

3　ソーシャルワーカーがクライエントに説明した言葉をそのまま記述する文体は、説明体である。

4　ソーシャルワーカーとクライエントとの相互作用を詳細に記述する文体は、過程叙述体である。

5　ソーシャルワーカーの教育訓練のために記すのが、月報や年報などの業務管理記録である。

問題35　B　33-115　ソーシャルワークの記録

ソーシャルワークの記録に関する次の記述のうち、逐語体の説明として、**最も適切なもの**を1つ選びなさい。

1　クライエントの基本的属性に関する事項を整理して記述する。

2　経過記録などに用いられ、ソーシャルワーク過程の事実経過を簡潔に記述する。

3　出来事の主題に関連して重要度の高いものを整理し、要点をまとめて記述する。

4　出来事に対するソーシャルワーカーの解釈や見解を記述する。

5　ソーシャルワーカーとクライエントの会話における発言をありのままに再現して記述する。

問題33

1 ✕ フェイスシートは、クライエントの**基本的属性**を項目ごとにまとめて記述したものです。記述は、**クロージングシート**です。

2 ✕ アセスメントシートは、クライエントの**主訴**、解決したいことを記述します。記述は、**プランニングシート**です。

3 ○ 記述のとおりです。

4 ✕ プランニングシートは、支援計画を記述します。記述は、**フェイスシート**です。

5 ✕ クロージングシートは、援助の終結時の記録です。全体の振り返りや目標達成の評価を記述します。記述は、**アセスメントシート**です。

正解 3

問題34

1 ✕ 要約体は、要点を整理し、まとめて**短文化**した文体です。記述は、**過程叙述体**の説明です。

2 ✕ モニタリングシート（経過観察用紙）は、モニタリングを行った際に、サービス（支援内容）や利用者の状況や変化などを記入するものです。

3 ✕ 説明体は、事実や経過と区別して、ソーシャルワーカーの**解釈**や**分析**、**考察結果**の説明を記述する文体です。記述は、**逐語体**の説明です。

4 ○ 過程叙述体は、クライエントとのやり取りを**時間の経過**に沿って行動や動作、感情、態度など細部にわたって記述します。

5 ✕ 業務管理記録は、専門職として業務の管理だけでなく危機管理、法的義務、援助過程での使用、教育、調査研究の資料として様々な目的のために記されます。

正解 4

問題35

1 ✕ クライエントの基本的属性に関する事項を整理して記述するのは、**フェイスシート**です。

2 ✕ 経過記録などに用いられ、ソーシャルワーク過程の事実経過を簡潔に記述するのは、**圧縮叙述体**です。

3 ✕ 要点をまとめて記述するのは**要約体**です。

4 ✕ 出来事に対するソーシャルワーカーの解釈や見解を記述するのは**説明体**です。

5 ○ 逐語体は、ソーシャルワーカーとクライエントの会話における発言をありのままに再現して記述します。

正解 5

問題36 **A** **31-116** ソーシャルワークの記録

ソーシャルワークの記録に関する次の記述のうち、**最も適切なもの**を**1つ**選びなさい。

1 ソーシャルワーカーの判断や主観的な解釈を含めず、客観的な事実を記述する。

2 説明体は、事実についてのクライエントによる説明や解釈を記述するものである。

3 実践の根拠と証拠を示し、援助の評価にも活用される。

4 SOAP方式で記録する場合、Aはソーシャルワーカーが行う今後の援助計画のことである。

5 クライエントに不利益となるような情報を記載しないようにする。

問題37 **A** **35-115** 記録の文体

事例は、Y地域包括支援センターのE社会福祉士によるFさん（74歳、男性）への支援記録の一部である。次のうち、用いられている文体として、**最も適切なもの**を**1つ**選びなさい。

〔事　例〕

最近、Fさんからの電話連絡が頻回に続き、電話越しに混乱し、慌てている状況があるため、Fさん宅を訪問。財布をなくしたと探しているので一緒に探したが見付からない。また、部屋が片付けられないのでイライラしている様子。片付けの手伝いをボランティアに頼むことができることを伝えると了承した。

後日片付けの日程の件で訪問。Fさんは片付けのことは忘れており、混乱し、怒り出してしまった。Fさんの言動や生活状況から認知症の進行も考えられるため、関係機関の見守りと早急なケース会議の開催を提案。

1 要約体

2 逐語体

3 過程叙述体

4 圧縮叙述体

5 説明体

問題36

1 × ソーシャルワークの記録は、**客観的**な記述に加えて、ソーシャルワーカーの判断や**主観的**な解釈も含めて記述します。

2 × 説明体は、事実についてのソーシャルワーカーによる説明や解釈を記録します。

3 ○ 記述のとおりです。ソーシャルワークの記録は、実践の**根拠**と**証拠**を示すことで、援助の評価にも活用することが可能です。

4 × SOAP方式は、Sを**主観的情報**（Subjective）、Oを**客観的情報**（Objective）、Aを**評価**（Assessment）、Pを**計画**（Plan）とし、この4つの流れで記録することを指します。

5 × クライエントの問題解決のためにあらゆる方向から情報を収集し、**総合的な観点から支援**していくことが求められるため、本人に不利益な情報であっても支援に必要な情報であれば記録します。

正解 3

問題37

1 × 要約体は、支援の過程や内容を整理し、**ポイントを集約して記述**します。事例は、時系列に書かれているので叙述体とすることはできますが、要約されていないので、要約体ではありません。

2 × 逐語体は、利用者の**話した言葉をそのまま記述**する文体です。利用者の言葉は記述されていないので、逐語体ではありません。

3 × 叙述体は、**時系列に事実や支援の内容を記述**する文体です。事例は、叙述体であるということができます。ただし、過程叙述体は、**利用者とのやり取りを詳細に記録**したものなので、該当しません。

4 ○ 圧縮叙述体は、**解説3の過程叙述体を圧縮**したものをいいます。過程記録の多くはこの形式をとります。

5 × 説明体は、援助者の**解釈**や**分析**、**判断**や**考察**を説明する文体です。**事実と考察等を明確に分けて記述**します。事例は、解釈や考察の記述がみられますが、明確に区別されてはいないので、説明体とすることはできません。

正解 4

ポイント チェック

記録の文体

叙述体	援助に関わるさまざまな状況を、時間の**経過**に沿って記述したもの ●過程**叙述体**…クライエントとのやり取りを詳細に記録したもの ●圧縮**叙述体**…過程叙述体を圧縮したもの。過程**記録**の多くはこの形式をとる
説明体	●クライエントとの会話や援助内容などについて、援助者がその**趣旨を**解釈や分析、判断や考察を記録したもの ●事実と考察等を明確に分けて記述する
要約体	●説明体をさらに整理し、**短文化**したもの ●系統**立て**と**主眼点**が明確化されているのが特徴
逐語体 （会話体）	利用者との会話をその言葉どおりありのままに記したもの。逐語記録の多くはこの形式をとる

共通 CH 11 ソーシャルワークの理論と方法

問題38
B　**34-109** ケアマネジメントの意義と目的

ケアマネジメントの意義や目的に関する次の記述のうち、**適切なもの**を **2 つ**選びなさい。

1　複数のサービス事業者が支援を行うため、ケアマネジャーのモニタリング業務が省略できる。

2　幅広い生活課題に対応するため、身体面、精神面だけでなく、住環境や家族関係など多面的にアセスメントを行う。

3　住み慣れた地域で長く生活が続けられるようにするため、身近な資源を活用・調整する。

4　家族の望みどおりのケアプランが作成されるため、利用者の満足度が高くなる。

5　標準化されたケアプランを選択すればよいため、利用者の負担軽減になる。

問題39
A　**33-111** ケアマネジメントの過程

ケアマネジメントの過程に関する次の記述のうち、**最も適切なもの**を **1 つ**選びなさい。

1　アセスメントとは、クライエントや家族の意向に沿ってニーズを充足する方法を決定することである。

2　ケアプランの作成とは、ケアマネジメントの対象となるかどうかを確認することである。

3　ケアプランの実施とは、ケアマネジメントについて説明をし、利用意思を文書等により確認することである。

4　リファーラルとは、支援が望まれると判断された人々を、地域の関係機関等が支援提供機関などに連絡し、紹介することである。

5　スクリーニングとは、一定期間の後に支援経過と結果を全体的に評価することである。

問題38

1 ✕ 複数のサービス事業者が支援を行うからこそ、窓口であるケアマネジャーの役割が大きくなります。例えば介護保険の居宅介護支援（ケアマネジメント）の場合、月1回以上のモニタリングが必要とされています。

2 ○ アセスメントの情報収集は必要な範囲に限定されます。利用者の身体面、精神面、住環境、家族関係等のアセスメントは、利用者の**生活課題を把握するのに必要な情報収集**であり適切です。

3 ○ 「可能な限り住み慣れた地域で、自分らしい暮らしを人生の最期まで続ける」というのが**地域包括ケアシステム**でありケアマネジメントの目的です。そのために身近な資源を活用・調整するのがケアマネジメントです。

4 ✕ 家族の望みどおりのケアプランを作成しても利用者の満足度が高くなるかどうかは不明です。ケアプランの作成は家族の望みどおりではなく、利用者本人の意思を尊重すべきであり不適切です。

5 ✕ ケアマネジメントにおいては、**個別性を尊重**し、利用者個人に合わせたケアプランを作成する必要があります。

正解 | 2・3 |

問題39

1 ✕ **アセスメント**は、**事前評価**です。クライエントや家族の状況を情報収集して、ニーズを充足する方法を検討します。ニーズを充足する方法を決定するのは、ケアプランの作成です。

2 ✕ ケアプランの作成とは、アセスメントした情報をもとに、ケア計画を立案することです。ケアマネジメントの対象になるかどうかを確認するのは**スクリーニング**です。

3 ✕ ケアプランの実施とは、立案したケア計画に基づいて、実際の介護等の援助を行うことです。ケアマネジメントについて説明をし、利用意思を文書等により確認するのは**エンゲージメント**（契約）です。

4 ○ **リファーラル**は、他機関への送致です。スクリーニングによって、当該機関での支援に該当しないと判断された人を、別の支援提供機関に連絡し、**紹介**することです。

5 ✕ **スクリーニング**は、ケアマネジメントの対象となるかどうかを確認することです。支援終了後に支援経過と結果を全体的に評価するのは事後評価です。

正解 | 4 |

集団を活用した支援

問題40 A　35-111　グループワーク

ソーシャルワークにおけるグループワークに関する次の記述のうち、**最も適切なもの**を1つ選びなさい。

1　グループワークとは、複数の人を対象に行う集団面接のことである。

2　グループの開始期において、ソーシャルワーカーはグループの外から見守る。

3　グループワークでは、「今、ここで」が大切なので、事前準備は控える。

4　グループワークにおけるプログラム活動の実施は、手段ではなく目的である。

5　グループワークは、個々のメンバーの社会的に機能する力を高めるために行う。

問題41 B　33-113　グループワーク

グループワークに関する次の記述のうち、**最も適切なもの**を1つ選びなさい。

1　コイル（Coyle, G.）は、ミシガン学派に所属し、個人を望ましい方向に向けて治療する治療モデルを提唱した。

2　コノプカ（Konopka, G.）は、グループワークの14の原則を示し、治療教育的グループワークの発展に貢献した。

3　ヴィンター（Vinter, R.）は、ソーシャルワーカーの役割を、メンバーとグループの媒介者とし、相互作用モデルを提唱した。

4　トレッカー（Trecker, H.）は、セツルメントやYWCAの実践を基盤とし、グループワークの母と呼ばれた。

5　シュワルツ（Schwartz, W.）は、アメリカ・グループワーカー協会で採択された「グループワーカーの機能に関する定義」（1949年）を起草した。

問題40

1 × グループワークは、**グループ活動**を通じて、グループメンバーの**相互作用を活用**して、個々のメンバーの個人の成長を促進し、個人のニーズを充足することです。

2 × グループの開始期は、ソーシャルワーカーが主導でグループを促進します。作業期には、ワーカーが側面的支援にまわることがありますが、グループの外から見守ることはありません。

3 × グループワークの展開過程では、準備期から始まりさまざまな準備や「**波長合わせ**」が行われます。「今、ここで」を重視するのは、実存主義アプローチの**ゲシュタルト療法**です。

4 × グループワークにおけるプログラム活動の実施は、目的ではなく手段になります。

5 ○ グループワークは、グループの持つ力（**グループダイナミクス**）を活用して、個々のメンバーの社会的に機能する力を高めるために行います。

正解 5

問題41

1 × 1923年にアメリカで最初のグループワーク課程がウェスタン・リザーブ大学に設置され、そこで教鞭をとっていた**コイル**は、**グループワークの母**と呼ばれました。セツルメントやYWCAの実践を基盤として、グループワークの定義等も発表しています。ミシガン学派に所属し、治療モデルを提唱したのは、ヴィンターです。

2 ○ 記述のとおりです（ポイントチェック参照）。また、グループワークの治療教育的機能に着目したグループワークの定義を発表しています。

3 × **ヴィンター**は、ミシガン学派に所属し、個人を望ましい方向に向けて治療する**治療モデル**を提唱しました。ソーシャルワーカーの役割を、メンバーとグループの媒介者とし、**相互作用モデル**を提唱したのは、**シュワルツ**です。

4 × トレッカーは、グループワークを社会事業の1つの方法であると定義し、その目的は、個人、グループ、及び地域社会の成長と発達にあるとしました。

5 × **シュワルツ**は、援助者は媒介者としての重要な役割があるとした**相互作用モデル**を提唱した人物です。「**グループワーカーの機能に関する定義**」（1949年）は、アメリカ・グループワーカー協会の委員会が出した報告書で採択されたものです。

正解 2

ポイントチェック

コノプカのグループワークの14の原則

❶ メンバーの個別化
❷ グループの個別化
❸ 受容
❹ 意図的な援助関係
❺ 協力関係の構築援助
❻ グループ過程の変更
❼ 参加の奨励
❽ 問題解決への参加
❾ 葛藤解決
❿ 経験
⓫ 制限の原則
⓬ プログラム活用
⓭ 継続的評価
⓮ 援助者自身の活用

34-111 グループワーク

グループワークの展開過程におけるソーシャルワーカーの対応に関する次の記述のうち、**最も適切なものを1つ**選びなさい。

1 準備期では、情報収集のため、メンバーを一つのグループとして集め、活動を開始する。

2 開始期では、援助の枠組みを明確にする必要がないので、メンバーの行動に対して制限を加えることは避ける。

3 作業期では、メンバーを同化させ、メンバー同士の対立や葛藤が生じないように援助する。

4 作業期では、メンバーがソーシャルワーカーの指示に従って、目標達成に向けて課題に取り組んでいけるよう促す。

5 終結期では、メンバーがグループ体験を振り返り、感情を分かち合えるように援助する。

35-112 自助グループ（セルフヘルプグループ）

事例を読んで、X基幹相談支援センターのD社会福祉士によるこの段階における対応として、**最も適切なものを1つ**選びなさい。

〔事 例〕

X基幹相談支援センターのD社会福祉士は、買物依存のために家族関係の破綻や生活再建に苦労した人たちから、同じような課題で悩む人たちと経験を分かち合いたいとの相談を受け、自助グループの立ち上げを支援した。1年経ち、中心メンバーから、自助グループ運営の助言を求められた。特にルールを定めず開始したためか、グループでは、他のメンバーへの批判が繰り返され、一部のメンバーは、行政への請願を活動の中心とすることを求めるのだという。

1 経験を分かち合いたいとするグループと行政へ請願するグループへの編成を提案する。

2 批判を繰り返すメンバーに退会を勧めるための話合いの場を、中心メンバーと一緒に設ける。

3 メンバー同士でグループの目的やルールについて話し合うことを助言する。

4 グループの司会進行を引き受け、相互援助システムづくりを行う。

5 家族関係の再構築と生活再建に向け、全メンバーとの個別面接を遂行する。

問題42

1 × 準備期には、ニーズを探り、援助対象を決定し、計画立案を行います。またメンバーと**予備的**な接触をして、**波長合わせ**を行います。活動を開始するのは、**開始期**です。

2 × 開始期には、メンバーが集まり、グループ活動を開始します。援助関係を形成し、契約（約束事の確認）を行います。援助の枠組みは明確にすべきですし、「制限の利用」という原則により、メンバーの不適切な行動に制限を加える場合があります。

3 × 作業期には、プログラム活動をとおして、相互援助システムを形成し、活用する時期です。メンバー同士の対立や葛藤が生じた場合、**メンバー同士で解決するように支援**します。

4 × 作業期は、グループの凝集性が高まり、**われわれ**感情や**グループ**規範が形成される時期です。ソーシャルワーカーはそれを側面的に支援します。

5 ○ 終結期は、活動を振り返ってメンバーを肯定的に評価します。グループワークによる**成果**やこれからの**課題**をメンバー間で**共有**できる機会を設定し、その後の生活に活かせるよう促します。

正解 　5

問題43

1 × 求められたのは、グループ運営への助言です。ここでの問題は、**ルールを定めずに開始したこと**、**メンバー同士での批判が繰り返されている**ことです。自助グループの運営は、**メンバーで話し合って方針を決める**べきなので、この段階でグループを割る提案をするのは不適切な対応です。

2 × まず、メンバー同士で方針やルールについて話し合うことから始めるべきであり、この段階で批判を繰り返すメンバーに、退会を勧めるための話合いの場を設けるという対応は、適切ではありません。

3 ○ 最も適切な対応です。

4 × 今から相互援助システムづくりを行うことは、**問題と対応が合致しません**。グループの司会進行を引き受ける必然性は、事例からは読み取れません。

5 × ここでの問題は自助グループの運営に関する問題です。個々のメンバーの家族関係の再構築と生活再建の問題とは、論点が違います。

正解 　3

セルフヘルプグループのメンバーは、特定の体験を共有し、蓄積し吟味することによって生み出される体験的知識を活用し、問題に対処します。

問題44　A　35-113 スーパービジョン

ソーシャルワークにおけるスーパービジョンに関する次の記述のうち、**最も適切なもの**を1つ選びなさい。

1　スーパービジョンの目的は、クライエントへの支援やサービスの質を向上させるための専門職育成である。

2　スーパービジョンの支持的機能は、スーパーバイジーが適切に業務を行うよう目配りすることである。

3　スーパービジョンの教育的機能は、ストレスに対応するようスーパーバイジーの精神面を支える機能である。

4　スーパービジョンの管理的機能は、スーパーバイジーが実践するために必要な知識や技術を高める機能である。

5　スーパービジョン関係は、クライエントとスーパーバイザーとの契約によって成り立つ。

問題45　A　33-114 スーパービジョン

次のうち、複数のスーパーバイジーがスーパーバイザーの同席なしに行うスーパービジョンの形態として、**最も適切なもの**を1つ選びなさい。

1　ピア・スーパービジョン

2　グループ・スーパービジョン

3　ライブ・スーパービジョン

4　個人スーパービジョン

5　セルフ・スーパービジョン

解答・解説

問題44

1 ○ スーパービジョンの目的は、熟練した援助者（**スーパーバイザー**）が、経験が少なく未熟な援助者（**スーパーバイジー**）に対する支持的な関わりや教育・訓練などを行うことで、クライエントに対するより良い援助を提供することにあります。

2 × スーパービジョンの支持的機能は、ストレスに対応するようスーパーバイジーの精神面を支える機能です。記述は、**管理的機能**の説明です。

3 × スーパービジョンの教育的機能は、スーパーバイジーが実践するために必要な知識や技術を高める機能です。記述は、**支持的機能**の説明です。

4 × スーパービジョンの管理的機能は、スーパーバイジーが適切に業務を行うよう目配りすることです。記述は、**教育的機能**の説明です。

5 × スーパービジョン関係は、同じ職場の上司と部下、先輩と後輩等の場合、契約は行われません。外部のスーパーバイザーに委託する場合や、外部のコンサルタントに**コンサルテーション**を依頼する場合には、契約による場合があります。

正解 **1**

問題45

1 ○ **ピア・スーパービジョン**は、ピア（仲間）によるスーパービジョンです。同僚のソーシャルワーカーのみで、スーパーバイザー（指導者）を入れずに、ケースを検討します。

2 × **グループ・スーパービジョン**は、1名のスーパーバイザーにつき、スーパーバイジーがグループ（複数）で行います。

3 × **ライブ・スーパービジョン**は、スーパーバイザーとスーパーバイジーが、**同時に同じケースを担当**します。

4 × **個人スーパービジョン**は、1名のスーパーバイザーにつき、1名のスーパーバイジーで行う最も基本的なスーパービジョンです。

5 × **セルフ・スーパービジョン**は、ソーシャルワーカーが、スーパーバイザーなしで、自分のケース記録を**客観的**に振り返り、自分自身で検討するものです。

正解 **1**

ポイントチェック

5つのスーパービジョンの長所と短所

	長所	短所
ピア・スーパービジョン	仲間・同僚同士のため、比較的すぐに実施することができる	スーパーバイザーとスーパーバイジーの2つの役割を担うことになるので、お互いの成長を目的としているという意識づけが難しい
グループ・スーパービジョン	相互作用を通して、共感や気づきを得ることができる	グループで話し合えない個別的なことは取り上げられないため、メンバー間の関係性に影響されやすい
個人スーパービジョン	個別的で丁寧な関わりが可能	一定の時間を要するため日常的な実施が難しい
セルフ・スーパービジョン	他者との時間設定や場所の調整が不要	自らがスーパーバイザー、スーパーバイジー両方の役割を担うため、高度な**スキル**が必要
ライブ・スーパービジョン	リアルな援助場面から学びを得ることができるため、教育的機能が高まる	クライエントに対する支援と同時並行でスーパービジョンを実施するため、高度な**スキル**が必要

問題46 A 32-116 グループスーパービジョン

グループスーパービジョンに関する次の記述のうち、**最も適切なもの**を**1つ**選びなさい。

1 スーパーバイザーがスーパーバイジーの個々人の資質や能力を比較し評価することを目的とする。

2 スーパーバイザーとスーパーバイジー間の信頼関係を、個人スーパービジョンよりも短時間のうちに構築できる。

3 スーパーバイジー同士の議論や検討により、学習効果の高まりを期待することができる。

4 スーパーバイジー個人が抱える課題を、複数のスーパーバイザー間で共有することで、より適切な支援が行われる。

5 個々のスーパーバイジーが担当する事例ではなく、一般的な模擬事例を検討に用いる。

問題47 A 34-113改 スーパービジョン

事例を読んで、R市役所のM女性相談支援員（社会福祉士）による部下のA女性相談支援員（社会福祉士）に対するスーパービジョンとして、**適切なもの**を**2つ**選びなさい。

〔事　例〕

R市役所で働き始めて2年目のA女性相談支援員は、ある日、Bさん（19歳、女性）からの相談を受けた。Bさんは親からの金銭的搾取と暴言が耐えられず、1年前に家出をし、繁華街の飲食店で仕事をしてきた。しかし、先月、勤め先が倒産して仕事を失い、生活に困窮しているという。また、同居人からの暴力があり、家に居づらく、気持ちが沈み、以前のように活動的に生活できないという。A女性相談支援員は、Bさんからの相談内容が多岐にわたり、援助をどのように進めていくべきか決めるのが難しいと感じていた。そこで、職場のM女性相談支援員にスーパービジョンを求めた。

1 A女性相談支援員にもっと気楽に仕事をするよう助言する。

2 連携するべき関係機関を共に確認し、A女性相談支援員が連絡するよう促す。

3 Bさんのアセスメントを行い、援助内容を決めて、A女性相談支援員に伝える。

4 A女性相談支援員の業務遂行が組織の指針に沿ったものかについて、専門家に相談するよう提案する。

5 A女性相談支援員による実際の面接場面やアセスメントを、ジェノグラム等の記載や記録を通し、共に振り返る。

問題46

1　×　グループスーパービジョンでは、個々のスーパーバイジーの資質などを比較しながら評価するのではなく、スーパーバイジーの専門的な**資質**や能力の向上を促し、よりよい支援が実践できるようにすることを目的としています。

2　×　個人スーパービジョンは、スーパーバイザーとスーパーバイジーの1対1の関係であるため、グループスーパービジョンより**個人スーパービジョン**の方が、短時間で双方の信頼関係が構築されやすいといえます。

3　○　スーパーバイザーの監督の下、スーパーバイジー同士で議論や検討をすることで、**学習効果の高まり**や**相互理解の深まり**が規定できます。

4　×　グループスーパービジョンは、1人の**スーパーバイザー**と複数人の**スーパーバイジー**で行うものです。

5　×　個々のスーパーバイジーが担当する事例を扱っても問題はありません。

正解　3

問題47

1　×　もっと気楽に仕事をするようにという助言は、具体性に欠けるため問題解決に繋がりません。スーパービジョンでは、今後のクライエントに対する対応に繋がる**具体的な助言**等が行われるべきです。

2　○　今後の援助の進め方を決めるのが難しいため、上司にスーパービジョンを受けています。上司とともに連携する関係機関を確認することで、今後の支援方針の見通しが立つため適切です。

3　×　スーパーバイザーである**M**女性相談支援員が、担当者であるスーパーバイジーに代わってアセスメントを行い、支援計画を決めた場合、部下である**A**女性相談支援員の成長につながらないため、不適切なスーパービジョンです。

4　×　女性相談支援員の業務について、市役所という組織の指針に沿ったものかは、上司である**M**女性相談支援員が判断できます。専門家に相談するという提案は、スーパービジョンとして不適切です。

5　○　スーパーバイザーが具体的な資料を確認しながら、スーパーバイジーと共に支援過程を振り返るのは、**スーパービジョンの教育的機能**であり、適切です。

正解　2・5

スーパービジョンの3つの機能

管理的機能	・職場や組織の業務に関する管理的な機能 ・人員配置や職場環境の整備、組織改革も含まれる ・職場の上司としての働きと類似する
教育的機能	・実践に必要な知識や技術を教育し、専門職として成長させる機能 ・「スーパーバイザーの援助場面に同席させる」「事例を一緒に振り返る」などにより、専門職としての成長を促す
支持的機能	・スーパーバイジーを心理的、情緒的に支える機能 ・受容、共感、傾聴など支持的に関わることで、スーパーバイジーが抱えるさまざまな葛藤やストレスなどを軽減させる ・自己覚知を促すことで、バーンアウトを防ぐ機能も期待できる

共通
CHAPTER
11 ポイントチェック一覧

共通
CHAPTER

12

社会福祉調査の基礎

問題1

B 35-84 **社会調査の意義と目的**

社会調査に関する次の記述のうち、**最も適切なもの**を1つ選びなさい。

1 社会調査は、個人ではなく、組織や機関が実施するものである。

2 社会調査は、市場調査や世論調査を含まず、行政調査と学術調査を指している。

3 国勢調査の対象者は、日本に居住する日本国籍をもつ人に限定されている。

4 社会問題の解決のために実施する調査は、社会踏査(social survey)と呼ばれる。

5 社会調査の分析対象は、数量的データに限定されている。

問題2

B 31-84 **社会調査の種類と意義**

社会調査に関する次の記述のうち、**最も適切なもの**を1つ選びなさい。

1 統計調査とは、社会事象を質的に捉えることを目的とした社会調査である。

2 市場調査とは、行政の意思決定に役立てることを目的として市場の客観的基礎資料を得るための社会調査である。

3 世論調査とは、自治体の首長の意見を集約するための社会調査である。

4 アクションリサーチとは、特定の状況における問題解決に向けて調査者が現場に関与する社会調査である。

5 センサスとは、企業の社会貢献活動を把握することを目的とした社会調査である。

問題3

B 33-84 **社会調査の対象**

政府が行う社会調査の対象に関する次の記述のうち、**正しいもの**を1つ選びなさい。

1 国勢調査は、日本に常住する外国人を対象としない。

2 労働力調査は、調査時に求職中の人も対象とする。

3 社会保障生計調査は、被保護世帯を対象としない。

4 国民生活基礎調査は、20歳未満の国民を対象としない。

5 家計調査は、学生の単身世帯も対象とする。

解答・解説

問題 1

1　×　社会調査は、**研究者が個人で行うことも可能**であり、組織や機関単位で実施しなければならないというものではありません。

2　×　企業が市場のニーズを把握するために実施する**市場調査**や、国民の意識や動向を把握するための**世論調査**なども、社会調査に含まれます。

3　×　国勢調査の対象は、国籍を問わずその時点で**3か月以上**日本に住んでいる、または住むことになっている人です。

4　○　社会踏査とは、社会的な**問題の解決**を目的とするものです。例えば、一人暮らしの高齢者の課題調査は、社会踏査にあたります。

5　×　長時間のインタビューを行ったり、対象集団の活動を観察する**質的調査**から得られるデータを分析対象とすることがあります。

正解　4

問題 2

1　×　統計調査とは、社会事象を量的に捉えることを目的とした社会調査です。

2　×　市場調査とは、**企業が市場のニーズを把握する**ための社会調査です。

3　×　世論調査とは、**国民の意識や動向を把握する**ための社会調査です。

4　○　記述のとおりです。

5　×　**センサス**とは、**全数調査**の訳語であり、すべての対象を漏れなく調査することです。センサスは、政治・行政上の目的をもって行われる調査で、国勢調査や経済センサスなどが代表例です。

正解　4

> このほか、貧困や犯罪などの社会的な問題を発見し、それを解決することを目的として、社会調査の方法により、観察や分析などを行うものを 社会踏査 といいます。

問題 3

1　×　国勢調査の対象は、国籍を問わずその時点で**3か月以上**日本に住んでいる、または住むことになっている人です。

2　○　記述のとおりです。なお、調査時に就労も求職もしていない人も対象となります。

3　×　社会保障生計調査は、全国の被保護世帯を対象としています。

4　×　国民生活基礎調査は、全国の世帯及び世帯員を対象としているので、20歳未満の国民も対象に含まれます。

5　×　家計調査は、全国の世帯を調査対象としていますが、❶学生の単身世帯、❷病院・療養所の入院者、矯正施設の入所者等の世帯、❸料理飲食店、旅館または下宿屋（寄宿舎を含む）を営む併用住宅の世帯、❹賄い付きの同居人がいる世帯、❺住み込みの営業上の使用人が4人以上いる世帯、❻世帯主が長期間（3か月以上）不在の世帯、❼外国人世帯については、世帯としての収入と支出を正確に計ることが難しいことなどの理由から、調査対象外となっています。

正解　2

共通
CH
12
社会福祉調査の基礎

問題4
B 35-85 **統計法の概要**

統計法に関する次の記述のうち、**最も適切なもの**を1つ選びなさい。

1 行政機関の長は、一定の要件を満たす学術研究に対して調査票情報を提供することができる。

2 行政機関の長は、基幹統計調査のデータを加工して、匿名データを自由に作成できる。

3 個人情報の秘密漏えいに関する罰則は定められていない。

4 厚生労働省が実施する社会福祉施設等調査は、基幹統計調査である。

5 一般統計調査には、基幹統計調査も含まれる。

問題5
A 32-85 **統計法の概要**

2007年（平成19年）の統計法改正に関する次の記述のうち、**正しいもの**を1つ選びなさい。

1 調査票情報の利用制度が変わり、目的を問わず誰でも二次利用できるようになった。

2 改正の目的は、公的統計の位置づけを「行政のための統計」から「社会の情報基盤としての統計」へと転換させることである。

3 基幹統計は、それ以前の指定統計と異なって、回答の義務を規定している。

4 統計委員会は、各都道府県に設置されるようになった。

5 調査対象者の秘密保護の扱いは、改正前と変わっていない。

問題6
B 30-84 **統計法の概要**

現行の統計法に関する次の記述のうち、**正しいもの**を1つ選びなさい。

1 一般統計調査は、行政機関が行う統計調査のうち基幹統計調査以外の調査のことをいう。

2 基幹統計調査である国勢調査は、10年ごとに無作為抽出による調査が行われる。

3 調査を実施する行政機関は、その機関内に統計委員会を置かなければならない。

4 基幹統計の公表の場合には、インターネットを利用した公表が禁じられている。

5 成年被後見人には、基幹統計調査の報告を求められることはない。

共通
CH
12 START!
GOAL!!

1 ◯ 公的機関等が行う統計の作成等と同等の公益性を有する学術研究に関しては、審査を経たのち、行政機関の長は調査票情報を提供できます。

2 ✕ 行政機関の長は、基幹統計調査に係る匿名データを作成しようとするときは、あらかじめ、**統計委員会の意見を聴かなければなりません**。

3 ✕ 統計法第57条に、「その業務に関して知り得た個人又は法人その他の団体の秘密を漏らした者」には「**２年以下の懲役又は100万円以下の罰金に処する**」と規定されています。

4 ✕ 統計法では、「国勢統計」「国民経済計算」「行政機関が作成する統計のうち、総務大臣が指定する特に重要な統計」を基幹統計と規定しています。厚生労働省が実施するものでは、**人口動態統計、医療施設統計、患者統計、国民生活基礎統計**が基幹統計にあたり、社会福祉施設等調査は含まれません。

5 ✕ 統計法において、行政機関が行う統計調査のうち基幹統計調査以外のものを、**一般統計調査**といいます。

正解 　**1**

1 ✕ 行政機関の長や指定独立行政法人等は、統計の作成または統計的研究を行う場合や、統計調査その他の統計を作成するための調査に係る名簿を作成する場合に、その行った統計調査に係る調査票情報を二次利用することができます。

2 ◯ 統計法は、「行政のための統計」から「**社会の情報基盤としての統計**」へと転換を図る改正が実施されました。現行の統計法では、公的統計の体系的かつ効率的な整備及びその有用性の確保を図り、もって国民経済の健全な発展及び国民生活の向上に寄与することを目的としています。

3 ✕ 基幹統計は、以前の指定統計と同様、正確な報告を法的に確保するため報告（回答）の義務が設けられています。この報告を拒んだり虚偽の報告をしたりすると、**50万円以下**の罰金が定められています。

4 ✕ 統計委員会は、**総務省**に置かれます。

5 ✕ 調査対象者の秘密保護の扱いは、法改正によって、**守秘義務違反**を設けるなど、統計調査の対象者の秘密保護が強化されました。

正解 　**2**

1 ◯ 記述のとおりです。なお、行政機関が行う統計調査は、基幹統計を作成するために行われる**基幹統計調査**と、それ以外の**一般統計調査**に分けられます。

2 ✕ 国勢調査は、**５年ごと**に無作為抽出による調査が行われます。

3 ✕ 統計委員会は、**総務省**に設置されます。

4 ✕ 基幹統計の公表については、「行政機関の長は、基幹統計を作成したときは、速やかに、当該基幹統計及び基幹統計に関し政令で定める事項を、**インターネットの利用その他の適切な方法**により公表しなければならない」と規定されています（統計法第８条）。

5 ✕ 基幹統計調査の報告については、統計法第13条第３項において「報告を求められた者が、未成年者又は成年被後見人である場合においては、その**法定代理人が本人に代わって報告する義務を負う**」と規定されているため、報告を求めることができます。

正解 　**1**

問題7
B 29-85 調査者の倫理

調査者の倫理に関する次の記述のうち、**最も適切なもの**を1つ選びなさい。

1 仮説と異なるデータが得られた場合でも、そのデータも含めて報告書をまとめなければならない。

2 学術研究上の調査は、調査対象者に強制的に回答を求める必要がある。

3 調査対象者への謝礼は、謝礼目的で迎合的な回答をする恐れがあるので、禁じられている。

4 調査対象者に調査の協力依頼をする際には、誤解がないように電話ではなく、文書で行わなければならない。

5 公益社団法人日本社会福祉士会が作成した社会福祉士の倫理綱領および行動規範には、調査や研究に関する専門職としての倫理責任についての項目はない。

問題8
B 33-85 社会調査の倫理

社会調査の倫理に関する次の記述のうち、**最も適切なもの**を1つ選びなさい。

1 社会福祉施設利用者に聞き取り調査をする際、聞き漏らしを防ぐための録音は、不安感を抱かせるので、調査対象者に告げずに行った。

2 介護施設で職員へのマネジメントに関する調査をする際、施設長に対する職員の評価を正確に把握するために、全員に記名式の質問紙の提出を義務づけた。

3 社会福祉学部の学生からの依頼で質問紙調査をする際、いつも出入りしている学生だったため、施設利用者に特に説明することなく質問紙を配布した。

4 社会福祉施設利用者の家族の実情を聴く際、第三者が出入りしない個室で聞き取り調査を行った。

5 施設にボランティア活動に来る小学生に質問紙調査をする際、本人たちの了承を得るだけでよい。

問題9
B 34-84 社会調査の倫理や個人情報保護

社会調査の倫理や個人情報保護に関する次の記述のうち、**最も適切なもの**を1つ選びなさい。

1 施設職員を調査対象者にして、福祉サービスの一般的な苦情対応に関する調査を実施する際に、施設職員は調査に協力する義務があると依頼状に明記した。

2 調査者が、研究目的で住民基本台帳から作成した調査対象者の住所リストを、調査終了後に自分の主催する介護予防啓発イベントの案内状の郵送に利用した。

3 質問紙調査の回答の仕方で分からない箇所があるので教えて欲しいという調査対象者からの問合せに、調査対象者全体への公平性に欠けるため説明を控えた。

4 面接調査の音声データから記録を作成する際、調査対象者の名前や面接の中で出てきた人名を、アルファベット順に記号化した。

5 面接調査終了後、調査対象者1名から協力辞退の申出があったため、その調査対象者のデータについて年齢と所属を書き換えてから分析に利用した。

問題7

1 ○ 一般社団法人社会調査協会「倫理規程」第1条は、「社会調査は、常に科学的な手続きにのっとり、**客観的に実施**されなければならない」としています。報告書は、仮説と異なるデータも含めてまとめなければなりません。

2 × 「倫理規程」第3条は、「調査対象者の協力は、**自由意志によるものでなければならない**」としています。

3 × 調査対象者が情報と時間を提供してくれることへの対価として、また、回答率の向上を目的に謝礼を渡すことがあります。謝礼の内容・方法については、調査の実施者が判断することになります。

4 × 調査の協力依頼をする際には、電話で行うこともあります。その場合は、伝えるべき内容や注意点などを事前に確認しておくことが大切です。

5 × **社会福祉士の倫理綱領**は、「専門職としての倫理責任」の中で、「社会福祉士は、すべての調査・研究過程で、クライエントを含む研究対象の権利を尊重し、研究対象との関係に十分に注意を払い、倫理性を確保する」ことを示しています。また、**行動規範**でも、「専門職としての倫理責任」として、「社会福祉に関する調査研究を行い、結果を公表する場合、その目的を明らかにし、利用者等の不利益にならないよう最大限の配慮をしなければならない」ことなどを示しています。

正解 **1**

問題8

1 × 録音などは、記録機材を用いる場合には、原則として調査対象者に調査の前または後に、調査の目的及び記録機材を使用することを知らせなければなりません。

2 × 記述の施設長に対する職員の評価の調査の場合、無記名式の方が、心理的な抵抗が少なく回答することができ、正確に把握することができます。

3 × 調査対象者に対しては、あらかじめ調査の目的などを説明する必要があります。

4 ○ 社会調査を実施するにあたり、調査対象者のプライバシーにかかわる内容を聞き取る場合には、情報漏洩をふせぐために、第三者が出入りしない個室で行うなどの配慮をする必要があります。

5 × 調査対象者が満15歳以下である場合には、まず保護者もしくは学校長などの責任ある成人の承諾を得なければなりません。

正解 **4**

問題9

1 × 問題7の**解説2**のとおり、調査対象者の協力は、自由意志によるものでなければなりません。

2 × 社会調査によって得られた個人情報は厳重な管理の下、**調査目的以外の用途に使われることがないよう配慮する義務**があります。調査終了後に異なった目的で利用してはなりません。

3 × 質問紙調査の回答の仕方に関する調査対象者からの問合せに対して説明を加えても、公平性に欠けることにはなりません。無回答や不適切な回答とならないよう説明することは適切です。

4 ○ 調査対象者のデータを記録、分析などする際には、調査対象者の氏名や住所などの個人の識別が可能な情報はID番号に置き換えたり、固有名詞を記号化したりして、**匿名化**します。

5 × 調査対象者から辞退の申出があった場合には、調査対象から外して、その調査対象者のデータは分析に利用はしません。社会調査を行う過程で、調査対象者に対して、**調査同意書**及び**同意撤回書**を用意します。同意撤回書は、一度同意したものの、考えが変わり、自分のデータを調査対象から外してほしい旨の申出を行うための書面です。

正解 **4**

B 問題10　35-86　標本調査

標本調査に関する次の記述のうち、**最も適切なもの**を1つ選びなさい。

1　標本調査では、非標本誤差は生じない。

2　標本抽出には、性別や年齢といった母集団の特性を基準にする抽出法がある。

3　標準誤差は、質問の意味の取り違え、回答忘れなど、回答者に起因する。

4　系統抽出法では、抽出台帳に規則性がない場合、標本に偏りが生じる。

5　確率抽出法では、標本誤差は生じない。

A 問題11　30-86　全数調査と標本調査

全数調査と標本調査に関する次の記述のうち、**正しいもの**を1つ選びなさい。

1　標本調査の場合、測定誤差は生じない。

2　無作為抽出による標本調査の場合、母集団の性質について統計的に推測できる。

3　標本調査の場合、標本誤差は生じない。

4　全数調査の場合、測定誤差は生じない。

5　全数調査の場合、母集団から一部を取り出し、取り出した全員を対象に調査する。

問題10

1　×　非標本誤差は、回答者の誤答や記入漏れ、調査者の入力や集計のミスなどで生じるものです。全数調査に限らず、標本調査においても生じる可能性はあります。

2　○　記述の抽出法は、**層化抽出法**です。

3　×　標準誤差とは、標本から得られる推定量の誤差のばらつきを表す数値です。標準誤差は、標本抽出法などに起因します。

4　×　**系統抽出法**では、抽出台帳に何らかの規則性がある場合、標本に偏りが生じる可能性があります。

5　×　無作為（確率）抽出法であれ、有為（非確率）抽出法であれ、全数調査ではない標本調査を実施する場合には、標本誤差は生じます。

正解　2

問題11

1　×　測定誤差とは、あるべき測定結果に対して、何らかの要素が影響して**測定結果にばらつきが生じる差**のことをいい、標本調査では、必ず測定誤差が生じます。

2　○　標本調査には、**無作為抽出**と**有意抽出**があります。有意抽出は、意図的に標本を選択する方法であるのに対し、**無作為抽出**は、無作為（ランダム）に標本を選択するため、統計的推測を行う方法として適しています。

3　×　標本誤差とは、標本調査（一部の標本を対象に行う調査）を行って母集団数を推定する際に生じる**標本数と母集団数の差**です。そのため、標本調査を行う場合は標本誤差が生じます。一方、全数調査は、対象となるすべてを調査するため、標本誤差は生じません。

4　×　**解説1**同様、全数調査であっても、測定誤差は生じます。

5　×　記述は、**標本調査**の内容です。

正解　2

ポイント チェック

全数調査と標本調査の長所・短所

　量的調査は、母集団全体を調べていく全数（悉皆）調査と母集団から一部を抽出して行う標本調査に分類できる。

	長所	短所
全数調査	標本誤差が生じず、結果に対する信頼性が高い	対象集団が大きくなりやすいため、調査にかかる時間や労力、調査費用が大きい
標本調査	全数調査に比べ、労力や調査費用が節減できる	標本抽出の仕方が不適切であったり、標本数が少なすぎたりすると標本誤差が大きくなり、調査対象全体の特徴を正確に反映できない

共通 CH 12 社会福祉調査の基礎

問題12 A 33-87 横断調査と縦断調査

横断調査と縦断調査に関する次の記述のうち、**最も適切なもの**を1つ選びなさい。

1 縦断調査とは、一時点のデータを収集する調査のことをいう。

2 横断調査で得られたデータを、時系列データと呼ぶ。

3 パネル調査とは、調査対象者に対して、過去の出来事を振り返って回答してもらう調査のことをいう。

4 パネル調査は、横断調査に比べて、因果関係を解明するのに適している。

5 横断調査では、時期を空けた2回目以降の調査で同じ調査対象者が脱落してしまうといった問題がある。

問題13 A 34-85 横断調査と縦断調査

横断調査と縦断調査に関する次の記述のうち、**最も適切なもの**を1つ選びなさい。

1 同一の調査票を使って、昨年はN県、今年はP県で量的調査を実施することは、パネル調査に当たる。

2 横断調査と縦断調査の違いは、調査地域の広さや調査対象者数などといった調査の規模が異なることによる。

3 パネル調査では、調査を重ねるごとに調査対象者が増加する傾向がある。

4 出生時期を同じくする集団を調査対象にして、複数の時期に調査を行うことは、縦断調査に含まれる。

5 縦断調査のデータ分析は、横断調査に比べて、二つの変数間で原因と結果という因果関係を推論することには適していない。

問題12

1 × 縦断調査とは、**特定の調査対象**に対して、**一定の時間間隔**をおいて繰り返し行う調査のことです。

2 × 時系列データ（定期的に行う調査によって得られるデータ）は、縦断**調査**で得られるデータをいいます。横断調査で得られたデータは、横断データ（**クロスセクションデータ**）と呼びます。

3 × **パネル調査と**は、同じ対象者（パネル）を繰り返し調査する追跡調査です。

4 ○ パネル調査は、横断調査に比べて、原因と結果が時間的に前後関係にある因果関係を解明するのに適した方法です。

5 × 記述は、**縦断調査**であるパネル調査で生じる**パネルの摩耗**（脱落）のことです。

正解 | 4 |

問題13

1 × パネル調査とは、同一対象者（パネル）を継時的に追跡することを通じて、調査対象者の変化を知ろうとする調査法です。

2 × **横断調査**と**縦断調査**の違いは、行われる調査の**時間軸**にあります。横断**調査**とは、１回のみ調査を行い、調査実施の時点における各種データを横断的に比較する調査のことをいいます。縦断**調査**とは、特定の調査対象に対して、一定の時間間隔をおいて**繰り返し**行う調査のことをいいます。

3 × パネル調査は対象者を固定して行うため、調査を重ねるごとに調査対象が脱落していく、「パネルの摩耗（または脱落）」があります。

4 ○ 出生時期を同じくする、**ある期間に生まれた集団（コーホート）**に対して、一定期間ごとに同一内容の調査を繰り返し行う調査を**コーホート調査**といい、縦断調査に含まれます。

5 × 横断調査は、１回のみの調査なので、因果関係を推論することは困難ですが、縦断**調査**は、同じ対象者を繰り返し調査するので、因果関係を推論するのに適しています。

正解 | 4 |

共通 CH12 社会福祉調査の基礎

ポイント チェック

縦断調査の種類

動向調査 （傾向分析・トレンド調査）	●同じ調査対象集団に定期的に調査を行い、その集団における特性の変化の傾向を把握する調査 ●調査対象集団の定義は変わらないが、集団内の個々が同一とは限らない
パネル調査	同じ対象者を繰り返し調査する追跡調査 →因果関係を調査するのに有効であるが、対象者を固定して行うため、対象者の死亡などの理由で第２回、第３回と回を重ねるごとに調査対象が脱落していく、「パネルの摩耗（または脱落）」がある
コーホート調査	ある期間に生まれた集団（コーホート）に対して、一定期間ごとに同一内容の調査を繰り返し行う調査

問題14 B `32-86` **調査対象者の抽出**

調査対象者の抽出に関する次の記述のうち、**正しいものを1つ**選びなさい。

1 標本抽出方法の確率抽出と非確率抽出では、非確率抽出の方が母集団に対する代表性が高い方法である。

2 適切に抽出された標本調査であれば、標本誤差は生じない。

3 調査対象者の多段抽出は、単純無作為抽出に比べて母集団の特性を推定する精度が高い。

4 系統抽出法は、抽出台帳に一定の規則性がある場合には、抽出した標本に偏りを生じることはない。

5 スノーボール・サンプリングは、非確率抽出法の一つである。

問題15 B `35-88` **質問紙の作成方法と留意点**

質問紙を作成する際の留意点に関する次の記述のうち、**最も適切なものを1つ**選びなさい。

1 回答者の理解を促進するため、ワーディングはできるだけ多くの専門用語を用いることが望ましい。

2 回答者の回答を容易にするため、一つの質問に複数の論点を含む質問文を作成することが望ましい。

3 配布した質問紙の回収後の集計作業を効率的に行うため、自由回答法を多く用いることが望ましい。

4 選択肢法を用いる場合は、想定される回答を網羅するため、選択肢の内容が相互に重複していることが望ましい。

5 作成した質問紙の構成や内容が適切かを検討するため、プリテストを実施することが望ましい。

問題16 A `33-88` **質問紙の作成方法と留意点**

質問紙の作成に当たっての留意点に関する次の記述のうち、**最も適切なものを1つ**選びなさい。

1 一つの質問文で複数の事項を問うことは、複数の回答が同時に得られるので、質問紙の作成において望ましいと考えられている。

2 パーソナルな質問とは社会一般的な意見について尋ねる質問であり、インパーソナルな質問とは調査対象者自身の意識や行動について尋ねる質問である。

3 質問文を作成するときには、調査対象者に関心を持ってもらうために、一般的に固定的なイメージを持つステレオタイプな用語を使う必要がある。

4 社会的に望ましい結果を得るために、誘導的な質問をすることは質問紙の作成として適切である。

5 前の質問文の内容が次の質問文の回答に影響を与えないように、注意を払う必要がある。

共通CH**12** START! GOAL!!

問題14

1 ✕ 標本抽出方法として、**確率抽出**と**非確率抽出**がありますが、確率抽出の方が、母集団の成員すべてが等しい確率で調査対象となり得ることから、母集団に対する**代表性**が高いといえます。

2 ✕ 適切に抽出された標本調査であっても、**標本誤差**は生じます。

3 ✕ **多段抽出法**は、「母集団をいくつかのグループに分け、その中からグループをランダムに抽出する」という一連の流れを数回繰り返し行うものであり、母集団から乱数表を用いてサンプルを抽出する単純無作為抽出に比べて、母集団の特性を推定しにくいといえます。

4 ✕ 系統抽出法は、抽出台帳に一定の規則性がある場合、抽出した標本に偏りを生じやすいといえます。

5 ○ **非確率抽出法**には、スノーボール・サンプリング（調査対象者から知人や友人を紹介してもらい、**雪だるま式に対象者数を増やす**方法）、機縁法・縁故法、応募法などがあります。一方、**確率抽出法**には、単純無作為抽出法、多段抽出法、系統抽出法などがあります。

正解 | 5

問題15

1 ✕ 回答者の理解を促進するためには、**専門用語はなるべく避け**、言葉づかいを**平易**にした質問紙を作成します。

2 ✕ 回答者に誤解を与えたり、混乱を招いたりすることを防ぐため、2つ以上のことを一度に聞く質問（**ダブルバーレル質問**）は避けるようにします。

3 ✕ 自由回答法とは、質問紙にスペースをとって自由に書き込めるような質問形式です。自由回答法は回答しづらく、回収した後の**集計・分析に手間**がかかるため、通常は**選択肢法**を主とし、必要に応じて自由回答法を用いるようにします。

4 ✕ 選択肢法とは、選択肢のなかからあてはまるものを1つ（**単数回答方式**）、あるいは複数（**複数回答方式**）選ぶ回答方式です。選択肢法を用いる場合は、選択肢が意味する**内容がほかの選択肢と重複しない**ように注意しなければなりません。

5 ○ プリテストを実施して、調査の目的に沿って質問が理解され、回答されているかを確認し、必要があれば修正を加えることが望ましいです。

正解 | 5

問題16

1 ✕ 記述の2つ以上のことを一度に聞く質問は、**ダブルバーレル**質問といい、回答者がどの事項に回答したか、ばらつきが生じてしまうため、質問文として相応しくありません。

2 ✕ パーソナルな質問とは、**調査対象者自身の意識や行動**について尋ねる質問であり、インパーソナルな質問とは、**一般的・客観的な意見・事実**について尋ねる質問です。

3 ✕ 特定の価値観が付着された**ステレオタイプ語**は、それに影響されて回答がゆがめられることが多いので、ステレオタイプ語を質問文として用いるのは不適切です。

4 ✕ 誘導的な質問をすることは、回答者から正確な回答を得られないため、不適切です。

5 ○ 前の質問文の内容が、後に続く質問の回答に影響を与えることを**キャリーオーバー効果**といいます。質問紙を作成する場合には、キャリーオーバー効果を最小限にとどめるよう、**別の質問を間にはさむ**、**類似の質問をする**などの質問配置上の工夫をする必要があります。

正解 | 5

質問紙を用いた調査に関する次の記述のうち、**正しいもの**を1つ選びなさい。

1 調査対象者から口頭で聞き取った内容を、調査員が記入する方法を自記式という。

2 プライバシーに関する質問は、自記式の方が他記式よりも望ましい。

3 自記式の方が他記式よりも、誤記入が起こりにくい。

4 他記式の方が自記式よりも、調査対象者以外の人が本人の代わりに回答する可能性が高い。

5 調査対象者が調査員に口頭で答えた後に、調査対象者が調査票に記入する方法を他記式という。

質問紙調査に関する次の記述のうち、**最も適切なもの**を1つ選びなさい。

1 インターネット調査は、自計式であるため、調査コストを抑えることができる。

2 留置調査は、他計式であるため、調査対象者以外の者が回答することを回避できる。

3 郵送調査は、他計式であるため、調査対象者の匿名性が確保されにくい。

4 電話調査は、自計式であるため、質問数が多い調査に向いている。

5 訪問面接調査は、自計式であるため、調査者の態度が調査対象者の回答に与える影響を抑制できる。

問題17

1　×　記述は、他記式といいます。

2　○　プライバシーに関する質問は、調査の対象者自身が調査票の質問を読み、回答を記入する**自記式の方が回答を得やすい**ため、望ましい方式です。

3　×　誤記入が起こりにくいのは、他記式の方です。

4　×　調査対象者以外の人が本人の代わりに回答する可能性が高いのは、自記式の方です。

 他記式調査法は、対象者と直接話をするため、確実に対象者本人から回答を聞き出すことができる調査法です。

5　×　記述は、自記式といいます。

正解　2

問題18

1　○　**インターネット調査**は**自計式**で、調査対象者が**インターネットのWebサイト**から直接回答を入力していく方法です。調査費用が安く、回答と同時に集計が可能です。

2　×　**留置調査**は、**自計式**であるため、調査対象者本人が記入したかどうか不明という短所があります。

3　×　**郵送調査**は、**自計式**であるため、返送時に氏名を記入しない、イニシャルのみ、偽名を記入することもできるため、匿名性を確保することは可能です。

4　×　**電話調査**は、**他計式**であり、**調査拒否**の可能性が高い、という短所があります。時間に**限り**があるため、質問項目数が限られます。

5　×　**訪問面接**調査は、**他計式**であり、調査者の態度が調査対象者の回答に影響を及ぼす可能性があります。

正解　1

 ポイント チェック

自計式調査と他計式調査

自計式調査	留置調査（とめおき）	調査者が調査対象者を訪問して調査票を配付し、一定期間後に回収する方法
	集合調査	調査対象者を一定の場所に集め、その場で調査票の配付・回収を行う方法
	郵送調査	郵送で調査票の配付・回収を行う方法
	インターネット調査	調査対象者がインターネットのWebサイトから直接回答を入力していく方法
他計式調査	訪問面接（個別面接）調査	調査者が調査対象者と面接を行い、口頭で質問する方法
	電話調査	調査者が調査対象者に電話をし、質問する方法。RDD法※やCATI※などがある

※RDD法とは、コンピューターで無作為に数字を組み合わせた電話番号に電話をかけて行う電話調査のこと。CATI（Computer Assisted Telephone Interviewing）とは、コンピューターを使った電話調査のこと。オペレーターがコンピューターの指示に従い質問を読み上げ、回答を入力する。

共通
CH
12
社会福祉調査の基礎

問題19 A 35-87 測定と尺度

社会調査における測定と尺度に関する次の記述のうち、**適切なものを2つ**選びなさい。

1 信頼性とは、測定しようとする概念をどのくらい正確に把握できているかを意味する。

2 妥当性とは、同じ調査を再度行ったときに、どのくらい類似した結果を得ているかを意味する。

3 順序尺度では、大小や優劣を測定できる。

4 間隔尺度の例として、身長や体重がある。

5 比例尺度の方が、間隔尺度よりも情報量が多い。

問題20 A 32-87 測定尺度

量的調査の測定尺度に関する次の記述のうち、**最も適切なものを1つ**選びなさい。

1 名義尺度は、代表値を求めることはできない。

2 順序尺度は、測定値の大小や優劣を意味しない。

3 間隔尺度は、測定値の間隔を数量的に表現できない。

4 比例尺度は、数値の間隔が等しいだけでなく数値の比も意味を持つ。

5 名義尺度、順序尺度、間隔尺度、比例尺度は、いずれも標準偏差を計算することに数量的な意味がある。

問題21 B 34-87 調査票の回収後の手続

調査票の回収後の手続に関する次の記述のうち、**最も適切なものを1つ**選びなさい。

1 1問も回答されていない状態の調査票であっても、有効回答に含める。

2 調査票の数が非常に多い場合、個別の調査票ごとの誤記入や回答漏れの確認は必ずしも必要ではない。

3 自由回答のデータ化では、事前に用意したコード表に該当するものがない場合、新たにコードを追加することはできない。

4 調査票の中に、それまでの回答から判断して回答が矛盾していると明確に確認できる箇所があっても、調査者は修正を加えることはできない。

5 データ分析をする前に、データに入力の誤り等が含まれていないかを確認するため、予備的に集計しチェックする必要がある。

1 ✕ 同じ調査を繰り返し行って同じような結果になるとき、その調査は**信頼性**があるといいます。

2 ✕ 調査が**仮説を検証**するものになっているとき、その調査は**妥当性**があるといいます。

3 〇 記述のとおりです。順序尺度は、**大小関係や優劣関係**を示すための尺度で、値の間隔には意味がありません。例として、成績順位や地震の震度があります。

4 ✕ 間隔尺度は、温度や西暦など数値の差が**等間隔**で、間隔に意味のある尺度です。ゼロは任意の位置で、マイナスの値もとり得るものです。身長や体重は、**比例尺度**の例です。

5 〇 記述のとおりです。比例尺度は、数値の差とともに、**絶対ゼロ**の値をもつ（マイナスの値をとり得ない）ことから**数値の比率にも意味**がある尺度です。

正解 3・5

ポイント
チェック

妥当性の主な種類

内容的妥当性	調査結果が仮説を検証するものになっていること
基準関連妥当性	調査結果が関連する調査の結果と相関するものになっていること
構成概念妥当性	調査全体が調査の意図を反映したものになっていること

1 ✕ **名義尺度**は、代表値の中央値と平均値を求めることはできませんが、**最頻値**を求めることはできます。

2 ✕ **順序尺度**は、順位や震度など、測定値の大小関係や優劣関係に意味をもちます。

3 ✕ **間隔尺度**は、気温など、測定値の間隔を数量的に表現できます。

4 〇 **比例尺度**は、**大小関係、差、比**に意味がある尺度であり、数値の間隔が等しくなっています。

5 ✕ **間隔尺度**や**比例尺度**は、標準偏差を計算することに数量的な意味がありますが、**名義尺度**や**順序尺度**は、標準偏差を計算することに数量的な意味をもちません。

正解 4

1 ✕ 1問も回答されていない状態の調査票は、回収後、**無効票**として扱います。

2 ✕ 調査票の数が非常に多い場合でも、調査票の**記入漏れや誤記入がないかを確認**する必要があります。

3 ✕ 自由回答で多かった質問をコード化し、集計を可能にしていく作業を行うこともあります。この手法を**アフターコーディング**といいます。

4 ✕ 調査票の中に矛盾する回答がある場合には、調査者は修正を加えます。例えば、回答者が独身と答えているのに配偶者の年齢を回答している場合には、修正を行います。

5 〇 記述のとおりです。データ分析をする前に、調査票に記入漏れや不完全・不明な回答項目がないかを確認するため、予備的に集計します。

正解 5

調査票の回収後の手続に関する次の記述のうち、**最も適切なもの**を1つ選びなさい。

1　調査票で記入者が回答していないところは、欠損値として数値を割り当てる必要はない。

2　回収した調査票が正確かどうかを確認する作業のことをコーディングという。

3　40歳以上65歳未満を対象とした調査で、40歳代のみを対象とした質問項目の場合、50歳以上の当該質問項目の回答は「非該当」として処理する。

4　複数の質問項目の組合せの論理的な矛盾は調査票作成時に確認するので、回収後に確認する必要はない。

5　入力ミス以外のはずれ値は、必ず除去しなければならない。

量的調査の集計と分析に関する次の記述のうち、**正しいもの**を1つ選びなさい。

1　質問紙調査のデータを集計する際に、全体的な回答の分布を見たい場合に、度数分布表を用いることはない。

2　データの分布を代表する値として平均値を用いておけば、中央値や最頻値は見なくてもよい。

3　標準偏差は、調査データが全体としてどれぐらい平均値から離れて散らばっているのかを表す指標の一つである。

4　推測統計とは、収集されたデータそのものの特徴を記述するための方法である。

5　オッズ比は、分布の左右対称性に関する指標である。

事例を読んで、集計結果に関する次の記述のうち、**正しいもの**を1つ選びなさい。

〔事　例〕

　Xデイサービスでは、本日9名の参加者が来所して交流を行い、心身機能の維持のための活動を行った。参加者は、男性が65歳、68歳、72歳の3名であり、女性が65歳、65歳、66歳、67歳、70歳、77歳の6名である。

1　参加者全体の年齢の中央値は65である。

2　男性参加者の年齢の分散は、女性参加者の年齢の分散より大きい。

3　男性参加者と女性参加者の年齢の最小値は異なる。

4　女性参加者の年齢の最頻値は77である。

5　参加者全体の年齢の範囲は12である。

問題22

1　✕　調査票で記入者が回答していないところは、**欠損値**として数値を割り当てる**必要があります**。

2　✕　回収した調査票が正確かどうかを確認する作業のことを**エディティング**といいます。

3　○　記述のとおりです。

4　✕　データの信頼性確保のため、回収後にも**確認する必要があります**。

5　✕　入力ミスのはずれ値（異常値）は除去しますが、異常値ではないはずれ値は必ず除去しなければならないものではありません。

正解　3

問題23

1　✕　**度数分布表**は、ある質問に対する回答がA：○%、B：○%のように、回答の分布を示すものです。そのため、質問紙調査のデータを集計し、全体的な回答の分布を確認したい場合には、**度数分布表**を用います。

2　✕　データ分布の代表値として、**平均値**が用いられることが多いですが、**中央値や最頻値**が代表値として用いられることもあるので、中央値や最頻値も確認する必要もあります。

3　○　標準偏差は、**分散の正の平方根**のことであり、調査データが全体としてどの程度平均値から離れて散らばっているかを示す指標です。

4　✕　推測統計は、収集したデータの性質を、サンプルデータを活用して推測するもので、その方法には、**推定と仮説検定**の2種類があります。

5　✕　分布の左右対称性に関する指標として**歪度**があります。オッズ比とは、2つの異なる群のオッズを割ることで求められる比のことをいいます。

正解　3

問題24

1　✕　中央値とは、データを低いものから順番に並べ、ちょうど**真ん中にくる値**（データが偶数の場合は、中央の2つのデータの**平均値**）です。参加者全体の年齢の中央値は**67**です。

2　✕　分散とは、各データが平均値からどれくらい散らばっているか、その程度を測るものです。具体的には各データの偏差（平均値との差）を二乗して、その平均値を求めます。男性参加者の年齢の分散は**8**、女性参加者の年齢の分散は**18**となります（小数点以下は四捨五入して計算）。

3　✕　男性参加者と女性参加者の年齢の最小値はいずれも**65**です。

4　✕　最頻値とは、最も**頻繁**に出現する値です。女性参加者の年齢の最頻値は**65**です。

5　○　範囲とは、最大値と最小値の差です。事例では、最大値が**77**、最小値が**65**ですので、記述のとおり、範囲は**12**です。

正解　5

問題25
B 35-89 **参与観察**

参与観察に関する次の記述のうち、**適切なもの**を**2つ**選びなさい。

1 調査中に対象者が意識しないように、調査終了後に観察していたことを伝える。

2 観察の記録は、現地で見聞きしたことについて、網羅的に記すことが原則である。

3 観察を通して現地で得た聞き取りの録音データの文字起こし作業に当たっては、録音データの中から調査者が気になった部分や必要だと思う部分を抽出し、要約する作業を最初に行う。

4 現地で記録したメモは、できるだけ早く観察ノートに記録する。

5 観察ノートを整理する際は、調査者の感想を記さないように留意する。

問題26
A 34-89 **観察法**

調査手法としての観察法に関する次の記述のうち、**最も適切なもの**を**1つ**選びなさい。

1 マジックミラー（ワンウェイミラー）を使った観察を行ってはならない。

2 調査者が、調査対象とする集団や地域社会に入り込み、人々と活動や生活を共にしながら、データ収集をすることもある。

3 実験室のような人工的な環境を作り、その中を観察して調査することはしない。

4 調査対象者の生活に関わる日記や写真を質的データとして扱うことはない。

5 客観的データを収集するためには、調査者は調査対象者とオーバーラポールになる必要がある。

問題25

1 × 調査を行うにあたり、調査の目的等を伝えて**事前に許可を得る**ことは必須となります。

2 ○ 記述のとおりです。観察法は、取得した情報の全てを分析対象として、全体的に調査対象者を理解していく調査方法です。観察の記録は網羅的に記すことが原則です。

3 × 録音データの文字起こし作業で最初に行うのは、**逐語記録の作成**です。膨大な量になることが多いですが、状況がよりリアルに伝わるため、抽出や要約はせず、そのまま記録します。

4 ○ 重要なメモを紛失したり、観察者の記憶があいまいになる可能性があるため、記憶が確かなうちに観察ノートに記録します。

5 × 調査の際に感じたこと全てが分析の素材になり得るので、調査者の感想も観察ノートに記します。

正解 | 2 ・ 4 |

問題26

1 × **非参与観察**においては、対象者に了解を得て**マジックミラー（ワンウェイミラー）**を使用することがあります。

2 ○ **参与観察**においては、調査者が調査対象者と**生活や活動を共にしながら**記録を行い、情報を収集します。

3 × **統制的観察**では、実験室のような人工的な環境をつくり、その中を観察して行うこともあります。そのため、**実験室的観察**ともいわれます。

4 × 調査対象者の生活に関わる手紙、日記、写真などを質的データとして扱うことはあります。

5 × 客観的な視点を損なう可能性があるため、過度な信頼関係（**オーバーラポール**）とならないように注意します。

正解 | 2 |

ポイント チェック

観察法の種類

	統制的観察	・観察の場面や方法を事前に厳密に定める方法 ・対象者の特定の事項を集中的に知りたい場合に行う ・実験室のような人工的な環境をつくり、その中を観察して行うことも多いため、実験室的観察ともいわれる
非統制的観察	**参与観察**	・調査対象者と生活や活動を共にしながら記録を行い、情報を収集する方法 ・客観的な視点を損なう可能性があるため、過度な信頼関係（オーバーラポール）とならないように注意する
	非参与観察	・調査者は観察者に徹し、見聞きした情報を収集する方法 ・対象者に了解を得てマジックミラー（ワンウェイミラー）を使うことがある

問題27
A 34-90 面接法

調査手法としての面接法に関する次の記述のうち、**最も適切なもの**を１つ選びなさい。

1　面接調査の質問項目が構造化されているほど、調査者に高度な面接能力が必要とされる。

2　グループインタビューでは、調査対象者同士が相互に影響を与えることを防ぐために、調査者は一人ずつの調査対象者に対して順に質問し回答を得る。

3　半構造化面接では質問項目を事前に用意し、いつ、どの順番で質問を行うかを面接中に調査者が判断する。

4　非構造化面接では、予想される調査対象者の回答を「イエス」「ノー」で記入できるシートを作成する。

5　録音データを分析する場合は、調査者が面接中に最も重要と判断した部分を要約して逐語記録を作成する。

問題28
A 28-88 グループインタビュー

グループインタビューに関する次の記述のうち、**最も適切なもの**を１つ選びなさい。

1　対象者の選定は、有意標本抽出によって行われる場合が多い。

2　参加者間の相互作用が起こらないように、司会者が気をつける。

3　記録係は、参加者の非言語的反応について記録をする必要はない。

4　一度に参加する人数は、多いほど良い。

5　質問は、参加者が明確に回答できるように選択式を基本とする。

問題29
A 27-90 面接法、アクションリサーチ

質的調査における記録とデータに関する次の記述のうち、**最も適切なもの**を１つ選びなさい。

1　フィールドワークにおいてメモを取る際には、現場の人々の不信感、警戒感を引き起こさないような工夫が必要である。

2　メモを基に、フィールドノートに観察・考察したことを記載していく際には、出来事の時間的順序にこだわらず、思い浮かぶままに記載する。

3　インタビューにおいて対象者から録音を許可された場合には、録音された音声が正確な記録となるので、メモを取る必要はない。

4　質的調査の対象となる文書資料は、官公庁などの公的機関による記録のみであり、情報が正確である保証のない手紙や日記などの私的文書は含まれない。

5　アクションリサーチの過程では、主にフィールドノートの記録を用い、実験室における実験データや質問紙調査のデータは用いない。

334

1　×　質問項目が構造化された面接法を、**構造化面接**といいます。質問順序をあらかじめ決めておき、それに厳密に沿って進めていくため、調査者の面接能力にかかわらず、一定の回答を得ることができます。

2　×　グループインタビューとは、複数の調査対象者に対してインタビューを行い、そこで語られたことを情報として収集していく方法です。調査対象者が複数いるため、**メンバー同士の発言が刺激**となってさまざまな発言が出たり話題が展開したりし、個別インタビューとは違った知見が収集できます。

3　○　半構造化面接とは、大まかな質問項目だけを決めておき、**状況に応じて質問項目や質問順序を変えていく**方法です。

4　×　非構造化面接とは、項目を特に決めずに、状況に応じて自由に質問をしていく方法です。

5　×　インタビューの録音データを文字に起こしたものを**逐語記録**と呼びます。逐語記録では、回答拒否や事実誤認と思われる発言も**そのまま**記録します。

正解　3

1　○　調査対象者の選定は、**無作為標本抽出**によるものが理想ですが、**グループインタビュー**の場合、長時間のインタビューに協力できる数名の対象者を選ぶ必要があるため、実質的に紹介などの**有意標本抽出**になることが多くなります。

2　×　グループインタビューは、個別インタビューでは得られない参加者間の相互作用を期待し、参加者間のやり取りを重視する調査手法となります。

3　×　質的調査においては、参加者の語り（言語）だけではなく、身振り手振りや表情、笑いなどの感情表現（非言語的反応）にも注目し、記録する必要があります。

4　×　参加人数が多くなりすぎると発言しない参加者が出ることや、**話題が散漫**になること、1つの調査項目に対して時間がかかりすぎることなど弊害が多くなります。

5　×　グループインタビューでは、一部選択肢を用意して回答を促す場合もありますが、原則的には質問項目について**自由に語ってもらう**ことが基本となります。

正解　1

1　○　調査を行う心構えとして、メモを取る際は事前**に許可を得る**ことや、メモを取るのに不信感、警戒感を抱かせないように対応することは必須となります。

2　×　分析を行う際に**時間軸**が重要となることは多いため、時間的順序に基づいた整理を行うことが推奨されています。

3　×　音声だけではわからない情報を記録しておくことや、万が一録音が正常にできなかった場合の予備として、**メモは重要**となります。

4　×　文書の分析では、公的文書であれ、私的文書であれ、全てが分析の対象となります。

5　×　アクションリサーチとは、調査者と調査対象者が協力して現状を明らかにし、**問題解決のために多様な調査や実践を行う方法**です。フィールドノートだけではなく、**インタビューや質問紙調査**などを併用して行われることもあります。

正解　1

問題30　B　32-90　質的調査のデータの整理と分析

調査の情報の整理と分析に関する次の記述のうち、**適切なもの**を**2つ**選びなさい。

1　グラウンデッド・セオリー・アプローチにおける軸足コーディングは、単一のカテゴリーと複数の
　　サブカテゴリーを関連づける方法である。
2　プリコーディングとは、自由記述や事前に数値化が困難な回答に対して、調査者が後からコードの
　　割当てをすることをいう。
3　会話分析の関心は、調査対象者がどのように日常的な相互行為を秩序立てて生み出すのかを解明す
　　るために、会話内容ではなく、会話の形式や構造に向けられる。
4　ミックス法は、質問紙などの量的調査とインタビューなどの質的調査を組み合わせる方法である。
5　インタビューデータの分析において、対象者が使っている言葉をそのままコードとして用いること
　　をオープン・コーディングという。

問題31　A　35-90　KJ法

Q市社会福祉協議会では、地域の潜在的な福祉ニーズを探索するため、地域住民向けのワークショッ
プを開催した。参加者が、KJ法を参考に意見を整理することとした。
次の記述のうち、参加者が行う意見整理の進め方として、**適切なもの**を**2つ**選びなさい。

1　参加者は、一つのカードに様々な自分の意見をできるだけ多く書き出す。
2　提出したカードを並べた後、全体を眺めながら内容が類似しているものをグループとしてまとめる。
3　グループ化する際は、カードが1枚だけで残ることがないように、いずれかのグループに割り当
　　てる。
4　各々のグループに名前を付ける際には、福祉に関する専門用語を用いなければならない。
5　グループに名前を付けた後、グループ間の相互関係を検討し、図解する。

問題32　B　31-90　質的調査の記録やデータの収集方法

質的調査の記録やデータの収集方法に関する次の記述のうち、**最も適切なもの**を**1つ**選びなさい。

1　仮説検証などに必要な数量的なデータの収集を行う。
2　調査対象者を抽出する方法として、主に無作為抽出法を用いる。
3　音声データや映像データを用いることができる。
4　手紙や日記などの私的文書は除外する。
5　面接者は、インタビューの場において相手の発言内容の一言一句を正確にメモすることに専念する。

問題30

1 ○ グラウンデッド・セオリー・アプローチの**軸足コーディング**は、オープンコーディングから得られた概念を、単一のカテゴリーと複数のサブカテゴリーに関連づけていく方法です。

 グラウンデッド・セオリー・アプローチとは、データ収集とデータ分析を繰り返し、抽出される現象が、どのようなメカニズムになっているかを示す理論を生成しようとする研究方法です。分析を進めた結果としてこれ以上新しい概念やカテゴリーが出てこなくなった状態を、理論的飽和と呼びます。

2 × 記述は、**アフター・コーディング**の説明です。**プリコーディング**は、調査票作成時にコード化することをいいます。

3 × **会話分析**は、調査対象者がどのように会話を成立させているかを解明するものであり、会話の形式や構造だけでなく、その内容、音声、イントネーション、身振り、表情などにも関心が向けられます。

4 ○ 社会調査には、大きく分けて量的調査と質的調査がありますが、この量的調査と質的調査を組み合わせて行うものを、**ミックス法**といいます。

5 × オープン・コーディングとは、得られたデータを細分化し、分類（切片化）したデータにコードをつけることです。記述は、**インビボ・コーディング**の説明です。なお、研究がある程度進展した段階で、比較的少数の概念的カテゴリーにコードを割り振っていくことを**軸足コーディング**、カテゴリーができたら、複数のカテゴリーから新たなカテゴリーをつくっていく作業を**選択的コーディング**といいます。

正解 **1・4**

問題31

1 × ブレインストーミングで得られた各意見を1枚ずつカードに書き込んでいくカードづくり（**カード化**）からKJ法は始められます。

2 ○ カード化の次に、内容の似ているカードを**グループ化**し、内容を要約した**グループ名**をつけていきます。その後、グループ名を基にさらに集約を行います（**グループ編成**）。

3 × グループ編成の際、1枚だけで残ったカードを無理にどこかのグループへ入れないようにします。

4 × グループ名をつける際には、専門用語などを用いず、わかりやすいものとすることが重要です。

5 ○ 記述のとおりです。グループ編成を終えたら、模造紙などに各グループを配置した図を作成し、因果関係（原因と結果、時期の前後）を検討し、書き込んでいきます（**図解化**）。その後、図解化したものを基に言語化し、他者に伝えられる知見をつくっていく、文章化を行います。

正解 **2・5**

問題32

1 × 記述は、量的調査の記録やデータの収集方法です。

2 × 記述は、量的調査の記録やデータの収集方法です。

3 ○ 記述のとおりです。

4 × 質的調査では、手紙や日記などの**私的文書も収集の対象になります**。

5 × 質的調査におけるインタビューでは、話を傾聴し、**相づち**を打ったり、**発言を展開させるような質問**をしたりするなど、より多くの情報を収集することに重点を置きます。

正解 **3**

ポイントチェック一覧

専門科目編

専門
CHAPTER

1

高齢者福祉

問題1 B 35-126改 高齢者の生活実態

「高齢社会白書（令和5年版及び令和4年版）」（内閣府）に示された日本の65歳以上の人の生活実態に関する次の記述のうち、**最も適切なもの**を**1つ**選びなさい。

1　経済的な暮らし向きについて、「家計にゆとりがあり、まったく心配なく暮らしている」と感じている人は約5割となっている。

2　介護保険制度における要介護又は要支援の認定を受けた人は、第一号被保険者全体の3割を超えている。

3　現在、収入の伴う仕事の有無については、収入の伴う仕事をしていると回答した人は約3割となっている。

4　現在の健康状態について、「良い」「まあ良い」と回答した人の合計は、全体の6割を超えている。

5　二人以上の世帯について、「世帯主の年齢が65歳以上の世帯」と「全世帯」の貯蓄現在高の中央値を比較すると、前者は後者のおよそ3分の2の金額となっている。

問題2 B 32-126改 高齢化の動向と将来推計

「令和5年版高齢社会白書」（内閣府）にみる日本の人口の高齢化の動向及び将来推計に関する次の記述のうち、**正しいもの**を**1つ**選びなさい。

1　2025年に後期高齢者数と前期高齢者数が逆転し、後期高齢者数が上回ると予測されている。

2　高齢化率の「倍加年数」は24年であり、1970年から1994年にかけてであった。

3　2022年時点で、都道府県の中で高齢化率が最も低いのは神奈川県であった。

4　65歳以上人口に占める一人暮らしの者の割合は、2040年には男女共に40％を超えると予測されている。

5　2070年に高齢化率は50％を超えると予測されている。

（注）「倍加年数」とは、人口の高齢化率が7％から14％に達するまでに要した年数のことである。

問題3 B 32-129改 介護予防

介護予防に関する次の記述のうち、**最も適切なもの**を**1つ**選びなさい。

1　指標としての健康寿命とは、健康状態で生活することが期待される平均期間である。

2　サルコペニアとは、加齢によって予備力が低下し、ストレスへの回復力が低下した状態で、要介護状態の前段階といえる。

3　2019年（令和元）における平均寿命と健康寿命の差は、女性より男性の方が大きい。

4　フレイルとは、高齢期の筋量や筋力の低下、それに伴う身体機能低下で、サルコペニアの要因の一つである。

5　予防・健康づくりの推進のための介護予防と生活習慣病対策・フレイル対策は、一体的に介護保険で行われている。

解答・解説

問題1

1 ✕ 経済的な暮らし向きについて「**家計にゆとりがあり、まったく心配がない**」と感じている人の割合は12.0%です。「家計にあまりゆとりはないが、それほど心配なく暮らしている」人が56.5%で、これをあわせると、全体で68.5%の人が経済的な暮らし向きについて「心配ない」と感じています。

2 ✕ 介護保険制度における要介護または要支援の認定を受けた人は、2020（令和2）年度で第1号被保険者の**約2割**（18.7%）です。

3 〇 収入の伴う仕事をしていると回答した人は**約3割**（30.2%）で、内訳は、**パートタイム・臨時の被雇用者**が11.7%と最も多く、次いで自営商工サービス業が5.2%、フルタイムの被雇用者が4.8%、会社や団体の役員が4.3%、自営農林漁業が4.1%となっています。

4 ✕ 現在の健康状態について「良い」「まあ良い」と回答した人の合計は、全体の**約3割**（30.9%）です。

5 ✕ 65歳以上の世帯の貯蓄現在高の中央値は1588万円で、全世帯の貯蓄現在高の中央値よりも**約1.4倍**の金額となっています。

正解 3

問題2

1 ✕ 「令和5年版高齢社会白書」（内閣府）によると、2022（令和4）年10月1日時点で、後期高齢者数は1936万人、前期高齢者数は1687万人となっており、その後も2055（令和37）年まで増加傾向が続くものと見込まれています。

2 〇 記述のとおりです。

3 ✕ 2022（令和4）年時点で、都道府県のなかで高齢化率が最も低いのは**東京都**で、22.8%となっています。

4 ✕ 65歳以上人口に占める一人暮らしの者の割合は、2040（令和22）年には、男20.8%、女24.5%と予測されています。

5 ✕ 2070（令和52）年に高齢化率は、38.7%になると予測されています。

正解 2

問題3

1 〇 記述のとおりです。なお、**平均寿命**とは、0歳における**平均余命**（その後何年生きられるかが期待される平均期間）を指します。

2 ✕ **サルコペニア（加齢性筋肉減少症）**とは、高齢期の筋量や筋力の低下、それに伴う身体機能低下で、**フレイル**の要因の1つと考えられます。

3 ✕ 2019（令和元）年における平均寿命と健康寿命の差は、**男性が8.73年**（平均寿命81.41年−健康寿命72.68年）、**女性が12.07年**（平均寿命87.45年−健康寿命75.38年）となっています。

4 ✕ フレイルとは、高齢になって、筋力や活動が低下している状態をいいます。健康と病気の中間の段階で、進行すると寝たきりや廃用症候群になるおそれがある要介護状態の前段階とされます。❶体重減少、❷歩行速度低下、❸筋力（握力）低下、❹疲れやすい、❺身体活動レベルの低下、のうち3項目以上あればフレイル、1〜2項目であれば**プレフレイル**とみなされます。

5 ✕ 介護予防は介護保険、生活習慣病対策・フレイル対策は医療保険（75歳以上は後期高齢者医療制度）で行われていますが、これらを市町村が中心となって一体的に実施する取組が推進されています。

正解 1

問題4　B　35-127　高齢者保健福祉施策の変遷

日本の高齢者保健福祉施策の変遷に関する次の記述のうち、**正しいものを１つ**選びなさい。

1　老人医療費支給制度による老人医療費の急増等に対応するため、1980年代に老人保健法が制定された。

2　人口の高齢化率が７％を超える状況を迎えた1990年代に高齢社会対策基本法が制定され、政府内に厚生労働大臣を会長とする高齢社会対策会議が設置された。

3　認知症高齢者の急増に対応してオレンジプラン（認知症施策推進５か年計画）が1990年代に策定され、その計画推進を目的の一つとして介護保険法が制定された。

4　住まいと介護の双方のニーズを有する高齢者の増加に対応するため、2000年代の老人福祉法の改正によって軽費老人ホームが創設された。

5　高齢者の医療の確保に関する法律による第３期医療費適正化計画では、2010年代から2020年代の取組の一つとして、寝たきり老人ゼロ作戦が初めて示された。

問題5　B　34-127　高齢者保健福祉施策の変遷

高齢者保健福祉施策の変遷に関する次の記述のうち、**正しいものを１つ**選びなさい。

1　高齢者介護・自立支援システム研究会「新たな高齢者介護システムの構築を目指して」（1994年（平成６年））において、措置制度による新たな介護システムの創設が提言された。

2　介護保険法（1997年（平成９年））が制定され、高齢者のニーズに応じた総合的なサービス利用を支援するため、居宅介護支援（ケアマネジメント）が定められた。

3　高齢者介護研究会「2015年の高齢者介護〜高齢者の尊厳を支えるケアの確立に向けて〜」（2003年（平成15年））において、「第２次ベビーブーム世代」が高齢者になる時期を念頭に、既存の介護保険施設の拡充が提言された。

4　「医療介護総合確保法」（2014年（平成26年））において、地域包括ケアシステムが「全国一律に医療、保健予防、社会福祉及び自立支援施策が包括的に確保される体制」と定義づけられた。

5　「認知症施策推進大綱」（2019年（令和元年））において、認知症の人の事故を補償する給付を現行の介護保険制度の中で創設することの必要性が明示された。

(注)　「医療介護総合確保法」とは、「地域における医療及び介護の総合的な確保の促進に関する法律」のことである。

問題4

1　○　1982（昭和57）年の**老人保健法**の制定により、高齢者の保健医療施策が老人福祉法から独立しました。それまで老人福祉法に基づき行われていた**老人医療費支給制度は廃止**され、医療費の利用者一部負担が導入されたほか、公費のほか各医療保険者が拠出金を負担することになりました。

2　×　日本の**高齢化率が7％を超えた**のは**1970（昭和45）年**です。高齢社会対策基本法は、1995（平成7）年に制定されましたが、**高齢社会対策会議**が設置されたのは**内閣府**で、**内閣総理大臣**を長とします。

3　×　オレンジプランが策定されたのは、2012（平成24）年です。介護保険法は、社会全体で介護を支えるしくみとして1997（平成9）年に成立し、2000（平成12）年に施行されました。

4　×　軽費老人ホームは、1963（昭和38）年の老人福祉法制定により創設されました。入所型施設として養護老人ホーム、特別養護老人ホームも制度化されました。

5　×　寝たきり老人ゼロ作戦は、1989（平成元）年に厚生省（現：厚生労働省）が策定した「**高齢者保健福祉推進十か年戦略**」（ゴールドプラン）施策の1つです。

正解　| 1 |

問題5

1　×　高齢者介護・自立支援システム研究会「新たな高齢者介護システムの構築を目指して」では、自立支援を基本理念に、**社会保険方式**による新しい制度の導入が提言されました。

2　○　介護保険制度は**利用者本位**の制度です。利用者への総合的・一体的・効率的なサービス提供を可能とするため、**ケアマネジメント**のしくみが導入されました。

3　×　団塊の世代が65歳以上となる2015年を念頭に、生活の継続性を維持するための新しい介護サービス体系（多機能型など）の創設や、**在宅介護支援センターの強化**などが提言されました。

4　×　医療介護総合確保法において、**地域包括ケアシステム**とは、「地域の実情に応じて、高齢者が可能な限り住み慣れた地域でその有する能力に応じ自立した日常生活を営むことができるよう、**医療、介護、介護予防、住まい及び自立した日常生活**の支援が包括的に確保される体制」と規定されています。

5　×　認知症施策推進大綱では、いくつかの自治体における認知症の人の事故を補償する**民間保険への加入**を支援する取組について事例を収集し、政策効果の分析を行うとしています。

正解　| 2 |

ポイントチェック

認知症施策推進大綱

　2019（令和元）年6月に、「新オレンジプラン」の後継となる「認知症施策推進大綱」が策定された。大綱では、認知症の発症を遅らせ、発症後も希望をもって日常生活を過ごせる社会を目指し、認知症の人や家族の視点を重視しながら、「共生」と「予防」を車の両輪として据え、次の5つの柱に沿った取り組みを実施していく。

❶普及啓発・本人発信支援
❷予防
❸医療・ケア・介護サービス・介護者への支援
❹認知症バリアフリーの推進・若年性認知症の人への支援・社会参加支援
❺研究開発・産業促進・国際展開

問題6 B　35-131 第1号保険料

介護保険制度における第一号被保険者の介護保険料（以下「第一号保険料」という。）に関する次の記述のうち、**正しいものを1つ**選びなさい。

1 第一号保険料の額は、政令で定める基準に従い、各市町村が条例で定める保険料率に基づいて算定され、第一号被保険者に賦課される。

2 第一号保険料は、被保険者の前年の所得に応じて、原則として3段階を標準とした保険料率が定められている。

3 第一号保険料が特別徴収となるのは、公的年金の受給額が年額120万円以上の第一号被保険者である。

4 第一号被保険者が医療保険の被用者保険（健康保険など）の被保険者の場合、第一号保険料は医療保険者が医療保険料と一体的に徴収する。

5 第一号被保険者が被保護者（生活保護受給者）であって第一号保険料が普通徴収となる場合、その保険料は介護扶助として支給される。

問題7 A　31-130 介護保険制度の概要

介護保険制度に関する次の記述のうち、**正しいものを1つ**選びなさい。

1 被保険者は、都道府県に対して、当該被保険者に係る被保険者証の交付を求めることができる。

2 要介護認定は、その申請のあった日にさかのぼってその効力を生ずる。

3 介護給付を受けようとする被保険者は、要介護者に該当すること及びその該当する要介護状態区分について、主治の医師の認定を受けなければならない。

4 要介護認定は、要介護状態区分に応じて市町村の条例で定める期間内に限り、その効力を有する。

5 市町村は、政令で定めるところにより一般会計において、介護給付及び予防給付に要する費用の額の100分の25に相当する額を負担する。

問題6

1 ○ 政令で定める基準に従い、各市町村が**3年ごと**に保険料率を**条例**で定めます。この保険料率に基づき、個人の保険料が賦課されます。

2 × 第1号保険料は、被保険者の前年の所得に応じて、原則として**9段階の保険料率**が定められています。市町村が条例に定め、所得段階をさらに細分化したり、保険料率を変更したりすることも可能です。

3 × 第1号保険料は、年金から天引きされる**特別徴収**が原則です。対象となるのは、公的年金の受給額が**年額18万円以上**の老齢・退職年金、遺族年金、障害年金の受給者です。低年金者、無年金者は、市町村が直接徴収する**普通徴収**となります。

4 × 第1号被保険者は、被用者保険に入っているか否かにかかわらず、医療保険料とは別に介護保険料を住所地の市町村に支払うことになります。

5 × 生活保護受給者である第1号被保険者の介護保険料は、生活保護の**生活扶助**（介護保険料加算）から支給されます。要介護状態等となった場合の介護サービスの自己負担額は、**介護扶助**から支給されます。

正解 【 1 】

問題7

1 × 被保険者は、保険者である**市町村**に対して、当該被保険者に係る被保険者証の交付を求めることができます。

2 ○ 記述のとおりです。

3 × 介護給付を受けようとする被保険者は、要介護者に該当すること及びその該当する要介護状態区分について、保険者である**市町村**の認定を受けなければなりません。

4 × 要介護認定は、要介護状態区分に応じて**厚生労働省令**で定める期間に限り、その効力を有します（ポイントチェック参照）。

5 × 市町村は、介護給付及び予防給付に要する費用の額の**100分の12.5**に相当する額を負担します。

正解 【 2 】

ポイント チェック

認定の有効期間

分類	原則有効期間	設定可能期間
新規認定	6か月	3〜12か月
区分変更認定	6か月	3〜12か月
更新認定	12か月	原則3〜36か月 （要介護度・要支援度に変更が ない場合は3〜48か月）

要介護認定に関する次の記述のうち、**正しいもの**を1つ選びなさい。

1　認定調査に使用する認定調査票の「基本調査」の調査項目は、身体機能・起居動作、生活機能、認知機能、精神・行動障害の4群から構成されている。

2　二次判定では、一次判定を基礎として、主治医の意見書や特記事項に基づき、どの区分に該当するかの審査・判定が行われる。

3　二次判定では、一次判定よりも要介護度を下げてはならない。

4　第1号被保険者の認定に当たっては、要介護状態などの原因である障害が特定疾病に起因するものであるかを確認する上で、主治医の意見書が必要となる。

5　認定結果に対して不服がある場合は、認定調査を行った市町村の介護認定審査会に対して申立てを行う。

介護保険制度における要介護認定・要支援認定に関する次の記述のうち、**正しいもの**を1つ選びなさい。

1　介護認定審査会の委員は、要介護者等の保健、医療、福祉に関する学識経験者及び第一号被保険者から都道府県知事が任命する。

2　介護認定審査会は、市町村長が定める認定基準に従って審査・判定を行い、その結果を申請者（被保険者）に通知する。

3　介護認定審査会は、被保険者の要介護状態の軽減又は悪化の防止のために必要な療養に関する事項などの意見を市町村に述べることができる。

4　認定調査員は、新規申請の場合も、更新・区分変更申請の場合も、市町村職員以外の者が担うことはできない。

5　認定調査員は、申請者である被保険者若しくは同居家族が自記式で記入した調査票の回答に基づいて調査結果を取りまとめる。

問題 8

1 × **身体機能・起居動作、生活機能、認知機能、精神・行動障害**に加え、**社会生活への適応**をあわせた 5 群から構成されています。

2 ○ 記述の手順どおりとなるため、市町村は、認定調査と並行して**主治医**に意見書の提出を求めます。

3 × 一次判定は認定調査の項目に基づくため、個別の事情が反映されません。そのため、主治医の意見書や特記事項も考慮した最終的な判定によって、一次判定とは**要介護度が異なることもあります**。

4 × 要介護状態などの原因である障害が、特定疾病に起因するものであるかが問われるのは、**第 2 号被保険者**（40歳以上64歳以下の者）においてです。

5 × 不服がある場合には、**都道府県の介護保険審査会**に審査請求できます。ただし、審査請求できるのは、その事実を知った日の翌日から **3 か月以内**となります。

 審査請求ができるのは、❶保険給付に関する処分（被保険者証の交付請求に関すること、認定に関すること）と、❷保険料等に関する処分、についてのみです。

正解 2

問題 9

1 × 介護認定審査会の委員は、要介護者等の保健・医療・福祉に関する学識経験者から、**市町村長が任命**します。

 介護認定審査会の委員の期間は 2 年、委員の定数は政令で定める基準に従い、市町村条例で定められます。実際の要介護認定の審査・判定は、この委員で構成される合議体によって行われます。なお、介護認定審査会は、複数の市町村で共同設置することもできます。

2 × **市町村が介護認定審査会の審査・判定結果に基づき認定**を行い、その結果を被保険者に通知（申請後原則として**30日以内**）します。

3 ○ 記述のとおりです。なお、市町村は、介護認定審査会から**療養に関する事項**について意見が述べられている場合は、その意見に基づき、その被保険者が受けられる**サービスの種類を指定**することができます。指定された以外のサービスについては、保険給付がされません。

4 × **新規申請**にかかる認定調査については、**原則として市町村職員**が行いますが、例外として指定市町村事務受託法人への委託が認められています。また、**更新・区分変更申請**にかかる認定調査については、指定市町村事務受託法人、指定居宅介護支援事業者、地域密着型介護老人福祉施設、介護保険施設、地域包括支援センター、介護支援専門員への委託が認められています。

5 × 認定調査員が申請者本人や家族（介護者）から**聞き取り**を行い、認定調査票（概況調査、基本調査、特記事項）に記入します。

正解 3

問題10 A　**27-131** 介護保険サービス

介護保険から給付されるサービスに関する次の記述のうち、**正しいものを1つ選びなさい。**

1　複合型サービスとは、居宅要介護者に対して訪問介護と通所介護や短期入所生活介護など3種類以上組み合わせて提供されるサービスをいう。

2　短期入所生活介護とは、居宅要介護者を介護老人保健施設又は介護療養型医療施設に短期間入所させて、医学的管理下で行う介護をいう。

3　特定施設入居者生活介護では、認知症要介護者に対して共同生活を営むことのできる住居において入浴、排泄、食事等の介護、その他の日常生活上の世話を行う。

4　居宅療養管理指導とは、居宅要介護者に対して心身機能の回復及び日常生活上の自立を図るために居宅において診療に基づき実施される理学療法や作業療法をいう。

5　介護老人福祉施設は、老人福祉法に規定する特別養護老人ホーム（定員30名以上）のうち都道府県知事の指定を受けたものであって、入所する要介護者に対し日常生活上の世話などを行う。

問題11 A　**26-132** 地域密着型サービス

地域密着型サービスに関する次の記述のうち、**正しいものを1つ選びなさい。**

1　地域密着型サービスは、事業所が存在する市町村の住民を対象としているため、他の市町村の住民は利用することはできないとされている。

2　地域密着型サービスの費用の財源は、国及び地方公共団体の公費負担のほか、第1号被保険者の保険料が充てられており、第2号被保険者の保険料は充てられていない。

3　市町村は、厚生労働大臣が定める基準により算定した額に代えて、その額を超えない額を、当該市町村の地域密着型介護サービス費の額とすることができる。

4　小規模多機能型居宅介護とは、通所介護、短期入所、訪問介護及び訪問リハビリテーションの4つのサービスを提供する事業である。

5　定期巡回・随時対応型訪問介護看護とは、夜間の巡回訪問により、介護その他の生活上の世話をするものである。

問題12 A　**29-129** 福祉用具貸与

介護保険法に定める福祉用具貸与の種目として、**正しいものを2つ選びなさい。**

1　認知症老人徘徊感知機器

2　入浴用椅子

3　腰掛便座

4　簡易浴槽

5　自動排泄処理装置

問題10

1　×　複合型サービスとは、2種類以上組み合わせて提供されるサービスをいいます。

2　×　短期入所生活介護とは**ショートステイ**のことで、入浴や排泄等の日常生活上の世話や機能訓練を提供します。記述は、**短期入所療養介護**の説明です。

3　×　特定施設入居者生活介護とは、有料老人ホームや軽費老人ホームなどの特定施設**において**、食事や入浴などの日常生活上の支援や機能訓練などを**提供するサービス**です。記述は、認知症対応型共同生活介護（グループホーム）の説明です。

4　×　居宅療養管理指導とは、医師や看護師などが、定期的に医療器具の管理や病状の管理を行う往診**のサービス**です。記述は、訪問リハビリテーションの説明です。

5　○　記述のとおりです。なお、特別養護老人ホームのうち**定員29名以下**で市町村長の指定を受けたものは、**地域密着型介護老人福祉施設**と呼ばれます。

正解　5

問題11

1　×　主たる利用者は事業が行われている市町村の住民ですが、その市町村長の同意があれば他の市町村の住民も利用できます。

2　×　地域密着型サービスにかかる費用の財源は、公費（50％）と保険料（50％）で、第2号保険者の保険料も充てられています。

3　○　厚生労働大臣が定めた基準額の範囲内であれば、各市町村が地域密着型介護サービス費を自由に設定することができます。

4　×　小規模多機能型居宅介護とは、通所、訪問、宿泊の機能を組み合わせたサービスで、**訪問リハビリテーションは含まれていません。**

5　×　巡回訪問は、**夜間に限りません**。また、提供されるサービスは介護だけでなく、介護と看護のサービスが一体的もしくは連携して提供されます。

正解　3

問題12

1　○　**認知症老人徘徊感知機器**は、介護保険法に定める**福祉用具貸与**の種目の1つです。

2　×　**入浴用椅子**は、特定福祉用具の種目の1つである**入浴補助用具**に含まれ、**販売**の対象となります。

3　×　**腰掛便座**は、特定福祉用具の種目の1つです。

4　×　**簡易浴槽**は、特定福祉用具の種目の1つです。

5　○　**自動排泄処理装置**は、介護保険法に定める**福祉用具貸与**の種目の1つです。ただし、自動排泄処理装置の**交換可能部品**は、特定福祉用具として**販売**の対象となります。

正解　1・5

34-133 介護保険制度のサービスの活用

事例を読んで、L社会福祉士が活用を検討する施策や事業として、**最も適切なもの**を1つ選びなさい。

〔事 例〕

L社会福祉士は、営利法人が経営するサービス付き高齢者向け住宅の職員として勤務し、安否確認や生活相談サービスを担当している。最近は介護サービスを利用する認知症高齢者の入居も増え、その家族等から高齢者の支援方法やサービス内容について様々な要望や質問が寄せられることが多くなってきた。

ある日、L社会福祉士は法人の取締役から、「ボランティアなど外部の人が入居者の相談に応じて疑問や不満・不安の解消を図る仕組みが必要だ」と指示を受けた。そこで、L社会福祉士は、まず既存の公的施策・事業の活用を検討することにした。

1 包括的支援事業における認知症地域支援・ケア向上事業

2 福祉サービス第三者評価事業

3 介護サービス相談員派遣等事業（旧介護相談員派遣等事業）

4 包括的支援事業における権利擁護業務

5 福祉サービス利用援助事業

34-134 施設サービス

事例を読んで、M相談員（社会福祉士）がAさんの娘に説明をした入所施設について、**最も適切なもの**を1つ選びなさい。

〔事 例〕

S市に住むAさん（75歳）は、大手企業の管理職として仕事をしていたが、過労が原因で60歳の時に脳梗塞を起こし、緊急入院した。幸い一命は取り留め、退院後はリハビリテーションに努めたものの、右半身に麻痺が残り、要介護4の状態となった。Aさんの介護は長年、主に妻が担い、必要に応じて介護支援専門員と相談し、短期入所生活介護や訪問介護などのサービスを利用していた。しかし、1か月前に長年連れ添った妻が亡くなり、その後は娘が遠距離介護をしていたが、Aさんが、「施設に入所し、そこで残りの人生を全うしたい」と希望したので、娘はS市介護保険課のM相談員に相談した。そこで、M相談員は、S市の「入所に関する指針」等を参考にしながら、Aさんに最も適した入所施設について、娘に説明をした。

1 介護老人福祉施設（特別養護老人ホーム）　　2 介護老人保健施設　　3 介護医療院

4 養護老人ホーム　　5 軽費老人ホーム

解答・解説

問題13

1　×　認知症地域支援・ケア向上事業は、**認知症地域支援推進員**が中心となり、認知症の人を支援する**関係者の連携**を図ったり、高齢者とその家族への**相談支援**や**支援体制の構築**を行うものです。

2　×　福祉サービス第三者評価事業は、社会福祉法人などの**事業者の提供するサービスの質**を、当事者（事業者・利用者）以外の公正・中立な**第三者機関**が、専門的かつ客観的な立場から評価するものです。

3　○　介護サービス相談員派遣等事業は、市町村に登録された介護サービス相談員が介護サービス提供の場でサービス利用者等の話を聴いて相談に応じ、利用者の疑問・不満の解消やサービスの質の向上を図るものです。介護サービス相談員には保健・医療・福祉の実務経験は求められません。活用を検討する事業として、最も適切といえます。

4　×　権利擁護業務は、虐待の防止や早期発見のための業務その他権利擁護のために必要な援助を行うものです。

5　×　福祉サービス利用援助事業は、**日常生活自立支援事業**として行われている事業で、支援計画に基づき、生活支援員が福祉サービスの利用に必要な手続きなどを行います。

正解　3

問題14

1　○　介護老人福祉施設の入所対象は、身体上・精神上著しい障害があるため常時介護を必要とする要介護者（原則として**要介護3以上**）です。入所を検討する施設として最も適切です。

2　×　介護老人保健施設は、病状が安定期にあり、主に心身の機能の維持回復を図る要介護者が対象となります。**居宅生活への復帰**を目指す場としての機能を有しており、Ａさんに適した施設とはいえません。

3　×　介護医療院は、病状が安定期にあり、主に長期にわたり療養が必要な要介護者を対象とします。ターミナルケアや看取りにも対応しますが、介護老人福祉施設よりも**医療の必要度の高い人が対象**となります。Ａさんは、医療よりも介護の必要性が高く、最も適切とはいえません。

4　×　養護老人ホームは、65歳以上で、**環境上の理由**や**経済的理由**により居宅で養護を受けることが困難な人が対象となる施設です。Ａさんは入所要件に合致しないため、適切ではありません。

5　×　軽費老人ホームは、無料または低額な料金で入所させ、食事の提供や日常生活上必要な便宜を供与する施設です。**低所得者が対象**となるため、適切ではありません。

正解　1

ポイント
チェック

介護保険施設

介護老人福祉施設	入所要件は原則として要介護3以上。老人福祉法の規定する特別養護老人ホーム（入所定員30人以上）が、介護保険施設として都道府県知事の指定を受けたもの。入浴、排泄、食事等の介護その他の日常生活上の世話、機能訓練、健康管理、療養上の世話を行う
介護老人保健施設	入所要件は要介護1以上。看護、医学的管理のもとで介護・機能訓練その他必要な医療や、日常生活上の世話を行う。通所リハビリテーションや短期入所療養介護を実施する施設でもあり、居宅生活への復帰をめざす場としての機能をもつ
介護医療院	入所要件は要介護1以上。長期にわたり療養が必要である要介護者を対象に、療養上の管理、看護、医学的管理のもとでの介護・機能訓練その他必要な医療や、日常生活上の世話を行う

問題15 A `32-133` **介護予防・生活支援サービス事業**

　介護保険制度の地域支援事業における介護予防・生活支援サービス事業に関する次の記述のうち、**正しいものを1つ選びなさい。**

1　この事業は、被保険者のうち、居宅で生活している要介護者及び要支援者が幅広く対象となっている。

2　通所型サービス（第一号通所事業）では、保健・医療専門職による短期間で行われるサービスが実施可能となっている。

3　訪問型サービス（第一号訪問事業）では、訪問介護員による身体介護は実施されないこととなっている。

4　介護予防ケアマネジメント（第一号介護予防支援事業）については、地域包括支援センターへ委託をしてはならないこととなっている。

5　この事業における利用者負担は、全国一律になっている。

問題16 A `29-131` **包括的支援事業**

　介護保険制度の地域支援事業における包括的支援事業に関する次の記述のうち、**正しいものを1つ選びなさい。**

1　総合相談支援業務では、日常生活自立支援事業や成年後見制度といった権利擁護を目的とするサービスや制度を利用するための支援などが行われる。

2　包括的・継続的ケアマネジメント支援業務では、地域内の要介護者などやその家族に対し、日常的な介護予防に関する個別指導や相談などが実施される。

3　在宅医療・介護連携推進事業では、高齢者などが医療機関を退院する際、必要に応じ、医療関係者と介護関係者の連携の調整や相互の紹介などが行われる。

4　生活支援体制整備事業では、生活支援コーディネーターと生活支援サービスの提供主体による情報共有・連携強化の場として、地域ケア会議が設置される。

5　認知症総合支援事業では、民生委員や地域内のボランティアによる認知症初期集中支援チームが設置される。

解答・解説

問題15

1 × 介護予防・生活支援サービス事業は、**要支援者及び基本チェックリスト**該当者が対象となります。

2 ○ 記述のとおりです。**通所型サービスC**として、専門職による運動器の機能向上や栄養改善等のプログラムなどの短期集中予防サービスが行われます。

3 × 訪問型サービスでは、**従来の予防給付と同様**の訪問介護員による身体介護、生活援助が実施されます。

> 従来の予防給付の介護予防訪問介護と介護予防通所介護は廃止され、2018（平成30）年度から完全実施となった地域支援事業に移行しています。

4 × 介護予防ケアマネジメント（第1号介護予防支援事業）については、地域包括支援センターへ委託することが可能となっています。

5 × 地域支援事業の利用料については各市町村が**条例**で定めることとされており、利用料負担は市町村ごとで異なります。

正解 2

問題16

1 × **総合相談支援業務**では、保健医療の向上や福祉の増進を図るための総合的な支援が行われます。記述は、**権利擁護業務**で行われる内容です。

2 × **包括的・継続的ケアマネジメント支援業務**では、保健・医療・福祉の専門職による被保険者の居宅サービス計画及び施設サービス計画の検証、その心身の状況、介護給付等対象サービスの利用状況などの状況に関する定期的な協議などを通じ、その被保険者が地域において自立した日常生活を営むことができるよう、包括的かつ継続的な支援が行われます。

3 ○ 記述のとおりです。**在宅医療・介護連携推進事業**は、医療の専門職が、介護サービス事業者、在宅医療を提供する医療機関その他の関係者の連携を推進するものとして厚生労働省令で定める事業を行うものです。

4 × **生活支援体制整備事業**では、地域における生活支援コーディネーターと生活支援サービスの提供主体などが参画し、定期的な情報共有及び連携強化を図る場として、**協議体**が設置されます。

5 × **認知症初期集中支援チーム**とは、複数の専門職が家族の訴え等により認知症が疑われる人や認知症の人及びその家族を訪問し、アセスメント、家族支援などの初期の支援を包括的、集中的に行い、自立生活のサポートを行うチームのことです。チームのメンバーは、**医療と介護の専門職**（専門医、保健師、看護師、作業療法士、社会福祉士、介護福祉士等）です。

正解 3

> 包括的支援事業は、市町村の委託を受け、地域包括支援センターが実施しますが、在宅医療・介護連携推進事業、生活支援体制整備事業、認知症総合支援事業の実施については、地域包括支援センター以外にも委託が可能、また、2023（令和5）年の法改正で、総合相談支援業務についても指定居宅介護支援事業者その他の厚生労働省令で定める者に委託することが可能とされました。

問題17 A 33-131 介護報酬の概要

介護保険制度における保険給付と介護報酬に関する次の記述のうち、**正しいものを1つ**選びなさい。

1 介護報酬の算定基準を定める場合、厚生労働大臣はあらかじめ財務大臣及び総務大臣の意見を聴かなければならないこととなっている。

2 特定入所者介護サービス費は、介護保険施設入所者のうちの「低所得者」に対し、保険給付にかかる定率負担の軽減を図るものとなっている。

3 介護報酬の1単位当たりの単価は10円を基本とした上で、事業所・施設の所在地及びサービスの種類に応じて減額が行われている。

4 要介護度に応じて定められる居宅介護サービス費等区分支給限度基準額が適用されるサービスの種類の一つとして、短期入所療養介護がある。

5 福祉用具貸与の介護報酬については、貸与価格の下限の設定が行われることとなっている。

（注）「低所得者」とは、要介護被保険者のうち所得及び資産の状況などの事情をしん酌して厚生労働省令で定める者のことである。

問題18 A 28-131 介護報酬の概要

介護保険制度における介護報酬（介護給付費）と利用者負担に関する次の記述のうち、**正しいものを1つ**選びなさい。

1 介護報酬の1単位の単価は、全国一律に定められ、地域による割増しはない。

2 介護報酬の算定基準を厚生労働大臣が定める際には、あらかじめ内閣総理大臣の意見を聴かなければならない。

3 居宅介護サービスにおける支給限度基準額を超えて介護サービスを利用する場合には、その超えた費用は全額が利用者負担となる。

4 施設サービスにおける食費と居住費は、生活保護の被保護者を除き、市町村民税非課税世帯などの低所得者も全額の自己負担が求められる。

5 介護報酬は、2年に1回改定される。

解答・解説

問題17

1　✕　**介護報酬の算定基準**を定める場合、厚生労働大臣は、あらかじめ**社会保障審議会の意見**を聴かなければなりません。

2　✕　**特定入所者介護サービス費**は、**低所得者**が施設サービスや短期入所サービスを利用した際の**居住費・滞在費・食費**が対象となります。これらの費用は保険給付の対象外となることから、低所得者には負担限度額が設定され、超えた分が現物給付されます。

3　✕　**介護報酬の1単位の単価は10円が基本**となりますが、地域ごとの人件費等の地域差を調整するため、地域区分を設定して、サービス別・地域別に1単位当たりの単価を**割増し**しています。

4　○　区分支給限度基準額の範囲内で、短期入所療養介護などのサービスを組み合わせて利用することができます。

5　✕　適正な貸与価格を確保するため、2018（平成30）年10月から、国により全国平均貸与価格の公表や貸与価格の上限**の設定**が行われています。

正解　4

> 介護報酬とは、介護サービス事業者や施設が、利用者（要介護者・要支援者）に介護サービスを提供した際に、その対価として支払われる報酬のことです。保険給付と利用者負担によってまかなわれます。事業者や施設は、介護報酬の保険給付分を保険者に、利用者負担分を利用者にそれぞれ請求し、受け取ります。

問題18

1　✕　介護報酬1単位は全国一律10円ですが、地域ごとの人件費の地域差を調整するために、地域区分を設定し、地域別・人件費割合別（サービス別）に1単位当たりの**単価を割増し**しています。地域区分は**1級地**から**7級地**とその他をあわせた**8区分**です。

2　✕　介護報酬の算定基準を厚生労働大臣が定める際には、「あらかじめ**社会保障審議会の意見**を聴かなければならない」と規定されています。

3　○　支給限度基準額内であれば1割（一定以上所得者は2割、特に所得の高い2割負担者は3割）、基準額を超えて利用したサービスの費用は**全額利用者負担**となります。また、要介護・要支援状態区分ごとに設けられた上限額を**区分支給限度基準額**といい、支給限度基準額の範囲内で複数のサービスを選択することができます（ただし、適用外のサービスもあります）。

4　✕　利用者負担段階は4段階あり、市町村民税課税世帯に相当する**第4段階**のみ全額の自己負担となります。第1段階から第3段階は、**段階に応じた負担**が必要ですが、被保護者とともに全額自己負担ではありません。

5　✕　介護報酬は**3年に1回**、診療報酬は**2年に1回**の改定が基本となります。

> 6年に1度、介護報酬と診療報酬の同時改定があるのは、2年と3年の最小公倍数ということです。

正解　3

B 問題19 [32-132] 介護保険法における国の役割

介護保険制度に関する次の記述のうち、国の役割として、**正しいもの**を1つ選びなさい。

1 介護保険事業支援計画を策定すること。
2 介護給付費等審査委員会を設置すること。
3 介護保険に関する収入及び支出について特別会計を設けること。
4 市町村に対して介護保険の財政の調整を行うため、調整交付金を交付すること。
5 指定情報公表センターの指定をすること。

A 問題20 [30-127] 介護保険制度における市町村の役割

介護保険制度に関する次の記述のうち、市町村の役割として、**正しいもの**を1つ選びなさい。

1 介護保険給付費のための支出会計区分は、一般会計である。
2 要介護状態区分を定める。
3 介護保険の財政の安定化に資する事業に必要な費用に充てるため、財政安定化基金を設ける。
4 第一号被保険者の保険料の徴収を特別徴収の方法によって行うことができる。
5 介護保険審査会を設置する。

B 問題21 [34-131] 介護保険制度における都道府県の義務

介護保険制度における都道府県の義務に関する次の記述のうち、**正しいもの**を1つ選びなさい。

1 都道府県は、6年を1期とする介護保険事業計画を策定するに当たって、各年度の地域支援事業の見込量の算出を行う。
2 都道府県知事は、介護サービス事業者から介護サービス情報の報告を受けた後、その報告の内容を公表する。
3 都道府県は、老人福祉圏域ごとに地域包括支援センターを設置する。
4 都道府県は、介護サービス事業者を代表する委員、介護の専門職を代表する委員、医療の専門職を代表する委員で組織される介護保険審査会を設置する。
5 都道府県は、要介護者及び要支援者に対し、介護保険法の定めるところにより、保健福祉事業を行う。

解答・解説

問題19

1 ×　介護保険事業支援計画を策定するのは、**都道府県**です。

2 ×　介護給付費等審査委員会は、**国民健康保険団体連合会**に設置されます。

3 ×　特別会計を設けるのは、**市町村**です。

4 ○　記述のとおりです。調整交付金は、各市町村の**後期高齢者**の割合、第1号被保険者の**所得格差**、災害時の保険料減免などの特殊事情を考慮して市町村ごとに調整されて交付されます。

5 ×　指定情報公表センターの指定は、**都道府県知事**が行います。

正解　4

> 介護保険法において規定される国の責務は、介護保険事業の運営が健全かつ円滑に行われるよう保健医療サービスおよび福祉サービスを提供する 体制の確保 に関する施策その他の必要な各般の措置とされています。

問題20

1 ×　介護保険法第3条第2項に「市町村及び特別区は、介護保険に関する収入及び支出について、政令で定めるところにより、**特別会計を設けなければならない**」と規定されています。

2 ×　市町村は、要介護状態区分の認定を行いますが、その区分は**厚生労働省令**で定めることとなっています。

3 ×　財政安定化基金を設置するのは、**都道府県**です。

4 ○　記述のとおりです。特別徴収とは、**年金からの天引き**で、**普通徴収**が、窓口支払いです。

5 ×　介護保険審査会を設置するのは、**都道府県**です。

正解　4

問題21

1 ×　都道府県は、**3年を1期**とする都道府県介護保険事業支援計画を策定します。また、各年度の地域支援事業の見込量の算出を行うのは、**市町村**です。

2 ○　介護サービス事業者は、介護サービス情報を所在地の**都道府県知事**に**報告**しなければなりません。報告を受けた都道府県知事は、その報告の内容を**公表**します。また、都道府県知事は、必要と認める場合に、報告を受けた介護サービス情報について**調査**をすることができます。

3 ×　地域包括支援センターは、**市町村**が設置します。担当圏域は、**市町村**の人口規模、業務量、人材確保の状況などや地域の保健福祉圏域との整合性に配慮し、**市町村**の判断により設定します。

4 ×　介護保険審査会は、要介護認定の処分などに対する被保険者の不服申立てについて審査する機関です。**被保険者を代表する委員3人、市町村を代表する委員3人、公益を代表する委員3人以上**の構成となっています。

5 ×　保健福祉事業を行うのは、**市町村**です。

正解　2

問題22
B 30-132 指定居宅サービス事業者の指定

　介護保険法における指定居宅サービス事業者（地域密着型サービスを除く）の指定に関する次の記述のうち、**正しいもの**を１つ選びなさい。

1　指定居宅サービス事業者は、市町村長が指定を行う。

2　事業者は、市町村長から３年ごとに指定の更新を受けなければならない。

3　市町村長は、事業者からの廃業の届出があったときは、公示しなければならない。

4　都道府県知事は、居宅介護サービス費の請求に関する不正があったとき、指定を取り消すことができる。

5　事業の取消しを受けた事業者は、その取消しの日から起算して３年を経過すれば指定を受けることができる。

問題23
B 33-132 国民健康保険団体連合会の役割

　次の記述のうち、国民健康保険団体連合会の介護保険制度における役割として、**正しいもの**を１つ選びなさい。

1　介護保険の財政の安定化に資する事業に必要な費用を充てるため、財政安定化基金を設ける。

2　介護サービス事業者が利用者に提供したサービスに伴う介護給付費の請求に関し、市町村から委託を受けて、審査及び保険給付の支払を行う。

3　介護サービスの苦情処理等の業務や事業者・施設への指導・助言のための機関として、運営適正化委員会を設置する。

4　市町村が介護認定審査会を共同設置する場合に、市町村間の調整や助言等の必要な援助を行う。

5　保険給付に関する処分や保険料などの徴収金に関する処分について、不服申立ての審理・裁決を行うための機関として、介護保険審査会を設置する。

問題22

1　✕　指定居宅サービス事業者の指定は、**都道府県知事**が行います。市町村長は、地域密着型サービス事業者の指定を行います。

2　✕　事業者は、**都道府県知事**から 6 年ごとに指定の更新を受けなければなりません。

3　✕　記述の公示の義務があるのは、**都道府県知事**です。

4　〇　記述のとおりです。都道府県知事は、居宅介護サービス費の請求に関する不正があったときには、その指定居宅サービス事業者の**指定を取り消し**、あるいは、期間を定めて、その**指定の全部または一部の効力を停止**することができます。

5　✕　事業の取消しを受けた事業者は、その**取消しの日から起算して 5 年を経過していないものは、指定を受けることができない**と規定されています。

正解　4

問題23

1　✕　財政安定化基金は、**都道府県**が設置します。

2　〇　記述のとおりです。

このほか、国民健康保険団体連合会は、介護保険関連業務として、介護予防・日常生活支援総合事業に要する費用の審査・支払い、介護保険制度の苦情処理等、第三者行為求償事務、介護サービスの提供事業や介護保険施設の運営、介護保険事業の円滑な運営に資する事業を行います。

3　✕　**運営適正化委員会**は、**都道府県社会福祉協議会**に設置され、福祉サービス利用援助事業（日常生活自立支援事業）の利用者からの苦情に対する調査・解決や、事業全体の運営監視、助言、勧告を行っています。

4　✕　市町村が**共同で介護認定審査会を設置**した場合に、市町村間の調整や助言など必要な援助を行うのは**都道府県**です。

5　✕　**介護保険審査会**は、市町村の行政処分に対する不服申立ての審理・裁決を行う第三者機関として、各**都道府県**が設置します。

正解　2

国民健康保険団体連合会（国保連）は、国民健康保険の保険者が共同で都道府県単位に設置した機関で、国民健康保険にかかる診療報酬の審査・支払いを行っています。介護保険制度の創設により、介護保険にかかわる業務も行うようになっています。

問題24
B　35-134　老人福祉法　

老人福祉法に関する次の記述のうち、**正しいもの**を**１つ**選びなさい。

1　法律の基本的理念として、要援護老人の自立支援の重要性が規定されている。

2　老人福祉施設の一つとして、介護老人保健施設が規定されている。

3　やむを得ない事由で介護保険法の保険給付などが利用できない場合、市町村が採ることのできる福祉の措置の一つとして、居宅における介護等が規定されている。

4　市町村社会福祉協議会には、老人福祉センターを設置する義務があることが規定されている。

5　市町村老人福祉計画は、社会福祉法に基づく市町村地域福祉計画と一体のものとして作成されなければならないことが規定されている。

問題25
B　31-134　老人福祉法

老人福祉法に関する次の記述のうち、**正しいもの**を**１つ**選びなさい。

1　社会福祉法人は、厚生労働大臣の認可を受けて、養護老人ホーム又は特別養護老人ホームを設置することができる。

2　有料老人ホームの設置者は、あらかじめその施設を設置しようとする地域の市町村長に法定の事項を届け出なければならない。

3　民生委員は、老人福祉法の施行について、市町村長、福祉事務所長又は社会福祉主事の指示に従わなければならない。

4　都道府県は、老人福祉施設を設置することができる。

5　国は、教養講座、レクリエーションその他広く老人が自主的かつ積極的に参加できる事業の実施に努めなければならない。

問題26
B　33-134　老人福祉法　

老人福祉法に関する次の記述のうち、**正しいもの**を**１つ**選びなさい。

1　市町村は、市町村老人福祉計画において、当該市町村の区域において確保すべき老人福祉事業の量の目標を定めるものとしている。

2　養護老人ホームの入所要件は、60歳以上の者であって、経済的理由により居宅において介護を受けることが困難な者としている。

3　老人福祉法に基づく福祉の措置の対象となる施設の一つとして、救護施設が含まれている。

4　特別養護老人ホームについて、高齢者がやむを得ない事由により自ら申請できない場合に限って、市町村の意見を聴いた上で都道府県が入所措置を行う。

5　老人介護支援センターは、介護保険法の改正（2005年（平成17年））に伴って、老人福祉法から削除され、介護保険法上に規定された。

解答・解説

問題24

1 × 老人福祉法の基本理念には、老人は、常に心身の健康を保持し、その知識と経験を活用して、**社会的活動に参加するように努める**こと、その希望と能力とに応じ、**適当な仕事に従事する機会**その他社会的活動に参加する機会を与えられるものとすることなどが定められています。基本理念に介護を必要とする高齢者の自立支援が規定されているのは、**介護保険法**です。

2 × 老人福祉法に規定する老人福祉施設は、**老人デイサービスセンター、老人短期入所施設、養護老人ホーム、特別養護老人ホーム、軽費老人ホーム、老人福祉センター、老人介護支援センター**です。介護老人保健施設は介護保険法に規定される**介護保険施設**です。

3 ○ やむを得ない事由で介護保険によるサービスを利用できない場合は、**市町村の措置**による老人居宅生活支援事業の利用や**特別養護老人ホーム**等への入所が規定されています。

4 × 老人福祉センターは、地方公共団体または社会福祉法人が設置・運営します。市町村社会福祉協議会に設置義務はありません。

5 × 市町村老人福祉計画は、社会福祉法に規定する**市町村地域福祉計画と調和が保たれたもの**でなければなりません。一体的に作成しなければならないのは、介護保険法に規定する**市町村介護保険事業計画**です。

正解 3

問題25

1 × 社会福祉法人は、**都道府県知事の認可**を受けて、養護老人ホームまたは特別養護老人ホームを設置することができます。

2 × 有料老人ホームの設置者は、その施設の所在地の**都道府県知事**に、法定の事項を届け出なければならないとされています。

3 × 民生委員は、老人福祉法の施行について、**市町村長、福祉事務所長または社会福祉主事の事務の執行に協力する**ものとするとされています。

4 ○ 記述のとおりです。老人福祉法第15条第1項に規定されています。

5 × 老人の心身の健康の保持に資するための教養講座、レクリエーションその他広く老人が自主的かつ積極的に参加することができる事業（老人健康保持事業）を実施するように努めなければならないとされているのは、**地方公共団体**です。

正解 4

問題26

1 ○ 記述のとおりです。なお、**市町村老人福祉計画**は**市町村介護保険事業計画**と**一体のものとして作成**される必要があります。

2 × **養護老人ホーム**は、**65歳以上**であって、**環境上の理由**や**経済的理由**により居宅で養護を受けることが困難な者を対象としています。

3 × **救護施設**は、**生活保護法**に基づく保護施設です。

4 × 措置の実施者は**市町村**です。

5 × 老人介護支援センターは、**老人福祉法上の**老人福祉施設として規定されています。

正解 1

問題27 B 32-135改 **高齢者虐待の現状**

「令和4年度「高齢者虐待の防止、高齢者の養護者に対する支援等に関する法律」に基づく対応状況等に関する調査結果」（厚生労働省）で示されている「養介護施設従事者等」による高齢者虐待に関する次の記述のうち、**正しいもの**を1つ選びなさい。

1　市町村等が虐待と判断した件数は、2008年度（平成20年度）以降、減少傾向にある。

2　虐待の発生要因として最も多いものは、「倫理観や理念の欠如」である。

3　虐待の事実が認められた施設・事業所のうち、約4分の1が過去に何らかの指導等（虐待以外の事案に関する指導等を含む）を受けている。

4　被虐待高齢者の状況を認知症高齢者の日常生活自立度でみると、「Ⅰ」が全体のおよそ4分の3を占めている。

5　虐待の内容として最も多いものは、「経済的虐待」となっている。

(注)「養介護施設従事者等」とは、養介護施設又は養介護事業の業務に従事する者を指す。

問題28 B 31-135 **高齢者虐待予防の取り組み**

事例を読んで、R市の地域包括支援センターの**C**社会福祉士の対応に関する次の記述のうち、現時点で**最も適切なもの**を1つ選びなさい。

〔事　例〕

　Dさん（70歳、男性）は、脳梗塞の後遺症で右半身に麻痺があり、軽度の認知症がある。要介護2の認定を受けており、週2回デイサービスを利用している。この地区の**E**民生委員から**C**社会福祉士に電話があり、「隣家の人から、頻繁に同居の息子**F**さん（43歳）の大声がして**D**さんのことが心配だという連絡があった。**F**さんは無職で日中は家に居るが、自分は家に入れてもらえないので状況を確認してほしい」とのことであった。

1　家に他人を入れたくないようなので、警察官に同行してもらう。

2　隣家の人から様子を心配する電話があり訪問したことを告げて、現在の状況を調査する。

3　隣家の人に事情を話し、変化があったら報告するように頼む。

4　虐待に迅速に対応できるよう、**D**さんの保護に必要な居室を確保する。

5　R市の虐待防止担当者に通報し、**D**さんの担当の介護支援専門員、デイサービススタッフ、**E**民生委員などと対応を協議する。

解答・解説

問題27

1　×　市町村等が虐待と判断した件数は、**増加傾向**にあり、2008（平成20）年度は70件であったのが、2022（令和4）年度は、856件となっています。

2　×　虐待の発生要因として最も多いものは、「**教育・知識・介護技術等に関する問題**」で、56.1％を占めています。

3　○　虐待の事実が認められた856件の施設・事業所のうち232件（27.1％）が過去何らかの指導等（虐待以外の事案に関する指導等を含む）を受けており、過去にも虐待事例が発生していたケースが182件あったという結果になっています。

4　×　被虐待高齢者の状況を認知症高齢者の日常生活自立度でみると、「Ⅱ」以上の者が80.4％となっています。

5　×　「身体的虐待」が57.6％で最も多く、次いで「心理的虐待」が33.0％、「介護等放棄」が23.2％、「経済的虐待」は3.9％となっています。

正解 | 3 |

問題28

1　×　家に他人を入れたくないようだからといって、状況が把握できていない段階でいきなり警察官に同行してもらうことはいき過ぎた対応です。

2　×　隣家との関係が不明な状態で連絡があったことを告げるのは、Fさんと隣家とのトラブルにつながるおそれがあり、また、プライバシー保護の観点からも不適切な対応です。

3　×　連絡があったからといって、隣家に負担をかけるような依頼は不適切な対応です。

4　×　まだ虐待かどうか不明な状態でDさんの保護に必要な居室を確保することは、性急過ぎる対応で不適切です。

5　○　高齢者虐待は複雑な問題を抱えている家庭で起こりやすいことから、1つの機関だけでは対応できないことが多く、地域の各関係機関がそれぞれの専門性を活かし、連携・協力して対応することが重要です。

正解 | 5 |

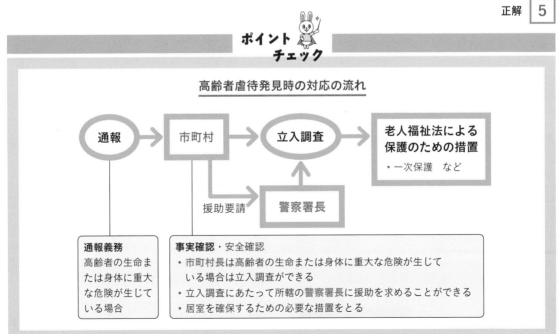

ポイント チェック

高齢者虐待発見時の対応の流れ

通報 → 市町村 → 立入調査 → 老人福祉法による 保護のための措置
・一次保護　など

援助要請 → 警察署長 → 市町村（援助要請）

通報義務
高齢者の生命または身体に重大な危険が生じている場合

事実確認・安全確認
・市町村長は高齢者の生命または身体に重大な危険が生じている場合は立入調査ができる
・立入調査にあたって所轄の警察署長に援助を求めることができる
・居室を確保するための必要な措置をとる

問題29
C 34-135 **バリアフリー法**

「バリアフリー法」に関する次の記述のうち、**正しいものを1つ**選びなさい。

1 公共交通や建築物等の施設設置管理者等は、2020年（令和2年）の改正により、法の施行から3年以内に移動等円滑化基準に適合するよう、既存施設の改修等を行わなければならなくなった。

2 公共用通路の出入口は、移動等円滑化基準において、その幅を60cm以上としなければならない。

3 公共交通事業者等は、その職員に対して移動等円滑化を図るために必要な教育訓練を行うよう努めなければならない。

4 厚生労働大臣は、旅客施設を中心とする地区や高齢者等が利用する施設が集まった地区について、移動等円滑化基本構想を作成しなければならない。

5 移動等円滑化基本構想に位置づけられた事業の実施状況等の調査・分析や評価は、おおむね10年ごとに行わなければならない。

(注)　「バリアフリー法」とは、「高齢者、障害者等の移動等の円滑化の促進に関する法律」のことである。

問題30
C 33-135 **高齢者の住まいに関する法制度**

高齢者の住まいに関する法制度についての次の記述のうち、**正しいものを1つ**選びなさい。

1 住宅確保要配慮者に対して居住支援に取り組む法人（居住支援法人）は、その申請により、都道府県知事から指定されることとなっている。

2 サービス付き高齢者向け住宅は、入居者に対し、介護保険制度における居宅介護サービス若しくは地域密着型サービスの提供が義務づけられている。

3 シルバーハウジングにおいては生活支援コーディネーターが配置され、必要に応じて入居者の相談や一時的な身体介護を行うこととなっている。

4 終身建物賃貸借制度は、賃借人が死亡することによって賃貸借契約が終了する借家契約であり、75歳以上の高齢者が対象とされている。

5 市町村は、住宅確保要配慮者に対する賃貸住宅の供給の促進に関する計画（市町村賃貸住宅供給促進計画）の作成を義務づけられている。

解答・解説

問題29

1　×　2020（令和2）年のバリアフリー法の改正では、施設設置管理者等に、建築物等を**新設する場合**は、移動等円滑化基準に適合させる**義務**、**既存施設**においては**努力義務**が課されました。

2　×　公共用通路の出入り口は、車いす使用者の動作に対する余裕を見込み、**幅90cm以上**としなければなりません。

3　○　記述のとおりです。バリアフリー法第8条第6項に規定されています。

4　×　市町村が、国が定める基本方針に基づき、単独でまたは共同して移動等円滑化促進方針または**移動等円滑化基本構想**を作成するよう努めるものとされています。

5　×　移動等円滑化基本構想については、作成後、**おおむね5年ごと**に特定事業等の実施状況について調査、分析、評価を行うよう努め、必要に応じて基本構想を変更します。

正解　3

問題30

1　○　**居住支援法人**とは、「**住宅確保要配慮者に対する賃貸住宅の供給の促進に関する法律**」（住宅セーフティネット法）に基づき、住宅確保要配慮者の賃貸住宅への入居にかかる家賃債務保証の提供、住宅情報の提供・相談、見守りなどの生活支援等を実施する法人です。

2　×　「**高齢者の居住の安定確保に関する法律**」（高齢者住まい法）に基づき、状況把握（安否確認）**サービス**と生活相談**サービス**を必ず実施する必要があります。

サービス付き高齢者向け住宅は、介護・医療と連携し、高齢者の安心を支えるサービスを提供するバリアフリー構造の住宅であり、事業者の申請に基づき、都道府県知事、政令指定都市・中核市の長が登録を行います。

3　×　**シルバーハウジング**は、1987（昭和62）年に制度化された「シルバーハウジングプロジェクト」により供給される高齢者向けの公的賃貸住宅です。居住している高齢者に対しては、**生活援助員**による日常生活支援サービスが提供されます。

4　×　入居対象となるのは、❶60歳以上、❷入居者本人が単身であるか、同居者が配偶者（配偶者は**60歳未満でも可**）もしくは**60歳以上の親族**という2つの要件を満たした人です。

5　×　国土交通大臣が定める基本方針に基づき、都道府県は**都道府県賃貸住宅供給促進計画**を、市町村は**市町村賃貸住宅供給促進計画**を作成することができます。

正解　1

問題31 A　27-134改 地域包括支援センターの概要

地域包括支援センターに関する次の記述のうち、**正しいものを1つ**選びなさい。

1　地域包括支援センターで実施される事業は、介護保険財源からではなく市町村の一般財源により賄われている。

2　地域包括支援センターは、当該市町村の区域全体を担当圏域として、各市町村に1か所設置することとされている。

3　地域包括支援センターが実施する包括的支援事業とは、総合相談支援業務、権利擁護業務及び介護予防支援をいうものとされている。

4　地域包括支援センターは、第1号介護予防支援事業として、65歳未満の要支援者が介護予防サービス等を利用できるよう援助することとされている。

5　市町村は、地域包括支援センターの適切、公正かつ中立な運営を確保するため、地域包括支援センター運営協議会を設置することとされている。

問題32 B　31-133改 地域包括支援センターの概要

地域包括支援センターに関する介護保険法の規定についての次の記述のうち、**正しいものを1つ**選びなさい。

1　市町村は、地域包括支援センターを設置しなければならない。

2　地域包括支援センターの設置者は、包括的支援事業に関して、都道府県が条例で定める基準を遵守しなければならない。

3　地域包括支援センターの設置者若しくはその職員又はこれらの職にあった者は、正当な理由なしに、その業務に関して知り得た秘密を漏らしてはならない。

4　都道府県は、定期的に、地域包括支援センターにおける事業の実施状況について、評価を行わなければならない。

5　地域包括支援センターの設置者は、自ら実施する事業の質の評価を行うことにより、その事業の質の向上に努めなければならない。

問題33 B　31-129 認知症初期集中支援チーム

認知症総合支援事業に基づく認知症初期集中支援チームに関する次の記述のうち、**正しいものを1つ**選びなさい。

1　包括的、集中的な支援をおおむね2年とする。

2　介護サービスが中断している者も対象である。

3　早期入院の初期対応体制をとる。

4　初回訪問は医療系職員が2名以上で行う。

5　チーム員に認知症サポーター1名が含まれる。

問題31

1　✕　地域包括支援センターで実施される事業は、**介護保険財源**により賄われています。負担割合は、国39%、県19.5%、市町村19.5%、第1号被保険者22%です。予防給付が主とされているため、第2号被保険者の保険料は使われません。

2　✕　市町村の判断で担当圏域を設定して設置するので、**複数のセンター**を設置してもかまいません。

3　✕　包括的支援事業は、❶第1号介護予防支援事業（居宅要支援被保険者に係るものを除く）、❷総合相談支援業務、❸権利擁護業務、❹包括的・継続的ケアマネジメント支援業務、❺在宅医療・介護連携推進事業、❻生活支援体制整備事業、❼認知症総合支援事業です。

4　✕　第1号介護予防支援事業とは、要支援者及び基本チェックリストの記入内容が事業対象の基準に該当した者に対して、介護予防及び日常生活支援を目的として、訪問型サービス、通所型サービス、その他の生活支援サービスなどのサービスが、包括的かつ効率的に提供されるよう必要な援助を行う事業です。**65歳以上の第1号被保険者**が対象です。

5　○　地域包括支援センター運営協議会を各市町村に1つ設置します。

正解　5

問題32

1　✕　市町村は、地域包括支援センターを**設置することができます**（任意規定）。

2　✕　地域包括支援センターの設置者は、包括的支援事業に関して、**市町村が条例で定める基準を遵守**しなければなりません。

3　○　記述のとおりです。

4　✕　定期的に、地域包括支援センターにおける事業の実施状況について評価を行わなければならないのは、**市町村**です。

5　✕　従来は、記述のとおり努力義務でしたが、2017（平成29）年の改正により、「地域包括支援センターの設置者は、自らその実施する事業の質の評価を行うことその他必要な措置を講ずることにより、その実施する事業の質の向上を**図らなければならない。**」（介護保険法第115条の46第4項）と**義務化されました**。

正解　3

問題33

1　✕　認知症初期集中支援チームは、おおむね**6か月**、アセスメントや家族支援などの初期の支援を包括的、集中的に行い、自立生活のサポートを行います。

2　○　医療サービス、介護サービスを受けていない人または**中断している人**で、❶認知症疾患の臨床診断を受けていない、❷継続的な医療サービスを受けていない、❸適切な介護保険サービスに結び付いていない、❹診断されたが介護サービスが中断している、のいずれかに該当する人が対象となります。

3　✕　早期診断・早期対応に向けた支援体制の構築を目的としています。

4　✕　初回訪問は、**医療系職員**と**介護系職員**それぞれ1名以上の計2名以上で行います。

5　✕　サポート医、保健師、看護師、作業療法士、介護福祉士など医療・介護・福祉の専門職で構成されるチームであり、認知症サポーターは**含まれません**。

正解　2

問題34 B 35-132 指定居宅介護支援事業者と介護支援専門員の役割

指定居宅介護支援事業者とその介護支援専門員の役割などに関する次の記述のうち、**最も適切なもの**を **1 つ**選びなさい。

1　指定居宅介護支援事業者は、利用者が介護保険施設への入所を要する場合、施設への紹介など便宜の提供は行わず、利用者の選択と判断に委ねることとなっている。

2　居宅サービス計画は、指定居宅介護支援事業者の介護支援専門員に作成を依頼することなく、利用者自らが作成することができる。

3　指定居宅介護支援事業者の介護支援専門員による居宅サービス計画作成業務の保険給付（居宅介護支援）では、利用者の自己負担割合が 1 割と定められている。

4　地域住民による自発的な訪問や民間事業者が市場サービスとして行う配食サービスなどについては、居宅サービス計画に位置づけることはできないとされている。

5　介護支援専門員は、居宅サービス計画の実施状況の把握のため、少なくとも 2 週間に 1 度は利用者宅を訪問することが義務づけられている。

問題35 B 34-132 訪問介護員とサービス提供責任者の役割

介護保険制度の指定訪問介護事業所（共生型居宅サービスを除く）の従事者に関する次の記述のうち、**適切なもの**を **2 つ**選びなさい。

1　訪問介護員として従事する者に対しては資格取得や研修修了等の要件は課されておらず、業務を遂行する上での最低限の技術の習得が条件とされている。

2　訪問介護員は、常に利用者の心身の状況やその置かれている環境等の的確な把握に努め、利用者又はその家族に対し、適切な相談及び助言を行う。

3　訪問介護員が入浴や清拭の支援を行う場合、利用者の主治医の指示に基づいて介護を行うことが義務づけられている。

4　サービス提供責任者は、訪問介護員に対して利用者の状況についての情報を伝達し、具体的な援助目標や援助内容を指示する。

5　サービス提供責任者は、多様な事業者等から総合的に提供される介護サービスの内容などを記載した居宅サービス計画を作成する。

問題34

1 × 利用者が介護保険施設への入所を希望する場合は、**介護保険施設への紹介**をするなどの**便宜の提供**を行います。また、介護保険施設等から退院・退所しようとする要介護者から依頼があった場合、あらかじめ**居宅サービス計画**を作成するなどの援助を行います。

2 ○ 記述のとおりです。なお、利用者自身が居宅サービス計画を作成する場合は、市町村に居宅サービス計画を提出します。給付管理表の作成は**市町村**が行います。

3 × 居宅介護支援の費用は、**10割が保険給付**されるため、**利用者の負担はありません**。要支援者に対する介護予防支援も同様です。

4 × 利用者の日常生活全般を支援する観点から、**給付対象サービス以外のサービス**や**地域住民の自発的な活動**によるサービス等の利用も含めて居宅サービス計画に位置づけ、**総合的な計画**となるよう努めなければなりません。

5 × 介護支援専門員は、**実施状況の把握（モニタリング）**のため、原則として少なくとも1か月に1回は利用者の**居宅を訪問**して利用者に**面接**し、少なくとも1か月に1回は**モニタリングの結果を記録**する必要があります。

正解 | 2 |

問題35

1 × 訪問介護員として従事するには、❶介護福祉士、❷実務者研修または初任者研修課程修了者のいずれかである必要があります。なお、生活援助を行う訪問介護員等は、**生活援助従事者研修課程**の修了者でも可能です。

2 ○ 記述のとおりです。訪問介護員は、利用者に入浴、排泄、食事などの**介護**、調理、洗濯、掃除などの**家事**や日常生活上の世話を提供するほか、利用者・家族に生活などに関する**相談・助言**を行います。

3 × 訪問介護員が行う介護は、利用者の主治医の指示に基づく必要はありません。

4 ○ サービス提供責任者は、訪問介護サービスのマネジメントを担い、訪問介護計画の作成や利用者の状態の変化、サービスに関する意向の定期的な把握、訪問介護員の技術指導などに携わります。

5 × 居宅サービス計画を作成するのは、**介護支援専門員**です。サービス提供責任者は、訪問介護の目標、その目標を達成するための具体的なサービス内容などを記載した**訪問介護計画**を作成します。

正解 | 2・4 |

問題36 C 31-132 介護相談員

介護相談員に関する次の記述のうち、**正しいもの**を**1つ**選びなさい。

1 介護相談員派遣等事業の実施主体は、都道府県である。

2 介護相談員派遣等事業は、苦情に至る事態を防止すること及び利用者の日常的な不平・不満又は疑問に対応して改善の途を探ることを目指すものである。

3 介護相談員の登録は、保健・医療・福祉分野の実務経験者であって、その資格を得るための試験に合格した者について行われる。

4 介護相談員派遣等事業は、介護保険制度における地域支援事業として実施が義務づけられている。

5 介護相談員が必要と判断した場合、相談者の同意がなくても、その相談者に関する情報を市町村等に提供することができる。

問題37 B 33-133 福祉用具専門相談員の役割

事例を読んで、X事業者（福祉用具貸与事業者及び特定福祉用具販売事業者）に勤務するE福祉用具専門相談員（社会福祉士）が行う支援として、**最も適切なもの**を**1つ**選びなさい。

〔事 例〕

E福祉用具専門相談員は、Y居宅介護支援事業所のF介護支援専門員からの依頼で、R市で一人暮らしをしているGさん（女性、84歳、要介護1）の自宅を訪問し、福祉用具の選定に関する相談を行うこととなった。Gさんは約10年前の大腿骨頸部骨折の後遺症により股関節が動きにくくなり、現在では浴槽への出入りと屋外での移動に支障がある。しかし、その他の日常生活動作や認知機能に支障はなく、状態も安定している。GさんはこれまでT字杖以外の福祉用具を使用したことがない。

1 Gさんに、福祉用具貸与による入浴補助用具の給付が可能と説明した。

2 Gさんに、特定福祉用具販売による自宅廊下の手すりの設置が可能と説明した。

3 Gさんに屋外での移動のため、福祉用具貸与による歩行器の利用が可能と説明した。

4 Gさん及びF介護支援専門員と相談した上で福祉用具貸与計画と特定福祉用具販売計画を作成し、利用前にR市に提出して承認を得た。

5 Gさんが将来、身体状況が悪化したときのことを想定して、玄関の段差を解消するために移動用リフトを設置した方がよいと説明した。

解答・解説

問題36

1 × 介護相談員派遣等事業の実施主体は、**市町村**です。
2 ○ 記述のとおりです。
3 × 介護相談員派遣等事業を実施している市町村は、「**一定水準以上の研修を受けた者であって、事業活動の実施にふさわしい人格と熱意を有する者**」を介護相談員として登録するものとされ、試験に合格した者という規定はありません。
4 × 介護相談員派遣等事業は、介護保険制度における地域支援事業のうちの**任意事業**に位置づけられています。したがって、実施は義務ではありません。
5 × 介護相談員が、相談者に関する情報を市町村等に提供する場合には、**その相談者の同意が必要です。**

正解 2

問題37

1 × **入浴補助用具**は、**特定福祉用具販売**です。福祉用具購入費として単独で支給限度基準額（同一年度で10万円）が設定されています。
2 × 手すりの設置は、**住宅改修**での給付となります。
3 ○ **歩行器**により、腰や膝にかかる負担を軽減したり、歩行姿勢を安定させたりすることができます。**G**さんへの支援内容として適切です。
4 × 福祉用具専門相談員は、居宅サービス計画に沿って、**福祉用具貸与計画・特定福祉用具販売計画**を作成しますが、市に提出して承認を得る必要はありません。計画は、利用者・家族に説明のうえ、**同意を得て利用者に交付**します。
5 × 要支援者、要介護1の**軽度者**には、移動用リフトは原則として**給付対象外**となります。状態像に変化が予想されるなどで例外的に給付されることもありますが、**G**さんは**状態も安定**していることから、その必要はありません。

正解 3

373

専門
CHAPTER
1

ポイントチェック一覧

児童・家庭福祉

問題1 B 28-138 児童福祉法による用語の意味

児童福祉法における用語の意味として、**正しいもの**を**1つ**選びなさい。

1 「少年」とは、中学校入学の始期から、満18歳に達するまでの者をいう。

2 「妊産婦」とは、妊娠中又は出産後3か月以内の女子をいう。

3 「要支援児童」とは、保護者に監護させることが不適当であると認められる児童をいう。

4 「保護者」とは、児童の扶養義務を負う者をいう。

5 「特定妊婦」とは、出産後の養育について、出産前において支援を行うことが特に必要と認められる妊婦をいう。

問題2 B 29-138 児童の権利に関する条約

「児童の権利に関する条約」に関する次の記述のうち、**正しいもの**を**1つ**選びなさい。

1 第1回ホワイトハウス会議で採択された。

2 日本政府は、この条約を批准するための検討を進めている。

3 児童の権利を、能動的権利と受動的権利に関する節に分けて規定している。

4 「児童とは、20歳未満のすべての者をいう」と規定している。

5 「自由に自己の意見を表明する権利の確保」について規定している。

問題3 B 32-137 児童の権利

次のうち、子どもの権利に関する先駆的な思想を持ち、児童の権利に関する条約の精神に多大な影響を与えたといわれ、第二次世界大戦下ナチスドイツによる強制収容所で子どもたちと死を共にしたとされる人物として、**正しいもの**を**1つ**選びなさい。

1 ヤヌシュ・コルチャック（Korczak, J.）

2 トーマス・ジョン・バーナード（Barnardo, T.J.）

3 セオドア・ルーズベルト（Roosevelt, T.）

4 エレン・ケイ（Key, E.）

5 ロバート・オーウェン（Owen, R.）

解答・解説

問題 1

1　✕　「少年」とは、「**小学校就学の始期から、満18歳に達するまでの者**」と規定されています（第4条第1項第3号）。

2　✕　「妊産婦」とは、「**妊娠中又は出産後1年以内の女子をいう**」と規定されています（第5条）。

3　✕　「要支援児童」とは、保護者の養育を支援することが特に必要と認められる児童で、**要保護児童**は除きます（第6条の3第5項）。なお、要保護児童は、保護者のない児童又は保護者に監護させることが不適当であると認められる児童をいいます（第6条の3第8項）。

4　✕　「保護者」とは、「**親権を行う者、未成年後見人その他の者で、児童を現に監護する者をいう**」と規定されています（第6条）。

5　〇　記述のとおり、「出産後の養育について出産前において支援を行うことが特に必要と認められる妊婦」を「**特定妊婦**」といいます（第6条の3第5項）。

正解　5

問題 2

1　✕　児童の権利に関する条約が採択されたのは、1989年の国際連合においてです。**第1回ホワイトハウス会議**（児童福祉白亜館会議）は、1909年にセオドア・ルーズベルト大統領によって開催された、全米児童福祉会議です。

2　✕　日本は、**1994（平成6）年**にすでに批准しています。

3　✕　保護されるべき児童の**受動的権利**を保障するとともに、権利行使の主体としての児童の**能動的権利**の保障についてうたっていますが、節に分けては規定していません。

4　✕　第1条で、「児童とは、**18歳未満のすべての者**をいう」と規定しています。

5　〇　記述のとおりです。第12条第1項に規定されています。

正解　5

問題 3

1　〇　記述のとおりです。ポーランドのユダヤ人医師であるヤヌシュ・コルチャックは、「**子どもはだんだんと人間になるのではなく、すでに人間である**」と主張しました。

2　✕　トーマス・ジョン・バーナードは、1870年にイギリスでバーナードホームを設立し、**小舎制による養護**を実施した人物です。

3　✕　第26代アメリカ合衆国大統領のセオドア・ルーズベルトは、1909年に**第1回ホワイトハウス会議**（**児童福祉白亜館会議**）を開催し、「家庭生活は文明の所産のうち最も高い、最も美しいものである。児童は緊急なやむを得ない理由がない限り、家庭生活から引き離されてはならない」という声明を発表しました。

4　✕　スウェーデンの女性思想家であるエレン・ケイは、1900年に著した『児童の世紀』において、子どもが教育を受ける権利を享受することによって主体的に育つ可能性を示しました。

5　✕　イギリスの実業家であるロバート・オーウェンは、**工場法**の制定に貢献した人物で、人間の性格は環境によって形成されるという**性格形成論**を唱えました。

正解　1

問題4　C　33-136改　ひとり親世帯等の実態

「令和3年度全国ひとり親世帯等調査」（厚生労働省）又は「2022（令和4）年国民生活基礎調査」（厚生労働省）に示された、ひとり親世帯等の実態に関する次の記述のうち、**最も適切なもの**を1つ選びなさい。

1　母子世帯になった理由としては、生別よりも死別が多い。

2　母子世帯になった時の末子の年齢階級は、生別世帯の場合、9歳から11歳までが最も多い。

3　世帯類型別にみると、母子世帯の世帯数は、ここ10年で約5倍に増えている。

4　「子どもがいる現役世帯」のうち、大人が一人の世帯の相対的貧困率は、4割を超えている。

5　母子世帯の母の就業状況としては、正規の職員・従業員の割合は約8割である。

問題5　B　29-137改　保育需要及び供給の状況

「保育所等関連状況取りまとめ（令和5年4月1日）」（こども家庭庁）による、保育需要及び供給の状況に関する次の記述のうち、**正しいもの**を2つ選びなさい。

1　保育所数は、平成30年4月1日時点に比べて倍増している。

2　保育所の利用児童数は、幼保連携型認定こども園の利用児童数を上回っている。

3　3歳未満児のうち、保育所等を利用する児童数がおよそ半数を占めている。

4　保育所等待機児童数は、令和4年4月1日時点に比べて減少している。

5　首都圏（埼玉・千葉・東京・神奈川）の保育所等待機児童数は、全国の90%を占めている。

（注）「保育所等」とは、従来の保育所に加えて、特定教育・保育施設（幼保連携型認定こども園、幼稚園型認定こども園、地方裁量型認定こども園）と特定地域型保育事業（うち2号・3号認定）を含む。

問題6　B　32-136改　児童虐待の実態

こども家庭審議会児童虐待防止対策部会に設置された児童虐待等要保護事例の検証に関する専門委員会の「子ども虐待による死亡事例等の検証結果等について（第19次報告）」（令和5年9月）に示された心中以外の虐待死に関する次の記述のうち、**正しいもの**を1つ選びなさい。

1　死因となる虐待の種類は、ネグレクトが最も多い。

2　主たる加害者は、実父が最も多い。

3　虐待通告を受理した後、48時間以内に安全確認をすることを新たに提言した。

4　死亡した子どもの年齢は、0歳が最も多い。

5　児童相談所が関与していた事例が半数を超えている。

専門CH 2　START! GOAL!!

問題4

1 × 母子世帯になった理由としては、**死別が5.3%**、**生別が93.5%**となっています。

2 × 生別世帯で母子世帯になった時の末子の年齢階級で最も多いのは、**0〜2歳**で38.1%となっています。

3 × 2012（平成24）年の母子世帯数は、70万3千世帯、2022（令和4）年の母子世帯数は、56万5千世帯となっています。

4 ○ 「子どもがいる現役世帯」のうち、大人が一人の世帯の相対的貧困率は、44.5%となっています。

5 × 母子世帯の母の就業状況としては、正規の職員・従業員の割合は、48.8%となっています。

正解 | 4 |

問題5

1 × 保育所数は、2018（平成30）年4月1日時点で2万3524か所、2023（令和5）年4月1日時点で2万3806か所と**微増**にとどまっています。

2 ○ 保育所の利用児童数は、**191万8042人**、幼保連携型認定こども園の利用児童数は、**63万7893人**となっており、まだ圧倒的に**保育所の利用児童数のほうが多い**のが現状です。

3 × 2023（令和5）年4月1日時点での3歳未満児の**保育所等利用率**は、**44.6%**です。

4 ○ **保育所等待機児童数**は、2022（令和4）年4月1日時点で、2944人、2023（令和5）年4月1日時点で、2680人と**減少**しています。

5 × 2023（令和5）年4月1日時点での首都圏（埼玉・千葉・東京・神奈川）の保育所等待機児童数は、合計912人で、全国の**約41.8%**を占めています。

正解 | 2 ・ 4 |

問題6

1 × 「子ども虐待による死亡事例等の検証結果等について（第19次報告）」によると、心中以外の虐待死事例においては、「**身体的虐待**」が31.3%で最も多く、次いで「**ネグレクト**」が55.8%となっています。

2 × 主たる加害者は、**実母**が40.0%と最も多くなっています。

3 × 記述のいわゆる「48時間ルール」が提言されたのは、2007（平成19）年の「児童相談所運営指針」の改正においてです。

4 ○ 死亡した子どもの年齢は、0歳が48.0%で最も多くなっています。

5 × 児童相談所の関与がない事例が68.0%となっています。

正解 | 4 |

問題7
A　28-137　**日本の児童福祉の歴史**　

日本の児童福祉の歴史に関する次の記述のうち、**正しいものを1つ**選びなさい。

1　恤救規則では、15歳以下の幼者について、人民相互の情宜に頼らず、国家が対応すると規定した。

2　石井十次は、イギリスのベヴァリッジ（Beveridge, W.）の活動に影響を受けて岡山孤児院を設立した。

3　工場法では、18歳未満の者の労働時間を制限することを規定した。

4　児童虐待防止に関する最初の法律は、第二次世界大戦前につくられた。

5　児童憲章は、児童の権利に関するジュネーブ宣言を受けて制定された。

問題8
A　26-138　**児童・家庭福祉の歴史**　

我が国の児童福祉の歴史に関する次の記述のうち、**正しいものを1つ**選びなさい。

1　高木憲次は、愛知県北西部から岐阜県下にかけて大きな被害をもたらした濃尾大震災の孤児を救済するために、光明学校を設立した。

2　留岡幸助は、少年教護法の制定後、非行少年の教護事業を目的とした家庭学校を東京巣鴨に設立した。

3　石井亮一は、アメリカの発達保障の理論を持ち帰り、近江学園を設立した。

4　山室軍平は、イギリスのバーナード（Barnardo, T.）が建てたビレッジ・ホームを模した小舎制のキングスレー館を設立した。

5　野口幽香は、貧困家庭の子ども等、不幸な境遇にある子女に対して幼児教育を行うために、二葉幼稚園を設立した。

問題7

1　×　恤救規則は、極貧の廃疾者、**70歳以上の重病者**もしくは老衰者、病人、13歳以下の孤児など、独身で労働能力のない「無告の窮民」に限って救済（**米代の支給**）を行うことを定めていましたが、「**人民相互の情誼**」**が前提**とされました。

2　×　石井十次は、1870年に設立されたイギリスの孤児院バーナードホームの影響を受け、1887（明治20）年に**岡山孤児院**を設立しました。

3　×　工場法では、12歳未満の者の使用禁止、**15歳未満の者**の12時間労働及び深夜業（午後10時〜午前4時）の禁止等が規定されました。

4　○　児童虐待防止法は、1933（昭和8）年に制定されました。**14歳未満の者を児童**とし、児童を虐待したり、著しく監護を怠った保護者責任に対する処分項目などが定められました。1947（昭和22）年の児童福祉法の制定により、吸収されるかたちで廃止となりました。

5　×　児童憲章は、1951（昭和26）年に、世界児童憲章（1922年）、ジュネーブ宣言（1924年）、アメリカ児童憲章（1930年）を参考に制定されました。

正解　4

問題8

1　×　**高木憲次**は、1916（大正5）年に肢体不自由児巡回相談を開始した人物で、**肢体不自由児施設整肢療護園**の創始者です。**光明学校**は、肢体不自由児を対象とした小学校で、1932（昭和7）年に設立されました。

2　×　**留岡幸助**が巣鴨に私立感化院の家庭学校を設立したのは、1899（明治32）**年**のことです。感化法を改正した少年教護法は、1933（昭和8）**年**に成立し、感化院は少年救護院と呼ばれるようになりました（現在の児童自立支援施設）。

3　×　**石井亮一**は滝乃川学園の設立者です。**近江学園**を設立したのは糸賀一雄です。

4　×　**山室軍平**は**日本救世軍**の創始者です。**キングスレー館**は日本最初の隣保館で、設立したのは片山潜です。

5　○　**野口幽香**は、**森島峰**と共に二葉幼稚園を設立しました。

正解　5

ポイントチェック

明治期の主な慈善事業や保育事業

1887 （明治20）年	石井十次が岡山孤児院を設立 →小舎制の採用、里親委託の導入。ルソーの教育論や二宮尊徳の報徳思想の影響を受けた
1890 （明治23）年	赤沢鍾美が新潟静修学校に付設の託児所を開設 →日本初の託児所
1891 （明治24）年	石井亮一が孤女学院（のちの滝乃川学園）を設立 →知的障害児施設の始まり
1899 （明治32）年	留岡幸助が家庭学校を設立 →非行少年に対する感化事業を展開
1900 （明治33）年	野口幽香が二葉幼稚園を設立 →貧困児の教育、幼保一元化の原点

問題9 **A** 29-139 児童福祉法の概要

次の記述のうち、児童福祉法に規定されていることとして、**正しいものを1つ**選びなさい。

1 児童の福祉を保障するための原理は、すべて児童に関する法令の施行にあたって、常に尊重されなければならない。

2 国は、児童を心身ともに健やかに育成することについて第一義的責任を負う。

3 児童が就学年齢に達した後に、その自立が図られることその他の福祉を保障される権利を得る。

4 児童憲章を児童の福祉を保障するための原理としている。

5 全て国民は、児童の保護者を支援しなければならないとしている。

問題10 **B** 33-137 児童福祉法/児童虐待防止法の改正

2019年（令和元年）に改正された児童福祉法及び児童虐待の防止等に関する法律に関する次の記述のうち、**最も適切なものを1つ**選びなさい。

1 児童相談所における介入担当と保護者支援担当は、同一の児童福祉司が担うこととなった。

2 児童相談所の業務の質について、毎年、評価を実施することが義務づけられた。

3 親権者は、児童のしつけに際して体罰を加えてはならないとされた。

4 特別区（東京23区）に、児童相談所を設置することが義務づけられた。

5 一時保護の解除後の児童の安全の確保が、市町村に義務づけられた。

問題11 **B** 30-139 母子生活支援施設

母子生活支援施設に関する次の記述のうち、**正しいものを1つ**選びなさい。

1 父子家庭も入所の対象とすることができる。

2 入所する児童は、15歳に満たない者とされている。

3 母子室は、4世帯につき1室以上が設備基準とされている。

4 施設長は、入所中の個々の母子について、自立支援計画を立てなければならない。

5 家庭支援専門相談員を置かなければならない。

問題9

1 ○ 記述のとおりです。第3条に規定されています。

2 × 児童を心身ともに健やかに育成することについて第一義的責任を負うのは、**児童の保護者**です。第2条第2項に規定されています。

3 × その自立が図られることその他の福祉を等しく保障される権利は、**全ての児童**が有するものであり、年齢で限定されるものではありません。第1条に規定されています。

4 × 記述のような規定はありません。

5 × **国及び地方公共団体の責務**として、児童の保護者の支援が第3条の2に規定されています。

正解 1

問題10

1 × 児童相談所の体制強化として、一時保護の介入対応職員と保護者支援を行う職員を分けることが規定されました。

2 × 児童相談所が行う業務の質の評価を行うこと等により、当該業務の質の向上に努めなければならないという**努力義務**が都道府県知事に課されました。

3 ○ 記述のとおりです。児童虐待の防止等に関する法律（児童虐待防止法）の2016（平成28）年の改正により、しつけを名目とした児童虐待の禁止、2019（令和元）年の改正により、親権者の体罰の禁止が規定されました。

4 × 2016（平成28）年の児童福祉法の改正により特別区（東京23区）で児童相談所の設置が可能となりましたが、設置義務はありません。

5 × 記述の業務は、**都道府県**に義務づけられました。

正解 3

問題11

1 × 父子家庭は、母子生活支援施設の入所の対象ではありません。

2 × 入所する児童は、18歳に満たない者とされています。

3 × 母子室は、**1世帯につき1室以上**とすることとされています。

4 ○ 記述のとおりです。

5 × 母子生活支援施設に、家庭支援専門相談員の配置義務はありません。

正解 4

母子生活支援施設は、18歳未満の子どものいる母子家庭やこれに準ずる事情にある家庭の母親と子どもを入所させて保護し、自立支援計画の策定や自立促進に向けた生活支援、退所後の相談などを行う施設です。

問題12 C `35-136` **里親養育包括支援機関の相談員の役割**

　事例を読んで、V里親養育包括支援（フォスタリング）機関のD相談員（社会福祉士）の対応に関する次の記述のうち、**最も適切なもの**を1つ選びなさい。

〔事　例〕

　Vフォスタリング機関のソーシャルワーカーであるD相談員は、養育里親であるEさん夫婦からFさん（9歳）の相談を受けた。Eさん夫婦はFさんの養育里親委託を受け、5年になる。このところ、Fさんが実親のことを詳しく知りたいと言い出し、どうしたらよいか悩んでいると話す。Eさん夫婦は、実親のことを知ることで、自分たちとの関係が不安定になるのではないかと危惧しているとD相談員に話した。

1　Fさんは思春期に入る前なので、今は伝えない方がよいと助言する。

2　Fさんの最善の利益を考え、Fさんに実親のことをどのように伝えるかについて相談する。

3　Eさん夫婦が自分たちを追い詰めないことを優先する必要があり、実親の話題が出たら話を変えてみることを提案する。

4　D相談員からFさんに、実親のことを知らない方がFさんのためだと伝えることを提案する。

5　実親についての全ての情報を、Fさんに直ちに伝えなければならないと助言する。

問題13 B `32-138` **里親制度**

　児童福祉法に基づく里親制度に関する次の記述のうち、**正しいもの**を1つ選びなさい。

1　里親には、養育里親、養子縁組里親、親族里親、週末里親の4種類がある。

2　里親となることを希望する者に配偶者がいなくても、都道府県知事が認めれば里親として認定される。

3　全ての里親希望者は、必要な研修を受講することが義務づけられている。

4　一人の里親希望者に対して、異なった種類の里親を重複して認定することはできない。

5　里親への委託が開始される児童の年齢は、12歳未満と定められている。

解答・解説

問題12

1 ✕ 未成年であるからといって重要な情報を伝えないことは、**自己決定権の侵害**となります。

2 ○ ソーシャルワーク専門職は、利用者が自己決定できるよう専門的知識や情報を提供して、**利用者本位**で支援に取り組みます。

3 ✕ **解説2**のとおり、支援は**利用者本位**であるべきです。

4 ✕ **解説1**のとおり、重要な情報を伝えないことは、**自己決定権の侵害**となります。

5 ✕ 実親についての情報を伝えるに際しては、Fさんを尊重しながら、どこまでの情報をどのように伝えるか、慎重に検討することが望ましいです。

正解 2

問題13

1 ✕ 里親には、❶**養育里親**、❷**専門里親**、❸**親族里親**、❹**養子縁組里親**（養子縁組によって子どもの養親となることを希望する里親）の4種類があります。

2 ○ 知識、経験を有する等**児童を適切に養育できると認められる者**については、必ずしも配偶者がいなくても、里親として認定されます。

3 ✕ **親族里親**の場合は、研修を必ずしも受講する必要はありません。

4 ✕ 1人の里親希望者について、異なった種類の里親を重複して認定しても差し支えありません。

5 ✕ 里親への委託が開始される児童の年齢は、**18歳未満**と定められています。

正解 2

ポイント チェック

里親の種類

	対象の児童	研修
養育里親	要保護児童	あり
専門里親	要保護児童のうち、特に被虐待児、非行児、障害児	あり
親族里親	次の両方に該当する要保護児童 ❶親族里親に扶養義務のある児童 ❷保護者の死亡、行方不明、入院などのために養育が期待できない	適宜
養子縁組里親	要保護児童	あり

問題14
A 27-138 **社会的養護**

社会的養護に関する次の記述のうち、**正しいもの**を**1つ**選びなさい。

1 小規模住居型児童養育事業（ファミリーホーム）は、児童を養育者の家庭に迎え入れて養育を行う事業である。

2 民法上の扶養義務を有する親族は、里親になることはできない。

3 市町村に設置される要保護児童対策地域協議会は、主として児童及びその家族について必要な調査及び指導を行う。

4 児童発達支援センターは、虐待を受けた児童などを入所させる施設である。

5 児童養護施設は、保護者のいる児童を入所させることはできない。

問題15
A 34-137 **児童福祉法に規定される事業**

次の記述のうち、児童福祉法に定められた事業の説明として、**最も適切なもの**を**1つ**選びなさい。

1 児童発達支援は、未就学の児童とその保護者を対象に、「子育てひろば」を実施する取組である。

2 放課後等デイサービスは、小学校に通う児童を対象に、放課後、小学校の空き教室や児童館等の公共施設において「学童保育」を実施する取組である。

3 保育所等訪問支援は、保育所等に入所している健診未受診の乳幼児を対象に、保健師が保育所等を訪問する取組である。

4 児童自立生活援助事業は、「自立援助ホーム」における相談その他の日常生活上の援助及び生活指導並びに就業の支援を行う取組である。

5 子育て短期支援事業は、出産直後の子育て家庭を対象に、居宅を訪問して家事支援等を行う取組である。

（注）「自立援助ホーム」とは、義務教育を終了した児童又は児童以外の満20歳に満たない者であって、措置解除された者等が共同生活を営むべき住居のことである。

CH 2 START! GOAL!!

解答・解説

問題14

1 ○ 小規模住居型児童養育事業は、2008（平成20）年の改正で法制化されました。

2 × 「民法上の扶養義務を有する親族」も里親になることができます（親族里親）。

3 × 要保護児童対策地域協議会は、要保護児童の適切な保護または要支援児童もしくは特定妊婦への適切な支援を図ることを目的としています。

4 × 児童発達支援センターは、障害児を日々保護者の下から通わせて、支援を提供することを目的としています。

5 × 児童養護施設は、原則として乳児を含まない児童のうち、保護者のない児童や虐待されている児童、その他環境上養護を要する児童を入所させる施設です。

児童養護施設は、保護者のない児童（特に必要のある場合には乳児を含む）や虐待されている児童など、家庭環境などにさまざまな事情がある児童を入所させて養護し、退所後の相談などを行う施設です。

正解 1

問題15

1 × 児童発達支援とは、障害児に対して、児童発達支援センターなどの施設に通わせ、日常生活における基本的な動作の指導、知識や技能の付与、集団生活への適応訓練などの便宜を供与する取組です。

2 × 放課後等デイサービスとは、学校教育法第1条に規定する学校（幼稚園及び大学を除く）に就学している障害児に対して、授業の終了後または休業日に児童発達支援センターなどの施設に通わせ、生活能力の向上のために必要な訓練や社会との交流の促進などの便宜を供与する取組です。

3 × 保育所等訪問支援は、障害児が通う保育所等や入所する乳児院等の施設を訪問し、集団生活へ適応するための専門的な支援などの便宜を供与する事業です。

4 ○ 記述のとおりです。児童自立生活援助事業とは、児童養護施設などを退所した児童などに、自立援助ホームにて、日常生活上の援助や生活指導、就業の支援、退所後の相談援助を行う事業です。

5 × 子育て短期支援事業とは、保護者の疾病などの理由のために、家庭で養育を受けることが一時的に困難になった児童を、児童養護施設などの施設に入所させ、必要な保護を行う事業です。

正解 4

問題16
A 35-138 **児童虐待防止法の概要**

「児童虐待防止法」に関する次の記述のうち、**最も適切なもの**を**1つ**選びなさい。

1 児童相談所長等は、児童虐待の防止及び児童虐待を受けた児童の保護のため、施設入所している児童を除き、面会制限を行うことができる。

2 児童虐待を受けたと思われる児童を発見した者は、できる限り通告するよう努めなければならない。

3 児童の福祉に職務上関係のある者は、児童虐待の早期発見を行わなければならない。

4 児童が同居する家庭における配偶者に対する生命又は身体に危害を及ぼす暴力は、児童虐待の定義に含まれる。

5 児童に家族の介護を行わせることは、全て、児童虐待の定義に含まれる。

(注)「児童虐待防止法」とは、「児童虐待の防止等に関する法律」のことである。

問題17
A 32-141 **児童虐待発見時の対応**

事例を読んで、学校が最初に行う対応として、**適切なもの**を**2つ**選びなさい。

〔事　例〕

小学校2年生のAちゃん（女児）には度々あざがあり、理由を聞かれると転んだと話していた。その日は顔が腫れ上がっており、学級担任が尋ねると、父親に殴られたことを打ち明けた。Aちゃんは、父親が怖いので家に帰りたくないと話した。父親は日頃から学校に対しても威圧的な要求が多かった。学級担任はすぐに校長にこのことを報告した。

1 養護教諭、学年主任、校長がそれぞれAちゃんから聞き取りを行い、父親から殴られた詳細について、重ねて確認する。

2 Aちゃんが父親から殴られたと話していることを母親に伝え、あざの原因を問いただす。

3 Aちゃんを帰宅させ、速やかに職員会議を開いて、全教職員にこのことを伝え、情報収集と協議を行う。

4 速やかに児童相談所に通告する。

5 速やかに教育委員会に連絡する。

解答・解説

問題16

1 × 児童相談所長等は、児童虐待を受けた児童の保護のため、**施設入所等の措置**あるいは**一時保護**が行われている場合に、児童虐待を行った保護者について、**面会・通信**を制限することができます。

2 × 被虐待児童など要保護児童を発見した者は、福祉事務所もしくは児童相談所に通告しなければならず、**通告は全ての国民に課せられた義務**です。

3 × 学校の教職員、児童福祉施設の職員、医師、保健師、弁護士その他児童の福祉に職務上関係のある者は、児童虐待を発見しやすい立場にあることを自覚し、**早期発見に努めなければならない**とされています。

4 ○ 配偶者に対する暴力は、子どもに心理的外傷を与えることから、**心理的虐待**となります。

5 × 家事や介護などを日常的に行っている子ども（**ヤングケアラー**）は、学業などへの悪影響が懸念されて社会問題となっていますが、児童による家族の介護が児童虐待に含まれるわけではありません。

正解 | 4 |

問題17

1 × 虐待発見時の初期対応は通告です。また、詳しい聞き取りは、学校関係者ではなく、児童相談所職員などの専門職が行うことが適切です。

2 × 原因を問いただすことは、学校が行う対応ではありません。

3 × 虐待発見時は、子どもの安全確保が優先されます。家に帰りたくないと話すAちゃんを帰宅させるのは、不適切な対応です。

4 ○ 児童虐待を受けたと思われる児童を発見した者は、速やかに、これを市町村、都道府県の設置する**福祉事務所もしくは児童相談所または児童委員を介して**市町村、都道府県の設置する福祉事務所もしくは児童相談所に通告しなければなりません。

5 ○ 記述のとおりです。通告後速やかに教育委員会に連絡するようにします。

正解 | 4・5 |

ポイントチェック

児童虐待発見時の対応

児童福祉法 （第25条）	要保護児童を発見した者は、これを市町村、都道府県の設置する福祉事務所若しくは児童相談所又は児童委員を介して市町村、都道府県の設置する福祉事務所若しくは児童相談所に通告しなければならない
児童虐待防止法 （第6条）	児童虐待を受けたと思われる児童を発見した者は、速やかに、これを市町村、都道府県の設置する福祉事務所若しくは児童相談所又は児童委員を介して市町村、都道府県の設置する福祉事務所若しくは児童相談所に通告しなければならない。

問題18
C　26-137改 **DV防止法の概要**　

事例を読んで、市役所の相談担当者の対応に関する次の記述のうち、**最も適切なもの**を1つ選びなさい。

〔事　例〕

Hさんは夫の暴力が激しかったので別居して、現在1歳になる子どもと一緒に、年金で生活している自分の父親の住む実家に身を寄せている。3か月を経過し、ようやく夫の付きまといがなくなってきた。Hさんは、今後夫とは離婚して母と子で自立して一緒に暮らしていきたいと希望している。そのための準備として、市役所に相談のために来所した。

1　夫のDVから身を守るため、女性自立支援施設への入所を勧める。

2　子どもを乳児院に入所させて、働き始めることを勧める。

3　母子・父子休養ホームを活用して、母と子の生活自立のトレーニングをすることを勧める。

4　保育所に子どもを入所させて、働き始めることを勧める。

5　実家から出て、新しい暮らしを始めることを勧める。

問題19
C　33-138 **DV防止法の概要**　

事例を読んで、Z配偶者暴力相談支援センターのH相談員（社会福祉士）によるこの時点での対応として、**適切なもの**を2つ選びなさい。

〔事　例〕

Jさん（35歳）は夫（45歳）と娘（7歳）の3人暮らしである。日々の生活の中で、「誰のおかげで飯を食わせてもらっているのか。母親失格、人間としても駄目だ」等と毎日のように娘の前で罵倒され、娘もおびえており、Z配偶者暴力相談支援センターに相談に来た。H相談員に、夫の言葉の暴力に苦しんでいることを相談し、「もう限界です」と話した。Jさんは娘の成長にとってもよくないと思っている。

1　家庭裁判所に保護命令を申し立てるようJさんに勧める。

2　Jさんの希望があれば、Jさんと娘の一時保護を検討できるとJさんに伝える。

3　「身体的暴力はないのだから」と、もう少し様子を見るようJさんに伝える。

4　警察に通報する。

5　父親の行為は児童虐待の疑いがあるので、児童相談所に通告する。

専門CH2　START! GOAL!!

問題18

1 ✕ 夫の付きまといがなくなってきていることから、保護の緊急性は低く、**女性自立支援施設への入所の必要性は低い**と考えられます。

2 ✕ Ｈさんは、子どもと一緒に暮らしていきたいと希望しています。また、実家で暮らしていることから環境的にも問題はないと考えられます。母親であるＨさんから子どもを引き離して、乳児院への入所を勧めることは適切ではありません。

3 ✕ **母子・父子休養ホーム**は、母子及び父子並びに寡婦福祉法に規定されるレクリエーションその他休養**のための便宜**を供与することを目的とする施設であり、適切ではありません。

4 ○ Ｈさんは、これから**経済的に自立**していく必要がある時期と考えられます。**働き始める**ことを勧めることが最も適切といえます。

5 ✕ 将来的に実家を出ることがあったとしても、今は、母と子の自立のために経済的な**基盤をつくる**ことが先決です。

正解 　4

問題19

1 ✕ 配偶者からの暴力の防止及び被害者の保護等に関する法律（DV防止法）における**保護命令**は、配偶者からの**身体に対する暴力**または**生命等に対する脅迫**を受けた被害者が、更なる身体に対する暴力により、その生命または身体に重大な危害を受けるおそれが大きい場合に、申立てるものです。現段階では言葉の暴力にとどまっており、不適切な対応です。

2 ○ 被害者及び同伴者の**緊急時における安全の確保**及び**一時保護**は、配偶者暴力相談支援センターの業務の１つであり、適切な対応です。

3 ✕ 相談に来て「もう限界です」と話すＪさんに対し、何らの打開策も提案しておらず、不適切な対応です。

4 ✕ 配偶者からの暴力を受けている者を発見した者は、配偶者暴力相談支援センターまたは警察官に通報するよう努めなければならないという努力義務がありますが、相談を受けたセンターは、行う業務の内容について**説明及び助言**を行うとともに、必要な保護を受けることを勧めるとされています。

5 ○ Ｊさんに対する父親の行為は、娘への**心理的虐待**に該当すると考えられます。児童虐待を発見した者は、福祉事務所もしくは児童相談所に通告義務があるため、適切な対応です。

正解 　2・5

ポイント
チェック

配偶者暴力相談支援センターの業務

　配偶者暴力相談支援センターは、都道府県に設置義務、市町村に設置の努力義務があり、都道府県では、女性相談支援センターなどがその機能を果たしている。『DV防止法』に基づき、配偶者からの暴力防止や被害者の保護のために次の業務を行う。なお、各センターにおいて実施される事業は異なる。

- 相談・相談機関の紹介　　　・カウンセリング
- 被害者及び同伴者の緊急時における安全の確保及び一時保護
- 被害者の自立生活促進のための情報提供その他の援助
- 被害者を居住させ保護する施設の利用についての情報提供その他の援助
- 保護命令制度の利用についての情報提供その他の援助

問題20
B 31-138 母子及び父子並びに寡婦福祉法

母子及び父子並びに寡婦福祉法に関する次の記述のうち、**正しいもの**を**1つ**選びなさい。

1 地方公共団体は、母子家庭・父子家庭が民間の住宅に入居するに際して、家賃の補助等の特別の配慮をしなければならない。

2 この法律にいう児童とは、18歳に満たない者をいう。

3 この法律にいう寡婦とは、配偶者と死別した女子であって、児童を扶養した経験のないものをいう。

4 都道府県は、児童を看護しない親の扶養義務を履行させるために、養育費の徴収を代行することができる。

5 都道府県は、母子家庭の母親が事業を開始・継続するのに必要な資金を貸し付けることができる。

問題21
B 29-140改 母子及び父子並びに寡婦福祉法

母子及び父子並びに寡婦福祉法に規定されていることとして、**正しいもの**を**1つ**選びなさい。

1 母子生活支援施設

2 母子福祉資金

3 養育支援訪問事業

4 児童扶養手当

5 女性相談支援センター

解答・解説

問題20

1 ✕ 地方公共団体は、**公営住宅の供給を行う場合**には、母子家庭及び父子家庭の福祉の増進のために特別の配慮をしなければならないとされています。

2 ✕ この法律にいう児童とは、**20歳に満たない者**をいいます。

3 ✕ この法律にいう寡婦とは、配偶者と死別した女子等であって、かつて配偶者のない女子として**児童を扶養していたことのあるもの**をいいます。

 この法律にいう配偶者のない女子（配偶者のない男子）とは、死別、離婚、配偶者の行方不明、配偶者が障害により長期間の労働能力を失っているなど、現に婚姻をしていない者及びこれに準ずる者をいいます。なお、配偶者にはいわゆる事実婚を含みます。

4 ✕ 都道府県には、記述のような**養育費の徴収を代行する権限はありません**。

5 ◯ 記述のとおりです。都道府県は、記述の**母子福祉資金貸付金**のほか、父子福祉資金貸付金及び寡婦福祉資金貸付金の貸し付けを行うことができます。

正解 5

問題21

1 ✕ **母子生活支援施設**は、児童福祉法に規定される**児童福祉施設**の1つです。

2 ◯ 記述のとおりです。第13条に規定されています。

3 ✕ **養育支援訪問事業**は、児童福祉法に規定される事業で、2015（平成27）年度からは、**子ども・子育て支援法**における地域子ども・子育て支援事業の1つとして実施されています。

4 ✕ **児童扶養手当**は、**児童扶養手当法**に規定されています。

5 ✕ **女性相談支援センター**は、困難な問題を抱える女性への支援に関する法律に規定されています。

正解 2

ポイントチェック

福祉資金の貸付

都道府県、指定都市、中核市は、母子福祉資金、寡婦福祉資金、父子福祉資金を貸し付けることができる。各貸付金の主な貸付対象は次のとおり。

	主な貸付対象
母子福祉資金	・配偶者のない女子で現に児童を扶養している者（母子家庭の母） ・母子家庭の母に扶養されている児童　・父母のない児童
寡婦福祉資金	・寡婦　・寡婦の扶養している子 ・40歳以上の配偶者のない女子
父子福祉資金	・配偶者のない男子で現に児童を扶養している者（父子家庭の父） ・父子家庭の父に扶養されている児童　・父母のない児童

問題22 B　28-140　母子保健法の概要

次の記述のうち、母子保健法に規定されていることとして、**正しいものを１つ**選びなさい。

1　母子保健の向上に関する措置は、妊産婦のみを対象として規定している。

2　低体重児の届出について規定している。

3　予防接種の実施について規定している。

4　乳児家庭全戸訪問事業について規定している。

5　母子生活支援施設について規定している。

問題23 B　26-140改　母子保健法の概要

母子保健法に関する次の記述のうち、**正しいものを１つ**選びなさい。

1　妊産婦と18歳未満の子どもを対象にしている。

2　市町村長は、養育上必要があると認めるときは、その未熟児の保護者に対して保健師等による訪問指導を行うように定めている。

3　母子・父子福祉センターの設置について定めている。

4　助産施設の設置について定めている。

5　妊婦が母子健康手帳を受け取る義務について定めている。

問題22

1 × 第10条（保健指導）では「市町村は、**妊産婦若しくはその配偶者又は乳児若しくは幼児の保護者**に対して、妊娠、出産又は育児に関し、必要な保健指導を行い、又は医師、歯科医師、助産師若しくは保健師について保健指導を受けることを勧奨しなければならない」としています。

2 ○ 低体重児の届出については、第18条において「体重が**2500グラム未満**の乳児が出生したときは、その保護者は、速やかに、その旨をその乳児の現在地の**市町村**に届け出なければならない」としています。

3 × 予防接種の実施については、**予防接種法**に規定されています。

4 × 乳児家庭全戸訪問事業は、**児童福祉法**に規定されています。

5 × 母子生活支援施設は、**児童福祉法**に規定されている児童福祉施設です。

正解 **2**

問題23

1 × 第1条の目的に、「この法律は、母性並びに乳児及び幼児の健康の保持及び増進を図るため、（中略）もつて国民保健の向上に寄与することを目的とする。」とあります。さらに第6条に「妊産婦とは、妊娠中または出産後1年以内の女子をいう」（第1項）、「幼児とは、満1歳から小学校就学の始期に達するまでの者をいう」（第3項）とあります。すなわち。母子保健法の対象は、**妊産婦**と**6歳に達する以後の最初の3月31日までの子ども**を対象にしています。

2 ○ 記述のとおりです。第19条第1項に「市町村長は、その区域内に現在地を有する未熟児について、養育上必要があると認めるときは、医師、保健師、助産師またはその他の職員をして、その未熟児の保護者を訪問させ、必要な指導を行わせるものとする」と規定されています。

3 × 母子・父子福祉センターの設置について定めているのは、**母子及び父子並びに寡婦福祉法**です。

4 × 助産施設の設置について定めているのは、**児童福祉法**です。

5 × 母子健康手帳については、妊娠の届出をした者に対して、**市町村**に交付義務があります。

 妊産婦は、医師、歯科医師、助産師または保健師について、 健康診査 または 保健指導 を受けたときは、その都度、母子健康手帳に必要な事項の記載を受けなければなりません。

正解 **2**

 2022（令和4）年の児童福祉法の改正により、従来、母子保健法に根拠法があった母子健康包括支援センターは、2024（令和6）年度より、子ども家庭総合支援拠点と一体化した こども家庭センター に再編され、 児童福祉法 に基づき設置されることになりました（努力義務設置）。

 ポイント
チェック

母子健康包括支援センターの主な業務

・母性並びに乳児や幼児の健康の保持と増進の支援に必要な実情の把握
・母子保健に関する各種の相談に応ずるとともに、必要に応じ支援プランを策定
・母性並びに乳児や幼児に対する保健指導
・母性及び児童の保健医療または福祉に関する機関との連絡調整
・健康診査、助産その他の母子保健に関する事業の実施

問題24
B　29-136　**子ども・子育て支援法の概要**

子ども・子育て支援法に規定されていることとして、**正しいもの**を**1つ**選びなさい。

1　子ども・子育て支援給付の総合的・計画的実施は都道府県の責務である。

2　一般事業主は一般事業主行動計画を策定しなければならない。

3　病児保育事業は地域型保育事業の一つである。

4　子ども・子育て会議は厚生労働省に置く。

5　子どものための教育・保育給付は小学校就学前子どもの保護者に対して行う。

問題24

1 × 子ども・子育て支援給付の総合的・計画的実施は、**市町村**の責務です。

2 × 一般事業主行動計画の策定について規定されているのは、次世代育成支援対策推進法においてです。

3 × 病児保育事業は、児童福祉法に規定されている**子育て支援事業**の１つです。

4 × 子ども・子育て会議は、**内閣府**に置かれます。

5 ○ 記述のとおりです。子どものための教育・保育給付は、施設型給付費、特例施設型給付費、地域型保育給付費及び特例地域型保育給付費に分けられます。

正解　5

ポイント チェック

子ども・子育て支援法における責務規程

市町村	・子どもの健やかな成長のために適切な環境が等しく確保されるよう、子ども及びその保護者に必要な**子ども・子育て支援給付**及び**地域子ども・子育て支援事業を総合的かつ計画的に行う** ・子ども及びその保護者が、確実に子ども・子育て支援給付を受け、及び地域子ども・子育て支援事業その他の子ども・子育て支援を円滑に利用するために必要な援助を行うとともに、**関係機関との連絡調整その他の便宜の提供**を行う ・子ども及びその保護者が置かれている環境に応じて、**子どもの保護者の選択に基づき、多様な施設または事業者**から、良質かつ適切な教育及び保育その他の子ども・子育て支援が総合的かつ効率的に提供されるよう、その**提供体制を確保**する
都道府県	市町村が行う子ども・子育て支援給付及び地域子ども・子育て支援事業が適正かつ円滑に行われるよう、市町村に対する**必要な助言及び適切な援助を行う**とともに、子ども・子育て支援のうち、特に専門性の高い施策及び各市町村の区域を超えた**広域的な対応が必要な施策**を講じなければならない
国	市町村が行う子ども・子育て支援給付及び地域子ども・子育て支援事業その他この法律に基づく業務が適正かつ円滑に行われるよう、**市町村及び都道府県と相互に連携**を図りながら、子ども・子育て支援の提供体制の確保に関する施策その他の必要な各般の措置を講じなければならない
事業主	雇用する労働者に係る**多様な労働条件の整備**その他の労働者の**職業生活と家庭生活との両立**が図られるようにするために必要な**雇用環境の整備を行う**ことにより当該労働者の子育ての支援に努めるとともに、国または地方公共団体が講ずる子ども・子育て支援に協力しなければならない
国民	子ども・子育て支援の重要性に対する**関心と理解を深める**とともに、国または地方公共団体が講ずる**子ども・子育て支援に協力**しなければならない

問題25　B　35-140　児童手当の概要

児童手当に関する次の記述のうち、**最も適切なもの**を1つ選びなさい。

1　児童手当の支給には、所得制限が設けられていない。

2　児童手当は、子どもの年齢が高い方が支給額は高くなる。

3　児童扶養手当を受給している者には児童手当は支給されない。

4　児童手当の受給を希望する者が申請の手続を行う必要はない。

5　15歳に達する日以後の最初の3月31日までの間にある児童は、支給要件児童に該当する。

問題26　B　33-139　児童手当

事例を読んで、**K**さんの児童手当の支給先として、**正しいもの**を1つ選びなさい。

〔事　例〕

Kさん（13歳、女性）は、父からの身体的虐待によりS市に住む家族と離れ、T市にあるU児童養護施設に入所した。S市役所に**K**さんの母が来て、これまで父に支払われていた**K**さんの児童手当は誰に支払われるのかと聴いた。

1　T市

2　**K**さん本人

3　**K**さんの父

4　U児童養護施設の設置者

5　支給は停止される。

解答・解説

1 × 2010（平成22）年に制定された**子ども手当法**において所得制限が一旦撤廃されましたが、2012（平成24）年の児童手当法改正により、所得制限が再び設けられました。

2 × 児童手当の支給月額は、子どもの年齢が高い方が支給額は低くなります。

3 × 児童扶養手当の受給対象者は、ひとり親家庭及び両親のいない家庭で、児童を養育している者です。児童扶養手当受給者は、条件を満たしていれば、児童手当も受給できます。

4 × 出生日の翌日から15日以内に、居住する自治体の役所で児童手当の申請を行うことで受給が開始されます。

5 ○ 記述のとおりです。

正解 5

児童手当の支給対象は、原則として、日本国内に住所を有する中学校卒業（15歳到達後の最初の年度末）までの児童（2024〈令和6〉年3月末現在）なので、**K**さんは支給対象となります。児童手当の受給資格者は、支給対象の児童を養育している保護者になりますが、児童が施設に入所している場合は、施設の設置者等になるため、**K**さんの児童手当は、**選択肢4**のU児童養護施設の設置者に支払われます。

正解 4

児童手当に関しては、第213回通常国会（令和6年1月26日～6月23日）において改正案が審議中で、2024（令和6）年10月から、18歳までの支給延長、第3子以降には3万円の支給、所得制限の撤廃、支給回数は年6回に変更される予定です。

児童手当

児童手当法制定時は、対象が第3子以降に限られていたが、数度の改正を経て、2024（令和6）年3月末時点では、次のようになっている。

支給対象		原則として、日本国内に住所を有する中学校卒業（15歳到達後の最初の年度末）までの児童
受給資格者		・支給対象の児童を養育している保護者 ・児童が施設に入所している場合は、施設の設置者等
支給月額※	3歳未満	一律1万5千円
	3歳以上～ 小学校修了前	・第1子、第2子…1万円 ・第3子以降…1万5千円
	中学生	一律1万円

※支給月額には所得制限あり。所得制限額以上の場合は特例給付として月額一律5千円

問題27
B `29-141` 児童扶養手当

事例を読んで、児童扶養手当に関する担当者の説明として、**最も適切なもの**を１つ選びなさい。

〔事 例〕

T市に居住する**B**さんは、障害基礎年金を受給している。最近、夫と離婚して小学生（11歳）の子どもを引き取った。今後の生活のため、児童扶養手当のことについて市役所の担当部署に相談に行った。

1 児童扶養手当の支給によって子どもに対する父親の扶養義務はなくなる。

2 障害基礎年金と児童扶養手当は併給できないため、**B**さんはどちらかを選択する必要がある。

3 **B**さんに障害があるため、児童扶養手当は子どもが20歳になるまで支給される。

4 母子生活支援施設に入所する場合であっても、支給要件を満たす限り、児童扶養手当は支給される。

5 児童扶養手当の支給は、子どもが13歳に達した日の翌月から減額される。

問題28
B `27-141` 特別児童扶養手当法の概要

特別児童扶養手当等の支給に関する法律に関する次の記述のうち、**正しいもの**を１つ選びなさい。

1 この法律では、障害児を18歳未満と規定している。

2 特別児童扶養手当の支給額は、１家庭に２人以上の障害児がいる場合は減額される。

3 特別児童扶養手当の支給額は、障害等級が１級に該当する場合には高く設定されている。

4 障害児福祉手当は、障害児入所施設などに入所をしている児童に対して支給される。

5 障害児福祉手当は、重度障害児を監護する父もしくは母又はその養育者に対して支給される。

解答・解説

問題27

1 × 児童扶養手当法第2条第3項において、「児童扶養手当の支給は、婚姻を解消した父母等が児童に対して履行すべき**扶養義務の程度又は内容を変更するものではない**」と規定されています。

2 × 2014（平成26）年11月までは、障害基礎年金等の公的年金との併給はできませんでしたが、同年12月より、受給できる**年金等の月額が児童扶養手当の月額より低い**場合、その差額を受給できるようになっています。

3 × 児童扶養手当法に規定される「児童」とは、「18歳に達する日以後の最初の3月31日までの間にある者又は20歳未満で政令で定める程度の障害の状態にある者」です。20歳になるまで支給されるのは、子どもの障害の状態により該当する場合であって、扶養する父または母の障害の程度とは関係がありません。

4 ○ 記述のとおりです。支給制限されるのは、日本国内に住所がない場合、**里親に委託されている**場合、**事実婚にある**場合、**所得が一定以上ある**場合などであり、支給要件を満たしていれば、施設に入所していても児童扶養手当は支給されます。

5 × 児童扶養手当の支給開始月の初日から起算して5年または手当の支給要件に該当する日の属する月の初日から起算して7年を経過すると、条件によっては支給額が減額される場合（**2分の1未満**）がありますが、子どもの年齢によって減額する規定はありません。

正解 4

問題28

1 × この法律では、障害児を**20歳未満**と規定しています（第2条第1項）。

2 × 記述のような**規定はありません**。

3 ○ 障害程度が重度のものから1級及び2級とされ、1級に該当する場合、支給額は高く設定されています（第2条第5項、第4条）。

 児童扶養手当法、特別児童扶養手当等の支給に関する法律に基づく手当は、物価スライド制になっています。

4 × 障害児福祉手当は、対象となる重度障害児が**障害児入所施設**に入所している場合、支給されません（第17条第2号）。

5 × 障害児福祉手当は、重度障害児本人に支給されます。ただし、**解説4**にあるように、施設に入所しているときや、障害年金を受けている場合は支給されません（第17条）。

正解 3

 この法律では、特別児童扶養手当、障害児福祉手当のほか、特別障害者手当についても定めています。

問題29
B 26-142 **次世代育成支援対策推進法の概要**

次の記述のうち、次世代育成支援対策推進法に定められている内容として、**正しいものを1つ選び**なさい。

1 国に、児童の適切な保護又は支援を図るため、要保護児童対策地域協議会の設置義務が課されている。

2 都道府県に、次世代育成に関する相談その他の援助の業務を行う児童委員を置くこととされている。

3 市町村は、児童の適正な保護又は支援を図るために必要があると認めるときは、一時保護を行うことができる。

4 常時雇用する労働者が一定数以上の事業主には、次世代育成支援の実施に関する計画の策定義務が課されている。

5 企業は、雇用する労働者の申出により、3歳に達するまでの子について育児休業の取得を認めなければならない。

問題30
B 33-140 **子育て支援に関する法律**

子育て支援に係る法律に関する次の記述のうち、**正しいものを1つ選び**なさい。

1 子ども・子育て支援法に基づき、国は、子どもと保護者に必要な子ども・子育て支援給付、地域子ども・子育て支援事業を総合的・計画的に行う。

2 次世代育成支援対策推進法に基づき、市町村は、3年ごとに次世代育成支援対策の実施に関する計画を策定することが義務づけられている。

3 次世代育成支援対策推進法に基づき、常時雇用する労働者が100人を超える一般事業主は、一般事業主行動計画を策定しなければならない。

4 児童福祉法に基づき、保育所等訪問支援では、小学校長が命じる者が保育所等を訪問して、就学前教育に関する助言を行う。

5 母子保健法に基づき、乳児家庭全戸訪問事業では、生後8か月に達した乳児の家庭を訪問して、指導を行う。

解答・解説

問題29

1 × 要保護児童対策地域協議会は、児童福祉法に定められており、地方公共団体に設置が求められています。次世代育成支援対策推進法では、次世代育成支援対策地域協議会を組織することができます。

2 × 児童委員は、市町村の区域におかれ、児童や妊産婦の福祉の増進を図るための活動などを行います。児童福祉法に位置づけられています。

3 × 一時保護についても児童福祉法に規定されています。一時保護を行うことができるのは都道府県及び児童相談所長です。

4 ○ 第12条第1項によって、常時雇用する労働者が**100人を超える**ものは一般事業主行動計画を策定し、厚生労働大臣に届け出なければならないとされています。法制定時は**300人を超える**事業主とされていましたが、2011（平成23）年度から計画策定・届出の義務の対象が**拡大**されました。

5 × 育児休業は、「育児休業、介護休業等育児又は家族介護を行う労働者の福祉に関する法律」（育児介護休業法）に定められています。また、育児休業の取得を認めなければならないのは原則として**1歳に達するまで**とされています。

正解 | 4 |

問題30

1 × 子ども・子育て支援給付、地域子ども・子育て支援事業を総合的・計画的に行うのは、市町村です。

2 × 市町村は、次世代育成支援対策の実施に関する計画（**市町村行動計画**）を**5年を一期**として策定することができます（任意）。

3 ○ 記述のとおりです。

4 × 保育所等訪問支援は、児童福祉法に基づく**障害児支援**で、障害児が通う保育所等や入所する乳児院等の施設を訪問し、**集団生活へ適応**するための専門的な支援などの便宜を供与するものです。

5 × 乳児家庭全戸訪問事業は、児童福祉法に基づく**子育て支援事業**で、市町村の区域内で、原則として**生後4か月まで**での乳児のいる全ての家庭を訪問して、助言や援助などを行う事業です。

正解 | 3 |

ポイント
チェック

行動計画の策定

国	行動計画策定指針を定めなければならない
都道府県	5年を一期として、都道府県行動計画を策定することができる
市町村	5年を一期として、市町村行動計画を策定することができる
一般事業主	一般事業主行動計画を策定する ・常時雇用する労働者が100人を超えるもの → 義務 ・常時雇用する労働者が100人以下のもの → 努力義務
特定事業主	国及び地方公共団体の機関等で政令で定めるもの（特定事業主）は、特定事業主行動計画を策定する

問題31 B 30-140 市町村の役割

事例を読んで、S市子ども家庭課の対応として、**最も適切なものを1つ**選びなさい。

〔事 例〕

　S市子ども家庭課は、連絡が取れないまま長期間学校を欠席している児童がいると学校から通告を受けた。S市では虐待の疑いがあると考え、**A**相談員(社会福祉士)が直ちに家庭訪問を実施した。しかし、保護者と思われる人物から、「子どもに会わせるつもりはない」とインターホン越しに一方的に告げられ、当該児童の状態を把握することはできなかった。

1　家庭訪問の結果を学校に伝え、対応を委ねる。

2　近隣住民に通告のことを伝え、児童を見かけたらS市に情報提供してもらう。

3　一時保護などの可能性を考慮し、児童相談所長に通知する。

4　家屋内への強制的な立入調査を行い、直ちに児童の安全を確認する。

5　親権喪失審判請求の申立てを行う。

問題32 B 35-142 児童相談所長の権限

　虐待のおそれがある場合の児童相談所長の権限に関する次の記述のうち、**正しいものを1つ**選びなさい。

1　家庭への立入調査を学校に委託することができる。

2　一時保護を行うためには、保護者の同意を得なければならない。

3　一時保護を里親に委託して行うことができる。

4　一時保護は3か月以上行わなければならない。

5　児童虐待を行う親の親権喪失を決定できる。

解答・解説

問題31

1　×　結果を学校に伝えることは大事ですが、対応を委ねるのは不適切です。行政機関の担当課として、責任をもって今後の支援にあたる必要があります。

2　×　近隣住民に通告を伝える必要性は見受けられず、また通告を伝えることは、プライバシーの観点から不適切な対応です。

3　○　記述のとおり、最も適切な対応です。

4　×　現時点において強制的な立入りを行う権限はなく、また直ちに児童の安全を確認すべき状況も見受けられません。

5　×　性急すぎる対応です。その必要性も見受けられません。

正解　3

問題32

1　×　児童虐待が行われているおそれがある場合、**都道府県知事**が、**児童委員**または**児童の福祉に関する事務に従事する職員**に、児童の住所または居所に立ち入り、必要な調査または質問をさせることができます。

2　×　一時保護は原則として、児童や保護者の同意を得て行う必要がありますが、児童を放置することが児童の福祉を害すると認められる場合には、この限りではなく、強制的に一時保護を行うことができます（職権保護）。

3　○　児童相談所長または都道府県知事等が必要と認める場合には、警察署、医療機関、児童福祉施設、里親等に子どもの一時保護を委託することができます。

4　×　**2か月を超える一時保護**を実施するためには、家庭裁判所の承認を得なければなりません。

5　×　児童相談所長は、親権喪失・親権停止の審判の申し立てをすることができますが、決定をするのは家庭裁判所です。

正解　3

ポイント チェック

児童相談所の基本的機能

　児童相談所は、以下の基本的機能のほかにも、養子縁組、特別児童扶養手当や療育手帳に係る判定事務などの、子どもの福祉に関わる幅広い業務を担っている。

市町村援助機能	市町村相互間の連絡調整、市町村に対する情報提供などの必要な援助を行う機能
相談機能	専門的な知識及び技術を必要とする相談について、専門的な角度から総合的に調査、診断、判定（総合診断）し、それに基づいて援助指針を定め、自らまたは関係機関等を活用し一貫した援助を行う機能
一時保護機能	必要に応じて子どもを家庭から離して一時保護する機能
措置機能	子どもまたはその保護者を児童福祉司、児童委員、児童家庭支援センターなどに指導させたり、子どもを児童福祉施設、指定医療機関に入所させたり、里親に委託したりする機能

問題33 B [35-141] 保育士

保育士に関する次の記述のうち、**正しいもの**を **1 つ**選びなさい。

1　保育士資格は社会福祉法に規定された国家資格である。

2　保育士としての登録は市町村が行い、保育士登録証が交付される。

3　保育士は保育士の信用を傷つけるような行為をしてはならないとされている。

4　保育士の業務を離れた後に、守秘義務を課されることはない。

5　保育士資格取得後に 3 年ごとの更新のための研修が義務づけられている。

問題34 B [30-142] 里親支援専門相談員

里親支援専門相談員に関する次の記述のうち、**最も適切なもの**を **1 つ**選びなさい。

1　社会福祉士の資格を有する者でなければならない。

2　施設入所している被虐待児童等への生活場面での 1 対 1 の対応、保護者への援助を主な目的としている。

3　施設入所している児童の保護者等に対し、児童の早期家庭復帰、里親委託等を可能とするための相談援助を主な目的としている。

4　厚生労働大臣が指定する者が行う研修を受講することが、義務づけられている。

5　里親支援を行う児童養護施設及び乳児院に配置される。

問題35 C [30-141] 児童委員

児童委員の職務として、**正しいもの**を **1 つ**選びなさい。

1　児童及び妊産婦について、生活や取り巻く環境の状況を把握する。

2　養育医療の給付を行う。

3　乳児院に入所させる。

4　一時保護を決定する。

5　里親への委託を行う。

CH 2 START! GOAL!!

解答・解説

問題33

1　✕　保育士は、**児童福祉法**に規定されている国家資格です。

2　✕　保育士としての登録は、**都道府県知事**に対して申請手続きを行い、保育士証の交付を受けます。

3　◯　保育士は、保育士の信用を傷つけるような行為をしてはならない、と規定されています（同法第18条の21）。

4　✕　保育士は、正当な理由がなく、その業務に関して知り得た人の秘密を漏らしてはならず、保育士の業務を離れた後も守秘義務を課されます（同法第18条の22）。

5　✕　保育士資格は更新制ではありません。

正解 　3

問題34

1　✕　資格要件として、社会福祉士、精神保健福祉士、児童養護施設等（里親を含む）において児童の養育に5年以上従事した者などがあり、必ずしも社会福祉士の資格を有する者でなければならないというわけではありません。

2　✕　記述の活動内容を、主な目的とはしていません。

3　✕　記述の相談援助活動を、主な目的とはしていません。

4　✕　記述の内容のような研修の受講は、義務づけられていません。

5　◯　記述のとおりです。

正解 　5

里親支援専門相談員（里親支援ソーシャルワーカー）は、里親委託の推進及び里親支援の充実を図ることを目的に、児童相談所の里親担当職員や里親委託等推進員、里親会などと連携し、所属施設の児童の里親委託の推進や退所児童のアフターケアとしての里親支援、地域支援としての里親支援を行います。

問題35

1　◯　記述のとおりです。児童福祉法第17条第1項第1号に規定されています。

2　✕　養育医療の給付の決定は、**市町村長**の職務です。

3　✕　乳児院への措置入所を決定するのは、**児童相談所**です。

4　✕　一時保護を決定するのは、**児童相談所**です。

5　✕　里親への委託を行うのは、**児童福祉司**や、**里親委託等推進員**、**里親支援専門相談員**などです。

正解 　1

次の説明に該当する**C**さんの職種として、**正しいもの**を**1**つ選びなさい。

　Cさんは、児童福祉施設に配置されており、児童相談所等と連携を取りながら子どもと保護者の関係調整、関係機関と連携しながら保護者支援を行っている。主に家庭復帰を支援し、家庭復帰後の地域での見守り体制の調整を行うほか、要支援児童・要保護児童を含み、地域における子育てに関する相談にも応じる。この職に就くことができるのは、社会福祉士若しくは精神保健福祉士の資格を有する者、児童養護施設等において乳幼児の養育や児童の指導に5年以上従事した者、児童福祉司となる資格を有する者、などのいずれかに該当する者とされている。

1　里親支援専門相談員

2　児童自立支援専門員

3　家庭支援専門相談員

4　主任児童委員

5　家庭相談員

　事例を読んで、**B**スクールソーシャルワーカー（社会福祉士）によるこの時点での対応として、**適切なもの**を**2**つ選びなさい。

〔事　例〕

　Bスクールソーシャルワーカーは、**C**君（小学6年生）の学級担任の**D**教師から相談を受けた。**C**君は、母親が病気で動けないため、母親の手伝いや2歳の妹の世話をしており、学校を休むことが多いという。**B**スクールソーシャルワーカーが登校してきた**C**君と二人で話すと、父親は仕事が忙しく、家族と過ごす時間が少ないこと、**C**君は父親から、家庭内のことは誰にも話さないようにと言われていることが分かった。**C**君は、「学校には来たいけれど、母や妹のことが心配だ」と話した。

1　**C**君に、このまま家族の犠牲になっていては、将来に影響すると話す。

2　保護者に対し、学校を休みがちで心配だと伝え、家庭訪問を打診する。

3　関係機関によるケース会議が必要であることを校長に報告する。

4　乳児家庭全戸訪問事業として家庭訪問を行う。

5　妹を一時保護する。

解答・解説

1 ✕ **里親支援専門相談員**の資格要件は記述と同じですが、**C**さんの職種とは、業務内容が合致しません。

2 ✕ **児童自立支援専門員**は、児童自立支援施設に配置され、不良行為をなすまたはなすおそれのある児童、家庭環境などの理由により生活指導等を要する児童を支援する専門職です。**C**さんの職種とは、業務内容が合致しません。

3 ◯ **家庭支援専門相談員（ファミリーソーシャルワーカー）**は、児童養護施設、乳児院、児童心理治療施設、児童自立支援施設に配置され、記述の業務内容を行う専門職です。

4 ✕ **主任児童委員**は、児童に関することを専門的に担当する児童委員（民生委員）で、**厚生労働大臣**に指名されて務めるものです。

5 ✕ **家庭相談員**は、福祉事務所に設置される家庭児童相談室において、社会福祉主事と連携して、問題を抱える児童や児童の保護者の相談や指導業務を行います。

正解 **3**

1 ✕ **C**君に対して、両親に非があるように性急かつ断定的に話すのは、スクールソーシャルワーカーとして不適切な対応です。

2 ◯ 保護者に対して懸念を伝え、問題意識を共有して改善方法を探るために家庭訪問を打診することは、適切な対応です。

3 ◯ 関係機関と問題意識を共有し、**C**君の就学状況改善のために協働していく端緒として、校長にケース会議の必要性を伝えることは、適切な対応です。

4 ✕ 乳児家庭全戸訪問事業とは、**生後4か月まで**の乳児のいる全ての家庭を訪問し、相談や助言を行うものです。小学6年生である**C**君と2歳の妹がいる家庭は対象となりません。

5 ✕ **一時保護**は緊急に子どもを保護する必要があると判断される場合に行うものです。妹の現状も把握しておらず、不適切な対応です。

正解 **2・3**

ポイント チェック

スクールソーシャルワーカー

- 2008（平成20）年度より、文部科学省が「スクールソーシャルワーカー活用事業」を実施して、小・中学校に配置が進められている
- 教育的観点だけではなく社会福祉に関する専門的知識や技術をもつ人（社会福祉士、精神保健福祉士など）が支援を行う
- 学校内だけではなく教育相談機関や医療機関、福祉機関とも連携をとり、支援を行う

ポイントチェック一覧

専門
CHAPTER

3

貧困に対する支援

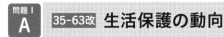 問題I　A　35-63改 **生活保護の動向**

「生活保護の被保護者調査（令和4年度（月次調査確定値））」（厚生労働省）に示された生活保護の動向に関する次の記述のうち、**正しいもの**を**1つ**選びなさい。

1　保護率（人口百人当）は、16.2％である。

2　1か月平均の被保護実人員数は、約20万人である。

3　保護の種類別に扶助人員をみると、「医療扶助」が最も多い。

4　保護開始世帯の主な理由別構成割合をみると、「貯金等の減少・喪失」が最も多い。

5　保護廃止世帯の主な理由別構成割合をみると、「働きによる収入の増加・取得・働き手の転入」が最も多い。

問題2　B　32-63 **生活保護の動向**

2000年度（平成12年度）以降の生活保護の全国的な動向（年次推移）に関する次の記述のうち、**正しいもの**を**1つ**選びなさい。

1　住宅扶助費の生活保護費全体に占める割合は、一貫して減少している。

2　被保護世帯及び被保護人員共に、2011年（平成23年）の東日本大震災を契機に増加に転じた。

3　世帯類型別にみた被保護世帯の構成比をみると、「母子世帯」の割合が一貫して増加している。

4　保護の開始理由別の被保護世帯数の推移をみると、「傷病」が一貫して増加している。

5　介護扶助人員は、一貫して増加している。

問題1

1 ✕ 人口100人当たりの保護率（月平均の被保護実人員を除して算出したもの）は、2022（令和4）年度は、**1.62%で微減傾向**がみられます。

2 ✕ 1か月平均の被保護実人員数は、**202万4586人**になっています。

3 ✕ 保護の種類別の扶助人員では、**生活扶助**が最も多くなっています。次いで**住宅扶助**、医療**扶助**、介護**扶助**、教育**扶助**の順になっています。

4 ○ 記述のとおりです。保護開始の主な理由は「**貯金等の減少・喪失**」が最も多くなっており、年々増加傾向にあります。

 保護開始の主な理由は、2008（平成20）年度までは「傷病による」、2009（平成21）～2011（平成23）年度は「働きによる収入の減少・喪失」が最多でした。

5 ✕ 保護廃止の主な理由別構成割合で最も多いのは「**死亡**」です。「働きによる収入の増加・取得・働き手の転入」は次いで多い理由となっています。

正解 4

問題2

1 ✕ 生活保護費負担金事業実績報告によると、住宅扶助費の生活保護費全体に占める割合は、**増加傾向**を示しており、おおむね**10%台**で推移しています。

2 ✕ 「被保護者調査（令和4年度確定値)」によると、2011（平成23）年の東日本大震災以前から、被保護世帯及び被保護人員は**増加傾向**を示しています。

 2008（平成20）年のリーマンショック以前から被保護人員は増加傾向にあり、1995（平成7）年度を底に増加を続け、2011（平成23）年度からは過去最高の人数を毎年更新してきましたが、2015（平成27）年度には減少に転じました。

3 ✕ 「被保護者調査（令和4年度確定値)」によると、「母子世帯」の割合は、**減少傾向**を示しています。

4 ✕ 「被保護者調査（令和4年度確定値)」によると、「傷病による」は**減少傾向**を示しています。なお、「傷病による」は、保護を開始した世帯における主な保護開始理由のなかで、「**貯金等の減少・喪失**」に次いで2番目に多くなっています。

5 ○ 「被保護者調査（令和4年度確定値)」によると、介護扶助人員は、2000（平成12）年度以降一貫して**増加傾向**を示しています。

正解 5

問題3 A　28-63　日本の公的扶助の歴史

現在の生活保護法成立前の公的扶助制度に関する記述のうち、**正しいものを１つ**選びなさい。

1　恤救規則（1874（明治７）年）は、高齢者については65歳以上の就労できない者を救済の対象とした。

2　救護法（1929（昭和４）年）は、救護を目的とする施設への収容を原則とした。

3　救護法（1929（昭和４）年）における扶助の種類は、生活扶助、生業扶助、助産の３種類であった。

4　旧生活保護法（1946（昭和21）年）は、勤労を怠る者は保護の対象としなかった。

5　旧生活保護法（1946（昭和21）年）は、不服申立ての制度を規定していた。

問題4 B　35-64　生活保護法の概要

現行の生活保護法に関する次の記述のうち、**正しいものを１つ**選びなさい。

1　生活保護は、日本国憲法第21条が規定する理念に基づいて行われる。

2　生活保護が目的とする自立とは、経済的自立のみを指している。

3　能力に応じて勤労に励み、支出の節約を図り、生活の維持及び向上に努めなければ、保護を申請できない。

4　補足性の原理によって、扶養義務者のいる者は保護の受給資格を欠くとされている。

5　保護の基準は、保護の種類に応じて必要な事情を考慮した最低限度の生活の需要を満たすに十分なものであって、これを超えないものでなければならない。

問題5 A　32-64　生活保護法の基本原理・原則

生活保護法が規定する基本原理・原則に関する次の記述のうち、**正しいものを１つ**選びなさい。

1　日本国憲法第26条に規定する理念に基づく。

2　保護は、世帯を単位としてその要否及び程度を定めるものとする。

3　保障される最低限度の生活とは、肉体的に生存を続けることが可能な程度のものである。

4　生活困窮に陥った年齢によって、保護するかしないかを定めている。

5　生活保護の基準は、厚生労働省の社会保障審議会が定める。

解答・解説

問題3

1 × 恤救規則は、**70歳以上**の労働不能の者、障害者、病人、**13歳以下**の児童等を救済の対象としていました。

 恤救規則の救済内容は、わずかな米代に換算した現金を、わずかな期間支給するものでした。

2 × 救護法では**居宅保護**を原則として、例外的に施設への収容保護も実施していました。
3 × 救護法における扶助の種類は**生活・医療・助産・生業**の4扶助であり、さらに**埋葬費**の支給も実施していました。埋葬費は旧生活保護法から**葬祭扶助**となりました。
4 ○ 旧生活保護法では、救護法に引き続いて素行不良者・怠惰者は保護しないという**欠格条項**が残りました。
5 × 不服申立て制度は、**現行生活保護法**（1950〈昭和25〉年）制定によって規定されました。

正解 4

問題4

1 × 生活保護制度は、**日本国憲法第25条**が規定する「**健康で文化的な最低限度の生活を営む権利**」を保障し、**自立**を**助長**することを目的に行われます。
2 × 生活保護法が目的とする自立には、**経済的自立**のみならず、自分で自らの健康・生活管理を行う**日常生活自立**と社会的つながりを回復・維持する**社会生活自立**も含まれています。
3 × 生活保護は、資産、（労働）能力その他あらゆるものを、その最低限度の生活の維持のために活用することがまず求められますが（**補足性の原理**）、この要件を満たす限り、生活困窮に陥った原因や努力の程度を問わず申請は可能です（**無差別平等の原理**）。
4 × 補足性の原理から、**扶養義務者による扶養は保護に優先する**とされていますが、扶養義務者がいる要保護者が生活保護を受給できないというわけではありません。扶養義務者が扶養を拒否したり、扶養できない場合には生活保護を受給することができます。
5 ○ 記述のとおりです。**基準及び程度の原則**として、要保護者の年齢別、性別、世帯構成別、所在地別その他保護の種類に応じて必要な事情を考慮した最低限度の生活の需要を満たすに十分なものであって、かつこれを超えてはならないことが規定されています。

正解 5

問題5

1 × 生活保護の基本原理の1つである国家責任による最低生活保障の原理では、**日本国憲法第25条**に規定する理念に基づき、国が生活に困窮するすべての国民に対し、その困窮の程度に応じ、必要な保護を行い、その最低限度の生活を保障するとしています。
2 ○ **世帯単位の原則**として、保護は、世帯を単位としてその要否及び程度を定めるものとすると定めています。
3 × 保障される最低限度の生活とは、**最低生活保障の原理**に基づき、「健康で文化的な生活水準を維持することができるもの」でなければならないとしています。
4 × 生活保護では、**無差別平等の原理**や**必要即応の原則**を設けており、生活困窮に陥った年齢によって、保護するかしないかについて定めていません。
5 × 生活保護の基準は、**基準及び程度の原則**に基づき、**厚生労働大臣**が定めています。

正解 2

問題6
A 34-63 生活保護法の基本原理・原則

生活保護法が規定する基本原理・原則等に関する次の記述のうち、**正しいもの**を**1つ**選びなさい。

1 この法律により保障される最低限度の生活は、国民一般の平均的な資産基準によって決定される。

2 保護を申請できるのは、要保護者及びその扶養義務者に限られている。

3 保護は、厚生労働大臣の定める基準により測定した要保護者の需要を基とし、そのうち金銭又は物品で満たすことのできない不足分を補う程度において行う。

4 保護は、要保護者の年齢別、性別、健康状態等に関して、世帯の実際の相違を考慮することなく一定の必要の基準に当てはめて行う。

5 保護は、親族を単位としてその要否を定める。

問題7
A 33-64 生活保護法の基本原理・原則

生活保護法が規定する基本原理・原則に関する次の記述のうち、**正しいもの**を**1つ**選びなさい。

1 すべて国民は、この法律及び地方公共団体の条例の定める要件を満たす限り、この法律による保護を受けることができる。

2 必要即応の原則とは、要保護者の需要を基とし、そのうち、その者の金銭又は物品で満たすことのできない不足分を補う程度において保護を行うことをいう。

3 民法に定める扶養義務者の扶養及び他の法律に定める扶助は、すべてこの法律による保護に優先して行われる。

4 保護の決定は、生活困窮に陥った原因に基づいて定められている。

5 行政庁が保護の必要な者に対して、職権で保護を行うのが原則とされている。

問題8
B 34-65 被保護者の権利及び義務

生活保護法で規定されている被保護者の権利及び義務に関する次の記述のうち、**正しいもの**を**1つ**選びなさい。

1 被保護者は、保護金品を標準として租税その他の公課を課せられることがある。

2 被保護者は、既に給与を受けた保護金品を差し押さえられることがある。

3 被保護者は、保護を受ける権利を譲り渡すことができる。

4 被保護者が能力に応じて勤労に励むことを怠っていると認められる場合、被保護者は受けた保護金品に相当する金額の範囲内において保護の実施機関の定める額を返還しなければならない。

5 急迫の場合等において資力があるにもかかわらず保護を受けた場合、被保護者は受けた保護金品に相当する金額の範囲内において保護の実施機関の定める額を返還しなければならない。

問題6

1　×　最低限度の生活水準は、厚生労働大臣が**水準均衡方式**により定めます。水準均衡方式とは、国民一般の消費水準に合わせて生活扶助基準を上下させるものです。

2　×　生活保護は、**要保護者、扶養義務者、その他同居の親族**の申請に基づいて開始されます。なお、急迫時には**職権**で申請なく保護を行うこともできます。

3　○　記述のとおりです。厚生労働大臣の定める基準が設定されていることによって**保護の要否**と**支給の程度**が判別できます。

4　×　保護は、要保護者の年齢別、性別、健康状態等その個人または世帯の**実際の必要の相違を考慮して**、有効かつ適切に行うものとされています（**必要即応の原則**）。

5　×　保護は原則として世帯単位で要否や程度を定めます（**世帯単位の原則**）。ただし、例外として個人を単位とする保護も認められています。

正解　3

問題7

1　×　生活保護法第2条には、「すべて国民は、この法律の定める**要件を満たす限り**、この法律による**保護を無差別平等に受けることができる**」と規定されています。これを無差別平等の原理といいます。

2　×　第9条に規定される**必要即応の原則**とは、保護は、要保護者の年齢別、性別、健康状態等その個人または世帯の**実際の必要の相違を考慮して有効かつ適切に行う**ものとすることです。

3　○　記述のとおりです。これを**保護の補足性**の原理といい、第4条に規定されています。

4　×　**解説1**で述べた無差別平等の原理とは、国民が生活困窮に陥った原因を問わず保護が行われることを指しています。

5　×　第7条には、保護は「要保護者」「扶養義務者」その他の「同居の親族」の申請に基づいて開始することが規定されています。これを**申請保護**の原則といいます。ただし、急迫時の例外として、申請がなくても職権で保護が行われることもあります。

正解　3

問題8

1　×　被保護者は、保護金品および進学準備給付金を標準として租税その他の公課を課せられることはありません（法第57条公課**禁止**）。

2　×　すでに給与を受けた保護金品またはこれを受ける権利は差し押さえられることがありません（法第58条差押**禁止**）。

3　×　保護または就労自立給付金もしくは進学準備給付金の支給を受ける権利は、譲り渡すことができません（法第59条譲渡**禁止**）。

4　×　法第60条には、常に能力に応じて勤労に励み、支出の節約を図り、その他生活の維持および向上に努めなければならないとする**生活上の義務**が規定されていますが、第56条には、正当な理由がなく、すでに決定された保護を、不利益に変更されることがない**不利益変更の禁止**が規定されています。勤労に励むことを怠っていることをもって不利益変更の正当な理由にはならないと考えられます。

5　○　記述のとおりです。法第63条に**費用返還義務**として規定されています。

正解　5

問題9

B `34-64` **被保護者の権利及び義務**

事例を読んで、Q市福祉事務所のH生活保護現業員（社会福祉士）がJさんに対して行う説明として、**最も適切なもの**を1つ選びなさい。

〔事例〕

Jさん（41歳）は、近所のスーパーマーケットで働きながらアパートで高校生の長男と二人で暮らしていたが、2年前に病気によって仕事を辞めることになり、妹から仕送りを受けていた。しかし仕送りは約半年で途絶えてしまい、1年前から生活保護を受給することになった。通院を続けたことで、1か月前から病状が大分良くなり、現在は医師から就労できる状態であると診断され、アパートが手狭になったことから長男と共に転居することも考えている。

1 妹からの仕送りが再開した場合、世帯の収入として認定されることはない。

2 長男がアルバイトをした場合、世帯の収入として認定されることはない。

3 就労した場合、保護が廃止されずに就労自立給付金を毎月受給できる。

4 住宅扶助の基準額を超える家賃の住宅に転居する場合、生活困窮者住居確保給付金を毎月受給できる。

5 医師から就労可能であると診断されても、直ちに保護が廃止されるわけではない。

問題10

B `31-66` **生活保護における扶養義務者**

事例を読んで、生活保護における扶養義務者との関わりについて、**最も適切なもの**を1つ選びなさい。

〔事例〕

Kさん（67歳）は、福祉事務所で生活保護の申請をした。Kさんには長年音信不通の息子（40歳）がいる。福祉事務所は息子の居住地を把握し、Kさんに対する扶養の可能性を検討している。

1 息子が住民税非課税であっても、息子はKさんに仕送りをしなければならない。

2 Kさんは、息子と同居することを条件に生活保護を受給することができる。

3 福祉事務所は、息子の雇主に対して給与について報告を求めることができない。

4 感情的な対立があることを理由に息子が扶養を拒否した場合、Kさんは生活保護を受給することができない。

5 福祉事務所は、息子が仕送りを行った場合、その相当額を収入として認定する。

解答・解説

問題9

1　✕　生活保護法では、仕送りや贈与などによる金銭であって、社会通念上収入として認定することを適当としないもの以外はすべて収入として認定されます。

2　✕　生活保護は、世帯を単位として保護の要否や程度を定めることを原則としています。長男がアルバイトで得た賃金は、**就労による収入として世帯の収入**として認定されます。

3　✕　就労自立給付金とは、保護受給中の就労収入の一定額を仮想的に積み立て、安定就労の機会を得たことにより**保護廃止に至ったときに支給する制度**です。

4　✕　生活困窮者住居確保給付金とは、離職により**住居を失った**、または**失うおそれが高い**生活困窮者に対して、安定した住居の確保と就労自立を図るため、**一定期間家賃相当額**が支給されるものです。

5　○　生活保護法では、被保護者が保護を必要としなくなったときは、保護の実施機関が速やかに保護の停止または廃止を決定することを規定していますが、医師から就労可能であると診断を受けたとしても、生活困窮の状態が継続している場合、直ちに保護が廃止されることはありません。

正解　5

問題10　保護の実施機関は、保護の開始を決定するときに、扶養義務を履行していない扶養義務者に対して書面による通知を行い、申請書の内容について扶養義務者に報告を求めることができます。

1　✕　老親と成年した子の間には**生活扶助義務**が生じます。これは、**扶養義務者自身の生活に余力がある場合**に、その余力をもって扶養権利者を扶養する義務ですから、息子が住民税非課税であれば、Kさん**に仕送りする義務はありません**。

2　✕　息子との同居は、Kさんが生活保護を受給するための**要件ではありません**。

3　✕　福祉事務所は、**扶養義務者の資力調査**のため、息子の雇主に対して給与について報告を**求めることができます**。

4　✕　息子が扶養を拒否しても、Kさんの生活保護の受給に**影響しません**。

5　○　仕送り額について**収入認定**を行い、生活保護費を**減額**します。

正解　5

ポイント
チェック

扶養義務者の定義と扶養の程度

扶養義務者	絶対的扶養義務者	配偶者、直系血族、兄弟姉妹
	相対的扶養義務者	特別な事情がある三親等内の親族で、家庭裁判所から扶養義務を負わされた者
扶養の程度	生活保持義務関係	夫婦相互間と未成熟の子に対する親の関係 →扶養義務者に経済的な余力がない場合であっても、被扶養者に対して自分の生活と同質・同程度の生活を保持させる義務 →1個のパンを分け合う関係
	生活扶助義務関係	上記以外の扶養義務者に対する関係 →扶養義務者に経済的に余力があり、扶養義務者が自己の生活を犠牲にすることなく、**余裕がある限度で**援助すれば足りる義務

専門
CH
3
貧困に対する支援

生活保護の種類と内容に関する次の記述のうち、**正しいもの**を1つ選びなさい。

1　生業扶助には、高等学校等就学費が含まれる。

2　生活扶助は、衣食住その他日常生活の需要を満たすために必要なものを給付する。

3　教育扶助は、原則として現物給付によって行うものとする。

4　介護扶助は、原則として金銭給付によって行うものとする。

5　葬祭扶助は、原則として現物給付によって行うものとする。

現行の生活保護基準に関する次の記述のうち、**正しいもの**を1つ選びなさい。

1　生活扶助基準第一類は、所在地域によらず設定されている。

2　生活扶助基準第一類は、男女の性別ごとに設定されている。

3　生活扶助基準第一類は、年齢によらず設定されている。

4　生活扶助基準第二類は、世帯人員別に設定されている。

5　生活扶助基準第二類は、生活保護の受給期間に応じて設定されている。

生活保護法上の保護施設に関する次の記述のうち、**正しいもの**を1つ選びなさい。

1　保護施設は、救護施設、更生施設、宿所提供施設の3種類に分類される。

2　救護施設を経営する事業は、第二種社会福祉事業である。

3　特定非営利活動法人は、保護施設を設置することができる。

4　救護施設は、身体上又は精神上著しい障害があるために日常生活を営むことが困難な要保護者を入所させて、生活扶助を行うことを目的とする保護施設である。

5　更生施設は、身体上又は精神上の理由により養護及び生活指導を必要とする要保護者を入所させて、生業扶助を行うことを目的とする保護施設である。

問題11

1　○　記述のとおりです。生業扶助には、生計維持を目的とする小規模な事業運営のために必要な費用である**生業費**、生計維持に役立つ生業につくために必要な技術を習得する費用である**技能習得費**、就職のために必要になる就職支援**費**があり、**高等学校等就学費は技能習得費**に含まれます。

2　×　生活扶助の内容は記述のとおりですが、支給方法は、**金銭給付**が原則です。

3　×　教育扶助は、**被保護者や親権者、学校長等**に対する**金銭給付**が原則です。義務教育に必要な**修学費（給食費・通学交通費・教材費・学習支援費）**が給付されます。

4　×　介護扶助は、介護保険とほぼ同様のサービスを原則として**現物給付**（指定介護機関の利用）します。

5　×　葬祭扶助は、被保護者が死亡した場合にかかる費用を、葬祭を行う者に原則として金銭**給付**します。

正解　**1**

問題12

1　×　**生活扶助基準第一類**は、食費や被服費などの**個人単位**で消費する費用です。生活扶助基準第一類は、所在地域別に設定されています。

2　×　生活扶助基準第一類は、男女の性別に**よらず**設定されています。

3　×　生活扶助基準第一類は、年齢別に設定されています。

4　○　**生活扶助基準第二類**は、電気代、ガス代、水道代などの光熱水費や家具什器費など、世帯全体としてまとめて支出される経費です。生活扶助基準第二類は、世帯人員別、**所在地域別**に設定されています。

5　×　生活扶助基準第二類は、生活保護の**受給期間にかかわらず**設定されています。

正解　**4**

問題13

1　×　保護施設は、救護**施設**、更生**施設**、医療保護**施設**、授産**施設**、宿所提供**施設**の5種類があります。

2　×　生活保護法に規定された救護施設、更生施設その他生計困難者を無料または低額な料金で入所させて生活の扶助を行うことを目的とする施設を経営する事業は、**第一種社会福祉事業**です。

3　×　保護施設の設置主体は、**都道府県**、**市町村**、地方独立行政**法人**、社会福祉**法人**、日本赤十字社です。

4　○　記述のとおりです。なお、保護施設のなかで、最も**施設数**が多いのが救護施設です。

5　×　更生施設は、身体上または精神上の理由により養護および生活指導を必要とする要保護者を入所させて、**生活扶助**を行うことを目的とする保護施設です。

正解　**4**

ポイント
チェック

保護施設の種類

救護施設	身体上または精神上著しい障害があるために日常生活を営むことが困難な要保護者を入所させて、生活扶助を行うことを目的とする
更生施設	身体上または精神上の理由により**養護及び生活指導**を必要とする要保護者を入所させて、生活扶助を行うことを目的とする
医療保護施設	医療を必要とする要保護者に対して、医療の給付（医療扶助）を行うことを目的とする
授産施設	身体上もしくは精神上の理由または世帯の事情により就業能力の限られている要保護者に対して、**就労または技能の修得のために必要な機会及び便宜を与えて、その自立を助長する**（生業扶助）ことを目的とする
宿所提供施設	住居のない要保護者の世帯に対して、**住宅扶助**を行うことを目的とする

問題14
B `35-66` **生活扶助基準の設定方法**

生活扶助基準の設定方式に関する次の記述のうち、**最も適切なもの**を**1つ**選びなさい。

1 標準生計費方式とは、現行の生活保護法の下で、栄養審議会の答申に基づく栄養所要量を満たし得る食品を理論的に積み上げて最低生活費を計算する方式である。

2 マーケット・バスケット方式とは、最低生活を営むために必要な個々の費目を一つひとつ積み上げて最低生活費を算出する方式である。

3 エンゲル方式とは、旧生活保護法の下で、経済安定本部が定めた世帯人員別の標準生計費を基に算出し、生活扶助基準とした方式である。

4 格差縮小方式とは、一般国民の消費水準の伸び率を超えない範囲で生活扶助基準を引き上げる方式である。

5 水準均衡方式とは、最低生活の水準を絶対的なものとして設定する方式である。

問題15
A `29-69` **生活保護の決定と実施**

生活保護の決定と実施に関する次の記述のうち、**正しいもの**を**2つ**選びなさい。

1 他の法律に定める扶助は、生活保護法による保護に優先して行われる。

2 生活に困窮していても借金がある場合は、保護を受けることができない。

3 資力調査等に日時を要する場合は、保護の開始の申請から60日まで保護の決定を延ばすことができる。

4 急迫した状況にある場合は、資産等の調査を待たずに保護を開始することができる。

5 生活保護法による生活扶助は、居宅よりも保護施設において行うことが優先される。

問題16
B `33-66` **生活保護における不服申立て**

生活保護法に定める不服申立てに関する次の記述のうち、**正しいもの**を**1つ**選びなさい。

1 不服申立てが権利として認められたのは、旧生活保護法（1946年（昭和21年））制定時においてである。

2 審査請求は、市町村長に対して行う。

3 審査請求に対する裁決が50日以内に行われないときは、請求は認容されたものとみなされる。

4 当該処分についての審査請求を行わなくても、処分の取消しを求める訴訟を提起することができる。

5 再審査請求は、厚生労働大臣に対して行う。

問題14

1 × 標準生計費方式とは、1946（昭和21）～1947（昭和22）年にかけて用いられていた、**旧生活保護法下の算定方式**です。当時の経済安定本部が定めた世帯人員別の標準生計費を基に算出し、生活扶助基準とするものです。

2 ○ 記述のとおりです。1948（昭和23）～1960（昭和35）年にかけて用いられていた算定方式です。

3 × エンゲル方式とは、栄養審議会の答申に基づく栄養所要量を満たしうる食品を理論的に積み上げて計算し、実際にこの飲食物費を支出している世帯の**エンゲル係数**を求め、これから逆算して生活費を算出する方式です。1961（昭和36）～1964（昭和39）年にかけて用いられていました。

4 × 格差縮小方式とは、一般国民の消費水準の伸び率以上に**生活扶助基準を引き上げ**、結果的に一般国民と被保護世帯との**消費水準の格差を縮小**させようとする方式です。1965（昭和40）～1983（昭和58）年にかけて用いられていました。

5 × 水準均衡方式は、1984（昭和59）年から用いられている現在の生活扶助基準の算定方式です。生活扶助基準が一般国民の消費実態との均衡上ほぼ妥当であるとの評価を踏まえ、当該年度に想定される一般国民の消費動向を踏まえると同時に、前年度までの一般国民の**消費実態との調整**を図るという方式です。

正解 　2

問題15

1 ○ 記述のとおりです。生活保護法第4条に規定する**保護の補足性**に基づき、他の法律に定める扶助は、生活保護法による保護に**優先して**行われます。

2 × 生活保護法の定める要件を満たす限り、保護は、**無差別平等**に受けられることになっています。

3 × 保護の実施機関は、**保護の申請のあった日から14日以内**に決定の通知をしなければなりませんが、資力調査等に日時を要するなど特別な理由がある場合は、**30日**まで延ばすことができます。

4 ○ 記述のとおりです。第25条第1項に「保護の実施機関は、要保護者が急迫した状況にあるときは、速やかに、**職権をもって**保護の種類、程度及び方法を決定し、保護を開始しなければならない」と規定されています。

5 × 第30条第1項に「生活扶助は、被保護者の居宅において行うものとし、それができないときや、それによっては保護の目的を達しがたいとき、被保護者が希望したときは、被保護者を**救護施設、更生施設**その他の適当な施設に入所させるなどして行うことができる」と規定されています。

正解 　1・4

問題16

1 × 不服申立てに関する権利は、旧生活保護法制定時には認められていませんでした。1949（昭和24）年に社会保障審議会が国に提出した「生活保護制度の改善強化に関する件」のなかで、その権利を法的に求める内容が示されました。

2 × 審査請求は、**都道府県知事**に対して行います。

3 × 裁決が**50日以内**に行われないときは、請求は**棄却**されたとみなされます（生活保護法第65条）。

4 × 生活保護の処分の取消を求める訴訟は、当該処分に関する審査請求の**裁決を経た後**でなければ提起できません（審査請求前置主義）。

5 ○ 再審査請求を受けた厚生労働大臣は、**70日以内**に裁決をしなければならないとされています。

正解 　5

問題17

A `30-68` **自立支援プログラム**

生活保護の自立支援プログラムの「基本方針」に示される内容に関する次の記述のうち、**最も適切な**ものを1つ選びなさい。

1 各自治体の地域の実情に応じて設定されるものではない。

2 民間事業者等への外部委託は想定されていない。

3 組織的支援ではなく、現業員の個人の努力や経験により支援を行うことにしている。

4 就労による経済的自立のみならず、日常生活自立、社会生活自立など多様な課題に対応するものである。

5 被保護世帯の自立阻害要因の把握は求められていない。

(注)「基本方針」とは、「平成17年度における自立支援プログラムの基本方針について」(平成17年3月31日社援発第0331003号厚生労働省社会・援護局長通知)のことである。

 問題18

A `26-68` **自立支援プログラムの意義と実際**

事例を読んで、自立支援プログラムによる支援の進め方に関する次の記述のうち、**最も適切なもの**を1つ選びなさい。

〔事 例〕

Cさんは重いうつ病を発症し療養に専念するために退職したが、経済的に困窮したため生活保護を申請した。保護開始後、Cさんは療養を要するものの病状は安定してきた。しかしCさんには、なお就労に対する躊躇があるようである。

1 Cさんには、できるだけ早期に保護から脱却することを目指す就労支援プログラムへの参加が提案された。

2 Cさんの自立支援プログラムへの参加は、ケースワーカーの判断で決定された。

3 Cさんの自立支援の内容は、共通の統一した支援目標に基づき作成されることになった。

4 Cさんに対しては、自立支援プログラムに参加することが、生活保護を継続するための必要条件であるとの説明がなされた。

5 Cさんには、ボランティア活動や試行雇用の機会の提供を視野に入れた自立支援プログラムが提案された。

  START! GOAL!!

解答・解説

問題17

1 ✕ 地域の実情に応じて設定されるものとされています。

2 ✕ 民間事業者等への外部委託等も含めて、実施体制の充実を積極的に図るとしています。

3 ✕ 他法他施策や関係機関（**保健所**、**ハローワーク**、**精神保健福祉センター**等）の積極的活用を通じて、組織的支援を行うこととしています。

4 ◯ 記述のとおりです。

5 ✕ 被保護世帯全体の状況を把握し、被保護者の状況や自立阻害要因を類型化することが求められています。

正解 4

「自立支援プログラム」は、地方自治体が主体となり、被保護世帯の現状や自立阻害要因を類型化し、その類型に応じた 個別支援 プログラムを策定して、これに基づいた支援を実施するものです。

問題18

1 ✕ Cさんは病状が安定してきたといっても、療養を要する状態であることと、就労に対する躊躇があることから、**就労支援プログラム**への参加が適切であるとはいえません。

2 ✕ 自立支援プログラムへの参加は強制できるのものではなく、本人（この場合はCさん）の同意を得る必要があります。

3 ✕ **支援目標**は、本人の状況を踏まえた個々に応じたものでなければなりません。

4 ✕ 自立支援プログラムは、**本人**の同意を得て行うことなので、生活保護継続の必要条件ではありません。自立支援プログラムは、「指導・指示」ではなく、「相談・助言」に当たるものです。

5 ◯ 就労に対する躊躇があることを考慮すると、まずは**ボランティア活動**や試行雇用の機会から始めていくのが適当なプログラムといえます。

正解 5

ポイント
チェック

自立支援の種類と個別支援プログラムの例

自立支援の種類	個別支援プログラム例
経済的自立支援 （就労による自立）	• 「生活保護受給者等就労自立促進事業」活用プログラム • 職場適応訓練 • 試行雇用（トライアル雇用）の機会の提供
日常生活自立支援 （健康管理・生活管理の自立）	• 精神障害者への退院促進支援 • 健康管理などの日常生活支援
社会生活自立支援 （社会的つながりの維持・回復）	• ボランティア活動への参加 • 不登校児への支援

問題19 B　35-67 生活困窮者自立支援法の概要

生活困窮者自立支援法に関する次の記述のうち、**最も適切なもの**を１つ選びなさい。

1　生活困窮者自立相談支援事業は、委託することができないとされている。

2　生活困窮者自立相談支援事業と生活困窮者家計改善支援事業は、必須事業である。

3　子どもの学習・生活支援事業は、全ての都道府県、市町村に実施の責務がある。

4　生活困窮者一時生活支援事業は、生活困窮者に対し、生活に必要な資金の貸付けのあっせんを行うものである。

5　生活困窮者就労準備支援事業は、雇用による就業が著しく困難な生活困窮者に対し、就労に必要な知識及び能力の向上のために必要な訓練を行うものである。

問題20 B　30-63改 生活困窮者自立支援法

生活困窮者自立支援法に関する次の記述のうち、**最も適切なもの**を１つ選びなさい。

1　住居の確保を目的とした給付金を支給する制度が設けられている。

2　一時生活支援事業とは、住居を有する生活困窮者に対して食事の提供を行う事業である。

3　自立相談支援事業は、相談支援を通して生活困窮者に就職のあっせんを行う事業である。

4　就労準備支援事業は、３年を限度として訓練を提供する事業である。

5　家計改善支援事業は、生活困窮者の家計に関する問題につき生活困窮者からの相談に応じ、必要な資金の貸付けをする事業である。

解答・解説

問題19

1 ✕ 都道府県、市、福祉事務所を設置する町村が事業の実施主体ですが、**社会福祉協議会や社会福祉法人、NPO法人などへの委託も可能**とされています。

2 ✕ 生活困窮者自立支援法に基づく事業は必須事業と努力義務とされる事業、任意事業に分類されます。記述の**自立相談支援事業は必須事業**ですが、**家計改善支援事業は努力義務とされる事業**に分類されています。

3 ✕ 子どもの学習・生活支援事業は、**任意事業**とされています。生活保護受給世帯を含む生活困窮世帯における子ども等の生活習慣・育成環境の改善に関する助言や、教育や就労に関する相談に対して情報提供等を行います。

4 ✕ 一時生活支援事業では、住居を持たない生活困窮者に対して、一定期間（原則として**3か月以内**）、宿泊施設や衣食の提供などを行う事業です。

5 ○ 記述のとおりです。**6か月から1年程度**、プログラムに沿った支援や就労の機会の提供を行う事業です。

正解 5

問題20

1 ○ 記述のとおりです。**住宅確保給付金**は、必須事業に位置づけられています。

2 ✕ 一時生活支援事業とは、**住居のない生活困窮者**に対して、宿泊場所の提供や衣食の供与等を実施する事業です。

3 ✕ 自立相談支援事業は、就労支援員の相談支援を通じて、ハローワークや協力企業などと連携し、能力開発、職業訓練、就職支援、無料職業紹介などを行いますが、あっせんまでは行いません。

4 ✕ 就労準備支援事業は、最長で1年が限度です。

5 ✕ 家計改善支援事業は、必要な場合に資金の貸付けのあっせんまでは行いますが、貸付事業そのものは行いません。

正解 1

ポイント チェック

生活困窮者自立支援法に基づく事業の概要

必須事業	自立相談支援事業	生活困窮者の相談を受けて抱えている課題を評価・分析し、ニーズを把握して自立支援計画を策定し、計画に基づく支援を実施する
	住居確保給付金	離職により住宅を失った、またはそのおそれが高い生活困窮者に対して、有期で家賃相当額を支給する
努力義務	就労準備支援事業※	一般就労に従事する準備としての基礎能力の形成を、計画的かつ一貫して支援する。6か月〜1年程度、プログラムに沿った支援や就労の機会の提供を行う
	家計改善支援事業※	収入や支出などの状況を適切に把握し、家計改善の意欲を高めるよう支援するほか、生活に必要な資金の貸付けのあっせんを行う
任意事業	子どもの学習・生活支援事業、一時生活支援事業　など	

※自立相談支援事業との一体的実施の促進が図られている

専門 CH3 貧困に対する支援

問題21 B 35-68 **生活福祉資金貸付制度** ☑☑

生活福祉資金貸付制度に関する次の記述のうち、**最も適切なもの**を1つ選びなさい。

1 貸付対象世帯は、高齢者世帯、傷病者・障害者世帯、ひとり親世帯とされている。

2 日本に居住する低所得の外国人世帯は、貸付対象から除外されている。

3 緊急小口資金の貸付金の利率は年1.5％である。

4 資金の種類は、総合支援資金、緊急小口資金、教育支援資金の3種類である。

5 複数の種類の資金を同時に貸し付けることができる。

問題22 B 34-69 **生活福祉資金貸付制度** ☑☑

生活福祉資金貸付制度に関する次の記述のうち、**正しいもの**を1つ選びなさい。

1 実施主体は、国である。

2 市町村社会福祉協議会を通じて借入れを申し込むことができる。

3 資金の貸付けを受けるに当たって、公共職業安定所（ハローワーク）で求職活動を行うことが要件とされている。

4 総合支援資金については、貸付けを受けるに当たって、生活保護の申請をすることが要件とされている。

5 緊急小口資金については、貸付けを受けるに当たって、連帯保証人を立てることが要件とされている。

問題23 B 32-69 **低所得者対策** ☑☑

低所得者の支援を行う組織や制度に関する次の記述のうち、**正しいもの**を1つ選びなさい。

1 福祉事務所未設置町村は、生活困窮者及びその家族等からの相談に応じ、生活困窮者自立相談支援事業の利用勧奨等を行う事業を行うことができる。

2 生活困窮者自立相談支援事業の相談支援員は、社会福祉主事でなければならないと社会福祉法に定められている。

3 民生委員は、地域の低所得者を発見し、福祉事務所につなぐために市長から委嘱され、社会奉仕の精神で住民の相談に応じる者である。

4 住宅を喪失した人への支援策として、無料低額宿泊所は全ての市町村が設置しなければならない。

5 生活困窮者一時生活支援事業は、生活保護の被保護者が利用する事業である。

専門 CH 3 START! GOAL!!

問題21

1 × 貸付の対象世帯は、必要な資金をほかから借り受けることが困難な低所得者（**市町村民税非課税程度**）**世帯、障害者世帯、高齢者世帯**です。

2 × 生活福祉資金貸付制度において**国籍条項は存在しない**ため、外国人世帯であっても貸付の対象になります。貸付については、資金の使途や必要性、償還能力のほか、残りの在留期間等を勘案のうえ決定されます。

3 × 緊急小口資金は、緊急かつ一時的に生計の維持が困難になった場合に少額の費用を貸し付けるもので、貸付利子はありません。

4 × 資金の種類は、**総合支援資金、福祉資金、教育支援資金、不動産担保型生活資金**の4種類です。

5 ○ 記述のとおりです。一定の条件が求められることもありますが、同一世帯で**重複貸付**を受けることもできます。

正解 | 5 |

問題22

1 × 生活福祉資金貸付制度の実施主体は、**都道府県社会福祉協議会**です。

2 ○ 記述のとおりです。実施主体である都道府県社会福祉協議会は、資金の交付や償還金の受入れなど直接利用者にかかわる窓口業務を**市町村社会福祉協議会に委託**しています。借入れの申込みは市町村社会福祉協議会が運営している窓口で行います。

3 × ハローワーク（公共職業安定所）で求職活動を行うことを要件に貸付を受けることができるのは、**求職者支援資金融資制度**です。

4 × 総合支援資金の借入を希望する場合、原則として、**自立相談支援事業**の利用が貸付要件となっています。

5 × 資金の貸付には原則、連帯保証人が必要ですが、2009（平成21）年の制度改正によって、連帯保証人がいない場合の貸付も可能になりました。

正解 | 2 |

問題23

1 ○ 福祉事務所未設置町村は、生活困窮者に対する自立の支援につき、生活困窮者及び生活困窮者の家族などからの相談に応じ、必要な情報提供や助言、都道府県との連絡調整、**生活困窮者自立相談支援事業**の利用の勧奨などの援助を行う事業を行うことができます。

2 × 生活困窮者自立相談支援事業の相談支援員に、社会福祉主事でなければならないといった資格要件は設けられていません。

3 × 民生委員は、常に**住民の立場**に立って相談に応じ、必要な援助を行います。さらに、民生委員は、都道府県知事の推薦によって、**厚生労働大臣**が委嘱することになっています。

4 × 市町村に対して、**無料低額宿泊所**を設置する義務は課せられていません。

5 × 生活困窮者一時生活支援事業の対象は、一定の住居をもたない**生活困窮者**などです。

正解 | 1 |

問題24 C 31-69 無料低額宿泊所

生計困難者に対する無料低額宿泊所に関する次の記述のうち、**正しいものを1つ**選びなさい。

1 食事を提供することができない。

2 生活保護法の住宅扶助を利用することができない。

3 事業開始に当たっては、都道府県知事の許可を受けなければならない。

4 第二種社会福祉事業である。

5 運営することができるのは、社会福祉法人及びNPO法人に限定されている。

問題25 C 30-69 公営住宅制度

事例を読んで、公営住宅の居住に関する市の総合相談窓口の対応として、**最も適切なものを1つ**選びなさい。

〔事　例〕

Jさん（51歳）は、30年間P市の市営住宅（4階）で引篭もりの状態が続いており、生活費は同居の母親（82歳）に頼っている。最近、母親が病気になり、Jさんは将来の生活費と住まいが心配になったので、P市の総合相談窓口で生活保護と市営住宅について相談した。

1 母親が歩行困難になり、同じ市営住宅の1階に転居する必要が生じても、敷金は減免されないと説明した。

2 Jさんが働いて少しでも収入を得るようになったら、市営住宅から退去しなければならないと説明した。

3 Jさんが生活保護を受けた場合、市営住宅から退去しなければならないと説明した。

4 市営住宅入居時に決定された家賃は、退去まで変わることがないと説明した。

5 入居契約をしている母親が亡くなった場合、P市の承認を受けて市営住宅に住み続けることができると説明した。

問題24

1 × 無料低額宿泊所の提供するサービスには、❶宿所の提供のみ、❷宿所と食事を提供するもの、❸宿所と食事に加え、入所者への相談対応や就労指導等のサービスを提供するものなどがあります。

2 × 生活保護法の**住宅扶助を利用することができます**。

3 × 事業開始に当たっては、事業経営地の**都道府県知事への届出**が必要です。

4 ○ 社会福祉法第2条第3項に定める**第二種社会福祉事業**のうち、その第8号にある「生計困難者のために、無料又は低額な料金で簡易住宅を貸し付け、又は宿泊所その他施設を利用させる事業」に基づき、設置される施設です。

5 × 無料低額宿泊所は、**第二種社会福祉事業**であるため、経営主体に制限はありません。

正解 4

ポイントチェック

無料低額宿泊事業・無料低額診療事業

生計困難者を対象として、無料低額宿泊事業・無料低額診療事業がある。都道府県知事に届出が必要で、NPO法人、社会福祉法人等が運営している。

	根拠法	内容
無料低額宿泊事業	『社会福祉法』 ※いずれも第二種社会福祉事業	●無料または低額な料金で、簡易住宅を貸し付け、または宿泊所その他の施設（無料低額宿泊所）を利用させる事業 ●宿所の提供だけではなく、食事の提供や就労支援を行う場合もある
無料低額診療事業		無料または低額な料金によって施設（無料低額診療施設）で診療を行う事業

問題25

1 × 市営住宅の事業主体であるP市は、病気にかかっていることその他**特別の事情**がある場合において必要があると認めるときは、**敷金を減免**することができます。歩行困難による1階への転居の必要性は、**特別の事情**に該当します。

> 公営住宅の事業主体は、公営住宅の入居者から **3** か月分の家賃に相当する金額の範囲内において敷金を徴収することができます（公営住宅法第18条第1項）。

2 × 公営住宅である市営住宅に入居を継続するには、市が定める**一定程度の所得以下**である必要がありますが、少しでも収入を得ただけでは、即退去ということになりません。

3 × 生活保護の受給は、市営住宅の退去事由にはあたりません。

4 × 公営住宅の家賃は、❶家賃算定基礎額×❷立地係数×❸規模係数×❹経過年数係数×❺利便性係数により**毎年決定**されます。また、世帯の収入が上がれば、家賃は値上げされることとなります。逆に、入居時より経済的な状況が変化し、所得が減ることや生活保護を受けることとなった場合には、市の審査により家賃が減免されることとなります。

5 ○ 入居者が死亡・退去した場合、**同居者**は事業主体の**承認**を受けて、引き続き居住できます。

正解 5

問題26 B [28-69改] ホームレス自立支援法の概要

ホームレスの実態と支援に関する次の記述のうち、**正しいものを１つ**選びなさい。

1　「令和3年ホームレスの実態に関する全国調査」（厚生労働省）によれば、収入のある仕事に就いている者は全体の3割程度である。

2　「令和3年ホームレスの実態に関する全国調査」（厚生労働省）によれば、路上生活をしている者の約半数が30歳〜50歳までの者である。

3　「ホームレス自立支援法」による支援を受けている者は、生活保護法による保護を受けることはできない。

4　「ホームレス自立支援基本方針」（厚生労働省、国土交通省）に基づき、国は、ホームレスの支援に向けて実施計画を策定しなければならない。

5　ホームレス緊急一時宿泊事業（シェルター事業）は、生活困窮者自立支援法に基づく事業（一時生活支援事業）に移行された。

（注）1　「ホームレス自立支援法」とは、「ホームレスの自立の支援等に関する特別措置法」のことである。
　　　2　「ホームレス自立支援基本方針」とは、「ホームレスの自立の支援等に関する基本方針」のことである。

解答・解説

問題26

1 × 収入のある仕事についている者は**48.9%**でした。

2 × 路上生活をしている30〜50歳までの者は**10.3%**で、半数を占めていたのは**65歳以上の者**（54.4%）でした。

3 × 記述のような規定はありません。保護の要件を満たしていれば、**生活保護を受けることができます**。

4 × ホームレスの支援に関する施策を実施するための計画を策定しなければならないのは**都道府県です**（ホームレス自立支援法第9条第1項）。

5 ○ 記述のとおり、ホームレス緊急一時宿泊事業（シェルター事業）は、ホームレス自立支援法に規定されていましたが、**生活困窮者自立支援法**の施行に伴い、同法の**一時生活支援事業**に移行しました。

正解 **5**

 『ホームレス自立支援法』は、2002（平成14）年の施行から10年間の時限立法でしたが、その後5年間延長され、さらに2027（令和9）年まで10年間延長する改正法が、2017（平成29）年に成立しました。

 ポイントチェック

都道府県別のホームレス数

都道府県別のホームレス数では、多い順に大阪府、東京都、神奈川県となっている。

	1位	2位	3位
平成31年	東京都（1,126人）	大阪府（1,064人）	神奈川県（899人）
令和2年	大阪府（1,038人）	東京都（889人）	神奈川県（719人）
令和3年	大阪府（990人）	東京都（862人）	神奈川県（687人）
令和4年	大阪府（966人）	東京都（770人）	神奈川県（536人）
令和5年	大阪府（888人）	東京都（661人）	神奈川県（454人）

場所別のホームレス数

場所別のホームレス数では、都市公園以外の場所で減少している。

	1位	2位	3位
平成31年	河川（1,380人）	その他の施設（1,054人）	都市公園（1,035人）
令和2年	河川（1,020人）	その他の施設（986人）	都市公園（967人）
令和3年	都市公園（975人）	その他の施設（946人）	河川（913人）
令和4年	都市公園（849人）	その他の施設（839人）	河川（828人）
令和5年	都市公園（771人）	河川（719人）	その他の施設（707人）

出典：厚生労働省「ホームレスの実態に関する全国調査」より作成

問題27 B　29-63　国、都道府県、市町村の役割

　生活保護制度について、国、都道府県及び市町村の役割に関する次の記述のうち、**正しいものを1つ選びなさい。**

1　国は、居住地がないか、又は明らかでない被保護者の保護に要する費用の全額を負担する。

2　厚生労働大臣以外の者は、生活保護法に基づく医療機関を指定することができない。

3　都道府県知事は、生活保護法に定める職権の一部をその管理に属する行政庁に委任することができない。

4　人口5万人未満の市は、福祉事務所を設置しなくてもよい。

5　福祉事務所を設置していない町村の長は、特に急迫した事由により放置することができない状況にある要保護者に対して応急的な処置として必要な保護を行う。

問題28 B　27-66　国、都道府県、市町村の役割

　生活保護制度について、国、都道府県及び市町村の役割とその運用に関する次の記述のうち、**正しいものを1つ選びなさい。**

1　都道府県知事は、市町村の行う生活保護に関する事務について監査を実施することができない。

2　福祉事務所を設置していない町村の長は、保護の実施機関ではないことから、生活保護の決定及び実施に関する事務を行わない。

3　市町村長は、保護施設の運営について、必要な指導をしなければならない。

4　都道府県は、居住地がないか、又は明らかでない被保護者の保護につき市町村が支弁した保護費、保護施設事務費及び委託事務費の4分の1を負担する。

5　国、都道府県及び市町村以外は、保護施設を設置することができない。

問題29 B　30-66　福祉事務所を設置していない町村の役割・機能

　福祉事務所を設置していない町村の役割・機能に関する次の記述のうち、**最も適切なものを1つ選びなさい。**

1　町村は、社会福祉主事を置くことができる。

2　町村は、生活保護法における保護の変更の申請を受け取ったときは、保護の変更を決定することができる。

3　保護の実施機関は、町村に対し被保護者への保護金品の交付を求めることはできない。

4　町村は、被保護者に対し必要な指導又は指示をすることができる。

5　保護の開始の申請は、町村を経由して行うことができない。

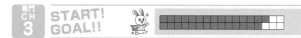

問題27

1　×　生活保護法第73条第１号は、**都道府県**は、居住地がないか、または明らかでない被保護者の保護に要する費用の**４分の１**を負担するとしています。したがって、国が全額を負担するわけではありません。

2　×　生活保護法第49条の規定により、**厚生労働大臣**以外に、**都道府県知事**が同法に基づく医療機関を指定することができます。

3　×　生活保護法第20条の規定により、都道府県知事は、同法に定めるその職権の一部を、その**管理に属する行政庁**に委任することができます。

4　×　社会福祉法第14条第１項は、**都道府県及び市**は、条例で、福祉に関する事務所を設置しなければならないとしています。したがって、**市**は、人口の規模に関係なく、必ず**福祉事務所**を設置しなければなりません。

5　○　記述のとおりです。

正解　5

問題28

1　×　生活保護法では、厚生労働大臣は**都道府県知事及び市町村長**の行う生活保護法の事務について、都道府県知事は**市町村長**の行う生活保護法の事務について、指定する職員に**監査を行わせなければならない**と規定されています。

2　×　福祉事務所を設置しない町村長の事務として、生活保護法では次の５つが規定されています。❶**急迫した事由のある要保護者**に対する応急的処置としての保護を行う。❷要保護者の発見や被保護者の変動を発見したときに通報する。❸保護の開始や変更の申請があった場合は、保護実施機関へ**申請を送付**する。❹保護の実施機関等から要請があった場合は、**保護金を交付**する。❺保護の実施機関等から要請があった場合は、要保護者に関する**調査**を実施する。

3　×　市町村長ではなく、**都道府県知事**が、保護施設の運営について必要な指導をしなければならないと規定されています。ただし、**社会福祉法人又は日本赤十字社**の設置した保護施設に対する指導については、**市町村長**が補助すると規定されています。

4　○　記述のとおりです。なお、残りの４分の３は国が負担します。

5　×　保護施設を設置できるのは、都道府県、市町村及び**地方独立行政法人**のほか、**社会福祉法人及び日本赤十字社**に限られています。

正解　4

問題29

1　○　記述のとおりです。社会福祉法に規定されています。

2　×　保護の変更の決定は、実施機関である**都道府県福祉事務所長**の権限です。

3　×　保護の実施機関は、町村に対し、被保護者への**保護金品の交付**を求めることができます。

4　×　必要な指導または指示をすることができるのは、実施機関である**都道府県福祉事務所長**です。

5　×　保護の開始の申請は、町村を経由して行うことができます。なお申請を受けとった町村は、５日以内に、実施機関である**都道府県福祉事務所長**へ必要な書類を送ることになります。

正解　1

問題30 **A** 32-67 福祉事務所の組織と設置

福祉事務所の組織及び設置に関する次の記述のうち、**正しいものを１つ選びなさい。**

1 福祉事務所の現業を行う所員（現業員）の定数については、生活保護法で定めている。

2 市が設置する福祉事務所の社会福祉主事は、生活保護法の施行について、市長の事務の執行を補助する。

3 福祉事務所の指導監督を行う所員（査察指導員）、現業を行う所員（現業員）、事務を行う所員はいずれも社会福祉主事でなければならない。

4 福祉事務所の長は、厚生労働大臣の指揮監督を受けて、所務を掌理する。

5 福祉事務所に置かれている社会福祉主事は、25歳以上の者でなければならない。

問題31 **A** 33-68 福祉事務所の組織及び運営

福祉事務所の組織及び運営に関する次の記述のうち、**正しいものを１つ選びなさい。**

1 都道府県及び市（特別区を含む）は、条例で、福祉事務所を設置しなければならない。

2 都道府県知事は、生活保護法に定める職権の一部を、社会福祉主事に委任することができる。

3 生活保護の現業を行う所員（現業員）は、保護を決定し実施することができる。

4 福祉事務所の指導監督を行う所員（査察指導員）及び現業を行う所員（現業員）は、生活保護法以外の業務に従事することは禁止されている。

5 福祉事務所の長は、高度な判断が求められるため社会福祉士でなければならない。

問題32 **A** 31-67 福祉事務所の組織と業務

社会福祉法に定める福祉に関する事務所（福祉事務所）の組織と業務に関する次の記述のうち、**最も適切なものを１つ選びなさい。**

1 福祉事務所の指導監督を行う所員及び現業を行う所員は、都道府県知事又は市町村長の事務の執行に協力する機関である。

2 現業を行う所員は、援護、育成又は更生の措置を要する者の家庭を訪問するなどして、生活指導を行う事務をつかさどる。

3 厚生労働大臣の定める試験に合格しなければ、社会福祉主事になることができない。

4 福祉事務所の長は、福祉事務所の指導監督を行う所員の経験を５年以上有した者でなければならない。

5 福祉事務所の指導監督を行う所員及び現業を行う所員は、社会福祉主事でなくてもよい。

解答・解説

問題30

1 × 福祉事務所の現業を行う所員（現業員）の定数は、**社会福祉法**において、都道府県は390世帯以下の場合6人（65世帯増すごとに1人追加）、市・特別区は240世帯以下の場合3人（80世帯増すごとに1人追加）、町村は160世帯以下の場合2人（80世帯増すごとに1人追加）と定められています。

2 ○ 社会福祉法に定める社会福祉主事は、生活保護法の施行について、都道府県知事または市町村長の事務の執行を補助することになっています。

3 × **事務を行う所員**は、社会福祉主事である必要はありません。ただし、福祉事務所の指導監督を行う所員（**査察指導員**）と、現業を行う所員（**現業員**）は、社会福祉主事である必要があります。

4 × 福祉事務所の長は、**都道府県知事**または**市町村長**（特別区の区長を含む）の指揮監督を受けて、所務を掌理します。

5 × 社会福祉主事は、都道府県知事または市町村長の補助機関である職員として、**20歳以上**であって、人格が高潔で思慮が円熟し、社会福祉の増進に熱意があるなどの必要な要件を満たすもののなかから任用しなければなりません。

正解 **2**

問題31

1 ○ 記述のとおりです。福祉事務所は都道府県・市（特別区を含む）には必ず置かなければならず、**町村は任意設置**とされています。

2 × 保護の実施機関である都道府県知事が、生活保護法に定める職権の一部を委任できるのは福祉事務所長です。

3 × 現業員は、福祉事務所の所長の指揮監督を受けて、要保護者の家庭訪問や面接、資産調査や**保護の要否を判断**しますが、決定し実施することはしません。

4 × 査察指導員及び現業員は、担当する職務にのみ従事することが原則ですが、その職務の遂行に支障がない場合には、ほかの社会福祉または保健医療に関する業務を行うことが認められています。

5 × 福祉事務所の所員のうち、**査察指導員**と**現業員**は社会福祉主事でなければなりませんが、福祉事務所長に特段の資格要件はありません。

正解 **1**

問題32

1 × 福祉事務所の指導監督を行う所員及び現業を行う所員は、**都道府県知事または市町村長の事務の執行を補助する機関**とされています。

2 ○ 記述のとおりです。

3 × 社会福祉主事になるには、厚生労働大臣の指定する社会福祉事業従事者試験に合格した場合のほか、**大学等で社会福祉に関する科目を3科目以上修めて卒業した場合**や**指定養成機関を修了した場合**などにも取得できます。

4 × 福祉事務所の長は、都道府県知事または市町村長の指揮監督を受けて、所務を掌理するとされていますが、記述のような任用要件は規定されていません。

5 × 福祉事務所の指導監督を行う所員及び現業を行う所員は、**社会福祉主事でなくてはなりません。**

正解 **2**

生活保護の実施機関に関する次の記述のうち、**正しいもの**を1つ選びなさい。

1　都道府県知事は、生活保護法に定めるその職権を、知事の管理に属する行政庁に委任することはできないとされている。

2　社会福祉主事は、生活保護法の施行について、都道府県知事又は市町村長の事務の執行を代理する。

3　民生委員は、生活保護法の施行について、市町村の補助機関として位置づけられている。

4　保護の実施機関は、要保護者が急迫した状況にあるときでも、職権を用いて保護を開始することはできないとされている。

5　保護の実施機関は、被保護者が保護を必要としなくなったときは、速やかに、保護の停止又は廃止を決定しなければならない。

事例を読んで、R市福祉事務所のK生活保護現業員（社会福祉士）の支援に関する次の記述のうち、**最も適切なもの**を1つ選びなさい。

〔事　例〕

Lさん（60歳）は単身で生活しており、親族とは20年以上音信不通である。Lさんは、退職金規程のない会社で働いていたが、5年ほど前から持病が悪化して仕事ができなくなり、3年前に会社を退職した。それ以降は無職となっている。退職後、消費者金融から借金をして生活しており、家賃や公共料金も滞納しているようである。現在も直ちには就労が困難な健康状態であるため、Lさんは生活保護の受給を希望し、R市福祉事務所に生活保護を申請した。

1　保護の要否判定を行うとともに、援助計画策定のために必要な情報収集を行う。

2　保護の申請に当たっての条件として、「無料低額診療事業」を利用するように指導する。

3　社会福祉協議会と連携して、日常生活自立支援事業の利用を促す。

4　福祉事務所からLさんの扶養義務者に連絡を取り、Lさんの借金の返済を要請する。

5　公共職業安定所（ハローワーク）で求職活動をするように指導する。

（注）「無料低額診療事業」とは、社会福祉法第2条第3項第9号に規定する「生計困難者のために、無料又は低額な料金で診療を行う事業」のことである。

第3章 CH 3 START! GOAL!! クリア！ CHAPTER 3

438

解答・解説

問題33

1 × 生活保護法第20条に「都道府県知事は、この法律に定めるその職権の一部を、その管理に属する行政庁に委任することができる」と規定されています。

2 × 社会福祉主事は、社会福祉法に規定された、都道府県知事または市町村長の**補助機関である職員**です。生活保護法第21条においても、都道府県知事または市町村長の**事務の執行を補助**するものとする、と規定されています。

3 × 民生委員は、市町村長、福祉事務所長や社会福祉主事に**協力する機関**として位置づけられています（法第22条）

4 × 生活保護の開始は、申請に基づくことを原則としていますが、要保護者が急迫した状況にあるときは、保護の申請がなくても、必要な保護を行うことができます（**職権保護**）。

5 ○ 記述のとおりです。生活保護法第26条に「保護の実施機関は、被保護者が保護を必要としなくなったときは、速やかに、保護の停止又は廃止を決定し、**書面**をもってこれを被保護者に通知しなければならない」と規定されています。

正解 5

問題34

1 ○ 最も適切な支援です。福祉事務所における現業員は、福祉事務所長の指揮監督を受けて、要保護者の家庭訪問や面接、資産調査や保護の要否を判断することを役割としています。

2 × 生活保護制度は、法の定める要件を満たす限り誰もが平等に受けることができる制度であり条件を付すことは適切ではありません。福祉事務所所長が医療を必要と認めたときは受診に必要な**医療券**を発行します。無料低額診療事業については、Lさんが希望すれば利用することができます。

3 × 日常生活自立支援事業は、**認知症**や**知的障害**、**精神障害**などにより**判断能力が不十分な人**を対象に、福祉サービスの利用援助や日常的金銭管理などを支援する事業です。現在のLさんは対象となりません。

4 × 生活保護の受給要件に借金の有無は関係ないので、不適切な支援です。

5 × 現在も就労が困難な健康状態であるLさんに対して、不適切な支援です。

正解 1

ポイントチェック

福祉事務所の所員の職務内容・役割

福祉事務所長	都道府県知事または市町村長（特別区の区長含む）の指揮監督を受けて、福祉事務所の仕事を取りまとめる
指導監督を行う所員 （査察指導員）	所長の指揮監督を受けて、現業事務の指導監督（スーパービジョン）を行う
現業を行う所員 （現業員、ケースワーカー）	●所長の指揮監督を受けて、要保護者の家庭訪問や面接、資産調査や保護の要否を判断する ●保護が必要な場合、受給する扶助の種類の判断や被保護者に対する生活指導等も行う ●生活指導は『生活保護法』第27条に規定する指導及び指示に該当する
事務を行う所員 （事務員）	所長の指揮監督を受けて、庶務を担当する

専門
CHAPTER
3

ポイントチェック一覧

専門
CHAPTER

4

保健医療と福祉

問題1 A 35-71改 **国民医療費**

「令和3（2021）年度国民医療費の概況」（厚生労働省）に示された日本の医療費に関する次の記述のうち、**正しいものを1つ**選びなさい。

1　65歳以上の国民医療費は、国民医療費の50%を超えている。

2　診療種類別の国民医療費のうち最も大きな割合を占めるのは歯科診療医療費である。

3　都道府県（患者住所地）別の人口一人当たり国民医療費が最も高い都道府県は、東京都となっている。

4　制度区分別の国民医療費では、医療保険等給付分に比べて公費負担医療給付分が高い割合を占めている。

5　入院医療費及び入院外医療費を合わせた医科診療医療費の割合は、国民医療費の50%未満である。

問題2 A 34-71改 **国民医療費**

「令和3（2021）年度国民医療費の概況」（厚生労働省）に基づく、2021年度（令和3年度）の国民医療費に関する次の記述のうち、**正しいものを1つ**選びなさい。

1　国民医療費は、50兆円を超えている。

2　国民医療費の国内総生産に対する比率は5%に満たない。

3　国民医療費の財源の内訳は、保険料の割合よりも公費の割合の方が大きい。

4　国民医療費は、診療種類別にみると、薬局調剤医療費の占める割合が最も大きい。

5　人口一人当たり国民医療費は、75歳以上の人口一人当たり国民医療費よりも低い。

問題3 A 31-71改 **国民医療費**

「令和3（2021）年度国民医療費の概況」（厚生労働省）に基づく、日本の医療費に関する次の記述のうち、**正しいものを1つ**選びなさい。

1　入院と入院外を合わせた医科診療医療費の割合は、国民医療費の70%を超えている。

2　国庫と地方を合わせた公費の財源割合は、国民医療費の50%を超えている。

3　65歳以上の国民医療費の割合は、国民医療費の70%を超えている。

4　公費負担医療給付の割合は、国民医療費の70%を超えている。

5　人口一人当たりの国民医療費は、60万円を超えている。

解答・解説

問題 I

1 ○ 記述のとおりです。2021（令和 3 ）年度の国民医療費を年齢階級別にみた場合、65歳以上の医療費は、**27兆3036億円**と全体の**60.6%**を占めています。

2 × 診療種類別に国民医療費をみた場合、最も大きな割合を占めるのは**医科診療医療費**です。次いで薬局**調剤医療費**、**歯科診療医療費**の順になっています。

3 × 都道府県別の人口一人当たりの国民医療費が最も高いのは、**高知県**です。東京都は、都道府県別の国民医療費の総額が最も高くなっています。

4 × 制度区分別の国民医療費では、最も大きな割合を占めるのは、**医療保険等給付分**です。次いで後期高齢者医療給付分、患者等負担分、公費負担医療給付分の順になっています。

5 × 医科診療医療費は国民医療費の中で最も大きな割合を占めており、全体の**71.9%**にあたります。内訳は**入院医療費37.4%**、**入院外医療費34.5%**になっています。

正解 | 1 |

問題 2

1 × 2021（令和 3 ）年度の国民医療費は、**45兆359億円**です。

2 × 2021（令和 3 ）年度の国民医療費の国内総生産（GDP）に対する比率は、**8.18%**です。

3 × 2021（令和 3 ）年度の国民医療費の財源別構成割合は、保険料が**50.0%**、公費が**38.0%**です。

4 × 2021（令和 3 ）年度の国民医療費の診療種類別国民医療費構成割合では、医科診療医療費が最も多く、全体の**71.9%**を占めています。薬局調剤医療費は 2 番目に多く、**17.8%**を占めています。

5 ○ 2021（令和 3 ）年度の75歳以上の人口 1 人当たりの国民医療費は**92万3400円**と、人口 1 人当たりの国民医療費**35万8800円**の**2.5倍以上**となっています。

正解 | 5 |

問題 3

1 ○ 診療種類別にみると、**医科診療医療費**は32兆4025億円で、国民医療費の**71.9%**を占めています。そのうち、入院医療費は16兆8551億円（37.4%）、入院外医療費は15兆5474億円（34.5%）です。

2 × 財源別にみると、**公費**は17兆1025億円で、国民医療費の**38.0%**です。そのうち、国庫は11兆4027億円（25.3%）、地方は 5 兆6998億円（12.7%）となっています。なお、保険料は22兆4957億円で、**50.0%**を占めています。

3 × 年齢階級別にみると、**65歳以上**は27兆3036億円で、国民医療費の**60.6%**です。なお、0 ～14歳は 2 兆4178億円（5.4%）、15～44歳は 5 兆3725億円（11.9%）、45～64歳は 9 兆9421億円（22.1%）となっています。

4 × 制度区分別にみると、**公費負担医療給付分**は 3 兆3136億円で、国民医療費の**7.4%**となっています。なお、医療保険等給付分は20兆5706億円（45.7%）、後期高齢者医療給付分は15兆7246億円（34.9%）、患者等負担分は 5 兆1922億円（12.1%）です。

5 × 人口一人当たりの国民医療費は、**35万8800円**です。

正解 | 1 |

問題4
A `33-70` **医療保険制度の概要**

医療保険制度における保険者とその被保険者に関する次の記述のうち、**正しいものを1つ**選びなさい。

1 健康保険の保険者には、全国健康保険協会が含まれる。

2 船員保険の保険者は、健康保険組合である。

3 日雇特例被保険者の保険の保険者は、国民健康保険組合である。

4 国民健康保険の被保険者には、国家公務員共済組合の組合員が含まれる。

5 後期高齢者医療制度の被保険者は、75歳以上の者に限られる。

問題5
A `33-71` **医療保険制度の概要**

公的医療保険の保険給付に関する次の記述のうち、**最も適切なものを1つ**選びなさい。

1 医療保険の保険給付は、現物給付に限られる。

2 高額療養費の給付は、国民健康保険を除く公的医療保険で受けられる。

3 療養の給付は、保険医の保険診療を受けた場合に受けられる。

4 出産手当金は、女子被保険者及び女子被扶養者が出産した場合に支給される。

5 入院時生活療養費は、特別の病室に入院した場合に限り支給される。

問題6
B `35-70` **医療保険制度の概要**

日本の医療保険の適用に関する次の記述のうち、**正しいものを1つ**選びなさい。

1 国民健康保険の被保険者に扶養されている者は、被扶養者として、給付を受けることができる。

2 健康保険組合が設立された適用事業所に使用される被保険者は、当該健康保険組合に加入する。

3 「難病法」の適用を受ける者は、いずれの医療保険の適用も受けない。

4 国民健康保険は、後期高齢者医療制度の被保険者も適用となる。

5 週所定労働時間が10時間未満の短時間労働者は、健康保険の被保険者となる。

(注)「難病法」とは、「難病の患者に対する医療等に関する法律」のことである。

問題4

1 ○ 記述のとおりです。医療保険制度は、「国民健康保険」「健康保険」「各種共済」に分類され、**全国健康保険協会**は「健康保険」の中の保険者になります。

2 ✕ 船員保険の保険者は、**全国健康保険協会**です。

3 ✕ 日雇特例被保険者の保険の保険者は、**全国健康保険協会**です。

4 ✕ 国民健康保険のうち、都道府県・市町村を保険者とする健康保険の被保険者は当該地域に住み、他の公的医療保険制度や生活保護等の対象以外のすべての者です。さらに同種の事業、業務で組織される国民健康保険組合は組合が定める地域に住む事業者とその従業員が被保険者になります。一方、国家公務員共済組合ではその**組合員とその被扶養者を被保険者**としており、国民健康保険の被保険者とは異なります。

5 ✕ 後期高齢者医療制度では、75歳以上の後期高齢者のほか、**65歳以上75歳未満の一定の**障害者も被保険者に含みます。

正解 | 1 |

問題5

1 ✕ 現物給付と現金給付があります。現物給付には、療養や入院等にかかる医療給付などがあり、現金給付には、**各種手当や一時金**などがあります。

2 ✕ 高額療養費は、医療費の支払いが高額になったときなどに、その費用負担を軽減するため仕組みであり、保険の種類による制限はありません。

3 ○ 記述のとおりです。療養の給付は、**保険医**で受けた保険診療サービスに対して給付が行われます。

4 ✕ 出産手当金は、出産して仕事を休み、**給与を受け取れない被保険者**を対象に支給されるもので被扶養者は含まれません。

5 ✕ 入院時生活療養費は、療養病床に入院する65歳以上の者の生活療養に要した費用が保険給付されるもので、特別の病室を対象とするものではありません。

正解 | 3 |

問題6

1 ✕ 国民健康保険には扶養という概念はなく、世帯単位で加入し、一人ひとりが被保険者となります。

2 ○ 記述のとおりです。健康保険の対象者は、適用事業所に使用される者と**退職後2年間保険加入を継続する任意継続被保険者**です。

3 ✕ 難病法の適用を受ける者も医療保険の対象になります。指定難病と診断され、重症度分類等に照らし病状の程度が一定以上の場合、医療費が助成される制度があり、申請には被保険者証など保険証の写しが必要です。

4 ✕ 後期高齢者医療制度は、**75歳以上の後期高齢者**（**65歳以上75歳未満の一定の**障害者を含み、生活保護世帯を除く）を対象とする**独立した医療制度**のため、国民健康保険の被保険者になることはありません。

5 ✕ 2016（平成28）年以降、被保険者数が一定数を超える企業については、短時間労働者にも健康保険が適用拡大されています。労働時間については**週の所定労働時間が20時間以上**であることが要件とされています。

正解 | 2 |

専門
CH
4
保健医療と福祉

問題7 A `32-70` 医療保険制度の概要

日本の医療費の自己負担限度額に関する次の記述のうち、**正しいもの**を1つ選びなさい。

1 食費、居住費、差額ベッド代は高額療養費制度の支給の対象とはならない。

2 医療保険加入者が70歳未満である場合、二人以上の同一世帯で合算した年額の医療費の自己負担限度額が定められている。

3 医療保険加入者が医療保険と介護保険を共に利用した場合、それらの費用を世帯で合算した月額の自己負担限度額が定められている。

4 医療保険加入者が70歳以上である場合、入院の費用に限り世帯単位での医療費の自己負担限度額が定められている。

5 医療保険加入者が高額長期疾病（特定疾病）の患者である場合、医療費の自己負担を免除することが定められている。

問題8 A `27-70` 高額療養費制度

医療保険の高額療養費制度に関する次の記述のうち、**正しいもの**を1つ選びなさい。

1 高額療養費における自己負担額の「世帯合算」では、被保険者と被扶養者の住所が異なっていても合算できる。

2 高額療養費における自己負担額の「世帯合算」では、家族が別々の医療保険に加入していても合算できる。

3 高額療養費制度の支給対象には、入院時の「食費」・「居住費」も含まれる。

4 高額療養費の申請を受け付けた場合、受診した月から少なくとも1か月で支給しなければならない。

5 高額療養費の支給申請を忘れていても、消滅時効はなく、いつでも支給を申請できる。

問題7

1 ○ 記述のとおりです。先進医療にかかる費用なども対象外となります。

2 × 世帯合算は、**1か月単位**の合算です。

3 × 記述のように、医療保険と介護保険を共に利用した場合、それらの費用を世帯で合算した**年額（8月
～翌年7月）**の自己負担限度額が定められています。これを、**高額医療・高額介護合算療養費制度**と
いい、自己負担限度額を超えた場合、超えた額が申請により払い戻される制度です。

4 × 医療保険加入者が70歳以上である場合、世帯単位では、**入院・外来ともに医療費の自己負担限度額**が
定められています。また、個人単位では、外来の費用に限り自己負担限度額が定められています。

5 × **血友病、人工透析を行う慢性腎不全、後天性免疫不全症候群**の患者は、特定疾病療養受療証の交付を
受けることで自己負担限度額が**1万円（慢性腎不全で70歳未満の高額所得者は2万円）**になります。

正解 **1**

問題8

1 ○ 被保険者と被扶養者の住所が異なっていても、同じ医療保険に加入していれば、**世帯合算の対象**にな
ります。

2 × **別々の医療保険**に加入している場合は、同じ住所であっても**合算できません**。

3 × 記述のような保険が適用されない実費負担分は、高額療養費制度の**支給対象に含まれません**。

4 × 記述のような規定は設けられていません。高額療養費の申請を受けた場合、医療機関等から提出され
る診療報酬明細書の審査を行うため、受診した月から**3か月以上**かかります。

限度額適用認定証を保険証とあわせて医療機関等の窓口に
提示すると、1か月（1日から月末まで）の窓口での支払
いが自己負担限度額までとなります。

5 × 消滅時効は設けられています。高額療養費の申請は、診療月の翌月の初日から**2年以内**とされています。

正解 **1**

ポイント
チェック

高額療養費制度の仕組み

限度額適用認定証を保険証とあわせて医療機関等の窓口に提示すると、1か月（1日から月末
まで）の窓口での支払いが自己負担限度額までとなる。

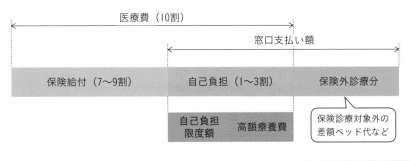

専門
CH
4
保健医療と福祉

問題9 B　35-74　後期高齢者医療制度

後期高齢者医療制度に関する次の記述のうち、**正しいもの**を**1つ**選びなさい。

1　保険者は都道府県である。

2　被保険者は、60歳以上の者が対象である。

3　保険料の算定は、世帯単位でされる。

4　各被保険者の保険料は同一である。

5　各医療保険者から拠出される後期高齢者支援金が財源の一部となっている。

問題10 A　34-70　医療保険制度の概要

事例を読んで、公的医療保険とその給付などに関する次の記述のうち、**正しいもの**を**1つ**選びなさい。

〔事　例〕

　大手企業の会社員Mさん（50歳）は専業主婦の妻（所得なし）と二人で生活し、年収は640万円、標準報酬月額は41万円である。年次有給休暇は計画的に取得し、日常の仕事の負担は重いとは感じていなかったが、11月中旬にW病院で胃がんと診断され、12月1日に入院となった。病床は本人の希望によって有料個室とした。翌日に胃全摘術を受け、12月20日に退院した。退院前日に病院から入院医療費の総額が96万9千円となることが告げられた。

1　Mさんの医療費は、労働者災害補償保険から給付される。

2　Mさんの自己負担は、当該医療費の1割である。

3　Mさんの差額ベッド代は、公的医療保険からの給付の対象外となる。

4　Mさんの自己負担は、高額療養費制度を適用すれば、全額免除となる。

5　Mさんが加入する公的医療保険は、Mさんの妻が加入する公的医療保険とは異なる。

問題9

1　×　後期高齢者医療制度の保険者は、都道府県ごとにすべての市町村が加入する**後期高齢者医療広域連合**になります。

2　×　後期高齢者医療制度における被保険者は、**75歳以上の後期高齢者または65歳以上74歳未満の一定の障害者がある者**で、生活保護**世帯**は除かれます。

3　×　保険料は、条例により後期高齢者医療広域連合が決定し、毎年度、個人**単位**で算定されます。

4　×　保険料は、**被保険者全員が負担する**均等**割**と**所得に応じて負担する**所得**割**で構成されるため、被保険者ごとに異なります。

5　○　記述のとおりです。後期高齢者医療制度の財源は、公費**約5割**、高齢者の保険料**約1割**、国保・被用者保険からの支援金**約4割**で構成されています。

正解　5

問題10

1　×　労働者災害補償保険は、労働者が業務上の事由または通勤によって負傷、障害、病気にかかったり、死亡した場合に被労働者や遺族を保護するために必要な保険給付を行うものです。Mさんの胃がんの発症は業務上の事由によるものとは考えにくく、労働者災害補償保険の対象とはなりません。

2　×　医療保険制度は、保険者が異なる制度が複数ありますが、2003（平成15）年4月から、被保険者保険の本人の自己負担は医療費の**3割**となっています。

3　○　差額ベッド代は、**特別の療養環境**に関するものとして公的医療保険外の費用とされています。

4　×　高額療養費制度は、1か月に同一医療機関等に支払う医療費が高額になったときに、その負担が大きくなりすぎないように、**自己負担限度額まで**とする制度です。

5　×　被用者保険は、企業等に雇われている人や公務員など、雇われて働く給与所得者が加入する保険です。被保険者に扶養されている人も同様に対象となるため、**M**さんと専業主婦である**M**さんの妻が加入している公的医療保険は同じです。

正解　3

問題11 B 31-72 **保険診療の概要**

日本の公的医療保険の医療費に関する次の記述のうち、**正しいものを1つ**選びなさい。

1 保険医療機関が受け取る診療報酬は、審査支払機関の立替金によって賄われる。

2 被保険者でない患者の医療費は、医療機関の立替金によって賄われる。

3 社会保険診療報酬支払基金は、保険診療の審査支払機能を担う保険者である。

4 調剤薬局は、医療保険にかかる費用の請求機関の対象外となる。

5 特定健康診査の費用は、療養の給付の対象外となる。

問題12 B 35-72 **診療報酬制度**

診療報酬制度に関する次の記述のうち、**正しいものを1つ**選びなさい。

1 診療報酬の点数は、通常3年に1度改定される。

2 診療報酬点数表は、医科、歯科、在宅医療の3種類が設けられている。

3 療養病棟入院基本料の算定は、出来高払い方式がとられている。

4 地域包括ケア病棟入院料の算定は、1日当たりの包括払い方式がとられている。

5 診療報酬には、選定療養の対象となる特別室の料金が設けられている。

問題11

1 ✕ 保険医療機関が受け取る診療報酬は、**保険者**によって賄われます。審査支払機関は、保険医療機関の請求内容を審査して保険者に請求し、請求を受けた**保険者**が審査支払機関に支払い、審査支払機関が保険医療機関に支払う仕組みです。

2 ✕ 生活保護受給者は、国民健康保険の被保険者から除外されているため、ほとんどの生活保護受給者の医療費については、その全額を**医療扶助**で負担することになります。医療扶助による医療の給付に係る診療報酬は、原則として**国民健康保険の例**によります。

3 ✕ 社会保険診療報酬支払基金は、診療報酬の審査支払機関ではありますが、**保険者ではありません。**

4 ✕ 保険指定を受け、薬剤師が健康保険法に基づく療養の給付の一環として、保険調剤業務を取り扱う**保険薬局**は、**医療保険に係る費用の請求機関**となります。

5 ◯ 療養の給付の対象となる療養の範囲は、❶診療・治療、❷薬剤の支給、❸処置、手術その他の治療、❹在宅療養・看護、❺入院・看護です。正常な妊娠・出産、予防接種、健康診断などは**対象外となります。**

正解 | 5 |

問題12

1 ✕ 診療報酬は、原則**2年に1度**改定されます。3年に1度の改定は**介護報酬**の改定です。

2 ✕ 診療報酬点数票は、**医科診療報酬**、**歯科診療報酬**、**調剤報酬**の3種類が設けられています。

3 ✕ 療養病棟入院基本料の算定は、包括払い（DPC／PDPS）**方式**がとられています。**包括払い方式**とは、病名や診療内容別に、入院1日当たりの費用が決められた計算方式で、診療内容にかかわらず一定の費用を支払うしくみです。

DPC ／ PDPSは、Diagnosis Procedure Combination ／ Per-Diem Payment System（診断群分類に基づく1日当たり定額報酬算定制度）の略です。

4 ◯ 記述のとおりです。地域包括ケア病棟入院料には、**投薬や注射**、**検査**、**画像診断**などの一般的な費用が含まれており、1日当たりの包括払い方式がとられています。

5 ✕ 選定療養には特別室の料金が含まれていますが、通常の治療と共通しない特別な費用として**全額自己負担**となり、診療報酬の対象になりません。

正解 | 4 |

ポイント
チェック

診療報酬の支払い方式

出来高払い方式	・医療行為ごとに点数を合計して計算する方法 ・外来診療は基本的に出来高払い
包括払い方式 （DPC／PDPS）	・病名や診療内容別に、入院1日当たりの費用が決められた計算方式 ・診療内容にかかわらず一定の金額を支払う ・特定機能病院などを中心に導入されている

問題13 **A** 25-73 **医療施設の概要**

我が国の医療提供施設に関する次の記述のうち、**正しいものを1つ**選びなさい。

1 診療所の管理者には、医師、歯科医師以外の者でもなることができる。

2 介護老人保健施設は、医療法上の医療提供施設である。

3 病院や診療所は、自施設の平均在院日数を広告してはならないこととされている。

4 医師が病院を開設しようとするときは、都道府県知事の許可は必要としない。

5 特定機能病院に要求される機能には、高度の医療に関する研修実施能力は含まれていない。

問題14 **A** 26-73 **医療施設の概要**

我が国の医療提供施設に関する次の記述のうち、**正しいものを1つ**選びなさい。

1 病院とは、医療法上、病床数10床以上を有する医業又は歯科医業を行う施設のことである。

2 病院施設の中の一般病院数の年次推移をみると、最近10年間の総数は増加し続けている。

3 臨床研修を修了した医師又は歯科医師が診療所を開設するときは、都道府県知事に開設の許可を得なければならない。

4 地域医療支援病院の承認要件には、救急医療を提供する能力を有することが含まれる。

5 病床種別の中で病院病床数を比較すると、療養病床の方が一般病床よりも多い。

問題15 **A** 30-72 **医療施設の概要**

医療施設に関する次の記述のうち、**正しいものを1つ**選びなさい。

1 特定機能病院は、300床以上の病床を有し、かつ高度の医療を提供する病院である。

2 地域医療支援病院は、その所在地の市町村長の承認を得て救急医療を提供する病院である。

3 在宅療養支援病院は、在宅での療養を行う患者が緊急時を除いて入院できる病床を確保する病院である。

4 在宅療養支援診療所は、在宅医療を担当する常勤の医師を配置し、地域で在宅医療を提供する診療所である。

5 有床診療所は、地域の患者が48時間以内に退院できるように努める義務を負う診療所である。

  START! GOAL!!

問題13

1 ✕ **病院**や**診療所**の管理者は、医師または歯科医師でなければならないと規定されています（医療法第10条）。

2 ○ 医療法上の**医療提供施設**とは、**病院、診療所、介護老人保健施設**、介護医療院、**調剤薬局**等を指します（同法第１条の２第２項）。

3 ✕ 病院や診療所が広告してもよいことは、**医療法**で定められています。自施設の平均在院日数等は、広告することができます（同法第６条の５第３項第13号）。

4 ✕ 医師が病院を開設しようとするときは、**都道府県知事の許可**が必要です（同法第７条第１項）。

5 ✕ 特定機能病院とは、**厚生労働大臣の承認**を得て、高度の医療を提供する病院で、高度の医療に関する**研修実施能力**も有する必要があります（同法第４条の２第１項第３号）。

正解 2

問題14

1 ✕ **病院**とは、入院施設を**20床以上**有するものです（医療法第１条の５第１項）。なお、診療所とは、入院施設を有しないものまたは入院施設**19床以下**の施設のことです。

2 ✕ 一般病院は、2011（平成23）年7526施設、2016（平成28）年7380施設、2021（令和３）年7152施設と、最近10年間の総数は減少し続けています（厚生労働省「令和３（2021）年医療施設（動態）調査・病院報告の概況」）。

3 ✕ 臨床研修を修了した医師または歯科医師が、**診療所**を開設するときは、都道府県知事の**開設許可は不要**ですが、**届出が必要**です（同法第８条）。

4 ○ 地域医療支援病院は、**救急医療の提供**やかかりつけ医、かかりつけ歯科医師との連携など、地域医療を支援する機能をもった病院で、**都道府県知事の承認**が必要です（同法第４条第１項第２号）。

5 ✕ 「令和３（2021）年医療施設（動態）調査・病院報告の概況」（厚生労働省）によれば、一般病床は88万6056床、療養病床は28万4662床で、**一般病床の方が多く**なっています。

正解 4

問題15

1 ✕ 特定機能病院は、高度医療、最先端医療を提供する病院です。承認要件の１つとして、**400床以上の**病床を有することが必要とされています。一方、地域医療支援病院は、救急医療の提供やかかりつけ医、かかりつけ歯科医との連携など、地域医療を支援する機能をもった病院で、承認要件の１つとして、**200床以上**の病床を有することが必要とされています。

2 ✕ 地域医療支援病院は、都道府県知事の承認を得ることとされています。なお、特定機能病院は、厚生労働大臣の承認を得ることとされています。

3 ✕ 在宅療養支援病院は、**緊急時に入院できる病床を確保している**ことが施設基準の１つとしてあげられています。

4 ○ 記述のとおりです。地域において、他の病院、診療所等と連携を図りつつ、24時間往診、訪問看護等を提供する診療所とされています。

5 ✕ 有床診療所に、記述のような努力義務は課せられていません。

正解 4

災害拠点病院に関する次の記述のうち、**正しいもの**を1つ選びなさい。

1　24時間対応可能な救急体制は必要ないとされている。

2　災害発生時、被災地外の災害拠点病院の医療従事者は、被災地に入らず待機することになっている。

3　各都道府県に1病院ずつ、全国に47病院が設置されている。

4　重篤救急患者に対応できる高度な診療機能は求められていない。

5　災害派遣医療チーム（DMAT）を保有することになっている。

医療施設等の利用目的に関する次の記述のうち、**最も適切なもの**を1つ選びなさい。

1　介護医療院の利用は、主として長期にわたり療養が必要である要介護者を対象としている。

2　療養病棟の利用は、急性期で医療的ケアが必要である者を対象としている。

3　地域包括ケア病棟の利用は、病院で長期にわたり医療的ケアが必要である者を対象としている。

4　介護老人保健施設の利用は、高度で濃密な医療と介護が必要である者を対象としている。

5　回復期リハビリテーション病棟の利用は、高度急性期医療を受けた後、終末期と判断された者を対象としている。

日本の医療提供体制に関する次の記述のうち、**最も適切なもの**を1つ選びなさい。

1　医療計画は、市町村が策定義務を負っている。

2　地域医療支援病院は、第1次医療法の改正（1985年（昭和60年））に基づき設置された。

3　診療所は、最大30人の患者を入院させる施設であることとされている。

4　介護医療院は、主として長期の療養を必要とする要介護者に対し、療養上の管理、看護、医学的管理の下での介護、必要な医療及び日常生活上の世話を行う。

5　地域包括支援センターは、地域における高齢者医療の体制を整えるため、地域医療構想を策定する義務を負う。

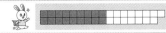

問題16

1　✕　災害拠点病院は、**24時間救急対応**し、災害発生時に被災地内の**傷病者等の受け入れ及び搬出**を行うことが可能な体制を有することが指定要件とされています。

2　✕　災害拠点病院は、**災害派遣医療チーム**（DMAT）を保有しています。別の地域で災害が発生した場合は、災害派遣医療チームが派遣されます。

3　✕　災害拠点病院には、地域の災害拠点病院の中核的役割を担う**基幹災害拠点病院**と**地域災害拠点病院**があります。基幹災害拠点病院は、原則として**各都道府県に１か所**、地域災害拠点病院は、原則として**二次医療圏に１か所**設置することになっており、令和３年４月１日現在では759病院（基幹災害拠点病院64病院、地域災害拠点病院695病院）が指定を受けています。

4　✕　災害拠点病院は、多発外傷、挫滅症候群、広範囲熱傷等の**災害時に多発する重篤救急患者の救命医療**を行うために必要な診療設備を整えることが指定要件とされています。

5　○　指定要件として、災害派遣医療チームを保有し、その派遣体制があることが求められています。

正解　5

問題17

1　○　介護医療院には、重篤な身体疾患を有する者及び身体合併症を有する認知症高齢者等を対象とするⅠ型療養床と、Ⅰ型と比べて、比較的容態が安定した者を対象とするⅡ型療養床があります。

2　✕　**療養病棟**は、慢性期の患者を対象に長期の療養を目的とした病棟です。急性期で医療的ケアが必要である者を対象とするのは、一般病棟です。

3　✕　**地域包括ケア病棟**は、急性期治療を経て、病状が安定した患者を対象に、在宅や施設への復帰に向けて診療、看護、リハビリテーションを行うことを目的とした病棟です。

4　✕　介護老人保健施設の入所の対象となるのは、**病状が安定し入院治療の必要がない**、リハビリテーションを必要とする要介護者です。

5　✕　**回復期リハビリテーション病棟**は、**脳血管疾患**や**大腿骨頸部骨折**などにより身体機能の低下した患者に対して、ADL（日常生活動作）能力の向上による寝たきりの防止と家庭復帰を目的としたリハビリテーションを集中的に行う病棟です。

正解　1

問題18

1　✕　医療法に基づき、医療計画の策定義務を負っているのは都道府県です。医療施設の適正な配置や**病院の機能分化を図る**ことを目的としています。

2　✕　地域医療支援病院は、1997（平成９）年の**第３次医療法の改正**に基づき設置されました。

3　✕　診療所は、入院設備がないものまたは入院のための病床数が**19床以下**の施設とされています。

4　○　記述のとおりです。介護医療院は2018（平成30）年度に創設された医療提供施設の１つで、**介護保険施設**でもあります。

5　✕　地域医療構想は、2015（平成27）年度４月から**医療介護総合確保推進法**に基づき、都道府県が策定することになっています。

正解　4

問題19 C **34-73** 医療法の改正

次の記述のうち、2014年（平成26年）の医療法改正（第六次）の内容として、**正しいものを1つ選**びなさい。

1 地域医療支援病院制度が創設された。

2 医療計画に地域医療構想の策定が位置づけられた。

3 特定機能病院制度が創設された。

4 地域的単位として、新たに区域（医療圏）が創設された。

5 療養型病床群の設置が制度化された。

問題20 B **27-73** 医療計画

医療計画に関する次の記述のうち、**正しいものを1つ選びなさい。**

1 医療計画の策定主体は、都道府県である。

2 現行の医療計画では、精神医療についての記述は求められていない。

3 現行の医療計画では、在宅医療についての記述は求められていない。

4 医療計画における病床規制は、規制改革の中で撤廃された。

5 医療計画における二次医療圏は、地域包括ケアの圏域である日常生活圏とほぼ同様に想定されている。

問題21 C **33-73** 地域医療構想

医療法等による地域医療構想に関する次の記述のうち、**正しいものを2つ選びなさい。**

1 構想区域の設定については、三次医療圏を原則とする。

2 病床の必要量の推計については、慢性期病床は推計の対象外とされている。

3 医療需要の推計については、在宅医療は推計の対象外とされている。

4 都道府県は、構想区域等ごとに、診療に関する学識経験者の団体等（関係者）との協議の場を設けなければならない。

5 地域医療構想では、地域における病床の機能分化と連携の推進が目指される。

START!
GOAL!!

専門 CH 4

解答・解説

問題19

1 × 地域医療支援病院制度が創設されたのは、**1997（平成9）年の第三次医療法改正**においてです。

2 ○ 記述のとおりです。

3 × 特定機能病院制度が創設されたのは、**1992（平成4）年の第二次医療法改正**においてです。

4 × 医療圏が創設されたのは、**1985（昭和60）年の第一次医療法改正**においてです。

5 × 療養型病床群の設置が制度化されたのは、**1992（平成4）年の第二次医療法改正**においてです。

正解 **2**

問題20

1 ○ **医療法**において「都道府県は、基本方針に即して、かつ、地域の実情に応じて、当該都道府県における医療提供体制の確保を図るための計画（**医療計画**）を定めるものとする」と規定されています（同法第30条の4第1項）。

2 × 医療計画に該当する**5疾病**は、**がん、脳卒中、急性心筋梗塞、糖尿病、精神疾患**となっていて、精神医療についての記述も求められています。

3 × 医療法において「**居宅等における医療の確保に関する事項**」（**在宅医療**）を定めることと規定されています（同法第30条の4第2項第6号）。

4 × 医療法第7条の2で、地域で必要な病床数の基準を超える場合は、病院の開設や病床の増床の**許可を与えない**ことができると規定されています。

5 × 地域包括ケアシステムの日常生活圏は、**中学校区**を想定しています。市町村を単位としている二次医療圏の方が、より広くなっています。

正解 **1**

問題21

1 × 地域医療構想では、**二次医療圏**を原則に構想区域を設定しています。

2 × 病床の必要量は、高度急性期、急性期、回復期、慢性期の病床を対象に推計されます。

3 × 医療需要の推計には、病床数だけでなく、在宅医療等も含まれます。

4 ○ 記述のとおりです。名称を**地域医療構想調整会議**といい医療法第30条の14に定められています。

5 ○ 記述のとおりです。将来あるべき医療提供体制を実現するための施策として病床の**機能分化**と連携の推進があげられています。

正解 **4・5**

専門 CH 4 保健医療と福祉

問題22
B 32-72 特定健康診査と特定保健指導

特定健康診査及び特定保健指導に関する次の記述のうち、**正しいもの**を 1 つ選びなさい。

1 特定健康診査及び特定保健指導の対象年齢は、40歳以上60歳以下である。

2 特定保健指導の目的は、糖尿病等の生活習慣病の予防である。

3 特定健康診査の目的は、がんの早期発見である。

4 特定健康診査の結果は、結果に問題がなければ保険者から受診者への通知を省略することができる。

5 特定健康診査は、被用者が同じ内容の事業者健診を受けていても、改めて受けることが義務づけられている。

問題23
B 29-72 保健所

保健所に関する次の記述のうち、**最も適切なもの**を 1 つ選びなさい。

1 保健所が行うメンタルヘルスの相談では、精神障害者保健福祉手帳所持者は対象外である。

2 保健所における対人保健分野の業務として、エイズに関する個別カウンセリング事業がある。

3 保健所は、「感染症法」に基づき、結核患者の発生届を受理した場合には、治療に当たることが義務づけられている。

4 都道府県が設置する保健所の所管区域は、医療法に規定する三次医療圏と一致する。

5 保健所は、母子保健法に基づき母子健康手帳を交付する。

（注）「感染症法」とは、「感染症の予防及び感染症の患者に対する医療に関する法律」のことである。

START!
GOAL!!

解答・解説

問題22

1　×　特定健康診査及び特定保健指導は、**高齢者の医療の確保に関する法律**に基づき実施されるもので、対象は40歳以上75歳未満の医療保険加入者です。

2　○　記述のとおりです。**特定保健指導**は、特定健康診査の結果を受け、生活習慣病のリスクは高いが、予防効果の期待できる人を対象に行われます。

3　×　**特定健康診査**は、**メタボリックシンドローム**対策として導入された健康診査です。

4　×　保険者は、特定健康診査を受けた加入者に対し、当該特定健康診査の結果を通知しなければなりません（高齢者の医療の確保に関する法律第23条）。

5　×　事業者健診は、特定健康診査の検査項目をすべて含んでいるため、改めて受ける必要はありません。

正解　2

問題23

1　×　保健所が行う**メンタルヘルスの相談**では、心の健康や精神障害、アルコール、薬物依存、引きこもりや思春期の精神保健など精神保健福祉全般について、精神保健福祉相談員や保健師などに相談することができます。精神障害者保健福祉手帳所持者も対象となります。

2　○　記述のとおりです。保健所が行う対人保健分野のサービスには、感染症等対策、エイズ・難病対策、精神保健対策、母子保健対策があります。エイズ・難病対策では、必要な者への無料匿名検査を含む、**エイズに関する個別カウンセリング事業**を実施しています。

3　×　感染症法により、結核患者であると診断した医師は、直ちに最寄りの**保健所への届出が必要**です。ただし、同法には、結核患者の発生届を受理した保健所が治療に当たることを義務づける規定はありません。

4　×　地域保健法は、都道府県が設置する**保健所の所管区域**について、保健医療にかかる施策と社会福祉にかかる施策との有機的な連携を図るため、医療法に規定する**二次医療圏**及び介護保険法に規定する区域を参酌して設定しなければならないとしています。

5　×　母子保健法は、**市町村**は、妊娠の届出をした者に対して、**母子健康手帳**を交付しなければならないとしています。

正解　2

ポイント
チェック

保健所の概要

- **地域保健法**に規定され、都道府県、指定都市、中核都市等が設置
- 医師、歯科医師、薬剤師、獣医師、診療放射線技師、栄養士など、多種の保健医療職種が置かれ、保健所長は**原則医師**とする
- 対人保健分野：感染症等対策、エイズ・難病対策、精神保健対策、母子保健対策など
- 対物保健分野：食品衛生関係、生活衛生関係、医療監視等関係、企画調整など

問題24 **B** 30-75 医師の業務

医師法に規定された医師の業務に関する次の記述のうち、**最も適切なもの**を1つ選びなさい。

1　時間外の診療治療の求めに対しては、診療を断る権利がある。

2　医師の名称は独占ではないが、医師の業務は独占である。

3　処方せんの交付は薬剤師に委任できない。

4　診療録の記載は義務となるが、その保存は義務とはならない。

5　患者の保健指導は義務とはならない。

問題25 **B** 33-74 医師の役割等

日本における医師の資格、業務及び偏在に関する次の記述のうち、**正しいもの**を1つ選びなさい。

1　医師が正当な理由なく業務上知り得た秘密を漏らす行為は、刑法により罰せられる。

2　医師は診察治療の求めがあった場合には、事由のいかんにかかわらず、拒むことはできない。

3　医療施設に従事する医師の人口10万対の数を地域別にみると、東北地方に比べて近畿地方が少ない傾向にある。

4　医師の養成機関に対する指定権者は、厚生労働大臣である。

5　医療施設に従事する医師数を施設種別にみると、診療所に従事する医師が最も多い。

問題26 **B** 34-74 医師の役割等

患者の治療方針の決定に関する次の記述のうち、**最も適切なもの**を1つ選びなさい。

1　肝臓がんとの診断を受けたAさん（66歳）は、インフォームドコンセントとして、検査結果の内容と今後の治療方針について医師から説明を受け、治療に同意した。

2　終末期にあるBさん（52歳）の家族は、インフォームドチョイスとして、本人に気付かれないように主治医と治療方針を決定した。

3　小児がん患者のCちゃん（11歳）の保護者は、インフォームドアセントとして、本人の意思を確認せずに終末期医療における延命医療の拒否を医師に伝えた。

4　終末期にあるDさん（78歳）と家族と医療従事者は、パターナリズムモデルに従って、繰り返し治療選択について話し合い、意思決定を行った。

5　E医師は、筋萎縮性側索硬化症（ALS）の進行したFさん（48歳）の意思を推測し、心肺停止時に心肺蘇生措置をしない旨をリビングウィルとしてカルテに記載した。

問題24

1　✕　医師には**応招義務**があり、正当な事由がなければ診療を断ることはできません。

2　✕　医師は、**名称独占**であり**業務独占**です。

3　○　記述のとおりです。

> 調剤は薬剤師の独占業務ですが、医師自らの処方による調剤
> は認められています。

4　✕　診療録は、5年間保存しなければなりません。

5　✕　患者の保健指導も義務です。

正解 　3

問題25

1　○　記述のとおりです。刑法第134条には、医師等が正当な理由なく、その業務上知り得た人の秘密を漏らしたときには**6月以上の懲役**または**10万以下の罰金**が科されることが規定されています。

2　✕　医師法第19条には、診察治療の求めに対し、**正当な事由**がなければ拒んではならないことが規定されています。

3　✕　国の統計によれば、医師の人口10万対の数では、近畿地方よりも東北地方の方が少ない傾向にあります。

4　✕　医師が臨床研修を受ける病院の指定は都道府県知事が行います。なお、外国の病院については厚生労働大臣が指定します。

5　✕　国の統計によれば、医師数を施設種別でみた場合、**病院**に従事する医師が最も多くなっています。

正解 　1

問題26

1　○　記述のとおりです。インフォームドコンセントとは、患者が治療等の内容について十分に説明を受け、理解し納得したうえで方針に合意することを指します。患者の人権を尊重し、患者中心の医療を重視する考え方です。

2　✕　**インフォームドチョイス**とは、**説明を受けたうえでの選択**を指します。インフォームドコンセントをさらに進めた考え方とされており、Bさん本人の選択が重要になります。

3　✕　**インフォームドアセント**とは、患者が未成年者の場合、保護者から得るインフォームドコンセントとは別に、**子ども本人から得る了承**（賛意）を指します。医師には、Cちゃんの年齢や発達にあわせ、わかりやすい言葉で可能な限り治療等に関する内容について説明を行うことが求められます。

4　✕　**パターナリズム**とは家父長主義とも訳され、弱い立場の者の利益になるという立場から、その行動に介入したり干渉することを指します。医療現場におけるパターナリズムは医療父権主義、医療パターナリズムと呼ばれ、医師が医療者側の判断を強制するものをいいますが、Dさんへの対応はこれにあたりません。

5　✕　**リビングウィル**とは、元気なうちに自分の延命治療などに関する要望を書き記しておく生前の意思表明です。事前宣言書や事前指示書と呼ばれます。

正解 　1

問題27

B 27-74改 **保健師、看護師等の役割**

保健師・助産師・看護師などに関する次の記述のうち、**正しいものを１つ**選びなさい。

1　看護師とは、都道府県知事の免許を受けて、傷病者もしくはじょく婦に対する療養上の世話又は診療の補助を行うことを業とするものをいう。

2　保健師は、育児上必要があると認められた出生後28日までの乳児に対し訪問指導を行うが、引き続き指導を必要とする場合には、28日を超えても行うことができる。

3　2020年（令和２年）末の時点において、就業している保健師の約５割が、公的機関である保健所、市町村に勤務している。

4　回復期リハビリテーション病棟入院料１を算定する病棟において、５年以上の経験を有する専任看護師及び専任社会福祉士を配置した場合の評価が新設された。

5　保健師に対して、療養上の世話又は診療の補助が行える旨の規定が設けられているが、助産師には設けられていない。

問題28

A 34-75 **医療関係職種の業務**

次の記述のうち、理学療法士、作業療法士、言語聴覚士が行うとされる業務として、**正しいものを１つ**選びなさい。

1　理学療法士が、入院患者の生命維持管理装置を操作する。

2　理学療法士が、脳梗塞後遺症の患者に歩行訓練を行う。

3　作業療法士が、リハビリテーション中に気分不良を訴えた患者に点滴をする。

4　作業療法士が、看護師の指導の下で外来患者の採血をする。

5　言語聴覚士が、在宅患者の胃ろうチューブの交換を行う。

問題29

B 29-76 **地域連携クリティカルパス**

地域連携クリティカルパスに関する次の記述のうち、**適切なものを１つ**選びなさい。

1　連携する機関に保険薬局は含まれない。

2　病院内のチーム医療の推進が目的である。

3　連携する機関の間で診療計画や診療情報を共有する。

4　連携する機関に地域包括支援センターは含まれない。

5　患者が退院する病院の専門職が決定した診療方針に従い、地域の医療機関が診療を行う。

解答・解説

問題27

1 ✕ 看護師は、**厚生労働大臣の免許**を受けると定められています。

2 ○ 出生後28日までの新生児が新生児でなくなった後においても、**訪問指導を継続することができる**とされています。

3 ✕ 2020（令和 2 ）年末で、就業場所別にみた就業保健師数は、**市区町村**が 3 万450人で**54.8％**、保健所は8523人で**15.3％**と、保健所、市町村に勤務する保健師は 7 割を超えています（厚生労働省「令和 2 年衛生行政報告例（就業医療関係者）の概況」）。

4 ✕ 回復期リハビリテーション病棟入院料 1 の評価の要件は、**専任医師**と**専任社会福祉士**の配置です。医師は「**リハビリテーション医療に関する 3 年以上の経験を有していること**」、社会福祉士は「**退院調整に関する 3 年以上の経験を有する者であること**」とされています。

5 ✕ 助産師も保健師と共に、**療養上の世話又は診療の補助が行える**旨の規定が設けられています。

正解 **2**

問題28

1 ✕ 入院患者の生命維持管理装置を操作するのは、**医療行為**を行う**医師**または、**医師の指示**のもと患者の**療養上の世話**または**診療の補助**を行う**看護師**等が行う業務です。

2 ○ 記述のとおりです。理学療法士は、医師の指示のもと、身体に障害のある者に対し、主にその基本的動作能力の回復を図るため、体操や運動、電気刺激、マッサージ等を行います。

3 ✕ 点滴は、**解説 1** のとおり、医師または看護師の業務です。作業療法士は、医師の指示のもと、身体または精神に障害がある者に対し、主にその応用的動作能力または社会的適応能力の回復を図るため、必要な作業等を行います。

4 ✕ 採血は、**解説 1** のとおり、医師または看護師の業務です。

5 ✕ 言語聴覚士は、**音声機能**、**言語機能**または**聴覚**に障害がある者について、その機能の維持向上のため、必要な訓練や検査、助言、指導等の援助や診療の補助として、医師または歯科医師の指示の下に、嚥下訓練、**人工内耳の調整**を行います。

正解 **2**

問題29

1 ✕ 治療や検査の標準的な経過を説明するために作成される診療スケジュールのことを**クリティカルパス**といい、院内クリティカルパスと**地域連携**クリティカルパスがあります。後者は、病院を退院した後の、他の病院や施設、在宅など、地域全体をフィールドとするもので、連携する施設は、対象疾患に応じて、計画管理病院、連携医療機関、介護保険サービス提供事業所、**保険薬局**などがあります。

2 ✕ 地域連携クリティカルパスは、病気の発症（急性期）からリハビリ（回復期）、その後の地域生活（維持期）まで一貫した治療方針で、患者の状態に合わせた適切な医療や介護を提供できるよう、**地域全体でサポート**していくために作成されます。記述は、**院内**クリティカルパスです。

3 ○ 記述のとおりです。

4 ✕ 地域連携クリティカルパスは、疾患ごとに作成されます。高齢者のリハビリテーションが必要となる疾患や在宅生活への支援については、**介護保険サービス**を加えることも必要となることから、連携機関として地域包括支援センターが含まれます。

5 ✕ 地域連携クリティカルパスは、地域の病院や診療所などの医療機関が**連携・協力**しながら、患者の状況に応じた「診療計画」を作成し、診療に当たる全ての医療機関等で共有します。

正解 **3**

問題30 A 28-75 医療ソーシャルワーカーの役割

　救急医療の場面において、医療ソーシャルワーカーが医療ソーシャルワーカー業務指針にのっとって行う業務に関する次の記述のうち、**適切なもの**を**2つ**選びなさい。

1　患者の身元が不明な場合には、警察に通報する義務がある。

2　患者が医療費の支払いに困窮している場合には、福祉、保険等関係諸制度を活用できるように援助する。

3　患者が医療上の指導を受け入れない場合には、その理由となっている心理的・社会的問題の解決に向けて援助を行う。

4　継続治療が必要な場合には、同一病院での入院を推奨する。

5　家族が混乱している場合には、治療内容を説明する。

(注) 医療ソーシャルワーカー業務指針は、平成14年11月29日に改定されたものである。（厚生労働省健康局長通知）

問題31 B 34-76 医療ソーシャルワーカーの役割

　事例を読んで、G医療ソーシャルワーカー（社会福祉士）によるHさんの経済的な不安への対応に関する次の記述のうち、**最も適切なもの**を**1つ**選びなさい。

〔事　例〕

　Hさん（48歳）は、企業に勤務する会社員で、専業主婦の妻（46歳）と大学生の長男（20歳）の3人暮らしである。2週間前に脳梗塞を発症し、現在、急性期病院に入院中である。主治医から、重度の麻痺により今後は歩行が困難になるため、来週リハビリテーション病院に転院し、3か月ほどのリハビリテーション治療が必要であることを告げられた。転院等の相談のためにG医療ソーシャルワーカーが紹介された。G医療ソーシャルワーカーは、「医療費及び生活費などの経済的なことが心配です」と訴えるHさんに具体的な情報を提供した。

1　転院前に障害年金を受給できることを説明する。

2　介護保険の要介護認定を受ければ、生活費が支給されることを説明する。

3　療養の給付により医療費の一部負担金が全額免除されることを説明する。

4　勤務先から入院中の休業に対して報酬が支払われていなければ、傷病手当金を受給できることを説明する。

5　特別児童扶養手当を申請すれば、支給されることを説明する。

1 ✕ 業務指針には、医療ソーシャルワーカー（MSW）に身元不明の患者について警察に通報する義務は示されていません。

2 ○ 業務指針「二　業務の範囲」の「（5）経済的問題の解決、調整援助」に示されています。

3 ○ 同「（4）受診・受療援助」の③に示されています。

4 ✕ 同「（2）退院援助」の③に、引き続き必要な医療を受け、地域の中で生活をすることができるよう、患者の多様なニーズを把握し、**転院のための医療機関等**の地域の**社会資源の選定を援助**することと示されています。

5 ✕ どのような場合でも、治療内容の説明を行うのは、医師の役割です。MSWは、受診や入院、在宅医療に伴う患者や家族の不安等の問題の解決を援助し、**心理的に支援**するとされています。家族が混乱している場合には、必要な情報を医師等へ提供して援助を行います（同「（4）受診・受療援助」の③⑥）。

正解 **2・3**

1 ✕ 障害年金は、**初診の日から1年6か月経過**したとき、または障害の状態が固定したときから支給対象になります。Hさんの発症は2週間前であり、転院前に年金は受給できません。

2 ✕ 介護保険は、要介護状態になり、介護・機能訓練・看護などを必要とする人が、尊厳を保持し、その有する能力に応じて自立した日常生活を営むことができるよう、必要な保健医療サービス及び福祉サービスに係る給付を行う制度です。生活費が支給されることはありません。

3 ✕ 医療保険における療養の給付では、診察や薬剤の支給、処置、手術等の医療費に一定の給付割を乗じた額を支給されます。義務教育就学後から70歳未満では7割です。なお、労働者災害補償保険では、被災労働者が労災病院等において無料で「療養の給付」を受けられますが、Hさんの脳梗塞はこれに該当しないと考えられます。

4 ○ 医療保険制度では、被保険者が療養のため3日以上連続して仕事を休み、報酬や給料が受けられない場合は、4日目から休業1日につき直近12か月の標準報酬月額を平均とした額を30で割った額の3分の2相当額を傷病手当金として**通算して1年6か月経過時点まで**受給することができます。

5 ✕ 特別児童扶養手当は、**20歳未満**の精神または身体に障害のある子どもを監護する保護者や療育者に支払われる家族手当です。Hさんの長男は20歳であることから、手当の対象になりません。

正解 **4**

問題32
B 35-75 医療ソーシャルワーカーの役割

　事例を読んで、W病院の医療相談室のD医療ソーシャルワーカー（社会福祉士）による、妊婦であるEさんへの支援に関する次の記述のうち、**適切なもの**を**2つ**選びなさい。

〔事　例〕

　Eさん（33歳）は、会社員の夫（38歳）の健康保険の被扶養者であり、夫の母親（78歳、軽度の認知症、要介護1）と3人暮らしである。Eさんは現在、妊娠20週目で、第一子を出産予定である。実家は遠方で、実両親も高齢であることから、産後の子育てと義母の介護の両立に不安を抱えていた。義母は、昼間は通所型サービスを利用しているが、帰宅後は毎日同じ話を繰り返している。夫も多忙で残業も多く、頼りにできないとの思いを持っている。妊婦健診の結果は良好であるが、今後のことを考えると不安であるため、受診しているW病院の医療相談室を訪問した。

1　特定妊婦の疑いがあるため、地域包括支援センターに連絡をする。

2　出産手当金を受け取れることを説明する。

3　認知症高齢者の家族の会などの当事者同士が支え合う活動を紹介する。

4　義母の介護のために特殊寝台の貸与サービスを勧める。

5　産前・産後の不安や負担などを相談するために母子健康包括支援センター（子育て世代包括支援センター）を紹介する。

問題33
B 32-75 医療ソーシャルワーカーの役割

　事例を読んで、K医療ソーシャルワーカー（社会福祉士）による終末期のLさんの家族への対応として、**最も適切なもの**を**1つ**選びなさい。

〔事　例〕

　Lさん（58歳、男性）は、末期の肝臓がんであるとの告知を受け、現在入院中である。主治医からK医療ソーシャルワーカーに、Lさんの今後の療養について意思確認をするよう依頼があった。そのため、Lさんの下を一度訪れたが、現段階では決められないとLさんに面接を断られた。そこでK医療ソーシャルワーカーは、Lさんの了承を得た上で家族と面接を行った。

1　Lさんに意思の確認のための面接を断られたため、今後のLさんとの面接を中止すると伝えた。

2　Lさんの人生観や価値観、生き方などを家族から把握することは控えた。

3　Lさんの家族の意見がまとまらない場合、主治医の意見を優先する旨を家族に伝えた。

4　Lさんの意思決定支援を今後どうすべきか家族と話し合った。

5　Lさんの意思を推定する責任が、家族にある旨を伝えた。

解答・解説

問題32

1 ☓ 医療ソーシャルワーカーは、心理的・社会的問題の解決や調整援助を行う立場から患者の状態に応じた機関との連携を行います。Eさんは**特定妊婦**（出産後の養育について出産前において支援を行うことが特に必要と認められる妊婦）の疑いがあることから相談する機関としては、自治体や医療機関、保健機関などが考えられ、地域包括支援センターに連絡するのは、適切ではありません。

2 ☓ 出産手当金は、被保険者のみが受け取れる手当として、**出産後一定期間会社を休み、給与の支払いがなかった期間を対象に支給**されるものです。Eさんは該当しません。

3 ○ 記述のとおりです。医療ソーシャルワーカーの業務には、**患者会や家族会等の育成や支援**が含まれます。認知症の義母の介護に不安を抱えるEさんに家族会等の活動を紹介するのは適切な支援です。

4 ☓ 医療ソーシャルワーカーの業務として、高齢者等の在宅療養環境を整備するための援助が含まれますが、Eさんの義母は要介護1であり、原則、特殊寝台の貸与対象（**要介護2以上**）には該当しません。

5 ○ 記述のとおりです。母子健康包括支援センター（子育て世代包括支援センター）では、**妊娠期から子育て期にわたる切れ目のない支援**を提供します。産前産後の不安を抱えるEさんの相談先として紹介したのは適切な支援です。

正解 | 3・5 |

問題33

1 ☓ 一度面接に訪れて断られただけで、今後の面接を中止するのは適切な対応とはいえません。

2 ☓ 終末期ということを考えれば、本人が面談を断っている以上、家族から把握することはやむを得ません。このため控えるという対応は適切なものとはいえません。

3 ☓ 家族の意見がまとまらないからといって、主治医の意見を優先するというのは適切な対応とはいえません。家族の気持ちに寄り添いつつ意見集約化の支援を行うのが、医療ソーシャルワーカーの役割です。

4 ○ 記述のとおり、最も適切な対応といえます。

5 ☓ 意思確認が最終的にできない場合には、家族による意思の推定しかありませんが、その責任まで家族にありません。

正解 | 4 |

ポイント
チェック

医療ソーシャルワーカー業務指針

業務の範囲	業務の方法等
❶療養中の心理的・社会的問題の解決、調整援助 ❷退院援助 ❸社会復帰援助 ❹受診・受療援助 ❺経済的問題の解決、調整援助　　❻地域活動	❶個別援助に係る業務の具体的展開 ❷患者の主体性の尊重　　❸プライバシーの保護 ❹他の保健医療スタッフ及び地域の関係機関との連携 ❺受診・受療援助と医師の指示 ❻問題の予測と計画的対応　❼記録の作成等

専門
CHAPTER
4

ポイントチェック一覧

ソーシャルワークの基盤と
専門職（専門）

問題1
B 35-96 福祉事務所の所員の業務

次の記述のうち、福祉に関する事務所（福祉事務所）に配置される所員の社会福祉法に基づく業務として、**正しいものを1つ**選びなさい。

1 指導監督を行う所員（査察指導員）は、都道府県知事の指揮監督を受けて、生活保護業務の監査指導を行う。

2 現業を行う所員（現業員）は、所長の指揮監督を受けて、援護、育成又は更生の措置を要する者等に対する生活指導などを行う。

3 母子・父子自立支援員は、家庭における児童養育の技術及び児童に係る家庭の人間関係に関する事項等に関する相談に応じる。

4 知的障害者福祉司は、社会的信望のもとに知的障害者の更生援護に熱意と識見を持って、知的障害者やその保護者の相談に応じ必要な援助を行う。

5 家庭相談員は、児童の保護その他児童の福祉に関する事項について、相談に応じ、専門的技術に基づいて必要な指導を行う。

問題2
C 33-96 相談援助に関わる職種の根拠法

相談援助に関わる職種の根拠法に関する次の記述のうち、**正しいものを1つ**選びなさい。

1 民生委員は、社会福祉法に規定されている。

2 介護支援専門員は、老人福祉法に規定されている。

3 児童福祉司は、児童福祉法に規定されている。

4 社会福祉主事は、生活保護法に規定されている。

5 身体障害者福祉司は、「障害者総合支援法」に規定されている。

(注)　「障害者総合支援法」とは、「障害者の日常生活及び社会生活を総合的に支援するための法律」のことである。

問題 1

1 ✕ 査察指導員は、**福祉事務所長の指揮監督**を受けて、現業員の指導監督を行います。

2 ◯ 記述のとおりです。

3 ✕ 母子・父子自立支援員の業務は、**母子及び父子並びに寡婦福祉法**に規定されています。配偶者のない者で現に児童を扶養している者及び寡婦に対し、自立に必要な**情報提供及び指導**や、職業能力の向上及び**求職活動**に関する支援を行います。

4 ✕ 知的障害者福祉司の業務は、**知的障害者福祉法**に規定されています。知的障害者の福祉に関する相談援助を行います。記述は、**知的障害者福祉法**に規定されている**知的障害者相談員**の業務です。

5 ✕ 記述は、児童福祉法に規定されている児童福祉司の業務です。

正解　2

ポイント
チェック

現業員と査察指導員の職務内容・役割

現業員	●福祉事務所長の指揮監督を受けて、要保護者の家庭訪問や面接、資産調査や保護の要否を判断する ●保護が必要な場合、受給する扶助の種類の判断や被保護者に対する生活指導等も行う ●生活指導は『生活保護法』第27条に規定する指導及び指示に該当する
査察指導員	福祉事務所長の指揮監督を受けて、現業事務の指導監督（スーパービジョン）を行う

問題 2

1 ✕ 民生委員の根拠法は、**民生委員法**です。

2 ✕ 介護支援専門員の根拠法は、**介護保険法**です。

3 ◯ 児童福祉司の根拠法は、**児童福祉法**で、同法第13条から第15条に規定されています。

4 ✕ 社会福祉主事の根拠法は、**社会福祉法**です。

5 ✕ 身体障害者福祉司の根拠法は、**身体障害者福祉法**です。

正解　3

問題3 B 34-95 介入レベルごとのソーシャルワーク実践

事例を読んで、Y病院のC医療ソーシャルワーカー(社会福祉士)が行う介入レベルごとのソーシャルワーク実践として、**最も適切なもの**を1つ選びなさい。

〔事 例〕

Q政令指定都市の拠点病院であるY病院には、患者サポートセンターがあり、そこには複数の社会福祉士が配置されている。患者サポートセンターでは、ここ数年、身寄りのない患者の退院支援に取り組んできたが、その数は増加傾向にある。そこでC医療ソーシャルワーカーは、増加傾向にあるこうした患者に対する総合的かつ包括的な援助活動や、支援体制の構築に向けた活動を行うこととした。

1 ミクロレベルの介入として、民生委員児童委員協議会に、身寄りのない患者が増加している問題を訴える。

2 ミクロレベルの介入として、Q市と福祉事務所との総合的な連携の在り方について協議する。

3 メゾレベルの介入として、身寄りのない患者との詳細なアセスメント面接を行う。

4 メゾレベルの介入として、病院内に対策検討委員会を設置することを提案する。

5 メゾレベルの介入として、退院の際、個別に日常生活自立支援事業の活用を提案する。

問題4 B 24-89 総合的かつ包括的な支援の意義と内容

複合的な課題をもつ家族への相談援助に関する次の記述のうち、**最も適切なもの**を一つ選びなさい。

1 課題を個々の家族員の次元でとらえ、個々人に焦点を当てたサービスを提供する。

2 家族の問題をこれ以上悪化させないため、第一次予防の活動に焦点化する。

3 既存のサービスで充足できない新しいニーズへの対応については、行政に任せる。

4 単一の専門職で構成されたチームに委ねることで、家族支援の専門性を高める。

5 フォーマルなサービスとインフォーマルな資源を組み合わせ、継続的な対応を行う。

問題3

1 × **サブレベルの介入です**。サブレベルでは、クライエントに関わる補助的な人や機関などが対象となります。

2 × **エクソレベルの介入です**。エクソレベルでは、行政やマスメディア、近親者の関わる環境が対象となります。

3 × **ミクロレベルの介入です**。ミクロレベルでは、個人や家族が対象となります。

4 ○ 記述のとおり、**メゾレベルの介入です**。メゾレベルは、職場や学校、地域が相当します。

5 × **ミクロレベルの介入です**。ミクロレベルでは、個人や家族が対象となります。

正解 4

ポイントチェック

ソーシャルワーク実践におけるミクロ、メゾ、マクロの各レベル

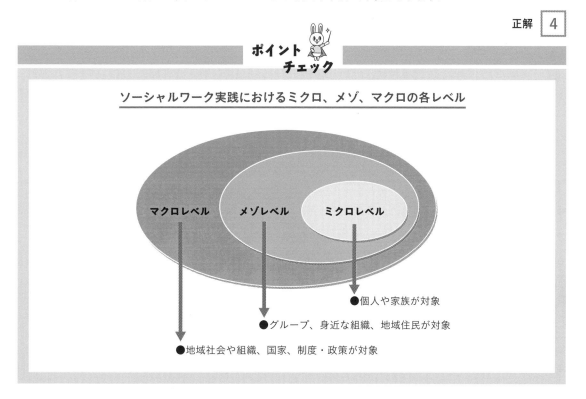

マクロレベル　メゾレベル　ミクロレベル

●個人や家族が対象

●グループ、身近な組織、地域住民が対象

●地域社会や組織、国家、制度・政策が対象

問題4

1 × 複合的な課題をもつ家族に対しては、個々人よりも家族員の相互関係に焦点を当てたサービスを提供することが求められます。

2 × 第一次予防は、問題の発生予防を意味します。すでに問題が発生し、これ以上悪化させないためには、問題の**早期発見、早期支援**といった**第二次予防**の活動に焦点化します。

3 × 既存のサービスで充足できない新しいニーズへの対応について、援助者には、行政任せにするのではなく、新たな**社会資源の開発**が求められます。

4 × 複合的な課題に対しては、多職種が連携したチームアプローチでの援助が求められます。

5 ○ **解説3**のとおり、フォーマルなサービスとインフォーマルな資源を組み合わせるなど、新たな社会資源を開発し、**継続的に対応**することが求められます。

正解 5

問題5

C 34-97 相談支援員の対応 ☑☑

　事例を読んで、生活困窮者を対象とした自立相談支援機関で相談に当たっている**D**相談支援員（社会福祉士）のこの段階における対応として、**適切なもの**を**2つ**選びなさい。

〔事　例〕

　Eさん（45歳、女性）から相談窓口に、「毎日不安でたまらない。どうしたらよいか」という電話があり、その結果、来所面接となった。**E**さんは独身で、兄弟はおらず、両親を15年前に相次いで亡くしている。高校卒業後、様々なパートタイムの勤務をしたが長続きはせず、現在は失業中である。軽度のうつ病のため通院しており、主治医からは時間をかけて治療していきましょうと言われている。両親の没後、古い家を相続して住んではいるが、一時、収入があると、物を購入することがやめられず、家中が物で溢れている。既に、手持ちの資金が底をついており、就労を考えたこともあるが、勤務先でのつらい体験が思い浮かび、何事をするにも自信が持てない。また、友人など周囲に相談できる人はほとんどおらず、孤立感を感じている。

1　生活困窮者一時生活支援事業の利用を勧める。

2　生活福祉資金貸付制度の利用を勧める。

3　債務処理に詳しい司法の専門家と連携を取る。

4　**E**さんの症状を把握するため、**E**さんの了解を得て、通院先の病院と連携を取る。

5　地域での孤立感を軽減するため積極的にボランティア活動へ参加することを提案する。

問題6

B 34-96 多職種チーム ☑☑

　社会福祉士が参加する多職種等によって形成されるチーム（以下「多職種チーム」という。）に関する次の記述のうち、**最も適切なもの**を**1つ**選びなさい。

1　多職種チームを構成する他の専門職の文化や価値を理解する。

2　多職種チームのメンバーには、利用者を含めてはならない。

3　多職種チームでは、メンバーが同一の施設や機関に所属している必要がある。

4　多職種チームを機能させるために、社会福祉士がリーダーとなりヒエラルヒーを構成する。

5　多職種チームでは、チームの方針・目標の設定よりも、社会福祉士としての独自の方針や目標設定を優先する。

解答・解説

問題 5

1　✕　一時生活支援事業は、住居をもたない生活困窮者に対して、一定期間、宿泊場所や衣食の提供などを行う事業です。親から相続した家に住んでいる**E**さんは対象ではありません。

2　○　生活福祉資金貸付制度とは、生活困窮者、高齢者、障害者の生活を支えるための貸付制度のことです。生活困窮者等の在宅福祉および社会参加の促進を図ることも目的となっています。この制度の利用を勧めることは、**E**さんへの支援として適切な対応です。

3　✕　**E**さんは手持ちの資金が底をついているものの、債務を抱えている記述はないため、債務処理の手順を取る必要はありません。

4　○　各種関係機関と連携して、**E**さんの抱えている課題を把握することは適切な対応です。

5　✕　現時点では、**E**さんの抱えている課題をアセスメントしている段階です。その後、自立生活のためのプランの作成を行う際などに、地域での孤立感を軽減する支援方法に関して検討します。

正解　**2・4**

問題 6

1　○　記述のとおりです。多職種チームはさまざまな専門職等で構成されるため、それぞれの価値観や視点の違いからチーム内で差異が生じることがありますが、他の専門職の文化や価値を理解し、葛藤を共有することで、**チーム・コンピテンシー**はより向上します。

2　✕　チームアプローチのためには、保健、医療、福祉のサービスにとどまらず、家族、近隣住民、ボランティアといった**インフォーマル**な社会資源の力も重要であり、利用者が含まれることがあります。

3　✕　多職種チームでは、地域生活を想定した総合的かつ包括的な援助を実践するため、多くの施設や機関、職種が関わります。

4　✕　多職種チームにおいて、社会福祉士がリーダーとなりヒエラルヒー（階層）を構成することはありません。さまざまな専門職がお互いの専門性と役割を尊重しながら、チームとしての連携を保ちます。主に**急性期医療**の場面で、**医師**を中心としたヒエラルヒーが構成されることがあります。

5　✕　多職種チームでは、ある目的のためにさまざまな専門職が連携して援助を行います。各専門職の独自の方針や目標設定よりも、チームの方針・目標設定が優先されます。

正解　**1**

ポイントチェック

多職種チームの3形態

マルチディシプリナリー	さまざまな専門職がお互いの専門性と役割を尊重しながら、チームとしての連携を保つ。専門職間のヒエラルキー（階層）をもち、緊急性の高い問題に対して有効である
インターディシプリナリー	さまざまな専門職の専門性を活かしつつ、役割としては重なる部分がある。チームメンバー全員が秩序のあるレベルで情報を共有している。在宅支援などで有効である
トランスディシプリナリー	インターディシプリナリーと近い形態だが、さまざまな専門職・非専門職共に、役割の重なる部分がより多い

問題7 B　33-95　母子支援員の対応

　事例を読んで、Z母子生活支援施設のL母子支援員（社会福祉士）の対応として、**適切なものを2つ選びなさい。**

〔事　例〕

　Mさん（28歳）は夫のDVに耐え切れず、近所の人に勧められて福祉事務所に相談し、Aちゃん（7歳、女児）を連れてZ母子生活支援施設に入所した。Mさんには軽度の知的障害があり、療育手帳を所持している。入所後1か月が経過したが、Mさんは自室に閉じ籠もっていることが多い。また、他の入所者の部屋の音のことでトラブルとなったこともある。Aちゃんは精神的に不安定で学校を休みがちである。ある日、Mさんは、「ここに居ても落ち着かないので、Aちゃんを連れて施設を出たい」とL母子支援員に訴えてきた。

1　Mさんの気持ちを受け止めた上で、これからの生活に対する希望を聴く。
2　母子分離を図るため、Aちゃんを児童相談所へ送致する。
3　Mさんには退所に関する意思決定は困難であると判断する。
4　退所の申出の背景にある施設での生活環境を探る。
5　すぐに福祉事務所に退所についての判断を仰ぐ。

問題8 B　33-97　多職種連携

　事例を読んで、多職種連携の観点から、この時点でのT市の地域包括支援センターのB社会福祉士の対応として、**適切なものを2つ選びなさい。**

〔事　例〕

　担当地区の民生委員のCさんより、一人暮らしのDさん（80歳、男性）のことでT市の地域包括支援センターに相談の電話があった。Dさんは3か月ほど前に妻を亡くした後、閉じ籠もりがちとなり、十分な食事をとっていないようである。Dさんはこれまで要支援・要介護認定は受けていない。B社会福祉士がDさんの下を訪ねたところ、Dさんは受け答えはしっかりしていたが、体力が落ち、フレイルの状態に見受けられた。

1　法定後見制度の利用を検討するため、弁護士に助言を求める。
2　サロン活動の利用を検討するため、社会福祉協議会の福祉活動専門員に助言を求める。
3　日常生活自立支援事業の利用を検討するため、介護支援専門員に助言を求める。
4　介護老人福祉施設への入所を検討するため、医師に助言を求める。
5　栄養指導と配食サービスの利用を検討するため、管理栄養士に助言を求める。

問題7

1 ○ Mさんは、精神的に不安定で、知的障害がある状況を踏まえると、現在の気持ちを受容し、今後の生活についての希望を傾聴するという対応は、信頼関係を築くうえで、適切な対応といえます。

2 × Mさんが、現時点で不適切な子育てを行っているとまでは判断できないので、Aちゃんを児童相談所に送致することは不適切です。

3 × Mさんには軽度の知的障害がありますが、退所に関する意思決定が困難であるかどうかまでは、事例文で判断することはできません。

4 ○ Mさんは「ここに居ても落ち着かない」と訴えていることから、施設内で落ち着いて過ごせるよう、**生活環境**を探ることは適切な対応です。

5 × Mさんの夫の状況が不明確であり、退所後の生活環境も整備されていない状況で、すぐに退所に向けた対応を図ることは不適切です。

正解 **1・4**

問題8

1 × Dさんの現状から、判断能力が低下しているとは判断できないため、法定後見制度の利用を検討する必要性は低いといえます。

2 ○ Dさんには、体力低下がみられ、交流の機会も少ないことから、サロン活動の利用を検討することは適切な対応であり、そのために、社会福祉協議会の**福祉活動専門員**に助言を求めることも適切です。

3 × Dさんの現状から、判断能力が低下しているとは判断できないため、日常生活自立支援事業の利用を検討する必要性は低いといえます。さらに、日常生活自立支援事業の利用を検討する場合は、**社会福祉協議会**の**専門員**と連携を図る必要があります。

4 × Dさんは、要介護3以上ではないため、介護老人福祉施設の**入所対象外**です。

5 ○ Dさんは、十分な食事をとっていない状況にあるので、**管理栄養士**と連携を図り、**栄養指導**や**配食サービス**の利用を検討することは適切です。

正解 **2・5**

ポイントチェック

チームアプローチの留意点

・クライエントとチームメンバーを固定させずに、多くの人と関われるようにする

・チームにクライエントや家族の参加を促し、それが可能となるチーム体制を確立できるようにする

・クライエントや家族のプライバシー保護に留意する

・援助者側とクライエント側の対立構造が生まれないように留意する（援助者側が強固な一枚岩とならないこと）

専門
CHAPTER
5

ポイントチェック一覧

専門
CHAPTER

6

ソーシャルワークの
理論と方法（専門）

A 35-104 **ソーシャルワークにおける援助関係**

問題1

ソーシャルワークにおける援助関係に関する次の記述のうち、**適切なものを2つ**選びなさい。

1 転移とは、ソーシャルワーカーが、クライエントに対して抱く情緒的反応全般をいう。

2 統制された情緒的関与とは、ソーシャルワーカーが、自らの感情を自覚し、適切にコントロールしてクライエントに関わることをいう。

3 同一化とは、ソーシャルワーカーが、クライエントの言動や態度などに対して、自らの価値観に基づく判断を避けることをいう。

4 エゴグラムとは、ソーシャルワーカーが、地域住民同士の関係について、その相互作用を図式化して示すツールをいう。

5 パターナリズムとは、ソーシャルワーカーが、クライエントの意思に関わりなく、本人の利益のために、本人に代わって判断することをいう。

問題2

A 32-107 **ソーシャルワークにおける援助関係**

ソーシャルワークにおける援助関係に関する次の記述のうち、**最も適切なもの**を**1つ**選びなさい。

1 ラポールとは、被援助者に代わって援助者が意思決定することを表す。

2 パートナーシップとは、援助者と被援助者が共に課題に取り組む関係性を表す。

3 逆転移とは、被援助者が自己の感情を援助者に向けることを表す。

4 パターナリズムとは、援助者と被援助者間の情動的な絆を表す。

5 アタッチメントとは、被援助者が援助者から自立している状態を表す。

問題 1

1 × ソーシャルワーカーが、クライエントに対して抱く**情緒的反応は逆転移**です。転移は、**クライエントがかつて抱いていたさまざまな感情をソーシャルワーカーに向ける（投影する）こと**をいいます。

2 ○ バイステックの7原則の1つである「統制された情緒的関与」とは、ソーシャルワーカーが、自らの感情を自覚し、適切にコントロールしてクライエントに関わることをいいます。

3 × 同一化とは、**防衛機制**の1つで自分がもつ願望をすでに叶えている他者に自分を重ねることで満足することです。記述は、バイステックの7原則の1つである「非審判的態度**の原則**」です。

4 × エゴグラムは、質問紙による性格検査で、5つのプロフィールに分類します。ソーシャルワーカーが、地域住民同士の関係について、その相互作用を図式化して示すツールは、社会資源では**エコマップ（社会関係図）**、個人では**ソシオグラム（集団内相関図）**です。

5 ○ 記述のとおりです。パターナリズム（**父権主義**）は、権限などが強い立場の者が、弱い立場の者の利益のために、その人の意思に関わりなく、介入や干渉、意思決定を行うことをいいます。

正解 2・5

問題 2

1 × ラポールとは、信頼関係と訳されるものであり、援助関係の基盤となるものです。

2 ○ 記述のとおりです。

3 × 逆転移とは、援助者が自分の親や子などに向けていた無意識な感情や葛藤を、利用者に対して向けるようになってしまう状態です。

4 × **パターナリズム**とは、強い立場にある者と、弱い立場にある者との間に生じた支配関係のことをいいます。

5 × **アタッチメント**とは、愛着とも訳されるものであり、特に乳幼児などの低年齢児に対しては、愛着形成に向けた支援が実施されています。

正解 2

ポイントチェック

援助過程で生じる感情

転移	**クライエント**がかつて抱いていたさまざまな感情を、援助者に向ける（投影する）こと
逆転移	援助者がかつて抱いていたさまざまな感情を、**クライエント**に向けること
選好感情	援助者が自らの好みでクライエントを**序列化**したり、偏った気持ちで見たりすること

問題3

A 33-108 援助関係の形成方法

事例を読んで、Uがん診療連携拠点病院のE医療ソーシャルワーカー（社会福祉士）による応答として、**適切なもの**を**2つ**選びなさい。

〔事 例〕

Uがん診療連携拠点病院のE医療ソーシャルワーカーは、入院以来関わり続けてきた末期がん患者のFさん（48歳、男性）の妻Gさんから次のような相談を受けた。「夫も私も納得して、緩和ケアに変更して積極的な治療を行わないことを決めたのですが、もしかしたら明日効果的な薬が開発されるかもしれないし、果たしてその決断が正しかったのか。今後のことを考えると私は不安で不安で仕方がありません。今の私は亡くなっていく夫を支えていく自信がありません」と話した。

1　「心配ですね。でも、Fさんはすぐに亡くなると決まったわけではありませんよ」

2　「Gさんなら最後までFさんに寄り添う力がありますよ」

3　「決断に迷いがあるのですね。そのお気持ちをもう少しお話しいただけますか」

4　「おつらいですね。Fさんを支えていく手立てをご一緒に考えていきませんか」

5　「がんの最新の治療方法を調べてお教えしますね」

問題4

A 35-105 援助関係の形成方法

事例を読んで、U大学の留学生支援室のK相談員（社会福祉士）のLさんへのこの時点での応答として、**最も適切なもの**を**1つ**選びなさい。

〔事 例〕

S国からの留学生のLさん（24歳、女性）は、5年前に来日した。来日後1年でU大学に合格したLさんは順調に学業を続け、4年の後期試験を受けて卒業の見込みとなっていた。ある日、目を真っ赤にして留学生支援室を訪れたLさんは、K相談員に以下のように話した。

「私は来週の後期試験2科目を受けて卒業の見込みです。しかし、昨日母から電話をもらい、私の祖母が末期のがんと知らされました。すぐにでも帰りたいのですが、試験を受けなければ卒業できず、かといってこんな状況では試験勉強も手につきません」

1　「帰国したいけれどもできない、その板挟みで苦しいのですね」

2　「おばあさんにはお母さんがついていらっしゃるから大丈夫です」

3　「お母さんは、さぞかしお困りでしょう」

4　「すぐにでも帰国できるよう私が調整します」

5　「お母さんも期待しておられるし、あと2科目で卒業だから頑張りましょう」

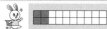

START!
GOAL!!

専門
CH
6

問題 3

1 × 「Fさんはすぐに亡くなると決まったわけではありませんよ」と言うのは、自分の意見を言う「**反応型応答**」であり、無責任な発言です。

2 × Gさんに対し、「最後までFさんに寄り添う力がある」と伝えるのは、一見ストレングス視点にみえますが、頑張れという**励まし**です。自信がないと話す人を励ますのは、かえって負担になる場合があります。

3 〇 「決断に迷いがあるのですね。そのお気持ちをもう少しお話しいただけますか」というのは、相談者に寄り添った対応です。感情を吐露することで、**気持ちが整理できる可能性**があり適切な対応です。

4 〇 「おつらいですね。Fさんを支えていく手立てをご一緒に考えていきませんか」というのは、相談者に寄り添った対応です。さらに、一緒に考えようと話すことは、孤独を癒やし、**前向きな気持ちになれる可能性**があり適切な対応です。

5 × ソーシャルワーカーは医療に関することには口を出さないのが原則です。治療方法に関しては医療職に任せるべきであり、不適切です。

正解 3・4

問題 4

1 〇 相談員の対応は、受容と共感の姿勢でクライエントの心情を受け止めるのが適切です。記述は、面接の技法である「要約」と「感情の反映」によって留学生に応答しており適切な対応です。

2 × 記述の応答は、相談員の主観であり無責任な対応です。

3 × 記述の応答は、不安な気持ちを増長し、暗に試験を受けずに帰国することを迫っているようにも感じられる不適切な対応です。

4 × 記述の応答は、結論を急ぎ過ぎている拙速な対応です。問題を明らかにし、最善の自己決定ができるように支援するのが相談員の役割です。

5 × 記述の応答は、Lさんの気持ちへの配慮に欠ける不適切な対応です。

正解 1

問題5 **A** 34-108 相談援助の面接技法

相談援助の面接を展開するための技法に関する次の記述のうち、**最も適切なものを1つ**選びなさい。

1 言い換えとは、クライエントの語りに意識を集中させ、感情を感じながら積極的に耳を傾けることである。

2 感情の反射とは、クライエントが答える内容を限定せずに自由に述べられるように問い掛けることである。

3 傾聴とは、クライエントの感情に焦点を当て、クライエントが語った感情をそのまま返していくことである。

4 焦点化とは、複雑に絡み合う多くの現実の要素をクライエントと一緒に点検して整理することである。

5 開かれた質問とは、クライエントの話した事実や感情を簡潔に別の言葉に置き換えて伝え返すことである。

問題6 **A** 35-106 相談援助の面接技法

事例を読んで、V児童養護施設のM児童指導員（社会福祉士）が用いた面接技法の組合せとして、**最も適切なものを1つ**選びなさい。

〔事 例〕

Aさん（11歳、女性）は、10歳からネグレクトによってV児童養護施設に入所していた。1か月後に施設を退所し、実母と再婚相手の3人での生活が始まる予定である。ある日、M児童指導員に、Aさんがうつむきながら、「前の学校に戻れるのはうれしいけれども、家には本当は帰りたくない」とつぶやいた。M児童指導員は、少し間をおいてから、「家には本当は帰りたくない…。その気持ちをもう少し教えてほしいな」と静かに伝えた。

1 「繰り返し」と「言い換え」

2 「繰り返し」と「開かれた質問」

3 「言い換え」と「要約」

4 「要約」と「閉じられた質問」

5 「要約」と「開かれた質問」

問題5

1 ✕ 言い換えとは、クライエントが発言した言葉や感情を、援助者が別の言葉で言い換えて伝えることです。記述は、**傾聴**です。

2 ✕ 感情の反射（反映）とは、クライエントが感情で表現したことを、援助者が言葉で返すことです。記述は、**開かれた質問**です。

 クライエントがうまく表現できていない感情を、援助者が言葉にして返すことは、感情の 明確化 といいます。

3 ✕ 傾聴とは、意識を集中させて耳を傾けて聴くことです。記述は、**感情の反射（反映）**です。

4 ◯ 焦点化は、面接を問題解決の方向に導いていくための方法です。クライエントが話した内容を、**整理**して伝えます。

5 ✕ 開かれた質問は、Why（どうして）やHow（どのように）など、その人にしか答えられない考えや状態を尋ねる質問です。幅広く自由な答えを引き出すことができます。記述は、**言い換え**です。

正解 4

問題6

1 ✕ 「家には本当は帰りたくない…。」は、**クライエントの発言を**そのままの表現で言い返す「繰り返し」に該当します。クライエントが発言した言葉を、**援助者の言葉で言い換える**「言い換え」に該当する面接の技法は、使用されていません。

2 ◯ 「家には本当は帰りたくない…。」は、「**繰り返し**」に該当します。「その気持ちをもう少し教えてほしいな」は、「どう思われますか」「どのようなことが気になりますか」など、**その人にしか答えられない考えや状態を尋ねる**「開かれた質問」に該当します。

3 ✕ 「言い換え」に該当する面接の技法は、使用されていません。クライエントの重要な発言に焦点化して**短縮させ応答する**「要約」に該当する面接の技法も使用されていません。

4 ✕ 「要約」に該当する面接の技法は、使用されていません。「**はい**」「**いいえ**」**で答えられる**「閉じられた質問」も使用されていません。

5 ✕ 「その気持ちをもう少し教えてほしいな」は、「**開かれた質問**」に該当します。「要約」に該当する面接の技法は、使用されていません。

正解 2

相談援助における面接等の実際に関する次の記述のうち、**最も適切なもの**を1つ選びなさい。

1 受理面接では、信頼関係が既に形成されているので、クライエントの不安は除去されている。

2 生活場面面接では、クライエントの問題となった生活場面を再現することから始める。

3 電話での相談では、ソーシャルワーカーからの積極的な助言や指導を中心にする。

4 面接室での面接では、ソーシャルワーカーが行う情報収集に役立つ範囲で、時間や空間を設定する。

5 居宅での面接では、クライエントの生活環境の把握が可能である。

バイステック（Biestek, F.）の援助関係の原則に関する次の記述のうち、**最も適切なもの**を1つ選びなさい。

1 意図的な感情表出の原則とは、クライエントのありのままの感情を大切にし、その表出を促すことである。

2 統制された情緒的関与の原則とは、クライエント自身が自らの情緒的混乱をコントロールできるようにすることである。

3 個別化の原則とは、他のクライエントと比較しながら、クライエントの置かれている状況を理解することである。

4 受容の原則とは、ソーシャルワーカーがクライエントに受け入れてもらえるように、誠実に働き掛けることである。

5 非審判的態度の原則とは、判断能力が不十分なクライエントを非難することなく、ソーシャルワーカーがクライエントの代わりに意思決定を行うことである。

問題7

1　✕　受理面接では、**信頼関係がまだ形成されていないので**、**クライエントの不安を除去するような対応が必要**です。少なくとも、ワーカーや機関の対応に関する不安や、抱えている問題に対する不安を緩和するような言葉かけが必要です。

2　✕　生活場面面接は、**クライエントの日常生活の場と時間のなかで行われる面接**です。クライエントがリラックスして面接に臨める、クライエントの生活環境を把握できる、などのメリットがあります。

3　✕　電話での相談は、対面での相談につなげるための足掛かりになります。積極的な助言や指導は行わずに、**相談内容の概要を把握**し、信頼関係をつくるために親身な対応を心がけます。

4　✕　面接室での面接は、クライエントがリラックスできるように時間や空間を整えます。広さ、明るさ、室温、静かさ、座る位置、雰囲気などです。

5　◯　居宅での面接は、**生活場面面接**です。クライエントの生活環境が把握できること等のメリットがあります。

正解　5

問題8

1　◯　意図的な感情表出の原則とは、クライエントがあらゆる**感情**（否定的な感情を含む）を自由に表出・表現できるように働きかけることです。

2　✕　統制された情緒的関与の原則とは、**ソーシャルワーカー自身の感情**を念入りに調べ、十分に吟味・把握したうえで、クライエントに接することです。

3　✕　個別化の原則とは、クライエントの**問題**や置かれている**状況の違いを理解**し、一人ひとりが異なる人、異なる状況であると捉え、**個別的に対応**することです。

4　✕　受容の原則とは、ソーシャルワーカーがクライエントを**ありのまま**（良い面も悪い面も全て）受け入れることです。

5　✕　非審判的態度の原則とは、ソーシャルワーカーが自らの価値観を基に、クライエントを**批判**したり**攻撃**したりしないことです。

正解　1

ポイント
チェック

面接における7つの原則（バイステックの7原則）

個別化の原則	クライエントの問題や置かれている状況の違いを理解し、一人ひとりが異なる人・状況であると捉え、個別的に対応する
意図的な感情表出の原則	クライエントがあらゆる感情（否定的な感情を含む）を自由に表出・表現できるように働きかける
統制された情緒的関与の原則	援助者自身の感情を念入りに調べ、十分に吟味・把握したうえでクライエントに対応する
受容の原則	・クライエントのありのまま（良い面も悪い面も全て）を受け入れる ・クライエントの反社会的行動や逸脱を同調・許容するのではなく、クライエントのそのような側面も認識し理解する
非審判的態度の原則	援助者自らの価値観を基に、クライエントを批判したり攻撃をしたりしない
自己決定の原則	クライエント自身が自らの人生に関する選択と決定ができるように援助する
秘密保持の原則	クライエントに関する情報を漏らさない

問題9　B　33-110　生活場面面接

　事例を読んで、V母子生活支援施設（以下「V施設」という。）のH母子支援員（社会福祉士）がJさんに家庭訪問を提案した目的として、**適切なもの**を**2つ**選びなさい。

〔事 例〕

　Jさん（38歳、女性）は、半年前にV施設を退所した。退所後は仕事をしながら、息子（12歳）と共にV施設の隣町のアパートで暮らしていた。しかし、最近になって体調を崩し、自己都合により退職した。Jさんは生活に不安を覚え、V施設の支援担当者だったH母子支援員に電話をした。電話では、再就職活動をしているが、適切な職場が見付かっていないこと、手持ちのお金が底をつきそうで今後の生活に不安があること、思春期を迎える息子とのコミュニケーションに戸惑いがあることなどがJさんから話された。話を聞いたH母子支援員は、支援の必要性を感じ早期の家庭訪問を提案した。

1　アパートの家主に同席を願い、Jさんの状況を知ってもらうため。

2　時間の長さを気にせず、訪問面接を行うため。

3　Jさんの生活状況を把握するため。

4　Jさんが、緊張感を持って訪問面接に臨めるようにするため。

5　息子の様子を知るため。

問題10　A　30-108　基本的な面接技法

　事例を読んで、Q市社会福祉協議会のA社会福祉士の用いた面接技法を示すものとして、**正しいもの**を**1つ**選びなさい。

〔事 例〕

　Q市社会福祉協議会に、一人暮らしのBさん（42歳、男性）が生活が苦しいと相談に訪れた。Bさんは20代後半まで正規就労していたが、体調不良により離職した。それ以来、不安定な就労が続いている。「親には迷惑を掛けたくないし、行政のお世話になるのも気が引ける…」と黙り込むBさんに、A社会福祉士は、「どうにもならなくて、おつらいのですね」と伝えた。

1　開かれた質問

2　直面化

3　自己開示

4　対決

5　感情の反映

問題9

1 ✕ Jさんの状況を、アパートの家主に知ってもらう必要はありません。生活場面面接で話される内容は個人情報に関係するため、家主に同席を願うのは不適切です。

2 ✕ 生活場面面接も面接室面接と同様に、適切な時間内で終了する必要があります。訪問面接で時間の長さを気にしないのは不適切です。

3 ○ 生活場面面接の長所は、**利用者の生活状況を把握**することができる点です。Jさんの現在の生活状況を把握するために、家庭訪問は適切です。

4 ✕ 生活場面と面接室での面接で緊張感があるのは、一般的に面接室で、生活場面の方が**リラックスできる環境**です。Jさんが、緊張感をもって訪問面接に臨めるようにするというのは不適切です。

5 ○ 事例に、思春期を迎える息子とのコミュニケーションに戸惑いがあるとの記述があります。家庭訪問では、息子の様子を知ることができる可能性があります。

正解 **3・5**

問題10

1 ✕ 開かれた質問とは、はい、いいえ等一言でなく、**説明を要する質問**のことです。

2 ✕ 直面化とは、**客観的事実を伝え**、適切な現実検討を可能にさせる技法です。

3 ✕ 自己開示とは、適切なタイミングで利用者に**面接者の経験や考えについて伝えること**です。

4 ✕ 対決（技法）とは、利用者側の**葛藤、矛盾、混乱**を面接者が指摘し、自分自身に向き合えるように導くことです。

5 ○ 感情の反映とは、利用者が話した内容から、**感情を推し量って利用者に伝える**ことです。事例でA社会福祉士は、Bさんの気持ちを推し量って「おつらいのですね」と伝えているので、感情の反映の技法であるといえます。

正解 **5**

ポイントチェック

面接における3つの基盤

　面接の基盤となるものには、傾聴、共感、支持がある。これらを通して、クライエントと援助者のラポールを形成する。

傾聴	クライエントの話に耳を傾けること。クライエントが話しやすい雰囲気をつくり受容的**態度**で丁寧に話を聴くことで、必要な情報を多く引き出すことができる
共感	クライエントの気持ちに対し、援助者自身の感情で受け止め、理解しようとすること
支持	クライエントの思いや感情を受け止め、クライエントを支えていく**姿勢**を示すこと

問題11

A 35-108 相談援助の面接技法

事例を読んで、W認知症疾患医療センターで働くB若年性認知症支援コーディネーター（社会福祉士）のクライエントへの対応として、**最も適切なもの**を**1つ**選びなさい。

〔事　例〕

Cさん（45歳、男性）は、仕事の失敗が増えたことを思い悩み、「周りに迷惑をかけたくない」と4か月前に依願退職した。その2か月後にW認知症疾患医療センターで若年性認知症と診断された。今月の受診日にCさんが相談室を訪れ、「子どももいるし、教育にもお金がかかります。妻も働いてくれているが、収入が少なく不安です。働くことはできないでしょうか」と話すのを、B若年性認知症支援コーディネーターはCさんの気持ちを受け止めて聞いた。

1　他の若年性認知症の人に紹介したものと同じアルバイトを勧める。

2　認知症対応型通所介護事業所に通所し、就労先をあっせんしてもらうよう勧める。

3　障害年金の受給資格が既に生じているので、収入は心配ないことを伝える。

4　元の職場への復職もできますから頑張りましょうと励ます。

5　病気を理解して、対応してくれる職場を一緒に探しませんかと伝える。

問題12

A 35-109 アウトリーチ

ソーシャルワークにおけるアウトリーチに関する次の記述のうち、**最も適切なもの**を**1つ**選びなさい。

1　相談機関を訪れたクライエントが対象になる。

2　援助の労力が少なく効率的な活動である。

3　自ら援助を求めない人への関わりとして有効である。

4　住民への関わりや広報を必要としない活動である。

5　援助開始前に行われ、援助開始後においては行われない。

問題13

A 31-110 アウトリーチ

アウトリーチに関する次の記述のうち、**適切なもの**を**2つ**選びなさい。

1　支援を求めて相談室を訪れるクライエントを対象とする。

2　相談援助過程の援助開始時だけではなく、援助が始まった後も有効である。

3　慈善組織協会（COS）の友愛訪問員活動に起源を持つ。

4　所属機関のバックアップを必要としない対応方法である。

5　地域住民とのつながりの構築は不要である。

1 ✕ 若年性認知症支援コーディネーターの役割は、自立支援ネットワークの調整役です。「働くことはできないでしょうか」と話すクライエントに対して、その場ですぐアルバイトを紹介するのは不適切な対応です。クライエントは、**一人ひとり個性が違う**ので、若年性認知症の人に同じアルバイトが適合するとは限りません。

2 ✕ 認知症対応型通所介護事業所は、就労先をあっせんする機関ではないので不適切な対応です。

3 ✕ 障害年金の受給資格があるかどうかは、事例では判断できません。「収入が少なく不安だ」と話すクライエントに、「収入は心配ない」ことを伝えるのは、**気持ちを受け止めていない**対応です。

4 ✕ 元の職場への復職ができるかは不明です。不安を抱えるクライエントに、頑張りましょうと励ますのも、無責任な対応です。

5 ◯ 若年性認知症支援コーディネーターは、**受容**と**共感**の姿勢で、親身になって対応すべきです。記述の対応が最も適切です。

正解 5

1 ✕ 自ら進んで相談機関を訪れない、消極的（**インボランタリー**）なクライエントを対象にして、**ソーシャルワーカー側からクライエントの所へ出向く**のがアウトリーチです。

2 ✕ 消極的なクライエントのもとに、ソーシャルワーカー側から出向くので、労力もかかり、効率的な活動ではありません。

3 ◯ 自ら援助を求めない人への関わりとして有効な活動です。

4 ✕ 地域住民との関わりが多い機関やワーカーが行う場合は、アウトリーチの活動が成功する確率も上がる可能性があります。アウトリーチの活動を地域住民に広報することで知名度が上がり、活動が成功する可能性も上がります。

5 ✕ アウトリーチの活動は、援助開始前に行われますが、援助開始後に**フォローアップ**や**アフターケア**で、クライエントの所へ出向くこともアウトリーチの活動です。

正解 3

1 ✕ **アウトリーチ**は、支援者側がクライエントのもとに出向いてニーズを把握する活動です。

2 ◯ 記述のとおりです。必要に応じてクライエントのもとに出向いてニーズを把握することは有効です。

3 ◯ 記述のとおりです。**慈善組織協会（COS）**の友愛訪問員（フレンドリービジター）は、**貧困者のもとに訪問して**援助活動を行いました。ソーシャルケースワークの起源となった活動です。

4 ✕ **アウトリーチ**を可能とする要因として、ワーカーの認識や力量、職員体制が挙げられます。職員体制には、現場のワーカーへの**バックアップ**体制が必要とされています。

5 ✕ **アウトリーチ**には、地域のニーズ把握、地域との関係づくり、対象者発見のための地域ネットワークの構築などの役割があります。

正解 2・3

専門 CH 6 ソーシャルワークの理論と方法（専門）

問題14
B **33-117** **ソーシャルアクション**

　事例を読んで、P市社会福祉協議会の**K**ソーシャルワーカー(社会福祉士)によるソーシャルアクションの実践として、**適切なもの**を**2つ**選びなさい。

〔事　例〕

　Kソーシャルワーカーは、以前から面識のあった**L**さん(32歳)から相談を受けた。**L**さんの同性のパートナーである**M**さん(35歳)が、残業が続くつらい日々の中、職場で倒れて病院に救急搬送され、緊急手術を受けた。**L**さんは、すぐに病院に駆けつけ面会しようとしたが、病院からは、「家族ではないため面会はできない」と伝えられた。「自分たちの関係が社会的に認められず、何かあったときに助け合うこともできない」と**L**さんは涙ながらに訴えた。**K**ソーシャルワーカーは上司と相談し、LGBTへの偏見や差別を解消し、地域住民の理解を深めるために、支援を行うことにした。

1　地域住民の反発を避け、円滑に医療を受けることを優先し、まずは病院の規則のとおりにするようアドバイスをする。
2　LGBTを支援する団体と連携し、同じような経験をした人の意見交換の場をつくる。
3　病院内の退院支援に向けたカンファレンスに参加し、**M**さんの今後の地域生活で必要な医療的ケアについて検討する。
4　**M**さんの職場に対し、長時間労働が常態化する職場環境の改善を求めて交渉する。
5　他市の「同性パートナーシップ証明」発行の取組について、地域住民を対象とした学習会を開催する。

問題15
A **34-110** **相談援助における社会資源**

　相談援助における社会資源に関する次の記述のうち、**最も適切なもの**を**1つ**選びなさい。
1　フォーマルな社会資源の提供主体には、社会福祉法人も含まれる。
2　クライエント本人の家族などは、活用する社会資源に含まれない。
3　インフォーマルな社会資源はフォーマルな社会資源に比べ、クライエントの個別的な状況に対しての融通性に乏しい。
4　クライエント自身の問題解決能力を高めるために、社会資源の活用を控える。
5　社会資源の活用においては、インフォーマルな社会資源の活用を優先する。

問題14

1 × 医療は、円滑に受けられており、問題は同性パートナーの面会についてです。地域住民の反発を避けるのではなく、病院の規則の家族の範囲に同性パートナーを入れるための理解を得られるかが論点です。病院の規則のとおりにするようアドバイスをするのはソーシャルアクションの実践ではありません。

2 ○ 病院の規則の家族の範囲に同性パートナーを入れるために、LGBTを支援する団体と連携し、同じような経験をした人の意見交換の場をつくることは、ソーシャルアクションの実践の第一歩です。

3 × ソーシャルワーカーは、病院内の退院支援に向けたカンファレンスに参加しません。Mさんの今後の地域生活で必要な医療的ケアについて検討するのは、ソーシャルアクションの実践ではありません。

4 × Lさんからの相談と涙の訴えは、Mさんの職場や長時間労働に対してではなく、**同性パートナーの家族としての取り扱い**についてです。

5 ○ 他市の「同性パートナーシップ証明」発行の取組について、地域住民を対象とした学習会を開催するのは、LGBTへの偏見や差別を解消し、地域住民の理解を深めるための支援であり、**ソーシャルアクションの実践**であるといえます。

正解 **2・5**

問題15

1 ○ フォーマルな社会資源は、**公的・社会的**なサービス全般で、**制度に基づく**サービスなどを指します。社会福祉法人もフォーマルな提供主体に含まれます。

2 × クライエント本人の家族は、**インフォーマル**な社会資源として活用する資源に含まれます。

3 × フォーマルな社会資源はインフォーマルな社会資源と比較して、**融通性**や**柔軟性**、**機敏性**に乏しくなる傾向にあります。クライエントの個別的な状況に、フォーマルな社会資源が対応しづらい場合、インフォーマルな社会資源の活用を検討します。

4 × 社会資源の活用によってクライエントの生活の質を向上させるのが相談援助（ソーシャルワーク）です。相談援助を展開するうえでは、社会資源をうまく活用し、状況に合わせて調整することが必要です。

5 × 社会資源の活用に際しては、フォーマルな社会資源とインフォーマルな社会資源を組み合わせて活用することが望ましいとされています。

正解 **1**

ポイントチェック

フォーマルな社会資源とインフォーマルな社会資源

	利点	欠点
フォーマルな社会資源	法律や制度に基づいているため、**安定性**、**継続性**がある	**利用対象者**が限られ、利用開始の手続きが煩雑で**即時性や柔軟性**に欠ける
インフォーマルな社会資源	基本的には提供者と**利用者との合意**で利用できるものであり、**柔軟で即時性**のある対応ができる	**安定性**、**継続性**が不透明である

問題16 B 29-113 ネットワーキングの意義、目的、方法

ネットワーキングに関する次の記述のうち、**最も適切なもの**を **1** つ選びなさい。

1 静態的な概念である。

2 既存の所属や地域の制約の中で展開する。

3 特定の強力なリーダーに導かれる。

4 日常的な結び付きを無意図的に繰り返し使用する。

5 目標と価値を共有する。

問題17 B 35-110 ソーシャルサポートネットワーク

ソーシャルサポートネットワークに関する次の記述のうち、**最も適切なもの**を **1** つ選びなさい。

1 自然発生的なネットワーク内に関与していく場合と、新しいネットワークを形成する場合がある。

2 ソーシャルサポートを提供する組織間のつながりを強めることを第一義的な目的とする。

3 家族、友人、知人、近隣住民から提供される支援の総体と定義される。

4 インフォーマルなサポートよりも、フォーマルなサービスの機能に着目して活性化を図る。

5 情報による支援や物的手段による支援からなり、ソーシャルメディアの利用を目的としている。

問題18 B 32-112 ネットワーキング

S市社会福祉協議会は、S市から避難行動要支援者への支援の役割調整等のコーディネートを委託されている。

次の記述のうち、コーディネーターであるS市社会福祉協議会のF社会福祉士が平常時から行う行動として、**適切なもの**を **2** つ選びなさい。

1 避難行動要支援者を個別に訪問し、避難支援を行うに当たっての留意点を聞き取る。

2 内閣府が策定する、避難支援のための個別計画を地域の支援者と共有する。

3 地域住民に声を掛け、避難訓練を避難行動要支援者と一緒に行う。

4 災害発生に備えて、避難行動要支援者名簿を地域の全戸に配布する。

5 避難行動要支援者に対して、住民の中から住民基本台帳によって支援者の役割を割り当てる。

問題16

1 ✕ **ネットワーキング**は、異なる職業や地域の人々が共通の目標や価値観によって結ばれ、情報や資源を分かち合う組織活動であり、流動的で動態的な概念です。

2 ✕ 現代社会におけるネットワーキングは、**インターネット**等の活用により、既存の所属や地域の制約を受けることなく、**世界規模で展開**しています。

3 ✕ ネットワーキングは、**自由な個人が自発的に**参加するものです。特定の強力なリーダーに導かれるものではありません。

4 ✕ ネットワーキングにおいて、日常的な結びつきは、共通の目的や価値観による意図的なものです。

5 ◯ 記述のとおりです。

正解 5

ネットワーキングの展開には、クライエント間のつながり、地域全体のつながり、専門職間のつながりといった形態があります。

問題17

1 ◯ ソーシャルサポートネットワークには、**自然発生**的な既存のネットワークを利用する場合と、既存のネットワークが存在しない場合に、**新しいネットワークを形成**する場合があります。

2 ✕ ソーシャルサポートネットワークの目的は、個人を取り巻く多様なサポートを結びつけ、支援を必要とする個人に対し**包括的な支援を提供**することです。

3 ✕ ソーシャルサポートネットワークは、フォーマルなサポートとインフォーマルなサポートを総合的に活用します。家族、友人、知人、近隣住民から提供される支援は、**インフォーマルなサポート**と定義されます。

4 ✕ ソーシャルサポートネットワークでは、フォーマルとインフォーマルの双方の機能に着目して活性化を図ります。

5 ✕ ソーシャルサポートネットワークは、情報による支援や物的手段による支援だけではなく、**人的社会資源、物的社会資源、制度的社会資源**からなります。目的とするのは、利用者の地域生活の支援です。

正解 1

問題18

1 ◯ 避難行動要支援者と個別に面談し、どのような支援が必要か、支援にあたってどこに留意する必要があるのかを確認し、把握することは適切な行動です。

2 ✕ 個別計画を策定するのは、**市町村やコーディネーター**です。平常時から、個別計画の策定を進めていくことが大切です。

3 ◯ 平常時に災害発生を想定した避難訓練を行うことによって、災害時の共通認識をもつことができるだけでなく、新たな課題なども発見できることから、適切な行動であるといえます。

4 ✕ 避難行動要支援者名簿には、個人情報が含まれており、取り扱う者に対しては守秘義務が課せられます。

5 ✕ 避難行動要支援者の支援は、基本的に専門職や専門機関等が連携して対応するものであることから、地域住民にあらかじめ役割を割り当てておく必要はありません。

正解 1・3

問題19 B 34-117 ネットワーキング

事例を読んで、W地域包括支援センターのC社会福祉士のこの時点での対応に関する次の記述のうち、**適切なもの**を**2つ**選びなさい。

〔事 例〕

W地域包括支援センターのC社会福祉士は、日常生活圏域の「協議体」の終了後、一緒に参加していたD民生委員から、1年ほど前に妻を亡くして一人暮らしのEさん（85歳）について相談を受けた。D民生委員はEさんをふれあいサロンに誘うなど気に掛けているが、Eさんは外出を嫌がっている。最近もD民生委員が自宅を訪ねると、床一面ゴミだらけで悪臭がし、ねずみが動くのも見えた。Eさんは顔色も悪く足を引きずりながら出てきて、「俺のことは放っておいてくれ」とつぶやいたという。

1 D民生委員に、民生委員児童委員協議会の定例会で対応策を協議して決めるようアドバイスする。

2 D民生委員が誘っているふれあいサロンに参加するよう、C社会福祉士がEさんを説得する。

3 D民生委員も含めて多機関でEさんへの対応について検討するため、地域ケア会議の開催準備をする。

4 D民生委員に同行してEさん宅を訪ね、本人の健康に気遣いながら生活課題を把握する。

5 D民生委員も参加する協議体で、Eさんに対応できる新しいサービスを開発する。

(注) ここでいう「協議体」とは、介護保険の生活支援・介護予防サービスの体制整備に向けて、市町村が資源開発を推進するために設置するものである。

問題20 B 35-116 ネットワーキング

社会的排除の状態に置かれ、複雑困難な課題を抱えている利用者と家族に対するソーシャルワークに関する次の記述のうち、**適切なもの**を**2つ**選びなさい。

1 社会的排除の状態に置かれている利用者と家族に対して、プライバシーに配慮した上で、地域住民の協力を求め、利用者と家族の地域生活の継続を支援する。

2 利用者との距離を置き、客観的に状況を理解している同居をしていない家族の意向に基づき支援する。

3 人との関わりに抵抗のある利用者や課題を持つ家族が多いので、利用者と家族の生育歴や生活歴に特徴的に見られる課題に限定して情報収集をする。

4 時間をかけて関係づくりを行い、利用者と家族の意向を踏まえ、優先順位をつけて生活課題やニーズに対応していく。

5 利用者や家族のストレングスを見いだすため、利用者自身の弱さを内省するよう支援する。

496

問題19

1 × 民生委員児童委員協議会の定例会で、事例検討するのはよいですが、定例会の開催まで時間がかかります。なるべく**早急に対応**する必要があります。また、対応策の決定は、民生委員児童委員協議会の定例会の役割ではありません。

2 × 事例に、Eさんは「俺のことは放っておいてくれ」とつぶやいたとの記述があります。C社会福祉士が説得しても、ふれあいサロンに参加しない可能性が高いです。さらに参加しても問題解決には至らないため不適切です。

3 〇 様々な問題が考えられるため、多機関で対応すべき事例です。地域ケア会議は、多機関の専門職がメンバーなので、民生委員児童委員協議会の定例会よりも具体的な対策が検討されます。

> 地域ケア会議には、❶個別課題の解決、❷地域包括支援ネットワークの構築、❸地域課題の発見、❹地域づくり・資源開発、❺政策の形成の5つの機能があるとされています。

4 〇 C社会福祉士は早急に現状を確認し生活課題を把握する必要があります。面識のあるD民生委員の同行も適切です。本人の健康を気遣うことから関係を築くのも適切です。

5 × 協議体は地域の体制整備や資源開発のために設置されますが、新しいサービスを開発するよりも、早急にEさんの生活上の様々な問題を解決するために、既存の社会資源を導入することが先決です。

正解 **3・4**

問題20

1 〇 複雑困難な課題を抱え、社会的排除の状態に置かれている利用者と家族に対しては、**多職種連携**や**ソーシャルサポートネットワーク**による協働が必要であることが想定できます。記述は、適切なソーシャルワークです。

2 × 利用者との距離を置き、同居をしていない家族が存在するかどうかが不明です。仮に存在していたとしても、客観的に状況を理解しているとは考えられません。また、そのような者の意向に基づき支援するのは不適切です。

3 × 人との関わりに抵抗のある利用者や課題を持つ家族が多いことは想定できます。しかし情報収集を、利用者と家族の生育歴や生活歴に特徴的に見られる課題に限定する必要はありません。

4 〇 多問題家族に関しては、**時間をかけて関係づくり**を行う必要があります。記述は、適切なソーシャルワークです。

5 × 利用者や家族のストレングスを見いだす必要があります。ストレングスとは、利用者や家族の持つ**強さや強み、可能性**などです。利用者自身の弱さを内省するよう支援するのは、ストレングス視点と全く逆の行為で不適切です。

正解 **1・4**

専門
CHAPTER
6

ポイントチェック一覧

専門
CHAPTER

7

福祉サービスの
組織と経営

問題1
B 35-119 **社会福祉法人**

社会福祉法人の組織体制に関する次の記述のうち、**最も適切なもの**を1つ選びなさい。

1　社会福祉法人は、定款、貸借対照表、収支計算書、役員報酬基準等を公表しなければならない。

2　社会福祉施設を経営している社会福祉法人において、当該施設の管理者は法人の理事になることは禁止されている。

3　社会福祉法人は収益事業を行うことが禁止されている。

4　社会福祉法人における評議員の選任・解任は、定款に定めることにより、理事長や理事会が決定することが可能である。

5　社会福祉法人は、理事長以外に業務執行理事を評議員会で選定することができる。

問題2
A 33-119 **社会福祉法人**

社会福祉法人に関する次の記述のうち、**最も適切なもの**を1つ選びなさい。

1　理事長は、無報酬でなければならない。

2　経営安定化を図るため、収益事業を行う義務がある。

3　設立認可を行う所轄庁は、その主たる事務所の所在地を管轄する厚生労働省の地方厚生局である。

4　規模にかかわらず、決算書類を公表する義務がある。

5　評議員会の設置は任意である。

問題3
A 30-119 **社会福祉法人**

社会福祉法人に関する次の記述のうち、**正しいもの**を1つ選びなさい。

1　役員の選任は、評議員会の決議を必要とする。

2　株主がいないため、事業経営の透明性の確保は求められない。

3　親族等特殊関係者の理事、評議員、監事への選任に係る規定はない。

4　監事は、理事、評議員又は当該法人の職員を兼ねることができる。

5　理事、監事等の関係者に対し特別の利益を与えることができる。

1 ○ 記述のとおりです。社会福祉法人は定款、役員報酬基準、計算書類、現況報告書等について、インターネットを活用して公表しなければなりません。

2 × 社会福祉施設を経営する法人においては、施設経営の実態を法人運営に反映させるため、1人以上の施設長等が理事として参加することが求められます。

3 × 社会福祉法人は、**社会福祉事業に支障がない場合**において、公益事業および収益事業を行うことができます。

4 × 評議員の選任に関しては、評議員選任・解任委員会において議決を行うことが一般的です。理事長や理事会が評議員を選任・解任する旨の定款の定めは、効力を有しません。

5 × 理事長及び**業務執行理事**は、理事会の決議によって理事の中から選定します。

正解 1

専門 CH 7 福祉サービスの組織と経営

1 × 社会福祉法人の理事長は報酬を受けることができます。ただし、2016（平成28）年の社会福祉法人制度の改革により**事業運営の透明性の向上**として、役員報酬基準が閲覧対象となっています。

2 × 社会福祉法人は、その経営する社会福祉事業に支障がない限り、**公益事業**または**収益事業**を行うことができることになっていますが、収益事業の実施義務は課せられていません。

> 社会福祉法人が行う収益事業は、その収益を 社会福祉事業または一定の 公益事業に充てることを目的とする事業であることが要件となります。

3 × 社会福祉法人の所轄庁は、原則としてその主たる事務所の所在地の**都道府県知事**です。

4 ○ 社会福祉法人は作成した**決算書類**を公表しなければなりません。

5 × 社会福祉法人は、**評議員**、**評議員会**、**理事**、**理事会及び監事**を置かなければならないとしています。

正解 4

1 ○ 記述のとおりです。社会福祉法第43条に規定されています。

2 × 社会福祉法人は、**事業経営の透明性の確保を図らなければならない**とされています（同法第24条第1項）。

3 × 親族等特殊関係者（**配偶者**または**三親等以内の親族**その他厚生労働省令で定める特殊の関係がある者）は、理事、評議員、監事への**選任に制限**があります（同法第40条第4項、第44条第6項、第7項）。

4 × 兼ねることはできません（同法第44条第2項など）。

5 × 特別の利益を与えてはなりません（同法第27条）。

正解 1

問題4
A 25-119 社会福祉法人が行う事業

社会福祉法人が行う事業に関する次の記述のうち、**正しいものを1つ**選びなさい。

1 自主的に福祉サービスの質の向上に取り組むとともに、地域住民が求める限りにおいて、事業経営を透明にすることに、できるだけ協力しなくてはならない。

2 社会福祉事業を実施する必要があるが、当該法人の実施する事業において社会福祉事業は主たる地位を占める必要はない。

3 公益事業において剰余金が生じたときには、当該社会福祉法人の社会福祉事業や公益事業に充てることとされている。

4 収益事業として行う事業は、法人の社会的信用を傷つけるおそれがあるものや投機的なものはもちろん、福祉に関連しないものは適当ではないとされている。

5 社会福祉事業を行うために必要な物件について、所有権を持つべきかどうかについて、特段の定めはない。

問題5
B 35-120 特定非営利活動法人

特定非営利活動法人の組織運営に関する次の記述のうち、**正しいものを1つ**選びなさい。

1 特定非営利活動法人における最高意思決定機関は、評議員会である。

2 特定非営利活動法人において役員に報酬を支払うことができるのは、役員総数の半数までである。

3 特定非営利活動法人は、その主たる活動の目的を、政治上の主義を推進、支持、反対するための活動とすることができる。

4 特定非営利活動法人は、法律に定められた要件を満たし、必要な書類を添えて所轄庁に申請し、審査を経て認可された後、登記することによって成立する。

5 特定非営利活動法人は、その社員の資格の得喪に関して不当な条件を付してはならず、加入や脱退の自由を保障する必要がある。

問題6
B 34-119改 特定非営利活動法人

特定非営利活動法人に関する次の記述のうち、**最も適切なものを1つ**選びなさい。

1 内閣府の2023年（令和5年）9月30日現在の統計によると、特定非営利活動法人が行う事業のうち、最も多いのは、「社会教育の推進を図る活動」である。

2 特定非営利活動法人の設立認証等を行う所轄庁は、内閣府である。

3 特定非営利活動法人の設立に当たっては、社会福祉事業を実施するために必要な財産を保有していなければならない。

4 特定非営利活動法人は、地方公共団体の議会の議員候補者を推薦したり、支持したりする目的で設立することはできない。

5 特定非営利活動法人の監事は理事の中から選任される。

問題4

1 × 事業経営の透明化に関しては、地域住民の求めがなくても**自主的**に行われるべきものとされています。

2 × 社会福祉法人は、**主たる事業**が**社会福祉事業**である必要があります。

3 ○ 「社会福祉法人の認可について」によると、公益事業で収益が生じたときには、当該法人が行う**社会福祉事業**または**公益事業**に充てること、と規定されています。

4 × 社会福祉法人が行う収益事業については、駐車場や貸しビルの経営など福祉**に関連しないものも認められています**。

5 × 「社会福祉法人の認可について」によると、社会福祉事業を行うために必要な物件については、「所有権を有していること」と規定されています。

正解 **3**

問題5

1 × 特定非営利活動法人における最高意思決定機関は、**社員総会**です。

2 × 特定非営利活動法人の認証の要件において、役員のうち報酬を受ける者の数は、役員総数の**3分の1**以下とされています。

3 × 特定非営利活動法人の認証の要件において、**宗教活動**や**政治活動**を主たる目的とするものでないこととされています。

4 × 要件を満たして所轄庁に申請、認証の後、法務局への登記、所轄庁への法人設立の届出を経て、特定非営利活動法人は成立します。

5 ○ 記述のとおりです。特定非営利活動法人の認証要件の1つに、社員の資格の得喪に関して不当な条件を付さないことが定められています。また、特定非営利活動法人は、**市民に開かれた団体であるべき**という観点から、法人への加入・脱退の自由を正当な理由なく制限することは禁止されています。

正解 **5**

問題6

1 × 内閣府「特定非営利活動法人の活動分野について」によると、2023（令和5）年9月30日現在で、特定非営利活動法人が行う事業のうち、最も多いのは「保健、医療又は福祉の増進を図る活動」です。

2 × 特定非営利活動法人の設立認証等を行う所轄庁は、原則として**都道府県知事**となります。ただし、1つの指定都市の区域内のみに事務所をおく場合は、**指定都市の長**となります。

3 × 社会福祉事業を行うに必要な資産を備えなければならないのは、**社会福祉法人**の設立要件です。

4 ○ 特定非営利活動法人の認証の要件の1つとして、「特定の**公職者**（候補者を含む）または**政党**を推薦、支持、反対することを目的とするものでないこと」があります。

5 × 特定非営利活動法人の監事は、**理事**または特定非営利活動法人の**職員を兼ねてはならない**とされています（特定非営利活動促進法第19条）。

正解 **4**

26-119 社会福祉法人、医療法人の経営

社会福祉法人又は医療法人の経営に関する次の記述のうち、**正しいもの**を 1 つ選びなさい。

1 社会福祉法人は、病院や診療所を開設することはできない。

2 社会福祉法人は、介護老人保健施設を開設することはできない。

3 医療法人は、障害福祉サービス事業を経営することはできない。

4 医療法人は、保育所を経営することはできない。

5 医療法人は、特別養護老人ホームを経営することはできない。

29-120 医療法人、特定非営利活動法人

医療法人及び特定非営利活動法人に関する次の記述のうち、**正しいもの**を 1 つ選びなさい。

1 医療法人は剰余金の配当が可能である。

2 第 5 次医療法改正の施行後に設立される医療法人には出資持分が認められている。

3 社会医療法人は、収益業務を行うことができない。

4 特定非営利活動法人の解散時の残余財産は、定款で定めた他の特定非営利活動法人等に帰属する。

5 特定非営利活動法人における各社員の表決権は平等ではない。

35-121 福祉や医療サービスを提供している組織・団体

福祉や医療サービスを提供している組織・団体に関する次の記述のうち、**最も適切なもの**を 1 つ選びなさい。

1 社会医療法人は、収益業務を行うことが禁止されている。

2 株式会社は、都道府県知事への届出によって児童養護施設を設置することができる。

3 医療法人は、都道府県知事への届出によって特別養護老人ホームを設置することができる。

4 福祉活動を行う市民団体は、法人格を取得しなければならない。

5 医療法人は、剰余金の配当をすることが禁止されている。

問題7

1　✕　病院や診療所を開設することができるのは、国、公益法人、医療法人などがあり、**社会福祉法人も病院や診療所を開設することが可能です。**

2　✕　介護保険法第94条第3項において、「当該介護老人保健施設を開設しようとする者が、地方公共団体、医療法人、社会福祉法人その他厚生労働大臣が定める者でないとき」は開設許可を与えることができないとされていることから、社会福祉法人も**介護老人保健施設を開設することが可能です。**

3　✕　「厚生労働大臣の定める医療法人が行うことができる社会福祉事業」によると、障害者の日常生活及び社会生活を総合的に支援するための法律に規定する**障害福祉サービス事業**を経営する事業を行うことができるとされており、医療法人も障害福祉サービス事業の経営が可能です。

4　✕　「厚生労働大臣の定める医療法人が行うことができる社会福祉事業」によると、児童福祉法に規定する保育所を経営する事業を行うことができるとされており、医療法人も保育所の経営が可能です。

5　◯　老人福祉法第15条によると、特別養護老人ホームを設置することができるのは、「都道府県、市町村、地方独立行政法人、社会福祉法人」であり、医療法人は、**特別養護老人ホームを経営することができない**とされています。

正解 　5

問題8

1　✕　医療法第54条は、医療法人は、**剰余金の配当**をしてはならないとしています。

2　✕　2007（平成19）年の**第5次医療法改正**の施行以降、法人の非営利性を強化する趣旨から、**出資持分**の定めのある医療法人の設立は認められないこととなりました。

3　✕　医療法に規定する**社会医療法人**は、救急医療やへき地医療など特に地域で必要とされる医療の提供を担う医療法人を、社会医療法人として認定し、継続して良質かつ適切な医療を効率的に提供する体制の確保を図るために創設されました。社会医療法人は、一定の**収益事業**を行うことができます。

4　◯　記述のとおりです。記述の内容は、特定非営利活動促進法第32条第1項に規定されています。

5　✕　特定非営利活動促進法第14条の7第1項は、各社員の表決権は、**平等**とするとしています。

正解 　4

問題9

1　✕　社会医療法人は、開設する病院、診療所、介護老人保健施設または介護医療院の業務に支障のない限り、収益業務や**社会医療法人債の発行**を行うことができます。

2　✕　児童養護施設は、**第一種社会福祉事業**です。**第一種社会福祉事業**の経営主体は、原則、**行政及び社会福祉法人**です。

3　✕　特別養護老人ホームは、**第一種社会福祉事業**です。老人福祉法に基づき、特別養護老人ホームの経営主体は、**行政及び社会福祉法人**に限定されています。医療法人は、病院、医師もしくは歯科医師が常時勤務する診療所、介護老人保健施設または介護医療院の開設を目的として設立される非営利の法人です。

4　✕　法人格を持たない多くの市民団体が、福祉活動を行っています。

5　◯　医療法人は、運営する医療機関などで生じた剰余金（利益）を配当することは禁止されています。

正解 　5

問題10 B 30-120 組織形態の種類

　Z介護老人福祉施設では、介護課（介護職員）、看護課（看護職員）、相談課（相談員）、栄養課（栄養士等）、総務課に分かれ、各職員が連携してサービスを提供している。

　また、施設全体で取り組むべき特定の課題の解決のために、各職種が横断的に参加する委員会を適宜設置している。

　次のうち、以上の記述にみられるZ施設の組織構造の特徴を表す用語として、**適切なものを2つ**選びなさい。

1　非公式組織　　　　　　　2　事業部制組織　　　　　　3　職能別組織

4　機械的組織　　　　　　　5　プロジェクト組織

問題11 A 34-120 組織に関する基礎理論

　組織運営の特質と理論に関する次の記述のうち、**最も適切なもの**を1つ選びなさい。

1　科学的管理法とは、人間関係に着目し、それを科学的に解明しようとしたものである。

2　ホーソン実験では、物理的作業条件よりも人間関係の側面が生産性に影響を与えることが明らかにされた。

3　マトリックス型組織では、「命令統一性の原則」を貫くことが容易である。

4　コンティンジェンシー理論の特徴は、環境が変動したとしても唯一最善の不変的な組織タイプがあることを明らかにした点にある。

5　官僚制理論の特徴として、階層がないフラットな構造を有する点が挙げられる。

問題12 A 33-121 経営に関する基礎理論

　経営の基礎理論に関する次の記述のうち、**最も適切なもの**を1つ選びなさい。

1　バーナード（Barnard, C.）によれば、公式組織の3要素とは、コミュニケーション、貢献意欲、共通目的である。

2　アッシュ（Asch, S.）の実験によれば、集団の中で孤立無援の状態で異議を唱えるのと、一人でも同じ考えの仲間がいるのとでは、集団力学的に違いはない。

3　テイラー（Taylor, F.）は、労働者の感情を重視し人間関係に重きを置く経営管理を提唱した。

4　メイヨー（Mayo, G.）らによって行われたホーソン実験では、生産性に影響を与える要因が、人間関係よりも労働条件や作業環境であることが確認された。

5　ハインリッヒの法則とは、集団力学における集団規範に関するものである。

 START! GOAL!!

問題10

1 × 非公式組織とは、組織内で**自然に発生した組織**をいいます。Z施設の組織構造には該当しません。

2 × 事業部制組織とは、複数の事業を営む事業体で、**事業単位に編成された組織**のことをいいます。Z施設の組織構造にはあてはまりません。

3 ○ 職種ごとに課に分かれていることは、職能別組織に該当します。

4 × 機械的組織とは、組織内部での**規則や任務が厳密に定められている組織**の事を言います。各職種が連携してサービスを提供し、また各職種が横断的に参加する委員会を適宜設置していることから、そのような特徴は認められません。

5 ○ **特定の課題解決**のために各職種が横断的に参加する委員会を適宜設置していることは、プロジェクト組織に該当します。

正解 3・5

問題11

1 × 科学的管理法は、**業務内容**を客観的に分析して管理し、課業（1日の公平な作業量）の設定や差別的出来高払い制度、計画部制度などを取り入れることで、**作業の効率化と生産性の向上を図るもの**です。

2 ○ ホーソン実験では、生産能率の向上のために、照明の強さや休憩など物理的要因を変えましたが、そこに因果関係がみられず、各作業者の態度は、賃金などの作業条件ではなく、**人間関係**などの**心理学的側面**に影響を受けることが確認されました。

3 × マトリックス型組織とは、事業部、対象顧客、対象地域など、複数の要素を縦・横に**網の目のように組み合わせた組織形態**のことです。1人の従業員が複数の部門に所属し、複数の上司（リーダー）の指示を仰ぐことになるので、「命令統一性の原則」を貫くことは容易ではありません。

4 × コンティンジェンシー理論とは、あらゆる環境に対して唯一最善の組織やリーダーシップは存在せず、**環境が異なれば有効な組織やリーダーシップの姿は異なる**という考え方です。

5 × 官僚制は、ルールや手続き、専門化と分業、**権限の階層構造**などの特徴を備えています。

正解 2

問題12

1 ○ バーナードによる組織成立の3要素は、**コミュニケーション**（伝達）、**貢献意欲**（組織に貢献しようとする意欲をもつ）、**共通目的**（共通の目的の達成を目指す）の3つです。

2 × アッシュの実験によれば、味方が1人でもいれば、**集団圧力**とそれに対する**同調**から免れられることが明らかになりました。

3 × テイラーは、仕事の内容を客観的に分析し、無駄な動作を省き、時間を計測した**科学的管理法**を発案しました。

4 × メイヨーらのホーソン実験では、生産能率の向上のために、照明の強さや休憩など物理的要因を変えましたが、そこに因果関係がみられず、各作業者の態度は、賃金などの作業条件ではなく、**人間関係**などの**心理学的側面**に影響を受けることが確認されました。

5 × **ハインリッヒの法則**とは、重大事故が発生した際には、その前に29の軽微な事故があり、その前には300のヒヤリ・ハット（事故につながるおそれのあった「ヒヤリ」としたこと、「ハッ」としたこと）が潜んでいるとするものです。

正解 1

動機づけに関する次の記述のうち、**最も適切なもの**を1つ選びなさい。

1 ブルーム（Vroom, V.）によれば、上司が部下に対して大きな期待を抱くと、部下の動機づけが高まる。

2 ハーズバーグ（Herzberg, F.）によれば、仕事への満足感につながる要因と仕事への不満足につながる要因とは異なる。

3 マグレガー（McGregor, D.）によれば、X理論では部下は仕事を当然のこととして自律的に目標達成しようとし、責任を率先して引き受ける。

4 デシ（Deci, E.）は、内発的動機によってではなく、むしろ金銭的報酬などの外的報酬によって人は動機づけられるとした。

5 マクレランド（McClelland, D.）は、人間が給与への欲求のために働いていることを示す期待理論を展開した。

組織学習に関する次の記述のうち、**正しいもの**を1つ選びなさい。

1 組織学習論では、組織の偶発的、一時的な適応についても、組織学習としてとらえる。

2 ダブルループ学習とは、既存の枠組みとは異なる新しい可能性を探る組織学習の形態である。

3 組織学習は、新しいものを取り入れたり変革する過程を対象とするのであって、それが組織に定着する段階は対象としない。

4 組織学習では、試行錯誤や実験的取組により生み出される内的な知識獲得を重視し、他組織で成功したシステムの模倣は避ける。

5 医療・福祉事業のような非営利組織においては、営利組織に比較して組織学習の意義は低い。

組織と外部環境に関する次の記述のうち、**最も適切なもの**を1つ選びなさい。

1 科学的管理法は、複雑な外部環境の変化に対応して組織を管理するために考案された。

2 外部環境や経営戦略が大きく変化した場合でも、組織構造はできるだけ変えないことが望ましい。

3 内部規則を重視する組織文化を持つ組織は、外部環境の大きな変化に対応しやすい。

4 外部環境である政策や制度の変更は、組織の経営戦略に影響を与える。

5 短期的な外部環境の変動に対応して、組織の使命・理念を頻繁に変えることが望ましい。

問題13

1 × ブルームの**期待理論**では、職務遂行の努力が個人的報酬に結びつくという期待の連鎖と、報酬に対する主観的な価値によって動機づけが決まるとしています。

2 ○ ハーズバーグの**二要因理論**では、仕事における「満足」と「不満足」につながる要因は、それぞれ全く別の原因であるとしています。

3 × マグレガーの**X理論**は、人間は本来怠け者であり、強制・命令・処罰がなければ、企業目標を達成するために十分な力を発揮しないとする理論です。

4 × デシは、人は、金銭などの与えられた報酬（外発的報酬）よりも、達成感や有能感などの内発的報酬によってこそ、**人は動機づけられる**としています。

5 × マクレランドは、仕事への動機づけは、❶**達成欲求**（高い目標）、❷**権力欲求**（指導的立場）、❸**親和欲求**（充実した人間関係）、❹**回避欲求**（困難な状況の回避）の4つからなるとする欲求理論を提唱しました。

正解　2

問題14

1 × 組織学習論は、組織が環境の変化に対応する**永続的な取組**のプロセスについて説明するための概念なので、偶発的、一時的な適応は、組織学習には含みません。

2 ○ 記述のとおりです。また、既存の枠組みに従って問題解決を図っていく組織学習の形態を**シングルループ学習**といいます。

3 × 組織学習は、新しいものを取り入れたり変革する過程の結果、獲得したものが**組織に定着する段階**も対象にします。

4 × 組織学習では、他組織の**成功体験などを積極的に取り入れ**、それを組織に定着させるようにします。

5 × 組織学習は、組織の営利・非営利を問わず、その意義は高いとされています。

正解　2

問題15

1 × 科学的管理法は、業務内容を**客観的**に分析して管理し、課業（1日の公平な作業量）の設定や**差別的出来高払い制度**、**計画部制度**などを取り入れることで、**作業の効率化と生産性の向上を図る**ものです。

> 差別的出来高払い制度とは、課業の達成の有無によって賃金に差をつける制度、計画部制度は、業務を分析し、課業の設定などを行う「計画部門」と設定された課業を実際にこなしていく「執行部門」を分ける制度のことです。

2 × 外部環境や経営戦略が大きく変化した場合は、組織はその対応への最適化のため、組織存続の観点からも変容する必要があります。

3 × 記述のような特徴のある組織は、外部環境の大きな変化に対応するのが難しくなります。

4 ○ 記述のとおりです。

5 × 組織の使命や理念は、短期的な外部環境の変動を受けて変えるものでもなく、また変えてもいけません。

正解　4

問題16 B `35-122` **組織運営やその原則**

組織運営やその原則に関する次の記述のうち、**最も適切なもの**を1つ選びなさい。

1 コンフリクトは、集団に肯定的な影響を与えることはなく、組織運営に非生産的な結果をもたらすので回避する必要がある。

2 事業部制組織は、職能別管理をすることによって、組織の統制が向上するメリットがある。

3 各構成員に対する指示・命令は、複数の者によって多面的に行う必要がある。

4 従業員が意思決定を行うことができる権限の範囲と、それに対応した職務に対する責任の範囲は、等しくなるようにしなければならない。

5 管理者は、例外的で高度な業務のみならず、定型的で反復的な業務についても行わなければならない。

問題17 A `29-122` **集団の力学に関する基礎理論**

集団のパフォーマンスに関する次の記述のうち、**最も適切なもの**を1つ選びなさい。

1 リーダーを中心にまとまりの良い集団では、集団浅慮は起きない。

2 社会的手抜きは、集団の作業では発生しない。

3 社会的促進は、複雑で不慣れな課題遂行時に起きる。

4 グループ間のコンフリクトは、あるグループが他のグループに対して優位に立とうとするときに生じる。

5 チームでメンタルモデルが共有されていると、チームのパフォーマンスが減退する。

問題18 A `32-121` **集団力学に関する基礎理論**

集団の力学に関する次の記述のうち、**最も適切なもの**を1つ選びなさい。

1 集団の凝集性を高めるには、メンバー間の異質性を強化して他の集団との競争を促進させる方策が重要である。

2 集団浅慮とは、集団が外部からの圧力により長期的視野に立つ戦略的な意思決定が起きる現象である。

3 コンフリクトとは、集団内部に発生する対立や闘争であり、集団に肯定的な影響を与えるものではない。

4 集団の凝集性が高まると、メンバー間の親近感が強まるとともにリスクに対する警戒感が強まり、意思決定は堅実なものになる。

5 集団の凝集性が高くても、集団目標と組織目標の一致度が低い場合には、生産性が低下する。

510

問題16

1　×　組織内のコンフリクトによって**新しいアイデアが生まれる**などの肯定的な影響を与える場合もあります。

2　×　記述は、**ファンクショナル組織（機能別組織）**の説明です。事業部制組織は、複数の事業部の中に各部門を設けることで、事業部内である程度の経営ができるようになった組織をいいます。

3　×　命令・指揮系統は、**一元化するほうが効率的**です。

4　○　自主性と判断の自由度を与え、与えられた**権限ととるべき責任を同じレベル**にします。

5　×　日常的な業務は部下に任せ、管理者は例外的で高度な業務に従事します。

正解　4

問題17

1　×　集団浅慮とは、大きなトラブルが生じると、普段よりも意見の一致や集団の結束が重視され、集団内の多数意見や**リーダーの意見**に同調するよう圧力がかかるため、客観的な判断や適切な意思決定ができなくなるような状況のことです。リーダーを中心にまとまりのよい集団では、**集団浅慮が起きやすい**とされます。

2　×　社会的手抜きとは、**集団**で共同作業を行う場合、その**集団**の人数の増加に伴い、一人当たりの作業量や質が**低下**する現象のことです。

3　×　社会的促進とは、複数の人間が集団内で同じ作業・課題を行うことで、作業効率が**向上**する現象のことです。社会的促進は、**単純で慣れた課題**の遂行時に起きます。

4　○　記述のとおりです。**コンフリクト**とは葛藤をいい、2つ以上の対立した要求が同時に存在することです。

5　×　**メンタルモデル**とは、ある事象に対して、それをどのように解釈し、判断し、行動するかという基準のことです。チームでメンタルモデルが共有されていると、チームのパフォーマンスは向上することが多いとされます。

正解　4

問題18

1　×　メンバー間の**同質性**を強化することで、集団の凝集性は高まります。

2　×　集団浅慮とは、大きなトラブルが生じると、普段よりも意見の一致や集団の結束が重視され、集団内の多数意見やリーダーの意見に同調するよう圧力がかかるため、**客観的な判断や適切な意思決定ができなくなる**ような状況のことです。

3　×　組織内の適度なコンフリクトによって**新しいアイデアが生まれる**などの肯定的な影響を与える場合もあります。

4　×　集団の凝集性が高まると、**同質的な意見に偏る**ことで、リスクに対する警戒感が弱まり、危険な意思決定になる場合があります。

5　○　記述のとおりです。集団の凝集性が高いからといって、生産性が向上するとは一概にはいえません。

正解　5

問題19 B 26-120 コンフリクト

組織内コンフリクト（葛藤・対立）に関する次の記述のうち、**正しいもの**を１つ選びなさい。

1　組織内で集団業績に負の影響を与えるような過剰なコンフリクトは、組織にとって有害である。

2　組織内のコンフリクトによって、新しいアイデアが生まれることはない。

3　組織内のある当事者が他の当事者の目標達成手段を妨害する現象は、コンフリクトとは言わない。

4　組織内のコンフリクトに対処する最も優れた方法は、葛藤の相手と顔を合わせないようにすることである。

5　組織を構成するグループ間の目標が一致しなくても、グループ間にコンフリクトが生じることはない。

問題20 B 34-121 リーダーシップに関する基礎理論

リーダーシップに関する次の記述のうち、**最も適切なもの**を１つ選びなさい。

1　リーダーの個性に着目した特性理論は、「リーダーを務める人は、もともと他の人と資質・人格に差がない」という前提に立つ理論である。

2　ハーシー（Hersey, P.）とブランチャード（Blanchard, K.）は、部下の能力や成熟度の度合いが違っても、リーダーシップのスタイルを変えるべきではないと指摘している。

3　パス・ゴール理論では、リーダーはメンバーに明確な目標（ゴール）へのパス（経路）を明示せず、メンバー自身に考えさせることが必要としている。

4　サーバント・リーダーシップは、リーダーがカリスマとなってフォロワーに奉仕させるリーダーシップである。

5　シェアード・リーダーシップは、それぞれのメンバーが、必要に応じてリーダーのように振る舞って他のメンバーに影響を与えるリーダーシップである。

問題21 B 29-123 リーダーシップに関する基礎理論

リーダーシップに関する次の記述のうち、**最も適切なもの**を１つ選びなさい。

1　コンティンジェンシー理論では、特定のリーダーシップ行動の普遍的有効性を重視する。

2　行動アプローチでは、リーダーシップという影響力の実体をリーダー個人の身体的・精神的資質として捉える。

3　変革型リーダーシップ論では、メンバー個々の動機づけや知的刺激を排除するリーダーの行動を重視する。

4　リーダーシップの特性論では、課題志向型と人間関係志向型の二つの行動を重視する。

5　フォロワーシップ理論では、フォロワーの自律性を引き出すリーダーの役割を重視する。

問題19

1 ○ 業績を妨げるような**過剰な**コンフリクトは、組織にとって有害であるとみなされます。

2 × 適度な葛藤や対立により、競争心などが芽生えて**新しいアイデア**が生まれる場合があります。

3 × ある当事者が他の当事者の目標達成手段を妨害することは、葛藤や対立の原因となり、**コンフリクトが生じている状態**といえます。

4 × 葛藤の相手と顔を合わせないようにするのではなく、対話等による**相互理解**を図っていくことが重要です。

5 × 組織を構成するグループ間の目標が一致しないと、**コンフリクト**が生じる要因となります。

正解 | 1 |

問題20

1 × 特性理論（資質論）とは、「リーダーを務める人は、もともと他の人に比較して**リーダーシップという先天的な能力**（特性・資質）を備えている」という前提に立ち、リーダーに必要とされる資質を身体的・精神的資質の面などから研究したものです。

2 × ハーシーとブランチャードは、仕事に対する部下の能力や**成熟度**によって、有効なリーダーのスタイルが異なるという**SL理論（状況的リーダーシップ理論）**を提唱しました。

3 × パス・ゴール理論では、メンバーの**目標達成のための道筋を明示**することがリーダーシップの本質であるとされています。

4 × サーバント・リーダーシップとは、**リーダー**（上司）が**フォロワー**（部下）**に奉仕**し、導くものです。

5 ○ 記述のとおりです。メンバー一人ひとりがリーダーシップを発揮することをいいます。

正解 | 5 |

問題21

1 × **コンティンジェンシー理論**とは、あらゆる環境に対して唯一最善の組織やリーダーシップは存在せず、環境が異なれば有効な組織やリーダーシップの姿は異なるという考え方です。記述は、リーダーシップの**特性論**です。

2 × **行動アプローチ**は、有効なリーダーとそうでないリーダーの行動を比較して、どのような行動が有効なリーダーを作るのかを検証するものです。リーダーシップの特性論とは逆に、リーダーは「作られるものである」という捉え方を前提にしています。記述は、リーダーシップの**特性論**です。

3 × **変革型リーダーシップ**とは、長期的目標を提示しながら、自分でリスクを負い、並外れた行動力で組織変革を達成するリーダーシップのことです。変革型リーダーシップは、**理想化された影響、鼓舞する動機づけ、知的刺激、個別配慮**の４つの構成要素からなるとされており、記述のようなリーダーは、変革型リーダーではありません。

4 × 記述は、**コンティンジェンシー理論**です。

5 ○ 記述のとおりです。リーダーシップ理論では、メンバーのことを**フォロワー**といいます。**フォロワーシップ**とは、組織・集団の目的達成に向けてフォロワーがリーダーを補佐する能力や機能のことです。

正解 | 5 |

問題22
A 31-120 **リーダーシップに関する基礎理論**

リーダーシップの理論に関する次の記述のうち、**正しいもの**を1つ選びなさい。

1 パス・ゴール理論では、メンバーの目標達成のための道筋を明示することが、リーダーシップの本質であるとしている。

2 フィードラー理論に代表される「条件適合理論」において、リーダーの行動は「構造づくり」と「配慮」に集約される。

3 三隅二不二は、リーダーシップの行動面に注目して、集団の「目標達成行動」と「集団維持機能」の2次元で類型化したSL理論を示した。

4 カリスマ的リーダーシップでは、リーダーのスタイルを任務実行志向と人間関係志向に分類する。

5 マネジリアル・グリッドでは、「人に対する関心」と「業績に対する関心」の2軸で類型化し、「1・1型」が最も理想的なリーダーシップのスタイルであるとしている。

 問題23
A 33-123 **リーダーシップに関する基礎理論**

リーダーシップに関する次の記述のうち、**最も適切なもの**を1つ選びなさい。

1 三隅二不二は、リーダーシップの行動面に注目して、「指示的リーダーシップ」と「支援的リーダーシップ」の2次元で類型化したPM理論を提唱した。

2 経営環境が変化する中では、定型的業務を遂行するためのリーダーシップだけではなく、変革型リーダーシップも求められる。

3 フィードラー（Fiedler, F.）は、リーダーとフォロワーの関係が良好で、仕事の内容・手順が明確な場合は、タスク志向型より人間関係志向型のリーダーの方が良い業績を上げるとした。

4 フォロワーがリーダーを支えるフォロワーシップは、リーダーシップに影響を与えないとされている。

5 初期のリーダーシップ研究は、リーダーの効果的な行動のアプローチを研究した行動理論が主流であった。

問題22

1 ○ 記述のとおりです。**パス・ゴール理論**は、ハウス（House, R）が提唱し、リーダーシップのスタイルを指示型、支援型、参加型、達成志向型の４つに分類しています。

2 × **フィードラー理論**は、「**タスク（業務）指向型**」「**人間関係指向型**」のリーダーシップスタイルと状況好意性（部下との関係、仕事の構造、リーダーの権限）から有効なリーダーシップを捉えた理論です。リーダーの行動を「**構造づくり**」と「**配慮**」に集約したのは、**オハイオ大学研究**の理論です。

3 × 三隅二不二のリーダーシップ理論は、PM理論です。SL理論は、部下の成熟度で有効なリーダーシップスタイルが異なる「**状況型リーダーシップ**」で、**ハーシィ**（Hersey, P.）と**ブランチャード**（Blanchard, K.）が提唱した理論です。

4 × **カリスマ的リーダーシップ**は、支配者本人の資質や特質、魅力による支配であり、「リーダーはカリスマである」という考えの理論です。リーダーシップのスタイルを任務実行志向と人間関係志向に分類するのは、**コンティンジェンシー理論**です。

5 × **マネジリアル・グリッド理論**では、「人に対する関心」と「業績に対する関心」の２軸で類型化し、「**9・9型**」が最も理想的なリーダーシップのスタイルであるとしています。

正解 **1**

問題23

1 × 三隅二不二のPM理論では、P機能（**目標達成**）とM機能（**集団維持**）の２つの軸でリーダーの行動を分析し、❶PM型、❷Pm型、❸pM型、❹pm型の４つに類型化しました。

2 ○ 記述のとおりです。変革型リーダーシップは、リーダー自らが明確なビジョンを掲げることで、メンバー個々の動機づけや知的刺激を与えます。

3 × フィードラーは、リーダーシップ行動をタスク志向型と人間関係志向型に区分し、仕事の内容や手順が明確な場合には、「**タスク志向型リーダー**」の方がより有効であるとしています。

4 × **ケリー**（Kelley, R.）は、フォロワー（部下）がリーダーを支える力であるフォロワーシップがリーダーシップに影響を与えるものであるとする**フォロワーシップ理論**を提唱しました。

5 × 初期のリーダーシップ研究は、リーダーに必要とされる資質を身体的・精神的資質の面などから研究した特性理論（資質論）が主流でした。

正解 **2**

ポイント チェック

三隅二不二のPM理論

Pm型 目標達成に対する指向は強いが、集団の維持には向かない	**PM型** 目標達成と集団の維持のどちらにも力を発揮する ← 理想的なリーダー
pm型 目標達成と集団の維持のどちらも劣る ← リーダー失格タイプ	**pM型** 集団の維持に関しては力を発揮するが、目標達成には消極的

P機能：高←→低　M機能：低←→高

問題24 B 33-125 **経営戦略**

経営戦略に関する次の記述のうち、**最も適切なもの**を **1つ**選びなさい。

1 ドメインの策定とは、経営理念を前提としてある時点までに到達すべき目標の設定のことである。

2 ３Ｃ分析は、内部環境の「強み」と「弱み」、外部環境の「機会」と「脅威」を総合的に分析する フレームワークである。

3 福祉事業において経営戦略は、経営理念とは切り離して検討するものである。

4 機能戦略とは、事業単位に対して策定される戦略をいう。

5 経営戦略とは、チャンドラー（Chandler, A.）によれば、長期的目的を決定し、これらの目的を遂 行するための行動方式を採択し、諸資源を割り当てることである。

問題25 B 32-123 **福祉サービス提供組織の社会的責任**

福祉サービス提供組織の社会的責任に関する次の記述のうち、**最も適切なもの**を **1つ**選びなさい。

1 コンプライアンスは、営利組織のためのものであるため、福祉という公益性の高いサービス提供組 織においてその確立は求められていない。

2 ディスクロージャーとは、組織内において課題を発見し事故を未然に防ぐ内部監査である。

3 アカウンタビリティとは、ステークホルダーに対する説明責任を指す。

4 ガバナンスは、営利組織の問題であり非営利組織にはその確立が求められていない。

5 公益事業への苦情を通報した利用者を保護するために、公益通報者保護法を遵守しなければならな い。

問題26 C 35-123 **福祉サービスの経営**

福祉サービスの経営に関する次の記述のうち、**最も適切なもの**を **1つ**選びなさい。

1 CSR（Corporate Social Responsibility）は、福祉サービス事業者には求められない。

2 ドメイン（事業領域）は、単一の制度や限定された利用者を対象として設定しなければならない。

3 バランス・スコアカード（Balanced Score Card）とは、財務だけでなく、顧客、業務プロセス、 従業員の学習・育成といった各視点から企業実績を評価する仕組みである。

4 経営における戦略とは、短期的な観点による目標を設定し、日々の業務を遂行するための方策のこ とである。

5 CSV（Creating Shared Value）とは、社会的な課題を解決するところから生まれる社会価値を、 事業者の経済価値に優先する考え方である。

問題24

1 × ドメインの策定とは、**事業領域の設定**のことです。

2 × ３Ｃ分析とは、**マーケティング戦略**や**事業計画**を立てる際の**環境分析**のフレームワークです。分析対象となる**顧客**（Customer）、**競合**（Competitor）、**自社**（Company）の３つの頭文字から名付けられたものです。記述は、SWOT分析の説明です。

3 × 福祉事業における経営理念は、**経営戦略のよりどころ**となるものであり、切り離して検討するものではありません。

4 × 事業単位に対して策定される戦略は、**事業戦略**です。機能戦略とは、事業戦略を具体的に展開するために必要となる**機能レベル**（マーケティング、生産、開発など）の戦略のことです。

5 ○ チャンドラーは、戦略的決定の意味を、企業の**長期的体質**にかかわるものとして、企業の長期目標の決定、それに対応した代替案、諸資源の割り当てに求めました。

正解 **5**

問題25

1 × **コンプライアンス**（法令遵守）とは、経営者や従業員が法律や規則などを守ることをいいます。営利組織のみならず、福祉関連のサービス提供組織においても確立が求められるものです。

2 × **ディスクロージャー**とは、組織の経営や会計の状況の情報開示のことです。

3 ○ 記述のとおりです。**アカウンタビリティ**は、アカウンティング（会計）とレスポンシビリティ（責任）を合わせた造語で、**ステークホルダー**（株主・経営者・従業員・顧客・取引先等の利害関係者）に対する**会計説明責任**のことです。

4 × **ガバナンス**（統治）とは、健全かつ効率的な企業経営を目指すための仕組みのことです。営利組織のみならず、非営利組織においても確立が求められるものです。

5 × 公益通報者保護法は、組織の**法令違反行為**を労働者が通報（いわゆる**内部告発**）した場合に、解雇などの不利益な取扱いを受けないよう保護するためのものです。

正解 **3**

問題26

1 × CSR（Corporate Social Responsibility：**企業の社会的責任**）とは、企業が収益を上げるだけではなく、従業員や顧客の人権への配慮、環境への配慮、地域社会への貢献など、企業が果たすべき責任のことをいいます。

2 × ドメイン（事業領域）を単一の制度や限定された利用者のみを対象として設定した場合、技術の進化、社会情勢の変化などの影響を受けて市場が縮小傾向に入った際に、有効な対応策をとることが難しくなります。

3 ○ バランス・スコアカード（Balanced Score Card）とは、「財務」「顧客」「業務プロセス」「学習と成長」という４つの視点から成果を評価する手法です。

4 × 経営戦略とは、企業が競争的環境のなかで生き抜くために立てる、組織の**中長期的**な方針や計画のことをいいます。

5 × CSV（Creating Shared Value：**共有価値の創造**）とは、CSRより一歩進んだ概念で、本業それ自体で利益と**社会的課題の解決**を両立させようという企業理念をいいます。

正解 **3**

問題27 B 27-120 管理運営に関する基礎理論

PDCAサイクル（Plan：計画、Do：実行、Check：評価、Act：改善）に関する次の記述のうち、**正しいもの**を**1つ**選びなさい。

1 PDCAサイクルは、もともと行政評価の手法として開発された。

2 PDCAのC（Check：評価）やA（Act：改善）の段階で得られた知見が、次の計画の立案に用いられることはない。

3 PDCAのC（Check：評価）の段階では、事実データに基づいて、計画と結果のズレを確認することが大切である。

4 PDCAのA（Act：改善）の段階は、策定された計画に沿って業務を実行する段階を指す。

5 PDCAサイクルの考え方は、サービス業における業務改善には適用できない。

問題28 B 35-125 福祉サービス第三者評価事業

福祉サービス第三者評価事業に関する次の記述のうち、**最も適切なもの**を**1つ**選びなさい。

1 児童養護施設は、福祉サービス第三者評価を定期的に受審すること及び結果の公表が義務づけられている。

2 福祉サービス第三者評価は、市町村が認証した第三者評価機関が実施する。

3 福祉サービス第三者評価は、法令に定められた福祉サービスの運営基準が遵守されているかを監査するための仕組みである。

4 福祉サービス第三者評価の評価機関は、非営利組織であることが認証を受けるための要件となっている。

5 福祉サービス第三者評価の結果は、インターネット上に公開することができない。

問題29 B 31-123 サービスの質の評価

ドナベディアン（Donabedian, A.）によるヘルスケアの質を評価するための3つのアプローチの1つである「構造（ストラクチャー）」の要素に該当するものとして、**正しいもの**を**2つ**選びなさい。

1 設備、備品などの物的資源

2 リハビリテーションや予防活動

3 健康状態や健康行動などにおける改善

4 専門職者などの人的資源

5 診断、処方などの医療行為

解答・解説

問題27

1　×　PDCAサイクルは、**品質管理の手法**として開発されました。

2　×　PDCAのC（Check：評価）やA（Act：改善）の段階で得られた知見が、次の計画の**立案**にも用いられます。

3　○　PDCAのC（Check：評価）の段階では、計画と結果の**ズレ**を確認することが大切です。

4　×　策定された計画に沿って業務を実行する段階は、**PDCAのD（Do：実行）**となります。

5　×　PDCAサイクルの考え方は、サービス業を含む多様な業種の**業務改善**にも応用することが可能です。

正解　3

管理運営に関する基礎理論として、「PDCAサイクル」のほかに「ISO9001」（品質マネジメントの国際規格）についてもあわせて確認しておきましょう。なお、ISO9001の目的は、単に「よい製品を作ること」のみを指すのではなく「よい製品（サービス）を作る（提供する）ためのシステムを管理する」ということになっています。

問題28

1　○　社会的養護関係施設（児童養護施設、乳児院、児童心理治療施設、児童自立支援施設、母子生活支援施設）については、**「福祉サービス第三者評価事業に関する指針」**によって、福祉サービス第三者評価を**3年に1度**受審することが義務づけられています。

2　×　福祉サービス第三者評価は、当事者以外の公正・中立な**第三者機関**が行います。

3　×　福祉サービス第三者評価は、**サービスの質の向上**、**利用者への情報提供**を目的としており、法律で規定されたものではありません。

4　×　法人格を有すること、苦情への対応体制が整備されていること、といった認証要件が「福祉サービス第三者評価機関認証ガイドライン」に定められていますが、非営利組織であることは認証要件に含まれていません。

5　×　評価の結果を公表することにより、利用者がニーズに合った適切なサービスを選択できるようにすることが重要ですので、インターネット上に公開することができます。

正解　1

問題29

1　○　記述のとおりです。ドナベディアンモデルの**「構造（ストラクチャー）」**には、**物的資源**、**人的資源**、**組織的資源**があり、設備、備品などの物的資源は「構造（ストラクチャー）」の要素に含まれます。

2　×　リハビリテーションや予防活動は、ドナベディアンモデルの**「過程（プロセス）」**の要素に含まれます。

3　×　健康状態や健康行動などにおける改善は、ドナベディアンモデルの**「結果（アウトカム）」**の要素に含まれます。

4　○　記述のとおりです。人的資源は**「構造（ストラクチャー）」**の要素に含まれます。

5　×　診断、処方などの医療行為は、ドナベディアンモデルの**「過程（プロセス）」**の要素に含まれます。

正解　1・4

専門 CH7 福祉サービスの組織と経営

リスクマネジメントに関する次の記述のうち、**最も適切なものを１つ**選びなさい。

1　１件の重大事故の背景には、重大事故に至らなかった29件の軽微な事故が隠れており、その背後には事故寸前だった300件の危険な状態が隠れているのを、リーズンの軌道モデルという。

2　リスクマネジメントは、厳しい管理体制を敷けば事故はなくせるものという前提に立つ。

3　職員要因のリスクコントロールをするためには、サービスの質の維持・向上を図るための業務や作業の標準化が必要である。

4　リスクマネジメントは、危機管理体制の確立よりも個別リスクへの対応を基本とする。

5　リスクコントロールとリスクファイナンスのうち、リスクコントロールの例として損害賠償保険の活用が挙げられる。

社会福祉法人の会計財務等に関する次の記述のうち、**最も適切なものを１つ**選びなさい。

1　財務会計は組織内部における管理を目的としているため、通常、組織独自の会計ルールを用いる。

2　貸借対照表の純資産とは、外部から調達した負債である。

3　減価償却とは、固定資産（土地と建設仮勘定を除く）の取得原価をその耐用年数にわたり費用化する手続であり、過去に投下した資金を回収するものである。

4　流動資産とは、通常２年以内に費用化、現金化できるものである。

5　社会福祉充実残額とは、社会福祉法人における事業継続に必要な財産額をいう。

社会福祉法人の財務管理・会計管理に関する次の記述のうち、**正しいものを１つ**選びなさい。

1　クラウドファンディングとは、不特定多数から通常インターネット経由で資金調達することを指す。

2　社会福祉充実残額が生じた場合は地域福祉計画を策定する必要がある。

3　貸借対照表の借方（左側）は資金使途を示し、純資産が計上される。

4　土地や建物は貸借対照表の流動資産に計上される。

5　負債とは返済義務のない財源である。

問題30

1　×　記述は、**ハインリッヒの法則**の説明です。リーズンの軌道モデルとは、リスク管理上で複数の失敗が続くと事故につながる可能性が高まるというものです。

2　×　リスクとは、ある行動に伴って、あるいは行動しないことによって生じる危険や損失をいいます。そのようなリスクを予見・予測し、効果的、効率的に予防策を講じたり、問題などが発生した後の被害を**最小限**に食い止めたりすることを**リスクマネジメント**といいます。厳しい管理体制を敷けば事故はなくせるものという前提には立っていません。

3　○　記述のとおりです。「福祉サービスにおける危機管理（リスクマネジメント）に関する取り組み指針」において、「リスクマネジメントの視点を入れた業務の見直しと取り組み」として、サービスの「**標準化**」が挙げられています。

4　×　リスクマネジメントは、組織において**危機管理体制が整備・確立**されていなければ効果的に機能することはできません。

5　×　リスクファイナンスとは、企業などがリスクに対して**財務的な対策**を講じておくことをいいます。損害賠償保険の活用は、リスクファイナンスの例として挙げられます。リスクコントロールとは、企業などが**潜在的な損失**を評価し、その脅威を回避したり、低減するために策を講じることをいいます。

正解　3

問題31

1　×　財務会計は、**外部に報告するための会計**で、資料には貸借対照表、損益計算書などの財務諸表などがあります。

2　×　純資産とは、会社の資産から、負債を差引いた分です。

> 貸借対照表は、資金の調達や資産への投入状況をみるために、当該会計年度末現在における資産、負債及び純資産の状態を表すものです。バランスシートと呼ばれるように、負債及び純資産の部合計と資産の部合計の金額は一致します。

3　○　**減価償却**とは、時の経過や使用により劣化が生じる固定資産を取得した際に、取得費用をその耐用年数に応じて費用計上していく会計上の手続きをいいます。

4　×　流動資産とは、通常 1 年以内に現金化、費用化ができるものをいいます。

5　×　社会福祉充実残額とは、社会福祉法人における事業継続に必要な財産額を控除したうえで、**再投下可能な財産額**をいいます。

正解　3

問題32

1　○　記述のとおりです。

2　×　社会福祉充実財産が生じる場合には、**社会福祉充実計画**を策定し、計画的に既存事業の充実や新規事業に活用しなければなりません。

3　×　貸借対照表の借方（左側）は資産を示します。純資産が計上されるのは貸方（右側）です。

4　×　土地や建物は、貸借対照表の**固定資産**に計上されます。**流動資産**は、現金や、通常 1 年以内に現金化、費用化ができるものです。

5　×　負債とは、返済義務のある財源です。

正解　1

問題33　A　29-125　労働意欲、キャリア形成

組織で働く者の労働意欲やキャリア形成に関する次の記述のうち、**正しいものを1つ**選びなさい。

1　ハーズバーグ（Herzberg, F.）は、仕事に積極的な満足を与える要因として、監督技術、作業条件、給与などの衛生要因を重視した。

2　マズロー（Maslow, A.）は、自己実現の欲求が達成されれば、仕事のやる気は低下すると考えた。

3　コーチングとは、上司からの指示・命令により従業員の労働意欲を向上させる方法のことである。

4　キャリアアンカーとは、組織が個人にふさわしいキャリア展開を前もって計画することをいう。

5　メンタリングは、メンティー（メンタリングの受け手）のキャリア形成の促進を目的とする。

問題34　B　34-122　人材マネジメント

福祉サービス提供組織における人材マネジメントに関する次の記述のうち、**最も適切なものを1つ**選びなさい。

1　ワークエンゲージメントとは、仕事に対して過度のエネルギーを費やして疲弊してしまう状態を指す。

2　バーンアウトとは、活力・熱意・没頭に特徴づけられる仕事に関連するポジティブな心理状態を指す。

3　目標管理制度とは、職員個人の能力に応じた目標と組織目標を関連づけ、組織の業績向上と職員の自己実現を目指すことである。

4　コンピテンシーとは、職務や役割において低い成果や業績につながるような行動特性を指す。

5　福祉サービスは多様なニーズを持った人々を支援する複雑な業務であることから、キャリアパスの構築は必要ない。

問題35　A　31-125　人事管理

人事管理に関する次の記述のうち、**正しいものを1つ**選びなさい。

1　目標管理制度で部下が目標を設定する際は、チームや組織の目標とは無関係に、部下の個人的な目標を設定するのが原則である。

2　ダイバーシティ・マネジメントにおいては、人材の多様性は組織に様々な価値や利益をもたらすと考えられている。

3　成果主義による人事評価とは、職員の潜在能力に着目して、処遇や昇進などの評価に差をつけることをいう。

4　人事評価におけるハロー効果とは、評価が標準・普通に集中することをいう。

5　職務給とは、組織内の職位と年齢に応じて、職員の給与に格差を設ける給与をいう。

解答・解説

問題33

1 × ハーズバーグは、仕事上で満足につながる要因と不満足につながる要因は別のものとする**動機づけ要因・衛生要因理論**を提唱しました。同理論では、**満足要因（動機づけ要因）**として「仕事の達成」「承認」「仕事そのもの」「責任」「昇進」などを、**不満足要因（衛生要因）**として「会社の政策と経営」「監督技術」「上司との関係」「作業条件」「給与」などを挙げています。

2 × マズローは、欲求には5つの段階があり、下位の欲求が満たされると、次の段階の欲求が発現するという**欲求階層説**を提唱しました。最上位の欲求である**自己実現の欲求**は、自分の能力を引き出して創造的活動をしたいという欲求であり、達成されたとしても、仕事のやる気は低下しません。

3 × **コーチング**とは、**会話**によって相手の能力を引き出しながら、自発的に行動することをサポートする**コミュニケーション技術**です。

4 × **キャリアアンカー**とは、キャリア（職業・経歴）を選択するうえで、犠牲にしたくない**能力、動機、価値観**などのことです。記述は、**キャリアパス**の説明です。

5 ○ 記述のとおりです。**メンタリング**とは、個々人の個性を尊重しながら、将来の可能性を追求し支援する、**統合的指導・支援技術**です。

正解 **5**

問題34

1 × ワークエンゲージメントとは、仕事に熱意を感じ、**仕事から活力**を得ている状態のことです。

2 × バーンアウト（**燃え尽き症候群**）とは、継続する強いストレスなどに対処できず、一気にやる気や意欲が乏しくなる心身の状態のことをいいます。

3 ○ 記述のとおりです。個人目標を設定させ、その達成度を評価基準に取り入れるものです。

4 × コンピテンシーとは、ある**職務**や**役割**において効果的もしくは優れた業績を発揮する行動特性をいいます。近年、評価基準に取り入れられることが多くなっています。

5 × キャリアパスとは、仕事上の経験やスキルを積み上げながら自らの能力を高めていくための順序を系統立てて示した道筋をいいます。福祉サービスにおいても、キャリアパスの構築は必要となります。

正解 **3**

問題35

1 × **ドラッカーの目標管理制度**では、最初に**全体目標**を設定し、決定した目標を**各所属員**に知らせ、下位の**各個人**が設定すべき目標を組織の全体目標につなげるとされています。

2 ○ 記述のとおりです。**ダイバーシティ・マネジメント**とは、ダイバーシティ（多様性）という考え方をもとに多様な人材を活用し、組織の生産性を高める手法です。

3 × **成果主義による人事評価**とは、職員の成果に応じて給与や待遇が決定される人事方針のことです。職員の潜在能力は評価の対象にはなりません。

4 × **人事評価におけるハロー効果**（**後光効果**）とは、学歴や見た目といった目立つ特徴に影響されて既存の評価が変わることです。**ハロー効果**は、一部の良い印象だけで高評価を受けたり、一部の悪い印象だけで低評価を受けたりする特徴があります。記述は、**中心化傾向**です。

5 × **職務給**とは、従事する仕事の内容や職務の価値で決定する賃金のことです。年齢や勤続年数に応じて給与が上がるのは**年功賃金**制度です。

正解 **2**

専門 CH7 福祉サービスの組織と経営

問題36
A 35-124 人材の確保や育成

人材の確保や育成に関する次の記述のうち、**最も適切なもの**を1つ選びなさい。

1 360度評価（多面評価）とは、評価者である上司が、職員の能力や業績だけでなく、性格、志向、特技などを多面的に評価する手法を指す。

2 人事考課においては、ある対象を評価する際に、部分的で際立った特性が、全体の評価に及んでしまうハロー効果が起こることがある。

3 OJT（On the Job Training）とは、日常の職務を離れて行う教育訓練方法のことを指す。

4 職員のキャリアや能力の開発を目的に人事異動を実施することは、望ましくないとされている。

5 エルダー制度は、新入職員のセルフラーニングを通じた自己啓発の仕組みである。

問題37
B 30-125 人材育成や研修

人材育成や研修に関する次の記述のうち、**正しいもの**を1つ選びなさい。

1 経験学習モデルは、能動的実験・具体的経験と内省的観察・抽象的概念化との間の循環を否定している。

2 暗黙知と形式知の、共同化、表出化、連結化、内面化からなる循環的な変換過程は、組織の知識を創発するのに有効である。

3 OJTでは、職員の職務遂行能力は対象外である。

4 OFF-JTは、作業遂行の過程で行う訓練方法のことである。

5 エルダー制度は、新入社員のセルフラーニングを通じた自己啓発の仕組みである。

問題36

1 × 360度評価（多面評価制度）とは、上司だけでなく、**同僚や先輩、後輩、顧客**などの**複数の関係者の視点で評価**するものです。近年、人事考課を補う目的で人事考課の結果を、被評価者にフィードバックすることで、評価の納得性を高め、職員の育成や能力開発に役立てることができます。

2 ○ 記述のとおりです。**人事評価におけるハロー効果（後光効果）**とは、学歴や見た目といった目立つ特徴に影響されて既存の評価が変わることです。**ハロー効果**は、一部の良い印象だけで高評価を受けたり、一部の悪い印象だけで低評価を受けたりする特徴があります。

3 × OJTとは、**職場内**で、具体的な仕事を通じて、仕事に必要な知識・技術・技能・態度などを指導教育することです。記述は、**OFF-JT**の説明です。

4 × キャリア開発、能力開発のための人事異動は、**ジョブ・ローテーション**と呼ばれ、望ましいものと考えられています。

5 × エルダー制度は、先輩社員が新入社員に実務指導を行うもので、**OJT**のあり方の１つです。

正解　2

問題37

1 × 経験学習モデルは、能動的実験・具体的経験と内省的観察・抽象的概念化との間との**循環を通して学習が深まっていく**という考え方です。

2 ○ 記述のとおりです。

3 × OJTは、職場内で、具体的な仕事を通じて、仕事に必要な知識・技術・技能・態度などを指導教育するものです。

4 × 作業遂行の過程を通じて行う訓練方法は、**OJT**です。OFF-JTとは、職場を離れて、業務の遂行の過程外で行われる研修のことです。

5 × エルダーとは「先輩」や「年長者」を意味し、**エルダー制度**とは、OJTの一種で、先輩社員のひとりを新入社員ひとりの教育担当として付け、職務指導をはじめ、職場生活上の相談役も担う制度のことです。

正解　2

職場内外 での職員の自主的な 自己啓発 活動を職場として認知し、時間 面・経済 面での援助や 施設 の提供などを行うSDSと呼ばれる職場研修もあります。

ポイント チェック

職場研修の種類

OJT (On-the-Job Training)	職場内で、具体的な仕事を通じて、仕事に必要な知識・技術・技能・態度などを指導教育するもの。**エルダー制度の呼称**
Off-JT (Off-the-Job Training)	職場を離れて、業務の遂行の過程外で行われる研修のこと
SDS (Self Development System)	職場内外での職員の自主的な自己啓発活動を職場として認知し、時間面・経済面での援助や施設の提供などを行うもの。自己啓発援助制度の略

A 28-125 **労働法**

労働法上の労働契約、就業規則、労働協約に関する次の記述のうち、**正しいものを1つ選びなさい。**

1　労働契約とは、労働組合と使用者との間の集団的な労働条件の取決めである。

2　労働契約で合意した場合には、就業規則で定めた労働条件を下回ることができる。

3　使用者が就業規則を変更する場合、労働者代表の意見を聴く必要はない。

4　就業規則は、労働協約に反する定めをしてはならない。

5　労働協約は、口頭の申合せにより効力を生ずる。

 B 34-125 **職場のメンタルヘルス**

職場のメンタルヘルスに関する次の記述のうち、**正しいものを1つ選びなさい。**

1　パワーハラスメントの典型的な例には、優越的な関係を背景として行われた、身体的・精神的な攻撃、人間関係からの切り離し、過大・過小な要求などが含まれる。

2　時間外・休日労働について、月200時間を超えなければ、事業者には健康障害を予防するための医師による面接指導を行う義務はない。

3　全ての事業場には産業医を置かなければならない。

4　常時50人以上の労働者を使用する事業所を複数運営する組織であっても、衛生委員会は本部（本社）に設置すればよい。

5　「ストレスチェック」の結果は、事業者から労働者に対して通知することが義務づけられている。

（注）　ここでいう「ストレスチェック」とは、労働安全衛生法で定める「労働者に対して行う心理的な負担の程度を把握するための検査」のことである。

問題38

1　×　労働契約とは、労働者と使用者との間での**個別的な労働条件**の取決めのことを指します。記述は、労働協約の説明です。

2　×　労働契約法第12条に、「就業規則で定める基準に達しない労働条件を定める労働契約は、その部分については、無効とする」と規定されています。

3　×　労働基準法第90条に、「使用者は、就業規則の作成又は変更について、当該事業場に、労働者の過半数で組織する労働組合がある場合においてはその労働組合、労働者の過半数で組織する労働組合がない場合においては**労働者の過半数を代表する者**の意見を聴かなければならない」と規定されています。

4　○　記述のとおりです。労働基準法第92条第1項に規定されています。

5　×　労働組合法に、「労働組合と使用者又はその団体との間の労働条件その他に関する労働協約は、**書面に作成し、両当事者が**署名し、又は記名押印することによつてその効力を生ずる」と規定されています。

正解　4

問題39

1　○　記述のとおりです。なお、パワーハラスメントには、上司が部下に行うものだけでなく、先輩・後輩間や同僚間、さらには、部下から上司に対してなども含まれます。

2　×　事業者は、時間外・休日労働が**80時間以上**で、疲労の蓄積が認められる労働者が申し出た場合には、**医師**による**面接指導**を行わなければなりません。

3　×　産業医の設置義務があるのは、**常時50人以上**の労働者を使用する事業場です。

4　×　衛生委員会は、常時50人以上の労働者を使用している**事業所ごと**に設置しなければなりません。

5　×　ストレスチェックの結果は、実施者から労働者へ**直接通知**されます。

正解　1

ポイントチェック

メンタルヘルスケアの具体的な進め方

　厚生労働省は「労働者の心の健康の保持増進のための指針」を策定し、メンタルヘルスケアについて、次の取組を積極的に推進することが効果的であるとしている。

メンタルヘルスケアを推進するための教育研修・情報提供	管理監督者を含む全ての労働者に対して、それぞれの職務に応じた教育研修・情報提供を実施する
職場環境などの把握と改善	ストレスチェック制度を活用し、メンタルヘルス不調の未然防止を図る観点から職場環境などの改善に積極的に取り組む
メンタルヘルス不調への気づきと対応	メンタルヘルス不調に陥る労働者が発生した場合には、その早期発見と適切な対応を図る
職場復帰における支援	衛生委員会などで調査審議し、産業医などの助言を受けながら、職場復帰支援プログラムを策定するとともに、その実施に関する体制整備やプログラムの組織的かつ継続的な実施により、労働者に対する支援を実施する

専門
CH7
福祉サービスの組織と経営

専門 CHAPTER 7 ポイントチェック一覧

国試直前や国試当日などに、ポイントチェックを見直すだけでも得点につながります。有効に活用してください。

CHAPTER

Extra

第36回国家試験
解答・解説

第36回社会福祉士国家試験　正答一覧

【共通科目】

人体の構造と機能及び疾病 （7問）

問題番号	1	2	3	4	5	6	7
正答	2	3	4	2	5	5	1

心理学理論と心理的支援 （7問）

問題番号	8	9	10	11	12	13	14
正答	3	4	5	3	4	2	1

社会理論と社会システム （7問）

問題番号	15	16	17	18	19	20	21
正答	3	2	1	4	5	2	1

現代社会と福祉 （10問）

問題番号	22	23	24	25	26	27	28	29	30	31
正答	4	1	2	5	4	4	5	1	3・4	5

地域福祉の理論と方法 （10問）

問題番号	32	33	34	35	36	37	38	39	40	41
正答	5	3	3	1	2	3	4	2	1・3	1・3

福祉行財政と福祉計画 （7問）

問題番号	42	43	44	45	46	47	48
正答	5	4・5	3	5	1	2	1

社会保障 （7問）

問題番号	49	50	51	52	53	54	55
正答	2	1	4	3	2	1	5

障害者に対する支援と障害者自立支援制度 （7問）

問題番号	56	57	58	59	60	61	62
正答	2	3	1	1	3	4	4・5

低所得者に対する支援と生活保護制度 （7問）

問題番号	63	64	65	66	67	68	69
正答	3・5	1	2	5	5	3	4

保健医療サービス （7問）

問題番号	70	71	72	73	74	75	76
正答	2	1	1	2	5	3・4	3

権利擁護と成年後見制度 （7問）

問題番号	77	78	79	80	81	82	83
正答	3・4	4	2	3	5	3	2

【専門科目】

社会調査の基礎 （7問）

問題番号	84	85	86	87	88	89	90
正答	5	4	3	3・5	1	4	2・3

相談援助の基盤と専門職 （7問）

問題番号	91	92	93	94	95	96	97
正答	3	4・5	5	2・4	1	1・3	5

相談援助の理論と方法 （21問）

問題番号	98	99	100	101	102	103	104	105	106	107	108
正答	3	2	4	5	3	3	1・5	4	1	2	3

問題番号	109	110	111	112	113	114	115	116	117	118
正答	1	3	5	1	5	1・5	1・2	3	3	2

福祉サービスの組織と経営 （7問）

問題番号	119	120	121	122	123	124	125
正答	1・4	2	5	3	1・4	2	1

高齢者に対する支援と介護保険制度 （10問）

問題番号	126	127	128	129	130	131	132	133	134	135
正答	2	2	3・5	4	3	1	5	1	2・4	4

児童や家庭に対する支援と児童・家庭福祉制度 （7問）

問題番号	136	137	138	139	140	141	142
正答	5	1	2	2	4	3	4

就労支援サービス （4問）

問題番号	143	144	145	146
正答	5	1	5	4

更生保護制度 （4問）

問題番号	147	148	149	150
正答	2	1	2	4

人体の構造と機能及び疾病

問題1

1 × スキャモンの発達・発育曲線は、**20歳**時点での発育を100%としたときの成長パターンを、**一般型（全身型）**、**リンパ型**、**神経型**、**生殖型**の４つのパターンに分類して表している図です。

2 ○ 記述のとおりです。一般型（全身型）は、**身長**、**体重**のほか、**肝臓**や**腎臓**などの臓器の発育を示します。体の各部や臓器などは、**乳幼児期に急速に発達**し、その後、緩やかになり、**思春期に再び急激に発達**します。

3 × リンパ型は、免疫力を向上させる**リンパ系組織の発達**を示します。０歳から急速に発達し、**12歳頃に190%まで到達**したあと下降し始め、20歳頃に100%になります。

4 × 神経型は、神経系の発育を示します。脳は出生直後から急激に発達し、重量は出生時はおおよそ300gですが、**4～6歳で成人の脳重量**（1300～1400g）のおおよそ**90%**、1200g程度にまで成長します。**10歳前後には成人と同程度**になります。

5 × 生殖型は、男児の陰茎、精巣、女児の卵巣、子宮などの発育を示します。**12歳くらいまでは発育はほぼ止まっています**が、思春期の12～14歳頃から急速に発達し、20歳頃に100%になります。

正解 **2**

問題2

1 × 年齢、性別は、「**個人因子**」に分類されます。

2 × 左片麻痺は、「**健康状態**」に分類されます。

3 ○ 記述のとおりです。

4 × 近隣に長女が住んでいるのは、「**環境因子**」に分類されます。

5 × デイサービスの利用は、「**参加**」に分類されます。

正解 **3**

問題3

内部障害とは内臓機能の障害を指します。『身体障害者福祉法』では、「**心臓機能障害**」「**呼吸器機能障害**」「**腎臓機能障害**」「**膀胱・直腸機能障害**」「**小腸機能障害**」「**エイズ（ヒト免疫不全ウイルス〈HIV〉による免疫機能障害）**」「**肝臓機能障害**」の７つの障害を内部障害としています。身体障害者手帳の交付対象となるのは、❶視覚障害、❷聴覚または平衡機能の障害、❸音声機能、言語機能または咀嚼機能の障害、❹肢体不自由、❺心臓、腎臓または呼吸器の機能の障害その他政令で定める障害（膀胱または直腸の機能の障害、小腸の機能の障害、ヒト免疫不全ウイルスによる免疫の機能の障害、肝臓の機能の障害）です。

正解 **4**

問題4

1 × 眼球の外層にある白目の部分は、強膜です。角膜は、黒目の部分です。

2 ○ 記述のとおりです。白内障は、**糖尿病**、**先天性**、**老化現象**などによる**水晶体の白濁**が原因で発症します。

3 × 緑内障は、**眼圧の上昇**による**視神経の障害**が原因で視野障害を来します。

4 × 加齢黄斑変性では、**網膜の中心部が変性**するために、見たいところの**中心部**が見えにくくなり、視力低下が進みます。

5 × 糖尿病性網膜症は、糖尿病の合併症の1つで、網膜の血管から**出血**が多くなる疾患です。症状が進行すると、**網膜剝離**を引き起こし、失明に至る可能性があります。

正解 2

1 × 自閉スペクトラム症は、**3歳までに**症状が出現するとされています。
2 × 自閉スペクトラム症は、**こだわりが強く**同じ行動を繰り返す（**常同行動**）ことが特徴です。
3 × 自閉スペクトラム症では、幻覚はみられません。
4 × **解説2**のとおりです。
5 ○ 記述のとおりです。自閉スペクトラム症では、相手の気持ちを理解することが苦手といった**対人関係・社会性の障害**がみられます。

正解 5

1 × 神経性無食欲症は、「**食行動障害および摂食障害群**」に分類されています。
2 × 統合失調症は、「**統合失調症スペクトラム障害および他の精神病性障害群**」に分類されています。
3 × パニック障害は、「**不安症群**」に分類されています。
4 × 適応障害は、「**抑うつ障害群**」に分類されています。
5 ○ 記述のとおりです。「神経発達症群/神経発達障害群」の中には、❶知的能力障害群（知的障害）、❷コミュニケーション障害群、❸自閉スペクトラム症／自閉症スペクトラム障害（ASD）、❹注意欠如・多動症／注意欠如・多動性障害（ADHD）、❺限局性学習症／限局性学習障害（SLD）、❻運動症群／運動障害群（発達性協調運動障害、チックなど）、❼他の神経発達症群／他の神経発達障害群の7つの発達障害が分類されています。

正解 5

1 ○ 廃用症候群（生活不活発病）とは、**過度の安静や寝たきり**などで動かない（生活が不活発な）状態が長く続くことにより、**心身の機能が低下**して動けなくなることで生じる様々な症状を指します。高齢者に限らず、若年者にも生じます。
2 × 安静による筋力低下は、**1日で約3〜6％、1週目で約20％、2週目で40％減少**するとされています。
3 × **解説2**のとおり、長期臥床により筋肉量は減少します。
4 × 安静臥床により、骨や筋肉に対して、体重による負荷や刺激が加わらなくなることで、**カルシウムの量が減り、骨がもろく**なります。骨粗鬆症の原因となるとともに症状を増悪させます。
5 × 定期的な運動はもちろん、ベッドから離れることが難しい状態でも、ボールなどを使った簡単なレクリエーションを、ベッド上でも取り組んだり、寝たきりであっても体位変換をこまめに行うなどして予防することができます。

正解 1

1 × 記述は、群化の事例です。

2 × 記述は、仮現運動の事例です。

3 ○ 大きさの恒常性は、知覚の恒常性の事例の１つです。**知覚の恒常性**とは、刺激が**物理的に変化**をしても、その刺激そのものの性質（**大きさ、形、色、明るさ**）を保とうとする働きです。

4 × 線遠近法は、刺激の大きさや形、色、明るさなどが刺激の物理的性質と異なって見える錯視を利用した図法です。

5 × 記述は、月の錯視の事例です。

正解 3

　オペラント（道具的）条件づけとは、**報酬**や**罰**によって形成される条件づけのことです。その行動が望ましい結果や**報酬**をもたらす場合、その行動は強化され、逆に、望ましくない結果や**罰**をもたらす場合、その行動は減少する傾向があることをいいます。一方、**レスポンデント（古典的）条件づけ**は、**無条件刺激**と**無条件反応**の関係から学習する条件づけのことです。ある**刺激**が与えられたときに、それに対する特定の反応が**自動的**に起こるようになることをいいます。選択肢4は、叱るという罰により、人に迷惑をかけるいたずらという行動をしなくなったという、**オペラント条件づけ**の事例です。他の選択肢は、いずれも**レスポンデント条件づけ**の事例です。

正解 4

1 × 自転車の運転など、体で覚えた記憶は、**手続き記憶**です。

2 × 過去に自分が経験した出来事など、個人の経験に関する記憶は、**エピソード記憶**です。

3 × ものごとの意味や概念など、一般的な知識に関する記憶は、意味**記憶**です。

4 × 記述は、**長期記憶**の説明です。

5 ○ 記述のとおりです。ワーキングメモリーとは、短い時間あることを記憶にとどめておくと同時に、頭の中で**認知的な作業も行う**ことをいいます。

正解 5

1 × 原因帰属を、自分の能力不足という、**安定し、かつ内的な原因**に求めている例です。

2 × 原因帰属を、最近の体調不良という、**不安定、かつ内的な**原因に求めている例です。

3 ○ 記述のとおりです。

4 × 原因帰属を、たまたま運が悪かったという、**不安定、かつ外的な**原因に求めている例です。

5 × 原因帰属を、自分の努力不足という、**安定し、かつ内的な**原因に求めている例です。

正解 3

1 × 記述は、過度の緊張状態が継続する状態（**過覚醒**）の驚愕反応の事例です。

2 × 記述は、**否定的な認知**の事例です。

3 × 記述は、**フラッシュバック**の事例です。フラッシュバックは、突然、外傷体験を思い出し、パニックに陥る、不眠、食欲不振などの症状が現れることをいいます。

4 ○ 記述のとおりです。回避症状とは、過覚醒やフラッシュバックの状態になることを避けようとするために、**外界に対する活動や反応が低下**してしまうことです。

5 × **解説3**同様、**フラッシュバック**の事例です。

正解 　4

1 × 矢田部ギルフォード（YG）性格検査は、12の人格特性に関係する各10項目の質問（全120問）から、代表的な性格特徴を**5つのタイプ**に分類する**質問紙法**による**人格検査**です。対象は、**小学2年生～成人**です。

2 ○ 田中ビネー知能検査は、難易度順の問題をどこまで正答できるかによって精神年齢を算出し、知能指数を計算する2歳～成人までを対象とした**知能検査**です。このうち、**田中ビネー知能検査Ⅴ（ファイブ）**は、就学に関して特別な配慮が必要であるかに特化したもので、対象は、**5歳～6歳**となります。

3 × ミネソタ多面人格目録（MMPI）は、550の質問項目から抑うつ、心気症などの人格的、社会的不適応の種別と程度を尺度により客観的に判定することで、人格特徴を多角的に捉える**質問紙法**による**人格検査**です。対象は、**15歳～成人**です。

4 × 文章完成法テスト（SCT）は、短い刺激語の後に自由に言葉を補い文章を完成させ、性格や価値観などを分析する**投影法**による**人格検査**です。対象は、**小学生～成人**です。

5 × WAIS-Ⅳ（ウェクスラー成人知能検査第4版）の対象は、**16～90歳11か月**です。

正解 　2

1 ○ 記述のとおりです。クライエント中心療法（来談者中心療法：クライエント・センタード・カウンセリング）は、クライエントのもっている**問題解決能力**を引き出し、**成長**させることに重点をおいたカウンセリング方法です。そのため、カウンセラーはクライエントに対して助言やガイダンス、指示は行わず（**非指示的**）、信頼関係を築いたうえで**傾聴**する姿勢が求められます。

2 × **解説1**のとおり、クライエント自身の**成長**に焦点を合わせ、クライエントの強みを引き出します。記述は、**解決志向アプローチ**の説明です。

3 × 記述は、**家族療法**の説明です。

4 × クライエント中心療法では、クライエントがはっきりと意識していない考えや感情（無意識）をカウンセラーが適切に表現（**感情の明確化**）することが重要です。

5 × 記述は、**認知行動療法**の説明です。

正解 　1

社会理論と社会システム

問題15

1　×　持続可能な開発目標（SDGs：Sustainable Development Goals）とは、**2015年**の国連サミットで採択された「**持続可能な開発のための2030アジェンダ**」に記載されている、**2030年までに持続可能でよりよい世界を目指す国際目標**です。

2　×　SDGsは**17**の目標から構成されています。

3　○　SDGsの13番目の目標は「気候変動に具体的な対策を」というものです。

4　×　各国の指数は、**2016年**より発表されています。

5　×　SDGsの各指標は、例えば、**CO_2排出量、食料廃棄指数**など、多用な尺度から測定されます。

正解　3

問題16

1　×　地域性に基づくコミュニティを基盤に、特定の利害・関心に基づくアソシエーションが展開することを論じたのは、**マッキーバー**（MacIver, R.）です。

2　○　記述のとおりです。ウェルマンは、コミュニティの解体論も存続論もともに批判し、**交通通信手段の発達**によって、**場所に縛られない親密なつながりの集合としてのコミュニティ**が広がっている（＝コミュニティ解放論）ことを論じました。

3　×　記述は、**ワース**（Wirth, L.）が提唱した**アーバニズム論**です。

4　×　記述は、**バージェス**（Burgess, E. W.）が提唱した同心円地帯理論です。

5　×　アメリカの94のコミュニティの定義を収集・分析し、そこから3つのコミュニティ概念の共通性を見いだしたのは、**ヒラリー**（Hillery, G. A.）です。

正解　2

問題17

1　○　自己成就的予言（**予言の自己成就**）とは、**マートン**（Merton, R. K.）が提唱した概念で、そのことが起こると予想することが人々の行動に影響を及ぼし、成就することをいいます。

2　×　**創発特性**とは、単体としては機能していない個別のものが、全体として集められた時に相互作用を通して創発的な効果を生み出すことをいいます。

3　×　**複雑性の縮減**とは、不確実な事象に満ちた世界に意味を付与して秩序をもたらすことを指します。**ルーマン**（Luhmann, N.)が社会システム論のなかで提唱しました。

4　×　社会学における**ホメオスタシス**とは、**あるシステムが恒常性を保とうとする働き**のことをいいます。

5　×　社会学における**逆機能**とは、ある社会的な制度や現象が本来の目的や意図とは逆に、望ましくない結果や影響をもたらすことを指します。

正解　1

問題18

1　×　2021（令和3）年6月に実施した「第16回出生動向基本調査結果の概要」（国立社会保障・人口問題研究所）によると、「いずれ結婚するつもり」と考えている未婚者の割合は、未婚男性は2015（平成27）年に実施した前回調査の**85.7％**から81.4％へ、未婚女性は**89.3％**から84.3％へと、**それぞれ低下**

しました。

2 ✕ 就業継続率は、前回調査の57.7％から、69.5％へ大きく上昇しました。

3 ✕ 「結婚したら子どもを持つべき」との考えに賛成する未婚者の割合は、女性では67.4％から36.6％に、男性では75.4％から55.0％に低下しました。

4 ○ 未婚男性が自身のパートナーとなる女性に望むライフコースは、「両立コース」が**39.4％に増加**し、今回調査で初めて最多となりました。

5 ✕ 完結出生子ども数は、前回調査の**1.94人から1.90人**となり過去最低値を更新しました。

正解 **4**

1 ✕ 記述は、**ライフステージ**の説明です。年齢に伴って変化する**生活段階**のことを指します。

2 ✕ 記述は、**生活構造**の説明です。家計の収支構造、生活の時間的パターン、生活空間の範囲など、生活に関するさまざまな**規則性**を表す概念です。

3 ✕ 記述は、**ライフコース**の説明です。社会変化や人生のできごとを考慮して、多様な生き方を捉える概念です。

4 ✕ 記述は、**ライフスタイル**の説明です。個々人の人生の横断面に見られる生活の様式や構造、価値観を捉える概念です。

5 ○ 記述のとおりです。ライフサイクルとは、人間の誕生から死に至るまでの各段階の推移、また、各段階で固有の発達課題を達成していく過程を指します。**生活周期や人生周期**とも呼ばれます。

正解 **5**

1 ✕ ハビトゥスとは、社会秩序のなかで人々が適応するにつれて身につける知覚や行動の規範で、**ブルデュー**（Bourdieu, P.）が提唱した概念です。

2 ○ パットナムは、社会の信頼、規範、ネットワークといった社会組織の重要性を説き、**ソーシャルキャピタル**（社会関係資本）と定義しました。

3 ✕ 文化資本とは、言葉遣いや趣味、学歴など、金銭によるもの以外の個人的資産のことで、**ブルデュー**が提唱した概念です。

4 ✕ 機械的連帯とは、比較的似通った人々が結びつく社会のあり方のことです。**デュルケム**（Durkheim, E.）が提唱しました。

5 ✕ 外集団とは、個人が所属していない集団で、競争心、対立心、敵意などを抱く集団のことです。**サムナー**（Sumner, W.）が提唱しました。

正解 **2**

1 ○ **囚人のジレンマ**は、2人の囚人が、互いに黙秘することで最も罪が軽くなる（得をする）状況であるにもかかわらず、相手を裏切る（自白する）方が得であると判断し、自白してしまうというもので、2人とも非協力行動を選ぶことで、両者にとって望ましくない結果になることを指します。

2 ✕ 記述は、**ダブル・バインド**の説明です。

3 ✕ 「お互いの行為をすれ違いなく了解している」というのは、囚人のジレンマと正反対の状況にあたります。

4　✕　記述は、**オルソン**(Olson, M.)が示した**選択的誘因**の説明です。

5　✕　記述は、**フリーライダー**の説明です。

正解　|

現代社会と福祉

問題22

1　✕　平行棒理論とは、**救済に値する貧民は民間慈善事業**が扱い、**救済に値しない貧民は救貧行政**が扱うべきだとする考え方を指します。公（**救貧行政**）私（**民間慈善事業**）の社会事業組織体を交わることのない2本の平行棒にたとえ、役割分担を規定したものです。**ベンジャミン・グレイ**（Gray, B. K.）が提唱し、慈善組織協会（COS）の活動原理となりました。

2　✕　繰り出し梯子理論は、**ウェッブ夫妻**（Webb, S.&B.）が提唱した、**ナショナル・ミニマム**における公私の役割分担の考え方です。福祉サービスの提供において公的部門が**ナショナル・ミニマム（最低生活保障）を前提**として、**民間部門が公的部門の上乗せ**として梯子を繰り出すように、充実した保護・救済をプラスして行うことで、より高レベルの福祉が実現すると考えました。

3　✕　社会市場とは、自由市場と対比して使われる概念です。フリードマン（Friedman, M.）の主張した新自由主義論に対抗し、**ティトマス**（Titmuss, R.）が提唱しました。社会市場ではニーズと資源との調整は、政府の関与によります。

4　○　記述のとおりです。準市場という概念は、1990年代にイギリスの経済学者**ルグラン**（Le Grand, J.）が提唱したものです。

5　✕　ニュー・パブリック・マネジメント（NPM）とは、福祉サービスの供給において、民間における経営理念や手法等を行政（公的サービス）に導入することにより、**運営の効率化・活性化**を図るというものです。

正解　4

問題23

1　○　記述のとおりです。社会保障法は、社会保障という言葉を用いた世界初の法律で、アメリカの**ニューディール政策**の一環として、1935年に制定されました。

2　✕　公民権法は、1950年代以降にアメリカ国内で活発化した**公民権運動を背景**として**1964年に制定**されました。

3　✕　メディケアは、**メディケイド**とともに**1965年に導入**されました。メディケアは、**65歳以上の高齢者や障害者を対象**とした連邦政府が運営する医療保険制度で、メディケイドは、**低所得者を対象**に、州政府と連邦政府によって運営される公的医療扶助制度です。

4　✕　ADAは、障害者への差別を禁じ、だれもが平等に暮らせるようにすることを目的とした法律で、**1990年に制定**されました。

5　✕　TANFは、**扶養児童のいる低所得者世帯**について給付金の支給と就労支援を行うもので、**1996年に導入**されました。

正解　|

1 × 日本の2010年代における「貧困率」は、経済協力開発機構（OECD）加盟国の平均を大きく上回っています。2010年代における日本の貧困率は2012（平成24）年をピークに減少傾向にありますが**15〜16%程度**であり、OECD平均の**10%程度**を上回っています。

2 ○ 「2019年国民生活基礎調査の概況」（厚生労働省）によれば、子どもがいる現役世帯の世帯員の「貧困率」は**12.6%**ですが、「大人が二人以上」の世帯員は**10.7%**であるのに対し、「大人が一人」の世帯員では**48.1%**となっています。

3 × 「2019年国民生活基礎調査の概況」（厚生労働省）によれば、子どもの「貧困率」は**13.5%**となっています。

4 × 「平成29年版厚生労働白書」によれば、高齢者の「貧困率」は、2015（平成27）年では**19.6%**であり、子どもの「貧困率」は、2015（平成27）年では**13.9%**となっています。

5 × 2018（平成30）年の時点で、生活保護世帯に属する子どもの大学進学率は**36.0%**です。なお生活保護世帯に属する子どもの大学進学率は**年々増加傾向**にあり、2022（令和4）年には42.4%となっています。

正解 2

1 × クライエントがニードを表明しなくても、専門職の介入によって社会規範に照らして把握する福祉ニードがあります。このニードは、**規範的ニード（ノーマティブ・ニード）**に該当します。

2 × **解説1**のとおり、社会規範に照らして把握される**規範的ニード**があります。

3 × **規範的ニード**は、専門職が判断するため、クライエント本人のニードと合致しなかったり、専門職の力量により判断に差が生じたりすることがあります。

4 × 同じような状況にありながら福祉サービスを利用している人、利用していない人がいた場合、**利用していない人にはニードがあると判断する**比較ニード（コンパラティブ・ニード）があります。

5 ○ ブラッドショーのニード類型において、利用者本人が福祉サービスの必要性を感じ、自覚しているニード（**感得されたニード〈フェルト・ニード〉**）が、言葉や行動で表明されたものが、**表明されたニード（エクスプレスト・ニード）**」です。

正解 5

第1次ベビーブーム期（いわゆる「団塊の世代」）の出生者が後期高齢者になる年は、**2025年（令和7年）**です。高齢者人口が激増することから、その年号をとって「**2025年問題**」と言われています。このため国は、「地域における医療及び介護の総合的な確保を推進するための関係法律の整備等に関する法律（**医療介護総合確保推進法**）」を2014（平成26）年に制定し、効率的かつ質の高い医療提供体制を構築するとともに、**地域包括ケアシステム**を構築することを通じ、地域における医療および介護の総合的な確保を推進しています。

正解 4

1 × 在留外国人の出身国籍が多様化する傾向は進んでおり、南米諸国出身の日系人の在留者に加えて、**アジア諸国出身の外国人が多く増加**しています。

2　✕　日本社会に活力を取り込むために、従来の専門的・技術的分野における外国人材に限定せず、一定の専門性・技能を有し**即戦力となる外国人材を幅広く受け入れていく**仕組みを構築するとしています。

3　✕　外国人との共生社会は、これからの**日本社会をともにつくる一員**として**外国人が包摂**され、すべての人が安全に安心して暮らすことができる社会を形成していく必要があるとしています。

4　○　記述のとおりです。外国人との共生社会を実現するために取り組むべき**中長期的な課題**として掲げられている、**4つの重点事項**の1つです。

5　✕　共生社会の実現のために、在留外国人には**納税等の公的義務を履行**し、社会の構成員として責任を持った行動をとることが期待されています。

正解　4

1　✕　福祉レジームは、「**自由主義レジーム**」「**社会民主主義レジーム**」「**保守主義レジーム**」の3つの類型からなります。

2　✕　市場や家族の有する福祉機能は、福祉レジームの分析対象となります。3つの福祉レジームの分類は、**脱商品化・階層化・脱家族化**などの指標を用いています。

3　✕　スウェーデンは、「**社会民主主義レジーム**」であり、ドイツは、「**保守主義レジーム**」に属します。

4　✕　福祉国家それぞれが**発展したプロセス**や、その国における**福祉の供給主体**等を**幅広くとらえて福祉国家の類型を示し**、国際比較を行いました。

5　○　**解説2**のとおりです。脱商品化とは、**労働の有無にかかわらず一定水準の生活ができるかどうかを示す尺度**を意味します。

正解　5

1　○　記述のとおりです。所得を個人や世帯の間で移転させることにより、**所得格差の縮小や国民生活の安定**を図る機能です。代表的な所得再分配として、「**水平的再分配**」「**垂直的再分配**」「**世代間再分配**」があります。

2　✕　所得再分配は、**現金給付**（**公的年金、児童手当、生活保護**等）だけでなく、**現物給付**（**医療・介護サービス、保育サービス**等）もあります。

3　✕　記述は、**水平的な所得再分配**の説明です。

4　✕　世代間の所得再分配が行われるのは、**賦課方式**です。

5　✕　記述は、**垂直的な所得再分配**の説明です。

正解　1

1　✕　地域包括支援センターの設置については、**介護保険法**に規定されています。

2　✕　母子家庭等就業・自立支援センターの設置については、「**母子家庭等就業・自立支援事業実施要綱**」に定められています。

3　○　福祉事務所の設置については、社会福祉法第14条に規定されています。

4　○　運営適正化委員会の設置については、社会福祉法第83条に規定されています。

5　✕　要保護児童対策地域協議会の設置については、**児童福祉法**に規定されています。

1　×　**住宅セーフティネット法**に基づく住宅確保要配慮者居住支援協議会は、住宅確保要配慮者及び民間賃貸住宅の賃貸人の双方に対し、**住宅情報の提供等の支援**を実施するものです。

2　×　**生活困窮者自立支援法**に基づく住居確保給付金は、支給対象者について、これまで**離職または廃業した日から2年を経過していない者**等としています。

3　×　シルバーハウジングにおけるライフサポートアドバイザーは、入居高齢者に対する日常の**生活指導、安否確認、緊急時における連絡**等のサービスを提供する生活援助員です。

4　×　住宅セーフティネット法には、住宅確保要配慮者への経済的支援として、登録住宅の**改修**や**家賃低廉化**及び**住替えに対する補助**がありますが、住宅を購入するための費用負担についての定めはありません。

5　○　記述のとおりです。公営住宅は、憲法第25条（生存権の保障）の趣旨にのっとり、**公営住宅法**に基づき、国と地方公共団体が協力して、住宅に困窮する低額所得者に対し、低廉な家賃で供給されるものです。

正解　5

地域福祉の理論と方法

1　×　1951（昭和26）年に制定された社会福祉事業法で法制化されたのは、**都道府県社会福祉協議会**です。市町村社会福祉協議会が法制化されたのは、1983（昭和58）年です。

2　×　在宅福祉サービスを市町村社会福祉協議会の事業として、積極的に位置づける方針が示されたのは、**1979（昭和54）年**の「**在宅福祉サービスの戦略**」においてです。

3　×　地域福祉権利擁護事業は、**2000（平成12）年に社会福祉事業法が社会福祉法に改正**されたときに、**福祉サービス利用援助事業**として盛り込まれました。

4　×　**1960（昭和35）年**に山形県で開催された「**都道府県社協指導職員研究協議会**」で「**住民主体**」という言葉が使用され、社会福祉協議会の活動原則として住民主体の原則が初めて位置づけられました。

5　○　記述のとおりです。

正解　5

1　×　「ひきこもりの評価・支援に関するガイドライン」によれば、「様々な要因の結果として社会参加を回避し、**原則的には6か月以上**にわたって概ね家庭にとどまり続けている状態」としています。

2　×　ヤングケアラー支援体制強化事業では、「**ヤングケアラーとは、一般に本来大人が担うと想定されている家事や家族の世話などを日常的に行っている児童**をいうが、例えば、ヤングケアラーへの支援が年齢により途切れてしまうことのないよう、18歳を超えた大学生であってもその家庭の状況に鑑み通学することができない場合などは、適切な支援を行うことが重要である」としています。実態調査の対象としては、小学生、中学生、高校生もしくは大学生または当該生徒が属する教育機関となります。

3　○　記述のとおりです。生活福祉資金の貸付対象における低所得世帯とは、必要な資金を他から借り受けることが困難な世帯（**市町村民税非課税程度**）をいいます。

4 ✕ 生活困窮者自立支援法における生活困窮者とは、**就労の状況**、**心身の状況**、**地域社会との関係性**その他の事情により、現に**経済的に困窮**し、**最低限度の生活**を維持することができなくなるおそれのある**者**をいいます。

5 ✕ 日常生活自立支援事業の対象者とは、❶判断能力が不十分な者（**認知症高齢者**、**知的障害者**、**精神障害者**等であって、日常生活を営むのに必要なサービスを利用するための情報の入手、理解、判断、意思表示を本人のみでは適切に行うことが困難な者）、❷日常生活自立支援事業の**契約内容を判断できる能力を有する者**、のいずれにも該当する者です。

正解 3

問題34

1 ✕ 記述は、**都道府県地域福祉支援計画**に盛り込むべき事項です。
2 ✕ 記述は、**都道府県地域福祉支援計画**に盛り込むべき事項です。
3 ○ 記述のとおりです。社会福祉法第107条第1項第1号に規定されています。
4 ✕ 社会福祉法第107条第2項に「市町村地域福祉計画を策定し、又は変更しようとするときは、あらかじめ、**地域住民等の意見を反映させるよう努める**とともに、その内容を公表するように努めるものとする」と規定されています。
5 ✕ 記述のような規定はありません。

正解 3

問題35

1 ○ 記述のとおりです。社会福祉法第106条の4第1項に「市町村は、**地域生活課題の解決に資する包括的な支援体制を整備**するため、厚生労働省令で定めるところにより、重層的支援体制整備事業を行うことができる」と規定されています。
2 ✕ **解説1**のとおり、重層的支援体制整備事業は、市町村の**任意事業**です。
3 ✕ 社会福祉法第106条の4第2項に「重層的支援体制整備事業とは、次に掲げるこの法律に基づく事業及び他の法律に基づく事業を**一体のものとして実施する**ことにより、地域生活課題を抱える地域住民及びその世帯に対する支援体制並びに地域住民等による地域福祉の推進のために必要な環境を**一体的かつ重層的に整備する事業**をいう」と規定されています。
4 ✕ 包括的な相談支援事業は、**介護**（地域支援事業）、**障害**（地域生活支援事業）、**子ども**（利用者支援事業）、**困窮**（生活困窮者自立相談支援事業）の**相談支援にかかる事業を一体として実施**し、**本人・世帯の属性にかかわらず受け止める事業**です。
5 ✕ 重層的支援体制整備事業実施計画の策定は、**努力義務**です。

正解 1

問題36

1 ✕ 特定非営利活動法人（NPO法人）の所轄庁は、**都道府県知事**または**指定都市の長**です（特定非営利活動促進法第9条）。NPO法人を設立するためには、法律に定められた書類を添付した申請書を、所轄庁**に提出**し設立の認証を受けることが必要です。
2 ○ 民生委員法第24条第2項に「民生委員協議会は、民生委員の職務に関して必要と認める意見を関係各庁に具申することができる」と規定されています。
3 ✕ 社会福祉法第26条に「社会福祉法人は、その経営する**社会福祉事業に支障がない限り**、**公益事業**又は

その収益を社会福祉事業若しくは公益事業の経営に充てることを目的とする事業（収益事業）を行う事ができる」と規定されています。

4　✕　保護司法第14条に「**保護司会は、都道府県ごとに保護司会連合会を組織**する。ただし、北海道にあっては、法務大臣が定める区域ごとに組織するものとする」と規定されています。

5　✕　社会福祉法第109条第5項に「関係行政庁の職員は、市町村社会福祉協議会及び地区社会福祉協議会の役員になることができる。ただし、役員の総数の**五分の一を超えてはならない**」と規定されています。

正解 2

問題37

1　✕　Cさんの衛生環境を改善することは必要です。しかし、市の清掃局にごみを強制的に回収してもらうのは不適切です。あくまでも、**本人の同意のもとで支援を行うべき**です。

2　✕　動物愛護法施行後、保健所では猫の引き取り駆除は行っていません。また事例には、Cさんは猫を可愛がっているという記述があります。現状では、Cさんの同意のもと、引き取り可能な事業者を探すしか方法はありません。

3　○　愛玩動物の多頭飼育の問題は、大変複雑で困難な事例です。このケースでは、まずCさんの地域とのつながりを回復する必要があります。苦情を言う住民も含めて、今後の関わり方を検討するのは支援方針として最も適切です。

4　✕　愛玩動物の多頭飼育の問題は、放置すると次第に困難さを増し、収拾がつかなくなります。**できるだけ早期に積極的に対応**するべきです。

5　✕　引っ越しをしても、引っ越し先でまた地域との**コンフリクト**（**対立**や**摩擦、葛藤**）が起きる可能性があります。また猫を多頭飼育しているCさんの引っ越し先を見つけるのは困難であり、不適切な対応です。

正解 3

問題38

1　✕　社会福祉協議会の財源は、**事業収入が6割**です。会費・分担金・負担金・寄付金等を合計しても事業収入に満たない財源構成です。

2　✕　社会福祉法第117条第1項に「共同募金は、社会福祉を目的とする事業を経営する者以外の者に**配分してはならない**」と規定されています。

3　✕　社会福祉法人による地域における公益的な取組は、社会福祉法第24条第2項に規定される「**社会福祉事業又は公益事業**」による「**福祉サービス**」です。これを行うに当たっては、「日常生活又は社会生活上の支援を必要とする者に対して、無料又は低額な料金で、積極的に提供するよう努めなければならない」と規定されています。

4　○　記述のとおりです。認定特定非営利活動法人に対する寄付は、法人税法による「**特定公益増進法人に対する寄付金**」に該当し、税制上の優遇措置の対象になります。

5　✕　フィランソロピーとは、**企業の社会貢献活動**のことです。記述は、**クラウドファンディング**または、**ソーシャルファンディング**です。

正解 4

問題39

1　✕　N市の子育て支援課の職員への個別インタビューは、社会福祉士の有資格者だったとしても、子育て

中の人の「生の声」にはならないので、ニーズの把握はできません。

2　○　子育て中の親へのインタビューは、子育て中の人の「生の声」を実際に聞くことになります。世代や環境等の異なる親たちを対象とするのも、適切です。

3　×　利用者支援事業は、子ども・子育て支援法第59条に規定される、「**地域子ども・子育て支援事業の利用者**」を支援するものです。その相談記録を対象とした質的な分析は、一般的な子育て中の人の「生の声」にはなりえません。

4　×　特定の小学校に通う子どもの保護者を対象とした座談会は、対象が限定されるので、**世代や環境が同質になる可能性**があり、最も適切とはいえません。

5　×　全世帯調査の場合は、母集団の規模が大きくなると**費用や手間が大きく**なります。また、アンケート調査では、生の声を抽出するのが難しい可能性があります。さらに保育所を利用していない世帯のニーズを把握することができません。

正解　2

問題40

1　○　外国人居住者が日本の慣習に慣れると同時に、近隣住民も地域で暮らす外国人居住者の暮らしや文化について知ることは、**相互理解**を深めるために必要なことです。これらを学ぶ機会は、外国人居住者の社会的孤立の問題を解決するために有効な支援です。

2　×　Fさんの日本語が上達できたとしても、外国人居住者の社会的孤立の問題を解決することができるかは不明なため、支援の方針として不適切です。

3　○　外国人居住者の社会的孤立の問題を解決するために、外国人居住者が主体的に参加できるようにこれまでの地域活動のあり方を見直すのは、適切な支援の方針であるといえます。

4　×　近隣住民とのトラブルの原因は、日本の慣習に不慣れなためという記述がありますが、自治会長は地域住民のボランティアの立場なので、外国人居住者に対する生活指導まで依頼するのは無理があります。

5　×　外国人居住者の社会的孤立の問題を解決するために、外国人居住者に日本の文化や慣習を強制するのは不適切です。地区活動に、参加しやすくなる方法を検討するべきです。

正解　1・3

問題41

1　○　「地域で孤立した高齢者が来ていない」ということが課題です。地域で孤立していると思われる高齢者が、通いの場に何を望んでいるかについての聞き取り調査は、今後の改善のために有効です。聞き取り調査への協力を、地域の高齢者について把握している民生委員に依頼するのも適切です。

2　×　通いの場に参加していない、地域で孤立した高齢者のニーズを把握することが課題です。参加している高齢者への満足度調査では、参加していない高齢者のニーズは把握できません。

3　○　市町村の「協議体」は、**資源開発を推進**するために設置されています。構成員は、行政職員、コーディネーター、地域の福祉関係者等になります。ここで必要なことは何かについて議論することは、適切な提案です。

4　×　「地域で孤立した高齢者が来ていない」ということが課題です。目標を、現在の活動に合ったものに見直してしまえば、課題を解決することはできません。

5　×　通いの場に参加していない、地域で孤立した高齢者のニーズを把握することが課題です。健康体操等の体を動かすプログラムが、そのニーズに合っているかは、調査してみないと不明なため、不適切な支援策です。

福祉行財政と福祉計画

問題42

1 × 障害者基本法に基づく**市町村障害者計画**は、障害者施策を総合的かつ計画的に推進するための計画です。記述は、**障害者総合支援法**に基づく市町村障害福祉計画です。

2 × 子ども・若者育成支援推進法に基づく**都道府県子ども・若者計画**は、子ども・若者の育成支援に関する施策を総合的かつ計画的に推進するための計画です。記述は、**子どもの貧困対策の推進に関する法律**に基づく都道府県計画です。

3 × 老人福祉法に基づく**都道府県老人福祉計画**は、老人福祉事業の供給体制の確保のための計画です。記述は、**介護保険法**に基づく都道府県介護保険事業支援計画です。

4 × 社会福祉法に基づく**市町村地域福祉計画**は、**市町村社会福祉協議会**が策定する**地域福祉活動計画**と相互に連携し、補完・補強しあうものですが、地域福祉活動計画には、法律に基づく策定義務はありません。

5 ○ 記述のとおりです。子ども・子育て支援法第61条に規定されています。

正解 | 5 |

問題43

1 × 老人福祉法に基づく軽費老人ホームへの入所は、**利用契約制度**です。

2 × 老人福祉法に基づく人老人短期入所施設への入所は、**利用契約制度**です。

3 × 障害者総合支援法に基づく、障害者支援施設への入所は、**利用契約制度**です。

4 ○ 児童福祉法に基づく児童養護施設の入所は、**措置制度**によります。

5 ○ 生活保護法に基づく救護施設への入所は、**措置制度**によります。

正解 | 4 · 5 |

問題44

1 × 2000（平成12）年の地方分権一括法の施行により、団体委任事務及び機関委任事務は**廃止**され、地方公共団体の事務は自治事務と法定受託事務の2つに分類されています。

2 × 児童扶養手当の給付事務は、**法定受託事務**です。法定受託事務は本来国が行う事務ですが、住民の利便を考慮して地方公共団体が窓口として国から受託する事務であり、**福祉関係の手当の支給**に対する事務は法定受託事務となっています。

3 ○ 記述のとおりです。

4 × 生活保設の決定事務は、**法定受託事務**です。なお生活保護の被保護者の**自立を目指した相談・助言**は自治事務となります。

5 × 児童福祉施設の監査事務は、**自治事務**です。

正解 | 3 |

1 × 「令和5年版地方財政白書（令和3年度決算）」（総務省）によると、2021（令和3）年度の民生費の歳出純計決算額は**31兆3130億円**であり、前年度と比べると**9.1％増**となっています。

2 × 民生費の目的別歳出の割合について、都道府県で最も高いのは老人福祉費（**38.5％**）であり、以下、社会福祉費、児童福祉費、生活保護費の順で、**災害救助費は最も低く**なっています。

3 × 民生費の目的別歳出の割合について、市町村で最も高いのは児童福祉費（**42.2％**）であり、以下、社会福祉費、老人福祉費、生活保護費の順となっています。

4 × 民生費の性質別歳出の割合について、都道府県で最も高いのは補助費等（**76.6％**）であり、以下、扶助費、繰出金、人件費の順となっています。

5 ○ 記述のとおりです。民生費の性質別歳出の割合について、市町村で最も高いのは**扶助費**で全体の64.7％を占めており、補助費等は**4.2％**となっています。

正解 **5**

1 ○ 記述のとおりです。児童福祉法第12条に規定されています。

2 × 発達障害者支援センターは、**任意設置**です。

3 × 保健所の設置義務があるのは、**都道府県、指定都市、中核市、特別区**になります。

4 × 地方社会福祉審議会の設置義務があるのは、**都道府県、指定都市、中核市**です。

5 × 身体障害者更生相談所の設置義務があるのは、**都道府県**です。なお、指定都市は身体障害者更生相談所を設置することができます。

正解 **1**

1 × 市町村こども計画の計画期間について、法（**こども基本法**）に規定はありません。

2 ○ 記述のとおりです。

3 × 市町村障害者計画の計画期間について、法（**障害者基本法**）に規定はありません。

4 × 市町村健康増進計画の計画期間について、法（**健康増進法**）に規定はありません。

5 × 市町村地域福祉計画の計画期間について、法（**社会福祉法**）に規定はありません。

正解 **2**

1 ○ 記述のとおりです。パブリックコメントとは**意見公募手続**と訳され、行政が福祉計画を策定するにあたって、事前に**素案**を示し、その案について広く地域住民から意見や情報を募集するものです。

2 × 記述は、福祉計画策定のプロセスにおける目標設定の説明です。

3 × 記述は、**デルファイ法（アンケート収斂法）**の説明です。

4 × 記述は、**ブレインストーミング**の説明です。

5 × 記述は、KJ法の説明です。

正解 **1**

社会保障

問題49

1 × 「国立社会保障・人口問題研究所の人口推計」によると、2020（令和2）年の0～14歳人口は1503万人ですが、2045（令和27）年には1103万人に**減少すると**推計されています。

2 ○ 記述のとおりです。2020（令和2）年の65歳以上の人口は3603万人であり、高齢化率は28.6％ですが、2045（令和27）年には3945万人と、高齢化率は36.3％に**上昇すると**推計されています。

3 × 2020（令和2）年の15～64歳人口は7509万人ですが、2045（令和27）年には5832万人に**減少すると**推計されています。

4 × **解説2**のとおり、65歳以上人口は、2045（令和27）年には3945万人と、**5000万人を下回ると**推計されています。

5 × 2020（令和2）年の総人口は1万2615人ですが、2045（令和27）年には1万880人に**減少すると**推計されています。

正解 2

問題50

1 ○ 記述のとおりです。**産前産後期間の国民年金保険料免除制度は、国民年金の第1号被保険者が出産した際に、国民年金保険料が免除される制度です。

2 × 産前産後休業中の所得保障のために支給されるのは、出産手当金です。**出産育児一時金**は、**出産費用を賄う**ために支給されるものです。

3 × 育児休業給付金の支給は、**原則として子が1歳に達するまで**ですが、延長事由に該当すれば、最長で子が**2歳**に達するまで受給することができます。

4 × 児童手当の費用負担は、被用者の場合は**0～3歳未満では国16/45、地方自治体8/45**負担となり、**3歳～中学校修了では、国2／3、地方自治体1／3**負担となります。また**非被用者では全年齢で国2／3、地方自治体1／3**負担となります。

5 × 児童扶養手当の月額は、第1子の額よりも、第2子以降の加算額の方が低くなります。

正解 1

問題51

1 × 国民年金の第1号被保険者の月々の保険料は、**全国一律**です。

2 × 介護保険の保険料は、**保険者**ごとに決められます。第1号被保険者の保険料は**市町村及び特別区**により、第2号被保険者の保険料は**医療保険者**が決定します。

3 × 後期高齢者医療の保険料は、都道府県ごとにすべての市町村（特別区を含む）が共同で設立する**後期高齢者医療広域連合（広域連合）**が条例で定めます。加入者全員の**均等割**と所得に応じた**所得割**で構成され、所得が同じなら都道府県内では保険料は同じになります。

4 ○ 記述のとおりです。障害基礎年金を受給しているときは、国民年金保険料については**法定免除**の要件に該当し、**保険料の全額が免除**されます。

5 × 国民健康保険の保険料は、世帯ごとに**応益割**（定額）と**応能割**（負担能力に応じて）があります（一部の自治体では、国民健康保険に加入する全世帯が平等に負担する平等割額や、加入者が所有する土地家屋などの固定資産に応じて算出する資産割額もあります）。

問題52

1 × Hさんについては、妻の死亡により国民年金法に基づく死亡一時金の支給が考えられますが、死亡一時金は遺族が遺族基礎年金（選択肢3の給付）の支給を受けられるときは支給されません。

2 × Hさんは妻の死亡により遺族厚生年金の受給対象者である遺族に該当しますが、**夫が対象となる場合は妻の死亡時における年齢が55歳以上**となります。Hさんは45歳のため支給対象とはなりません。

3 ○ 遺族基礎年金は、**死亡した者に生計を維持されていた、子のある配偶者または子**が受給できます。Hさんは妻の被扶養者であったことから、生計を維持されていた者に該当します。

4 × 健康保険法に基づく埋葬料については、**被保険者が業務外の事由により亡くなった場合**に支給対象となります。Hさんの妻の死亡は業務上の事故のため、支給対象外となります。

5 × 労働者災害補償保険法に基づく傷病補償年金は、療養補償給付の受給者が**療養開始後1年6か月を経過した日以後に治療を続けている場合**、要件に該当すれば支給対象となります。Hさんの妻は既に死亡しているので、支給対象とはなりません。

問題53

1 × 労働者災害補償保険の療養補償給付については、**療養に必要な費用の全額が給付**されるため、被災労働者の自己負担はありません。

2 ○ 記述のとおりです。労働者災害補償保険法第2条において「労働者災害補償保険は、政府が、これを管掌する」と規定されています。

3 × 日雇労働者については、雇用保険法の**適用事業所**に雇用される日雇労働者は、日雇労働被保険者となります。なお雇用保険法における「日雇労働者」とは、日々雇用される者及び**30日以内**の期間を定めて雇い入れられる者と定義されています（雇用保険法第42条）。

4 × 雇用保険の失業等給付の保険料は、**労使折半**となります。雇用保険の保険料については、失業等給付及び育児休業給付の保険料は、**労使折半**ですが、雇用保険二事業については全額を事業主が負担します。

5 × 教育訓練給付は、雇用保険の被保険者ではなくなった者でも、要件に該当すれば支給されます。被保険者資格を喪失した日（**離職日の翌日**）から給付の対象となる訓練の受講開始日までが**1年以内**であり、支給要件期間に該当すれば対象となります。

問題54

1 ○ 記述のとおりです。20歳前に傷病を負った人の障害基礎年金については、支給要件として保険料納付要件がないことから、受給に関して所得制限が設けられています。

2 × Jさんの障害の原因となった事故が25歳の場合、障害の原因となった事故の日である初診日の前日に、初診日がある月の前々月までの被保険者期間で、**国民年金の保険料納付済期間と保険料免除期間をあわせた期間が3分の2以上**、または初診日の前日において初診日がある月の前々月までの直近1年間に保険料の未納がなければ、要件に該当すれば障害基礎年金を受給できます。

3 × 労働者災害補償保険の給付は、**業務上**または**通勤中**を対象としています。Jさんの事故は休日に行楽を目的とした最中に発生したことから、支給の対象とはなりません。

4 × 特別障害者手当は、子の有無は無関係であり、精神または身体に著しく重度の障害を有し、**日常生活**

において**常時特別の介護**を必要とする**20歳以上**の特別障害者に該当する場合に支給対象となります。

5 ✕ 傷病手当金は、被保険者が療養のため**3日以上連続**して仕事を休み、給料を受けられないとき、**4日目**から休業1日につき**直近12か月間の標準報酬月額を平均した額を30で割った額の3分の2相当額**を、支給開始日から通算して**1年6か月**まで支給する制度です。

正解 | 1 |

問題55

1 ✕ 老齢基礎年金を受給者の選択により繰り上げ受給をすることができるのは、**60歳から**になります。

2 ✕ 老齢基礎年金は、保険料納付済期間と保険料免除期間などを合算した受給資格期間が**10年以上ある場合**に受給することができます。

3 ✕ 老齢基礎年金と老齢厚生年金は、**併給可能**です。

4 ✕ 老齢基礎年金の給付基準額は物価の**変動**に応じて、**毎年度改定**を行う仕組みとなっています。

5 ◯ 記述のとおりです。老齢齢基礎年金の年金額を計算するときに、保険料免除の承認を受けた期間がある場合は、保険料を全額納付した場合と比べて年金額が低額となりますが、免除割合に応じて受けた月数が反映されます。

正解 | 5 |

障害者に対する支援と障害者自立支援制度

問題56

1 ✕ 障害者虐待防止法における障害者の定義は、「**障害者基本法第2条第1号に規定する障害者をいう**」と規定されています。障害者基本法第2条第1号に規定する障害者とは、「身体障害、知的障害、精神障害（発達障害を含む。）その他の心身の機能の障害がある者であって、障害及び社会的障壁により継続的に日常生活又は社会生活に相当な制限を受ける状態にあるもの」です。

2 ◯ 記述のとおりです。障害者総合支援法では、障害者の定義に、身体障害、知的障害、精神障害（発達障害含む）のある18歳以上のもののほか、**治療が確立していない疾病**その他の**特殊の疾病**であって政令で定めるものによる障害の程度が、主務大臣が定める程度であるもの、も含めています。

3 ✕ 知的障害者については法律上の定義はありません。知的障害者であることを示す手帳制度も、厚生事務次官通知が発出した「**療育手帳制度について**」に基づき、**自治体ごとに若干異なる内容で運用**されています。

4 ✕ 発達障害者支援法における発達障害者とは、「発達障害がある者であって、発達障害および社会的障壁により、**日常生活または社会生活に制限を受けるもの**」と規定されています。

5 ✕ 児童福祉法における障害児とは、「身体障害、知的障害、精神障害（発達障害含む）のある児童、または治療方法が確立していない疾病その他の特殊の疾病であり、障害の程度が障害者総合支援法において、その主務大臣が定める程度である児童をいう」と規定されています。年齢は、**18歳未満の者**をいいます。

正解 | 2 |

問題57

1 ✕ 身体障害者福祉法の制定により、国に**身体障害者更生援護施設**の設置が義務づけられ、それまでは貧困対策の一環として行われてきた障害者施策が**貧困対策から分離**されたものになりました。

2 ✕ 保護者制度が廃止されたのは、**2013（平成25）年**の精神保健福祉法**改正**においてです。

3 ◯ 記述のとおりです。2004（平成16）年の障害者基本法の改正では、障害者の差別の禁止が明文化されるとともに、障害者の**自立と社会参加の支援等の推進**が明記されました。

4 ✕ 障害者自立支援法では、利用者負担を**応能負担**から**応益負担**（定率負担）とし、所得にかかわらず1割の負担が原則になりました。しかし、その後、定率負担が問題視され、2010（平成22）年改正で**応能負担**へ戻されました。

5 ✕ 1993（平成5）年に心身障害者対策基本法が改正され、法律名も障害者基本法に改められました。

正解 ┃3┃

問題58

1 ◯ 記述のとおりです。指定特定相談支援事業所では、**サービス等利用計画の作成**及び**基本相談支援に関する業務**は相談支援専門員の役割になります。

2 ✕ 記述は、**サービス管理責任者**の役割です。

3 ✕ 記述は、**居宅介護従業者**の役割です。

4 ✕ 就業を希望する障害者に対し、就業面と生活面の一体的な相談や支援を行う機関は、**障害者就業・生活支援センター**です。就業支援担当者と生活支援担当者がそれぞれの分野について相談や他機関との連絡調整等を行います。

5 ✕ サービスに関する支給決定は、申請に基づく調査・判定の結果、及び相談支援専門員が作成したサービス等利用計画案などを踏まえ、**市町村**が行います。

正解 ┃1┃

問題59

1 ◯ 記述のとおりです。**18歳以上の身体障害者**に対し、その障害を除去・軽減する手術等にかかる医療費について、その負担軽減を行う更生医療は自立支援医療に含まれます。

2 ✕ 自立支援医療のうち、**更生医療と育成医療**は、**市町村**が支給認定を行い、精神通院医療については**都道府県**が実施主体として支給認定を行います。

3 ✕ 自立支援医療の自己負担額は、原則として医療費の**1割負担**（応能負担）です。世帯の状況によって負担なし、もしくは上限額が定められる場合があります。

4 ✕ 精神通院医療では、何らかの精神疾患により、**通院による治療の継続が必要な程度の状態の人が対象**であり、精神障害者保健福祉手帳の所持に関する規定はありません。

5 ✕ 自立支援医療により医療費の軽減が受けられるのは、各都道府県または指定都市が指定した指定自立支援医療機関（病院・診療所・薬局・**訪問看護ステーション**）に限られています。

正解 ┃1┃

問題60

1 ✕ 就労継続支援A型は、**一般企業等での就労が困難**な障害者に対して、**雇用契約を結び**、働く場を提供するとともに、**知識及び能力の向上**を図るために必要な訓練を行うサービスです。Lさんは**一般就労**を希望しており、この段階で紹介する障害福祉サービスとして適切ではありません。

2 ✕ 就労継続支援B型は、**解説1**で述べた対象者に**雇用契約を結ばず**、上記のサービスを提供するものです。

3 ◯ 就労移行支援では、**一般就労を希望する65歳未満の障害者**に、一定期間、就労に必要な知識や能力の向上を図るため必要な訓練を行うサービスです。Lさんにこの段階で紹介する障害福祉サービスとし

て最も適切です。

4 × 就労定着支援は、**一般就労に移行した障害者**に対し、就業に伴う生活面の課題に対応するための支援を行うサービスです。就労前の**L**さんにこの段階で紹介する障害福祉サービスとして適切ではありません。

5 × 職場適応援助者（ジョブコーチ）は、**就労した障害者**がその仕事を遂行し、職場に適応するため、**職場に出向いて、障害特性を踏まえた専門的な支援**を行います。就労前の**L**さんにこの段階で紹介する障害福祉サービスとして適切ではありません。

正解 **3**

1 × 一次判定は、全国統一基準の認定調査と医師意見書の一部項目に基づく**コンピュータ判定**のため、自治体ごとに調査項目を追加することはできません。

2 × 障害支援区分の認定は、一次・二次判定の結果を受け**市町村**が行い、結果を通知します。

3 × 認定調査は、**市町村**が行うことになっていますが、**指定一般相談支援事業所等**に**調査を委託**することも可能とされています。

4 ○ 記述のとおりです。障害支援区分の結果に基づき、障害福祉サービスの支給決定が行われます。

5 × 就労継続支援A型支援等の**訓練等給付**のみの利用や**障害児**については、サービスの支給決定に障害支援区分の認定は必要ありません。

正解 **4**

1 × 相談支援では、利用者の判断能力が不十分な場合であっても、その自己決定の過程を支援することに変わりはありません。他者との比較が焦りを生じさせることもありますが、**A**さんの**気持ちを尊重**し、**受容**する姿勢が求められます。

2 × 相談支援では、利用者のニーズを知り、アセスメントに基づいた対応が求められます。これまでの経歴だけでなく、**本人の意向を確認し、その意思を尊重**することが大切です。

3 × 相談支援専門員には、**A**さんが**自己決定**できるよう、**専門的知識や情報を提供し、決定の過程を支援**することが求められます。福祉的就労に関心を持ち始めたばかりの**A**さんに、必要とする情報の提供もなく、すぐに体験利用の申し込みを促すのは適切な支援とはいえません。

4 ○ **A**さんの**利益と権利を擁護**するために、最善の方法を用いて**意思決定を支援**することが大切であり、そのためには**A**さんの話を十分聞き、**ニーズを知る**ことが大切です。

5 ○ 適切な支援を行うためには、**適切なアセスメント**が不可欠です。援助のために必要となる**情報を収集**するために、**A**さんの家族から話を聞くことは適切な対応です。

正解 **4・5**

低所得者に対する支援と生活保護制度

1 × 保護は申請に基づいて開始することを原則（**申請保護の原則**）としていますが、急迫時には例外として、職権で必要な保護（**職権保護**）を行うことができます。

2　×　保護は要件を満たす限り、生活困窮に陥った原因を問わず無差別平等に受けることができます（**無差別平等の原理**）。

3　○　記述のとおりです。最低限度の生活とは、健康で文化的な生活水準を維持することができるものを指します（**最低生活保障の原理**）。

4　×　保護の要件とは、**資産**、（労働）**能力**その他あらゆるものを、その最低限度の生活の維持のために**活用**することであり、自立の見込みの有無は問いません。

5　○　国が生活に困窮するすべての国民に対し、その**最低限度の生活を保障**するとともに、その**自立を助長**することを目的としています。

正解 | 3・5 |

問題64

1　○　記述のとおりです。**生業扶助**には、生計維持に役立つ生業につくために必要な技能を修得するための経費である技能習得費が含まれています。

2　×　生活扶助費は、**衣食・光熱費その他日常生活の需要を満たすために必要な費用**です。転居の際にかかる**敷金**や**保証金**、火災保険料などの**初期費用**については、**住宅扶助**から支給されます。

3　×　生活保護法には、民法で定められた**扶養義務者が行う扶養は保護に優先**することが定められているため、Bさんが父親から仕送りを受けた場合、保護はそれを補足する限度で行われる（**減額**）ことになります。

4　×　保護は、生活に困窮し、**最低限度の生活の維持が難しい人**を対象としています。医師から就労できる状態という診断が出ても、すぐに自立した生活が営める状況ではない場合には保護は廃止されることはありません。

5　×　生活保護法における**扶養義務者**は、民法の規定が適用されており、**配偶者、直系血族、兄弟姉妹、特別な事情がある三親等内の親族**を指します。直系血族に尊属・卑属の区別や年齢の制限はなく、後期高齢者であるBさんの父親も扶養義務者にあたります。

正解 | 1 |

問題65

1　×　生活扶助の**第1類**の経費は、食費や被服費等の個人単位の経費が対象になります。世帯単位の費用は、生活扶助の基準生活費の**第2類**です。

2　○　記述のとおりです。住宅扶助には、**家賃**等の居住費用、**修理・補修**等の費用が含まれます。

3　×　介護扶助は、居宅介護や福祉用具、住宅改修などの介護サービスの費用が対象で、**現物給付**（**指定介護機関**の利用）が原則です。保険料は、**生活扶助の介護保険料加算**から支給されます。

4　×　医療扶助は、診察、薬剤、治療材料、看護など、**実際に施された医療行為に対する費用**が対象で、**現物給付**（**指定医療機関**や**医療保護施設**の利用等）が原則です。入院患者日用品費は、**生活扶助**から支給されます。

5　×　出産扶助は、出産に必要な分娩費、脱脂綿・ガーゼなどの衛生材料費が対象で、**出産をする要保護者**に対して**金銭給付**が原則になります。

正解 | 2 |

問題66

1　×　**都道府県及び市**（**特別区を含む**）には、福祉事務所の設置が**義務**づけられています。

2　×　生活保護は国の責任で行われるものであることから、基準を定めるのは、**厚生労働大臣**の役割です。

3　×　町村が福祉事務所を設置しない場合に、都道府県が設置する福祉事務所がその業務を担うことになっています。

4　×　都道府県知事は、保護施設の設備及び運営について、**条例で基準を定めなければならない**と規定されています。

5　○　記述のとおりです。生活保護法第20条に定められています。

正解　5

問題67

1　×　資金の貸付には、原則、連帯保証人が必要ですが、連帯保証人が確保できない場合でも貸付は可能です。**保証人がいる場合の貸付は無利子、いない場合は年1.5％の利率で貸付利子**がつきます。

2　×　貸付金は、償還期限までに返済が必要ですが、**死亡**ややむを得ない理由がある場合には、**償還未済額の全部または一部を免除**する制度があります。

3　×　返済開始までの据置期間は、生活困窮の理由や資金の種類にかかわらず、**最終貸付日から6か月以内**と規定されています。

4　×　総合支援資金の貸付を受ける場合、**生活困窮者自立支援制度**における**自立相談支援事業の利用が貸付要件**となるため、**自立相談支援機関**が申込み先となります。

5　○　**解説4**のとおりです。

正解　5

問題68

1　×　被保護者就労支援事業は、**被保護者**からの相談に応じて、必要な情報の提供、助言を行うことで、**被保護者**の自立促進を図ることを目的とした事業です。Eさんは両親の基礎年金で生活しており、生活保護は受給していないため、提案する支援内容として不適切です。

2　×　生活困窮者就労準備支援事業は、**一般就労に従事する準備**としての基礎能力の形成を、計画的かつ一貫して支援する**生活困窮者自立支援法**に基づく事業です。6か月〜1年程度、プログラムに沿った支援や就労の機会の提供を行うもので、Eさんが利用する事業として、内容的には適切ですが、同事業の実施主体は、都道府県、市、福祉事務所を設置する町村（社会福祉協議会、社会福祉法人、NPO法人などへの委託も可能）です。

3　○　生活困窮者就労訓練は、一般就労と福祉的就労の**中間的な就労形態**で、雇用による就業を継続して行うことが困難な者の一般就労を目的とした事業のため、現在のEさんに提案する支援内容として最も適切です。

4　×　地域若者サポートステーションでの「求職者支援制度」は、働くことに悩みを抱えている**15〜49歳の人**を対象とした事業であることから、Eさんは事業対象者に該当しないため、提案する支援内容として不適切です。

5　×　Eさんは被保護者ではないので、生活保護法に基づく授産施設の利用はできません。

正解　3

問題69

1　×　2022（令和4）年の全国のホームレスの数は3449人だったのに対し、2023（令和5）年の調査では3065人と、383人**減少**しています。

2　×　性別比では、**圧倒的に男性**が多く、2023（令和5）年の調査結果でも、男性2788人、女性167人（不

明110人）で、17倍近くになっています。

3　×　2016（平成28）年調査での平均年齢は**61.5歳**、2021（令和３）年調査では**63.6歳**と上昇しています。

4　○　2016（平成28）年調査での路上生活期間「10年以上」の割合は**34.6%**、2021（令和３）年調査では**40.0%**と増加しています。

5　×　「生活保護を利用したことがある」と回答した人は、2021（令和３）年調査では**32.7%**と、**全体の約３割程度**です。

正解　4

保健医療サービス

問題70

1　×　公的医療保険制度には、**被用者保険、国民健康保険、後期高齢者医療制度**の３種類があり、一部負担金は対象者の年齢や所得によって異なります。被用者保険と国民健康保険では、**義務教育就学前は２割**、義務教育就学後から**70歳未満は３割、70歳以上75歳未満は２割**（現役並み所得者は３割）、後期高齢者医療制度は、**原則１割**、一定以上所得者は**２割**（2025〈令和７〉年９月30日までは、１か月の自己負担の増加額を最大3000円までとする経過措置）、現役並み所得者は**３割**です。

2　○　記述のとおりです。生活保護の被保護者でも被用者保険には加入することができ、保護の補足性の原理（他法優先）から、**保険給付分は医療保険から給付**され、一部負担金のみが医療**扶助の対象**となります。

3　×　正常な妊娠・分娩費用は保険診療の対象にならないため、**全額自費負担**となります。

4　×　記述のような場合に、自己負担限度額を超えた額の支給が受けられるのは、**高額療養費制度**です。保険外併用療養費とは、原則禁止である混合診療（**保険のきく医療行為と保険のきかない医療行為の併用**）の例外として、保険診療との併用が認められる一部の費用のことです。

5　×　入院時の食事提供の費用は、診療種別では「**入院時食事・生活医療費**」として医療給付にあたるため、自己負担は一部負担になります。

正解　2

問題71

1　○　2020（令和２年）度の国民医療費は**42兆9665億円**です。

2　×　人口一人当たりの国民医療費は**34万600円**です。

3　×　国民医療費に占める薬局調剤医療費の割合は**17.8%**で、入院医療費の割合は**38.0%**となっています。

4　×　国民医療費の財源に占める公費の割合は**38.4%**で、保険料の割合は**49.5%**となっています。

5　×　国民医療費に占める歯科診療医療費の割合は**7.0%**で、入院外医療費の割合は**33.6%**になっています。

正解　1

問題72

1　○　記述のとおりです。保険医療機関等は、被保険者やその家族に医療サービス（医療行為）を提供した場合、**審査支払機関**に１か月単位で診療報酬の請求を行います。

2　×　診療報酬の審査支払機関は、**社会保険診療報酬支払基金（支払基金）**と国民健康保険団体連合会（**国保連**）です。

3　✕　医療機関は、診療報酬の請求を**診療した月の翌月10日まで**に行い、支払いは、**請求月の翌月の原則21日**に行われます（診療した月の翌々月）。

4　✕　診療報酬点数表には、医科、歯科、調剤の点数表があります。

5　✕　診療報酬点数に対する価格は、全国一律で**1点10円**と定められています。

正解　$\boxed{1}$

問題73

1　✕　医療法に基づき、医療計画の策定義務を負っているのは都道府県です。厚生労働大臣が定める基本方針に即して、かつ地域の実情に応じて定めます。

2　○　記述のとおりです。医療計画は、**医療施設の適正な配置**や**病院の機能分化**を図るなど、当該都道府県における医療提供体制の確保を図る目的で策定されます。

3　✕　医療圏は、原則として**都道府県の区域を単位とした「三次医療圏」**と、三次医療圏を除く複数の市町村からなる「二次医療圏」で構成されています。

4　✕　医療計画には、**疾病・事業及び在宅医療に係る医療連携体制、地域医療構想、外来医療の体協体制の確保、医師の確保、医療従事者の確保、医療の安全の確保、基準病床数、医療提供施設の設備の目標**について定めることが規定されています。

5　✕　医療計画は**6年を一期**として策定され、**中間年で必要な見直し**を実施するとされています。

正解　$\boxed{2}$

問題74

1　✕　訪問看護の開始時には、**主治医の指示**を文書で受ける必要があります。

2　✕　決められた数の看護職員（**保健師**、**看護師**、**准看護師**）のほか、適当数の**理学療法士、作業療法士、言語聴覚士**の配置は規定されていますが、栄養士の配置は求められていません。

3　✕　対象者は、医療保険か介護保険かによって異なります。**介護保険では原則65歳以上または40歳以上65歳未満の特定疾病がある者**が対象ですが、医療保険では**40歳未満の者**も対象となります。

4　✕　管理者は、原則として、保健師または看護師でなければならないと規定されています。

5　○　記述のとおりです。訪問看護は、疾病または負傷により居宅において継続して療養を受ける必要がある者を対象に、その者の居宅に訪問し、看護師等が行う**療養上の世話**または**必要な診療の補助**をいいます。

正解　$\boxed{5}$

問題75

1　✕　生活保護制度は、**生活が困窮している国民**に対し、国が最低限度の生活保障と自立の助長を目的に支援を行う制度です。医療費や入院期間中の収入面に不安はあっても、妻と同じ会社で共働きであるFさんは対象となりません。

2　✕　労働者災害補償保険制度とは、**労働者が業務上の事由または通勤**によって負傷したり、障害が残ったり、病気に罹ったり、死亡した場合に被災労働者や遺族を保障するために必要な保険給付を行う制度です。Fさんに医療が必要な原因は生活習慣病の1つである糖尿病の合併症によるものであり、労働者災害にはあたりません。

3　○　高額療養費制度では、**1か月に同一医療機関等に支払った医療費**が高額になったときに、負担が大きくなり過ぎないよう、**一定の自己負担限度額を超えた分が払い戻される制度**です。約1か月の入院と

退院後週 3 日の継続的な通院が必要な F さんが利用可能な制度です。

4　○　傷病手当金は、被保険者が療養のため 3 日以上連続して仕事を休み、給料を受け取れないとき、 4 日目から休業 1 日につき直近12か月間の標準報酬月額を平均した額を30で割った額の 3 分の 2 相当額が 1 年 6 か月を限度に支払われます。約 1 か月間の入院が必要な F さんが利用可能な制度です。

5　×　雇用保険では、労働者が**失業した場合**や労働者について**雇用の継続が困難となる事由が生じた場合**に労働者の生活および雇用の安定を図るとともに、**再就職を促進するために必要な給付**を行います。F さんは入院や通院が必要なものの、失業や雇用継続が困難な状況とはいえません。

正解 3・4

問題76

1　×　「人生の最終段階における医療・ケアの決定プロセスに関するガイドライン」（以下、ガイドライン）には、時間の経過、心身の状態の変化等に応じて、本人の意思が変化しうるものであることを踏まえ、適切な情報提供のもと、**本人が自らの意思をその都度示し、伝えられるよう支援が必要**と示されています。G さんの現在の意思を確認し優先することが求められます。

2　×　ガイドラインでは、本人の意思が確認できないとき、家族が本人の意思を推定できる場合の対応を示しています。**家族は本人の意思を推定**し、その推定が尊重されるのであり、家族が代わって判断するわけではありません。

3　○　記述のとおりです。ガイドラインでは、本人の意思を尊重した方針の決定に際しては、**本人、家族、医療・ケアチームとの話し合いの場を設定**することが示されています。

4　×　ガイドラインでは、医療従事者からの**適切な情報の提供と説明**がなされ、医療・ケアを担うチームとの十分な話し合いを行い、**本人による意思決定を基本**としたうえで、人生の最終段階における医療・ケアを進めることが最も重要な原則であることが示されています。法に判断を求めるものではありません。

5　×　ガイドラインには、医療・ケアの開始・不開始、内容の変更、中止等は、医療・ケアチームによって、医学的妥当性と適切性を基に慎重に判断すべきことや、それらの判断で合意が得られない場合は**複数の専門家からなる話し合いの場を設置**することについても示されています。方針の決定には、話し合いによる本人と医療・ケアチームとの合意形成が求められており、医師個人の医学的判断による決定はされません。

正解 3

権利擁護と成年後見制度

問題77

1　×　財産権は憲法29条に規定され、**自由権**に含まれます。

2　×　肖像権は憲法13条に規定された**幸福追求権**に基づく過去の判例から確立した**プライバシー権**です。

3　○　教育を受ける権利は憲法26条に規定されています。すべての国民の教育を受ける権利と普通教育を受けさせる親の義務、さらに義務教育は無償であることが示されています。

4　○　団体交渉権は憲法28条に規定されています。労働基本権の保障として、**団体交渉権（労働条件その他の労働関係を交渉する権利）**のほか、**団結権（労働組合を結成する権利）**と**団体行動権（争議権）**が示されています。

5　×　自己決定権は、憲法13条に規定された**幸福追求権**から導き出された人権である**プライバシー権**です。

1　×　相続人が配偶者と子の場合、相続分は**2分の1**ずつのため、配偶者Jの法定相続分は**2分の1**です。

2　×　**解説1**のとおり、配偶者と子の相続分は**2分の1**ずつであり、子が複数いる場合は、法定相続分を子の人数で等分するため、子Kの法定相続分は**8分の1**です。

3　×　養子は実子と同様の親族関係となり、法定相続分は実子と同じです。養子Lの法定相続分は**8分の1**です。

4　○　記述のとおりです。かつては非嫡出子の相続分は嫡出子の半分とされていましたが、2013（平成25）年の民法改正により、認知されている場合は同等となったため、非嫡出子Mの法定相続分は**8分の1**です。

5　×　Hより前に、子の1人であるAが死亡しているため、子Aの子であるBとC（Hの孫）には子Aの相続分が代襲相続されます。**8分の1**を2人で等分するため、孫Bの法定相続分は**16分の1**です。

正解　4

1　×　成年被後見人は、基本的には遺言を作成することはできません。ただし、事理弁識能力が一時回復（判断能力が遺言ができる程度に回復）しているときに**医師2人以上の確認と立会い**の下に、遺言を作成することができます。

2　○　記述のとおりです。遺言書の保管者またはこれを発見した相続人には、遺言者の死亡を知った後、**家庭裁判所の検認**を請求しなければなりません。

3　×　公正証書遺言は、遺言者本人が、**公証人と証人2名の前**で、**遺言の内容を口頭で告げ**、公証人が、それが遺言者の真意であることを確認したうえで文章にまとめます。

4　×　自筆証書遺言に証人は必要ありません。

5　×　被相続人は、遺言によって相続財産の全部または一部を自由に処分することができるため、遺留分を侵害する内容の遺言書であっても法的には有効です。相続人の請求で遺言自体が無効になることはありません。

正解　2

1　×　成年後見人は、**手術についての同意権はない**ため、審判の申し立て理由にはなりません。

2　×　成年後見制度は、判断能力が不十分な人を保護し権利を守るためのものです。施設入所の契約について**取消権**や**代理権**を持ちますが、施設で安定した生活を送っているDさんにとって、契約の解約は不利益になる可能性があるため、審判の申し立て理由として適切とはいえません。

3　○　記述のとおりです。判断能力が不十分な人が遺産分割協議や相続の承認など財産管理を目的とした行為を行う場合、後見人が必要になります。Fさんの遺産分割協議に参加するDさんのためにEさんが後見開始の審判の申し立てを行うのは最も適切です。

4　×　**解説2**のとおり、成年後見制度は判断能力が不十分な人の権利を守るための制度です。Dさんが入所前に居住していても、Eさん所有の建物である場合、売却がDさんの不利益といえないため審判の申し立て理由にはなりません。

5　×　**解説4**同様、Dさんの施設利用料の不足分を支払っていたとしても、預金口座自体はEさんのもので

CH
E
第36回国家試験解答・解説

あり、払戻しがDさんの不利益とはいえないため審判の申し立て理由にはなりません。

正解 3

1　×　成年後見監督人選任の審判の申し立ては、Gさん、その親族、または後見人であるHさんが行うことができます。

2　×　Hさんの**配偶者、直系血族、兄弟姉妹**は後見監督人になることができません。

3　×　成年後見監督人は、HさんとGさんとの利益相反する行為について、Gさんを代理することが職務とされています。

4　×　Hさんは家庭裁判所の許可を得て辞任することができますが、その場合、成年後見監督人が引き継ぐわけではなく、**遅滞なく新たな後見人の選任を家庭裁判所に請求**しなければなりません。

5　○　記述のとおりです。Hさんに不正な行為、著しい不行跡その他後見の任務に適しない事由があるときは、成年後見監督人は家庭裁判所に対し、解任請求ができます。

正解 5

1　×　成年後見人等と本人との関係についての調査では、3万9564件のうち、親族は**7560件**で全体の**19.1％**になります。

2　×　親族以外が選任されたものは3万2004件であり全体の80.9％にあたります。そのうち弁護士は**8682件で27.3％**を占めています。

3　○　親族以外で選任されたもののうち、最も多いのが司法書士です。**1万1764件で36.8％**を占めています。

4　×　社会福祉士は**5849件で18.3％**を占めています。

5　×　市民後見人は**271件**で全体の**0.8％**となっています。

正解 3

1　×　「意思決定支援を踏まえた後見事務のガイドライン」（以下、ガイドライン）の意思決定支援の基本原則の第1に、「**全ての人は意思決定能力があることが推定される**。」と記載されています。Jさんにも意思決定能力があると推定して支援を行います。

2　○　記述のとおりです。ガイドラインの意思決定支援の基本原則の第2に、「**本人が自ら意思決定できるよう、実行可能なあらゆる支援を尽くさなければ、代行決定に移ってはならない**。」と記載されています。Jさんが自ら自己決定できるよう、実行可能なあらゆる支援を尽くすことが求められます。

3　×　**解説1**のとおりです。

4　×　ガイドラインには、「本人にとって見過ごすことができない重大な影響が生じるような場合、**当該意思をそのまま実現することは適切ではないため、法的保護の観点から、「最善の利益」に基づいた代行決定を行うことが許容される**。」と記載されています。Jさんが表明した意思とは異なる形での代行決定を行うこともあります。

5　×　ガイドラインには、「本人により表明された意思等が本人にとって見過ごすことのできない重大な影響を生ずる場合等には、後見人等は本人の信条・価値観・選好を最大限尊重した、**本人にとっての最善の利益に基づく方針を採らなければならない**。」と記載されています。

正解 2

社会調査の基礎

問題84

1　×　統計法において、行政機関が行う統計調査のうち基幹統計調査以外のものを、**一般統計調査**といいます。**社会福祉施設等調査**は、厚生労働省が行う**一般統計調査**です。老人福祉施設や障害者支援施設、児童福祉施設等及び障害福祉サービス等事業所・障害児通所支援等事業所を対象に、**社会福祉行政の推進のための基礎資料**を得ることを目的とする調査です。

2　×　**福祉行政報告例**は、厚生労働省が行う**一般統計調査**です。**社会福祉行政運営の基礎資料**を得ることを目的とする調査です。

3　×　**介護サービス施設・事業所調査**は、厚生労働省が行う**一般統計調査**です。全国の介護サービスに関する実態を明らかにし、**介護サービス行政の推進**に役立てることを目的とする調査です。

4　×　**労働安全衛生調査**は、厚生労働省が行う**一般統計調査**です。事業所が行っている安全衛生管理、労働災害防止活動及び労働者の不安やストレス等の実態について把握し、**労働安全衛生行政の基礎資料**を得ることを目的とする調査です。

5　○　**国民生活基礎調査**は、厚生労働省が行う**基幹統計調査**です。保健、医療、福祉、年金、所得等国民生活の基礎的事項を調査し、**厚生労働行政の企画及び運営に必要な基礎資料**を得ることを目的としています。

正解　5

問題85

1　×　社会調査では、調査対象者の抽出のために、選挙人名簿や住民基本台帳を用いることが多くなりますが、これらは自由に閲覧することはできず、実施する社会調査が「**公益性が高いと認められる**」場合に限り、閲覧が許可されます。

2　×　調査対象者に対しては、**あらかじめ調査の目的などを説明**する必要があります。

3　×　調査対象者が情報と時間を提供してくれることへの対価として、また、回答率の向上を目的に謝礼を渡すことがありますが、不可欠ではありません。謝礼の内容・方法については、調査の実施者が判断することになります。

4　○　調査対象者から辞退の申出があった場合には、調査対象から外して、その調査対象者のデータは分析に利用はしません。社会調査を行う過程で、調査対象者に対して、**協力同意書（調査同意書）**及び同意撤回書を用意します。同意撤回書は、一度同意したものの、考えが変わり、自分のデータを調査対象から外してほしい旨の申出を行うための書面です。

5　×　一般社団法人社会調査協会「倫理規程」第1条は、「社会調査は、常に科学的な手続きにのっとり、客観的に実施されなければならない」としています。報告書は、仮説と異なるデータも含めてまとめなければなりません。

正解　4

問題86

1　×　「**S県内の高校に在籍している全ての生徒**」に母集団は限定されています。

2　×　**解説1**のとおりです。

3　○　記述のとおりです。S県内の高校に在籍する全生徒を母集団とする**全数（悉皆）調査**を実施した事例です。

4 ✕ 記述は「**抽出された標本**」に該当します。

5 ✕ 解説4同様、記述は「**抽出された標本**」にあたります。

正解 3

問題87

1 ✕ **郵送調査**は、郵送で調査票の配付・回収を行う方法で、**自計式**です。

2 ✕ **留置調査**は、調査者が調査対象者を訪問して調査票を配付し、一定期間後に回収する方法で、**自計式**です。

3 ○ **訪問面接（個別面接）調査**は、調査者が調査対象者と面接を行い、口頭で質問する方法で、**他計式**です。

4 ✕ **集合調査**は、調査対象者を一定の場所に集め、その場で調査票の配付・回収を行う方法で、**自計式**です。

5 ○ **電話調査**は、調査者が調査対象者に電話をし、質問する方法で、**他計式**です。

正解 3・5

問題88

1 ○ **比例尺度**は、大小関係、差、比に意味がある尺度であり、数値の間隔が等しくなっており、**平均値、中央値、最頻値**を算出できます。

2 ✕ **順序尺度**は、順位や震度など、測定値の**大小関係**や**優劣関係**に意味をもつ、大小関係を示すための尺度です。値の間隔には意味がなく、等間隔性は担保されていません。

3 ✕ **名義尺度**は、代表値のうち**最頻値**を求めることはできますが、中央値と平均値を求めることはできません。

4 ✕ **間隔尺度**は、間隔に意味のある尺度です。気温など、**測定値の間隔を数量的に表現**できます。

5 ✕ 比例尺度、間隔尺度、順序尺度、名義尺度の順番で尺度水準が高いとされます。

正解 1

問題89

1 ✕ **構造化面接**は、質問項目や質問順序をあらかじめ決めておき、それに厳密に沿って進めていく方法です。調査者の面接能力にかかわらず、一定の回答を得ることができます。

2 ✕ 非構造化面接とは、**項目を特に決めずに**、**状況に応じて自由に質問をしていく方法**です。

3 ✕ 半構造化面接とは、**大まかな質問項目だけを決めておき**、**状況に応じて質問項目や質問順序を変えていく方法**です。

4 ○ 面接調査においては、参加者の語り（言語）だけではなく、身振り手振りや表情、笑いなどの感情表現（非言語的反応）にも注目する必要があります。

5 ✕ グループインタビューは、個別インタビューでは得られない参加者間の**相互作用を期待し**、参加者間のやり取りを重視する調査手法となります。調査対象者が複数いるため、メンバー同士の発言が刺激となってさまざまな発言が出たり話題が展開したりし、個別インタビューとは違った知見が収集できます。調査者は、対象者同士の会話を促すことも求められます。

正解 4

1 × 調査対象者の選定は、**無作為標本抽出によるものが理想**ですが、グループインタビューの場合などには、長時間のインタビューに協力できる数名の対象者を選ぶ必要があるため、実質的に紹介などの**有意標本抽出**になることが多くなります。

2 ○ アクションリサーチとは、調査者と調査対象者が協力して現状を明らかにし、**問題解決**のために多様な調査や実践を行う方法です。観察だけでなく、面接を行ったり、**質問紙調査**のような量的調査を取り入れたりすることがあります。

3 ○ 文書の分析では、公的文書であれ、私的文書であれ、**全てが分析の対象**となります。

4 × 質的調査の記録やデータの収集において、音声データや映像データを用いることができます。

5 × フィールドノーツ（観察結果）を作成する際に、調査者の解釈を含めることに問題はありません。ただし、**観察された事実と調査者の解釈が区別**できるように記述する必要があります。

正解 2・3

相談援助の基盤と専門職

1 × 法に規定する社会福祉士の義務等にはありません。後継者の育成については、「**日本介護福祉士会倫理綱領**」に「**介護福祉士**は、すべての人々が将来にわたり安心して質の高い介護を受ける権利を享受できるよう、介護福祉士に関する教育水準の向上と**後継者の育成**に力を注ぎます」とされています。

2 × 第46条に「**正当な理由がなく**、その業務に関して知り得た人の秘密を漏らしてはならない」という秘密保持義務を課しています。

3 ○ 信用失墜行為**の禁止**として、第45条に規定されています。

4 × 第48条第1項に、名称の使用制限として「社会福祉士でない者は、社会福祉士という名称を使用してはならない」と規定されています。

5 × 誠実義務については、第44条第2項に「社会福祉士及び介護福祉士は、その担当する者が**個人の尊厳を保持し、自立した日常生活を営む**ことができるよう、**常にその者の立場**に立つて、誠実にその業務を行わなければならない」と規定されています。

正解 3

1 × 記述は、**マクロレベル**の介入です。**マクロレベル**では、社会や国家、制度・政策が対象となります。

2 × 記述は、**ミクロレベル**の介入です。**ミクロレベル**では、個人や家族が対象となります。

3 × **解説2**と同様、**ミクロレベル**の介入です。

4 ○ メゾレベルの介入です。メゾレベルは、**職場**や**学校**、**地域**が相当します。

5 ○ **解説4**と同様、**メゾレベル**の介入です。

正解 4・5

1 × 記述は、**ブトゥリム**（Butrym, Z.）が提唱した「**ソーシャルワークの3つの価値前提**」です。

2 × 記述は、**パールマン**（Perlman, H.）が著書『**ソーシャル・ケースワーク－問題解決の過程**』において、

ケースワークに共通する構成要素として提唱した、4つのP（❶人〈person〉、❷問題〈problem〉、❸場所〈place〉、❹過程〈process〉）です。

3 ✕ 記述は、バートレット（Bartlett, H.）が提唱した、ソーシャルワーク実践の共通基盤です。

4 ✕ 記述は、1958年の全米ソーシャルワーカー協会によるソーシャルワーク実践の定義です。

5 ○ ソーシャルワーク専門職の中核となる任務には、社会変革・社会開発・社会的結束の促進、及び人々のエンパワメントと解放がある、と記載されています。

正解 5

問題94

1 ✕ 障害者の自立生活運動における自立とは、障害者が必要な介助を受けながら、社会参加し、自己決定権を行使することを指します。

2 ○ 自立生活運動では、仲間（ピア）同士で精神的サポートを与え合うこと、自立のために情報提供を行うことが重視され、これらの活動はピアカウンセリングと呼ばれます。

3 ✕ 自立生活運動においては、必要な支援を受けながら、当事者が自己決定、自己管理する権利をもつことが重視されます。

4 ○ 解説1のとおりです。

5 ✕ 自立生活運動においては、自己決定におけるリスクをある程度許容する必要性が論じられることがあります。

正解 2・4

問題95

1 ○ 記述のとおりです。レヴィは著書『ソーシャルワーク倫理の指針』において、倫理を人間関係及びその交互作用に価値が適用されたものと規定し、人間関係における行動に直接影響を及ぼす点に特色があると述べています。

2 ✕ ジェネラリスト・ソーシャルワークは、多様なスキルを習得したワーカーが、利用者の課題の解決のために、利用者と環境の相互作用に着目し、必要な社会資源を有機的に組み合わせて支援するもので、ソーシャルワークの統合化により発展したものです。トールは、診断主義アプローチを提唱しました。

3 ✕ 相互連結理論を提唱したのは、ターナーです。

4 ✕ 4つの基本的ニーズを提唱したのは、ブラッドショーです。

5 ✕ 機能主義と統合主義の統合を試みたのは、アプテカーです。

正解 1

問題96

　この事例では、クライエントである生徒Bさんに対する倫理的責任と、組織・職場であるX小学校に対する倫理的責任との間で板挟みにあったAスクールソーシャルワーカーに生じた倫理的ジレンマについて記述されています。生徒Bさんの自己決定を尊重して支援する、プライバシーを尊重し、秘密を保持する、という観点からは、いじめられていることを他の人には言わないでほしい、という思いに配慮をする責任があるものの、所属する学校の使命を認識し、最良の実践を行う、という観点からは、この問題を学校に報告する責任が生じます。

正解 1・3

　シュワルツにより提唱された**相互作用モデル**は、メンバー間の相互作用により、**お互いが支え合うシステムをつくり出すことを目的とするモデル**です。援助者の中心的な機能は、**クライアント**と**サービス**を結びつける媒介者の役割にあります。選択肢**5**では障害児と親が活発に参加している絵画サークルに参加することで、クライアントの親子が他の児童、親たちと交流し、相互作用が発生することが期待できますので、援助者が媒介機能を果たしていることになります。他の選択肢からは、親子と他者の間での相互作用がつくり出される可能性が見受けられません。

正解　5

相談援助の理論と方法

1　×　ターゲットシステムは、変革努力の目標達成のために**ソーシャルワーカーが影響を及ぼす必要のある人々**を指します。記述は、**アクションシステム**です。

2　×　開放システムは、**外部環境**に対して開かれているシステムです。開放システムの変容の最終状態は、**その作用によって結果が異なります**。

3　○　システム理論には、**サイバネティックス（生物と機械との類似性）**の考え方があります。これにより、システムには、他の要素から正負のフィードバックを受けることで、自己を変化・維持させようとする仕組みがあると考えます。

4　×　システム理論では、生活モデル的に環境との交互作用に着目します。記述は、**治療モデル**（医学モデル）の考え方です。

5　×　システム理論では、家族の問題に対して、家族を個人だけでなく、**相互作用が機能する1つのシステム**として捉えます。

正解　3

1　×　生活モデルは、**人と環境の交互作用に焦点**を当て、その調整によって問題解決を図ります。人格に焦点を絞るのは、**治療モデル**（医学モデル）の考え方です。

2　○　記述のとおりです。人の生活を全体的視点から捉えるのも生活モデルの考え方です。

3　×　治療モデルは、病理に着目し、診断し治療するという考え方です。記述は、**実存主義アプローチ**の考え方です。

4　×　記述は、**ストレングスモデル**です。治療モデルは、クライアントの病理を正確に捉えることを重視します。

5　×　**解説4**のとおりです。

正解　2

1　×　機能的アプローチは、クライアントのニーズを機関の機能との関係で把握し、**社会的機能を高めること**で問題解決を目指します。記述は、**問題解決アプローチ**です。

2　×　女性にとっての差別や抑圧などの社会的現実を顕在化させるのは、**フェミニストアプローチ**です。また、

個人のエンパワメントと社会的抑圧の根絶を目指すのは、**エンパワメントアプローチ**です。

3 ✕ ユニタリーアプローチは、**戦略、ターゲット、段階**を3つの次元とする一元的アプローチです。記述は、**機能的アプローチ**です。

4 ○ 記述のとおりです。

5 ✕ 記述は、**ユニタリーアプローチ**です。フェミニストアプローチについては、**解説2**のとおりです。

正解 **4**

---

1 ✕ Fさんが、席を立つこと、床に寝転がることなどの行動を修正するための支援です。不適切な行動に報酬を与えるのは**逆効果**です。

2 ✕ 介入の前後にベースラインを設定するのは**単一事例実験計画法**になります。行動変容アプローチを応用して行う対応ではありません。

3 ✕ 床に寝転がること等の行動を修正するための支援です。職員が寝転がって見せるのは、不適切行動のモデリングだとしても、悪い見本であり不適切な対応です。

4 ✕ 作業が継続できているのにもかかわらず、ベルを鳴らすと、そのベルの音で作業が中断してしまいます。ベルは作業終了の合図にはなりますが、作業継続の条件づけには不適切です。

5 ○ 行動変容アプローチは、問題を明確化し、**学習と模倣によって行動を変容させる手法**です。まず、寝転がる前の先行条件、寝転がった後の結果といった行動の仕組みを分析するのは、適切な方法です。

正解 **5**

---

1 ✕ ジェノグラムは、**世代関係図（家族関係図）**と呼ばれ、家族の状況を図示するものです。同僚との関係を整理するために使用するのであれば、**ソシオグラム**等の作成が適切です。

2 ✕ エコマップは、**社会関係図（生態地図）**と呼ばれ、周囲の社会資源等との関係を図示するものです。ソーシャルワークのアセスメントツールには、息子の発育状況を整理するものはありませんので、発達段階アセスメントシート等を使用するしかありません。

3 ○ **解説2**のとおり、エコマップは、周囲の社会資源等との関係を図示するものなので、周囲からのサポートを整理するために活用可能です。

4 ✕ ソシオグラムは、集団内の**人間関係図**です。自宅周辺の生活環境を整理するために使用するのであれば、エコマップ等の作成が適切です。

5 ✕ **解説4**のとおり、ソシオグラムは、集団内の人間関係図なので、Hさんの病状を整理することはできません。

正解 **3**

---

1 ✕ ソーシャルワーカーが、独自の判断で目標を設定するのは好ましくありません。また、目標設定が高すぎると、**クライエントの意欲が低下**する可能性が高くなります。

2 ✕ クライエントが、自分でもできそうだと思う目標を段階的に設定すると、**クライエントの意欲は高まります**。

3 ○ 記述のとおりです。目標は、クライエントにとって、**具体的**でわかりやすいことが大切です。クライエントが具体的に何をすべきかがわかる目標を設定すると、クライエントの意欲が高まるので、望ましい

目標設定の仕方です。

4　✕　クライエントにとって興味がある目標を設定すると、**クライエントの意欲は高まります**。

5　✕　目標は、**最終的に実現したい生活像**に向かって設定します。切り離して設定すると、**クライエントの意欲は低下**します。

正解　3

問題104

1　○　自宅療養開始後1か月が経ったので、Kさんには、退院前に立てた計画と実際の療養生活を送ってみて、気づいたことがあるはずです。新たな要望やニーズの有無を確認するために「自宅での療養で困っていることはありますか」と聞くのはモニタリングとして適切です。

2　✕　Kさんの生活歴を確認するのは、**アセスメント**の段階です。また、Kさんの生活歴に関しては、Kさんの夫ではなく、**Kさん本人**に確認すべきです。

3　✕　訪問介護員は、介護に関する専門職であり、医療職ではありません。医療的ケアの課題を確認するために「医療上、何かすべきことはありますか」と聞くのは、医療職である**医師**か**看護師**にすべきです。

4　✕　主治医に「入院前の病状はいかがでしたか」と過去の治療状況を確認するのは、**アセスメント**の段階です。モニタリングでは、**現在の経過を確認**します。

5　○　**解説4**のとおりです。

正解　1・5

問題105

1　✕　アフターケアは、**支援終結後の援助**です。**フォローアップ**（追跡調査）とともに行います。ソーシャルワーカーや支援チームの状況変化に応じて行うのは、**再アセスメント**、**再プランニング**等になります。

2　✕　クライエントとの間に信頼関係を形成することが目的となるのは、支援の初期の段階です。**インテーク**（初回面接）、**スクリーニング**、**エンゲージメント**の過程で、徐々に信頼関係を構築していきます。

3　✕　アフターケアの目的は、クライエントとの援助関係が終結したとしても、**再び支援が必要となる場合に備え**、いつでも支援を再開できるように準備しておくことです。

4　○　支援終了後に、問題の新たな発生や再発が起きていないか確認をするのが、フォローアップであり、アフターケアです。

5　✕　支援計画が十分に実施されたかを評価するのは、**エヴァリュエーション**（事後評価）です。支援の途中では、**モニタリング**（経過観察・中間評価）でも行われます。

正解　4

問題106

1　○　記述のとおりです。

2　✕　目的志向性とは、過程よりも目的を重視して、ソーシャルワーカーが**クライエントを意図的に変化させようとする傾向**です。ソーシャルワーカーの**自己覚知**（自身のもつ感情を自覚し理解すること）の促進とは関係ありません。

3　✕　パターナリズムとは、**父権主義**と訳されます。権限などが強い立場の者が、弱い立場の者の利益のために、その人の意思に関わりなく、介入や干渉、意思決定を行うことをいいます。ソーシャルワーカーとクライエントは対等な立場ではなく、ソーシャルワーカーの権威と裁量を優先した援助関係のことです。

4　×　受容とは、クライエントを**あるがままに受け入れ、訴えや気持ちを受け止める**ことで、同調することではありません。逸脱した態度や行動に対しては、許容してはいけません。

5　×　ソーシャルワーカーの自己開示とは、クライエントにワーカーの**個人的経験や感情を開示**することです。クライエントの行動や感情における矛盾を指摘するのは、面接の技法の対決技法になります。

正解 1

問題107

1　×　記述は、アセスメント後の**プランニング**です。

2　○　再アセスメントは、クライエントの生活状況の変化によるサービス内容の見直しのために行います。再度、情報収集をし直し、課題の分析を行います。

3　×　記述は、**ターミネーション**です。

4　×　記述は、**アウトリーチ**です。

5　×　記述は、**フォローアップ**であり**アフターケア**になります。

正解 2

問題108

1　×　ロスマンの組織化モデルは、**小地域開発モデル**です。記述は、現在の地域包括ケアシステムの考え方です。

2　×　小地域開発モデルは、地域住民の主体性や自発性を高め、**地域社会を組織化**することで、地域問題を解決しようとするものです。記述は、**ソーシャルアクションモデル**です。

3　○　記述のとおりです。社会計画モデルは、効率的な資源の配分のために計画立案して、問題解決を図ります。

4　×　ソーシャルアクションモデルは、社会的課題を解決するために、ソーシャルアクション（社会行動）を起こし、政治的に働きかける方法です。

5　×　統合モデルは、ロスマンではなく**ロス**（Ross, M.）によるものです。記述は、現在の地域包括ケアシステムの考え方です。

正解 3

問題109

1　○　記述のとおりです。

2　×　波長合わせは、グループワークで起こり得る課題を予測し、**事前準備**をしておくことです。記述は、グループの相互作用であり、**グループダイナミクス**（集団力学）です。

3　×　グループメンバー間では、暗黙の葛藤が起こる可能性があります。葛藤解決の原則により、**メンバーで解決する**ように働きかけ、グループの成長を促します。

4　×　プログラム活動では、**個々の能力に応じて**、できる範囲で参加するように求めるべきです。

5　×　終結期には、メンバーに対して肯定的評価をして、メンバー間の感情の表出や分かち合いを行います。

正解 1

問題110

1　✕　スーパーバイジーは、指導される立場のワーカーで、スーパーバイザーは、指導する立場のワーカーで、**熟練した援助者**を指します。スーパーバイザーの方が、知識も技量も高くなければ指導できません。

2　✕　スーパービジョンの契約は、スーパービジョンを**開始する時点**で行われている必要があります。

3　○　スーパービジョンにおける管理的機能では、スーパーバイジーの**業務負担**や**力量、ケースの困難度との関係**を管理し、業務遂行の適切さを確認します。

4　✕　パラレルプロセスは、スーパーバイザーとスーパーバイジーとの関係が、**スーパーバイジーとクライエントとの関係に投影**されることです。

5　✕　スーパーバイザーは、**ライブスーパービジョン**（一緒にケースを担当）等の場合を除いて、直接クライエントにサービスを提供することはありません。

正解　3

問題111

1　✕　S（Subjective）は、**主観的情報**であり、利用者が話した内容などから得られた情報を記述します。

2　✕　O（Objective）は、**客観的情報**であり、利用者に対する診察や検査、観察などから得られた情報を記述します。

3　✕　A（Assessment）は、評価です。情報を分析し、解釈した内容を総合的に評価して記述します。

4　✕　P（Plan）は、計画のことです。アセスメントに基づく支援計画を記述します。

5　○　SOAP記録は、上記の４つの項目に従って記録します。医療看護福祉分野で使用されている「**問題志向型記録**」で、問題と援助者の思考が明確になります。

正解　5

問題112

1　○　第16条第２項の個人情報取扱事業者の定義で「個人情報データベース等を事業の用に供している者をいう。ただし、次に掲げる者を除く」とされており、第１号が国の機関、第２号が**地方公共団体**、第３号が**独立行政法人等**、第４号が**地方独立行政法人**とされています。

2　✕　第27条（第三者提供の制限）第１項で、次に掲げる場合を除き、本人の同意を得ないで第三者に提供してはならないと規定され、その二号に「**人の生命、身体又は財産の保護のために必要がある場合であって、本人の同意を得ることが困難であるとき**」が掲げられています。

3　✕　記述のような規定はありません。

4　✕　第２条第２項で「個人識別符号」について規定され、その二号に「特定の利用者若しくは購入者又は発行を受ける者を**識別することができるもの**」と規定されています。クレジットカード番号だけでは、個人を識別できるとは限らないというのが個人情報保護委員会の見解です。

5　✕　第33条第２項で、本人から開示請求を受けたときは、「事業者は、本人に対し、遅滞なく、**当該保有個人データを開示しなければならない**」と規定されています。

正解　1

問題113

1　✕　**手段的事例研究**は、事例を通して**社会の問題や現象を研究**するもので、**固有事例研究**は、個別の事例そのものに興味関心があり研究するものです。記述は、固有事例の例です。

2 ✕ 記述は、**固有事例のスーパービジョン**です。

3 ✕ 記述は、固有事例の例です。

4 ✕ 記述は、固有事例の例です。

5 ○ 記述は、**手段的事例研究**の例です。

正解 5

問題114

1 ○ 大地震の際の津波などから逃げるために、避難訓練は行うべきです。特に、避難行動要支援者には適切な支援です。近隣の住民に声をかけ、避難行動要支援者と一緒に避難訓練を行うのも**ネットワーキング**の観点からも適切です。

2 ✕ 避難行動要支援者名簿は**個人情報**になります。災害発生に備えたネットワーキングとはいえ、地域の全戸に配布するのは不適切です。

3 ✕ 避難行動に支援が必要な「避難行動要支援者」に対し、自力で避難できるようするのは困難ですし、ネットワーキングの観点からも不適切です。避難行動要支援者に対する個別訪問はあり得ますが、指導するのは不適切な対応です。

4 ✕ 避難行動要支援者の安全確保のためには、避難支援等関係者の協力が不可欠です。また、コーディネート役のM職員が、関係者に指示するのも不適切です。

5 ○ 災害発生に備えて、避難支援等関係機関と一緒に福祉避難所を確認する機会をもつことは、**ネットワーキング**の観点からも適切かつ必要な対応です。

正解 1・5

問題115

解決志向アプローチに基づく問いかけ（質問法）には、問題が解決したときの状況についてイメージさせる質問（ミラクル・**クエスチョン**）、今の状況や今後の見通しを「数字」で置き換え、評価してもらう質問（**スケーリング・クエスチョン**）、過去にクライエント自身が問題を切り抜けてきたときの対処方法を振り返る質問（コーピング・**クエスチョン**、さらにどのように対処してきたかについて尋ねる質問〈**サバイバル・クエスチョン**〉）、これまでに経験した、問題が起こらなかった例外的な状況について尋ねる質問（エクセプション・**クエスチョン**）、問題解決後の状況を想像してもらうことで、未来を志向してもらう質問（サポーズ・**クエスチョン**）などがあります。設問の問いかけでは、選択肢1が**ミラクル・クエスチョン**、選択肢2が**スケーリング・クエスチョン**に該当します。

正解 1・2

問題116

1 ✕ 認知症初期集中支援チームは、認知症の人やその家族に早期に関わる、**医療・介護・福祉の専門職で構成されるチーム**であり、初期の支援を包括的、集中的（**おおむね6か月**）に行います。認知症サポーターは、地域のボランティアであり、認知症初期集中支援チームのメンバーとはなり得ず、自宅を訪問するのに付き添う立場にはありません。

2 ✕ 認知症カフェ（**オレンジカフェ**）は、認知症の人やその家族、専門職、地域住民などの集う場として設けられ、**認知症の理解の推進や相互交流、情報交換**などを目的とするものです。認知症カフェの案内を手渡したとしても、夫が受け取るとは限らず、Dさんが一人の時間を持てることにはつながらない不適切な対応です。

3 ○ 最初に行う必要があるのは、物忘れがひどい夫の医療的診断になります。夫の状態について、認知症サポート医から専門的知見による助言を求めるのは適切です。

4 ✕ Dさんが来所して、夫の日常の様子を詳しく話しています。改めて夫の生活の様子を聞くために訪問する必要はありません。また介護福祉士の役割は、**介護と介護の指導**であり、現時点での自宅訪問の同伴者として不適切です。

5 ✕ **解説1**のとおり、認知症初期集中支援チームのメンバーに保健所の職員はなり得ません。また、Dさんへの暴力回避のための自宅訪問ではなく、夫の医療的診断につながる訪問が必要です。

正解 3

問題117

1 ✕ 人見知りがあることを知っているのであれば、仲介役として橋渡しをすべきであり、他のメンバーに**対応を委ねるは不適切な関わり**です。

2 ✕ 関係づくりができていることを活かして、グループへの参加を促すのであれば、他のメンバーとも話せるように配慮すべきであり、Gさんと二人で会話を続けるのは**不適切な関わり**です。

3 ○ 以前から参加している他のメンバーと話せるように橋渡しをすることで、ひきこもり状態にある人たちのための居場所であるカフェに参加できるようになる可能性があり、**最も適切な関わり**です。

4 ✕ Gさんは初参加であり、**グループワークの準備期**（援助の開始前の段階）です。Gさんの長いひきこもり体験を、メンバー間で分かち合えるようになるのは、今後の課題です。

5 ✕ **解説4**のとおり、この段階での関わりとして不適切です。

正解 3

問題118

1 ✕ 明確化は、クライエントの抱く感情を、援助者が言葉にして返すことで、うまく表現できていない**感情を明確**にする面接技術です。課題解決を促すことにはつながりません。

2 ○ 記述のとおりです。言い換えは、クライエントが発言した言葉を、援助者の言葉で言い換えることで、クライエントの気づきを促すために有効な面接技術です。

3 ✕ 閉じられた質問は、「**はい**」「**いいえ**」、または一言で答えられる質問です。クライエントが自由に話すのを促すのは、**開かれた質問**です。

4 ✕ 要約は、クライエントの**重要な発言に焦点化して短縮させ応答**することで、状況の整理をするのに有効な面接技術です。クライエントの自己開示を促すのは、最小限の励まし等による「明確化」か「開かれた質問」等になります。

5 ✕ 直面化は、**クライエント自身が見つめ直す必要のある感情や言動に対して、向かい合うきっかけ**をつくるために、質問を投げかける面接技術です。クライエントとの**信頼関係（ラポール）**は、**傾聴、共感、支持**といった、面接の基盤を通して構築していきます。

正解 2

福祉サービスの組織と経営

問題119

1 ○ 記述のとおりです。社会福祉法人を設立するには、**所轄庁**（主たる事務所がある都道府県の知事）**の**

認可を受け、設立の登記をすることが必要です。

2　✕　2016（平成28）年の**社会福祉法人制度の改革**により、事業運営の透明性の向上として、社会福祉法人には、**財務諸表**（**資金収支計算書、事業活動計算書、貸借対照表**）の公表義務が課されています。

3　✕　社会福祉法人は、他の社会福祉法人と合併することができます。合併する場合には、理事の**３分の２**以上の同意（定款でさらに**評議員会**の議決を要するものと定められている場合には、その議決）を経たうえで、**所轄庁の認可**を受けなければなりません。

4　○　**社会福祉法**第36条第１項に「社会福祉法人は、評議員、評議員会、理事、理事会及び監事を置かなければならない」と規定されています。

5　✕　評議員の報酬については、社会福祉法第45条の35第１項に「社会福祉法人は、理事、監事及び評議員に対する報酬等について、厚生労働省令で定めるところにより、民間事業者の役員の報酬等及び従業員の給与、当該社会福祉法人の経理の状況その他の事情を考慮して、**不当に高額なものとならないような支給の基準を定めなければならない**」と規定されています。

正解　| 1 ・ 4 |

問題120

1　✕　バーナードは、組織成立の３要素である、**コミュニケーション**（伝達）、**貢献意欲**（組織に貢献しようとする意欲をもつ）、**共通目的**（共通の目的の達成を目指す）の３つを備えたものを、**公式組織**と定義しました。

2　○　テイラーは、仕事の内容を客観的に分析し、無駄な動作を省き、時間を計測した科学的管理法を提唱しました。

3　✕　ハインリッヒは、重大事故が発生した際には、その前に29の軽微な事故があり、その前には300の**ヒヤリ・ハット**（事故につながるおそれのあった「ヒヤリ」としたこと、「ハッ」としたこと）が潜んでいるとする**ハインリッヒの法則**（**1：29：300の法則**）を提唱しました。これは、ヒヤリ・ハット事例を分析し、事前に対策をすることで重大な事故を防げる可能性を示しています。

4　✕　アッシュは、集団内の多数派の意見に影響され、個人ではできていた正確な判断が困難になる現象を**集団圧力**として提唱しました。

5　✕　メイヨーとレスリスバーガーは、作業条件や能率についての**ホーソン実験**を実施し、人間関係論を提唱しました。

正解　| 2 |

問題121

1　✕　集団浅慮とは、**同質的な意見に偏ることで、不合理な誤った決定がなされやすい現象**のことです。

2　✕　集団規範とは、集団のメンバーに期待される**行動基準**のことです。

3　✕　集団の凝集性とは、集団に対して魅力を感じ**自発的に集団に留まろうとする性質**のことです。

4　✕　自分が関心をもつ人や期待に応えたいという思いから、作業効率が上がるという**ホーソン効果**から考えると、お互いを信頼、尊敬しあっているメンバー間では、**生産性が高まる**ことが期待されます。

5　○　記述のとおりです。組織内の適度なコンフリクトによって新しいアイデアが生まれる、といった生産的コンフリクトと、過度な葛藤や対立によって生じる非生産的コンフリクトがあります。

正解　| 5 |

1 × 障害福祉サービスを行う事業者の収入には、**公費からの収入分**と**利用者からの収入分**があります。

2 × 介護保険事業を行う事業者の収入には、利用者の自己負担分（**1～3割**）と、介護給付費（**7～9割**）から成る**介護報酬**があります。

3 ○ 記述のとおりです。認定特定非営利活動法人日本ファンドレイジング協会によると、「ファンドレイジングとは、NPO（民間非営利団体。NPO法人のみならず公益法人、社会福祉法人などを含む）が、活動のための資金を個人、法人、政府などから集める行為を総称していう」としています。

4 × 社会福祉法人が解散する場合、**残余財産は定款で定めた者に帰属**します。なお、定款に定めのない場合については、**国庫に帰属**することになります。

5 × 特定非営利活動促進法第5条第1項に「利益を生じたときは、これを**当該特定非営利活動に係る事業のために使用**しなければならない」と規定されています。

正解 3

1 ○ **アカウンタビリティ**は、アカウンティング（会計）とレスポンシビリティ（責任）を合わせた造語で、**ステークホルダー**（株主・経営者・従業員・顧客・取引先等の利害関係者）に対する**会計説明責任**のことです。

2 × 社会福祉法人における評議員会は、法人運営に係る**重要事項の議決機関**で、理事などを**牽制、監督**する役割を担い、法人運営の基本ルールや決算の承認などの**最終決定**を行います。

3 × 社会福祉法人の監事には、**理事の業務執行状況を監査**し、監査報告書を作成する役割があります。

4 ○ **コンプライアンス**（法令遵守）とは、組織（組織に属する経営者、従業員）が法律や規則などを守ることをいいます。

5 × 理事会は、**業務執行の決定**や**理事の職務執行の監督**を行います。

正解 1・4

1 × コーチングとは、指導を受ける者が自主的に取り組みながら職務を身につけ、目標を達成できるように、対話を通して**気づきを与え**、サポートする手法です。

2 ○ OFF-JTとは、**職場を離れて**、業務の遂行の過程外で行われる研修のことです。

3 × ジョブ・ローテーションとは、幅広い能力の開発や自己の適性の発見ができるように様々な分野の業務を経験させる、人材育成を念頭に置いた**計画的な人事異動**をいいます。

4 × OJTとは、**職場内で具体的な仕事**を通じて、仕事に必要な知識・技術・技能・態度などを指導教育することです。

5 × 目標管理制度とは、職員個人の能力に応じた目標と組織目標を関連づけ、組織の業績向上と職員の自己実現を目指す制度のことをいいます。**個人目標を設定**させ、その**達成度を評価基準に取り入れる**ものです。

正解 2

1 ○ 記述のとおりです。子の養育及び家族の介護を容易にするために事業主が講ずべき措置として、「**所定**

労働時間の短縮措置等」が定められています。

2 × 男性労働者も育児休業を取得することができます。2021（令和3）年には、男性労働者が事業主に原則**2週間前までに申請**することで、**子の出生から8週間を経過する日の翌日まで**に、**4週間**まで取得できる出生時育児休業（産後パパ育休）が創設されました（**2回まで分割して取得可能**）。

3 × 記述のような規定はありません。

4 × 有期雇用労働者であっても、介護休業を取得することができます。ただし、**介護休業開始予定日から93日経過する日から6か月を経過する日まで**に、労働契約（更新される場合には、更新後の契約）の期間が満了し、更新されないことが**明らかでないこと**が条件となります。

5 × 対象家族1人につき**通算93日まで3回を上限**とした介護休業の**分割取得**が可能です。

正解 ⎡ 1 ⎤

高齢者に対する支援と介護保険制度

問題126

1 × 日本の人口の**高齢化率**（**総人口に占める65歳以上人口の割合**）は、2022（令和4）年10月1日現在で、**29.0%**です。

2 ○ 高齢化率が**7%**を超えてから**14%**に達するまでの倍加年数は、日本は**24年**で、韓国は**18年**となっています。なお、シンガポールは**15年**、中国は**22年**となっています。

3 × 総人口に占める75歳以上人口の割合は、2070（令和52）年には**25.1%**となり、**約4人に1人が75歳以上**の者となると推計されています。

4 × 2013（平成25）年の労働力人口に占める65歳以上の者の比率は**9.9%**、以降上昇を続け、2022（令和4）年は**13.4%**となっており、**長期的に漸増傾向にあります**。

5 × 2021（令和3）年の65歳以上の者の死因別の死亡率をみると、**悪性新生物（がん）**が最も高く、次いで**心疾患**(高血圧性を除く)、**老衰**の順になっています。

正解 ⎡ 2 ⎤

問題127

1 × 1963（昭和38）年に制定された**老人福祉法**において、老人家庭奉仕員の派遣制度が規定されました。現在の訪問介護（ホームヘルプサービス）の前身となるものです。

2 ○ 記述のとおりです。1963（昭和38）年に制定された老人福祉法では、入所型施設の再編が行われ、**養護老人ホーム**（生活保護法の養老施設から転換）、**特別養護老人ホーム**、**軽費老人ホーム**が老人福祉施設として法定化されました。有料老人ホームは、老人福祉施設ではありませんが、施設と入所者の契約により入居する施設として、老人福祉法に規定されました。

3 × 70歳以上の医療費の自己負担を無料とする、老人医療費支給制度は、1973（**昭和48**）年の老人福祉法の改正において実施されました。1982（昭和57）年に成立した**老人保健法**では、**老人医療費支給制度を廃止**とし、高齢者の一部自己負担が導入されました。

4 × 1997（平成9）年に制定された介護保険法では、要介護認定等を受けた要介護者等の利用者負担を原則**1割**としました。

5 × 地域包括ケアシステムという用語がはじめて法律に規定されたのは、**2013（平成25）年**に成立した**社会保障改革プログラム法**（持続可能な社会保障制度の確立を図るための改革の推進に関する法律）です。

正解 ⎡ 2 ⎤

問題128

1 × 看護小規模多機能型居宅介護は、**居宅の要介護者を対象**としています。**要支援1**である J さんは利用できません。

2 × 介護老人福祉施設は、居宅での生活が困難な中重度の要介護者を支える施設で、原則として**要介護3以上の人を対象**としています。**要支援1**である J さんは利用できません。

3 ○ J さんは、脳梗塞の後遺症で軽い**左片麻痺**や嚥下困難があり、**リハビリテーションが必要**です。また、自宅から出ようとしないなどひきこもりがちのため、**社会交流の機会**がもてて、要支援1で利用可能な介護予防通所リハビリテーションの利用を助言することは適切です。

4 × 短期入所生活介護は、**要介護者を対象**としており、**要支援1**である J さんは利用できません。なお、要支援者を対象とした介護予防短期入所生活介護がありますが、一時的に自宅での生活が困難な要支援者を対象としており、J さんの利用は適切ではありません。

5 ○ 介護予防居宅療養管理指導には、**管理栄養士**が、医師の指示に基づき**栄養管理**に関する情報提供や助言・指導などを行うサービスが含まれます。J さんはむせることもあり、**食事量が減ってきている**などと長女に心配されていますので、適切なサービスといえます。

正解 | 3・5 |

問題129

1 × 片麻痺のある人が杖歩行を行う場合は、**杖は常に健側**（麻痺のない側）の手で持ちます。

2 × 片麻痺のある人が階段を上がる際の杖歩行では、**初めに杖**を出し、原則として**健側の足から**上がります。左片麻痺がある場合は、杖の次に右足を上げることになります。なお、階段を降りる際は、初めに杖を出し、原則として患側の足から降ります。

3 × 視覚障害者よりも**介助者が半歩前**に出るようにします。軽くひじの上を持ってもらい、歩行ペースを合わせて誘導します。

4 ○ 片麻痺がある人のベッドから車いすへの移乗では、車いすは**本人の健側に30度の角度**で置きます。

5 × 車いすで段差を降りるときは、**後ろ向き**で降ろします。

正解 | 4 |

問題130

1 × 腰掛便座は、**特定福祉用具販売**の対象種目です。入浴や排泄に関する用具など貸与になじまないものは、特定福祉用具販売の対象となります。

2 × 移動用リフトの**吊り具**の部分は、**特定福祉用具販売**の対象種目です。吊り具の部分を除く移動用リフトは、福祉用具貸与の対象となります。

3 ○ **認知症老人徘徊感知機器**は、福祉用具貸与の対象となります。

4 × 簡易浴槽は、**特定福祉用具販売**の対象となります。

5 × 入浴補助用具は、**特定福祉用具販売**の対象となります。

正解 | 3 |

問題131

1 ○ 国（厚生労働大臣）は、介護保険制度の基本的な枠組みを設定します。具体的には、法令の制定や、要介護認定・要支援認定の基準づくり、**介護報酬**や**区分支給限度基準額**の設定、**第2号被保険者負担**

率の設定などを行います

2 × 介護給付費の支給決定は、**保険者である市町村**が行います。

3 × 介護支援専門員の登録・登録更新、介護支援専門員証の交付、介護支援専門員実務研修受講試験や研修の実施など、**介護支援専門員に関する事務**は、都道府県が行います。

4 × 介護給付等費用適正化事業は、**市町村**が行う**地域支援事業の任意事業**において実施されます。

5 × 財政安定化基金を設置するのは、**都道府県**です。都道府県は、市町村の財政支援に関する事務を行います。

正解 **1**

問題132

1 × 在宅医療・介護連携推進事業は、**地域支援事業の包括的支援事業の1つ**で、**在宅医療と介護が切れ目なく提供される体制を構築するための取り組み**を実施します。Lさんの希望に沿うものではなく、適切ではありません。

2 × 介護保険制度で利用できる訪問介護の外出介助は、日常生活上・社会生活上必要な場合にのみ認められ、趣味や娯楽を目的とした外出では対象となりません。市役所では、「実施していない」という事実を伝えていますので、苦情の申し立てをするようLさんに提案・助言をするのは不適切です。

3 × 地域介護予防活動支援事業は、**地域支援事業の一般介護予防事業の1つ**です。全ての第1号被保険者を対象に、住民主体の**介護予防活動の育成・支援**や**介護予防に関するボランティアなどの人材育成の研修、社会参加活動を通じた地域活動の実施**などを行っています。「見守り支援を利用したい」というLさんに対し、利用を勧めるのは適切ではありません。

4 × 介護サービス相談員は、介護保険のサービスを提供する施設・事業所を訪ねて**サービス利用者などの話を聞いたり相談に応じたり**して、利用者の疑問や不満の解消や**サービスの質の向上を図る**ものです。Lさんはまだ介護保険のサービスを利用していないため、連携を図るのは適切ではありません。

5 ○ 最も適切です。生活支援コーディネーターは、地域のニーズを掘り起こし、その**ニーズに合ったサービスを発掘**し、**適切な事業者**や**関係機関**につなげるなどの**コーディネート**を行っています。

正解 **5**

問題133

1 ○ **社会福祉士及び介護福祉士法第2条第2項**において、介護福祉士は、日常生活を営むのに支障がある者に心身の状況に応じた**介護を行う**とともに、その者およびその介護者に対して**介護に関する指導を行う**ことを業とする者とされています。

2 × 訪問介護員は、**介護福祉士または一定の研修修了者**とされ、介護福祉士であれば改めて研修を受ける必要はありません。

3 × 脱水症状に対する点滴は、**医行為**にあたり、介護福祉士が行うことはできません。

4 × 介護福祉士は、社会福祉士及び介護福祉士法に基づく**名称独占資格**です。名称独占資格では、その資格を有する者だけが、その名称を使用することができますが、無資格者でも名乗らなければその業務を行うことはできます。これに対し、業務独占資格は、その資格を有する者だけが、その業務を行うことができます。無資格者がその業務を行うことはできません。

5 × 認定介護福祉士は、一般社団法人認定介護福祉士認証・認定機構が2015（平成27）年から認証・認定を開始した民間資格です。法定化はされていません。

正解 **1**

1 × Aさんは、**要介護3**の認定を受けており、介護予防ケアマネジメントの実施は適切ではありません。

2 ○ 地域支援事業の総合相談支援業務では、**家族介護支援事業との連携**など、介護を行う家族等に対し、ニーズを踏まえた包括的な支援を行っています。長男は気分の落ち込みや不眠などがあり、支援が必要な状態と考えられます。地域包括支援センターの保健師と連携した対応は適切です。

3 × 地域支援事業の権利擁護業務では、**虐待の防止**や**早期発見**のための業務など権利擁護のために必要な援助を行っていますが、Aさんには現段階で虐待を受けている兆候はありません。市に通報するような対応は適切ではありません。

4 ○ 包括的・継続的ケアマネジメント支援業務では、**地域における連携・協働の体制づくりや個々の介護支援専門員に対する支援**等を行っています。Aさんを担当する介護支援専門員と、早急に今後の対応を検討することは適切といえます。

5 × 地域ケア会議では、個別ケースの支援内容の検討を通じて**地域課題の把握**を行い、検討を通じて蓄積された地域課題を、さらに地域の**社会資源の開発**や必要な**政策形成**に反映していくといった機能があります。現段階ですぐに報告を行うのは適切とはいえません。

正解 **2・4**

---

1 × 高齢者虐待防止法において、高齢者とは、**65歳以上の者**と定義されています。要介護認定・要支援認定を受けていることに関する規定はありません。

2 × 高齢者虐待防止法における高齢者虐待は、**身体的虐待、介護等放棄（ネグレクト）、心理的虐待、性的虐待、経済的虐待**の5つの行為に分類されています。セルフネグレクト（自己放任）は含まれていません。

3 × 高齢者虐待防止法における高齢者虐待は、**養護者**及び**養介護施設従事者等**により行われるものとされています。養介護施設とは、老人福祉法に規定する**老人福祉施設、有料老人ホーム**、介護保険法に規定する**介護保険施設、地域密着型介護老人福祉施設、地域包括支援センター**を指し、保険医療機関は含まれていません。

4 ○ 高齢者虐待の通報・届出を受けた市町村は、**高齢者の生命または身体に重大な危険が生じている場合**は立入調査ができます。立入調査にあたっては、所轄の警察署長に援助を求めることができます。

5 × 高齢者虐待防止法に記述のような規定はありません。

正解 **4**

児童や家庭に対する支援と児童・家庭福祉制度

1 × 2021（令和3）年において、子供がいる世帯の妻の就業状態は、**パートタイム労働（週35時間未満就業）**の割合が全体の**40〜45％**であるのに対して、**フルタイム労働（週35時間以上就業）**の割合は全体の**20〜30％**となっています。

2 × 少年の刑法犯等検挙人員は、2004（平成16）年以降**減少し続け**ており、2021（令和3）年は2万399人（**前年比9.5％減**）となりました。

3 × 2021（令和3）年度における小・中・高等学校及び特別支援学校におけるいじめの認知件数は61万5351件であり、前年度に比べ**9万8188件増加**しました。

4 × 「2021年国民生活基礎調査の概況」（厚生労働省）によると、児童のいる世帯の平均所得金額は、**813万5千円**となっています。対して、「令和3年度全国ひとり親世帯等調査結果の概要」（厚生労働省）によると、母子世帯の平均年間収入は**272万円**となっており、**約3割**です。

5 ○ 「家族の通訳をしている（日本語や手話など）」との回答は**22.5％**、「家族の代わりに、幼いきょうだいの世話をしている」との回答は**79.8％**でした。

正解 ┃ 5 ┃

1 ○ 記述のとおりです。第2条に規定されています。

2 × 記述のような規定はありません。

3 × 児童を心身ともに健やかに育成することについて**第一義的責任**を負うのは、児童の保護者です。第2条第2項に規定されています。

4 × 児童の最善の利益が優先して考慮され、心身ともに健やかに育成されるよう**努めなければならない**と第2条に規定されています。

5 × 第3条の2に「**児童を家庭において養育することが困難であり又は適当でない**場合にあっては児童が**家庭における養育環境と同様の養育環境**において継続的に養育されるよう、児童を家庭及び当該養育環境において養育することが適当でない場合にあっては児童が**できる限り良好な家庭的環境**において養育されるよう、**必要な措置を講じなければならない**」と規定されています。

正解 ┃ 1 ┃

1 × 保育所に入所することがCさんの言葉が遅れていることへの解決になるとは限りません。また、母子が離れている時間が長くなることでDさんの**不安が増す可能性**があるため、紹介するサービスとして適切ではありません。

2 ○ 母子健康包括支援センター（子育て世代包括支援センター）の業務には、**母子保健に関する各種の相談**に応ずるとともに、必要に応じ**支援プランを策定**することが含まれています。母子ともに支援が必要な状況で紹介するサービスとして、最も適切です。

3 × 児童館は、0〜18歳までの児童が**自由に来館して遊ぶことができる施設**であり、Cさんの言葉の遅れや、そのことに関するDさんの不安に対して対応するために適した施設ではありません。

4 × 子育て援助活動支援事業（ファミリー・サポート・センター事業）は、児童の**一時的な預かりや送り迎えなどの支援**を希望する保護者と、援助を行うことを希望する援助希望者との**連絡調整を行う事業**です。援助希望者への講習の実施やその他必要な支援も行いますが、紹介するサービスとして適切ではありません。

5 × 児童相談所では原則18歳未満の児童に関する様々な問題について家庭などから相談を受けます。母子保健や乳幼児の健康増進などに特化しているわけではないので、紹介するサービスとして適切ではありません。

正解 ┃ 2 ┃

1 × 児童扶養手当の支給要件は、❶父母の離婚、❷父または母の死亡、❸父または母の一定の障害、❹父または母の生死不明、❺父または母が1年以上遺棄している、❻父または母が裁判所からのDV保護命

令を受けた、❼父または母が1年以上拘禁されている、❽婚姻によらないで生まれた、❾棄児などで父母がいるかいないかが明らかでない、のいずれかにあてはまる場合に支給されます。

2　○　児童扶養手当法に規定される「児童」とは、「18歳に達する日以後の最初の3月31日までの間にある者又は**20歳未満で政令で定める程度の障害の状態**にある者」です。

3　×　要件を満たしていれば、児童扶養手当と児童手当は同時に受給することができます。

4　×　支給額については、所得に応じて限度額が定められており、所得によって**全部支給か一部支給**になります。なお、**第2子**以降は加算額があります。

5　×　児童扶養手当は、制定当初は母子家庭のみを支給対象としていましたが、**2010（平成22）年**より、父子家庭も対象となりました。

正解　2

1　×　次世代育成支援対策推進法は、**少子化の流れを変える**ため、政府・地方公共団体・企業などが一体となって**次世代育成支援**を進めていくことを目指して、2003（平成15）年に制定されました。

2　×　都道府県及び市町村は、次世代育成支援対策の実施に関する計画（行動計画）を**5年を一期として策定することができる**とされています。

3　×　総合的かつ長期的な少子化に対処するための指針である少子化社会対策大綱の作成について規定しているのは、少子化社会対策基本法です。

4　○　第12条第1項に、**常時雇用する労働者が100人を超える事業主**は一般事業主行動計画を策定し、**厚生労働大臣に届け出**なければならないとされています。法制定時は300人を超える事業主とされていましたが、2011（平成23）年度から計画策定・届出の義務の対象が拡大されました。

5　×　記述のような規定はありません。

正解　4

1　×　民法第817条の3に、「養親となる者は、**配偶者のある者**でなければならない」と規定されています。

2　×　2020（令和2）年3月31日以前は年齢上限が6歳でしたが、法改正により**請求時点で15歳まで**が養子となることが可能になりました。

3　○　民法第817条の10に、「養子の利益のため特に必要があると認めるときは、家庭裁判所は、**養子、実父母又は検察官の請求**により、特別養子縁組の当事者を離縁させることができる」と規定されており、養親は除外されています。

4　×　民法第817条の6に、「特別養子縁組の成立には、**養子となる者の父母の同意がなければならない**」と規定されています。ただし、父母がその意思を表示することができない場合、または父母による虐待、悪意の遺棄その他養子となる者の利益を著しく害する事由がある場合は、この限りでありません。

5　×　特別養子縁組を成立させるのは、**家庭裁判所**です。

正解　3

1　×　**家庭支援専門相談員（ファミリーソーシャルワーカー）**は、虐待などの**家庭環境上**の理由により入所している児童の早期退所や**親子関係の再構築**が図られることを目的に、入所児童の保護者等に対して、児童の早期家庭復帰や里親委託・養子縁組推進などの支援を行います。Fさんが過去の体罰の振り返

りを十分に行っていない段階で、Gさんへの体罰を控えると約束することを家庭復帰の条件とするのは拙速であり、不適切な対応です。

2 × Fさんが反省している様子はまだ確認できず、体罰を繰り返す危険性を排除できないため、不適切な対応です。

3 × Fさんを問い詰めて反省させるだけではなく、**親子関係の再構築をできる方法**を探り、建設的な支援を行うことが家庭支援専門相談員には求められます。

4 ○ 親子関係の再構築のために、体罰の再発を防止して早期退所の可能性を探る**建設的な支援**であり、最も適切な対応です。

5 × Fさんとの対話が十分に進んでいない段階でGさんが家庭復帰する可能性を閉ざしてしまうのは、不適切な対応です。

正解 4

就労支援サービス

問題143

1 × 就労定着支援の対象は、**生活介護、自立訓練、就労移行支援、就労継続支援**のサービスを利用した障害者が一般就労した場合を対象とします。

2 × 就労定着支援は、**就労に移行した後から開始**されます。働き始めてから生じた課題を**6か月間**で集中的に把握し、**就労開始後7か月目から支援が開始**されます。

3 × 支援は、**最大3年間**（**就労開始後7か月目から3年6か月目まで**）提供されます。なお支援開始から1年ごとに支援を更新するかを判断します。

4 × 就労定着支援は、一般就労に移行した障害者に対して、**就業に伴う生活面の課題に対応**できるよう、**相談、指導及び助言**や、**事業所・家族との連絡調整等の支援**を行うサービスです。記述は、就労継続支援事業です。

5 ○ **解説4のとおり**です。

正解 5

問題144

1 ○ 障害者雇用納付金の徴収対象となるのは、常時雇用している労働者数が**100人を超える事業主**で**障害者雇用率が未達成の企業**です。なお納付金の額は、法定雇用障害数に不足する障害者数に応じて、1人につき**月額5万円**となります。

2 × 報奨金は、常時雇用している労働者数が**100人以下の事業主を対象**としています。障害者雇用率達成企業であれば、超過1人当たり月額2万1千円が支給されます。

3 × 障害者雇用促進法第36条の2に、「事業主は、労働者の募集及び採用について、（中略）**当該障害者の障害の特性に配慮した必要な措置を講じなければならない**。ただし、事業主に対して過重な負担を及ぼすこととなるときは、この限りでない」と規定されています。事業所の規模・業種にかかわらず、すべての事業主が対象となります。

4 × 重度身体障害者及び重度知的障害者を雇用した場合、**1人をもって2人を雇用したものとみなされます**（**ダブルカウント**）。

5 × 法定雇用率未達成企業に対しては、厚生労働大臣が「対象障害者の雇入れに関する計画」の作成を命じることができます（法第46条第1項）。

正解 1

問題145

1　✕　労災保険給付の支給は、**労働基準監督署**が実施する業務です。

2　✕　無料職業紹介事業の許可は、**厚生労働大臣**（申請先は都道府県労働局）が実施する業務です（職業安定法第33条）。

3　✕　職業紹介はハローワークの業務ですが、有料ではなく無料です。有料職業紹介事業の許可は、**厚生労働大臣**が実施する業務です（職業安定法第30条）。

4　✕　生活保護における生業扶助の支給は、**福祉事務所**が実施する業務です。

5　○　記述のとおりです。ハローワークは職業安定法に基づいて設置されている国の行政機関で、職業紹介、雇用保険、雇用対策（企業指導・支援）の3業務を一体的に実施しています。

正解　5

問題146

1　✕　Hさんには一般就労の経験がありますが、うつの症状が残っており、就業面、生活面で不安を感じていることから、問題なく一般就労が可能とは判断できません。金銭面の問題から、とにかく働かなければならないと焦りを感じているHさんの気持ちを受け止め、まずは本人の意向を尊重した対応を行う必要があります。

2　✕　Hさんの希望が就職であり、また職場適応訓練については、**求職者が作業環境に適応**することを容易にし、**雇用に結びつけることを目的**としていることから、むしろHさんにとっては適切な支援となる可能性が考えられます。

3　✕　Hさんにはうつの症状が残っていますが、特例子会社でなければ勤務できないほどの障害状態ではありません。

4　○　障害者就業・生活支援センターは、**就職を希望している障害者や在職中の障害者を対象**に、センター窓口での相談や職場・家庭訪問などを実施し、**関係機関と連携**しながら、就業支援担当者と生活支援担当者が協力して、**就業面及び生活面**における**一体的な相談・支援**を行います。Hさんの現時点での状況を考えれば、最も適切な対応です。

5　✕　週の所定労働時間が20時間以上であれば、社会保険の加入が必要となります。むしろ週20時間未満の短時間就労から始めて、徐々に就労時間を増やすような働き方の方が、Hさんの現状では適切と考えられます。

正解　4

更生保護制度

問題147

1　✕　仮釈放は、**有期刑**については、**刑期の3分の1**の法定期間が過ぎていることが要件とされています。Jさんは3年の懲役刑を言い渡されていることから、法定期間は1年になります。なお、刑期は刑の執行からではなく、裁判が確定した日から起算されます。

2　○　記述のとおりです。仮釈放には許可基準が設けられており、**改悛の状**（❶悔悟の情及び改善更生の意欲がある、❷再び犯罪をするおそれがない、❸保護観察に付することが改善更生のために相当である、❹社会の感情がこれを是認すると認める）があり、**解説1**で述べた法定期間を過ぎていることが要件になります。

3　✕　仮釈放の許可や取消しを判断するのは、法務省の機関である**地方更生保護委員会**です。矯正施設長か

らの仮釈放等の申出を受け、合議体による審理・評議を経て決定されます。

4 ✕ 仮釈放の許可基準は、**解説2**のとおりで、初犯であることは含まれていません。

5 ✕ 仮釈放が許される場合、本人の希望の有無にかかわらず、仮釈放期間中は必ず保護観察が付されます。

正解 | 2

問題148

1 ◯ 記述のとおりです。保護司は、一定の要件を備えた者のなかから、**保護観察所長**が候補者を**保護司選考会**に諮問し、その意見を聴いた後、法務大臣に推薦し、法務大臣によって委嘱されます。

2 ✕ 保護司は、**地方更生保護委員会または保護観察所長**の指揮監督を受け、地方更生保護委員会または保護観察所の所掌業務に従事することになっています。

3 ✕ 保護司の具体的な業務としては、**保護観察官**と協力し、対象者を保護観察所に呼び出したり自宅訪問をしたりして面接を行うなど、犯罪予防のための指導監督を行います。

4 ✕ 保護司には給与は支払われません。**職務に要した費用**については**実費弁償**のかたちで支給されるしくみです。

5 ✕ 刑務所や拘置所などの刑事施設では、受刑者と面会できる者が具体的に定められています。保護司をはじめ、**受刑者の更生保護に関係のある者**は面会できることになっています。

正解 | 1

問題149

1 ✕ 社会復帰調整官は、**医療観察制度の対象になった人の社会復帰を促進**するため、保護観察所に配置されています。関係機関と連携しながら、必要な支援が確保されるよう処遇のコーディネーター役を担います。対象者の生活を見守り、通院や服薬が継続できるよう助言や指導を行うことはありますが、保護司に指導を指示する立場ではありません。

2 ◯ 記述のとおりです。社会復帰調整官の主な業務の1つである**精神保健観察**として、地域での継続的な医療を確保するため、**受診状況**や**生活状況**の見守り、必要な**助言**や**指導**を行います。

3 ✕ 精神保健観察の期間延長など、処遇に関する決定は地方裁判所が行います。

4 ✕ 医療観察制度では、**検察官**の**申立て**により、**地方裁判所**の**審判**により入院または通院が決定されます。

5 ✕ 処遇の実施計画は、社会復帰調整官を中心に開催される**ケア会議**を受けて作成されますが、ケア会議には基本的に対象者本人も出席し意見を述べることができます。また、社会復帰調整官が担う医療観察制度の処遇を有効なものとするには、対象者本人が主体的に生活や医療の継続に取り組むことが重要であることから、計画を本人に秘匿することが適切な判断といえません。

正解 | 2

問題150

1 ✕ 検察官による起訴猶予処分とは、嫌疑不十分であっても初犯の事情に照らし、**検察官の権限で起訴を猶予**するものです。一方、刑の一部の執行猶予制度とは、比較的罪の軽い初犯者、薬物使用者などを対象に、刑の執行を一部猶予するもので、両者は異なる制度です。

2 ✕ 刑の一部執行猶予制度は、再犯防止や改善更生を促す観点から、**3年以下の刑期の懲役・禁錮刑のうち**、その一部について1～5年間、執行を猶予することができる制度であり、執行刑の全てを猶予する制度とは別に新たに創設されたものです。

3 ✕ 刑の一部について執行を猶予された対象者は、刑期途中から社会に出て、その状況に応じて、**保護観**

察を受けながら生活環境の調整をすることになります。

4　○　記述のとおりです。

5　×　刑の一部の執行猶予期間中も保護観察に付することができます。なお、刑の一部の執行猶予の対象者のうち、薬物使用等の罪を犯した者については、**必ず保護観察**が付されます。

正解　4

MEMO

MEMO

MEMO

2025年版　みんなが欲しかった！　社会福祉士の過去問題集

（2018年版　2017年7月20日　初　版　第1刷発行）

2024年5月28日　初　版　第1刷発行

編　著　者	TAC社会福祉士受験対策研究会	
発　行　者	多　　田　　敏　　男	
発　行　所	TAC株式会社　出版事業部	
	（TAC出版）	

〒101-8383　東京都千代田区神田三崎町3-2-18
電話　03（5276）9492（営業）
FAX　03（5276）9674
https://shuppan.tac-school.co.jp

組　　版	朝日メディアインターナショナル株式会社
印　　刷	株式会社　ワ　コ　ー
製　　本	株式会社　常　川　製　本

Ⓒ TAC 2024　　　Printed in Japan　　　ISBN 978-4-300-11080-5
N.D.C. 369

TAC出版 書籍のご案内

TAC出版では、資格の学校TAC各講座の定評ある執筆陣による資格試験の参考書をはじめ、資格取得者の開業法や仕事術、実務書、ビジネス書、一般書などを発行しています!

TAC出版の書籍

*一部書籍は、早稲田経営出版のブランドにて刊行しております。

資格・検定試験の受験対策書籍

- ◎日商簿記検定
- ◎建設業経理士
- ◎全経簿記上級
- ◎税　理　士
- ◎公認会計士
- ◎社会保険労務士
- ◎中小企業診断士
- ◎証券アナリスト

- ◎ファイナンシャルプランナー(FP)
- ◎証券外務員
- ◎貸金業務取扱主任者
- ◎不動産鑑定士
- ◎宅地建物取引士
- ◎賃貸不動産経営管理士
- ◎マンション管理士
- ◎管理業務主任者

- ◎司法書士
- ◎行政書士
- ◎司法試験
- ◎弁理士
- ◎公務員試験(大卒程度・高卒者)
- ◎情報処理試験
- ◎介護福祉士
- ◎ケアマネジャー
- ◎電験三種　ほか

実務書・ビジネス書

- ◎会計実務、税法、税務、経理
- ◎総務、労務、人事
- ◎ビジネススキル、マナー、就職、自己啓発
- ◎資格取得者の開業法、仕事術、営業術

一般書・エンタメ書

- ◎ファッション
- ◎エッセイ、レシピ
- ◎スポーツ
- ◎旅行ガイド (おとな旅プレミアム/旅コン)

書籍の正誤に関するご確認とお問合せについて

書籍の記載内容に誤りではないかと思われる箇所がございましたら、以下の手順にてご確認とお問合せをしてくださいますよう、お願い申し上げます。

なお、正誤のお問合せ以外の**書籍内容に関する解説および受験指導などは、一切行っておりません。**
そのようなお問合せにつきましては、お答えいたしかねますので、あらかじめご了承ください。

「Cyber Book Store」にて正誤表を確認する

TAC出版書籍販売サイト「Cyber Book Store」の
トップページ内「正誤表」コーナーにて、正誤表をご確認ください。

URL：https://bookstore.tac-school.co.jp/

2 **1 の正誤表がない、あるいは正誤表に該当箇所の記載がない**
⇒ 下記①、②のどちらかの方法で文書にて問合せをする

★ご注意ください★

お電話でのお問合せは、お受けいたしません。
①、②のどちらの方法でも、お問合せの際には、「お名前」とともに、
「対象の書籍名（○級・第○回対策も含む）およびその版数（第○版・○○年度版など）」
「お問合せ該当箇所の頁数と行数」
「誤りと思われる記載」
「正しいとお考えになる記載とその根拠」
を明記してください。
なお、回答までに１週間前後を要する場合もございます。あらかじめご了承ください。

① ウェブページ「Cyber Book Store」内の「お問合せフォーム」より問合せをする

【お問合せフォームアドレス】

https://bookstore.tac-school.co.jp/inquiry/

② メールにより問合せをする

【メール宛先　TAC出版】

syuppan-h@tac-school.co.jp

※土日祝日はお問合せ対応をおこなっておりません。
※正誤のお問合せ対応は、該当書籍の改訂版刊行月末日までといたします。

乱丁・落丁による交換は、該当書籍の改訂版刊行月末日までといたします。なお、書籍の在庫状況等により、お受けできない場合もございます。
また、各種本試験の実施の延期、中止を理由とした本書の返品はお受けいたしません。返金もいたしかねますので、あらかじめご了承くださいますようお願い申し上げます。

【問題冊子ご利用時の注意】

　「問題冊子」は、この**色紙**を残したまま、**ていね**
いに抜き取り、ご利用ください。

●抜き取り時のケガには、十分お気をつけください。
●抜き取りの際の損傷についてのお取替えはご遠慮願います。

②問題冊子を抜き取る

①色紙を押さえる

TAC出版

TAC PUBLISHING Group

第36回社会福祉士 国家試験問題

人体の構造と機能及び疾病

問題　1　成熟時の発達を100％としたスキャモン（Scammon, R.）の臓器別発育曲線に関する次の記述のうち、**正しいもの**を**1つ**選びなさい。

1　25歳を100％として表している図である。
2　身長など一般型はS字型カーブを示す。
3　リンパ型は12歳頃に約90％となる。
4　神経型は12歳頃に最も発達する。
5　生殖型は12歳頃に70％となる。

問題　2　事例を読んで、国際生活機能分類（ICF）のモデルに基づく記述として、**最も適切なもの**を**1つ**選びなさい。

〔事　例〕

　Aさん（78歳、男性）は脳梗塞を発症し左片麻痺となった。室内は手すりを伝って歩いている。外出時は車いすが必要で、近隣に住む長女が車いすを押して買物に出かけている。週1回のデイサービスでのレクリエーションに参加するのを楽しみにしている。

1　年齢、性別は「心身機能」に分類される。
2　左片麻痺は「個人因子」に分類される。
3　手すりに伝って歩くことは「活動」に分類される。
4　近隣に長女が住んでいるのは「参加」に分類される。
5　デイサービスの利用は「環境因子」に分類される。

問題　3　次のうち、身体障害者手帳の交付対象となる内部障害として、**正しいもの**を**1つ**選びなさい。
1　視覚障害
2　そしゃく機能障害
3　平衡機能障害
4　ヒト免疫不全ウイルスによる免疫機能障害
5　体幹機能障害

問題　4　目の構造と病気に関する次の記述のうち、**最も適切なもの**を**1つ**選びなさい。
1　眼球の外層にある白目の部分は角膜である。
2　白内障は水晶体が混濁してものが見えにくくなる。
3　緑内障は眼圧が下がって視野障害を来す。
4　加齢黄斑変性症では視力は保たれる。
5　糖尿病性網膜症では失明は起こらない。

問題　5　自閉スペクトラム症（ＡＳＤ）に関する次の記述のうち、**最も適切なものを１つ**選びなさい。

1　成人になってから発症する。

2　こだわりは強くない。

3　幻覚がみられる。

4　常同的な行動は認められない。

5　相手の気持ちを理解することが苦手である。

問題　6　次のうち、精神疾患の診断・統計マニュアル（ＤＳＭ－５）において、発達障害に当たる「神経発達症群 / 神経発達障害群」に分類されるものとして、**正しいものを１つ**選びなさい。

1　神経性無食欲症

2　統合失調症

3　パニック障害

4　適応障害

5　注意欠如・多動症（ＡＤＨＤ）

問題　7　廃用症候群に関する次の記述のうち、**正しいものを１つ**選びなさい。

1　若年者にも生じる。

2　数日間の安静では、筋力低下は起こらない。

3　長期臥床により筋肉量が増加する。

4　骨粗鬆症は安静臥床により改善する。

5　予防することはできない。

心理学理論と心理的支援

問題 8 知覚に関する次の記述のうち、大きさの恒常性の事例として、**最も適切なもの**を1つ選びなさい。

1 形と大きさが同じ図形は、空間内でまとまっているように知覚される。

2 電光掲示板で表示されている絵や文字が動いて、大きさが変化して見える。

3 同じ人物が遠くにいる場合と近くにいる場合とでは、距離の違いほどに人の大きさが違って見えない。

4 線遠近法を使った絵画では、奥行きを感じることで書かれている物の大きさの違いが知覚される。

5 月を見ると、建物の上など低い位置にあるときは、天空高くにあるときよりも大きく見える。

問題 9 次の記述のうち、オペラント条件づけの事例として、**最も適切なもの**を1つ選びなさい。

1 電車に乗っているときに事故にあってしまい、それ以降電車に乗るのが怖くなってしまった。

2 以前に食べたときに体調が悪くなった食品を見ただけで、気分が悪くなってしまった。

3 犬にベルの音を聞かせながら食事を与えていると、ベルの音だけで唾液が分泌するようになった。

4 人に迷惑をかけるいたずらをした子どもを叱ったら、その行動をしなくなった。

5 病院で受けた注射で痛い経験をした子どもが、予防接種のときに医師の白衣を見ただけで怖くなって泣き出した。

問題 10 記憶に関する次の記述のうち、ワーキングメモリー（作動記憶）について、**最も適切なもの**を1つ選びなさい。

1 自転車の運転など、一連の動作に関する記憶である。

2 休みの日に外出したなど、個人の経験に関する記憶である。

3 カラスは鳥であるなど、一般的な知識に関する記憶である。

4 感覚器が受け取った情報を、長期間そのまま保持する記憶である。

5 暗算をするときなど、入力された情報とその処理に関する一時的な記憶である。

問題 11 職場でうまく適応できない原因に関する相談者の次の発言のうち、ワイナー（Weiner, B.）による原因帰属の理論に基づき、安定し、かつ外的な原因による例として、**最も適切なもの**を1つ選びなさい。

1 自分の能力不足が原因だと思います。

2 最近の体調不良が原因です。

3 業務内容が難しかったことが原因です。

4 たまたま運が悪かったのが原因です。

5 自分の努力不足が原因だと感じています。

問題 12 心的外傷後ストレス障害（PTSD）の症状に関する次の記述のうち、回避症状の事例として、**最も適切なもの**を1つ選びなさい。

1 ささいな事でもひどく驚いてしまうようになった。
2 事故が起きたのは全て自分のせいだと考えてしまう。
3 つらかった出来事を急に思い出すことがある。
4 交通事故にあった場所を通らないようにして通勤している。
5 大声を聞くと虐待されていたことを思い出し苦しくなる。

問題 13 次のうち、小学校就学前の5歳児を対象とできる心理検査として、**最も適切なもの**を1つ選びなさい。

1 矢田部ギルフォード（YG）性格検査
2 田中ビネー知能検査V
3 ミネソタ多面人格目録（MMPI）
4 文章完成法テスト（SCT）
5 WAIS−Ⅳ

問題 14 クライエント中心療法に関する次の記述のうち、**最も適切なもの**を1つ選びなさい。

1 クライエントの話を非指示的に傾聴していく。
2 解決に焦点をあわせ、クライエントの強みを発展させる。
3 クライエントの家族関係を変容しようとする。
4 クライエントの意識を無意識化していく。
5 クライエントの認知や行動に焦点を当てていく。

問題 15 持続可能な開発目標（ＳＤＧｓ）に関する次の記述のうち、**最も適切なもの**を１つ選びなさい。

1 1989年にアメリカのオレゴン州で策定された、行政評価のための指標である。

2 生活に関する八つの活動領域から構成された指標である。

3 貧困に終止符を打つとともに、気候変動への具体的な対策を求めている。

4 1995年より毎年各国の指数が公表されている。

5 貨幣換算した共通の尺度によって、一律に各指標を測定する。

問題 16 次の記述のうち、ウェルマン（Wellman, B.）のコミュニティ解放論の説明として、**最も適切なもの**を１つ選びなさい。

1 特定の関心に基づくアソシエーションが、地域を基盤としたコミュニティにおいて多様に展開しているとした。

2 現代社会ではコミュニティが地域という空間に限定されない形で展開されるとした。

3 人口の量と密度と異質性から都市に特徴的な生活様式を捉えた。

4 都市の発展過程は、住民階層の違いに基づいて中心部から同心円状に拡大するとした。

5 アメリカの94のコミュニティの定義を収集・分析し、コミュニティ概念の共通性を見いだした。

問題 17 次のうち、人々が社会状況について誤った認識をし、その認識に基づいて行動することで、結果としてその認識どおりの状況が実現してしまうことを指す概念として、**最も適切なもの**を１つ選びなさい。

1 予言の自己成就

2 創発特性

3 複雑性の縮減

4 ホメオスタシス

5 逆機能

問題 18 「第16回出生動向基本調査結果の概要（2022年（令和4年））」（国立社会保障・人口問題研究所）に関する次の記述のうち、**最も適切なもの**を**1つ**選びなさい。

1 「いずれ結婚するつもり」と回答した未婚者の割合が、これまでの出生動向基本調査の中で最も高かった。

2 第1子の妊娠が分かった時に就業していた妻が、子どもが1歳になった時も就業していたことを示す「就業継続率」は、2015年（平成27年）の調査の時よりも低下した。

3 「結婚したら子どもを持つべき」との考えに賛成する未婚者の割合は、2015年（平成27年）の調査の時よりも上昇した。

4 未婚男性がパートナーとなる女性に望む生き方として、結婚し、子どもをもつが、仕事も続ける「両立コース」が最も多く選択された。

5 子どもを追加する予定がほぼない結婚持続期間15〜19年の夫婦の平均出生子ども数（完結出生子ども数）は、2015年（平成27年）の調査の時よりも上昇した。

問題 19 次の記述のうち、ライフサイクルについての説明として、**最も適切なもの**を**1つ**選びなさい。

1 個人の発達の諸段階であり、生物学的、心理学的、社会学的、経済学的な現象がそれに伴って起きることを示す概念である。

2 生活を構成する諸要素間の相対的に安定したパターンを指す概念である。

3 社会的存在としての人間の一生を、生まれた時代や様々な出来事に関連付けて捉える概念である。

4 個人の人生の横断面に見られる生活の様式や構造、価値観を捉えるための概念である。

5 人間の出生から死に至るプロセスに着目し、標準的な段階を設定して人間の一生の規則性を捉える概念である。

問題 20 次のうち、信頼、規範、ネットワークなどによる人々のつながりの豊かさを表すために、パットナム（Putnam, R.）によって提唱された概念として、**正しいもの**を**1つ**選びなさい。

1 ハビトゥス

2 ソーシャルキャピタル（社会関係資本）

3 文化資本

4 機械的連帯

5 外集団

問題 21 次の記述のうち、囚人のジレンマに関する説明として、**最も適切なもの**を**1つ**選びなさい。

1 協力し合うことが互いの利益になるにもかかわらず、非協力への個人的誘因が存在する状況。

2 一人の人間が二つの矛盾した命令を受けて、身動きがとれない状況。

3 相手のことをよく知らない人同士が、お互いの行為をすれ違いなく了解している状況。

4 非協力的行動には罰を、協力的行動には報酬を与えることで、協力的行動が促される状況。

5 公共財の供給に貢献せずに、それを利用するだけの成員が生まれる状況。

現代社会と福祉

問題 22 福祉における政府と民間の役割に関する次の記述のうち、**最も適切なもの**を１つ選びなさい。

1　平行棒理論とは、救済に値する貧民は救貧行政が扱い、救済に値しない貧民は民間慈善事業が扱うべきだとする考え方を指す。

2　繰り出し梯子（はしご）理論とは、ナショナルミニマムが保障された社会では、民間慈善事業が不要になるとの考え方を指す。

3　社会市場のもとでは、ニーズと資源との調整は、価格メカニズムにより行われ、そこに政府が関与することはない。

4　準市場のもとでは、サービスの供給に当たり、競争や選択の要素を取り入れつつ、人々の購買力の違いによる不平等を緩和するための施策が講じられることがある。

5　ニュー・パブリック・マネジメント（ＮＰＭ）とは、福祉サービスの供給に参入した民間企業の経営効率化のために、その経営に行政職員を参画させる取組を指す。

問題 23 次のうち、1930年代のアメリカにおけるニューディール政策での取組として、**正しいもの**を１つ選びなさい。

1　社会保障法の制定

2　公民権法の制定

3　メディケア（高齢者等の医療保険）の導入

4　ＡＤＡ（障害を持つアメリカ人法）の制定

5　ＴＡＮＦ（貧困家族一時扶助）の導入

(注)　「障害を持つアメリカ人法」とは、「障害に基づく差別の明確かつ包括的な禁止について定める法律」のことである。

問題 24 日本の貧困に関する次の記述のうち、**最も適切なもの**を１つ選びなさい。

1　日本の2010年代における「貧困率」は、経済協力開発機構（ＯＥＣＤ）加盟国の平均を大きく下回っている。

2　「2019年国民生活基礎調査の概況」（厚生労働省）によれば、子どもがいる現役世帯の世帯員の「貧困率」は、「大人が二人以上」の世帯員よりも「大人が一人」の世帯員の方が高い。

3　「2019年国民生活基礎調査の概況」（厚生労働省）によれば、子どもの「貧困率」は10％を下回っている。

4　「平成29年版厚生労働白書」によれば、高齢者の「貧困率」は、子どもの「貧困率」に比べて低い。

5　2018年（平成30年）の時点で、生活保護世帯に属する子どもの大学進学率は60％を超えている。

(注)　ここでいう「貧困率」とは、等価可処分所得が中央値の半分に満たない世帯員の割合（相対的貧困率）を指す。

問題　25　次の記述のうち、ブラッドショー（Bradshaw, J.）のニード類型を踏まえたニードの説明として、**最も適切なもの**を1つ選びなさい。

1　クライエントがニードを表明しなければ、ニードのアセスメントを行うことはできない。

2　社会規範に照らしてニードの有無が判断されることはない。

3　クライエントと専門職との間で、ニードの有無の判断が食い違うことはない。

4　他人と比較してニードの有無が判断されることはない。

5　クライエントがニードを自覚しなければ、クライエントからのニードは表明されない。

問題　26　次のうち、日本における第1次ベビーブーム期の出生者が後期高齢者になるために、国が示した、医療や介護等の供給体制を整備する目途となる年次として、**最も適切なもの**を1つ選びなさい。

1　1973年（昭和48年）

2　1990年（平成2年）

3　2000年（平成12年）

4　2025年（令和7年）

5　2035年（令和17年）

問題　27　次のうち、「外国人との共生社会の実現に向けたロードマップ」で示された内容として、**最も適切なもの**を1つ選びなさい。

1　在留外国人の出身国籍が多様化する傾向が止まり、南米諸国出身の日系人が在留者の大部分を占めるようになった。

2　日本社会に活力を取り込むために、高度で専門的な技術・知識を有する者以外の外国人材の受入れを抑制する。

3　外国人との共生社会は、一人ひとりの外国人が日本社会に適応するための努力をすれば実現可能である。

4　外国人が安全に安心して暮らせるように、外国人に対する情報発信や相談体制を強化する。

5　共生社会の実現のために、在留外国人には納税及び社会保険への加入の義務を免除する。

（注）　「外国人との共生社会の実現に向けたロードマップ」とは、外国人材の受入れ・共生に関する関係閣僚会議が2022年（令和4年）6月14日に策定した文書のことである。

問題　28　次のうち、エスピン-アンデルセン（Esping-Andersen, G.）の福祉レジーム論に関する記述として、**最も適切なもの**を1つ選びなさい。

1　福祉レジームは、残余的モデルと制度的モデルの2つの類型からなる。

2　市場や家族の有する福祉機能は、福祉レジームの分析対象とはされない。

3　スウェーデンとドイツは同一の福祉レジームに属する。

4　各国の社会保障支出の大小といった量的差異に限定した分析を行っている。

5　福祉レジームの分析に当たり、脱商品化という概念を用いる。

問題 29　所得の再分配に関する次の記述のうち、**最も適切なもの**を1つ選びなさい。

1　市場での所得分配によって生じる格差を是正する機能を有しうる。

2　現物給付を通して所得が再分配されることはない。

3　同一の所得階層内部での所得の移転を、垂直的な所得再分配という。

4　積立方式による公的年金では、世代間の所得再分配が行われる。

5　高所得者から低所得者への所得の移転を、水平的な所得再分配という。

問題 30　次のうち、社会福祉法に設置根拠をもつものとして、**正しいもの**を<u>2つ</u>選びなさい。

1　地域包括支援センター

2　母子家庭等就業・自立支援センター

3　福祉に関する事務所（福祉事務所）

4　運営適正化委員会

5　要保護児童対策地域協議会

問題 31　居住支援に関する次の記述のうち、**最も適切なもの**を1つ選びなさい。

1　住宅確保要配慮者居住支援協議会は、住宅確保要配慮者に対して家賃の貸付けを行っている。

2　住居確保給付金は、収入が一定水準を下回る被用者に限定して、家賃を支給するものである。

3　シルバーハウジングにおけるライフサポートアドバイザーは、身体介護を行うために配置されている。

4　「住宅セーフティネット法」は、住宅確保要配慮者が住宅を購入するための費用負担についても定めている。

5　地方公共団体は、公営住宅法に基づき、住宅に困窮する低額所得者を対象とする公営住宅を供給している。

（注）　「住宅セーフティネット法」とは、「住宅確保要配慮者に対する賃貸住宅の供給の促進に関する法律」のことである。

地域福祉の理論と方法

問題 32 社会福祉協議会の歴史に関する次の記述のうち、**正しいもの**を1つ選びなさい。

1 1951年（昭和26年）に制定された社会福祉事業法で、市町村社会福祉協議会が法制化された。

2 1962年（昭和37年）に社会福祉協議会基本要項が策定され、在宅福祉サービスを市町村社会福祉協議会の事業として積極的に位置づける方針が示された。

3 1983年（昭和58年）に社会福祉事業法が一部改正され、都道府県社会福祉協議会を実施主体とする地域福祉権利擁護事業が開始された。

4 1992年（平成4年）に新・社会福祉協議会基本要項が策定され、社会福祉協議会の活動原則として住民主体の原則が初めて位置づけられた。

5 2000年（平成12年）に社会福祉法へ改正されたことにより、市町村社会福祉協議会の目的は地域福祉の推進にあることが明文化された。

問題 33 地域福祉に関連する法律、事業に規定されている対象に関する次の記述のうち、**正しいもの**を1つ選びなさい。

1 ひきこもり支援推進事業の対象となるひきこもり状態にある者のひきこもりとは、「ひきこもりの評価・支援に関するガイドライン」によれば、原則的には2年以上家庭にとどまり続けていることをいう。

2 ヤングケアラー支援体制強化事業におけるヤングケアラーとは、家族への世話などを日常的に行っている18歳から39歳までの者をいう。

3 生活福祉資金の貸付対象における低所得世帯とは、資金の貸付けにあわせて必要な支援を受けることにより独立自活できると認められる世帯であって、必要な資金の融通を他から受けることが困難である者をいう。

4 生活困窮者自立支援法における生活困窮者とは、最低限度の生活を維持できていない者をいう。

5 日常生活自立支援事業の対象者とは、本事業の契約内容について理解できない者のうち、成年後見制度を利用していない者をいう。

（注）「ひきこもりの評価・支援に関するガイドライン」とは、厚生労働科学研究費補助金こころの健康科学研究事業（厚生労働省）においてまとめられたものである。

問題 34 次の記述のうち、市町村地域福祉計画に関する社会福祉法の規定として、**正しいものを1つ**選びなさい。

1 社会福祉を目的とする事業に従事する者の確保又は資質の向上に関する事項について定める。

2 福祉サービスの適切な利用の推進及び社会福祉を目的とする事業の健全な発達のための基盤整備に関する事項について定める。

3 地域における高齢者の福祉、障害者の福祉、児童の福祉その他の福祉に関し、共通して取り組むべき事項について定める。

4 市町村地域福祉計画を定め、または変更しようとするときは、あらかじめ、都道府県の意見を聞かなければならない。

5 市町村地域福祉計画の公表に当たって、市町村はその内容等について、都道府県の承認を受けなければならない。

問題 35 社会福祉法に規定されている市町村による重層的支援体制整備事業に関する次の記述のうち、**正しいものを1つ**選びなさい。

1 重層的支援体制整備事業は、地域生活課題の解決に資する包括的な支援体制を整備するための事業である。

2 重層的支援体制整備事業は、市町村の必須事業である。

3 市町村は、重層的支援体制整備事業の実施にあたって、包括的相談支援事業、参加支援事業、地域づくり事業のいずれか一つを選択して、実施することができる。

4 重層的支援体制整備事業のうち、包括的相談支援事業は、住宅確保要配慮者に対する居住支援を行う事業である。

5 市町村は、重層的支援体制整備事業実施計画を策定しなければならない。

問題 36 地域福祉に係る組織、団体に関する現行法上の規定の内容として、**最も適切なものを1つ**選びなさい。

1 特定非営利活動促進法において、特定非営利活動法人は、内閣府の認可により設立される。

2 民生委員法において、民生委員協議会は、民生委員の職務に関して、関係各庁に意見を具申することができる。

3 社会福祉法において、社会福祉法人は、社会福祉事業以外の事業を実施してはならない。

4 保護司法において、保護司会連合会は、市町村ごとに組織されなければならない。

5 社会福祉法において、市町村社会福祉協議会の役員には、関係行政庁の職員が5分の1以上就任しなければならない。

問題 37 事例を読んで、生活困窮者自立相談支援事業のＢ相談支援員（社会福祉士）の支援方針として、**最も適切なもの**を**１つ**選びなさい。

〔事 例〕

　Ｃさん（60歳）は、一人暮らしで猫を多頭飼育している。以前は近所付き合いがあったが今はなく、家はいわゆるごみ屋敷の状態である。Ｂ相談支援員は、近隣住民から苦情が出ていると民生委員から相談を受けた。そこでＢがＣさん宅を複数回訪問すると、Ｃさんは猫を可愛がっており、餌代がかかるため、自身の食事代を切り詰めて生活していることが分かった。Ｃさんは、今の生活で困っていることは特になく、近隣の苦情にどのように対応すればよいか分からない、と言っている。

1　Ｃさんの衛生環境改善のため、市の清掃局にごみを強制的に回収してもらうことにする。

2　Ｃさんの健康のため、保健所に連絡をして猫を引き取ってもらうことにする。

3　Ｃさんの地域とのつながりを回復するため、苦情を言う住民も含めて、今後の関わり方を検討することにする。

4　Ｃさんの主体性を尊重するため、Ｃさんに積極的に関わることを控えることにする。

5　Ｃさんと地域とのコンフリクトを避けるため、引っ越しのあっせんを行うことにする。

問題 38 地域福祉の財源に関する次の記述のうち、**最も適切なもの**を**１つ**選びなさい。

1　市区町村社会福祉協議会の平均財源構成比（2019年（平成31年））をみると、会費・共同募金配分金・寄付金を合計した財源の比率が最も高い。

2　共同募金は、社会福祉を目的とする事業を経営する者以外にも配分できる。

3　社会福祉法人による地域における公益的な取組とは、地元企業に投資し、法人の自主財源を増やしていくことである。

4　個人又は法人が認定特定非営利活動法人に寄付をした場合は、税制上の優遇措置の対象となる。

5　フィランソロピーとは、ＳＮＳなどを通じて、自らの活動を不特定多数に発信し寄附金を募る仕組みである。

問題 39 事例を読んで、N市において地域福祉計画の策定を担当しているD職員（社会福祉士）が策定委員会での意見を踏まえて提案したニーズ把握の方法として、**最も適切なもの**を**1つ**選びなさい。

〔事　例〕

地域福祉計画の改定時期を迎えたN市では、その見直しに向け策定委員会で協議を行った。委員の一人から、「子育て世代に向けた施策や活動が十分ではない」という提起があった。また、これに呼応して、「子育て世代といっても、様々な環境で子育てをしている人がいる」「まずは子育て中の人の生の声を実際に聞いた方がよい」といった意見に賛同が集まった。Dは、こうした声を踏まえて、どのように多様な子育て世代のニーズを把握すれば良いかについて考え、最も有効と思われる方法を策定委員会に提案した。

1　N市の子育て支援課の職員（社会福祉士）を対象とした個別インタビュー
2　子育て中の親のうち、世代や環境等の異なる親たちを対象としたグループインタビュー
3　利用者支援事業の相談記録を対象とした質的な分析
4　特定の小学校に通う子どもの保護者を対象とした座談会
5　保育所を利用している全世帯を対象としたアンケート調査

問題 40 事例を読んで、包括的な支援体制の構築に向けて、社会福祉協議会のE職員（社会福祉士）が行う支援の方針として、**適切なもの**を**2つ**選びなさい。

〔事　例〕

P地区では、Q国の外国人居住者が増加している。Fさんは、Q国の外国人居住者のまとめ役を担っており、Eのところに相談に訪れた。Fさんは、日常会話程度の日本語は話せるが、日本の慣習に不慣れなために、過去に近隣住民とトラブルが生じてしまい、地域で気軽に相談できる日本人がいない。Fさんを含めて、P地区で暮らす外国人の多くが、地域活動にはあまり参加していない状態で、地域から孤立しているようである。Eは、このような外国人居住者の社会的孤立の問題を解決するための対策を検討した。

1　Fさんらを講師として招き、地域で暮らす外国人居住者の暮らしや文化について、近隣住民が学ぶ機会を設ける。
2　日本語が上達できるよう、Fさんに日本語の学習教材を提供する。
3　外国人居住者が主体的に参加できるように、これまでの地域活動のあり方を見直す。
4　近隣住民と再びトラブルが生じることを避けるため、自治会長に外国人居住者に対する生活指導を依頼する。
5　外国人居住者に日本の文化や慣習を遵守させるため、地域のルールを作成する。

問題 41 事例を読んで、A市社会福祉協議会のG生活支援コーディネーター（社会福祉士）が提案する支援策等として、**適切なもの**を**2つ**選びなさい。

〔事 例〕

A市のUボランティアグループのメンバーから地域の空き家を活用した活動をしたいという相談があった。そこでGが「協議体」の会議で地区の民生委員に相談すると、その地区では外出せずに閉じこもりがちな高齢者が多いということであった。Gはグループのメンバーと相談し、そのような高齢者が自由に話のできる場にすることを目標に、週2回、通いの場を開設した。1年後、メンバーからは「顔馴染みの参加者は多くなったが、地域で孤立した高齢者が来ていない」という声が上がった。

1 地域で孤立していると思われる高齢者が、通いの場になにを望んでいるかについて、地区の民生委員に聞き取り調査への協力を依頼する。

2 通いの場に参加している高齢者に対して、活動の満足度を調査する。

3 孤立した高齢者のための通いの場にするためにはなにが必要かについて「協議体」で議論する。

4 孤立した高齢者が参加するという目標を、現在の活動に合ったものに見直す。

5 孤立している高齢者向けに健康体操等の体を動かすプログラムを取り入れる。

（注） ここでいう「協議体」とは、介護保険制度の生活支援・介護予防サービスの体制整備に向けて、市町村が資源開発を推進するために設置するものである。

福祉行財政と福祉計画

問題 42 次のうち、法律で規定されている福祉計画の記述として、**最も適切なもの**を**1つ**選びなさい。

1 市町村障害者計画は、市町村が各年度における指定障害福祉サービスの種類ごとの必要な量の見込みについて定める計画である。

2 都道府県子ども・若者計画は、都道府県が子どもの貧困対策について定める計画である。

3 都道府県老人福祉計画は、都道府県が介護保険事業に係る保険給付の円滑な実施の支援について定める計画である。

4 市町村地域福祉計画は、市町村が地域福祉の推進について市町村社会福祉協議会の地域福祉活動計画と一体的に定める計画である。

5 市町村子ども・子育て支援事業計画は、市町村が教育・保育及び地域子ども・子育て支援事業の提供体制の確保について定める計画である。

問題 43 次のうち、入所の仕組みを利用契約制度と措置制度に分けた場合、措置制度に分類されている施設として、**適切なもの**を**2つ**選びなさい。

1 軽費老人ホーム

2 老人短期入所施設

3 障害者支援施設

4 児童養護施設

5 救護施設

問題 44 地方公共団体の事務に関する次の記述のうち、**正しいもの**を**1つ**選びなさい。

1 地方公共団体の事務は、自治事務、法定受託事務、団体委任事務、機関委任事務の4つに分類される。

2 児童扶養手当の給付事務は、自治事務である。

3 社会福祉法人の認可事務は、法定受託事務である。

4 生活保護の決定事務は、団体委任事務である。

5 児童福祉施設の監査事務は、機関委任事務である。

問題 45 「令和5年版地方財政白書（令和3年度決算）」（総務省）に示された民生費に関する次の記述のうち、**正しいもの**を**1つ**選びなさい。

1 歳出純計決算額は、前年度に比べて減少した。

2 目的別歳出の割合は、都道府県では社会福祉費よりも災害救助費の方が高い。

3 目的別歳出の割合は、市町村では児童福祉費よりも老人福祉費の方が高い。

4 性質別歳出の割合は、都道府県では繰出金よりも人件費の方が高い。

5 性質別歳出の割合は、市町村では補助費等よりも扶助費の方が高い。

問題 46 社会福祉に係る法定の機関に関する次の記述のうち、**最も適切なもの**を１つ選びなさい。

1 都道府県は、児童相談所を設置しなければならない。

2 都道府県は、発達障害者支援センターを設置しなければならない。

3 市町村は、保健所を設置しなければならない。

4 市町村は、地方社会福祉審議会を設置しなければならない。

5 市町村は、身体障害者更生相談所を設置しなければならない。

問題 47 次のうち、現行法上、計画期間が３年を１期とすると規定されている計画として、**正しいもの**を１つ選びなさい。

1 市町村こども計画

2 市町村介護保険事業計画

3 市町村障害者計画

4 市町村健康増進計画

5 市町村地域福祉計画

問題 48 次のうち、福祉計画を策定する際に用いられるパブリックコメントに関する記述として、**最も適切なもの**を１つ選びなさい。

1 行政機関が計画の素案を公表して広く意見や情報を募集する機会を設けることにより、人々の意見を計画に反映させる。

2 特定のニーズに対応するサービスの種類と必要量を客観的に算出することにより、サービスの整備目標を算出する。

3 専門家等に対して同じ内容のアンケート調査を繰り返し実施することにより、意見を集約していく。

4 集団のメンバーが互いの知恵や発想を自由に出し合うことにより、独創的なアイデアを生み出す。

5 意見やアイデアを記したカードをグループ化していくことにより、様々な情報を分類・整理していく。

社会保障

問題 49 「国立社会保障・人口問題研究所の人口推計」に関する次の記述のうち、**正しいものを１つ**選びなさい。

1 2020年から2045年にかけて、０〜14歳人口は増加する。
2 2020年から2045年にかけて、高齢化率は上昇する。
3 2020年から2045年にかけて、15〜64歳人口は増加する。
4 65歳以上人口は、2045年には5,000万人を超えている。
5 2020年から2045年にかけて、総人口は半減する。

（注）「国立社会保障・人口問題研究所の人口推計」とは、「日本の将来推計人口（令和５年推計）」の出生中位（死亡中位）の仮定の場合を指す。

問題 50 出産・育児に係る社会保障の給付等に関する次の記述のうち、**最も適切なものを１つ**選びなさい。

1 「産前産後期間」の間は、国民年金保険料を納付することを要しない。
2 出産育児一時金は、産前産後休業中の所得保障のために支給される。
3 育児休業給付金は、最長で子が３歳に達するまで支給される。
4 児童手当の費用は、国と地方自治体が折半して負担する。
5 児童扶養手当の月額は、第１子の額よりも、第２子以降の加算額の方が高い。

（注）「産前産後期間」とは、国民年金の第１号被保険者の出産予定日又は出産日が属する月の前月から４か月間（多胎妊娠の場合は、出産予定日又は出産日が属する月の３月前から６か月間）を指す。

問題 51 社会保険の負担に関する次の記述のうち、**最も適切なものを１つ**選びなさい。

1 国民年金の第１号被保険者の月々の保険料は、その月の収入に応じて決まる。
2 介護保険の保険料は、都道府県ごとに決められる。
3 後期高齢者医療の保険料は、全国一律である。
4 障害基礎年金を受給しているときは、国民年金保険料を納付することを要しない。
5 国民健康保険の保険料は、世帯所得にかかわらず、定額である。

問題 52 事例を読んで、Hさんに支給される社会保障給付として、**最も適切なもの**を1つ選びなさい。

〔事 例〕

Hさん（45歳）は、妻と中学生の子との3人家族だったが、先日、妻が業務上の事故によって死亡した。Hさんは、数年前に、持病のためそれまで勤めていた会社を退職し、それ以来、無職、無収入のまま民間企業で働く妻の健康保険の被扶養者になっていた。

1　国民年金法に基づく死亡一時金
2　厚生年金保険法に基づく遺族厚生年金
3　国民年金法に基づく遺族基礎年金
4　健康保険法に基づく埋葬料
5　労働者災害補償保険法に基づく傷病補償年金

問題 53 労働保険に関する次の記述のうち、**最も適切なもの**を1つ選びなさい。

1　労働者災害補償保険の療養補償給付を受ける場合、自己負担は原則1割である。
2　労働者災害補償保険は、政府が管掌する。
3　日雇労働者は、雇用保険の適用除外とされている。
4　雇用保険の失業等給付の保険料は、その全額を事業主が負担する。
5　教育訓練給付は、雇用保険の被保険者ではなくなった者には支給されない。

問題 54 事例を読んで、障害者の所得保障制度に関する次の記述のうち、**最も適切なもの**を1つ選びなさい。

〔事 例〕

Jさんは、以前休日にオートバイを運転して行楽に出かける途中、誤ってガードレールに衝突する自損事故を起こし、それが原因で、その時から障害基礎年金の1級相当の障害者となった。現在は30歳で、自宅で電動車いすを利用して暮らしている。

1　Jさんの障害の原因となった事故が17歳の時のものである場合は、20歳以降に障害基礎年金を受給できるが、Jさんの所得によっては、その一部又は全部が停止される可能性がある。
2　Jさんの障害の原因となった事故が25歳の時のものであった場合は、年金制度への加入歴が定められた期間に満たないので、障害基礎年金を受給できない。
3　Jさんの障害の原因となった事故が雇用労働者であった時のものである場合は、労働者災害補償保険の障害補償給付を受けられる。
4　Jさんに未成年の子がある場合は、Jさんは特別障害者手当を受給できる。
5　Jさんが障害の原因となった事故を起こした時に、健康保険の被保険者であった場合は、給与の全額に相当する傷病手当金を継続して受給することができる。

問題 55　老齢基礎年金に関する次の記述のうち、**最も適切なもの**を１つ選びなさい。

1　老齢基礎年金は、受給者の選択により55歳から繰り上げ受給をすることができる。

2　老齢基礎年金は、保険料納付済期間が25年以上なければ、受給することができない。

3　老齢基礎年金と老齢厚生年金は、どちらか一方しか受給することができない。

4　老齢基礎年金は、支給開始時に決められた額が死亡時まで変わらずに支給される。

5　老齢基礎年金の年金額の算定には、保険料免除を受けた期間の月数が反映される。

障害者に対する支援と障害者自立支援制度

問題 56 障害者等の法律上の定義に関する次の記述のうち、**最も適切なもの**を**1つ**選びなさい。

1 「障害者虐待防止法」における障害者とは、心身の機能の障害がある者であって、虐待を受けたものをいう。

2 「障害者総合支援法」における障害者の定義では、難病等により一定の障害がある者を含む。

3 知的障害者福祉法における知的障害者とは、知的障害がある者であって、都道府県知事から療育手帳の交付を受けたものをいう。

4 発達障害者支援法における発達障害者とは、発達障害がある者であって、教育支援を必要とするものをいう。

5 児童福祉法における障害児の定義では、障害がある者のうち、20歳未満の者をいう。

(注) 1 「障害者虐待防止法」とは、「障害者虐待の防止、障害者の養護者に対する支援等に関する法律」のことである。

   2 「障害者総合支援法」とは、「障害者の日常生活及び社会生活を総合的に支援するための法律」のことである。

問題 57 障害者福祉制度の発展過程に関する次の記述のうち、**最も適切なもの**を**1つ**選びなさい。

1 1949年（昭和24年）に制定された身体障害者福祉法では、障害者福祉の対象が生活困窮者に限定された。

2 1987年（昭和62年）に精神衛生法が精神保健法に改正され、保護者制度が廃止された。

3 2004年（平成16年）に改正された障害者基本法では、障害者に対する差別の禁止が基本理念として明文化された。

4 2005年（平成17年）に制定された障害者自立支援法では、利用者負担は所得に応じた応能負担が原則となった。

5 2011年（平成23年）に障害者基本法が改正され、法律名が心身障害者対策基本法に改められた。

問題 58 「障害者総合支援法」における指定特定相談支援事業所の相談支援専門員の役割に関する次の記述のうち、**最も適切なもの**を**1つ**選びなさい。

1 障害福祉サービスを利用する障害者等に対して、サービス等利用計画案を作成する。

2 障害福祉サービスを利用する障害者等に対して個別支援計画を作成し、従業者に対して、技術指導、助言を行う。

3 障害福祉サービスを利用する障害者等に対して、居宅において入浴、排せつ又は食事の介護等を行う。

4 一般就労を希望する障害者に対して、就業面と生活面の一体的な相談、支援を行う。

5 障害福祉サービスを利用する障害者等に対して、支給決定を行う。

問題 59 「障害者総合支援法」による自立支援医療に関する次の記述のうち、**正しいもの**を1つ選び
　　なさい。

1　自立支援医療の種類には、更生医療が含まれる。
2　自立支援医療の種類にかかわらず、支給認定は都道府県が行う。
3　利用者の自己負担割合は、原則として3割である。
4　精神通院医療では、精神障害者保健福祉手帳の所持者以外は支給対象とならない。
5　利用者は、自立支援医療を利用する場合には、自由に医療機関を選択できる。

問題 60 事例を読んで、V相談支援事業所のK相談支援専門員がこの段階で紹介する障害福祉サー
　　ビスとして、**最も適切なもの**を1つ選びなさい。

〔事　例〕
　　Lさん（30歳、統合失調症）は、週1回の精神科デイケアを利用している。Lさんは、過去に何
度かアルバイトをしたことはあるが、症状の再燃により、短期間で辞めていた。最近になって、症状
が改善し、生活リズムも安定したことから、将来を見据えて一般就労を希望するようになった。ただ
し、自分の能力や適性がわからないため、不安が強い。Lさんの相談を受けたK相談支援専門員は、
障害福祉サービスを紹介することにした。

1　就労継続支援A型
2　就労継続支援B型
3　就労移行支援
4　就労定着支援
5　職場適応援助者（ジョブコーチ）

問題 61 「障害者総合支援法」における障害支援区分に関する次の記述のうち、**最も適切なもの**を1
　　つ選びなさい。

1　障害支援区分に係る一次判定の認定調査の項目は全国一律ではなく、市町村独自の項目を追加して
　　もよい。
2　障害支援区分の認定は、都道府県が行うものとされている。
3　市町村は、認定調査を医療機関に委託しなければならない。
4　障害支援区分として、区分1から区分6までがある。
5　就労継続支援A型に係る支給決定においては、障害支援区分の認定を必要とする。

問題 62 事例を読んで、M相談支援専門員（社会福祉士）がこの段階で行う支援として、**適切なもの**を**2つ**選びなさい。

〔事　例〕

　軽度の知的障害があるAさん（22歳）は、両親と実家で暮らしている。特別支援学校高等部を卒業後、地元企業に就職したが職場に馴染めず3か月で辞めてしまい、その後、自宅に引きこもっている。最近、Aさんは学校時代の友人が就労継続支援B型を利用していると聞き、福祉的就労に関心を持ち始めた。Aさんと両親は、市の相談窓口で紹介されたW基幹相談支援事業所に行き、今後についてM相談支援専門員に相談した。

1　友人と自分を比べると焦りが生じるため、自身の将来に集中するように助言する。

2　一般企業で働いた経験があるので、再度、一般就労を目指すよう励ます。

3　地域にある就労継続支援B型の体験利用をすぐに申し込むよう促す。

4　Aさん自身がどのような形の就労を望んでいるかAさんの話を十分に聞く。

5　Aさんの日常生活の状況や就労の希望について、両親にも確認する。

低所得者に対する支援と生活保護制度

問題 63 生活保護法に関する次の記述のうち、**正しいもの**を**2つ**選びなさい。

1 保護が実施機関の職権によって開始されることはない。
2 保護は、生活困窮に陥った原因に基づいて決定される。
3 最低限度の生活を保障することを目的としている。
4 自立の見込みがあることを要件として、保護を受けることができる。
5 自立を助長することを目的としている。

問題 64 事例を読んで、生活保護法の定める内容に関する次の記述のうち、**最も適切なもの**を**1つ**選びなさい。

〔事 例〕

単身で2LDKの賃貸マンション暮らしのBさん（44歳）は、建設業に従事していたが半年前に自宅で骨折をして仕事を続けられなくなり、退職した。Bさんには遠く離れた故郷に父親（75歳）がいるが、父親も生活に余裕がない。Bさんは生活費が底をつき、生活保護を受給し、リハビリに励むこととなった。その後Bさんはリハビリが終わり、医師から軽労働なら就労できる状態だと診断された。求職活動をしたものの、年齢や技能の関係で仕事は見つかっていない。そこでBさんは今よりもう少し安い家賃のアパートに移ろうかと考えている。

1 就労に必要な技能修得の費用が生業扶助から支給される。
2 アパートに転居する際の敷金が生活扶助から支給される。
3 父親から仕送りを受けると、その金額の多寡にかかわらず保護は廃止される。
4 医師から就労できる状態だと診断された時点で、保護は廃止される。
5 父親は後期高齢者であるため、Bさんを扶養する義務はない。

問題 65 生活保護の種類と内容に関する次の記述のうち、**正しいもの**を**1つ**選びなさい。

1 生活扶助の第1類の経費は、世帯共通の費用とされている。
2 住宅扶助には、住宅の補修その他住宅の維持のために必要な経費が含まれる。
3 介護扶助には、介護保険の保険料が含まれる。
4 医療扶助によって、入院中の被保護者に対して入院患者日用品費が支給される。
5 出産扶助は、原則として現物給付によって行われる。

問題 **66** 生活保護制度における都道府県及び都道府県知事の役割や権限に関する次の記述のうち、正しいものを1つ選びなさい。

1　都道府県は、福祉事務所を任意に設置できる。

2　都道府県知事は、地域の実情を踏まえて生活保護法上の保護基準を変更することができる。

3　都道府県は、町村が福祉事務所を設置する場合、その保護費の一部を負担する。

4　都道府県知事は、保護施設の設備及び運営について、基準を定めるよう努めることとされている。

5　都道府県知事は、生活保護法に定めるその職権の一部を、その管理に属する行政庁に委任することができる。

問題 **67** 事例を読んで、Cさんが生活福祉資金貸付制度を利用する場合の内容に関する次の記述のうち、**最も適切なもの**を1つ選びなさい。

〔事　例〕

　Cさん（50歳）は、R市で一人暮らしをしていたが、会社が倒産し、無職となった。雇用保険（基本手当）の給付を受けていたが、受給期間終了後も再就職先が見つからず、生活が苦しくなったので生活福祉資金貸付制度の総合支援資金を利用したいと思い、R市の社会福祉協議会に相談に訪れた。

1　貸付を受けるためには、連帯保証人が必須となる。

2　貸付金の償還が免除されることはない。

3　離職理由によって、最終貸付日から返済が開始されるまでの据置期間が異なる。

4　借入れの申込み先は、R市の福祉事務所である。

5　資金の貸付けを受ける場合には、必要な相談支援を受けることが求められる。

問題 68 事例を読んで、生活困窮者自立相談支援機関のD相談支援員（社会福祉士）が提案する自立支援計画案の内容に関する次の記述のうち、**最も適切なもの**を1つ選びなさい。

〔事 例〕

Eさん（50歳）は、実家で両親と3人暮らしである。両親はともに80代で、実家は持ち家だが他に資産はなく、一家は両親の老齢基礎年金で生活している。Eさんは大学卒業後、出身地の会社に就職したが人間関係がこじれて5年前に退職し、その後は定職に就かず、実家でひきこもり状態である。Eさんの状況を両親が心配し、またEさん自身もこの状況をどうにかしたいと考えて、Eさんは両親とともに生活困窮者自立相談支援機関に来所した。D相談支援員は、アセスメントを経て、Eさんに今後の支援内容を提案した。

1 社会福祉協議会での被保護者就労支援事業の利用
2 公共職業安定所（ハローワーク）での生活困窮者就労準備支援事業の利用
3 認定事業者での生活困窮者就労訓練の利用
4 地域若者サポートステーションでの「求職者支援制度」の利用
5 生活保護法に基づく授産施設の利用

（注）「求職者支援制度」とは、職業訓練の実施等による特定求職者の就職に関する法律（求職者支援法）に基づく制度のことである。

問題 69 「ホームレスの実態に関する全国調査」（厚生労働省）に関する次の記述のうち、**正しいもの**を1つ選びなさい。
1 概数調査によれば、全国のホームレス数は2022年に比べて増加している。
2 概数調査によれば、性別人数では男性より女性が多数を占めている。
3 生活実態調査によれば、ホームレスの平均年齢は2016年調査に比べて低下している。
4 生活実態調査によれば、路上生活期間「10年以上」は2016年調査に比べて増加している。
5 生活実態調査によれば、「生活保護を利用したことがある」と回答した人は全体の約7割程度である。

（注）「ホームレスの実態に関する全国調査」（厚生労働省）とは、「ホームレスの実態に関する全国調査（概数調査）」（2023年（令和5年））及び「ホームレスの実態に関する全国調査（生活実態調査）」（2021年（令和3年））を指している。

保健医療サービス

問題 70 公的医療保険における一部負担金に関する次の記述のうち、**正しいもの**を **1 つ**選びなさい。

1 療養の給付に要した費用の一部負担金の割合は、一律 3 割である。
2 被用者保険に加入中の生活保護の被保護者は、一部負担金のみが医療扶助の対象となる。
3 正常な分娩による出産費用の一部負担金の割合は、3 割である。
4 1 か月の医療費の一部負担金が限度額を超えた場合、保険外併用療養費制度により払戻しが行われる。
5 入院時の食事提供の費用は、全額自己負担である。

問題 71 「令和 2 (2020) 年度国民医療費の概況」(厚生労働省)に示された日本の医療費に関する次の記述のうち、**正しいもの**を **1 つ**選びなさい。

1 国民医療費の総額は40兆円を超えている。
2 人口一人当たりの国民医療費は60万円を超えている。
3 国民医療費に占める薬局調剤医療費の割合は、入院医療費の割合よりも高い。
4 国民医療費の財源に占める公費の割合は、保険料の割合よりも高い。
5 国民医療費に占める歯科診療医療費の割合は、入院外医療費の割合より高い。

問題 72 診療報酬に関する次の記述のうち、**最も適切なもの**を **1 つ**選びなさい。

1 診療報酬の請求は、各月分について行わなければならない。
2 請求された診療報酬は、中央社会保険医療協議会が審査する。
3 医療機関が診療報酬を請求してから報酬を受け取るまで約 6 か月掛かる。
4 診療報酬点数表には、医科、歯科、高齢の点数表がある。
5 診療報酬点数は、1 点の単価が 1 円とされている。

問題 73 医療法に基づく医療計画に関する次の記述のうち、**正しいもの**を **1 つ**選びなさい。

1 国が、地域の実情に合わせて策定することになっている。
2 医療提供体制の確保を図るためのものである。
3 医療圏は、一次医療圏と二次医療圏の 2 つから構成されている。
4 病院の定義や人員、設備の基準を定めることになっている。
5 2 年ごとに見直される。

問題 74 訪問看護に関する次の記述のうち、**最も適切なもの**を**1つ**選びなさい。

1 訪問看護は、看護師の指示で訪問看護サービスを開始する。

2 訪問看護ステーションには、栄養士を配置しなければならない。

3 訪問看護の対象は、65歳以上の者に限定されている。

4 訪問看護ステーションの管理者は、医師でなければならない。

5 訪問看護は、居宅において看護師等により行われる療養上の世話又は必要な診療の補助を行う。

問題 75 次の事例を読んで、医療ソーシャルワーカー（社会福祉士）が紹介した現時点で利用可能な制度として、**適切なもの**を**2つ**選びなさい。

〔事 例〕

入院中のFさん（39歳、会社員）は、大学卒業後から継続して協会けんぽ（全国健康保険協会管掌健康保険）の被保険者であり、同じ会社の正社員である妻35歳と息子7歳との3人暮らしである。20代より生活習慣病を患い、保健指導と治療がなされたが行動変容は難しかった。Fさんは、3日前に糖尿病性腎症による人工透析導入のため入院することとなった。医師からは、約1か月間の入院となり、退院後は週に3日の継続的な透析治療が必要との説明を受けた。Fさんは、仕事は継続したいが、医療費や入院期間中の収入面の不安を訴えたことから、医師より医療ソーシャルワーカーを紹介された。

1 生活保護制度

2 労働者災害補償保険制度

3 高額療養費制度

4 傷病手当金制度

5 雇用保険制度

問題 76 「人生の最終段階における医療・ケアの決定プロセスに関するガイドライン（2018年（平成30年）改訂版）」（厚生労働省）に沿った対応の方針として、**最も適切なもの**を**1つ**選びなさい。

〔事 例〕

Gさん（72歳）は、妻（70歳）と二人暮らし。10年前より筋萎縮性側索硬化症（ALS）と診断を受け、在宅で療養を続けてきた。診断を受けた当初、「人工呼吸器は装着せずに、自宅で自然な状態で最期を迎えたい」と言っていた。1か月前から言語の表出、自発呼吸が困難となり、人工呼吸器の装着について検討することとなった。

1 診断を受けた当初のGさんの意思を優先する。

2 Gさんに代わって、妻の判断を優先する。

3 Gさん、家族、医療・ケアチームによる話し合いの場を設定する。

4 家庭裁判所に判断を求める。

5 医師の医学的判断により決定する。

権利擁護と成年後見制度

問題 77 次のうち、日本国憲法における社会権として、**正しいもの**を**2つ**選びなさい。

1 財産権
2 肖像権
3 教育を受ける権利
4 団体交渉権
5 自己決定権

問題 78 事例を読んで、Hの相続における法定相続分に関する次の記述のうち、**正しいもの**を**1つ**選びなさい。

〔事 例〕

Hは、多額の財産を遺して死亡した。Hの相続人は、配偶者J、子のK・L・M、Hよりも先に死亡した子Aの子（Hの孫）であるB・Cの計6人である。なお、Lは養子であり、Mは非嫡出子である。Hは生前にMを認知している。

1 配偶者Jの法定相続分は3分の1である。
2 子Kの法定相続分は6分の1である。
3 養子Lの法定相続分は7分の1である。
4 非嫡出子Mの法定相続分は8分の1である。
5 孫Bの法定相続分は7分の1である。

問題 79 遺言に関する次の記述のうち、**最も適切なもの**を**1つ**選びなさい。

1 成年被後見人は、事理弁識能力が一時回復した時であっても遺言をすることができない。
2 自筆証書遺言を発見した相続人は、家庭裁判所の検認を請求しなければならない。
3 公正証書によって遺言をするには、遺言者がその全文を自書しなければならない。
4 自筆証書によって遺言をするには、証人2人以上の立会いがなければならない。
5 遺言に相続人の遺留分を侵害する内容がある場合は、その相続人の請求によって遺言自体が無効となる。

問題 80 事例を読んで、Ｄさんについての後見開始の審判をＥさんが申し立てた主な理由として、**最も適切なものを１つ**選びなさい。

〔事　例〕

Ｄさん（80歳）は、子のＥさんが所有する建物に居住していたが、認知症のため、現在は指定介護老人福祉施設に入所している。Ｄさんの年金だけでは施設利用料の支払いが不足するので、不足分はＥさんの預金口座から引き落とされている。施設で安定した生活を営んでいるものの医師からは白内障の手術を勧められている。近時、Ｄさんの弟であるＦさんが多額の財産を遺して亡くなり、Ｄさんは、Ｄさんの他の兄弟とともにＦさんの財産を相続することとなった。Ｅさんは、家庭裁判所に対しＤさんについて後見を開始する旨の審判を申し立てた。

1　Ｄさんの手術についての同意
2　Ｄさんが入所する指定介護老人福祉施設との入所契約の解約
3　Ｄさんが参加するＦさんについての遺産分割協議
4　Ｄさんが入所前に居住していたＥさん所有の建物の売却
5　Ｄさんの利用料不足分を支払っているＥさんの預金の払戻し

問題 81 事例を読んで、Ｇさんの成年後見監督人に関する次の記述のうち、**最も適切なものを１つ**選びなさい。

〔事　例〕

知的障害のあるＧさん（30歳）は、兄であるＨさんが成年後見人に選任され支援を受けていた。しかし、数年後にＧさんとＨさんの関係が悪化したため、成年後見監督人が選任されることとなった。

1　Ｇさんは、成年後見監督人の選任請求を家庭裁判所に行うことができない。
2　Ｈさんの妻は、Ｈさんの成年後見監督人になることができる。
3　ＧさんとＨさんに利益相反関係が生じた際、成年後見監督人はＧさんを代理することができない。
4　成年後見監督人は、Ｈさんが成年後見人を辞任した場合、成年後見人を引き継がなければならない。
5　成年後見監督人は、ＧさんとＨさんの関係がさらに悪化し、Ｈさんが後見業務を放置した場合、Ｈさんの解任請求を家庭裁判所に行うことができる。

問題 82 次のうち、「成年後見関係事件の概況（令和４年１月〜12月）」（最高裁判所事務総局家庭局）に示された「成年後見人等」に選任された最も多い者として、**正しいものを１つ**選びなさい。

1　親族
2　弁護士
3　司法書士
4　社会福祉士
5　市民後見人

（注）「成年後見人等」とは、成年後見人、保佐人及び補助人のことである。

問題 83 成年被後見人Jさんへの成年後見人による意思決定支援に関する次の記述のうち、「意思決定支援を踏まえた後見事務のガイドライン」に沿った支援として、**最も適切なもの**を1つ選びなさい。

1　Jさんには意思決定能力がないものとして支援を行う。

2　Jさんが自ら意思決定できるよう、実行可能なあらゆる支援を行う。

3　一見して不合理にみえる意思決定をJさんが行っていた場合には、意思決定能力がないものとみなして支援を行う。

4　本人にとって見過ごすことのできない重大な影響を生ずる場合にも、Jさんにより表明された意思があればそのとおり行動する。

5　やむを得ずJさんの代行決定を行う場合には、成年後見人にとっての最善の利益に基づく方針を採る。

（注）「意思決定支援を踏まえた後見事務のガイドライン」とは、2020年（令和2年）に、最高裁判所、厚生労働省等により構成される意思決定支援ワーキング・グループが策定したものである。

社会調査の基礎

問題 84 次のうち、統計法における基幹統計調査として、**正しいものを1つ**選びなさい。

1　社会福祉施設等調査
2　福祉行政報告例
3　介護サービス施設・事業所調査
4　労働安全衛生調査
5　国民生活基礎調査

問題 85 社会調査における倫理に関する次の記述のうち、**最も適切なものを1つ**選びなさい。

1　社会調査の対象者の抽出では、住民基本台帳から制約なく個人情報を閲覧できる。
2　調査の協力は自由意志であるので、対象者への調査に関する説明は不要である。
3　社会調査では、対象者に調査協力の謝礼を渡すことが不可欠である。
4　調査前に対象者の協力同意書があっても、調査の途中又は調査後の対象者からのデータ削除要請に応じることが求められる。
5　仮説に反した調査結果が出た場合、調査結果の公表を差し控える必要がある。

問題 86 次の事例を読んで、S県が実施した標本調査の母集団として、**最も適切なものを1つ**選びなさい。

〔事　例〕
　S県内の高校に在籍している全ての生徒のうち、日常的に家族の世話や介護等を担っている高校生が、どのくらい存在するかを調べるために、標本調査を実施した。

1　全国の高校に在籍する全生徒
2　全国の高校に在籍する全生徒のうち、日常的に家族の世話や介護等を担っている者
3　S県内の高校に在籍する全生徒
4　S県内の高校に在籍する全生徒のうち、日常的に家族の世話や介護等を担っている者
5　S県内の高校に在籍する全生徒のうち、標本となった者

問題 87 次のうち、質問への回答を他計式で記入する社会調査として、**適切なものを2つ**選びなさい。

1　郵送調査
2　留置調査
3　個別面接調査
4　集合調査
5　オペレーターによる電話調査

問題 88 尺度に関する次の記述のうち、**最も適切なものを1つ**選びなさい。

1 比例尺度では、平均値を算出することができる。

2 順序尺度で測定した1と2の差と、3と4の差の等間隔性は担保されている。

3 名義尺度で測定した変数は、中央値を求めることができる。

4 間隔尺度では、測定値の間隔が数値として意味をもつことはない。

5 名義尺度、間隔尺度、順序尺度、比例尺度の順で、尺度としての水準が高い。

問題 89 調査手法としての面接法に関する次の記述のうち、**最も適切なものを1つ**選びなさい。

1 構造化面接では、対象者に語りたいことを自由に話してもらうことが重要である。

2 非構造化面接では、調査者は事前に10項目以上の質問項目と質問の順番を設定し、その順番どおりに質問していく必要がある。

3 半構造化面接では、インタビューのおおむね半分程度の時間を、質問内容や質問の順番などが詳細に決められた質問紙によって面接が進められる。

4 面接調査では、表情や身振りといった非言語表現も重視する。

5 グループ・インタビューの調査者は、対象者同士の会話を促さないようにする。

問題 90 社会調査における記録の方法とデータ収集法に関する次の記述のうち、**適切なものを2つ**選びなさい。

1 質的調査で対象者を選定するときには、無作為抽出法を行うことが不可欠である。

2 アクションリサーチでは、量的調査でデータを収集することがある。

3 ドキュメント分析の対象となるデータには、手紙や日記などの私的文章も含まれる。

4 質的調査のデータとしては、画像や映像の使用を避ける方が望ましい。

5 フィールドノーツは、調査者の解釈を含めずに作成する必要がある。

相談援助の基盤と専門職

問題　91　社会福祉士及び介護福祉士法における社会福祉士の義務等に関連する次の記述のうち、**正しいものを1つ**選びなさい。

1　後継者の育成に努めなければならない。

2　秘密保持義務として、その業務に関して知り得た人の秘密は、いかなる理由があっても開示してはならない。

3　社会福祉士の信用を傷つけるような行為を禁じている。

4　社会福祉士ではなくとも、その名称を使用できる。

5　誠実義務の対象は、福祉サービスを提供する事業者とされている。

問題　92　次の事例を読んで、福祉事務所に勤務するK職員（社会福祉士）が取り組む様々な対応のうち、メゾレベルの対応として、**適切なものを2つ**選びなさい。

〔事　例〕

　L民生委員は、Mさん（45歳）の件で市の福祉事務所を訪れ、Kに相談をした。Mさんは勤め先を3年前に人員整理で解雇されてからは仕事をせず、親が残してくれた自宅で一人、昼夜逆転の生活をしているとのことであった。現時点では、Mさんには緊急の要保護性は感じられないが、仕事をしておらず、生活費が底をつく心配がある。Mさんは「今すぐに仕事をする自信はないが、今後に備えて相談をしたい」と望んでおり、Mさんの了解のもとに相談に訪れたとのことであった。

1　中高年を対象とする就労支援制度の課題を、所属機関を通して国に提示する。

2　相談意欲のあるMさんと相談援助の関係を樹立する。

3　Mさんに対して、生活費を確保するために、不動産担保型生活資金を検討するよう勧める。

4　市内の事業所に対して、Mさんのような中高年者が利用可能な自立相談支援に関する事業の実施状況の情報を収集する。

5　L民生委員からの情報をもとに、同様の事例に関する今後の支援について、所内で検討する。

問題 93 「ソーシャルワーク専門職のグローバル定義」（2014年）に関する次の記述のうち、**最も適切なものを１つ**選びなさい。

1　人間尊重、人間の社会性、変化の可能性の３つの価値を前提とした活動である。

2　人、問題、場所、過程を構成要素とする。

3　価値の体系、知識の体系、調整活動のレパートリーを本質的な要素とする。

4　ソーシャルワーク実践は、価値、目的、サンクション、知識及び方法の集合体である。

5　社会変革と社会開発、社会的結束、および人々のエンパワメントと解放を促進する。

（注）「ソーシャルワーク専門職のグローバル定義」とは、2014年７月の国際ソーシャルワーカー連盟（ＩＦＳＷ）と国際ソーシャルワーク学校連盟（ＩＡＳＳＷ）の総会・合同会議で採択されたものを指す。

問題 94 障害者の自立生活運動に関する次の記述のうち、**適切なものを２つ**選びなさい。

1　当事者が人の手を借りずに、可能な限り自分のことは自分ですることを提起している。

2　ピアカウンセリングを重視している。

3　施設において、管理的な保護のもとでの生活ができることを支持している。

4　当事者の自己決定権の行使を提起している。

5　危険に挑む選択に対して、指導し、抑止することを重視している。

問題 95 ソーシャルワークを発展させた人物に関する次の記述のうち、**最も適切なものを１つ**選びなさい。

1　レヴィ（Levy, C.）は、倫理とは、人間関係とその交互作用に対して価値が適用されたものであるとした。

2　トール（Towle, C.）は、ジェネラリストの観点からソーシャルワークの統合化を図り、ジェネラリスト・ソーシャルワークを提唱した。

3　アプテカー（Aptekar, H.）は、相互連結理論アプローチを提唱し、それぞれの理論は相互に影響を及ぼし合い、結びついていると論じた。

4　ジョンソン（Johnson, L.）は、社会的目標を達成するために不可欠な要素として、４つの基本的ニーズを提示した。

5　ターナー（Turner, F.）は、機能主義の立場に立ちつつ、診断主義の理論を積極的に取り入れ、ケースワークとカウンセリングを区別した。

問題　96　事例を読んで、X小学校に配置されている**A**スクールソーシャルワーカー（社会福祉士）が、**B**さんの意思を尊重することに対する倫理的ジレンマとして、**適切なもの**を**2つ**選びなさい。

〔事　例〕

　Aは、2学期に入ったある日、暗い顔をしている**B**さん（小学5年生）に声をかけた。**B**さんは、初めは何も語らなかったが、一部の同級生からいじめを受けていることを少しずつ話し出した。そして、「今話していることが知られたら、ますますいじめられるようになり、学校にいづらくなる。いじめられていることは、自分が我慢すればよいので、他の人には言わないで欲しい」と思いつめたような表情で話した。

1　クライエントの保護に関する責任
2　別の小学校に配置されているスクールソーシャルワーカーに報告する責任
3　学校に報告する責任
4　保護者会に報告する責任
5　いじめている子の保護者に対する責任

問題　97　次の事例の場面において、複数のシステムの相互作用をもたらすシュワルツ（Schwartz, W.）の媒介機能を意図した支援として、**最も適切なもの**を**1つ**選びなさい。

〔事　例〕

　自閉傾向のある**C**さん（10歳）の母親が、市の子育て支援課の窓口に久しぶりに相談に来た。**D**相談員（社会福祉士）が**C**さんについて、この間の様子を聞いたところ、言語的なコミュニケーションは少ないが、最近は絵を描くことが好きになってきたとのことであった。

1　次回面接では親子で来所することと、**C**さんの描いた絵を持ってくるよう依頼した。
2　親子で共通する話題や目的をつくるために、市主催のアートコンクールに出展する絵を描くよう勧めた。
3　絵によるコミュニケーションカードを親子で作成し、日常生活で使うよう勧めた。
4　市内にある大きな文房具店を紹介し、親子で一緒に絵を描く道具を見に行くことを勧めた。
5　障害児と親が活発に参加している絵画サークルに親子で参加し、児童や親達と交流することを勧めた。

相談援助の理論と方法

問題 98 ソーシャルワーク実践におけるシステム理論の考え方に関する次の記述のうち、**最も適切なもの**を1つ選びなさい。

1 ピンカス（Pincus, A.）とミナハン（Minahan, A.）の実践モデルにおけるターゲットシステムは、目標達成のために、ソーシャルワーカーと協力していく人々を指す。

2 開放システムの変容の最終状態は、初期条件によって一義的に決定される。

3 システムには、他の要素から正負のフィードバックを受けることで、自己を変化・維持させようとする仕組みがある。

4 クライエントの生活上の問題に関し、問題を生じさせている原因と結果の因果関係に着目する。

5 家族の問題に対して、課題を個々の家族員の次元で捉え、個々人に焦点を当てたサービスを提供する。

問題 99 ソーシャルワークの実践モデルに関する次の記述のうち、**最も適切なもの**を1つ選びなさい。

1 生活モデルは、問題を抱えるクライエントの人格に焦点を絞り、問題の原因究明を重視する。

2 生活モデルは、人と環境の交互作用に焦点を当て、人の生活を全体的視点から捉える。

3 治療モデルは、人が疎外される背景にある社会の抑圧構造に注目する。

4 治療モデルは、問題を抱えるクライエントのもつ強さ、資源に焦点を当てる。

5 ストレングスモデルは、クライエントの病理を正確に捉えることを重視する。

問題 100 ソーシャルワークのアプローチに関する次の記述のうち、**最も適切なもの**を1つ選びなさい。

1 機能的アプローチでは、4つのPを実践の構成要素として、クライエントのコンピテンス、動機づけとワーカビリティを高めることを目指す。

2 問題解決アプローチでは、女性にとっての差別や抑圧などの社会的現実を顕在化させ、個人のエンパワメントと社会的抑圧の根絶を目指す。

3 ユニタリーアプローチでは、ソーシャルワーカーが所属する機関の機能と専門職の役割機能の活用を重視し、クライエントのもつ意志の力を十分に発揮できるよう促すことを目指す。

4 実存主義アプローチでは、クライエントが自我に囚われた状態から抜け出すために、他者とのつながりを形成することで、自らの生きる意味を把握し、疎外からの解放を目指す。

5 フェミニストアプローチでは、システム理論に基づいて問題を定義し、ソーシャルワーカーのクライエントに対する教育的役割を重視し、段階的に目的を達成することを目指す。

問題 101　事例を読んで、就労継続支援Ｂ型事業所のＥ職員（社会福祉士）が、クライエントに危険が及ぶような行動を減らすために、行動変容アプローチを応用して行う対応として、**最も適切なもの**を１つ選びなさい。

〔事　例〕

知的障害があるＦさん（20歳）は、作業中に興味があるものが目に入ると勢いよく外に飛び出してしまうことや、作業時間中でも床に寝転がること等の行動が度々あった。寝転がっているところに起き上がるよう声かけを行うと、引っ張り合いになっていた。Ｆさんのこれらの行動は、職員や仲間からの注目・関心を集めていた。そこで、Ｅは、Ｆさんが席に座って作業を継続することを目標行動にして支援を開始した。

1　Ｆさんが何かに気を取られて席を立つたびに、報酬を与える。

2　支援を始めて１か月後に、目標行動の変化を評価しベースラインをつける。

3　不適切行動のモデリングとして、職員が寝転がって見せる。

4　作業が継続できるたびにベルを鳴らし、ベルの音と作業を条件づける。

5　寝転がる前の先行条件、寝転がった後の結果といった行動の仕組みを分析する。

問題 102　事例を読んで、乳児院のＧ家庭支援専門相談員（社会福祉士）が活用するアセスメントツールに関する次の記述のうち、**最も適切なもの**を１つ選びなさい。

〔事　例〕

一人暮らしのＨさんは、慢性疾患による入退院を繰り返しながら出産したが、直後に長期の入院治療が必要となり、息子は乳児院に入所となった。Ｈさんは２か月前に退院し、職場にも復帰したので、息子と一緒に暮らしたいとＧに相談した。ただ、「職場の同僚ともうまくいかず、助けてくれる人もいないので、一人で不安だ」とも話した。そこでＧは、引き取りに向けて支援するため、アセスメントツールを活用することにした。

1　同僚との関係を整理するために、ジェノグラムを作成する。

2　息子の発育状況を整理するために、エコマップを作成する。

3　周囲からのサポートを整理するために、エコマップを作成する。

4　自宅周辺の生活環境を整理するために、ソシオグラムを作成する。

5　Ｈさんの病状を整理するために、ソシオグラムを作成する。

問題 103 ソーシャルワークのプランニングにおける、目標の設定とクライエントの意欲に関する次の記述のうち、**最も適切なものを1つ**選びなさい。

1 ソーシャルワーカーが、独自の判断で高い目標を設定すると、クライエントの意欲は高まる。

2 クライエントが自分でもできそうだと思う目標を段階的に設定すると、クライエントの意欲は低下する。

3 クライエントが具体的に何をすべきかがわかる目標を設定すると、クライエントの意欲が高まる。

4 クライエントにとって興味がある目標を設定すると、クライエントの意欲は低下する。

5 最終的に実現したい生活像とは切り離して目標を設定すると、クライエントの意欲が高まる。

問題 104 次の事例は、在宅療養支援におけるモニタリングの段階に関するものである。この段階におけるJ医療ソーシャルワーカー（社会福祉士）の対応として、**適切なものを2つ**選びなさい。

〔事 例〕

Kさん（60歳）は、呼吸器機能に障害があり病院に入院していたが、退院後には自宅で在宅酸素療法を行うことになった。Kさんとその夫は、在宅療養支援診療所のJと話し合いながら、訪問診療、訪問看護、訪問介護等を導入して自宅療養体制を整えた。療養開始後1か月が経ち、Jはモニタリングを行うことにした。

1 Kさんに「自宅での療養で困っていることはありますか」と聞き、新たな要望やニーズの有無を確認する。

2 Kさんの夫に「病気になる前はどのように暮らしていましたか」と聞き、Kさんの生活歴を確認する。

3 訪問介護員に「医療上、何かすべきことはありますか」と医療的ケアの課題を確認する。

4 主治医に「入院前の病状はいかがでしたか」と過去の治療状況を確認する。

5 訪問看護師に「サービス実施状況はどうですか」と経過や課題を確認する。

問題 105 ソーシャルワークの過程におけるアフターケアに関する次の記述のうち、**最も適切なもの**を**1つ**選びなさい。

1 ソーシャルワーカーや支援チームの状況変化に応じて行う。

2 クライエントとの間に信頼関係を形成することが目的となる。

3 アセスメントの精度を高めることが目的である。

4 問題の新たな発生や再発が起きていないか確認をする。

5 支援計画が十分に実施されたかを評価する。

問題 **106** ソーシャルワークの援助関係に関する次の記述のうち、**最も適切なもの**を**1つ**選びなさい。

1 共感的理解とは、クライエントの世界を、あたかもソーシャルワーカーも体験したかのように理解することである。

2 目的志向性とは、クライエントを意図的に導くことにより、ソーシャルワーカーの自己覚知を促進することである。

3 パターナリズムとは、ソーシャルワーカーの権威と自由裁量を否定し、対等な立場を重視した援助関係のことである。

4 受容とは、クライエントの逸脱した態度や行動に対しても、同調した上で、それを許容することである。

5 ソーシャルワーカーの自己開示とは、クライエントの行動や感情における矛盾を指摘することである。

問題 **107** 次の記述のうち、ケアマネジメントの一連の過程における再アセスメントに関するものとして、**最も適切なもの**を**1つ**選びなさい。

1 サービスを新たに開始するために、クライエントの望む生活に向けた目標を設定し、その実現に向けて支援内容を決定した。

2 クライエントの生活状況の変化によるサービス内容の見直しのために、新たに情報収集し、課題の分析を行った。

3 クライエントの課題が解決したため、ケアマネジメントを終了することを確認した。

4 クライエントになる可能性のある人の自宅やその地域を訪問し、ニーズを把握した。

5 サービスの終結をした者から、新たにサービス利用の申し出があったため、情報の収集を行った。

問題 **108** ロスマン（Rothman, J.）が1960年代に提唱したコミュニティ・オーガニゼーション実践のモデルに関する次の記述のうち、**最も適切なもの**を**1つ**選びなさい。

1 組織化モデルとは、住民の地域生活支援を目標として、当事者の個別支援と連動させて、地域の生活基盤の整備に向けた地域支援を展開する方法である。

2 小地域開発モデルとは、不利な立場に置かれた人々が直面する状況を自らの力では変革できない時に、同じ問題意識を共有する人々と連帯し、権力構造に対して政治的に働きかける方法である。

3 社会計画モデルとは、住民や当事者が求めるサービスや資源の提供を達成するために地域のニーズを調査して、サービス提供機関間の調整を図る方法である。

4 ソーシャルアクションモデルとは、地域が求める目標を達成するために、サービス提供機関が地域の資源を利用して活動を推進する方法である。

5 統合モデルとは、地方自治体による政策実践と、福祉施設等における運営管理実践を一体のものとして、地域を変革することを主たる目標とする方法である。

問題 109 グループワークに関する次の記述のうち、**最も適切なもの**を1つ選びなさい。

1 グループの発達過程は、メンバー間の関係の変化に影響を受ける。

2 波長合わせとは、メンバー間の親しい接触を通して、お互いに刺激し、影響し合うことである。

3 グループメンバー間の暗黙の葛藤に対しては、それが表面化しないように働きかける。

4 プログラム活動では、全員が同じ動きを行うことを優先するように求める。

5 終結期には、メンバー間の感情の表出や分かち合いを避ける。

問題 110 スーパービジョンに関する次の記述のうち、**最も適切なもの**を1つ選びなさい。

1 スーパーバイジーは、スーパーバイザーより知識も技量も高い。

2 スーパービジョンの契約は、スーパービジョンの展開過程の終結段階で行われる。

3 スーパービジョンにおける管理的機能では、スーパーバイジーの業務遂行の適切さを確認する。

4 パラレルプロセスは、スーパーバイジーが過去の特定の人間関係をスーパーバイザーとの関係の中に投影することである。

5 スーパーバイザーは、クライエントに最良のサービスを直接提供する。

問題 111 記録の方式の一つにSOAP方式がある。その内容に関して、**最も適切なもの**を1つ選びなさい。

1 Sは、客観的情報であり、利用者の行動を観察した内容を記述する。

2 Oは、主観的情報であり、利用者の語った内容を記述する。

3 Aは、支援計画であり、他機関や他専門職からの情報を記述する。

4 Pは、プロセスであり、利用者の言葉や他機関からの情報に関する判断を記述する。

5 SOAP記録は、問題と援助者の思考が明確になる問題志向型記録の一つである。

問題 112 「個人情報保護法」に関する次の記述のうち、**正しいもの**を1つ選びなさい。

1 個人情報取扱事業者には、国の機関は除外されている。

2 本人の生命の保護に必要がある場合であっても、本人の同意を得ることが困難であるときは、個人情報を第三者に提供してはならない。

3 オンラインによる個人情報の提供は、ウイルスや不正アクセス等のリスクを伴うため禁止されている。

4 クレジットカード番号は、個人識別符号に含まれる。

5 事業者は、サービス利用者から本人のサービス記録の開示を求められた場合でも、これに応じる義務はない。

（注）「個人情報保護法」とは、「個人情報の保護に関する法律」のことである。

問題 113 事例分析の対象を手段的事例と固有事例に分けたとき、手段的事例の例として、**最も適切なものを1つ**選びなさい。

1 ソーシャルワーカーが担当しているクライエントの支援において、今後の方向性を考えるために、クライエントと共に事例分析をした。

2 新人のソーシャルワーカーが担当しているクライエントの支援過程について、指導的立場のソーシャルワーカーと一緒に、事例分析をした。

3 ソーシャルワーカーが担当している事例で、支援結果が良好なものがあったので、その要因を明らかにするため、事例分析をした。

4 ソーシャルワーカーが担当している事例で、複雑な問題を抱え支援が困難なクライエントがおり、事例分析をした。

5 ソーシャルワーカーが担当している地区で、高齢者から振り込め詐欺に関する相談が頻繁にあるため、研修を目的とした事例分析をした。

問題 114 事例を読んで、N市社会福祉協議会のM職員（社会福祉士）の対応として、**適切なものを2つ**選びなさい。

〔事　例〕

　N市社会福祉協議会は、N市から避難行動要支援者への支援に関して委託事業を受けている。Mは、その事業のコーディネート役を担当しており、N市が海岸線の近くにあり、高台が少ないことから、大地震の際の津波などによる被害を心配している。Mは、日頃から「備えあれば憂いなし」と周りの職員たちに言い、避難行動要支援者を中心にした、平常時からのネットワーキングがN市には必要と考えて、支援活動をしている。

1 近隣の住民に声をかけ、避難行動要支援者と一緒に避難訓練を行う。

2 災害発生に備えて、避難行動要支援者名簿を地域の全戸に配布する。

3 自力で避難できるよう、避難行動要支援者を個別に訪問して指導する。

4 避難支援等関係者よりも、避難行動要支援者の安全確保を最優先するよう関係者に指示する。

5 避難支援等関係機関と一緒に福祉避難所を確認する機会をもつ。

問題 115 事例を読んで、Aスクールソーシャルワーカー（社会福祉士）の解決志向アプローチに基づく問いかけとして、**適切なもの**を**2つ**選びなさい。

〔事　例〕

Bさん（高校1年生）は、父親、弟（小学4年生）、妹（小学1年生）の4人家族である。父親は長距離トラックの運転手で、Bさんは長女として家事と弟妹の世話を引き受けている。ある日、Aスクールソーシャルワーカーに、「家族のためにやれることをやるのは当然だし、喜んでもらえるのもうれしい。でも毎日勉強とバイトと家事で精一杯。これ以上はもう無理かも…」とつぶやいた。Aはこれまでのさんの頑張りをねぎらいながら、以下の問いかけをした。

1　「もし奇跡が起こって何もかもうまくいくとしたら、どうなると思いますか？」
2　「最悪な状況を0、何もかも解決したのが10なら、今は何点になりますか？」
3　「Bさんが『もう無理かも』と思ったのは、どのようなときですか？」
4　「Bさんが想像する、最悪の事態はどのようなものでしょうか？」
5　「今、Bさんが抱える状況の根本の原因は何だと思いますか？」

問題 116 事例を読んで、Y地域包括支援センターのC社会福祉士が参加している認知症初期集中支援チームの対応として、**最も適切なもの**を**1つ**選びなさい。

〔事　例〕

Y地域包括支援センターに「夫の物忘れがひどく、指摘するとすぐに怒りだすことと、時折暴力を振るうことで困っている」とDさん（72歳）から電話相談があった。その後、Dさんが来所して夫の日常の様子を詳しく話した。夫に病院で受診をしてもらおうとしたが、「俺はどこも悪くないから病院には行かない」と拒否され、困っているという。そこでCは、認知症初期集中支援チームにおける対応が必要と考え、ケース会議の開催を要請した。

1　夫を刺激しないように、認知症サポーターとCが自宅を訪問する。
2　Dさんが一人の時間を持てるように自宅を訪問し、夫の利用可能な認知症カフェの案内を手渡す。
3　夫の状態について、認知症サポート医から専門的知見による助言を求める。
4　夫の生活の様子を聞くために、介護福祉士とCが自宅を訪問する。
5　Dさんへの暴力回避のために、保健所の職員とCが自宅を訪問する。

問題 117 事例を読んで、ひきこもり地域支援センターのF職員（社会福祉士）による、グループワークのこの段階における関わりとして、**最も適切なもの**を1つ選びなさい。

〔事 例〕

Fは、ひきこもり地域支援センターが1か月前に開設した、ひきこもり状態にある人たちのための居場所であるカフェで、グループへの支援を行っている。Fは2年前から根気強く訪問していたGさん（38歳、男性）にもこのグループへ参加しないかと声をかけたところ、「どんなメンバーで、どんなことをしているのか」と興味を示し、久しぶりに外出し、カフェに初めて姿を見せた。Gさんは対人関係のつまずきからひきこもり状態となった経緯があり、人見知りがある。

1　人見知りが激しいことを知っているので、他のメンバーに対応を委ねる。
2　関係づくりができていることを活かしたいので、Gさんと二人で会話を続ける。
3　以前から参加している他のメンバーと話せるように橋渡しをする。
4　メンバー同士の関係を活用し、Gさんの長いひきこもり体験をメンバー間で分かち合うよう促す。
5　Gさんの過去の対人関係をメンバー間で振り返り、気持ちの分かち合いを促す。

問題 118 ソーシャルワークの面接技術に関する次の記述のうち、**最も適切なもの**を1つ選びなさい。
1　明確化によって、クライエントに特別な行動をするように伝えて、課題解決を促す。
2　言い換えによって、クライエントの話す内容や感情を別の言葉で表現し、気づきを促す。
3　閉じられた質問によって、クライエントが自由に話すのを促す。
4　要約によって、より多くの情報を収集するために、クライエントの自己開示を促す。
5　問題への直面化によって、クライエントとの信頼関係を構築する。

福祉サービスの組織と経営

問題 119 社会福祉法人に関する次の記述のうち、**正しいもの**を**2つ**選びなさい。

1 主たる事務所の所在地において設立の登記をすることによって成立する。
2 収支計算書の公表は任意である。
3 他の社会福祉法人と合併することはできない。
4 評議員、評議員会、理事、理事会、監事を設置することが義務づけられている。
5 評議員は無報酬でなければならない。

問題 120 経営の基礎理論に関する次の記述のうち、**最も適切なもの**を**1つ**選びなさい。

1 バーナード（Barnard, C.）によれば、非公式組織とは、意識的で、計画的で、目的をもつような人々相互間の協働である。
2 テイラー（Taylor, F.）は科学的管理法を提唱し、作業現場の管理について、合理的な規則と手続きによる管理の重要性を強調した。
3 ハインリッヒ（Heinrich. H.）は、軽微な事故への対策を実施しても、重大な事故を未然に防ぐことはできないことを明らかにした。
4 アッシュ（Asch, S.）は、個人として正しい判断ができていれば、多数派の力には負けることはないという現象を明らかにした。
5 メイヨー（Mayo, G.）とレスリスバーガー（Roethlisberger, F.）は、組織における経済的合理性を追求する、経済人モデルを提唱した。

問題 121 集団やチームに関する次の記述のうち、**最も適切なもの**を**1つ**選びなさい。

1 集団浅慮とは、集団を構成する個々のメンバーが、個人で考えるよりも多面的な検討を行うことができるようになる現象のことである。
2 集団の規範とは、メンバーが誰かの努力や成果にただ乗りして、自分自身は力を出し切らないことである。
3 集団の凝集性は、集団を構成するメンバーを離散させ、個々人に分離させる傾向をもつ。
4 チームの生産性は、チームメンバー間で信頼や尊敬の念が育まれていると低くなる。
5 集団内のコンフリクトには、集団に悪影響を及ぼす非生産的コンフリクトと、集団に好影響を及ぼす生産的コンフリクトの両方の側面がある。

問題 122 福祉サービス提供組織の財源に関する次の記述のうち、**最も適切なもの**を**1つ**選びなさい。

1 障害福祉サービスを行う事業者の収入の総額は、市町村からの補助金の総額に等しい。

2 介護保険事業を行う事業者の収入の総額は、利用者が自己負担する利用料の総額に等しい。

3 ファンドレイジングとは、事業や活動を行うために必要な資金を様々な方法を使って調達することを指す。

4 社会福祉法人が解散する場合、定款の定めにかかわらず、その法人に対して寄付を行ってきた個人は、寄付した割合に応じて残余財産の分配を受けることができる。

5 特定非営利活動法人は、特定非営利活動に係る事業に支障がない限り、事業によって得られた利益を自由に分配することができる。

問題 123 福祉サービス提供組織の運営に関する次の記述のうち、**適切なもの**を**2つ**選びなさい。

1 アカウンタビリティとは、ステークホルダーに対する説明責任を指す。

2 社会福祉法人における評議員会とは、法人の日常的な業務執行の決定などを行う機関である。

3 社会福祉法人の監事には、法人の評議員会の業務執行を監査し、その内容について監査報告書を作成する役割がある。

4 コンプライアンスとは、組織が法令や組織内外のルールを守ることにより、社会的責任を果たすことをいう。

5 社会福祉法人における理事会とは、定款の変更や役員の選任などの体制の決定を行う機関である。

問題 124 事例を読んで、H施設管理者が実施した人材育成の手法について、**最も適切なもの**を**1つ**選びなさい。

〔事 例〕

Z高齢者介護施設は、定期的に職場内において勉強会を実施している。このほど、Z施設が立地するP県主催の「高齢者虐待の防止について」という研修会の通知が届いた。Z施設のH施設管理者は、職員数名をこの研修会に参加させ、新たな知見を得てもらうこととした。

1 コーチング

2 OFF-JT

3 ジョブ（職務）ローテーション

4 OJT

5 目標管理制度

問題 125 「育児・介護休業法」に関する次の記述のうち、**最も適切なもの**を1つ選びなさい。

1　子の養育及び家族の介護を容易にするため、所定労働時間等に関し事業主が講ずべき措置を定めている。

2　育児休業とは、産後8週までの女性に対し、使用者が休業を与えるものである。

3　対象家族に無職かつ健康な同居者がいる場合は、介護休業を取得することができない。

4　期間を定めて雇用される者は、雇用の期間にかかわらず介護休業を取得することができない。

5　対象家族一人について、介護休業を分割して取得することはできない。

（注）　「育児・介護休業法」とは、「育児休業、介護休業等育児又は家族介護を行う労働者の福祉に関する法律」のことである。

高齢者に対する支援と介護保険制度

問題　126　「令和5年版高齢社会白書」(内閣府) に示された日本の高齢者を取り巻く社会情勢に関する次の記述のうち、**正しいもの**を1つ選びなさい。

1　人口の高齢化率は、2022年 (令和4年) 10月1日現在で、約16%となっている。

2　高齢化率の「倍加年数」をアジア諸国で比較すると、韓国は日本よりも短い年数となっている。

3　総人口に占める75歳以上の人口の割合は、2070年 (令和52年) に約40%に達すると推計されている。

4　2022年 (令和4年) の労働力人口総数に占める65歳以上の者の割合は、2013年 (平成25年) 以降の10年間でみると、漸減傾向にある。

5　2021年 (令和3年) の65歳以上の者の死因別の死亡率をみると、悪性新生物よりも肺炎の方が高くなっている。

(注)　「倍加年数」とは、人口の高齢化率が7%から14%に達するまでに要した年数のことである。

問題　127　第二次世界大戦後の日本における高齢者保健福祉制度の展開過程に関する次の記述のうち、**最も適切なもの**を1つ選びなさい。

1　1950年 (昭和25年) の生活保護法では、常時介護を必要とする老人の家庭を訪問する老人家庭奉仕員が規定された。

2　1963年 (昭和38年) の老人福祉法では、養護老人ホーム、特別養護老人ホーム、軽費老人ホームを含む、老人福祉施設が規定された。

3　1982年 (昭和57年) の老人保健法では、70歳以上の高齢者にかかる医療費のうち、その自己負担分を無料化する老人医療費支給制度が規定された。

4　1997年 (平成9年) の介護保険法では、要介護認定を受け、要介護と判定された高齢者等は、原則3割の利用者負担で、介護サービスを利用できることが規定された。

5　2000年 (平成12年) の社会福祉法の改正では、高齢者保健福祉推進十か年戦略 (ゴールドプラン) が策定されたことを受け、地域包括ケアシステムが規定された。

問題　128　事例を読んで、地域包括支援センターの社会福祉士によるJさんの長女への助言として、**適切なもの**を**2つ**選びなさい。

〔事　例〕

　自宅で一人暮らしのJさん（82歳、男性）は、脳梗塞の後遺症により軽い左片麻痺があり、要支援1の認定を受けているが介護保険サービスは利用していない。2か月前に買物に行こうとして玄関先で転倒し、軽傷ですんだものの、それ以来自宅から出ようとしなくなった。近隣に住んでいる長女は、週に2、3度自宅を訪れ、買物や掃除・洗濯を手伝ってきた。しかし、「父は一人で大丈夫というが、むせることもあり食事量が減ってきて心配です。父はどのようなサービスが利用できますか」と地域包括支援センターに相談に来た。

1　看護小規模多機能型居宅介護の利用
2　介護老人福祉施設への入所
3　介護予防通所リハビリテーションの利用
4　短期入所生活介護の利用
5　管理栄養士による介護予防居宅療養管理指導の利用

問題　129　移動の介護に関する次の記述のうち、**最も適切なもの**を1つ選びなさい。
1　片麻痺がある人が杖歩行を行う場合、杖は麻痺側に持つ。
2　左片麻痺者が階段を上る時は、杖の次に左足を上げる。
3　視覚障害者の歩行介助を行う場合、介助者は視覚障害者の後方を歩く。
4　片麻痺がある人のベッドから車いすへの移乗では、車いすを要介護者の健側に置く。
5　車いすで大きな段差を下るときは、前向きで降りる。

問題　130　介護保険法に定める福祉用具貸与の種目として、**最も適切なもの**を1つ選びなさい。
1　腰掛便座
2　移動用リフトの吊り具の部分
3　認知症老人徘徊感知機器
4　簡易浴槽
5　入浴補助用具

問題　131　介護保険制度における厚生労働大臣の役割に関する次の記述のうち、**正しいもの**を1つ選びなさい。
1　要介護認定の審査及び判定に関する基準を定める。
2　要介護者等に対する介護給付費の支給決定を行う。
3　介護支援専門員実務研修を実施する。
4　介護給付等費用適正化事業を実施する。
5　財政安定化基金を設置する。

問題 132 事例を読んで、病院のK医療ソーシャルワーカー（社会福祉士）が、この時点でLさんへの支援のために検討すべきこととして、**最も適切なもの**を1つ選びなさい。

〔事 例〕

Kは、変形性膝関節症で外来通院中のLさん（82歳、女性、独居、要支援2）から相談を受けた。Lさんは屋外の歩行が不自由で杖を使っているが、介護サービス等は利用していない。Lさんは、数年ぶりに趣味の歌舞伎鑑賞に出かけようと思い、介護保険制度のサービス利用について市役所に問い合わせたところ「本市では趣味のための移動支援は実施していない」と説明されたと言う。Lさんは転倒の心配もあり、歌舞伎鑑賞には見守り支援を利用したいと言っている。

1 Lさんの支援を在宅医療・介護連携推進事業の担当者に依頼する。

2 市役所の対応に関して、都道府県国民健康保険団体連合会へ苦情の申し立てを行うよう、Lさんに提案・助言を行う。

3 Lさんの歩行機能の改善を図るため、地域介護予防活動支援事業の利用を勧める。

4 Lさんの疑問や不安に対応してもらえるよう、介護サービス相談員と連携を図る。

5 Lさんの居住地を担当する「生活支援コーディネーター（第2層）」に連絡を取り、Lさんが利用できる、制度外の外出時の見守り支援策について相談・調整を図る。

（注）「生活支援コーディネーター（第2層）」は、中学校区域を基本とする日常生活圏域で業務に当たる職員である。

問題 133 介護福祉士に関する次の記述のうち、**正しいもの**を1つ選びなさい。

1 介護福祉士の法律上の定義には、介護者に対して介護に関する指導を行うことを業とすることが含まれている。

2 介護福祉士が介護保険制度における訪問介護員として従事する際には、その資格とは別に、政令で定める研修を修了していることがその要件となる。

3 介護福祉士は、医師の指示のもと、所定の条件下であれば、医療的ケアの一つとして脱水症状に対する点滴を実施することができる。

4 介護福祉士は業務独占資格の一つであり、法令で定める専門的な介護業務については、他の者が行うことは禁じられている。

5 認定介護福祉士を認定する仕組みは、2005年（平成17年）に制定された介護保険法等の一部を改正する法律において法定化され、その翌年から施行された。

問題 134 事例を読んで、地域包括支援センターのM職員（社会福祉士）が訪問・相談を行った時点での対応として、**適切なもの**を**2つ**選びなさい。

〔事 例〕

Q市に住むAさん（85歳、女性、要介護3）は長男（56歳）と二人暮らしである。Aさんは5年前から物忘れが進み、排せつには介助を要し、日常的に長男が介護をしている。また、短期入所生活介護を2か月に1回利用している。今朝、長男から「気分が落ち込んでしまいここ3日ほどは眠れない」「当分は母の介護ができそうにない」と沈んだ声で地域包括支援センターに電話相談があった。これまでにもこのような相談が度々あり、それを受け、M職員がすぐに訪問・相談を行った。

1 Aさんの要介護状態の改善を図る必要があるため、介護予防ケアマネジメントの実施を検討する。
2 総合相談支援業務として、長男の状態について同センターの保健師と相談し、気分の落ち込みや睡眠の問題に対応できる専門機関を探す。
3 権利擁護業務として、Aさんへの虐待リスクがあることについて、市に通報する。
4 包括的・継続的ケアマネジメント支援業務として、Aさんを担当する居宅介護支援事業所の介護支援専門員とともに、早急に今後の対応を検討する。
5 Aさんと長男が住む地域の課題を検討するため、地域ケア会議で報告する。

問題 135 「高齢者虐待防止法」に関する次の記述のうち、**最も適切なもの**を**1つ**選びなさい。

1 この法律における高齢者とは、65歳以上で介護保険制度における要介護認定・要支援認定を受けた者と定義されている。
2 この法律では、セルフネグレクト（自己放任）の状態も高齢者虐待に該当することが定義されている。
3 この法律における高齢者虐待の定義には、保険医療機関における医療専門職による虐待が含まれている。
4 この法律では、市町村が養護者による虐待を受けた高齢者の居所等への立入調査を行う場合、所轄の警察署長に援助を求めることができると規定されている。
5 この法律は、市町村に対し、高齢者虐待の防止・高齢者とその養護者に対する支援のため、司法書士若しくは弁護士の確保に関する義務を課している。

(注) 「高齢者虐待防止法」とは、「高齢者虐待の防止、高齢者の養護者に対する支援等に関する法律」のことである。

児童や家庭に対する支援と児童・家庭福祉制度

問題 136 子ども・家庭の生活実態に関する次の記述のうち、**正しいものを1つ**選びなさい。

1 「令和4年版男女共同参画白書」（内閣府）によると、子供がいる世帯の妻の就業状態は、パートタイム労働よりフルタイム労働の割合が高くなっている。

2 「令和4年版犯罪白書」（法務省）によると、少年の刑法犯等検挙人員は令和3年には戦後最大となった。

3 「令和3年度児童生徒の問題行動・不登校等生徒指導上の諸課題に関する調査結果について」（文部科学省）によると、いじめの認知（発生）件数は、令和2年度に比べ減少した。

4 「令和3年度全国ひとり親世帯等調査結果の概要」（厚生労働省）によると、母子家庭の世帯の平均年間収入は、同年の国民生活基礎調査による児童のいる世帯の平均所得の約8割である。

5 「令和3年度ヤングケアラーの実態に関する調査研究」の小学校調査によると、「ヤングケアラーと思われる子どもの状況」（複数回答）では、「家族の通訳をしている（日本語や手話など）」に比べて、「家族の代わりに、幼いきょうだいの世話をしている」が多い。

（注）「令和3年度ヤングケアラーの実態に関する調査研究」とは、株式会社日本総合研究所が、令和3年度子ども・子育て支援推進調査研究事業（厚生労働省）として実施したものである。

問題 137 児童福祉法の総則規定に関する次の記述のうち、**最も適切なものを1つ**選びなさい。

1 全て国民は、児童の年齢及び発達の程度に応じて、その意見が尊重されるよう努めなければならない。

2 全て保護者は、その養育する児童の福祉を等しく保障される権利を有する。

3 国は、児童を育成する第一義的責任がある。

4 全て国民は、児童の最善の利益を実現しなければならない。

5 全て児童は、家庭で育てられなければならない。

問題 138 事例を読んで、R市子育て支援課のB相談員（社会福祉士）がR市で利用可能なサービスの中から紹介するものとして、**最も適切なもの**を**1つ**選びなさい。

〔事 例〕

Cさん（2歳）の母親であるDさんは、他の子どもと比べてCさんの言葉が遅れていると気に病むようになり、外に出かけにくくなった。心配したCさんの祖母がDさんと共にR市子育て支援課に相談に来た。Bは、2人の話を聞き、どのようなサービスが利用可能かを一緒に検討することにした。

1 保育所への入所
2 母子健康包括支援センター（子育て世代包括支援センター）の利用
3 児童館の利用
4 子育て援助活動支援事業（ファミリー・サポート・センター事業）の利用
5 児童相談所の利用

問題 139 児童扶養手当に関する次の記述のうち、**最も適切なもの**を**1つ**選びなさい。
1 生活保護を受給していることが支給要件である。
2 児童扶養手当法における児童とは、障害がない子どもの場合、18歳到達後の最初の3月31日までの間にある者をいう。
3 児童扶養手当は児童手当と併給できない。
4 支給額は、世帯の収入にかかわらず一定である。
5 父子世帯は、支給対象外となる。

問題 140 次の記述のうち、次世代育成支援対策推進法に関して、**最も適切なもの**を**1つ**選びなさい。
1 少子化に対処するための施策を総合的に推進するために、全ての児童が医療を無償で受けることができる社会の実現を目的としている。
2 都道府県及び市町村には、10年を1期とする次世代育成支援のための地域における行動計画を策定することが義務づけられている。
3 政府には、少子化に対処するための施策を指針として、総合的かつ長期的な労働力確保のための施策の大綱を策定することが義務づけられている。
4 常時雇用する労働者の数が100名を超える事業主（国及び地方公共団体を除く）は、一般事業主行動計画を策定しなければならない。
5 都道府県を基盤とした一元的な保育の給付について規定されている。

問題 141 特別養子縁組の制度に関する次の記述のうち、**最も適切なもの**を**1つ**選びなさい。
1 配偶者のない者でも養親となることができる。
2 養子となることができる子の年齢上限は、6歳である。
3 養親には離縁請求権はない。
4 特別養子縁組の成立には、実親の同意は原則として必要ではない。
5 特別養子縁組は、都道府県が養親となる者の請求により成立させることができる。

問題 142 事例を読んで、この時点でのＵ児童養護施設のＥ家庭支援専門相談員（社会福祉士）の対応について、**最も適切なもの**を１つ選びなさい。

〔事 例〕

Ｆさん（40歳代、男性）は、息子Ｇさん（8歳）と父子家庭で生活していた。Ｇさんが3歳の時に、Ｆさんによる妻への暴力が原因で離婚した。Ｆさんは、行儀が悪いと言ってはＧさんを殴る、蹴る等の行為が日常的にみられた。額にひどいあざがあるような状態でＧさんが登校したことから、学校が通告し、ＧさんはＵ児童養護施設に措置された。入所後、家庭支援専門相談員であるＥがＦさんに対応している。ＦさんはＥと会う度に、「自分の子どもなのだから、息子を返して欲しい」と訴えていた。Ｇさんとの面会交流が進んだ現在では、「返してもらうにはどうしたらよいのか」と発言している。

1 Ｆさんに二度と叩かないことを約束すれば、家庭復帰できると伝える。

2 Ｆさんが反省しているとわかったので、家庭復帰できると伝える。

3 Ｆさんに「なぜ叩いたのですか」と問い反省を求める。

4 Ｆさんが体罰によらない子育てができるよう一緒に考える。

5 Ｆさんは暴力による方法しか知らないのだから、家庭復帰は諦めるようにと伝える。

就労支援サービス

問題 143 次の記述のうち、就労定着支援に関する説明として、**最も適切なもの**を 1 つ選びなさい。

1　特別支援学校を卒業したばかりの新卒者の職場定着を支援する。
2　支援は、障害者が通常の事業所に雇用される前から開始される。
3　支援は、最大 6 か月間提供される。
4　支援の内容には、生産活動の機会の提供を通じて、知識及び能力の向上のために必要な訓練を供与することが含まれる。
5　支援の内容には、障害者が雇用されたことに伴い生じる日常生活又は社会生活を営む上での問題に関する相談、助言が含まれる。

問題 144 「障害者雇用促進法」に定める常用雇用労働者数100人以下の一般事業主に関する次の記述のうち、**最も適切なもの**を 1 つ選びなさい。

1　障害者雇用納付金を徴収されない。
2　報奨金の支給対象とならない。
3　障害者に対する合理的配慮提供義務を負わない。
4　重度身体障害者及び重度知的障害者を雇用した場合、実雇用率の算定に際し 1 人をもって 3 人雇用したものとみなされる。
5　法定雇用率未達成の場合に、「対象障害者の雇入れに関する計画」の作成を命じられることはない。

（注）　「障害者雇用促進法」とは、「障害者の雇用の促進等に関する法律」のことである。

問題 145 次の記述のうち、公共職業安定所（ハローワーク）が実施する業務として、**最も適切なもの**を 1 つ選びなさい。

1　労災保険給付の支給
2　無料職業紹介事業の許可
3　有料の職業紹介
4　生活保護における生業扶助の支給
5　障害者雇用に関する技術的助言・指導

問題 146 事例を読んで、公共職業安定所（ハローワーク）の職員が行う対応として、**最も適切なもの**を1つ選びなさい。

〔事　例〕

　民間企業で10年間働いてきたＨさん（33歳）は、新たな職務に強いストレスを感じるようになり、出勤できなくなった。医師からうつ病との診断を受け、6か月間休職したが、症状が改善せず退職した。退職から1年が経ち、まだ、うつの症状は残っており、就業面、生活面での不安を感じるものの、金銭面の問題から、とにかく働かなければならないと焦りを感じ、公共職業安定所（ハローワーク）を訪問した。

1　一般就労の経験があるＨさんは、問題なく一般就労が可能であると判断し、一般企業からの求人情報を提供する。

2　Ｈさんの希望は就職であることから、適応訓練についてはあっせんしない。

3　Ｈさんの確実な就職のため、一般企業ではなく特例子会社の求人を紹介する。

4　本人の了解を得て、障害者就業・生活支援センターを紹介するなど関係機関と連携する。

5　一般就労には週の所定労働時間が20時間以上であることが求められる旨を説明する。

更生保護制度

問題　147　事例を読んで、この場合の仮釈放の手続きに関する次の記述のうち、**最も適切なものを1つ選びなさい。**

〔事　例〕

裁判所の判決で3年の懲役刑を言い渡されて、刑事施設に収容されていたJさんは、仮釈放の審理の対象となった。

1　仮釈放の要件として、刑の執行から最短でも2年を経過している必要がある。
2　仮釈放の要件として、改悛の状があることがある。
3　仮釈放を許す処分を決定するのは、地方裁判所の裁判官である。
4　仮釈放の対象となるのは、初めて刑事施設に入った者に限られる。
5　仮釈放の期間中、Jさんの希望により、保護観察が付される。

問題　148　保護司に関する次の記述のうち、**正しいものを1つ選びなさい。**

1　法務大臣から委嘱される。
2　検察官の指揮監督を受ける。
3　保護観察における指導監督の権限はない。
4　担当する事件内容によっては給与が支給される。
5　刑事施設収容中の者との面会は禁じられている。

問題　149　事例を読んで、社会復帰調整官の対応として、**最も適切なものを1つ選びなさい。**

〔事　例〕

精神保健観察中のKさんは、地域生活を送っている中で家族関係が悪化し、仕事にも行けなくなってきた。保護観察所は、関係機関の担当者とともにケア会議を開催し、Kさんの状態の情報共有と今後の処遇について話し合った。

1　Kさんが継続的に医療を受けるよう、保護司に指導を指示する。
2　指定通院医療機関への通院状況を確認する。
3　精神保健観察の期間延長を決定する。
4　指定入院医療機関に入院させることを決定する。
5　今回作成する処遇の実施計画の内容をKさんに秘匿することを決定する。

問題 150 刑の一部の執行猶予制度に関する次の記述のうち、**正しいものを1つ**選びなさい。

1　本制度の導入により、検察官による起訴猶予の処分は廃止された。

2　本制度の導入により、執行する刑の全てを猶予する制度は廃止された。

3　本制度の導入により、釈放後の生活環境の調整をする制度は廃止された。

4　本制度の刑の一部の執行猶予期間は、刑期とともに判決時に言い渡される。

5　本制度において、保護観察が付されることはない。

第36回社会福祉士国家試験　解答用紙　共通科目

※実際の解答用紙とは異なります。コピーしてお使いください。

人体の構造と機能及び疾病

問題	1	①	②	③	④	⑤
問題	2	①	②	③	④	⑤
問題	3	①	②	③	④	⑤
問題	4	①	②	③	④	⑤
問題	5	①	②	③	④	⑤
問題	6	①	②	③	④	⑤
問題	7	①	②	③	④	⑤

心理学理論と心理的支援

問題	8	①	②	③	④	⑤
問題	9	①	②	③	④	⑤
問題	10	①	②	③	④	⑤
問題	11	①	②	③	④	⑤
問題	12	①	②	③	④	⑤
問題	13	①	②	③	④	⑤
問題	14	①	②	③	④	⑤

社会理論と社会システム

問題	15	①	②	③	④	⑤
問題	16	①	②	③	④	⑤
問題	17	①	②	③	④	⑤
問題	18	①	②	③	④	⑤
問題	19	①	②	③	④	⑤
問題	20	①	②	③	④	⑤
問題	21	①	②	③	④	⑤

現代社会と福祉

問題	22	①	②	③	④	⑤
問題	23	①	②	③	④	⑤
問題	24	①	②	③	④	⑤
問題	25	①	②	③	④	⑤
問題	26	①	②	③	④	⑤
問題	27	①	②	③	④	⑤
問題	28	①	②	③	④	⑤
問題	29	①	②	③	④	⑤
問題	30	①	②	③	④	⑤
問題	31	①	②	③	④	⑤

地域福祉の理論と方法

問題	32	①	②	③	④	⑤
問題	33	①	②	③	④	⑤
問題	34	①	②	③	④	⑤
問題	35	①	②	③	④	⑤
問題	36	①	②	③	④	⑤
問題	37	①	②	③	④	⑤
問題	38	①	②	③	④	⑤
問題	39	①	②	③	④	⑤
問題	40	①	②	③	④	⑤
問題	41	①	②	③	④	⑤

福祉行財政と福祉計画

問題	42	①	②	③	④	⑤
問題	43	①	②	③	④	⑤
問題	44	①	②	③	④	⑤
問題	45	①	②	③	④	⑤
問題	46	①	②	③	④	⑤
問題	47	①	②	③	④	⑤
問題	48	①	②	③	④	⑤

社会保障

問題	49	①	②	③	④	⑤
問題	50	①	②	③	④	⑤
問題	51	①	②	③	④	⑤
問題	52	①	②	③	④	⑤
問題	53	①	②	③	④	⑤
問題	54	①	②	③	④	⑤
問題	55	①	②	③	④	⑤

障害者に対する支援と障害者自立支援制度

問題	56	①	②	③	④	⑤
問題	57	①	②	③	④	⑤
問題	58	①	②	③	④	⑤
問題	59	①	②	③	④	⑤
問題	60	①	②	③	④	⑤
問題	61	①	②	③	④	⑤
問題	62	①	②	③	④	⑤

低所得者に対する支援と生活保護制度

問題	63	①	②	③	④	⑤
問題	64	①	②	③	④	⑤
問題	65	①	②	③	④	⑤
問題	66	①	②	③	④	⑤
問題	67	①	②	③	④	⑤
問題	68	①	②	③	④	⑤
問題	69	①	②	③	④	⑤

保健医療サービス

問題	70	①	②	③	④	⑤
問題	71	①	②	③	④	⑤
問題	72	①	②	③	④	⑤
問題	73	①	②	③	④	⑤
問題	74	①	②	③	④	⑤
問題	75	①	②	③	④	⑤
問題	76	①	②	③	④	⑤

権利擁護と成年後見制度

問題	77	①	②	③	④	⑤
問題	78	①	②	③	④	⑤
問題	79	①	②	③	④	⑤
問題	80	①	②	③	④	⑤
問題	81	①	②	③	④	⑤
問題	82	①	②	③	④	⑤
問題	83	①	②	③	④	⑤

第36回社会福祉士国家試験　解答用紙　専門科目

※実際の解答用紙とは異なります。コピーしてお使いください。

社会調査の基礎

問題 84	①	②	③	④	⑤
問題 85	①	②	③	④	⑤
問題 86	①	②	③	④	⑤
問題 87	①	②	③	④	⑤
問題 88	①	②	③	④	⑤
問題 89	①	②	③	④	⑤
問題 90	①	②	③	④	⑤

相談援助の基盤と専門職

問題 91	①	②	③	④	⑤
問題 92	①	②	③	④	⑤
問題 93	①	②	③	④	⑤
問題 94	①	②	③	④	⑤
問題 95	①	②	③	④	⑤
問題 96	①	②	③	④	⑤
問題 97	①	②	③	④	⑤

相談援助の理論と方法

問題 98	①	②	③	④	⑤
問題 99	①	②	③	④	⑤
問題 100	①	②	③	④	⑤
問題 101	①	②	③	④	⑤
問題 102	①	②	③	④	⑤
問題 103	①	②	③	④	⑤
問題 104	①	②	③	④	⑤
問題 105	①	②	③	④	⑤
問題 106	①	②	③	④	⑤
問題 107	①	②	③	④	⑤
問題 108	①	②	③	④	⑤
問題 109	①	②	③	④	⑤
問題 110	①	②	③	④	⑤
問題 111	①	②	③	④	⑤
問題 112	①	②	③	④	⑤
問題 113	①	②	③	④	⑤
問題 114	①	②	③	④	⑤
問題 115	①	②	③	④	⑤
問題 116	①	②	③	④	⑤
問題 117	①	②	③	④	⑤
問題 118	①	②	③	④	⑤

福祉サービスの組織と経営

問題 119	①	②	③	④	⑤
問題 120	①	②	③	④	⑤
問題 121	①	②	③	④	⑤
問題 122	①	②	③	④	⑤
問題 123	①	②	③	④	⑤
問題 124	①	②	③	④	⑤
問題 125	①	②	③	④	⑤

高齢者に対する支援と介護保険制度

問題 126	①	②	③	④	⑤
問題 127	①	②	③	④	⑤
問題 128	①	②	③	④	⑤
問題 129	①	②	③	④	⑤
問題 130	①	②	③	④	⑤
問題 131	①	②	③	④	⑤
問題 132	①	②	③	④	⑤
問題 133	①	②	③	④	⑤
問題 134	①	②	③	④	⑤
問題 135	①	②	③	④	⑤

児童や家庭に対する支援と児童・家庭福祉制度

問題 136	①	②	③	④	⑤
問題 137	①	②	③	④	⑤
問題 138	①	②	③	④	⑤
問題 139	①	②	③	④	⑤
問題 140	①	②	③	④	⑤
問題 141	①	②	③	④	⑤
問題 142	①	②	③	④	⑤

就労支援サービス

問題 143	①	②	③	④	⑤
問題 144	①	②	③	④	⑤
問題 145	①	②	③	④	⑤
問題 146	①	②	③	④	⑤

更生保護制度

問題 147	①	②	③	④	⑤
問題 148	①	②	③	④	⑤
問題 149	①	②	③	④	⑤
問題 150	①	②	③	④	⑤

／150点

第36回社会福祉士国家試験の合格基準は、得点90点以上で、18科目群すべてにおいて得点があることでした。合格基準を満たすまで、繰り返しチャレンジしてください。

MEMO

MEMO

MEMO